The Early History of
Modern Medical Education in Korea

Hyoung Woo Park, M. D., Ph. D.

이 책에 실린 연구 성과는 김대중 전 대통령의 주치의인 연세대학교
의과대학의 송원 허갑범 명예교수께서 지원한 연구비에 의해 이루어졌음

이 책을 캐나다 토론토에 있는 사랑하는 아내 선미(카타리나),
딸 은화(안젤라), 은진(안나)에게 드립니다.

머리말

　2008년은 한국 최초의 면허의사가 배출된 지 100주년이 되는 뜻 깊은 해이다. 이들은 당시의 의사면허인 의술개업인허장을 처음으로 수여받음으로써 서양의학의 씨가 뿌려진 지 23년 만에 사회적으로 공인된 첫 의사가 되었다.

　하지만 이들이 한국에서 가장 먼저 의학교육을 받은 것은 아니었다. 1885년 4월 10일 제중원이 설립되고 이듬해인 1886년 3월 29일 제중원의학교가 개교하면서 이곳에서 10여명의 젊은이들이 알렌과 헤론 등으로부터 의학교육을 받기 시작했다. 아쉽게도 이 최초의 의학교육은 의사배출이라는 열매를 맺지 못하였다.

　한편 조선 정부는 1899년 의학교를 설치하고 일본인 의사를 고용하여 3년제의 의학교육을 시작하였다. 1903년 19명이 제1회로 의학교를 졸업하였지만, 의술개업인허장을 부여받지 못했다. 또한 몇 개월의 형식적인 임상실습만을 마쳤기에 본격적인 의료 활동을 하기에는 일정한 한계가 있었다.

　이러는 사이 1890년대에 들어 서재필이 미국에서 의사가 되었고, 이후 몇 명의 젊은이들이 국비유학생으로 혹은 선교사들의 후원으로 일본과 미국으로 떠나 그곳에서 의사가 되어 귀국하였다. 특히 김점동은 미국에 유학하여 첫 여의사가 되었다.

　잠시 중단되었던 제중원의학교에서의 의학교육은 1893년 11월에 부임한 에비슨에 의해 재개되었지만 의사 배출이라는 열매는 쉽게 맺어지지 않았다. 하지만 1904년 새로 지은 병원으로 세브란스병원이 설립되고 허스트가 합류하자 에비슨은 의학교과서 편찬 등을 통해 의학교육에 박차를 가할 수 있게 되었다. 그 결과 1908년 첫 졸업생을 배출하게 되었다. 이들은 의술개업인허장 1~7번을 수여받음으로써 한국의 서양의학 교육에 신기원을 이루었다. 더구나 에비슨을 도와 거의 전 과목의 한국어 의학교과서를 출판한 김필순, 홍석후 및 홍종은이 교수로 남아 후진양성에 참여함으로써 서양의학 수용이라는 단계를 넘어 뿌리를 내리는 토착화에 결정적인 계기를 마련했다.

이 책은 1885년 서양의학이 들어온 후 첫 면허의사가 배출되고 이들이 활동했던 1910년대 초까지 한국에서 이루어진 의학교육을 다루었다. 애초에 이 책은 한국에 서양의학이 어떻게 도입되었고, 그 산물로 배출된 최초의 면허의사 7명이 어떤 활동을 했는지를 조명하는 약 200쪽 정도의 분량을 목표로 시작되었다(이 책의 제Ⅰ부와 제Ⅴ부). 하지만 자료를 수집하고 분석하면서 제중원의학교에 국한된 설명보다는 당시 한국에서 이루어졌던 다양한 의학교육 속에서의 의미 부여가 더욱 중요함을 깨달았고, 결국 600쪽이 넘는 책자를 출판하게 되었다.

이 책은 모두 5부로 구성되었다.

제Ⅰ부는 한국에 서양의학이 소개되는 과정을 살펴보았다. 이 부분의 기본 틀은 저자가 이미 정리한 바 있다(박형우: 제중원. 몸과마음, 2002).

제Ⅱ부는 최초의 서양의학 교육기관인 제중원의학교의 설립과 운영, 그리고 세브란스병원의학교로 이름이 바뀐 후 1908년 첫 면허의사가 배출되는 과정을 살펴보았다. 이 부분에서는 그 동안 거의 알려지지 않았던 설립 이후 의학교육의 경과를 연도별로 정리했는데, 최근 발간된 다음 서적들의 도움을 크게 받았다(이만열, 옥성득 편역: 언더우드 자료집 Ⅰ. 연세대학교 출판부, 2005; 김인수 옮김: 알렌 의사의 선교·외교편지(1884-1905). 쿰란출판사, 2007; 김인수 옮김: 헤론 의사의 선교편지(1885-1890). 쿰란출판사, 2007).

또한 이 부분에서는 제중원의학교에서 의학을 배운 최초의 의학생들, 외국에서 교육을 받은 초창기 한국인 의사들, 에비슨이 재개한 의학교육, 그중에서도 특히 교과서 편찬 작업을 다루었다. 이 책의 원고가 마무리되어 갈 즈음 7명의 졸업생 중 김희영이 받은 졸업장이 기증된 기적 같은 일이 있어났다. 그 사진을 실음으로써 책의 완성도를 높일 수 있게 된 것을 기쁘게 생각한다.

제Ⅲ부는 관(官)에 의한 의학교육을 다루었다. 조선 정부는 1899년 의학교를 설치하여 의학교육에 나섰다. 하지만 주지하는 바와 같이 1906년 통감부가 설치되어 한국이 반 식민지하에 들어간 이후 통감 이토에 의해 대한의원이 설립됨으로써 의학교는 그 운명을 다했다. 1910년 조선총독부가 설치되면서 관에 의한 의학교육은 일본인으로 운영의 주체가 바뀌었다. 이들 기관 사이의 연관성에는 많은 논란이 있지만, 일단 '사립(私立)'과 대비되는 '관(官)'이라는 측면에서 이곳에 함께 기술하였다.

이 부분에서는 다른 부분과의 균형을 맞추기 위해 의학교 제1회 졸업생들의 활동을 정리해보았다.

제Ⅳ부는 선교부와 동인회에 의한 지역별 의학교육을 살펴보았다. 선교부에 의한 의학교육은 이만열이 저술한 책(이만열: 한국기독교의료사. 아카넷, 2003)의 도움을 크게 받았다.

이 부분에서는 자료의 미비로 아직 확인되지 않은 경우도 있지만, 의술개업 인허장을 받은 144명을 정리해 보았다.

마지막으로 제Ⅴ부에서는 올해로 100주년을 맞은 한국 최초 면허의사 7명의 활동을 정리해 보았다. 이들의 활동을 제Ⅱ부의 제중원의학교에서 의학을 배운 최초의 의학생들, 외국에서 교육을 받은 초창기 한국인 의사들, 제Ⅲ부의 의학교 제1회 졸업생들과 비교해 보면 여러 측면에서 흥미로운 점들을 발견할 수 있을 것으로 생각된다.

이 책을 준비하는 데 있어 몇 가지 어려움이 있었다. 우선 일본어로 된 문헌이었는데, 의사학과 박윤재 교수의 도움을 크게 받았다. 다음으로 연구비 문제였다. 다각도로 노력했지만 연구비가 확보되지 않아 어려움을 겪고 있던 중 마침 이 이야기를 전해들은 연세의대 명예교수이자 학장 재임시절 의사학과를 만드셨던 송원 허갑범 교수께서 흔쾌하게 연구비를 지원해주셨다. 다음으로 어떻게 출판을 할 것인가 하는 것이 문제였지만, 다행히도 새로 취임한 연세대학교 의과대학의 정남식 학장께서 출판이 이루어질 수 있도록 지원을 해주셨다. 이유복 명예교수와 박창일 의료원장께서는 이 책이 집필되는 동안 항상 격려와 조언을 아끼지 않으셨다.

실제의 자료 정리, 준비 및 교정 등에는 의사학과 여인석 교수, 신규환 강사, 홍정완, 정민재 및 윤태욱 선생, 그리고 동은의학박물관의 박준형 선생의 도움을 크게 받았다.

마지막으로 청년의사의 박재영 국장 및 여러 직원들이 책의 출판에 여러모로 도움을 주셨다. 위에서 언급한 모든 분들에게 감사를 드린다. 이외에도 일일이 열거하지 못했지만 평소 저자를 성원해 주신 여러분들께도 깊은 감사를 드린다.

2008년 10월 25일
견진성사를 기념하며
목동(木洞)에서
박형우 씀

차 례

제4장 의학교와 대한의원 졸업생들

제IV부 선교부, 동인회 등에 의한 지역별 의학교육

제1장 선교부에 의한 지역별 의학교육

제2장 동인회의 의학교육

제3장 기타의 의학교육

제4장 의술개업인허장을 받은 사람들

제Ⅴ부 한국 최초 면허의사들의 활동

제1장 김필순

제2장 김희영

제3장 박서양

제4장 신창희

제5장 주현측

제6장 홍석후

제7장 홍종은

부 록 : 한국 근대 서양의학교육 연표

찾아보기

제 I 부

한국의 서양의학 도입

모든 생명체는 자기 자신을 방어하려는 본능을 가지고 있다. 원시인들은 이러한 본능에서 우러난 경험을 통해 좋다고 생각되는 방법이 있으면 자기 자신에게만 그치지 않고 이를 다른 사람들에게 전했는데, 이것이 원시의학(原始醫學)의 시초를 이루었다.1) 원시인은 인체의 건강, 질병 또는 죽음을 포함한 모든 현상이 신령(神靈)이나 악마(惡魔)와 같은 신비력에 의해 나타나거나 치료될 것이라는 신념을 가졌고, 이로부터 발생한 수많은 주술은 민간의학(民間醫學)의 큰 부분을 이루게 되었다. 이러한 민간의학은 지역적, 정치적 및 사상적 환경의 영향을 크게 받으며 발달해 왔다. 한반도와 현재의 만주 지방을 중심으로 발달한 한국의 민간의학은 상고시대(上古時代)에 한민족(漢民族)이 가진 의학적 지식의 영향을 받았을 것으로 생각된다.

삼국시대(三國時代)에 불교(佛敎)가 전래되면서 불전(佛典)을 매개로 인도의학(印度醫學)이 전해졌을 것으로 추정되는데, 직접적인 수입보다는 인도의학의 영향을 받은 중국 남조시대(南朝時代)의 의방(醫方)을 통해서였을 것이다. 그런데 '서양의학의 아버지'라 불리는 그리스의 히포크라테스(Hippocrates of Cos)2)의 의서(醫書)와 인도의학의 중조(中祖)라 불리는 인도의 챠라카(Charaka)3)의 의록(醫錄) 사이에는 상당한 유사점이 발견된다. 어느 것이 더 앞서

---

1) 이 부분의 내용은 다음의 책을 참고하였다. 金斗鍾: 韓國醫學史 全. 探求堂, 1966.

2) 히포크라테스(기원전 약 460-377)는 에게해의 코스섬에서 출생했으며, 일생동안 그리스와 소아시아를 여행하면서 견문을 넓혔고 이집트에서 철학자 임호테프(Imhotep)로부터 의학을 배웠다. 그는 코스섬에 의학교를 세워 학생들을 가르쳤으며, 약 70권의 의학책을 저술하였다. 그의 저서는 현재 60권 정도만 존재하는데, 해부학, 임상의학, 수술 등을 다룬『히포크라테스 전집』은 기원전 3세기 무렵 알렉산드리아의 학자들이 정리한 것이다. 인체의 기능과 병에 관한 그의 개념은 체액론(體液論)에 근거한 것인데, 인체는 불, 물, 공기 및 흙이라는 네 원소로 되어 있으며, 인간의 생활은 그에 상응하는 혈액, 점액, 황담즙 및 흑담즙의 네 가지에 의해 이루어진다고 생각하였다. 이들 네 가지 액체 사이의 조화가 깨지면 병이 생긴다고 하였다. 의사의 윤리에 대한 그의 생각은 '히포크라테스 선서'로 현대에까지 이어져 내려오고 있다.

3) 챠라카는 아트레야(Atreya), 지바카(Jivaka)와 함께 불전에 나타나는 3명의 명의(名醫) 중의 한 명이다. 그는 내과학 분야의 저술인 의록(醫錄)을 저술했으며, 산과(産科)에도 능숙했다고 알려져 있다. 그는 인도 고유의 풍부한 약재를 사용하여 의학을 발전시켰지만, 승려의학의 전통을 벗어나지 못해 중생은 생로병사를 비롯한 모든 고(苦)의 세계에서 생존하며, 병고는 흙, 물, 불 및 공기의 사원소의 부조에 기인된다는 소위 사대부조(四大不調)의 병리설

영향을 주었는지 학자들의 의견이 일치하지는 않지만, 그 의학들 사이의 상호 관련이 매우 깊었던 것은 사실이다. 따라서 삼국시대에 전해진 인도의학에는 간접적으로 그리스의학의 영향을 받은 요소가 섞여 있었을 가능성이 있다.

통일신라시대(統一新羅時代)에 이르러서는 실크로드를 통해 고승들의 왕래가 빈번해지면서 불교에 수반된 인도의 의설(醫說)과 의방이 신라의학에 더욱 큰 영향을 미치게 되었다. 또한 페르시아, 아라비아 및 동로마와의 교류를 통해 당(唐) 나라로 들어오게 된 약재(藥材)들이 간접적으로 신라에까지 전해 졌을 것으로 보인다.

고려시대(高麗時代)에는 아라비아의 상인을 거쳐 직접 또는 간접으로 서방의 풍부한 약재들의 수입이 왕성했는데, 이와 함께 당시 서양의학의 주도적 위치에 있었던 아라비아의 의학 지식 역시 수입되었을 것으로 추정된다.

한편 통일신라시대의 외과(外科)는 당나라의 영향을 받아 창증(瘡症)의 복약 및 고약 도포, 골절, 타박상 등을 다루었던 것으로 보인다. 고려시대에 들어 침구술이 분과로 발달해 오다가, 조선 세종 이후로 침구의(鍼灸醫)나 치종의(治腫醫) 같은 외과 분야의 전문의가 나타나기 시작했다. 하지만 이런 외과의 전문 분야는 서양의술과 달리 정확한 해부학적 지식(解剖學的 知識)[4]에 바탕을 둔 것이 아니었기 때문에 환자를 보거나 제자를 키워 학문을 전수하는데 많은 한계가 있었다. 또한 당시의 유교적인 관습 역시 외과 분야의 발전을 가로 막는 큰 걸림돌이었다.

을 주창하였다.

4) 의학에서 근대성을 정의할 때 주요한 기준 중의 하나는 해부학이다. 서양에서 의학의 근대성은 상징적으로 중세의학을 지배했던 갈렌의 의학을 붕괴시킨 벨기에의 베살리우스(Andreas Vesalius, 1514-1564)가 주도한 해부학으로 나타낼 수 있기 때문이다. 박윤재: 한국 근대의학의 기원. 연세국학총서 57. 혜안, 2005, 23쪽.

제1장 서양의학의 소개

1. 중국의 한의역서 소개

한국에 서양의학이 본격적으로 소개된 것은 조선후기에 들어 중국과의 접촉을 통해서였는데, 이때 소개된 것은 실제 의술(醫術)이 아니라 한문으로 쓰여 진 서양의학 서적이었다.

1) 샬폰벨의 주제군징

당시 조선에 소개되어 영향을 미쳤던 대표적인 책은 독일인 예수교 선교사 샬폰벨(Johann A. Schall von Bell)[5]이 저술한 『주제군징(主制群徵)』(1629)이었다(그림 I-1-1). 상, 하 2권으로 간행된 이 책은 갈렌(Claudius Galen)[6]의 해

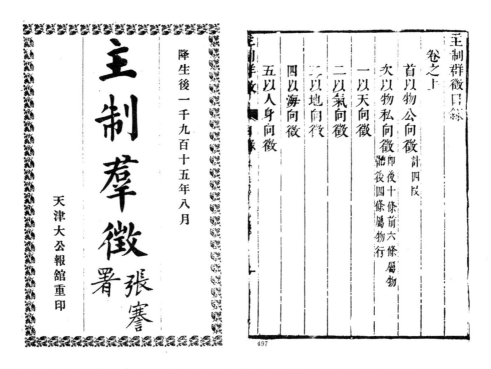

그림 I-1-1 샬폰벨의 『주제군징』(영인본, 1915). 연세대학교 중앙도서관 소장.

부생리학 이론을 소개하고 있어 학술적으로 한국에 처음으로 소개된 서양의
학 서적이라고 볼 수 있다. 하지만 근본적으로는 천주교 교리서(天主敎 敎理
書)의 일종이었다. 상권은 자연계에 있는 모든 피조물과 자연계의 다양한 현
상 속에서 천주(天主)의 모습과 그 섭리를 설명하였고, 인간을 주제로 한 하
권은 인간 정신의 한계와 영혼의 불멸성 및 기적 등을 다루고 있다.

2) 홉슨의 의학서

『주제군징』 이상으로 영향을 미쳤던 책은 중국에서 활동하던 영국인 선교
의사 홉슨(Benjamin Hobson, 合信)[7]이 저술한 『전체신론(全體新論)[8]』(1851), 『
박물신편(博物新編)[9]』(1855), 『서의약론(西醫略論)[10]』(1857), 『내과신설(內科新

---

5) 샬폰벨(1591-1666, 湯若望)은 독일 쾰른(Köln)에서 출생하였으며, 1611년 예수회에 들어가
   사제(司祭) 서품을 받고 1622년부터 명(明)나라에서 천주교 교리를 전도하였다. 청(淸)나라
   가 들어서자 1645년 천문대인 흠천감(欽天監)을 맡았다. 순치제(順治帝)의 도움으로 포교를
   하면서 베이징에 중국 최초의 서양식 건물인 대성당(大聖堂)을 지었으나, 1664년 궁정 대신
   들의 모함으로 반역죄로 체포되어 사형을 언도받았다.
6) 갈렌(Claudius Galen of Pergamum, 약 130-201)은 고대 그리스의 뛰어난 의사였다. 그는 검
   투사 학교의 의사로 있으면서 대담한 수술을 많이 집도했는데, 이때 얻은 지식을 바탕으로
   해부학 책을 저술하였다. 인체 구조에 관한 그의 이론은 서양의학에서 천년 이상 정설로
   여겨져 왔다.
7) 홉슨(1816-1873)은 영국 웰포드 태생으로 1835년 런던의 유니버시티 칼리지(University
   College)를 졸업하고 1839년 선교의사로 마카오에 파견되었으며, 홍콩과 광동 등지에 병원
   을 개설하고 활발한 의료 활동을 전개했다. 1857년 상해에 인제의원(仁濟醫院, Chinese
   Hospital)을 개원했으나 1858년 사직하고 영국으로 돌아갔다. 중국인 조수(管茂材, ? - 1860)
   의 협조를 얻어 의학서적들을 번역하였다. 이외에 기독교에 관한 책도 발간하였다.
8) 『전체신론』은 홉슨이 여러 서양의학 서적을 수집한 후 중국인의 도움으로 편집한 해부학
   서적이다. 1851년 장쑤성(江蘇省) 상하이(上海)의 묵해서관(墨海書館)에서 목판본 1책(71쪽)
   으로 발행되었다. 내용은 신체약론(身體略論)부터 조화론(造化論)까지 39개 부분으로 이루
   어져 있으며, 정면 인골도(正面 人骨圖) 등 271개의 해부도가 삽입되어 있다. 이 책은 1857
   년 일본 이서당(二書堂)에서도 건(乾, 33쪽), 곤(坤, 45쪽) 2책으로 번각출판(飜刻出版)되었
   다. 연세대학교 의과대학 동은의학박물관 소장.
9) 『박물신편』은 물리, 화학, 천문, 지구과학, 생물 등을 다룬 이과(理科) 교과서이다. 1855년
   장쑤성 상하이의 묵해서관에서 목판본 1책 3집(集)(각각 58, 25, 24쪽)으로 발행되었다. 제1
   집은 지기론(地氣論), 열론(熱論), 수질론(水質論), 광론(光論), 전기론(電氣論)을, 제2집은 천
   문각론(天文各論), 지구론(地球論) 등을, 제3집은 조수약론(鳥獸略論)에서 각종 동물류를 그
   림과 함께 다루고 있다. 연세대학교 의과대학 동은의학박물관 소장.
10) 『서의약론』은 의학총론(醫學總論), 골절(骨折), 외상(外傷) 등을 다룬 일종의 외과서적이다.
    1857년 장쑤성 상하이의 인제의관(仁濟醫館)에서 목판본 상, 중, 하 3권 1책(47, 94, 18쪽)으
    로 발행하였다. 상권은 의학총론(醫學總論), 중서의학론(中西醫學論), 심증론(審證論) 등 17

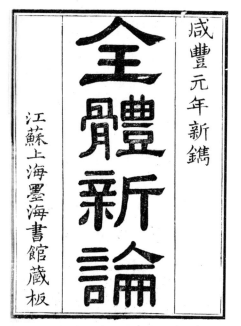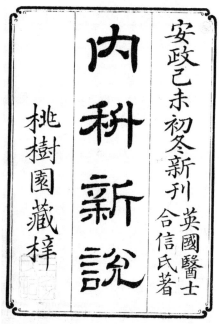

그림 I-1-2 홉슨의 저술. (왼쪽) 『전체신론』의 속표지(중국판, 1851). (오른쪽) 『내과신설』의
속표지(일본판, 1859). 동은의학박물관 소장.

說)[11]』(1858) 및 『부영신설(婦嬰新說)[12]』(1858)이었다(그림 I-1-2). 홉슨의 이
책들은 이미 다수의 서양의학 서적들이 번역·출판되고 있던 일본에도 알려져

    개의 론(論)으로 이루어져 있고, 중권은 골증유(骨證論), 절단골총론(切斷骨總論), 탈골론(脫
骨論) 등 19개의 외과 증상을 다루고 있으며, 하권은 고약문(膏藥門), 환약문(丸藥門), 약산
문(藥散門), 약수문(藥水門), 약주문(藥酒門), 약유문(藥油門) 등 처방을 그림과 함께 설명하
고 있다. 이 책은 1858년 일본 노조관(老皂館)에서 상, 중(1, 2), 하권 4책으로 출판되었다.
연세대학교 의과대학 동은의학박물관 소장.

11) 『내과신설』은 내과에 관한 서적이다. 1858년 장쑤성 상하이의 인제의관에서 목판본 상하 2
권 1책(72, 45쪽)으로 발행되었다. 상권은 총론 질병원(疾病原) 및 치법(治法), 혈운행론(血
運行論), 신병증론(腎病證論) 등 26편으로 이루어져 있으며, 병의 원인과 발생을 설명한 후
혈액, 내장의 순서로 질병들의 증상을 설명하고 있다. 하권은 동서본초록요(東西本草錄要),
약제(藥劑), 약품(藥品) 등 3편으로 이루어져 있으며, 중국에서 생산되거나 구할 수 있는 약
제와 약품을 중심으로 질병의 예방과 치료를 설명하고 있다. 이 책은 1859년 일본 노조관
에서 상, 중, 하권 3책으로 출판되었다. 연세대학교 의과대학 동은의학박물관 소장.

12) 『부영신설』은 산부인과 및 소아과에 관한 전문 서적이다. 1858년 장쑤성 상하이의 인제의
관에서 목판본 1책(57쪽)으로 발행되었다. 이 책은 총론 자궁정주(總論 子宮精珠), 총론 월
경(總論 月經), 월경병증(月經病證) 등 39편으로 이루어져 있으며, 여성의 신체 구조와 태아
와 출산에 관계된 골반도, 자궁내외전도(子宮內外全圖) 등 41개의 그림이 삽입되어 있다.
이 책은 1858년 일본 노조관에서 상, 하 2책(35, 27쪽)으로 출판되었다. 연세대학교 의과대
학 동은의학박물관 소장.

번각판(飜刻版)으로 널리 보급되었다. 홉슨이 저술한 이 책들은 서양의학 지식을 단순히 정리해 소개한 것이 아니라 중국의학의 내용들을 상당 부분 흡수하고 있기 때문에 그 저술 자체가 동서의학이 만난 귀중한 사례로 평가된다.[13] 특히 치료법과 관련하여 치료의 이론이나 약물의 분류는 음양오행설만 배제하고 있을 뿐 거의 중국의학의 이론을 따른다고 볼 수 있다.

3) 실학자들과 한의역서

한편 조선에서는 이익(李翼),[14] 이규경(李圭景),[15] 정약용(丁若鏞),[16] 그리고 최한기(崔漢綺)[17] 등의 실학자들이 이들 의학서적에 대해 큰 관심을 보였고, 자신들의 문집(文集)에 인용하면서 재래의학이 음양오행(陰陽五行)이나 오운육기(五運六氣)와 같은 추상적인 이론으로 병리 현상을 설명하는 것에 비해 서양의학이 정확한 해부학 지식을 토대로 성립되어 있음을 높게 평가하였다.

하지만 이러한 관심은 국가적인 차원이라기보다는 일부 학자들의 개인적인 호기심을 충족시킨 정도였고, 실제 의료 활동과 아무런 관계가 없었다. 더구나 이러한 지식을 몸소 습득하여 제자들에게 전수한다는 것, 즉 의학교육은 상상할 수도 없는 일이었다.

---

13) 여인석, 노재훈: 최한기(崔漢綺)의 의학 사상. 醫史學 2: 66-79, 1993; 金斗鍾: 韓國醫學史 全. 探求堂, 1981, 366-7쪽.

14) 성호(星湖) 이익(1682-1763)은 『성호사설(星湖僿說)』(1760년 경)에서 『주제군징』의 내용을 「서국의(西國醫)」라는 제목으로 간단하게 정리했는데, 생리 원칙(生理 原則), 혈액(血液), 호흡(呼吸) 및 뇌척수신경(腦脊髓神經)에 관해 설명하였다.

15) 오주(五洲) 이규경(1788- ?)은 『오주연문장전산고(五洲衍文長箋散稿) 권19』(19세기 중엽)에 「인체내외총상변증설(人體內外總象辨證說)」이라는 제목으로 『주제군징』을 소개하였다.

16) 다산(茶山) 정약용(1762-1836)은 '의(醫)'에 관한 여러 문제를 모아 놓은 『의령(醫零)』(1798)에서 음양오행(陰陽五行)의 이론을 철저히 배제하는 등 재래의학의 이론을 비판하였다. 이 책의 「근시론(近視論)」에서는 원시(遠視)와 근시(近視)의 원인을 음양(陰陽)의 부족에서 찾던 기존 이론과 달리 근대 물리학적(物理學的) 이론으로 설명하고 있다. 또한 정약용은 『마과회통(麻科會通)』(1798)의 부록으로 스텐튼(Thomas Stanton)이 한문으로 번역한 「신증종두기법상실(新證種痘奇法詳悉)」(1828년 이후)을 소개함으로써 조선에 우두법(牛痘法)을 처음으로 소개하였다.

17) 혜강(惠崗) 최한기(1803-79)는 서양 학문에 관한 내용을 담은 한역서(漢譯書)를 많이 읽고 한국에 소개했는데, 홉슨의 책들을 근거로 『신기천험(身機踐驗)』(1866)을 저술하였다.

2. 국교확대와 수신사

1) 국교확대 후 일본병원의 설립

1876년 2월 26일 조선과 국교를 확대한 일본은 자국인들의 치료를 위해 부산에 제생의원(濟生醫院, 1877),[18] 원산에 생생의원(生生醫院, 1880), 서울에 공사관의원(公使館醫院, 1883), 그리고 인천에 영사관 부속병원(領事館 附屬病院, 1883) 등을 설치 운영했다. 이들 병원은 표면적으로는 일본인을 위한 것이었지만, 당시 한국인들을 회유하고 일본에 대한 존경, 의뢰심을 일으키며, 그들의 침략을 용이하게 하기 위한 개화, 자본주의화의 방편을 삼고자 했던 목적이 있었다.[19] 따라서 이들 병원은 설립의 주체, 설치 목적, 운영 등 여러 면에서 한국의 서양의학 도입과는 거리가 먼 것이었다. 지석영(池錫永)[20]은 1879년 10월부터 2달에 걸쳐 제생병원의 원장 마츠마에(松前讓)와 해군 소군의(小軍醫) 토츠카(戶塚積齊)로부터 종두법을 배우기도 하였다.[21]

2) 수신사

1876년 국교확대 이후 조선이 일본에 파견한 수신사들은 처음으로 일본의

---

18) 제생의원의 설립일인 1877년 2월 11일을 음력으로 환산하면 1876년 12월 29일이다.
19) 金承台: 日本을 통한 西洋醫學의 受容과 그 性格. 國史館論叢 6: 223-54, 1989; 박윤재: 한국 근대의학의 기원. 연세국학총서 57. 혜안, 2005, 47-68쪽.
20) 우두법의 도입에 있어 지석영이 일정 역할을 했던 것은 누구나 인정할 수 있다. 하지만 지석영이 한국에 처음으로 우두법을 도입한 것이 아니며, 또 오직 그의 활동 때문에 한국에 우두법이 정착되었다는 식의 논리도 문제가 있다는 지적이 있다. 아울러 의학교에서 그를 쫓아냈던 일제는 지석영이 '일본인에게서 우두법을 학습'해 온갖 무지와 저항을 이겨내면서 우두법 보급에 힘썼다는 식으로 일종의 '지석영 신화(池錫永 神話)'를 만들어 식민 통치를 정당화한 것이 아직도 전해 이어지고 있다는 지적이 있다. 신동원: 한국 우두법의 정치학. 계몽된 근대인가, '근대'의 '계몽'인가. 한국과학사학회지 22: 149-69, 2000.
21) 奇昌德: 池錫永 先生의 生涯. 大韓醫史學會: 松村 池錫永. 아카데미아, 1994, 26쪽.

근대위생을 눈으로 확인할 수 있었다. 일본은 조선인 사절의 일정에 병원이나 의학교 방문을 포함시켰고, 이들은 당시 일본의 위생 상태, 보건의료, 위생관련 제도 등을 시찰하고 조선정부에 보고하였다. 이 보고 중에는 의학교육에 관한 것들도 있는데 대표적으로 조준영(趙準永)[22]의 일본 의학교 시찰기가 있다(그림 I-1-3).[23]

이 시찰기는 1881년 작성된 것으로 일본 문부성의 연혁, 직제, 사무장정, 경비, 학교별 약사(略史), 교육령 등을 간략히 소개한 후 문부성이 관할하는 각 교육 관련 기관을 10개 항목, 즉 대학 법리문 3학부, 대학 예비문, 대학 의학부, 사범학교, 여자사범학교, 외국어학교, 체조 연습소, 도서관, 교육박물관, 학사회원으로 나누어 좀 더 상세히 소개하였다.

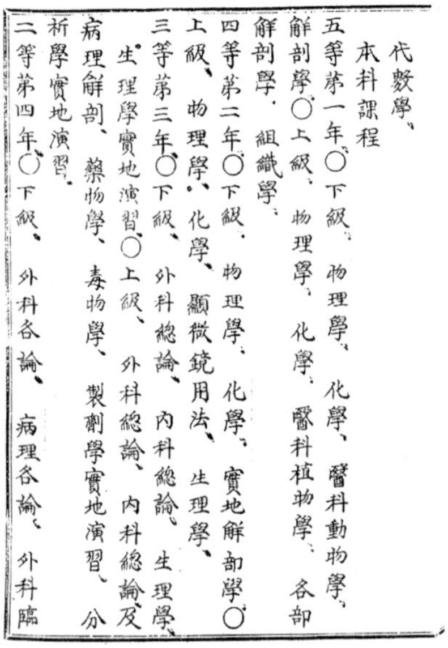
代數學、
本科課程
五等第一年〇下級、物理學、化學、醫科動物學、
解剖學〇上級、物理學、化學、醫科植物學、各部
解剖學、組織學、
四等第二年〇下級、物理學、化學、實地解剖學〇
上級、物理學、化學、顯微鏡用法、生理學、
三等第三年〇下級、外科總論、內科總論、生理學、
生理學實地演習〇上級、外科總論、內科總論及
病理解剖、藥物學、毒物學、製劑學實地演習、分
析學實地演習、
二等第四年〇下級、外科各論、病理各論、外科臨

그림 I-1-3 조준영의 일본의학교 시찰기.
趙準永(朝鮮) 編:日本文部省視察記. 奎7765, 1881. 서울대학교 규장각 한국학연구원.

이중 대학 의학부(大學 醫學部)에 대해서는 연혁, 통칙, 예과 과정, 본과 과정, 제약학교장 규칙, 제약학 본과 과정, 통학생 규칙, 의학 통학생 학과 과정, 제약학 통학생 학과 과정, 부속병원 규칙으로 나누어 총 9면에 걸쳐 소개하였다. 우선 의학

22) 조준영(1833-1886)은 풍양(豊壤) 조씨이며, 자는 경취(景翠), 호는 송간(松磵)이다. 1864년 증광문관에 을과로 급제하여 여러 관직을 거쳤으며, 1875년 6월 성균관 대사성에 올랐다. 1881년 1월 11일(음력) 박정양, 민종묵, 홍영식 및 어윤중 등과 함께 신사유람단의 일원으로 임명되어 40일 동안 일본의 신문물제도를 시찰하였다. 이후 통리기무아문(統理機務衙門)의 아문사(衙門事)가 되었고, 통리기문아문의 12사(司)를 7사로 개편했을 때 전선사 당상경리사(典選司 堂上經理事)에 임명되었다. 1882년 임오군란이 일어났을 때에는 청나라 군대의 영접관(迎接官)의 직책을 수행했다. 1883년 협판군국사무(協辦軍國事務)에 이어 이조참판(吏曹參判)을 역임했으며, 1884년 갑신정변 이후 개성유수(開城留守)가 되었다. 1885년 협판내무부사(協辦內務府事)를 거쳐 1886년 협판교섭통상사무(協辦交涉通商事務)에 전임되었다가 별세하였다. 한국학 기초사전, 왕실도서관 장서각 디지털 아카이브.

23) 趙準永(朝鮮) 編: 日本文部省視察記. 奎7765, 1881. 서울대학교 규장각 한국학연구원.

부의 간략한 연혁과 함께 의학 교육과 관련된 기본 규칙을 소개하고, 예과(5년), 본과(5년), 제약학 과정(예과 졸업 후 3년 동안 수학)의 이수 과목 등을 상세히 열거하여 소개하였다. 또한 나이가 많아 외국어, 라틴어, 수학 등을 배울 수 없는 자와 사정상 오랜 동안 취학할 수 없는 자를 위해 일본어로 의학을 배우는 통학생(通學生) 제도에 대해서도 소개하고 있다. 그에 따르면 당시 통학생은 별도 설치된 교장(敎場)에서 의학은 3년 6개월에서 4년 동안 수학하고, 제약학은 2년 동안 수학하도록 하였다. 그리고 대학 의학부 부속병원의 운영 규칙에 대해서는 진찰 및 입원할 때 환자들이 지켜야 할 수칙이나 입원 비용, 의복, 음식, 면회 등에 관한 규칙을 소개하고 있다.

이상과 같이 조준영은 기존의 서양의술에 대한 관심을 넘어, 의학교육이 이루어지는 현장인 대학 의학부를 견학하고 이를 상세하게 국내에 전했던 것이다.

3. 개화상소와 서양의학 도입의 필요성 제기

한편 1882년 개화(開化) 대 척사(斥邪) 세력의 논쟁 중에 올려진 개화상소
(開化上疏) 중에는 '의약이 묘방(妙方)이고 신술(神術)이어서 부강(富强)하는
도리에 유익한 것'이라는 내용24)이나 '기독교는 엄격하게 금하되 의학의 오묘
한 이치 등 인도(人道)에 해롭지 않고 백성들의 생업에 보탬이 될 수 있는 것
은 배워 본받을 만하다'는 내용이 포함되어 있어 서양의학을 치도(治道)의 차
원에서 수용할 필요가 있음을 강조하였다.25)

1883년 창간된 『한성순보(漢城旬報)』는 가까운 일본이나 서양 각국의 근대
의료제도의 실상과 국가적 차원에서의 서양 의료제도 수용 등에 관해 거의 1
년에 걸쳐 꾸준히 게재했는데, 이중에는 각 항구에 마땅히 서의학당(西醫學
堂)을 설립해야 한다는 논설이 있었다(I-1-4). 당시의 『한성순보』가 관보(官報)
의 성격을 지녔던 것을 고려하면 정부 차원에서도 서양 의학교육에 대한 관
심은 있었던 것으로 보이는데, 논설의 내용은 다음과 같았다.

각해구의설서의학당론(各海口宜設西醫學堂論)

저 서국에서 명의를 배출하는 데에는 반드시 먼저 문리를 정통한 뒤에 다시
수 년 동안 의서를 읽게 하고 다시 대의원(大醫院)의 시험을 쳐서 합격하면 그
중에서도 상등(上等)에 속하는 자에게만 자격증을 발급하고 이런 뒤에 자기의 의
술을 세상에 베풀 수 있게 했으니 결단코 그 선발 과정에서 조금도 부정할 수
없었다. 그들의 권위 있고도 신중함은 이와 같다. 내가 옛날 미국에서 뉴욕의 극
성대의원(克城大醫院)에 있을 때 일절의 희귀하고 치료하기 어려운 온갖 증세들
에 대하여 사지백체(四肢百體)와 오장육부를 각 부분 별로 하나하나 병원에 나열
하여 학습하는 사람들에게 마음을 쏟아서 참고자료로 제공하고 있었으니 그들의
공부하는 방법이 정밀하고 상세하기가 이와 같았다. 오늘날의 행군에 있어서도

---

24) 直講 朴淇種의 上疏文. 承政院日記, 1882년 10월 16일(高宗 19년 9월 5일).
25) 典籍 卞鎏의 上疏文. 承政院日記, 1882년 11월 17일(高宗 19년 10월 7일).

원칙적으로 군영을 수행하는 중국 의사가 있고 그 준비상태는 헤아릴 수 없지만 그러나 그 수법의 정밀하고 훌륭함이나 기기의 예리하고 쓸모 있는 것으로 탄환을 찍어내고 혈관을 막아서 피를 멎게 하여 모든 상처들의 증세를 치료하는 데에 있어서는 아마도 서의들의 간편하고 신속하게 하며 정밀하고 타당하게 하여 효력을 빠르게 하는 것에 비하지는 못할 것이다. 오늘날 서둘러야할 법규가 있다면 그것은 당연히 각 해구의 제조국마다 서의학당을 설립하여 재주 있고 영리한 생도들은 선발하여 서국의 명의를 초청하여 교습을 시키는 것이다. 단번에 깊이 깨달아 그 극치에까지 도달할 수는 없다 하더라도 먼저 간편한 구급법을 가르치면 수개월 뒤에는 역시 효과를 거두게 되어 쓸 만한 사람을 양성할 수 있을 것이다. 만약 하루아침에 국가에서 일이 생긴다면 육군의 군영마다 2명을 뽑아서 파견하고 해군의 선박마다 2명을 파견하면 이때부터는 상처를 당해도 믿을 곳이 있어서 두려움이 없으며 상처를 입지 않은 자도 생명의 안전에 대해서 즐거움을 느껴 전쟁이 일어났을 때 자연히 용기백배할 수 있어 백전백승을 할 수 있을 것이다. 그렇다면 서의학당을 설치하는 것은 당연하여 국가대사에도 매우 유리하며 행군하는 병졸에게도 유리할 것이니 어찌 민생에만 유리할 뿐이겠는가.[26]

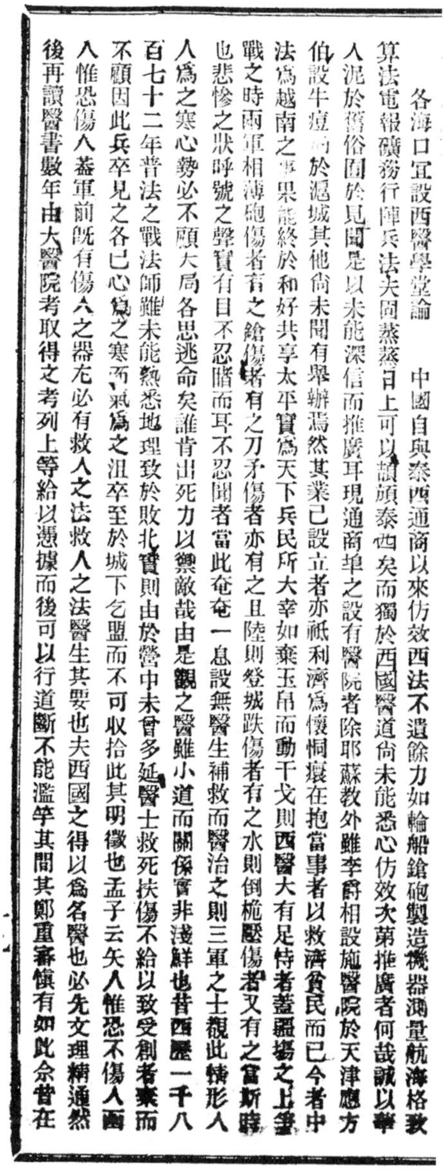
各海口宜設西醫學堂論　中國自與泰西通商以來仿效西法不遺餘力如輪船鎗砲製造機器測量航海格致算法電報礦務行陣兵法大同蒸蒸日上可以頡頏泰西矣而獨於西國醫道尚未能悉心仿效次第推廣者何哉誠以華人泥於舊俗囿於見聞是以未能深信而推廣耳現通商埠之設有醫院者除耶蘇教外雖李爵相設施醫院於天津廳方伯設牛痘局於滬城其他尚未聞有舉辦焉然其業已設立者亦祇利濟爲懷恫瘝在抱當事者以救濟貧民而已今者中法爲越南之事果能終於和好共享太平實爲天下兵民所大幸如棄玉帛而動干戈則西醫大有足恃者蓋疆場之上爭戰之時兩軍相薄砲傷者有之鎗傷者有之刀矛傷者亦有之且陸則登城跌傷者有之水則倒桅壓傷者又有之當斯時也悲慘之狀呼號之聲實有目不忍睹而耳不忍聞者當此奄奄一息設無醫生補救而醫治之則三軍之士覩此情形人人爲之寒心勢必不顧大局各思逃命矣誰肯出死力以禦敵哉由是觀之醫雖小道而關係實非淺鮮也昔西歷一千八百七十二年普法之戰法師雖未能熟悉地理致於敗北實則由於營中未曾多延醫士救死扶傷不給以致受創者衆而不顧因此兵卒見之各已心爲之寒而氣爲之沮卒至於城下乞盟而不可收拾此其明徵也孟子云矢人惟恐不傷人函人惟恐傷人蓋軍前既有傷人之器尤必有救人之法救人之法醫生其要也夫西國之得以爲名醫也必先文理精通然後再讀醫書數年由大醫院考取得之考列上等給以憑據而後可以行道斷不能濫竽其間其鄭重審慎有如此余曾在

그림 I-1-4 각해구의설서의학당론(各海口宜設西醫學堂論). 漢城旬報, 1884년 4월 22일(음력 3월 27일) 19-20면.

26) **各海口宜設西醫學堂論.** 漢城旬報, 1884년 4월 22일(음력 3월 27일) 19-20면. 이 논설은 중국 신문의 논설을 번역 소개한 것이다.

논설은 서양에서 의사가 되기 위한 교육, 의사 선발 과정 등이 권위 있고 신중함을 지적하였고, 서양의술에서 특히 외과술을 강조하였다. 그리하여 의학생들에게 구급법 등을 가르칠 의학교 설치의 당연함을 주장하였다.

1885년 1월에 들어서는 이와 같은 맥락의 의학교 설치에 대한 상소가 있었는데, 부호군(副護軍) 조영권(趙英權)의 상소가 바로 그것이었다.[27) 그는 국가의 기틀을 바로 잡기 위한 8가지 방책을 제시했는데, 첫 번째로 학교의 진흥을 들었고 이중에 의약 학교의 설립을 포함시켰던 것이다.

한편 통리교섭통상사무아문의 협판(協辦)으로 조선의 외교에 관여했던 묄렌도르프(Paul Georg von Möllendorf)[28)도 조선정부가 이후 수행해야 할 사업의 하나로 의학교 또는 병원 설립을 포함시키고 있었으며, 알렌에게 의학교 설립 허가를 얻어 주기를 원했다.[29)

---

27) 高宗實錄, 1885년 1월 16일.
28) 묄렌도르프(穆隣德, 1847-1901)는 독일의 우커마르크(Uckermark) 태생이며, 1865년 할레 아데에스(Halle. a. d. s.) 대학에서 법학, 언어학 그리고 동양학을 연구한 후 1869년 8월 중국으로 발령받았다. 그 후 이홍장의 알선으로 1882년 12월 조선의 외교고문으로 초빙되어 통리교섭통상사무아문의 협판으로 임명되었다. 이후 총세무사, 전환국 협판 등의 직책으로 활동하다가 1885년 9월 5일 해임되었으며, 1885년 12월 이홍장에 의해 중국으로 소환되었다. 묄렌도르프 저, 신복룡, 김운경 역주: 묄렌도르프 自傳(外). 집문당, 서울, 1999.
29) 金源模 完譯: 알렌의 日記, 1885년 1월 22일(금). 단국대학교 출판사, 1991; 알렌이 엘린우드(F. F. Ellinwood)에게 보내는 1885년 2월 4일 편지(김인수 옮김: 알렌 의사의 선교, 외교편지. 장로교신학대학교 부설 한국교회사연구원, 2007, 37쪽).

4. 조선 재래의 의료기관과 의학교육

한국에는 삼국시대 이래 중앙에 의료와 관련된 직제가 있었으므로 어떤 방식으로든 의학교육이 이루어졌을 것으로 추측되지만, 기록으로 확인되는 최초의 의학교육기관은 통일신라시대의 의학(醫學, 692년)이다. 또 삼국시대부터 국가가 의료분야의 우수한 인재들을 교육시키거나 선발하는 제도가 있었다.30) 한 예로서 백제에는 의박사(醫博士)와 채약사(採藥士)라는 관직이 있었다.

고려시대에는 개경과 서경에 의학원(醫學院)을 설치하고 의학교육을 실시했으며, 958년부터 의과고시(醫科考試)를 보기 시작했다. 조선에서도 마찬가지로 의과취재(醫科取才)를 통해 국가가 필요로 하는 고급 의료 인력을 선발하였다.

조선의 전통적인 의료기관은 재래의 한의학에 기반을 둔 내의원(內醫院), 전의감(典醫監), 혜민서(惠民署)의 삼의사(三醫司)를 근간으로 했으며,31) 이외에 구휼(救恤) 기관으로 활인서(活人署)가 있었다. 이들 의료기관 중에서 내의원에 이어 두 번째 지위를 차지하는 전의감은 특히 의학교육에 있어 가장 높은 수준의 교육을 제공하는 기관이었으며, 의서도 편찬하였다. 경국대전(經國大典)에 의하면 전의감에는 종6품의 의학교수(醫學敎授)가 2명, 정9품의 의학훈도(醫學訓導)가 1명이 있었는데, 이들은 50명의 의학생들의 교육을 담당한 정직(正職)이었다. 또한 의학에 관한 전문지식을 가르치기 위하여 뽑은 관원들인 의학습독관(醫學習讀官)을 배속시켰는데, 다른 관청의 하급관원들이 겸임하는 것이 일반적이었으며 처음에는 15명이었으나 후에 30명으로 늘렸다.

30) 여인석, 박윤재, 이경록, 박형우: 한국 의사면허제도의 정착과정. 한말과 일제시대를 중심으로. 醫史學 11: 137-53, 2002.
31) 조선 초기와 후기의 삼의사 체제에 관해서는 다음의 글이 참고가 된다. 손홍렬: 韓國 中世의 醫療制度 硏究. 수서원, 서울, 1988, 167-89쪽; 신동원: 한국근대보건의료사. 한울, 1997, 36-40쪽.

1746년의 속대전(續大典)에서는 의학교수 1명을 감원하였다. 혜민서에서의 의학교육은 여러 면에서 전의감보다는 떨어지는 수준이었으며,[32] 종6품의 의학교수가 2명, 정9품의 의학훈도가 1명이 있었다. 이들은 30명의 의학생들의 교육을 담당하였다.

그런데 1882년(음력) 혜민서가 혁파되고 1894년 7월 갑오개혁(甲午改革)에서 내의원이 전의감의 기능을 흡수함으로써 삼의사 체제가 붕괴되었는데, 특히 혜민서가 해체되어 대민 의료기관이 없어진 것은 조선 정부의 입장에서는 국가 체제의 안정성 확보와 관련하여 매우 곤란한 일이었다.

반면 민간에서 활동한 의료인은 이러한 공식적 교육 과정을 밟지 않고도 개인적인 사사나 일정한 경험을 쌓은 후 의료 활동을 할 수 있었다. 이처럼 의료인의 질 관리가 엄격하게 이루어지지 않았으므로 적지 않은 문제가 발생했다. 따라서 한말 서양의학의 적극적 도입을 주장한 논리 가운데는 서양에서 이루어지는 의료인에 대한 엄격한 질 관리 제도를 도입해서 무자격 의료인에 의한 피해를 막아야 한다는 주장도 적지 않았다.

---

32) 六典條例. 서울대학교 규장각, 1999, 262-6쪽, 289-92쪽.

제2장 최초의 서양식병원 제중원

1. 제중원의 설립[33]

한국에 서양의학이 들어오게 된 직접적인 계기는 의료선교사의 내한(來韓)
이었다. 1870년대 말부터 구체화되기 시작한 한국에 대한 미국 기독교 각 교
파의 선교는 현지인들과 용이하게 접촉하고, 외래 종교에 대한 반감을 희석시
키려는 목적으로 의료와 교육을 앞세웠다.[34]

한국에 선교사를 가장 먼저 파송한 북장로회(北長老會)는 1884년 2월 한국
선교 기금을 모금하기 시작하였고, 4월 24일 헤론을 의료선교사로,[35] 7월 28
일에 언더우드를 전도선교사로 각각 임명하였다. 그런데 1883년 10월 중국에
파송되었으나 제 역할을 찾지 못하고 있던 의료선교사 알렌(Horace N. Allen,
安連, 1858-1932, 그림 I-2-1)이 주위 친지들의 권유로 1884년 6월 한국행을 자
천하고 나섰고, 8월 해외선교부가 이를 허락하여 9월 20일 기독교의 첫 선교
사로 내한하였다.[36] 한국 최초의 선교사 알렌이 의사였다는 사실은 한국의 개
신교 선교가 의료선교를 중심으로 진행될 것임을 암시하는 것이었다.

1) 갑신정변과 알렌의 민영익 치료

9월 22일 서울에 도착한 알렌은 9월 23일 미국 공사관의 '무급 의사(無給

---

33) 제중원에 관해서는 다음의 글들이 참고가 된다. 李光麟: 濟衆院 硏究, 韓國開化史의 諸問
題. 重版, 一潮閣, 1990, 114-46쪽; 奇昌德: 韓國近代醫學敎育史. 아카데미아, 1995, 29-32,
45-9쪽, 52-4쪽; 신동원: 公立醫院 濟衆院, 1885-1894. 한국문화 16: 181-260, 1995; 주진오:
서양의학의 수용과 제중원-세브란스. 延世醫史學 1(3): 1-29, 1997; 박형우: 제중원. 몸과마
음, 2002.
34) 미국의 해외 선교에 대해서는 다음의 글이 참고가 된다. 백낙준: 백낙준 전집 1, 한국개신
교사 1832-1910. 연세대학교 출판부, 서울, 1995, 74-7쪽.
35) Editorial Notes. Foreign Missionary 43: 3, 1884.
36) Mission in Korea. The Forty-eighth Annual Report of the Board of Foreign Missions of the
Presbyterian Church in the United States of America. Presented to the General Assembly, May,
1885, Mission House, New York, 1885년, 128-31쪽.

그림 I-2-1 알렌. 동은의학박물관 소장.

醫師)'로 임명되었고, 한국에 거류하는 최초이자 유일한 서양인 의사로서 대단한 환영을 받았다. 당시 한국은 선교사의 활동을 엄금하고 있었기 때문에 공사관 소속의 무급 의사라는 직책은 알렌의 신분을 감추는데 유리했다. 알렌은 '나는 조선이 기독교 국가로 될 그 날을 보기 위해 살아가기를 희망한다.'고 함으로써 해외 의료선교사로 나섰던 자신의 원래 의도를 잊지 않고 있었다. 내한 이후 알렌은 서울의 외국거류민 전체를 위한 공의(公醫)로서 여러 외국인들뿐 아니라 일부 한국인들을 치료하느라 분주했다.

그런데 알렌 뿐 아니라 한국 근대사에서 큰 전환점이 되는 중대한 사건이 일어났으니, 바로 1884년 12월 4일에 일어난 갑신정변(甲申政變)이었다. 그날 저녁 견평방(堅平坊, 지금의 종로구 견지동)에 위치한 우정국(郵政局)[37]에서는 서울에 주재하는 주요 외교관들을 초청하여 우정국의 개설을 축하하는 만찬이 열리고 있었는데, 이를 기회로 급진 개화파가 온건 개화파를 제거하기 위해 정변을 일으켰다. 이날 참석한 급진 개화파는 주빈인 우정국 총판(總辦) 홍영식(洪英植), 그리고 박영효(朴泳孝), 김옥균(金玉均), 서광범(徐光範) 등이었고, 온건 개화파는 한규직(韓圭稷), 민영익(閔泳翊), 이조연(李祖淵) 등이었다.

이 정변의 와중에 민비의 조카뻘 되는 친척이며 우영사(右營使)로서 당시 실력자였던 민영익[38]이 자상을 입어 목숨이 위태롭게 되었다. 부상당한 민영

---

37) 우정국 청사는 전의감을 개수한 것이었다.
38) 민영익(閔泳翊, 1860-1914)은 1877년 문과(文科)에 급제한 후, 이조(吏曹) 참의(參議)를 거쳐 1881년 통리기무아문 군무사(軍務司) 당상(堂上), 1882년 12월 4일 통리교섭통상사무아문의 독판권지협판사무(督辦權知協辦事務)가 되었다. 1882년 임오군란 때에는 민씨 척족의 거물로 지목되어 집을 파괴당했고, 난이 수습된 후 사죄 사절로 일본에 다녀왔으며, 천진에 파견되어 해관 사무를 교섭했다. 1883년 9월 전권공사(全權公使)로 미국에 건너가 국서를 전달하고 귀국 후 혜상공국 총판(總辦)이 되어 급진 개화파를 탄압하였다. 이듬해 1884년 12월 갑신정변 때 부상당해 알렌의 치료로 생명을 건졌다. 민영익은 상처에서 회복된 후 1885년 협판내무부사, 군무국의 총판을 겸직하였고, 한성부 판윤, 병조판서를 지내며 민씨 정권의 핵심 인물로 활동하였다. 그러나 1886년 민비의 친로거청정책(親露拒清政策)을 거부하고 이를 청의 위안스카이에게 밀고했다가 발각되자 국외로 피신하여 홍콩, 상해 등지를 전전하였다. 이후 귀국하여 1888년 연무공원관리사무, 1894년 선혜청 당상 등을 역임하였으나 고종 폐위 사건과 관련하여 다시 홍콩, 상해로 망명하였다. 그 후 일시 귀국하였으나 1905년 을사보호조약이 체결되고 친일정권이 수립되자 상해로 재차 망명하여 1914년 그곳에서 죽었다.

익을 두고 열네 명이나 되는 한의사들은 적절한 치료를 하지 못하고 상처를 고약으로 채우려 하는 등 우왕좌왕했고,[39] 묄렌도르프는 결국 알렌에게 왕진을 요청하기에 이르렀다.

알렌은 이전까지 한국에서 이루어지던 어떠한 한방 치료와도 구별되는 전혀 다른 형태의 서양의술로서 밤새 정성을 다해 환자를 치료했다.[40] 우선 자상(刺傷)을 깨끗이 소독한 후 꿰매고 붕대를 감았다. 모두 일곱 군데에 상처가 나 있었는데, 모두 27바늘을 꿰맸으며 8개의 고무반창고를 붙였다.

이후 알렌은 매일 1-3번씩 꾸준히 왕진(往診)을 했다. 그러다가 1월 말이 되자 알렌에게 감사의 말까지 하게 될 정도로 민영익의 건강이 회복되었다. 결국 보기 흉한 흉터가 남아 있기는 했지만 민영익은 3개월 정도의 치료로 완쾌되었다.[41] 알렌은 갑신정변의 와중에서 서울을 지킨 데다 민영익이 완쾌됨으로써 조선에서 뚜렷한 입지(立地)를 확보할 수 있게 되었으며,[42] 더욱이 민영익을 매개로 자연스레 왕실과도 친근하게 지낼 수 있게 되었다.

2) 알렌의 병원설립안

민영익의 치료에서 보여 준 서양의술, 특히 외과술의 효과에 대해 많은 조선 사람들이 의외의 좋은 반응을 나타내자 알렌은 자신감을 얻고 원래 해외 선교에 나섰던 자신의 뜻을 펼칠 방안을 구체화시키기 시작했다. 환자들의 치료 및 서양 의술의 전수를 위한 병원의 설립을 조선정부에 공식적으로 제기한 것이었다.

---

39) 알렌의 편지에는 약 13명이라고 되어 있다. 알렌이 엘린우드(F. F. Ellinwood)에게 보내는 1885년 2월 4일 편지(김인수 옮김: 알렌 의사의 선교, 외교편지. 장로교신학대학교 부설 한국교회사연구원, 2007, 38쪽).

40) 金源模 完譯: 알렌의 日記, 1884년 12월 5일(금). 단국대학교 출판사, 1991. 알렌의 민영익 치료에 대해서는 다음의 책이 참고가 된다. 박형우: 제중원. 몸과마음, 서울, 2002, 45-50쪽.

41) H. N. Allen 지음, 신복룡 역주: 朝鮮見聞記. 집문당, 서울, 1999, 68-9쪽.

42) 이에 대해 묄렌도르프는 알렌에게 "병원은 선교부의 다른 사람 것이 아니라 바로 당신 것입니다. 바로 당신이 정치 소요(갑신정변) 때 했던 공로 때문에 갖게 된 것입니다."라고 말했다. 알렌이 엘린우드(F. F. Ellinwood)에게 보내는 1885년 7월 19일 편지(김인수 옮김: 알렌 의사의 선교, 외교편지. 장로교신학대학교 부설 한국교회사연구원, 2007, 86쪽).

알렌의 병원설립안(病院設立案, 그림 I-2-2)은 1885년 1월 27일 미국 임시 대리공사 폴크(George C. Foulk)[43]의 서신과 함께 민영익을 통해 외아문 독판 김윤식(金允植) 앞으로 제출되었다.

서울의 조선 국왕과 폐하의 정부를 위한 병원설립안

최근의 소요 이래, 저는 몸에 박힌 총탄을 제거하거나 화기에 의한 상처를 치료하기 위해 그리고 다른 이유로 아픈 사람들을 치료하기 위해 많은 한국인에게 호출되었습니다.

저는 제가 할 수 있는 일은 했습니다. 그러나 이들 가운데 많은 사람들은 저의 처소에서 멀리 떨어져 살고 있어 왕진을 가기가 어려웠습니다. 그것은 민영익 각하와 부상당한 청나라 군인을 치료하기 위해 저의 많은 시간이 투여되었기 때문입니다. 일부 재력 있는 환자들은 내 처소 근처에 방을 얻었으므로 저는 그들을 매일 볼 수 있었습니다. (그러나) 많은 가난한 사람들은 적절한 시설의 부족으로 치료를 받을 수가 없었습니다. 저는 미국 국민으로서 한국 국민을 위해 제가 할 수 있는 모든 것을 하려고 합니다. 만약 정부에서 약간의 시설들을 제공한다면 병든 사람들은 서양과학에 의해 치료를 받고, 부상당한 군인들도 돌볼 수 있는 장소가 생기는 것이므로 조선정부로서도 큰 이익이 될 것입니다.

그리고 이곳은 젊은이들에게 서양의 의학과 보건학을 가르치는 기관이 될 것입니다.

미국의 모든 도시에는 하나 이상의 병원이 있습니다. 서울에도 병원은 하나 꼭 있어야 하고 그 병원은 적은 비용으로도 만들 수 있습니다.

저는 기꺼이 정부의 관심 아래 병원의 책임을 맡으려고 하며, 저의 업무에 대한 보수는 없어도 됩니다. 필요한 것은 쾌적한 장소에 위치한 커다란 한옥 한 채와 1년 단위의 운영비가 전부입니다. 이 운영비에는 조명, 땔감, 조수·간호원, 잡역부로 일할 사람들과 가난해서 음식을 마련할 수 없는 환자들을 위한 음식과 약값 300달러 정도가 포함되어 있습니다. 이 제안을 수락하신다면, 여기에서 일

---

43) 폴크(福久, 1856-93)는 1876년 미국 해국사관학교를 졸업하고 미 해군의 아시아지역 함대에 복무하였다. 1884년 6월 5일 주한 미국공사관의 해군 무관(武官)으로 부임하였다. 1885년 1월 10일 푸트가 공사직을 사임하자 후임으로 임시대리공사로 임명되어 1886년 6월 12일까지 근무하였다. 후임인 파커(William H. Parker)가 9월 1일 해임되자 폴크가 다시 임시대리공사로서 12월 11일까지 근무하였고 후임으로 록힐(William W. Lockhill)이 임명되었다. 1887년 6월 18일 미 정부에 의해 해군 무관에서 해임되었고, 소환 명령으로 출국하였다. 金源模: 近代韓國外交史年表. 단국대학교 출판부, 서울, 1984, 270쪽; 孫禎淑: 韓國 近代 駐韓 美國公使 研究(1883-1905). 이화여자대학교 대학원 2003학년도 박사학위 청구논문.

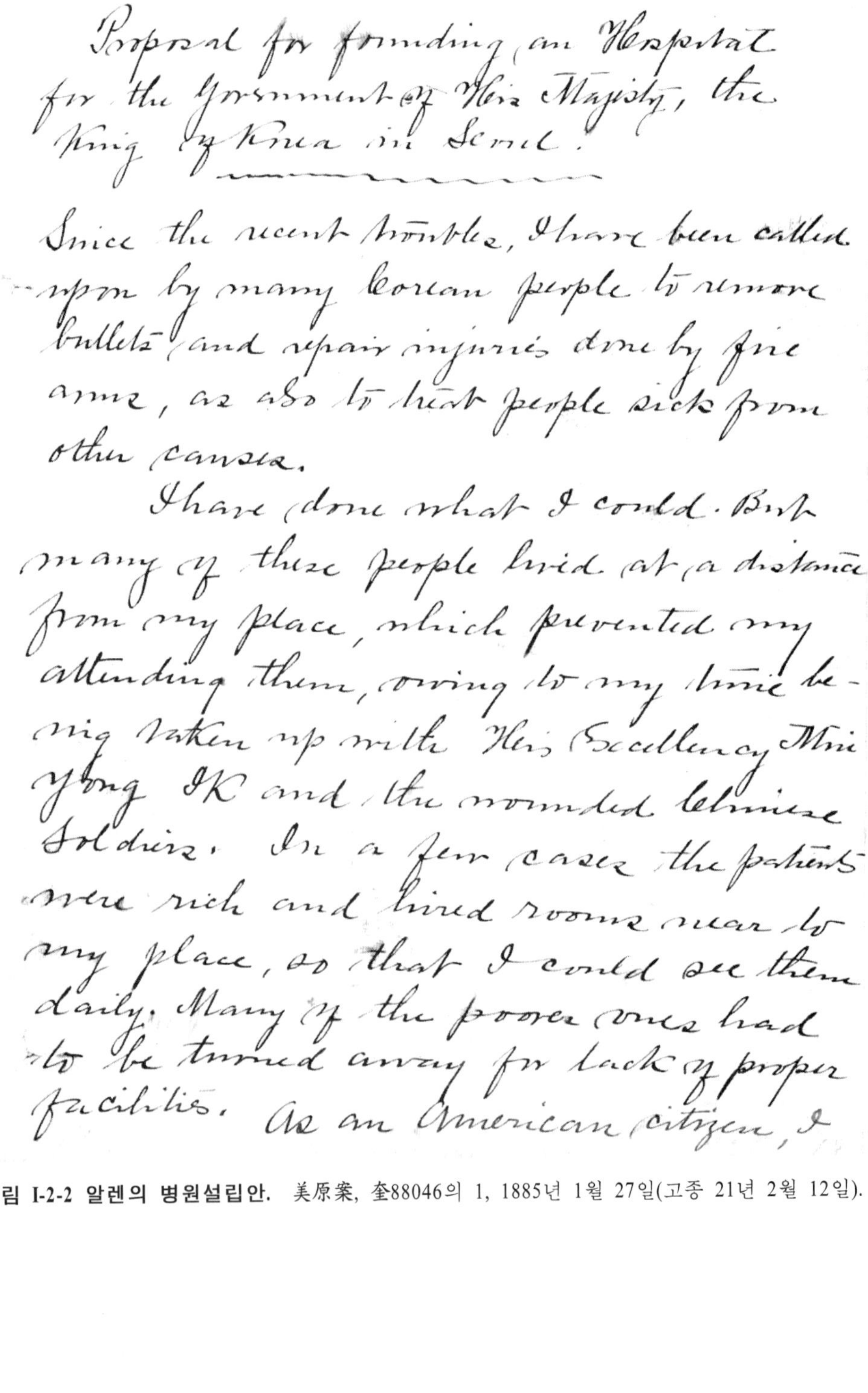

Proposal for founding an Hospital
for the Government of His Majesty, the
King of Korea in Seoul.

Since the recent trouble, I have been called
upon by many Corean people to remove
bullets, and repair injuries done by fire
arms, as also to treat people sick from
other causes.

I have done what I could. But
many of these people lived at a distance
from my place, which prevented my
attending them, owing to my time be-
ing taken up with His Excellency Min
Yong IK and the wounded Chinese
Soldiers. In a few cases the patients
were rich and hired rooms near to
my place, so that I could see them
daily. Many of the poorer ones had
to be turned away for lack of proper
facilities. As an American citizen, I

그림 I-2-2 알렌의 병원설립안. 美原案, 奎88046의 1, 1885년 1월 27일(고종 21년 2월 12일).

할 다른 미국인 의사를 6개월 내에 구할 것이며, 우리는 보수를 받지 않고 함께 일할 것을 약속드립니다. 우리의 생활비는 미국에 있는 자선 단체에서 지원을 받을 것입니다. 현재 이 단체는 북경, 천진, 상해, 광동과 다른 중국 도시들의 병원에 지원을 하고 있는데, 이 중 두 곳은 이홍장(李鴻章)이 재정 지원을 한 곳입니다.

이 제안을 수락하신다면, 그 기관은 왕립병원이라고 부르게 될 것이고, 고통 속에 있는 국민들이 적절하게 치료받는 것을 보는 기쁨을 폐하에게 안겨드릴 것입니다. 또한 이로 인해 의심할 여지없이 백성들은 폐하에게 더욱 친근감을 느낄 것이며, 백성들의 사기는 올라갈 것입니다.

알렌 (서명)[44]

이와 같이 알렌은 이 병원설립안에서 병원의 설립 목적을 가난한 조선인을 치료하는 것과 조선의 젊은이에게 서양의학을 전수하는 것에 두었다. 동시에 조선정부는 병원의 운영에 필요한 경비를 부담하고, 알렌 자신의 보수는 미국의 자선단체에서 지원 받을 것이라는 등 운영 원칙을 제시하였던 것이다. 알렌은 병원설립안에서 '이홍장이 후원하는 중국의 선교병원'을 언급함으로써 당시 한국인들이 중국을 모든 좋은 것의 근원으로 여겼던 점을 고려하였고, 선교부의 허락을 받지 않고 다른 미국인 의사가 올 것을 약속한 것은 묄렌도르프가 의사 1명이 더 있으면 의학교를 시작할 수 있다고 암시했기 때문이었다.[45]

몇 가지 장애가 염려되었음에도 병원설립안에 대해 조선정부는 호의적인 반응을 나타냈다. 또한 근대적 병원을 갈망하던 고종은 알렌이 선교사라는 것을 알았지만, 무엇이든 원하는 것이 있으면 주저하지 말고 요청하라고 여러 번 강조하기까지 했다.[46] 조선정부는 즉시 논의를 통해 병원 설립을 결정하고, 신속히 작업에 들어갔다. 우선 병원 설립을 담당할 조선 측 대표로 김

---

44) 알렌의 병원설립안은 알렌의 일기에도 기록되어 있다. 美案 문서번호 158, 美醫 安連의 病院設置提議에 對한 推薦, 규18047, 18046의 1, 1885년 1월 27일(高宗 21년 12월 12일); 金源模 完譯: 알렌의 日記, 1885년 1월 22일(금). 단국대학교 출판사, 1991.

45) 알렌이 엘린우드(F. F. Ellinwood)에게 보내는 1885년 2월 4일 편지(김인수 옮김: 알렌 의사의 선교, 외교편지. 장로교신학대학교 부설 한국교회사연구원, 2007, 55쪽).

46) H. N. Allen: Medical Work in Korea, Foreign Missionary 44: 76, 1885.

윤식이 임명되었고, 병원 건물로 현재의 헌법재판소 구내 북서쪽 부분인 재동(齋洞) 35번지에 해당하는 고(故) 홍영식의 집이 선정되었다. 우정국의 책임자로 정변을 주도했다가 실패로 끝나자 참살당한 후 거의 폐허가 되었던 홍영식의 저택이 우리나라 최초의 서양식 병원으로 내정된 것이었다.

3) 제중원의 개원

4월 3일에 외아문에서는 오늘부터 재동의 병원에서 알렌을 맞이하고 학도와 의약의 여러 도구들도 함께 갖추고 치료를 시작한다고 사문(四門)과 종각(鍾閣)에 게시했다.47) 그러나 『알렌의 일기』에 진료 기록이 아직 나타나지 않는 것과 학도의 모집도 아직 이루어지지 않은 것으로 보아, 공식적으로 개원하거나 실제적으로 치료를 시작한 것은 아니고 다만 공고(公告)였던 것으로 보인다.

알렌은 4월 9일부터 환자를 보기 시작했지만,48) 한국 최초의 서양식 병원인 제중원(광혜원)의 공식적인 개원은 4월 10일에 특별한 의식 없이 이루어졌다.49) 그리고 공식적인 축하연은 이보다 약 4개월 후인 1885년 8월 9일에 외과병동에서 열렸다.50)

---

47) '(乙酉二月)十八日 ...... 揭示四門及鍾閣, 本衙門, 設有施醫院一所, 在北部齋洞外衙門北偏第二家, 邀美國醫師安連, 幷置學徒醫藥諸具, 自今十八日爲始, 而每日以未時至申時, 開院試藥矣. 該醫師學術精良, 尤長於外科, 一經診驗立見神效, 本院現有男女所住之房, 凡有疾病者, 來院療治, 藥價, 則自國家備給矣. 以此知悉, 勿疑就療, 爲此告示事, 又飭京兆揭示各契, 關九道四都, 以此意眞諺飜膳, 知委於道內各邑, 凡有難醫之疾, 就院療治, 以副國家廣濟之意事.' 統署日記, 1885년 4월 3일(高宗 22년 2월 18일).

48) 金源模 完譯: 알렌의 日記, 1885년 4월 10일(금). 단국대학교 출판사, 1991.

49) 병원 설립의 당사자였던 알렌은 자신의 일기에서 4월 9일을 진료 개시일로 기록하고 있음에도 불구하고 공식보고서에서는 4월 10일을 개원일로 잡고 있다. H. N. Allen, J. W. Heron: First Annual Report of the Korean Government Hospital, Seoul, under the care of H. N. Allen, and J. W. Heron, for the Year ending April 10th, 1886. R. Meiklejohn & Co., Yokohama, 1886. 이 자료는 한국어 번역과 함께 원문 전체가 『제중원 일차년도 보고서』라는 제목의 논문으로 발표된 바 있으며, 이후 이 논문을 인용하기로 한다. 박형우, 여인석: 제중원 일차년도 보고서. 延世醫史學 3: 12, 1999.

50) '本月 二十九日 下午 五點鐘, 本督辦 在濟衆院 潔樽候光, 請卽屆時移玉爲荷, 此頌日祉. 六月二十八日 金允植.' 美案 문서번호 230, 濟衆院 招宴의 件, 1885년 8월 8일(고종 22년 6월 28일); 日案 문서번호 528, 濟衆院 宴會 招待. 1885년 8월 8일(高宗 22년 6월 28일); 金源模 完譯: 알렌의 日記, 1885년 8월 10일(월). 단국대학교 출판사, 1991.

한편 고종은 4월 12일 병원의 명칭을 '은혜를 널리 베푼다'는 뜻으로 '광혜원(廣惠院)'이라 붙였다. 하지만 2주일이 지난 4월 26일 병원의 명칭을 '사람을 구제한다'는 의미의 '제중원(濟衆院)'으로 개부표(改付標)하였다.[51]

제중원이라는 명칭은 조선정부의 의료정책에 대한 입장이 강하게 반영된 것으로 보인다. 본래 '제중'은 『논어(論語)』옹야(雍也)편에 나오는 '박시제중(博施濟衆)'의 준말로 국가가 백성에게 인정을 베푼다는 의미로 이전부터 널리 사용되었던 표현들이었다. 따라서 제중원으로의 개칭은 국가 혹은 지배층이 주체가 되어 불우한 사람들을 구휼하고 질병을 치유한다는 조선정부의 전통적인 의료정책이 어느 정도 녹아들어 있는 것으로 이해할 수 있다.

---

51) 개부표(改付標)는 한 번 계하(啓下)한 문서에 일부분을 고쳐야 할 점이 있을 때, 다시 임금의 재가를 받기 위하여 그 고칠 자리에 누런 찌지를 붙인 것이다. 단국대학교 동양학연구소 편찬: 한국한자어사전 2권. 단국대학교 출판부, 서울, 1993, 628쪽. 광혜원이 제중원으로의 개칭은 다음의 글을 참고가 된다. 이경록, 박윤재, 여인석, 박형우: 광혜원의 개원과 제중원으로의 개칭과정. 延世醫史學 2: 478-570, 1998.

2. 제중원의 운영

1) 공립의원 규칙의 제정

병실은 침대가 없는 전통적인 온돌방을 사용하였고, 약 40명의 환자를 수용할 수 있는 규모로 개조되었다(그림 I-2-3).[52] 조선정부는 병원 건물을 마련한데 이어 그 운영과 관련된 규칙 마련에 착수했는데, 일본인 의사 가이세 도시유키(海瀨敏行)[53]가 작성한 12조의 초안(草案)이 알렌에게 보내졌다.[54] 결국 알렌의 의견이 반영된 14조로 된 「공립의원 규칙(公立醫院 規則)」이 확정되었다(그림 I-2-4).

1885년 (음력) 2월   일 공립의원 규칙

제1조   생도 약간 명(幾員)이 매일 배우는 시간은 오전 7시부터 오후 4시까지이며, 휴일을 제외하고는 마음대로 놀 수 없다. (학업에) 정통하고 탁월하여 중망을 얻은 자는 공천하여 표양한다.

제2조   생도는 약의 배합과 제조, 기계 등의 설치를 담당하며 한결같이 의사의 지휘를 따라야 한다.

제3조   서기 2명은 각 항의 문서와 계산을 담당하며 하나하나 상세하게 해야 한다. 6월과 12월에 통계를 낸 후 공립의원의 각 관서에 고감(考鑑)하게 한다.

---

52) H. N. Allen: Medical Work in Korea. Foreign Missionary 44: 75, 1885.

53) 1등 군의(一等 軍醫) 가이세 도시유키는 1883년 6월 10일 서울에 일본 공사관의원이 개원하자 부임하였다. 그의 치료는 한국인에게 상당한 호감을 주었던 것으로 알려져 있으며, 한성순보에 "그 학설이 서양의 과학에 근거한 것이어서 치료를 받으면 기효(奇效)를 보는 이가 많으므로 현재도 거의 빈 날이 없이 사람들이 찾아오고 있다."는 기사가 실리기도 했다. 하지만 그의 의술도 그다지 세련된 것이 아니었음은 1884년 6월 소년 김팽경의 손을 수술하다가 실수로 마취를 깨우지 못해 죽게 한데서도 알 수 있다. 그는 묄렌도르프와의 관계 등으로 외아문 관리들과도 가까웠던 것 같으며, 이 때문에 병원 규칙 작성을 그에게 맡겼던 것으로 생각된다. 李光麟: 濟衆院 研究, 韓國開化史의 諸問題. 重版, 一潮閣, 1990, 120쪽; 金承台: 日本을 통한 西洋醫學의 受容과 그 性格. 國史館論叢 6: 232-3, 1989.

54) 金源模 完譯: 알렌의 日記, 1885년 4월 3일(금). 단국대학교 출판사, 1991.

그림 I-2-3 재동 제중원. 1930년대 중반 촬영한 것이며, 당시 경기여고 기숙사 사감실로 이용되었다. Korea Mission Field 30(8), 1934.

제4조 당직 2명은 각 방을 정결하게 하고 의약의 여러 도구와 원내의 물품을 관리한다. 이유 없이 물품이 없어졌을 때는 처벌을 받는다.

제5조 문지기[門直] 2명 가운데, 한 명은 외문에서 환자의 성명을 먼저 기록하고 차례대로 패(牌)를 지급한 후 들어가도록 하며, 다른 한 명은 중문에서 갑·을 등등의 순서가 적힌 앞의 패를 거두어 살핀 후 의사를 만나도록 한다. 빈패(貧牌)를 소지한 사람은 원패(元牌)가 모두 들어간 다음에 들어가도록 한다.

제6조 환자가 외문에서 이름을 기록할 때 동전 2전을 납부하며 가족이나 의탁할 자가 없는 경우에는 빈자패(貧字牌)를 지급하여 들어가게 한다. (그리고) 패를 살핀 후에야 가지고 들어가게 한다.

제7조 사환은 5명 이내이며, 2명은 주방의 일을 담당하고 다른 2명은 뜰을 청소하고 아궁이에 불을 지피는 등의 여러 일을 맡으며 나머지 사환 1명은 물을 긷는다.

제8조 환자가 몸을 움직이지 못하여 의사를 요청해 의사가 몸소 왕진한 경우의 비용은 한 번에 동전 50냥을 선납한 후에야 의사를 만날 수 있다.

제9조 입원한 환자는 자신의 치료비를 예와 같이 가져와야 하는데, 상등 환자의 1일 치료비는 동전 10냥, 중등 환자는 5냥, 하등 환자는 3냥이다. 가

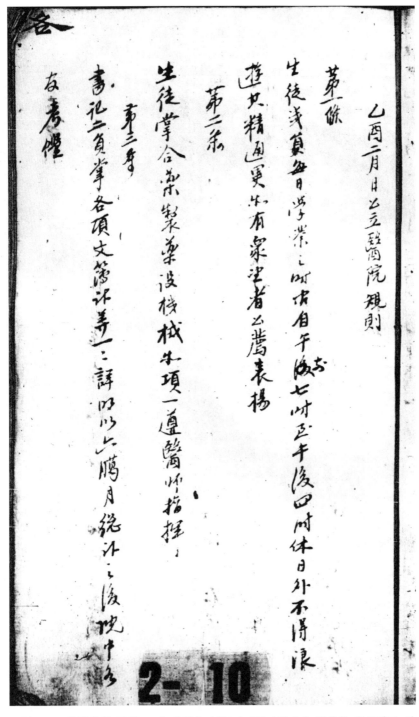

그림 I-2-4 공립의원 규칙. 이 규칙은 1886년 2월 1일자로 국한문 혼용체로 한성주보에 실렸다. 八道四都三港口日記, 奎88083 제2책, 1885년 (음력) 2월.

족이나 의탁할 자가 없는 사람에게는 공립의원(의 예산)에서 그 비용을 보전(補塡)한다.

제10조 약값은 상·중·하등의 환자가 사용한 물품에 따라 돈을 치르도록 하며, 가족이나 의탁할 자가 없는 사람에게는 공립의원(의 예산)에서 그 비용을 지급한다.

제11조 공립의원에 임용된 모든 사람에게는 세 사람의 보증을 받아 추천을 통해 임명한다. 만약 물품이 없어졌을 때는 물품의 값을 해당 담당자에게 징수하고 담당자가 감당하지 못할 때에는 곧 세 사람의 보증인에게 징수한다.

제12조 간병하는 시간은 오후 2시에서 4시까지이다.

제13조 만약 문병인이 아닌데도 함부로 들어왔을 경우에는 그 사람을 중징계하고 문을 담당한 사람에게도 태벌을 가한다.

제14조 문병인을 제외하고 학도와 간사인을 보러 오는 자가 있을 때는 외문에서 문지기를 통해 연락한 후 들어온다.55)

그런데 우리가 이 규칙에서 가장 주목해야 할 점은 초안과 최종안에서 관

---

55) 같은 내용이 『한성주보』에도 실려 있다. 八道四都三港口日記, 규18083 제2책, 1885년 (음력) 2월; 設濟衆院. 漢城周報 제2호, 1886년 2월 1일(음력 1885년 12월 28일).

乙酉 二月 日 公立醫院規則

第一條 生徒幾員 每日學業之時間 自午前七時 到午後四時 休日外 不得浪遊 其精通異等 有衆望者 公薦表揚

第二條 生徒掌合藥製藥 設機械等項 一遵醫師指揮

第三條 書記二員 掌各項文簿計算 一一詳明 以六臘月 總計之後 院中各官考鑑

第四條 堂直二人 淨潔各房 守直醫藥諸具 及院內物品 無到闕失 勘罪事

第五條 門直二人 一在外門 先記病人姓名 鱗次給牌後許入 一在中門 考收門牌甲乙等號 始許見醫師 而持貧牌者 元牌盡入後 許入

第六條 病客外門錄名時 銅錢二戔 式捧納 無室無依者 給貧字牌許入 牌則考驗 次仍爲持入

第七條 使喚五名內 二人掌廚房事務 二人掌掃洒庭除及点火各突諸般 使喚一名掌汲水

第八條 病客能不運動 請醫師 則醫師躬造之柬脩 每度以銅錢五十兩 式先納後 邀去醫師

第九條 留院病客 自費料 依例持來 而上等客日費 銅錢十兩 中等五兩 下等三兩 其無室無依之人 自院中辦費

第十條 藥料 上中下等客 隨所用品 捧入價直 其無室無依之客 自院中辦給

第十一條 院中各任事人 受三保薦入 而若有闕失物品 其物品之代價 徵收於該掌人 若該掌人不堪抵當 其價 卽徵收於三保薦主

第十二條 看病時間 自未正至申正

第十三條 倘非問病人 而無端攔入 則該人重 守直門人 亦施笞罰

第十四條 問病人外 或來看學徒及幹事人者 在外門 使門直通奇後 入來

리 책임자에 관한 규정이 변동되었다는 것이다. 조선정부는 초안 제1조와 제2조에서 한국인 관리를 책임자로 파견한다고 명기하여 제중원의 운영을 관할하려는 의도를 보였다.[56)

> 제1조 조선 관리 가운데 병원을 담당할 책임자(Commissioner)를 임명한다.
> 제2조 관리 두 명이 임명되며, 그 가운데 한 명은 상임으로 병원 운영에 참여한다.

하지만 알렌과의 협의 과정에서 이 부분이 완전 삭제되었는데, 알렌이 1월 27일에 제출한 병원설립안에서 '기꺼이 정부의 관심 아래 병원의 책임'을 맡겠다고 한 것과 일맥상통하는 것이었다. 즉 재정 지원 등 조선정부의 관심은 좋으나, 실제 의료에 있어 자신이 불필요한 간섭을 받게 될 여지를 없애 버린 것이었다. 조선정부도 이러한 알렌의 의도를 수용하여 가이세가 작성한 초안에서 이 부분을 삭제하였다.

이외에 학생과 관련하여 초안에 단순히 4명을 선발한다고 한데 반해, 이들이 배우는 시간을 규정함과 동시에 학업이 우수자에게 상을 수여한다고 구체화하였다. 알렌의 의학교육에 대한 열의를 볼 수 있는 대목이다. 또한 내원하는 환자를 자신이 진료비를 내는 사람과 무료 환자를 구별하여 병원 운영에도 세심한 신경을 썼다.

그리고 의료수가는 회복 후에 지불하는 것이 아니라, 자신의 치료비와 약값을 환자가 지불하도록 하였다. 이것은 초안에 근거해 병이 나은 경우에만 약값을 받았기에 제중원이 기존의 관행을 그대로 따른 것이며 더 나아가 병원 운영 방식이 혜민서 및 활인서와 흡사했다는 지적[57)과 상반되는 운영 방식이었다. 이외에도 병원의 관리를 위해 치료에 방해가 될 수 있는 외부인의 방문을 철저하게 관리하는 조항들이 만들어졌다. 이와 같이 조선정부는 제중원을 기존의 관행에 따라 운영하려 했지만 알렌에 의해 그 의도가 실현되지 못했다.

---

56) 金源模 完譯: 알렌의 日記, 1885년 4월 3일(금). 단국대학교 출판사, 1991.
57) 신동원: 한국근대보건의료사. 한울, 1997, 83-4쪽.

2) 제중원 운영의 이중성

제중원은 현실적으로 개원 초기부터 미 북장로회의 의료와 조선정부의 재정 지원이라는 두 가지 측면을 모두 갖고 이중적으로 운영되었다. 이러한 이중성은 다음과 같은 여러 측면에서 확인할 수 있다.

첫째, 제중원의 설립 과정에서 알렌은 미국 공사를 통해 병원 실립을 추진하였고, 이후 제중원 의사와 관계된 모든 업무는 미국 공사관을 통해 이루어졌다. 또한 조선정부는 제중원을 외교와 통상 업무를 관장하던 외아문 소속으로 했는데, 이것은 제중원의 설치가 국내적인 문제가 아니라 외국의 문화를 수입하는 것으로 인식했기 때문이었다. 당시 조선정부는 외래 문물을 수입하는데 관련 국가에 협력을 요청하였는데, 이는 조선정부 단독으로 해결할 수 있는 문제가 아니기 때문이었다. 이런 맥락에서 제중원은 근본적으로 조선정부와 미국의 외교직 관계 속에서 설립된 것으로 해석할 수 있다. 제중원이 외아문 소속의 기관이었기 때문에 조선정부도 그 설립에 일정 역할을 한 것은 분명하다.

둘째, 제중원은 굳이 의미를 붙이자면 1882년에 혁파된 빈민 구제와 치료를 위한 구휼 기관이었던 활인서와 혜민서의 맥을 잇는다고 했지만, 실제 이 두 기관의 혁파는 제중원의 설립과는 전혀 무관하게 정부기관 축소의 일환으로 진행된 것이었다.[58] 또한 여러 면에서 활인서나 혜민서와는 달랐는데, 대표적으로 제중원에서는 철저하게 서양의학이 시술되었다는 점이다. 오히려 1899년 설립된 내부병원(광제원)이 활인서나 혜민서와 성격이 같은 한방병원이었다.[59]

셋째, 조선정부는 병원 건물 마련에 이어 그 운영과 관련된 규칙을 제정하였다. 일본인 의사가 작성한 초안을 조선정부가 알렌과 협의하여 14개의 조항으로 이루어진 공립의원 규칙이 확정되었다. 주목할 점은 이미 지적한 바와

---

58) 신동원: 公立醫院 濟衆院, 1885-1894. 한국문화 16: 199, 1995.
59) 신동원은 활인서가 혁파된 이후 조선정부의 대민 의료기관이 1899년 내부병원의 설립으로 이어졌다고 이해하고 있다. 신동원: 한국근대보건의료사. 한울, 1997, 283쪽.

같이 초안과 최종안에서 관리 책임자에 관한 규정이 삭제되었다는 점이다.

넷째, 공립의원 규칙에는 의사에 대한 규정이 없었는데, 이는 조선정부의 다른 의료기관에서 의사가 정부 관리로 규정된 것과 크게 구별되는 점이었다.[60] 의사에 관한 규정이 별도로 없었던 사실은 곧 의사가 조선정부의 고용된 직원이 아니라는 것을 뜻한다. 다시 말해 동문학(同文學)이나 육영공원(育英公院)의 경우에는 조선정부의 필요에 따라 외국인 교사를 채용하고 일정 기간 신분 지위와 보수를 보장한 것에 비해 제중원 의사들은 조선정부와의 관계에서 피고용자의 위치에 있지 않았던 것이다.

병원설립안에서 제시한 것처럼 알렌이나 헤론은 보수(報酬, salary)를 받지 않았지만[61] 약간의 돈이 '신수비(薪水費)'라는 명목으로 지급된 적은 있었다. 조선정부는 개원 후 1년 이상이 경과한 1887년 (음력) 1월부터 신수비로 월 50원씩을 정기적으로 지급하여 생활을 보조하기로 하였다. 그러나 이를 보수로 보기에는 육영공원 교사 등 조선정부에 고용된 다른 외국인들에게 지급된 보수와는 금액에서 많은 차이가 있었고, 지급도 대단히 부정기적이었다는 점에서 무리가 있다. 또 월급의 성격이면 제중원에 근무하는 모든 의사들이 받았어야 마땅할 터인데, 알렌과 헤론 그리고 엘러스가 있었음에도 한 사람에게만 지급했던 것이다.[62] 알렌은 이 비용이 제중원의 약품 구입을 위해 지급된 것이었음을 밝혔다.[63] 한편 1899년 의학교가 개교하고 일본 의서를 번역하기 위해 고용했던 아사카와(麻川松次郎)의 계약을 보면 봉급 이외에 신수비가 명시되어 있다.[64] 이는 신수비가 정상적인 보수가 아니라 일종의 보조비(補助費)적인 성격을 가졌음을 나타내는 것이라 볼 수 있다.

---

60) 신동원: 公立醫院 濟衆院, 1885-1894. 한국문화 16: 209-10, 1995.
61) Mission in Korea. The Forty-ninth Annual Report of the Board of Foreign Missions of the Presbyterian Church in the United States of America. Mission House, New York, 1886년, 148쪽.
62) 이광린은 신수비를 선교부로부터 봉급을 받은 선교의사들의 과외 수입이라고 규정하였으나, 신동원은 신수비 50원을 일종의 보수로 이해하여 제중원의 의사들이 '선의'에 의해 조선정부를 도와주는 차원을 넘어선 것이라고 보았다. 李光麟: 濟衆院 硏究, 韓國開化史의 諸問題. 重版, 一潮閣, 1990, 137쪽; 신동원: 公立醫院 濟衆院, 1885-1894. 한국문화 16: 229, 1995.
63) 알렌이 엘린우드(F. F. Ellinwood)에게 보내는 1890년 8월 11일 편지(김인수 옮김: 알렌 의사의 선교, 외교편지. 장로교신학대학교 부설 한국교회사연구원, 2007, 357쪽).
64) 醫書飜譯. 皇城新聞, 1899년 10월 16일 2면 2단.

다섯째, 제중원에 파견할 관리의 선정을 논의하는 중에 당랑(堂郞)의 임명을 외아문에 일임한다는 결정이 내려진 적이 있었다. 그런데 이상한 것은 조선정부 측 자료에 제중원 당랑을 실제 임명했던 기사가 1893년과 1894년 한 번씩 나올 뿐인데, 그것도 1894년 제중원의 운영이 원활하지 못하여 선교부로 이관할 즈음에 집중되어 있다는 점이다.[65] 기사의 누락을 가정한다 하더라도 조선정부가 제중원을 책임질 관리를 거의 임명하지 않았다는 사실은 「공립의원 규칙」의 수정을 염두에 둘 때 조선정부가 제중원 운영에 실질적 영향력을 행사할 입장에 있지 않았다는 사실을 보여주는 것이라 하겠다. 알렌은 외아문 독판이 제중원을 '감독(監督)'하는 것으로 표현한 바 있는데,[66] 이것은 조선정부를 대표하는 자격으로 제중원의 당상(堂上)이 설정되었지만 그것은 실제적으로 운영에 참여하는 위치라기보다는 독판이나 협판 등 고위 관리의 형식적 겸직이었으며, 제중원의 실제적 운영은 미국 선교사들이 주관하는 가운데 실무 차원의 사무를 제중원 주사들이 처리했음을 나타내 주는 것으로 볼 수 있다. 다시 말해 제중원은 조선정부의 후원에 힘입어 설립되었지만 그 운영은 위탁 경영이었던 것이다.

여섯째, 제중원의 재정 집행이 이원적으로 이루어졌다는 점이다. 건물의 수리비, 일꾼들의 급료, 장례비용, 음식비, 피복비, 연료비 등 일반 운영 경비에 해당하는 부분은 조선정부가 파견한 주사가 관리했지만, 의약품, 의약 기구, 학교 비품 구입 등 의료와 의학교육에 관련된 경비는 의료선교사의 소관이었다.[67] 이 경비도 대부분은 외아문에서 직접 받았고, 극히 일부만을 파견 주사에게 받아 사용하였다. 이것은 조선정부가 제중원의 이원적 성격을 인정하고 제중원의 의료 활동을 일반 운영과는 분명하게 구별하였음을 나타내는 것이다.

일곱째, 알렌과 헤론은 개원 1주년을 맞이하여 영문으로 된 제중원 일차년

---

65) 濟衆院堂上, 以本衙門長望書入, 協辦 南 落點. 統署日記, 1893년 5월 22일(高宗 30년 4월 7일); 濟衆院堂上, 以本衙門長望書入, 協辦 金 落點. 統署日記, 1894년 2월 1일(高宗 30년 12월 26일).

66) 언더우드가 엘린우드(F. F. Ellinwood)에게 보내는 1891년 1월 6일 편지(이만열, 옥성득 편역: 언더우드 자료집 I. 연세대학교 출판부, 2005, 241쪽).

67) 박형우, 여인석: 제중원 일차년도 보고서. 延世醫史學 3: 46-7, 1999.

도 보고서를 작성했는데, 조선정부가 아닌 미 북장로회 선교부에 영어로 제출했다는 점이다. 알렌은 조선정부에 이와 같은 보고서를 제출하지 않았다.

이와 같이 실제 의료 활동과 관련된 모든 일은 선교의사에 의해 이루어졌고, 한국인 주사들은 문지기, 원무과 직원 등 진료에 보조적인 역할 만을 수행하였다. 미 북장로회도 설립 당시부터 제중원을 조선정부의 비용을 부담으로 설치되어 알렌이 운영하는 병원으로 규정하였다.[68]

한편 제중원 운영과 관련하여 조선정부는 일정한 재원을 마련하지 못하고 임시방편적인 조치들만 취한 결과 환자에게 급식이 중단되는 등 재정 불안의 상황이 나타났다. 그러나 1887년에 들어 인천, 부산, 원산 등의 세관 수입이 다른 세원에 비해 안정되어 감에 따라 조선정부는 이 삼항세(三港稅)로 제중원의 운영비를 충당하도록 하였고 1년 경비가 3,000원으로 정해졌다.[69]

---

68) 'The following is the text of the Governmental order of Korea in regard to the proposed hospital to be established at Governmental expense, and placed under the charge of our own missionary, Dr. H. N. Allen. It was sent to Lieut. Foulk, United States Charge d'Affairs.' The proposed hospital in Korea. Foreign Missionary 43. 527, 1885.
69) 三港口關草. 各司謄錄 63, 1887년 5월 20일(丁亥 4월 28일).

3. 알렌과 헤론 시기의 진료

제중원 개원 후 몰려드는 환자를 혼자서 감당하기 힘들게 된 알렌은 자신을 도울 수 있는 사람을 물색하기 시작했다. 마침 5월 3일 내한한 미국 감리회의 스크랜턴(William B. Scranton)[70]이 있어 약 한 달 동안 도움을 받았다. 또 1년 정도 의학 공부를 했던 언더우드(Horace G. Underwood)[71]도 간단한 의료 업무를 맡아 알렌을 도왔다.

환자 보는데 정신없던 알렌의 숨통을 터준 것은 6월 21일 도착한 헤론(John W. Heron)[72]이었다. 그들은 하루에 환자 70명을 진료하는 등 밀려드는

---

70) 스크랜턴(時奇蘭敦, 1856-1922)은 뉴욕의과대학(The College of Physicians and Surgeons)을 졸업한 후 오하이오주 클리블랜드에서 개업하다가 1884년 말 미 감리회의 조선 의료선교사로 임명되었다. 그는 1885년 5월 3일 제물포에 도착했으며, 6월 24일까지 약 1달 동안 제중원에서 주로 환자를 마취시키는 일을 도왔다. 스크랜턴은 미국에서 보낸 의료기기와 약품이 도착하자 1885년 9월 10일 자신의 집에서 병원을 개원했는데, 1886년 6월 15일 시병원(施病院)으로 발전하였다. 스크랜턴은 1887년 동대문에 부인전문병원인 보구녀관(保救女館)을 설치하고, 정동의 시병원을 상동으로 이전하여 상동병원(尙洞病院)을 설치하였다. 1907년 6월 조선의 선교사직에서 은퇴하고 대한의원 교수로 임명되었다. 그는 독자적인 의료 활동을 하다가 1922년 3월 일본 고베에서 사망하였다. 김승태, 박혜진: 내한 선교사 총람. 1884-1984. 한국기독교역사연구소, 1994, 460쪽.

71) 언더우드(元杜尤, 1859-1916)는 영국 런던에서 태어난 후 1872년 미국으로 이주하였다. 그는 1881년 6월 뉴욕대학(New York University)을 졸업한 후, 9월에 뉴브런즈윅(New Brunswick)에 있는 화란개혁신학교(Dutch Reformed Theology Seminary)에 입학하여 1884년 봄 졸업한 후 11월 목사 안수를 받았다. 처음에는 인도로 가기 위해 1년 동안 의학을 배우기도 했으나, 조선으로 가기로 결심하고 선교사로 임명받았다. 그는 1885년 4월 5일 제물포에 도착한 직후 개원한 제중원에서 약 2달 동안 간단한 의료 업무를 맡아 알렌에게 큰 도움을 주었다. 그리고 이듬해 제중원의학교에서 학도들에게 물리학 등을 가르치면서 직접적인 선교를 위해 적극적인 활동을 벌였다. 언더우드는 1889년 3월 14일 제중원 여의사 릴리어스 호튼과 결혼하였다. 언더우드는 1886년 5월 11일 조선 최초의 고아원을 세웠는데 후에 경신(儆新)중·고등학교로 발전하였다. 1915년 4월 경신학교에 대학부를 개교하고 교장으로 취임했고 부교장으로 에비슨을 임명하였다. 그러나 건강이 악화되어 1916년 4월 미국으로 갔다가 그 해 10월 12일 57세의 나이로 애틀랜틱시에서 사망하였다.

72) 헤론(惠論, 1856-1890)은 영국 더비셔(Derbyshire)에서 태어났으며, 1870년 5월 가족들과 함께 미국 테네시주(Tennessee)의 녹스빌(Knoxville)로 이주하였다. 1874년 테네시주의 메리빌(Maryville)대학에 입학하여 졸업 후 공립학교에서 약 4년 동안 교직(敎職)에 근무하였다. 어렸을 때의 소원대로 1881년 테네시의과대학(Medical School of the University of Tennessee)에 입학하여 1883년 수석으로 졸업하였다. 졸업 후 모교로부터 교수직을 제의 받았지만 의료선교사가 되기 위하여 이를 거절하였다. 뉴욕에 있을 때인 1884년 4월 24일 헤론은 미국

환자를 보느라 정신이 없었고, 1년 동안 모두 10,640명의 환자를 보았다.

알렌과 헤론은 1886년 4월 제중원 개원 이후 1년 동안의 성과를 「제중원 일차년도 보고서」73)라는 이름의 보고서로 미 북장로회 해외선교부에 제출했다. 이 보고서는 제중원 개원 후 1년 동안 진료한 환자에 대한 상세한 통계를 싣고 있어 당시 한국인들이 앓고 있던 질병들의 종류와 특징을 보여주는 귀중한 자료이며, 한국인의 질병을 서양의학의 관점에서 기술한 최초의 보고서였다(그림 I-2-5).

제중원의 특징은 외과술(外科術)에 있었다. 당시 한국을 지배하던 재래의학의 입장에서 외과술은 서양 기술의 수용에 해당하는 것이었고, 외아문의 고시도 외과술에 특별히 뛰어나다는 점을 강조하고 있었다. 첫해 265명의 입원환자 중 130여명이 외과수술을 받았으며, 외래환자 가운데 400여명이 외과적인 처치를 받았다. 이중에는 괴사병 환자의 대퇴골 절제수술이나 척추골 수술 및 백내장 수술처럼 규모가 큰 치료도 포함되었다. 이와 같이 외과 환자가 넘쳤기에 얼마 되지 않아 입원실에 내과 환자를 받을 수 없었다.

처음에는 처방하는 모든 약에 대해 엽전 100푼을 받았으나 이 적은 의료비도 납부할 수 없는 사람들이 있어서 학질 치료를 위해 키니네를 가져가야 할 환자들 외에는 돈을 전혀 받지 않았다. 다만 구경꾼들의 접근을 막기 위해 모든 환자는 20푼(약 2센트)짜리 진찰권을 사서 기재된 순서에 따라 치료를 받게 하였다.74)

제중원에서 치료했던 주된 질병을 살펴보면 말라리아가 가장 흔했으며, 그 중에서도 사일열(四日熱)이 많았다. 말라리아 다음으로 매독이 많았는데, 그

북장로회에 의해 조선에 파견될 최초의 선교의사로 임명 받았으며, 1885년 5월 1일에 한국을 향해 떠났다. 헤론은 같이 근무하던 알렌과의 불화를 제외하고는 다른 선교사들의 인정과 존경을 받았다. 그는 북장로회 한국 선교 50주년 기념식 석상에서 '이상적인 선교의사'로 칭송을 받았으며, 아울러 동료 선교사들에 대한 한없는 돌봄과 헌신을 의무로 알고 살았던 친밀한 미국 선교사로서도 칭찬을 받았다. 1887년 9월 알렌에 이어 제중원의 책임을 맡게 되었다. 헤론은 1890년 여름 불행하게도 이질에 걸려 약 3주 동안을 심하게 앓다가 1890년 7월 26일 운명했으며, 마포 합정동의 양화진 외국인묘지(楊花津 外國人墓地, Missionary Cemetery Park)에 묻혔다.

73) 박형우, 여인석: 제중원 일차년도 보고서. 延世醫史學 3: 3-81, 1999.
74) 박형우, 여인석: 제중원 일차년도 보고서. 延世醫史學 3: 12, 1999.

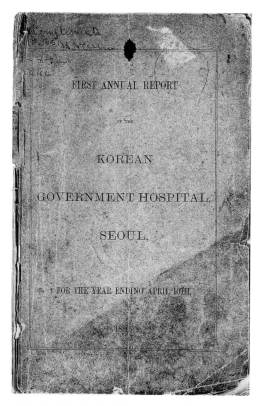

22   FIRST ANNUAL REPORT KOREAN GOVERNMENT HOSPITAL, SEOUL.

HOSPITAL IN-PATIENTS IN DETAIL.

NUMBER.	AGE.	SEX.	DISEASE.	OPERATION.	OPERATOR.	NUMBER OF DAYS IN WARD.	RESULT.
1	25	M.	Necrosis Femur	Sequestrotomy	A.	24	Good
2	40	"	Dislocation Knee, Old	Too old	....	6	Nil
3	36	"	Bright's Disease		....	3	Died
4	42	"	Remittent Fever		....	8	Good
5	—	"	Syphilitic Ulcers		....	3	Nil
6	20	"	Ulcer Cornea	Refused	....	3	"
7	20	F.	Necrosis Knee joint	Sequestrotomy	A.	89	Fair
8	49	M.	Ascites		....	2	Nil
9	30	F.	Gastrodynia		....	32	Good
10	30	"	Prolapse Uteri	Reduction	A.	24	Fair
11	60	M.	Necrosis Metatarsus	Removal	S.	38	Good
12	15	F.	Scabies et Eczema		....	38	Cure
13	58	F.	Ecthyma		....	122	"
14	46	M.	Ulcer bottom foot		....	15	"
15	28	F.	Rheumatoid Arteretis		....	21	Nil
16	30	"	Chancre		....	9	Fair
17	30	"	Osteo Sarcoma Toe	Useless	....	1	Nil
18	32	M.	Ulcer side of foot	Cut	A.	9	Good
19	36	"	Cataract (Left)	Enucelation	A.	20	Cure
20	45	"	" (Right)	"	A.	20	"
21	45	"	" "	"	A.	20	Good
22	60	"	"	"	A.	47	Bad
23	20	"	Fistula in ano	Cut Sphincter	A.	22	Cure
24	29	"	" "	" "	A.	22	"
25	30	"	Acute Abscess Ankle	Opened	A.	13	"
26	45	"	Tinea Circinata		....	19	Good
27	40	F.	Abscess Lung	Free opening	A.	23	"
28	10	M.	Phimosis	Circumcision	A.	26	Cure
29	40	F.	Occlusion Mouth	Plastic	A.	4	"
30	40	M.	Snake bite		....	2	Nil
31	36	F.	Burn Breast			4	Good
32	16	M.	Occlusion Mouth and Nose	Plastic	A.	6	Cure
33	40	"	Wounds and Abscess	Opened	A.	6	"
34	36	"	Broncorrhœa		....	15	Good

그림 I-2-5 제중원 일차년도 보고서의 표지 및 내용. 연세대학교 중앙도서관 소장.

증상이 매우 다양하였다. 그리고 쌀을 주식으로 하는 다른 나라에서와 같이 소화불량이 많았다. 나병도 흔했으며, 피부병은 모든 종류를 다 볼 수 있었고 연주창(scrofula)도 매우 흔했다. 각기병, 흑색증(melanosis) 등 흔하지 않은 병도 있었고, 디스토마와 사상충증(filariasis)도 있었다.

전염병의 구료 사업에도 제중원이 관여했는데, 1885년 콜레라 유행의 기미가 보일 때 알렌은 여러 방역 조치를 내놓았으며, 1886년 콜레라가 창궐했을 때에는 다른 선교사들과 함께 열성적으로 방역 활동을 펼치기도 했다. 특히 종두와 관련되어 중요한 역할을 한 점이 주목된다. 제중원의 개원 이후 알렌과 헤론은 많은 한국인들에게 우두접종을 실시했는데 이는 우두법을 전국적으로 확대 보급하려는 조선정부의 정책과도 일맥상통하는 것이었다. 이러한 활동은 1886년 초 조선정부가 알렌의 건의로 '서울 곳곳에 제중원에 와서 우두를 맞으라.'는 게시를 했던 것으로 어느 정도 짐작할 수 있다. 이러한 게시 결과 많은 조선인들이 우두접종을 위해 제중원에 내원했고, 결국 독립된 예방접종실을 새로 만들게 되었다.

당시 조선에서 제중원의 역할을 살펴볼 때 여성 진료를 빠뜨릴 수 없다. 알렌은 상류 사회의 부인들을 치료하기도 했는데, 그것은 썩 내키는 일이 아니었다. 왜냐하면 마당의 사람을 모두 내보내고 통행을 금지시키는 데 상당한 시간이 걸렸고, 아무도 보는 사람이 없는 상태에서 진찰을 해야 했기 때문이었다. 또 자기 몸을 알렌과 같은 백인 남자 의사에게 내어 보이느니 차라리 죽어버리겠다고 완강히 진찰을 거부하는 경우도 많았기에 애를 많이 먹었다. 이 문제를 해결하기 위해 남성과 여성 모두와 자유로이 어울릴 수 있는 여러 명의 기녀(妓女)를 뽑았다. 이 기녀들은 총명하고 곧잘 배웠다. 하지만 이들을 계속 데리고 있는 것이 적절하지 않음을 알고 내보냈다. 따라서 알렌은 일찍부터 "여성을 위한 병원이 필요하며 조만간 설치되어야 할 것이다"라며 부인과 설치를 강조하였고, 미국의 북장로회 선교부도 그 필요성을 인정하였다. 이런 알렌의 바람은 미 북장로회의 여의사 엘러스(Annie J. Ellers)[75]가 파송되어 1886년 7월 4일 제중원에 부녀과(婦女科)가 신설되면서 이루어졌다.[76]

이외에 제중원 의사들은 어의(御醫)로서 고종과 민비의 건강을 돌보았다. 남녀유별이 심했던 당시 외국인 남자가 왕실 여성을 진료한다는 것은 놀랄 만한 일이었다. 또한 알렌은 일본, 영국, 청국 등 여러 외국 공사관의 주치의를 맡아 활발한 진료 활동을 펼쳤다.

---

75) 엘러스(房巨 夫人, 1860-1938)는 1881년 일리노이주 록포드대학을 졸업하고 보스턴 의과대학에 진학하여 선교사로 파견될 무렵 의학 과정을 거의 마친 상태였다. 처음에는 페르시아로 갈 계획이었으나 한국으로 임지를 바꾸었다. 1886년 7월 4일 제물포에 도착하였다. 마침 민비가 병이 났으나 알렌이 직접 진찰을 하지 못하고 있었는데 엘러스가 추천을 받아 진찰하고 치료하였다. 이후 엘러스는 민비(閔妃)의 시의(侍醫)로 임명받아 궁중 귀부인들을 치료하였고 그들의 환영과 신임을 받았다. 결혼 직전 6월 다섯 살 된 여아를 데려다가 글을 가르친 것이 후에 정신여학교로 발전하였다. 1894년 미 감리회로 소속을 바꾸어 선교활동을 하였다. 1926년 선교사직을 은퇴하여 귀국했다가 1937년 다시 내한하여 황해도 소래에 거주하다가 1938년 8월 8일 서울 그레이 하우스에서 사망하였다.

76) Mission in Korea. The Fiftieth Annual Report of the Board of Foreign Missions of the Presbyterian Church in the United States of America. Mission House, New York, 1887년, 154-6쪽.

이러한 제중원 의사의 활동에 대해 조선정부는 알렌과 헤론에게 종2품에 해당하는 가선대부(嘉善大夫)를, 엘러스에게 정경부인(貞敬夫人)의 직을 내렸고,[77] 선교사들 외에 제중원의 한국인 관리들도 승급 등의 포상을 받았다.[78]

---

77) 가선대부의 직을 내린 것은 제중원에서 알렌이 한국인 주사들을 대할 때 문제가 발생하지 않도록 한 조치이며, 전의로서 궁중 출입에 지장이 없도록 배려한 것이었다. 알렌이 엘린우드(F. F. Ellinwood)에게 보내는 1885년 6월 22일 편지(김인수 옮김: 알렌 의사의 선교, 외교 편지. 장로교신학대학교 부설 한국교회사연구원, 2007, 73쪽).

78) '濟衆院別單施賞有差. 敎曰督辦交涉通商事務金允植熟馬一匹賜給, 主事 成翊永金奎熙全良黙徐相爽朴永培李承雨秦學明朴準禹申洛均孫鵬九並陞六, 金宜煥陞敍學徒, 李宜植主事陞差, 美醫安連惠論並業精志善施療衆民特加堂上階以表嘉獎之意.' 日省錄, 1886년 6월 14일(高宗 23년 5월 13일).

4. 구리개로의 이전

1) 재동 제중원의 확장

제중원은 개원 후 환자가 증가하고 입원실이 외과환자로 가득 차면서 확장의 필요성이 본격적으로 제기되었다. 마침 의학교의 설립이 진행되면서 청국공사 위안스카이(袁世凱)는 청국공사관 자리를 제중원과 그 부속의학교의 부지로 제공하겠다는 제안을 하기도 했다.79) 하지만 제중원의 확장은 북쪽에 인접한 약 250평 대지에 놓인 가옥을 구입하여 수리하는 선에서 마무리되었다. 학교 건물은 학생 숙소 2동과 그 사이에 위치한 의학교 등 3동의 한옥으로 이루어졌다. 이것이 재동 제중원의 일차적인 공간 확장이었다. 하지만 재동 제중원은 전통적인 한옥이었기 때문에 외국식으로 지어진 새로운 병원 건물의 필요성이 제기되고 있었다.

병원을 필요한 정도로 깨끗하게 유지하는 일은 어렵다. 병원 건물은 너무 작고 병상은 대개 외과 환자로 가득 찬다. 사실 우리는 병원 전체가 외과 환자로 찼기 때문에 순수한 내과 환자의 대부분에 대해 입원을 거절해야만 했다. 또한 우리는 다른 환자를 위해 가능한 한 빨리 입원 환자를 퇴원시켜야 했다. …… 병원에서는 엄격하게 절약했는데, 이것이 당국에 더욱 호감을 주었다. 그리 오래지 않아 적절하게 갖추어진 외국식 건물이 우리에게 주어질 것을 희망한다. 그러나 현재 우리는 우리가 할 수 있는 모든 방법을 동원해 최선을 다하는 것을 목표로 하고 있다.80)

---

79) 이전 대상 부지로 거론된 청국공사관의 부지는 면적이 6,405평으로서 재동 제중원에 비해 8배 정도나 큰 규모였다. 한편 폴크는 의학교가 독립된 새 건물을 갖는 것에 반대했다. 金源模 完譯: 알렌의 日記, 1885년 12월 20일(일). 단국대학교 출판사, 1991; 알렌이 엘린우드(F. F. Ellinwood)에게 보내는 1885년 12월 22일 편지(김인수 옮김: 알렌 의사의 선교, 외교 편지. 장로교신학대학교 부설 한국교회사연구원, 2007, 117쪽).

80) 박형우, 여인석: 제중원 일차년도 보고서. 延世醫史學 3: 15, 1999.

의학교가 개교한 직후 부녀과의 설립이 추진되면서 1886년 봄 재동 제중원을 남쪽으로 확장하는 방안이 모색되었다. 4월 알렌은 제중원과 외아문 건물 사이의 훌륭한 큰 건물을 구입하여 부녀과로 사용하는 계획을 세웠고,81) 고종이 이에 전적으로 동의하였다.

> 국왕의 특별한 배려로 멋진 새 건물이 하사되었으므로, 환자의 숫자는 지속적으로 증가될 것으로 기대된다. 큰 방이 있고, 부녀과를 위한 적절한 구역이 마련되어 엘러스의 책임 하에 운영되고 있다. 설비가 잘 된 학교도 새 병원의 한 면모이다.82)

제중원의 이차적인 공간 확장이었다. 하지만 이때 제중원이 어느 정도 확장되었는가는 알려져 있지 않다.

어쨌건 제중원의 공간 부족 문제를 근본적으로 해결하기에는 재동이라는 위치 자체가 물리적 한계로 작용했던 것으로 보인다. 1886년 여름에 알렌은 병원 획장의 사원이 아니라 병원 이전(移轉)을 모색하고 있었기 때문이다. 알렌은 보다 넓은 장소로 이전하기 위해 1886년 8월 14일 「공립병원 이건확장(公立病院 移建擴張)에 대한 건의」를 하였다.

> 대 조선국 공립병원은 본래의 목적을 충실하게 수용하고 있습니다. 그간 15,000명의 환자를 치료했는데, 고충이 이만저만이 아니었습니다. 이 건물은 병원으로 사용되기 이전에 단순히 일반 가옥이었을 따름입니다. 너무나 협소하고, 주민들이 사는 곳으로부터 꽤 떨어져 있으며, 건축이 그러하기 때문에 청결하게 유지하기가 불가능합니다. 나무 복도와 종이 벽지는 질병균의 온상으로서 병원이라 할 수 없을 것이며, 대기 중의 독으로 중요한 수술을 안전하게 수행할 수가 없습니다. 여태까지 이 기관이 성공적이었던 만큼 나는 새 건물의 마련과 그것을 수리할 충분한 비용, 병원답게 운영될 수 있도록 하는 비용 등의 제공을 간청합니다. 나는 넓고 양지 바른 중심지에 있는 곳을 요구하고 싶은데, 남별궁이 적

---

81) 헤론이 엘린우드(F. F. Ellinwood)에게 보내는 1886년 4월 8일 편지(김인수 옮김: 헤론 의사의 선교편지. 장로교신학대학교 부설 한국교회사연구원, 2007, 34쪽); 알렌이 엘린우드(F. F. Ellinwood)에게 보내는 1886년 4월 20일 편지(김인수 옮김: 알렌 의사의 선교, 외교편지. 장로교신학대학교 부설 한국교회사연구원, 2007, 144쪽).

82) H. N. Allen: Report on the Health of Seoul for the Year 1886.

지라는 생각이 듭니다. 부디 허락해주셔서 편히 치료할 수 있는 곳을 가질 수 있
도록 해 주십시오.[83]

알렌은 이 건의에서 제중원 이전을 위한 합당한 부지로 건평이 6,700평에
이를 정도로 매우 커다란 남별궁(南別宮)[84]을 제시하였다. 따라서 새로 이전
될 제중원은 이전의 재동 시기보다 몇 배로 확장되는 것이 불가피했음을 알
수 있다. 이에 대해 외아문 독판서리는 이 궁을 병원으로 사용할 수 없다고
답하였다.[85]

2) 구리개 제중원

하지만 고종은 알렌에게 새 병원을 약속하고 그 부지를 선택하기 위해 관
리를 임명하였으며, 이 관리는 알렌이 새 부지를 추천해 줄 것을 부탁했다.[86]
9월 말경에 구리개가 새 병원 부지로 결정되었다.[87] 알렌이 살펴 본 새 병원
의 부지는 기대보다 훨씬 훌륭했다. 부지는 엄청나게 크고 도시 한복판에 있
는 언덕 위에 있어 전체 도시와 외곽 지역을 관망할 수 있는 위치였다. 그리
고 크고 바람이 잘 통하는 멋진 교실이 있는데, 훌륭한 시설을 갖추었다. 폴
크 공사는 새 병원 뒤의 높은 지대에 멋진 집을 짓고, 1년에 3,000달러를 지
원해 달라고 고종에게 요청할 것을 알렌에게 제안하였다. 10월 말경 새 병원
은 업무를 시작할 준비를 거의 마쳤는데, 건축과 대지 비용 이외에 수리비만
3,000달러 이상의 예산이 소요되었다.[88]

---

83) 美案 문서번호 344, 公立病院 移轉擴張에 대한 建議, 1886년 8월 14일(高宗 23년 7월 14일).
84) 남별궁은 중국 사신의 여사(旅舍)였으며 지금의 조선호텔 자리이다.
85) 統署日記, 1886년 8월 18일(高宗 23년 7월 19일).
86) 알렌은 건의서를 내기 전 어느 날 고종을 진료하면서 제중원 이전에 대한 제안을 했었다
    고 한다. 알렌이 엘린우드(F. F. Ellinwood)에게 보내는 1886년 8월 20일 편지(김인수 옮김:
    알렌 의사의 선교, 외교편지. 장로교신학대학교 부설 한국교회사연구원, 2007, 163쪽); 알
    렌이 엘린우드(F. F. Ellinwood)에게 보내는 1886년 9월 7일 편지(김인수 옮김: 알렌 의사
    의 선교, 외교편지. 장로교신학대학교 부설 한국교회사연구원, 2007, 171쪽).
87) 알렌이 엘린우드(F. F. Ellinwood)에게 보내는 1886년 10월 2일 편지(김인수 옮김: 알렌 의
    사의 선교, 외교편지. 장로교신학대학교 부설 한국교회사연구원, 2007, 177쪽).
88) 알렌이 엘린우드(F. F. Ellinwood)에게 보내는 1886년 10월 28일 편지(김인수 옮김: 알렌
    의사의 선교, 외교편지. 장로교신학대학교 부설 한국교회사연구원, 2007, 182쪽).

그림 I-2-6 구리개 제중원과 직원들. 을지로 쪽이 제중원 입구에서 명동성당 방향으로 찍은 사진이다. 1897년에 촬영한 것으로 중앙에 에비슨이 서있다. Korea Mission Field 30(4), 1934.

마침내 제중원은 1887년 초 구리개[銅峴]로 이전하였다(그림 I-2-6).[89]

구리개 제중원은 현재의 을지로에서 명동성당에 이르는 언덕의 대부분을 차지하고 있었고, 부지는 재동의 약 850평에 비해 2-5배 정도 넓은 것이었다. 하지만 도면이 남아 있는 재동 제중원과 달리 구리개 제중원의 정확한 규모는 거의 알려져 있지 않다. 여러 채의 한옥 건물로 이루어진 구리개 제중원도 약 40병상을 수용할 수 있는 규모였으며, 여러 건물은 주병동, 대기실, 대진료실, 창고 등으로 구획되어 사용되었다.

---

89) 알렌이 병원의 이전과 관련하여 정부와 협상했다는 사실을 헤론은 12월에 들어서야 외부의 소식통으로부터 알게 되었다고 밝힌 점으로 보아 아직 병원을 이전한 상태는 아니었던 것으로 보인다. 제중원이 언제 재동에서 구리개로 이전했는가하는 것에 관한 논의는 다음의 자료가 참고가 된다. 헤론이 엘린우드(F. F. Ellinwood)에게 보내는 1886년 12월 27일 편지(김인수 옮김: 헤론 의사의 선교편지. 장로교신학대학교 부설 한국교회사연구원, 2007, 52쪽); 박형우: 제중원. 몸과마음, 서울, 2002, 183-200쪽.

제 II 부

최초의 서양의학 교육기관
- 제중원의학교

선교 의사 알렌과 헤론 등이 미국에서 어떠한 형태의 의학교육을 받았는
가를 이해하는 것은 그들이 시작했던 한국 최초의 서양의학 교육을 이해하는
데 중요하다. 미국에서 초기에 이루어졌던 프랑스의 영향을 받은 도제교육은
학교의 모습을 갖춘 독일식 의학교육 제도가 도입되면서 강의 위주의 교육,
이어서 이론과 실습을 겸한 체계적인 교육의 단계로 발전하게 되었다.1)

도제교육(徒弟敎育)이란 자신이 원하는 명성 있는 의사의 문하생으로 들어
가, 잔심부름으로부터 약병 소독, 약 조제, 고약 바르기 등의 일을 하면서 배
우는 교육이며, 실제 환자 진료의 경험은 도제교육 기간을 마칠 때쯤에서야
부분적으로 가능했다. 의학생은 환자의 채혈, 발치, 한 밤중의 호출에 응하는
정도의 교육을 받았지만, 지도 교수의 역량과 성실함에 따라 편차가 심했다.

19세기에 들어 미국과 캐나다에는 450개 정도의 많은 의과대학이 있었는
데, 때와 장소, 특별한 자격과 상관없이 6명의 의사만 뭉치면 의과대학을 만
들 수 있었다. 당시 많은 의과대학들은 짝이 맞지 않는 골격표본으로 실습하
는 해부학을 제외하고는 일괄적으로 강의식으로 진행하였다. 또한 입학 기준
과 수업 연한에 편차가 많았다. 이와 함께 종합대학의 한 학과로 시작한 의학
과들이 단과대학으로 운영되기 시작하였다. 이 과정에서 도제교육은 약화되
어 명맥만 유지되었고, 환자를 보기 전에 받아야 하는 모든 수련은 의과대학
안에서 이루어지게 되었다. 하지만 난립되었던 의과대학들의 대부분은 수명
이 매우 짧았는데, 다른 의과대학들에 병합되거나 여러 의과대학들이 통합되
어 새로운 의과대학이 탄생하였으며, 현재는 약 1/3 정도가 남아있다.

그러면 내한하여 의학교육에 적극 나섰던 의료선교사들은 어떠했을까? 초
기의 의료선교사들은 대체로 1880년대에 의과대학을 졸업하였다.

우선 알렌은 1881년 미국 오하이오주의 웨슬리안대학교(Wesleyan Univer-
sity)를 졸업하여 이학사의 학위를 받은 후, 1년 동안 콜럼버스(Columbus)에서

---

1) 미국의 의학교육은 다음의 글을 참고하였다. 에이브러햄 플렉스너 지음, 김선 옮김: 플렉스
너 보고서. 미국과 캐나다의 의학교육. 한길사, 2005, 39-68쪽.

의학을 공부했고 1883년 3월 신시내티(Cincinnati)의 마이애미의과대학(Miami Medical College)을 졸업하였다.[2]

헤론은 1874년 테네시주의 메리빌(Maryville) 대학에 입학하여 졸업 후 약 4년 동안 교직(敎職)에 근무한 후, 1881년 테네시의과대학(Medical School of the University of Tennessee)에 입학하였다. 항상 우등생이었던 헤론은 1883년 수석으로 졸업했다. 졸업 후 약 18개월 동안 개업을 하다가 뉴욕의과대학에서 1년 동안 수련을 받았으며, 어려운 경쟁시험을 통과해 블랙웰 아일랜드병원(Blackwell Island Hospital)에 자리를 얻었고 모교로부터 교수직을 제의 받았지만 의료선교사가 되기 위해 이를 거절하였다.

에비슨은 1878년 시범학교를 졸업한 후 1878년부터 3년 동안 교사생활을 했다. 약방의 견습생으로 일을 하던 에비슨은 1884년 온타리오약학교를 졸업하였고, 모교에서 식물학 교수로 근무하다가 토론토의과대학 2학년으로 편입하였다. 1887년 의과대학을 우수한 성적으로 졸업한 에비슨은 처음에는 데몬스트레이터, 현미경 담당 강사, 나중에는 약리학교수로 활동하면서, 동시에 토론토 시내에서 개업을 하며 시장의 주치의로 활동하는 등 이름을 날렸다.

당시 미국의 의과대학이 학생들의 입학 기준이나 수업 연한에 편차가 많아 졸업생들의 수준 역시 일정하지 않은 상황이었지만 내한하여 의학교육에 적극 나선 선교의사들은 일반 대학을 졸업하거나 졸업 후 훈련을 충실히 받았고, 또한 현직 교수직에 있었던 사람들도 있었기 때문에 다른 의사를 배출할 수 있는 충분한 자격 요건을 갖고 있었다.

한편 1850년대에 위생 개념이 대두되고, 1882년 코흐(Robert Koch)에 의해 세균이 발견됨으로서 전염병을 퇴치할 수 있는 획기적인 전기가 마련되고 있었다. 따라서 전염병의 발생에 대한 이러한 이해와 외상과 화농 치료를 위시한 여러 가지 외과적 처치 기술을 갖고 있었던 선교 의사들은 당시 한국에 흔했던 수많은 질병을 효과적으로 치료, 예방할 수 있었다.

---

2) 알렌이 졸업한 마이애미의과대학은 1852년 설립되었는데, 1909년 신시내티대학교에 합류하여 오하이오-마이애미의과대학이 되었다가, 1920년 신시내티대학교 의과대학으로 이름이 바뀌었다.

제1장 알렌에 의한 최초의 서양의학교육

1. 알렌의 의학교육 계획과 의료조수

알렌이 1885년 1월 27일 제출한 병원설립안에는 의학교육에 대한 자신의 의향이 포함되어 있었는데, 거기서 그는 "이곳은 젊은이들에게 서양의학과 보건학을 가르치는 기관이 될 것입니다"라고 언급하였다.3) 즉 알렌은 한국에 병원을 세워 한국인들의 질병을 고쳐 줄 뿐만 아니라 청년들에게 서양의학과 보건 위생을 가르쳐 한국인 의사들로 하여금 한국 사람을 치료케 하려는 계획을 갖고 있었으며, 이것이 병원을 설립하는 목적 중의 하나였던 것이다.

이러한 알렌의 의도는 병원설립안이 승인됨에 따라 「공립의원 규칙」이 만들어지는 과정에서 뚜렷하게 나타나는데, 조선정부의 간섭을 배제하고 작성된 규칙의 첫 내용에 의학생에 관한 사항을 크게 강조되어 있기 때문이다. 알렌이 의학교육을 맨 앞에 내세운 것은 후에 에비슨이 한국인 의사 배출에 큰 비중을 두었던 사실과도 일치한다. 알렌과 에비슨은 의료와 교육을 앞세우는 해외선교의 원칙대로 기독교를 전도하기 위해서는 몇 안 되는 선교의사들이 직접 나서는 것 보다 한국인 의사 배출을 통해 선교사들이 원하는 일을 보다 용이하게 할 수 있다는 사실을 간파했던 것이다.

알렌은 더 나아가 의학생 교육 이외에도 당장 자신이 환자를 보는데 도와 줄 조수에 대해서도 언급하고 있다. 운영비의 일부로 조수와 간호원을 고용하겠다고 한 것이었다.

1) 의료조수

실제로 병원은 개원했지만 하루 50-70명에 달하는 많은 환자들 때문에 알

---

3) 'Also, it would be the means of instructing young men in Western Medical and Sanitary Science.', 규18046의 1, 한문으로는 '且有朝鮮生徒, 亦學西洋醫法, 能識用藥之法, 又覺調理之節矣.'이다. 이경록, 박윤재, 여인석, 박형우: 광혜원의 개원과 제중원으로의 개칭과정. 延世醫史學 2: 478-570, 1998.

렌은 계획했던 의학교육은 시작할 수 없었다. 자신이 바쁜 것 이외에도 학생들의 모집, 교육이 이루어질 공간 확보, 최소한의 학습 교재 등 모든 것이 미비했던 것이다. 그러나 의료조수(醫療助手)는 학생보다는 수급이 용이했던 것으로 보인다.

알렌이 정식 의학교육을 시작하기 전, 수술할 때 처음에는 언더우드가 잠시 도와주기도 했으나[4] 후에는 주로 한국인 조수가 도와주었으며, 알렌은 의료 조수 2명의 연봉으로 선교본부에 150달러를 청구하였다.[5]

이들의 역할은 우선 수술시 마취를 돕는 것을 들 수 있는데 알렌은 첫 수술에서 자신을 도왔던 한국인 조수에 대해 다음과 같은 기록을 남겼다.

제중원에서의 첫 수술 환자는 당연히 첫 입원 환자였다. 그는 12년 동안 앓아 왔는데 오그라든 다리의 상처에서 고름이 흐르는 상태로 병원에 운반되어 왔기에 악취가 심했고 따라서 아무도 그와 함께 방에 있으려고 하지 않았다. 며칠간 상처를 처치한 다음 수술했는데, 약 15㎝ 길이의 골침 및 대퇴골초를 제거했다. 그런데 수술 도중 제대로 훈련을 받지 못한 조수가 클로로포름으로 마취하는 과정에서 실수를 저질러 갓 개원한 병원의 이름이 크게 손상될 뻔했다.[6]

수술을 돕는 것 이외에도 헤론이 근무를 시작한 1885년 6월에는 외국인 의사들의 지시에 따라 약을 준비할 수 있는 잘 훈련된 한국인 의료조수가 일을 돕고 있었다.[7] 처음에는 알렌이 환자를 진찰하고 직접 처방약을 조제해주었지만, 특히 의료조수 1명은 빠르게 이 일을 배워 다른 사람의 도움 없이 약을 조제할 수 있게 되었다.[8]

---

4) 언더우드는 자신이 1년 이상 의학을 공부했으며 알렌이 혼자였을 때 1달 이상 그를 도와 처방전에 따라 약을 지어 주었고, 어떤 날에는 진료실을 맡기도 했다고 한다. 한편 후에 언더우드의 부인이 된 호튼에 의하면 '언더우드는 수술실에서 피를 보고 두 번이나 실신하여 어쩔 수 없이 시약소와 내과에서만 일하였다'고 한다. 언더우드가 엘린우드(F. F. Ellinwood)에게 보내는 1889년 1월 28일 편지(이만열, 옥성득 편역: 언더우드 자료집 I. 연세대학교 출판부, 2005, 137쪽); L. H. 언더우드 지음, 이만열 옮김: 언더우드 한국에 온 첫 선교사. 기독교문사, 서울, 제2판, 1993, 54-5쪽.
5) 알렌이 엘린우드(F. F. Ellinwood)에게 보내는 1885년 2월 4일 편지(김인수 옮김: 알렌 의사의 선교, 외교편지. 장로교신학대학교 부설 한국교회사연구원, 2007, 40쪽).
6) 박형우, 여인석: 제중원 일차년도 보고서. 延世醫史學 3: 45, 1999.
7) J. W. Heron: Wonderful changes. Foreign Missionary 44: 273, 1885.

이들의 존재나 병원에서의 역할은 재동 제중원에 이들 조수를 위한 2개의 방으로 이루어진 조수 처소(處所)가 있었다는 사실로 뒷받침된다. 알렌은 제중원에 근무하던 주사 한 명을 학생(pupil)이라고 지칭했는데, 후에 고종의 통역관으로 근무하였다.[9]

조수들의 대부분은 「공립의원 규칙」에 따라 임명된 학생들이나 조선정부가 파견한 하급 관리가 아니라, 알렌이 병원설립안에서 제안했던 조수 및 간호원이었던 것으로 보인다. 알렌은 조수들을 자신이 원래 의도했던 의학생으로 취급하거나 또 그렇게 되기를 기대하지는 않았던 것 같다.

2) 한의사와 기녀

이들 의료조수와 달리 개원 직후 알렌은 혜민서에 소속되어 한의학을 배우던 학생들이 제중원에 이속될 것으로 기대했지만 이루어지지 않았다.[10] 하지만 갑신정변의 현장에서 민영익을 진료했던 한의사들도 알렌의 병원 설립에 관심을 갖고 병원에 수용되는 숫자만큼 의학 교육을 받으려 했다.[11]

그런데 1885년 4월 27일 조선정부는 13-16세 사이의 총명하고 영오(穎悟)한 기녀(妓女) 2-3명을 선발하여 제중원에 설치된 여병원(女病院)에 배속(配屬)시켜 의술을 배우게 하였고,[12] 몇 차례에 걸쳐 지방에 공문을 보내 15세 전후의 총명한 기녀들을 선발해 즉시 보낼 것을 알렸다.[13] 실제 이들 기녀들

---

8) 언더우드가 엘린우드(F. F. Ellinwood)에게 보내는 1885년 8월 31일 편지(이만열, 옥성득 편역: 언더우드 자료집 I. 연세대학교 출판부, 2005, 18쪽).

9) 金源模 完譯: 알렌의 日記, 1885년 12월 1일(화). 단국대학교 출판사, 1991.

10) 金源模 完譯: 알렌의 日記, 1885년 4월 13일(월). 단국대학교 출판사, 1991.

11) 알렌이 엘린우드(F. F. Ellinwood)에게 보내는 1885년 2월 4일 편지(김인수 옮김: 알렌 의사의 선교, 외교편지. 장로교신학대학교 부설 한국교회사연구원, 2007, 39쪽).

12) 統署日記, 1885년 4월 27일(高宗 22년 3월 13일).

13) 相考事 濟衆院旣已設置 內幷設女病院 不可無選充醫女學習 故茲以發關 至卽另擇妓女中 自十三歲以上 至十六歲 聰明穎悟者二三名 知委上送于該院 以習醫術 俾有實效之地宜當者. 海營箕營 乙酉三月 日 關海營箕營. 八道四都三港口日記, 규18083, 1885년 (음력) 3월; 爲相考事 濟衆院醫女上送事 業已發關是在果 應或遲滯之弊 茲又定差人下送爲去乎 到卽擇出十四歲以上 至十六歲 聰明慧悟者三名 不日眼同上送 俾無遲滯生梗之弊宜當者. 海營箕營 乙酉三月十四日 關海營箕營 拔妓女事 亦有慶道. 八道四都三港口日記, 규18083, 1885년 (음력) 3월 14일; 相考事 濟衆院旣已設置 而內幷設女病院 不無選充醫女 學習術業之道 故奉承傳敎內辭 茲

이 제중원에 배속된 것은 1885년 8월 5일이었으며, 알렌은 이들을 여자의학생 (女子醫學生, female medical student)이라 부르며 순결한 생활과 의술 학습을 익혀 여성 환자들을 남자 의사가 치료할 때의 번거로움을 돕는 간호원(看護員)으로 만들려 하였다.14) 이들은 학생으로서 훌륭하게 행동하고 영어를 아주 빨리 습득했으며, 민비도 상당한 흥미를 보였다.15)

하지만 기녀들은 제중원에 배속되자마자 연회에 참석하여 악기를 연주하거나 노래를 불렀고,16) 알렌은 이들을 '값비싼 사치품'으로 여겼다. 더구나 외아문의 관리와 제중원 주사가 기녀들을 농락하는 일이 발생하여 고종이 이들 관리를 문책하는 일이 벌어졌다.17) 결국 알렌은 이들을 계속 데리고 있는 것이 합당치 않아 기녀들을 해임하였다.18) 1885년 12월 제중원에 남아있던 3명의 기녀도 위안스카이에게 팔려가고 말았고, 이들을 구하려던 알렌의 시도는 실패로 돌아가고 말았다.19)

한편 의학생 교육과 관련하여 1885년 8월 6일 조선정부는 제중원 당랑에게 북학 학도(北學 學徒)를 천거하라는 명(命)을 내렸다는 기록이 있지만, 실제 제중원에서 천거했는지 했었다면 누구를 천거했었는지 확실하지 않다.20)

以發關爲去乎 知委道內各邑 擇出妓女 自十三歲至十六歲 聰明悟者 使之上送是矣 待其到營後 出給于本衙門差送人 崔泰成 徐仁湜處 俾無遲滯之地宜當者. 監營 乙酉三月二十五日 關監營. 八道四都三港口日記, 규18083, 1885년 (음력) 3월 25일; 爲相考事 濟衆院所需醫女 不可以鈍者學術 而前來妓女中 玉蓮彩鳳 自棄不習 萬無所用 故玆以還下送爲去乎 代以聰明穎悟者 更爲擇出 定將校罔夜上送于本衙門 毋或遲滯之地宜當者. 黃海道監營 乙酉七月二十日 關黃海道監營. 八道四都三港口日記, 규18083, 1885년 (음력) 7월 20일; 爲相考事 濟衆院設置後 醫女選送事 業經發關矣 至於閏月 尙無牒報 妓女亦不上送 是何委折è喩 學習術業 萬萬時急 故玆又發關爲去乎 到卽依妓名後錄 不日上送于本衙門 毋至生梗之地宜當者. 嶺營 乙酉七月二十三日 關嶺營. 八道四都三港口日記, 규18083, 1885년 (음력) 7월 23일.

14) 金源模 完譯: 알렌의 日記, 1885년 8월 5일(수). 단국대학교 출판사, 1991.
15) 알렌이 엘린우드(F. F. Ellinwood)에게 보내는 1885년 8월 12일 편지(김인수 옮김: 알렌 의사의 선교, 외교편지. 장로교신학대학교 부설 한국교회사연구원, 2007, 91쪽).
16) 金源模 完譯: 알렌의 日記, 1885년 8월 10일(월). 단국대학교 출판사, 1991.
17) 알렌이 엘린우드(F. F. Ellinwood)에게 보내는 1885년 10월 7일 편지(김인수 옮김: 알렌 의사의 선교, 외교편지. 장로교신학대학교 부설 한국교회사연구원, 2007, 103쪽).
18) 박형우, 여인석: 제중원 일차년도 보고서. 延世醫史學 3: 12, 1999.
19) 金源模 完譯: 알렌의 日記, 1885년 12월 1일(화). 단국대학교 출판사, 1991.
20) 북학 학도는 북학을 배울 학도를 가리키는데, 북학은 17, 18세기에 청조에서 발흥한 학문을 당시 조선에서 지칭한 말로 이용후생지학(利用厚生之學)의 실학을 의미하는 것이었다. 따라서 이용후생과 관련된 신학문인 북학에는 서양의학을 시술하는 제중원도 포함될 수 있으며, 분명하지는 않으나 여기에 보이는 북학 학도는 제중원 의학 조수로 근무할 것을 전

　이밖에도 「제중원 일차년도 보고서」에 의하면 꽤 많은 한의사들이 제중원을 이용했으며 이들 중 일부가 서양 의술을 배우고자 했다고 한다.21) 그러나 알렌이 한의사들을 교육했다는 기록은 아직 발견되지 않는다.

제로 선발하려한 것일 수도 있다. 정신문화연구원: 민족문화대백과사전 10권, 414쪽 참조. '(高宗 22年 6月) 26日 敎曰, 內務府, 外衙門, 典圜局, 機器局, 濟衆院堂郎, 北學學徒, 各薦一人, 年自15以上至25者, 擇入.' 高宗實錄, 1885년 8월 6일(高宗 22년 6월 26일).

21) 박형우, 여인석: 제중원 일차년도 보고서. 延世醫史學 3: 15, 1999.

2. 제중원의학교의 설립

본격적인 의학교육은 헤론의 부임과 더불어 시작될 수 있었다. 진료에 눈 코 뜰 새 없이 바쁘게 보냈지만 제중원이 크게 호평을 받게 되고 미국 북장 로회 선교 본부가 파견한 헤론이 합류하자, 힘을 얻은 알렌은 원래 계획한 대 로 의학교육을 실시하기 위한 일련의 조치들을 취하기 시작했던 것이다. 게다 가 한국어에 능한 언더우드가 있었기 때문에 알렌은 더욱 자신을 얻게 되었다.

1) 의학교 설립안

이런 바탕 하에 알렌은 의학교 설립을 추진하였다.[22] 제중원 설립에서와 같이 알렌이 주도하는 방식이었다. 하지만 당초 알렌이 설립하려 했던 것은 영어는 물론 모든 과목을 가르치는 대학교였다.[23] 대학교 설립계획안을 마련 한 알렌은 이를 미국 공사 폴크에게 제시하였다. 폴크는 처음에 이 안에 대해 호의적인 반응을 보였지만, 미국인 교수들이 아직 이곳에 도착해 있지 않다는 이유로 반대하였다.[24] 그는 대학교 대신 제중원과 연관된 의학교의 설립에 적 극 찬성하였고, 대학교 설립계획은 조선정부에 제출하지 않았다.

---

22) 의학교 설립 추진은 알렌이 헤론이나 언더우드와 상의 없이 독단적으로 추진했다. 언더우 드의 경우 의학교가 개교하기 며칠 전에 알렌으로부터 강의를 요청 받는 등, 특히 헤론과 언더우드의 큰 불만을 야기 시켰다. 당연히 알렌과 달리 다른 선교사들은 의학교육에 상당 히 소극적으로 비쳐질 수밖에 없었다. 金源模 完譯: 알렌의 日記, 1885년 12월 1일(화), 1886년 3월 29일(월). 단국대학교 출판사, 1991; 언더우드가 엘린우드(F. F. Ellinwood)에게 보내는 1886년 9월 17일 편지(이만열, 옥성득 편역: 언더우드 자료집 I. 연세대학교 출판부, 2005, 39쪽).
23) 알렌의 대학교 창립계획은 한국인 한 명이 언더우드에게 동문학의 영어 과목을 맡으라고 제안한 것에서 발전한 것이었다. 언더우드에게 이러한 제의가 있었다는 것을 들은 알렌은 영어만 아니라 모든 과목을 소개하는 학교가 좋을 것이라고 제안했고, 대학교 설립계획을 마련했던 것이다. 언더우드가 엘린우드(F. F. Ellinwood)에게 보내는 1886년 9월 17일 편지 (이만열, 옥성득 편역: 언더우드 자료집 I. 연세대학교 출판부, 2005, 39쪽).
24) 金源模 完譯: 알렌의 日記, 1885년 12월 1일(화). 단국대학교 출판사, 1991.

알렌의 통역관으로부터 이 소식을 전해들은 고종은 이에 적극적인 관심을 표시하면서 폴크에게 의학교의 설립을 적극 추진하라고 요청했고, 화학, 해부 등에 필요한 기구의 구입비로 250달러를 미리 지급하는 등 의학교의 설립은 신속하게 이루어졌다.25)

이러한 과정을 거쳐 정식으로 선발된 의학생으로 1886년 3월 29일26) 의학 교육을 시작했는데, 이 과정에 대해 알렌은 「제중원 일차년도 보고서」에서 다음과 같이 기술하고 있다.

병원설립안에 표현된 대로 병원 내에 의학교(a school of medicine under the hospital management)를 설립하고자 하는 것이 원래의 의도였다. 물론 이 일이 즉시 시작될 수 없었지만 개원 1년이 다 되어 갈 즈음 병원이 매우 성공적이었기에, 우리는 이것이 미칠 영향 및 기회를 증대시킬 방법과 비용을 생각하기 시작했다. 가장 적절한 '방법'은 의학교(school department)를 개교하는 것이었다. 그 '비용'은 조선정부에 요청하였다. 국민을 위한 우리들의 의료 활동에 항상 인자하신 국왕은 즉시 칙령을 내려 병원에 인접한 가옥을 매입하고 이곳에 교사를 꾸미도록 하였다. 기구 및 비품을 위한 돈과 새롭고 완전한 외과 기구 구입을 위한 돈이 즉시 하사되었다.27)

이때 구입한 인접 가옥이란 바로 제중원 북쪽에 위치한 약 250평 대지에 놓인 가옥이었다. 학교 건물은 3월 중 거의 완공 단계였는데, 크게 3동의 한옥으로 이루어졌으며, 가장 동쪽과 남쪽의 작은 건물은 학생 숙소로 사용되었다. 이 작은 두 건물 사이에 위치한 1채의 큰 건물인 의학교는 동쪽에 화학 실험실, 서쪽에 큰 강의실이 있었고, 강의실 서쪽에는 작은 벽장이 있었다(그림 Ⅱ-1-1).28)

학생 교육을 위해 마련한 기구 중 특히 골격 표본(骨格 標本)은 당시 조선 인들을 겁나게 하기에 충분했다.29)

25) 알렌이 엘린우드(F. F. Ellinwood)에게 보내는 1885년 12월 22일 편지(김인수 옮김: 알렌 의사의 선교, 외교편지. 장로교신학대학교 부설 한국교회사연구원, 2007, 116-7쪽); 박형우, 여인석: 제중원 일차년도 보고서. 延世醫史學 3: 47, 1999; 金源模 完譯: 알렌의 日記, 1885년 12월 20일(일). 단국대학교 출판사, 1991.
26) 金源模 完譯: 알렌의 日記, 1886년 3월 29일(월). 단국대학교 출판사, 1991.
27) 박형우, 여인석: 제중원 일차년도 보고서. 延世醫史學 3: 13, 1999.
28) 박형우, 이경록, 왕현종: 재동 제중원의 규모와 확대 과정. 醫史學 9: 29-53, 2000.

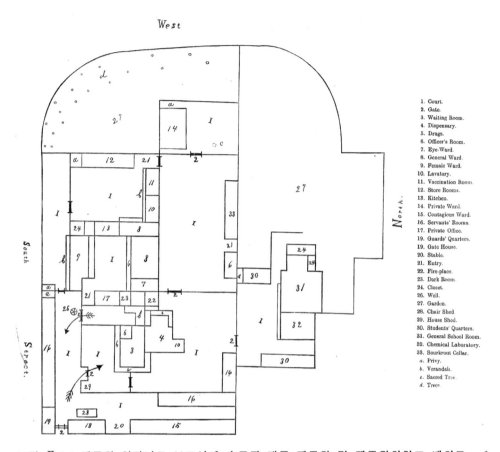

그림 Ⅱ-1-1 제중원 일차년도 보고서에 수록된 재동 제중원 및 제중원의학교 배치도. 오른쪽 부분이 북쪽이며, 고종이 인접 민가를 구입하여 확장한 후 의학교로 사용하게 하였다. 박형우, 여인석: 제중원 일차년도 보고서. 延世醫史學 3: 50, 1999.

2) 의학 교육기관의 명칭

이 의학 교육기관의 명칭은 여러 가지로 기록되어 있다. 우선 조선정부의 기록에서 학생을 모집하기 시작할 때 '학당(學堂)'이란 명칭이 나온다.[30] 이것은 새로운 개념의 용어는 아니며 학생을 가르치는 기관을 일반적으로 학당으

---

29) D. L. Gifford: Education in the capital of Korea. Ⅱ. Korean Repository 3: 214, 1896.

30) '關八道監營, 本衙門學堂及濟衆院學堂生徒, 尚多未備, 無論地閥, 必擇聰明穎悟勤實之幼童, 自十四五歲至十七八歲, 揀取三四人, 不日起送入學事.' 統署日記, 1886년 2월 13일(高宗 23년 1월 10일).

로 불렸던 것을 감안하면 제중원에서 학문(의학)을 가르치는 곳을 제중원의학당(濟衆院醫學堂)으로 부르는 것이 당연하다고 볼 수 있다.[31]

이에 반해 선교사들은 여러 명칭으로 부르고 있다. 우선「제중원 일차년도 보고서」[32]에는 'School of Medicine under the Hospital Management' 혹은 'School Department'로 표현되어 있고, 알렌 자신은 1886년 3월 29일자 일기에서 'Medical and Scientific School in Royal Corean Hospital'이라고 기록하였다.[33] 또 자신의 저서『Korea: Fact and Fancy』에서는 'A Government Medical School'이라고 불렀다.[34] 교육을 같이 담당했던 언더우드는 1886년 4월 16일자 편지에서 'Hospital School'이라고 표현하였고,[35] 스크랜턴과 기포드는 'A Medical School'로 지칭하였다.[36] 'A Medicoscientific School'이라 되어 있는 다른 기록도 있다.[37] 후에 언더우드와 결혼한 여의사 호튼은 이를 'Royal Korean Medical College'라고 불렀다고 하였다.[38]

한편 당시 일본에서 발행된『초야신문(朝野新聞)』[39]에는 '제중원의학당'으로 되어 있다. 이로 미루어 당시 이 의학교육기관은 특별한 명칭은 없었으며, '제중원에 부속되어 있는 학교(학당)'라는 정도로 불리었던 것 같으며,[40] 알렌과 헤론에 이어 제중원에서 의학교육을 했던 에비슨의 경우도 마찬가지였다. 따라서 알렌, 헤론 시기와 에비슨 시기의 의학교육의 연속성을 고려하여, 알렌이 우리나라 최초로 의학교육을 시작했던 교육 기관을 '제중원의학교(濟衆院醫學校)'로 부르는 것도 일리가 있는 것으로 보인다.[41]

---

31) 배재나 이화도 처음에는 학당이라는 명칭을 사용했다. 이런 근거를 바탕으로 박형우(2002)는 제중원의학당이라는 명칭을 사용했었다. 박형우: 제중원. 몸과마음, 서울, 2002.

32) 박형우, 여인석: 제중원 일차년도 보고서. 延世醫史學 3: 53, 1999.

33) 金源模 完譯: 알렌의 日記, 1886년 3월 29일(월). 단국대학교 출판사, 1991.

34) H. N. Allen.: Korea, Fact and Fancy. Methodist Publishing House, 1905, 174쪽.

35) Records of Board of Foreign Missions of the Presbyterian Church of U. S. A Korea, Letters and Reports 1, 63번 편지.

36) Severance Hospital Medical College. Graduating Exercise. Korea Mission Field 4: 98-102, 1908; D. L. Gifford: Education in the capital of Korea. Ⅱ. Korean Repository 3: 214, 1896.

37) F. Ohlinger: The beginning of medical work in Korea. Korean Repository 1: 356-7, 1892.

38) L. H. Underwood: Underwood of Korea. Fleming H. Revell Co., 1918, 44쪽.

39) 초야신문(朝野新聞), 명치(明治) 19년(1886년) 7월 29일.

40) 이와 유사하게 1899년 조선정부에 의해 설립된 학부 관할의 의학교도 특별한 이름이 없이 그냥 '의학교(醫學校)'였다.

3) 학생의 모집

의학교의 설치가 결정되자 조선정부는 학생을 모집하기 시작했는데, 외아
문은 1886년 2월 13일 팔도의 감영에 "본 아문의 학당 및 제원 학당의 생도
가 정원에 꽤 미달한 상태이므로 지체(肢體)와 문벌(門閥)을 따지지 말고 14-5
세에서 17-8세 사이의 젊은이 가운데 총명하고 똑똑하며 성실한 3-4명을 선발
하여 곧바로 올려 보내 입학시키라"는 공문을 보내자,[42] 3월 16일 함경도 관
찰사는 앞의 공문을 각 읍마다 게시토록 하였다고 보고하였다.[43] 의학교가 갓
개교한 4월 2일에는 평양에서 김영진(金永鎭), 양의종(梁宜鍾)을 생도로 올려
보냈으며,[44] 또한 4월 13일 함경도에서 총명한 강기오(康基五), 김낙정(金洛
鼎)을 생도로 하여 문서를 꾸며 올려 보냈다.[45] 그러나 이들 네 명은 제중원
의학교가 아니라 외아문 소속의 다른 학당에 입학한 것으로 보인다. 왜냐하면
이들을 올려 보낸 날짜가 의학교 개교일 보다 늦고, 1886년 7월 29일자 『초야
신문(朝野新聞)』에 실린 12명의 의학생 명단에 한 명도 포함되어 않은데, 이
들 4명이 모두 탈락했다고 보기는 힘들기 때문이다.

4) 교육 과정

드디어 1886년 3월 29일 경쟁시험을 통해 뽑힌 16명의 학생으로 의학교가
개교(開校)하였다. 헤론은 의학 훈련 과정이 기초 과학을 포함해 의학의 전

---

41) 연세의료원에서는 이런 배경을 참작하여 학교의 명칭을 '제중원의학교'라고 하였고, 알렌
과 헤론 시기를 '전기'라고 정의한 바 있다. 연세의료원 120년사 편찬위원회: 인술, 봉사 그
리고 개척과 도전의 120년. 1. 한국의 현대의학 도입과 세브란스(1885-1945). 연세의료원,
2005.

42) '關八道監營, 本衙門學堂及濟衆院學堂生徒, 尚多未備, 無論地閥, 必擇聰明穎悟勤實之幼童,
自十四五歲至十七八歲, 揀取三四人, 不日起送入學事.' 統署日記, 1886년 2월 13일(高宗 23년
1월 10일).

43) '北伯牒, 穎悟學童擇送關文, 翻謄, 提飭於各邑事.' 統署日記, 1886년 3월 16일(高宗 23년 2월
11일).

44) '箕報, 生徒二名, 起送事(金永鎭 梁宜鍾).' 統署日記, 1886년 4월 2일(高宗 23년 2월 28일).

45) '咸營牒報, 聰明生徒, 康基五, 金洛鼎, 修成冊上送事.' 統署日記, 1886년 4월 13일(高宗 23년
3월 10일).

그림 Ⅱ-1-2 제중원의학교의 교수진. A. 헤론. Korea Mission Field 35(12): 10, 1939. B. 언더우드. L. H. Underwood: Underwood of Korea. Fleming H. Revell Co., 1918. C. 헐버트. 헐버트기념사업회.

과정을 마치는 데 3-5년 정도가 필요할 것으로 예상했다.[46]

개교 당시 교수로는 알렌, 헤론, 언더우드가 있었다(Ⅱ-1-2). 알렌은 환자 진료는 통역이 없어도 꽤 잘했지만 그 이상은 아니었다.[47] 따라서 대학 재학 시절에는 이과(理科) 방면의 공부도 한 경험이 있고 신학교 재학 시절에 선교 목적으로 의학 공부를 1년 정도 했으며 한국어를 비교적 유창하게 구사했던 언더우드가 큰 도움이 되었다.[48] 의학생 교육에 대해서는 다음과 같은 기록이 있다.

장로회의 언더우드 목사에게 의학교 일을 도와 달라고 요청하였다. 그는 의학 과정을 일부 이수했기에 이 일에 적합하다고 느꼈고 이 역할을 수락하였다. 의학 교는 1886년 3월 29일에 경쟁시험으로 선발된 16명의 학생으로 개교하였다. 이 학생들에게 가능한 한 빠르게 영어를 가르쳤다. 일부 학생의 영어가 꽤 수준에 도달해 있기에, 우리는 곧 이들이 과학 공부를 배울 수 있을 것으로 기대하고 있다. 외아문의 독판(督辦), 협판(協辦)과의 회합에서 채택된 학교 규칙에 의해 이

---

46) 헤론이 엘린우드(F. F. Ellinwood)에게 보내는 1886년 4월 8일 편지(김인수 옮김: 헤론 의사의 선교편지. 장로교신학대학교 부설 한국교회사연구원, 2007, 34-5쪽).

47) 알렌이 엘린우드(F. F. Ellinwood)에게 보내는 1885년 10월 27일 편지(김인수 옮김: 알렌 의사의 선교, 외교편지. 장로교신학대학교 부설 한국교회사연구원, 2007, 109쪽).

48) G. W. Gilmore: Korea From Its Capital. Presbyterian Board of Publication and Sabbath Work, Philadelphia, 1892, 296-7쪽; L. H. 언더우드 지음, 이만열 옮김: 언더우드. 한국에 온 첫 선교사. 기독교문사, 서울, 제2판, 1993, 43쪽.

학생들은 4개월 동안의 시험기간을 거친 후 12명을 선발하여 정규 과정에 편입
시키고, 나머지 4명은 낙제시킬 예정이다. 12명의 학생은 매년 선발할 예정이다.
이들에게는 식사, 기숙사, 학비 등을 줄 것이며, 과정을 끝낸 후 '주사'의 직책을
가진 정부 관리로 등용될 것이다. 학생들은 이사의 역할을 할 협판과 교수의 허
락 없이는 중퇴할 수 없다. 조선 해군의 첫 군함이 취역하게 되면 우리는 군의관
1명을 그 배로 보낼 수 있기를 희망한다.[49)]

학생들은 최대한 빠른 속도로 영어를 배웠고, 어느 정도 영어에 숙달되자
기초 과학인 수학, 물리 및 화학을 가르쳤다.[50)] 소정의 (예과) 과정이 끝난 학
생들에게는 영어로 해부학, 생리학, 의학을 가르쳤다.[51)] 그런데 이들이 의학
과목에서 어떤 내용을 어떻게 배웠는지에 관해서는 전혀 알려진 바가 없다.
다만 해부학의 경우 알렌이 골격 표본[52)]과 해부도(解剖圖)[53)]를 갖고 있었다는
점에서 배웠을 내용의 범위를 어느 정도 추정할 수 있겠다.

---

49) 박형우, 여인석: 제중원 일차년도 보고서. 延世醫史學 3: 13, 1999.
50) 누가 정확히 어느 과목을 가르쳤는지 기록에 따라 다르다. 朝野新聞에는 알렌이 화학을, 언
더우드가 영어를 가르친 것으로 기록되어 있고, 언더우드 부인은 언더우드가 물리와 화학
을 가르쳤다고 기록하고 있다. 또한 길모어는 언더우드가 한국어로 물리를 가르쳤다고 했
다. 이광린은 언더우드가 처음에는 영어를 가르쳤으나 뒤에는 물리를 가르쳤다고 했다. 한
편 백낙준은 알렌과 헤론이 실용 의학, 언더우드는 물리, 화학을 가르쳤다고 했다.
Quarto Centennial. Papers read before The Korea Mission of the Presbyterian Church in the U.
S. A. at the Annual Meeting in Pyeng Yang. August, 1909, 32쪽: 朝野新聞, 1886년(明治 19
년) 7월 29일; 이만열 옮김: 언더우드. 한국에 온 첫 선교사. 기독교문사, 2판, 1993, 55쪽;
G. W. Gilmore: Korea From Its Capital. Presbyterian Board of Publication and Sabbath Work,
Philadelphia, 1892, 296-7쪽; 李光麟: 濟衆院 研究, 韓國開化史의 諸問題. 重版, 一潮閣, 1990,
120쪽; 백낙준: 백낙준 전집 1, 한국개신교사 1832-1910. 연세대학교 출판부, 서울, 1995,
132쪽.
51) Quarto Centennial. Papers read before The Korea Mission of the Presbyterian Church in the U.
S. A. at the Annual Meeting in Pyeng Yang. August, 1909.
52) D. L. Gifford: Education in the capital of Korea. Ⅱ. Korean Repository 3: 214, 1896.
53) 이 해부도는 알렌의 일기에 언급되어 있다. '오늘 나는 내가 알고 있는 약간의 생리학 지식
을 민영익에게 설명함으로써 그의 관심을 끌었다. 민영익은 인체의 다른 기관은 다 한 짝
을 이루고 있는데 심장은 왜 하나뿐인가 이해할 수 없었다. 그는 인체해부도를 보고는 경
탄의 소리를 연발하면서, 어떻게 우리들이 이 기관들이 인체 내에 있는지 확신하는가를 알
고 싶다고 했다. 나는 외국의 의사들은 적어도 세 사람의 죽은 시체를 직접 해부 실험을
거친 후에라야 개업의의 면허를 받게 되며, 내 자신도 이러한 과정을 거쳤다고 이야기하자,
그는 생리학 책을 털썩 떨어뜨리고는 마치 내 눈에서 망령이 기어 나오지 않나 해서 내 눈
을 빤히 들여다보는 게 아닌가.' 金源模 完譯: 알렌의 日記, 1885년 2월 21일(토). 단국대학
교 출판사, 1991.

3. 의학교육의 경과

학교 규칙에 따라 선발된 학생이 정확히 몇 명이며 누구였는가에 대해서는 정확한 기록이 없어 알 길이 없다. 다만 1886년 7월말에 본과생(本科生)으로 결정된 것으로 추정되는 12명의 명단이 당시 일본에서 발행된 『초야신문(朝野新聞)』의 조선통신(朝鮮通信) 난에 실려 있다(그림 Ⅱ-1-3).[54]

이들은 이의식(李宜植), 김진성(金鎭成), 우제익(禹濟翌), 이겸래(李謙來), 김진성(金震聲), 최규성(崔奎星), 최종악(崔鐘岳), 윤호(尹鎬), 이진호(李軫鎬), 진학순(秦學洵), 상소(尙瀟), 고제자(高濟姕)였다. 그런데 기사에는 한 사람이 빠졌다고 되어 있어 처음 선발된 학생 수가 확실하지 않다. 하지만 이들은 한국 내에서 서양의학 교육을 받고자 자원한 최초의 인물들이었다는 점에서 한국의학사에 큰 의미를 갖는다고 할 수 있다.

이들이 각각이 어떤 신분에 속한 사람이었는지에 대해서는 기록이 미비해 알 수 없지만, 전통적 학문 체계와 전혀 다른 신학문을 과감하게 수용하려 했다는 점에서 주목된다. 규칙에 의하면 이들은 공개 시험에서 합격하였으며, 외래문화인 서양의학을 배우기 위해 입학한 사람들이었기 때문이다. 일부 이력이 알려진 학생

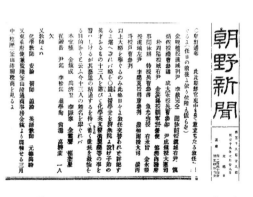

그림 Ⅱ-1-3 일본에서 발행된 초야신문(朝野新聞)에 실린 제중원의학교 관련 기사. 1886년 7월 29일.

---

54) '이미 제중원에 의학당을 설치하고 재주 있는 자제 13명을 뽑아 화학, 영문, 의술, 제약 등을 가르치고 있는데 그 의술이 정통하기를 기다려 널리 민중을 구휼할 목적이라고 한다. 지금 13명의 성명을 열거하면, 목의식(이의식의 오자 - 필자), 김진성, 우제익, 이겸래, 김진성, 최규성, 최종악, 윤호, 이진호, 진학순, 상소, 고제자, 1명 빠짐. 또 교수는 화학교사 알렌, 의사 헤론, 영어교사 언더우드이다.' 朝野新聞, 1886년(明治 19年) 7월 29일.

들의 자료를 근거로 살펴보면 이들이 어느 정도의 학식을 갖추고 개화된 청년들임을 알 수 있다. 이들이 양반이었는지 또는 중인이었는지는 알 수 없지만, 당시의 한의사는 중인이었기 때문에 어느 정도의 학식을 갖춘 중인들이 대부분을 차지했을 것으로 생각된다. 이들 중에는 한의사가 있었을 가능성도 있지만 확실하지 않으며, 이들 중 후에 의사가 된 경우는 없었다.

1) 1886년

선발된 학생들은 상당히 총명했고 입학 후 영어 등을 매우 빠르게 배워 교사들은 크게 만족하였다.[55] 헤론은 이들에게 기독교에 대해서도 가르칠 계획을 갖고 있었다.[56]

고종은 개원 이래 제중원의 성과를 치하하면서 1886년 6월 14일 학도였던 이의식을 제중원 주사로 승진시켰는데, 이것은 처음 예정했던 대로 소정의 과정을 끝낸 후 '주사'의 직책을 가진 정부 관리로 등용했던 것으로 볼 수 있다. 이와 동시에 고종은 주사 김의환(金宜煥)을 학도에 서임(敍任)했다.[57] 김의환을 제중원의학교의 2기 학도로 볼 수 있는 대목이다. 1기 학도 중에서 이의식이 주사로 승차한 것을 일종의 수료(修了)로 간주하면, 새로운 학도로 들어온 김의환은 2기생으로 여길 수 있기 때문이다.

1886년 여름 콜레라가 유행하자 의학교는 방학에 들어갔고, 콜레라 유행이 끝나자 9월초 다시 개학하였다.[58]

---

55) 헤론이 엘린우드(F. F. Ellinwood)에게 보내는 1886년 4월 8일 편지(김인수 옮김: 헤론 의사의 선교편지. 장로교신학대학교 부설 한국교회사연구원, 2007, 34-5쪽); 알렌이 엘린우드(F. F. Ellinwood)에게 보내는 1885년 4월 12일 편지(김인수 옮김: 알렌 의사의 선교, 외교편지. 장로교신학대학교 부설 한국교회사연구원, 2007, 141쪽); 언더우드가 엘린우드(F. F. Ellinwood)에게 보내는 1886년 4월 16일 편지(이만열, 옥성득 편역: 언더우드 자료집 I. 연세대학교 출판부, 2005, 32쪽).

56) 헤론이 엘린우드(F. F. Ellinwood)에게 보내는 1886년 4월 8일 편지(김인수 옮김: 헤론 의사의 선교편지. 장로교신학대학교 부설 한국교회사연구원, 2007, 34-5쪽).

57) '濟衆院別單施賞有差. 敎曰督辦交涉通商事務金允植熟馬一匹賜給, 主事成翊永金奎熙全良黙徐相爽朴永培李承雨秦學明朴準禹申洛均孫鵬九並陞六, 金宜煥陞敍學徒, 李宜植主事陞差, 美醫安連惠論並業精志善施療衆民特加堂上階以表嘉奬之意.' 日省錄, 1886년 6월 14일(高宗 23년 5월 13일).

이즈음 알렌은 재동의 제중원을 다른 장소로 이전하는 계획을 추진하고 있었는데, 의학교 개교와 마찬가지로 다른 선교사들과 상의 없이 진행되었다. 알렌의 이런 행동에 소외감을 느낀 다른 선교사들의 요구로 제중원의학교 및 병원의 운영에 관해 합의가 이루어졌는데, 선교회 전체 회원의 찬성으로 즉시 효력을 갖게 되었으며 그 내용은 다음과 같았다.59)

1. 제중원의학교와 연관하여 교수들은 교수회를 구성하고 매월 정기회의와 1명 의 발의로 개회할 수 있는 임시회의를 가질 것.
2. 외국인이 관계하는 한 학교의 모든 운영권은 그들에게 있으며, 한국인이나 다른 외국인과의 협정은(회원 1명으로 된 특별한 분과는 제외) 교수회와 충 분한 협의가 없으면 맺지 못함.
3. 학교로서 정부와의 모든 연락, 학생과 사무실에 관한 규칙, 교과 과정에 관 한 모든 결정, 학생 입학 사정 등에 관한 모든 지침은 교수회에서 최소한 2 명의 협의와 찬성을 얻은 후 만들 것.
4. 제중원과 관련하여 현재 근무하는 세 의사는 각자 동일 권한을 가지는 이사 회를 조직할 것.
5. 의료 사업을 담당하는 위원회를 구성할 것.
6. 모든 약품의 주문은 이 위원회에 제출하여 허락을 받을 것.

2) 1887년

1887년 당시 헤론은 매일 1시간씩 강의 담당했으며, 언더우드는 선교부로 부터 강의에 대한 보수를 지급받았다.60) 1887년 9월 알렌이 미국으로 떠나기 위해 사임하는 등 제중원이 어수선한 가운데 의학교에서의 교육 역시 부실해

---

58) 헤론이 엘린우드(F. F. Ellinwood)에게 보내는 1886년 8월 27일 편지(김인수 옮김: 헤론 의사 의 선교편지. 장로교신학대학교 부설 한국교회사연구원, 2007, 44쪽).
59) 언더우드가 엘린우드(F. F. Ellinwood)에게 보내는 1886년 12월 27일 편지(이만열, 옥성득 편 역: 언더우드 자료집 I. 연세대학교 출판부, 2005, 49-50쪽); 언더우드가 엘린우드(F. F. Ellinwood)에게 보내는 1887년 1월 22일 편지(이만열, 옥성득 편역: 언더우드 자료집 I. 연세 대학교 출판부, 2005, 51쪽).
60) 헤론이 엘린우드(F. F. Ellinwood)에게 보내는 1887년 5월 1일 편지(김인수 옮김: 헤론 의사 의 선교편지. 장로교신학대학교 부설 한국교회사연구원, 2007, 75쪽); 헤론이 엘린우드(F. F. Ellinwood)에게 보내는 1887년 2월 13일 편지(김인수 옮김: 헤론 의사의 선교편지. 장로교신 학대학교 부설 한국교회사연구원, 2007, 66쪽).

졌다. 이러한 사정을 전해들은 고종은 제중원의학교에 즉시 새 학생들을 충원
시키고 이전 학생들은 적절히 지원해서 교육이 제대로 진행될 수 있게 하라
는 지시를 내렸다.[61] 그러나 당시 혜론은 하루에 1시간도 틈을 내기가 어려웠
고 11월에 들어서는 학생들을 전혀 가르치지 못하는 실정이었다.

『초야신문(朝野新聞)』의 기록 이후 의학교의 활동과 의학교육에 대한 기록
이 거의 없었던 것은 이상과 같이 의학교육이 원활하게 이루어지지 못했기
때문인 것으로 보인다.

3) 1888년

1888년에 들어 헐버트(Homer B. Hulbert)[62]가 의학교에서 매일 2시간씩 가
르쳤는데, 선교부는 매달 그에게 2달러를 지불하였다.[63] 당시의 제중원의학교
에 대해 1888년 3월 27일 제중원 부녀과의 책임을 맡은 호튼은 다음과 같이
기록하고 있다.

> 언더우드 씨는 고아원과 학교를 세웠고 혜론 의사가 오기 전까지 병원에서
> 알렌 의사를 돕고 있었다. 그리고 내가 갔을 때에는 고아원을 돌보는 일 말고도
> 정부가 운영하는 의료 학교에서 강의를 하고 있었다. 그 의료 학교는 장차 세워
> 질 의과대학의 주춧돌이 되어야 할 것으로 기대를 모으고 있었다.[64]

이 글 속에 "그 의료 학교는 장차 세워질 의과대학의 주춧돌이 되어야 한
다."는 표현은 의학교육이 그리 체계적이지는 않았지만 지속되고 있음을 의미
한다. 이는 알렌이 떠난 1887년까지 제중원의학교에서 의학교육이 계속되다
가 이후 영어를 가르치는 학교로 성격이 바뀌어 2년 정도 지속되었다는 기포

---

61) 혜론이 엘린우드(F. F. Ellinwood)에게 보내는 1887년 5월 1일 편지(김인수 옮김: 혜론 의사
   의 선교편지. 장로교신학대학교 부설 한국교회사연구원, 2007, 98쪽).
62) 헐버트는 1886년 9월 23일 개교한 육영공원의 교사였으며, 7월 4일 내한하였다.
63) 혜론이 엘린우드(F. F. Ellinwood)에게 보내는 1888년 3월 19일 편지(김인수 옮김: 혜론 의사
   의 선교편지. 장로교신학대학교 부설 한국교회사연구원, 2007, 108쪽).
64) L. H. 언더우드 지음, 이만열 옮김: 언더우드 한국에 온 첫 선교사. 기독교문사, 서울, 제2
   판, 1993, 54-5쪽.

드(Daniel L. Gifford)[65]의 지적과 일치하는 것으로 해석할 수 있다.[66] 즉 헤론이 실제적으로 강의를 하지 못하는 상황에서 언더우드와 헐버트에 의해 진행되는 강의는 의학교육이 아니라 당시 한국 학생들이 의학을 배우는데 가장 장벽이 되었던 영어를 가르치는 수준이었던 것이다. 하여튼 1888년 8월말에는 방학을 끝내고 곧 개학할 예정이었다.[67]

이런 상황에서 헤론과 언더우드는 1888년 9월 8일 조선정부에 대해 학교 설립을 허가해줄 것을 요청하면서 제중원의학교의 변화를 시도했다.[68] 조선정부는 이 요청에 대해 몇 번 답변을 회피하다가 1889년 9월 18일에서야 허가하지 않는다는 답변을 보냈는데,[69] 조선정부가 유사한 교육을 하는 기관을 이미 설치했기 때문이라는 내용이었다.

1888년 말 언더우드는 제중원의학교에서 매일 2시간씩 강의를 했으며, 9월 29일 내한한 기포드는 정착되는 대로 매일 1시간씩 강의할 예정이었다.[70] 당시 미 북장로회 해외선교 보고서[71]는 제중원의학교를 남학생 기숙학교(boys' boarding school)라고 칭하면서 36명의 학생이 배우고 있었다고 기록하고 있다.

---

65) 기포드(奇普 ? -1900)는 1888년부터 1900년까지 한국에서 봉사한 미국 북장로회 선교사로서, 목회자로, 한국학 연구자로, 교육자로 활동하였다. 육영공원에서 잠시 교편을 잡았고 1892년 사직하고 경기 지방을 순회하며 설교하던 중 1900년 부부가 사망하였다. 기독교대백과사전 편찬위원회: 기독교대백과사전. 기독교문사, 1984.

66) D. L. Gifford: Education in the capital of Korea. II. Korean Repository 3: 214, 1896.

67) 언더우드가 엘린우드(F. F. Ellinwood)에게 보내는 1888년 8월 25일 편지(이만열, 옥성득 편역: 언더우드 자료집 I. 연세대학교 출판부, 2005, 117쪽).

68) 美案 문서번호 570, 惠論 및 元杜尤 學堂設立의 申請准許 要請, 1888년 9월 8일(高宗 25년 8월 3일).

69) 조선정부가 회답을 하지 않자 미국공사관은 1889년 1월 18일, 7월 22일, 그리고 7월 27일 계속 해서 답신을 재촉하였다. 결국 조선정부는 1889년 9월 18일에야 답변을 보냈는데, 이미 조선정부가 세운 공립학교로 충분하기 때문에 사설학교 설립을 허가할 수 없다는 내용이었다. 이후 학교 설립에 관한 선교부나 미국공사관의 새로운 제안은 보이지 않는다. 美案 문서번호 606, 元杜尤英語學校開設申請의 許可要請, 1889년 1월 18일(高宗 25년 12월 17일); 문서번호 652, 元杜尤·惠論學堂設立許可願에 對한 回答催促, 1889년 7월 22일(高宗 26년 6월 25일); 문서번호 654, 元杜尤·惠論學堂設立許可催促, 1889년 7월 27일(高宗 26년 6월 30일); 문서번호 679, 元杜尤·惠論의 學堂設立 不許의 件, 1889년 9월 18일(高宗 26년 8월 24일).

70) 호튼이 엘린우드(F. F. Ellinwood)에게 보내는 1888년 12월 22일 편지(이만열, 옥성득 편역: 언더우드 자료집 I. 연세대학교 출판부, 2005, 128쪽).

71) Mission in Korea. The Fifty-second Annual Report of the Board of Foreign Missions of the Presbyterian Church in the United States of America. Mission House, New York, 1889년, 172쪽.

4) 1889년

1889년에 들어 헤론은 제중원의 학교에서 강의를 중단했으며,[72] 언더우드 이외에 헐버트와 기포드가 매일 1시간씩 강의를 하고 있었다.[73] 당시 제중원의학교에서는 학생들 사이에 다음과 같은 흥미로운 사건이 일어났다.

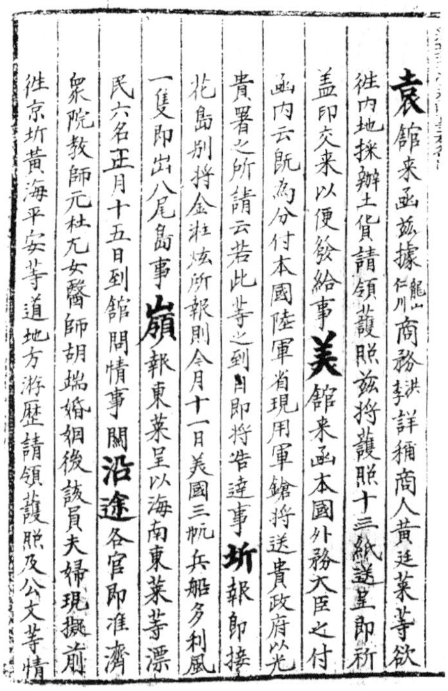
袁館來函玆據龍山仁川商務洪李詳稱商人黃廷萊等欲
往內地採辦土貨請領護照玆將護照十三紙送呈即祈
盖印交來以便發給事美館來函本國外務大臣之付
函內云旣為分付本國陸軍省現用軍鎗將送貴政府先
貴署之所請云若此等之到日即將告達事圻報即接
花島別將金稚炫所報則今月十一日美國三帆兵船多利風
一隻即出八尾島事嶺報東萊呈以海南東萊等漂
民六名正月十五日到館問情事關沿途各官即准濟
衆院教師元杜尤安醫師胡端婚姻後該員夫婦現擬前
往京圻黃海平安等道地方游歷請領護照及公文等情

그림 Ⅱ-1-4 언더우드를 제중원 교사로 표현한 조선정부의 문서. 統署日記, 奎17836, 1889년 3월 13일(高宗 26년 2월 12일).

학생 중 가장 공부를 열심히 하던 조 씨는 기독교 신자였는데, 동료들에게 전도를 하고 있었다. 그런데 몇 달 후 학생들 가운데 4명이 외아문 협판인 이 판사에게 기독교 신자와는 공부할 수 없다며 그를 내보내라고 요구했다. 이에 협판은 그들에게 아무런 잘못이 없으며 외국인 선생님들이 모두 선교사들인데 무슨 문제가 있느냐며 그럴 수 없다고 했다. 그러자 문제를 제기했던 4명이 학교를 떠났다.

1889년 12월 헤론의 보고에 의하면, 자신은 정규적으로 학생 교육에 참여하는 것이 거의 불가능한 상태였으며 헐버트와 언더우드가 제중원의학교에서 매일 2시간씩 가르치고 있었다.[74]

72) 호튼이 엘린우드(F. F. Ellinwood)에게 보내는 1889년 3월 8일 편지(이만열, 옥성득 편역: 언더우드 자료집 I. 연세대학교 출판부, 2005, 143쪽).
73) 언더우드가 엘린우드(F. F. Ellinwood)에게 보내는 1889년 5월 26일 편지(이만열, 옥성득 편역: 언더우드 자료집 I. 연세대학교 출판부, 2005, 164쪽).
74) 헤론이 엘린우드(F. F. Ellinwood)에게 보내는 1889년 12월 18일 편지(김인수 옮김: 헤론 의사의 선교편지. 장로교신학대학교 부설 한국교회사연구원, 2007, 164쪽).

한편 의학교에 처음부터 참여했던 언더우드의 직책이 1889년 여름까지 제중원 교사(濟衆院 教師)로 표시되어 있고(그림 Ⅱ-1-4),[75] 1890년 4월에는 제중원의 책임을 맡고 있는 헤론의 직책이 교사로 불리고 있다.[76] 하지만 학교로서의 명맥은 헤론 시기까지만 유지된 것으로 보인다. 헤론 사망 이후 에비슨이 재개할 때까지 교육에 관한 기록이 전혀 발견되지 않기 때문이다.

이와 같이 제중원에서 의학교육이 순탄하게 이루어지지 않았던 것은 의학교육에 가장 적극적이었던 알렌이 제중원을 떠난 것이 큰 이유였지만, 감리회나 장로회 자체 내에서 제기되었던 이교도(異敎徒)인 조선정부의 지원 아래학교를 경영하는 것에 대한 비판도 전혀 무관하지 만은 않았던 것으로 보인다.[77] 또한 조선정부도 의학교에 대해 적극적인 노력을 기울이지 않았는데, 고종과 조선정부는 시혜성을 보여주는 구료에만 관심을 두었을 뿐 그 시혜를 확대시켜 나갈 수 있는 보다 근본적이고 장기적인 방법인 의학교육에는 지속적인 관심을 기울이지 않았다.[78]

요컨대 1886년 제중원에서 시작된 의학교육은 처음부터 선교 의사들에 의하여 계획된 것이었지만, 조선정부에서도 필요성을 인정했기에 가능했다. 조선정부는 일부 재정적인 지원과 함께 학생 모집을 담당하였다. 이와 함께 의학교에는 학칙과 교수진이 있었으며, 교육 과정과 더불어 졸업 후의 진로도 사전에 정하는 등 현대 의학교육기관으로서의 모습을 거의 갖추었다는 점에서 한국 서양 의학교육의 효시(嚆矢)였던 것이다.[79]

---

75) 統署日記, 1889년 3월 13일(高宗 26년 2월 12일); 統署日記, 1889년 7월 2일(高宗 26년 6월 5일).
76) 統署日記, 1890년 4월 21일(高宗 27년 3월 3일).
77) 해링톤 저, 이광린 역: 開化期의 韓美關係, 알렌 박사의 활동을 중심으로. 一潮閣, 1973, 82쪽.
78) 박윤재: 한국 근대의학의 기원. 연세국학총서 57. 혜안, 2005, 46쪽.
79) 이들 첫 의학생들은 연세대학교 의과대학의 명예졸업생(名譽卒業生) 및 명예동창(名譽同窓)으로 추대되었다. 현대의학의 효시 광혜원 114주년 맞아 오는 10일 광혜원 앞뜰에서 창립기념식 개최. 최종악, 이경래 동창에게 명예졸업증서 수여. 연세대학교 의료원소식. 제388호, 1999년 4월 5일 1면 1단.

제2장 한국에서 교육을 받은 최초의 의학생들

『대한제국관원이력서(大韓帝國官員履歷書)』나 족보 등의 자료를 참고로 그 행적을 확인할 수 있는 제중원의학교의 학생들은 최종악, 이겸래, 이진호, 이의식, 윤호, 진학순, 상소, 김의환인데, 이들을 통해 초기 의학교육의 특징을 다음과 같이 정리할 수 있다.

첫째, 의학생들은 일정 수준 이상의 학식이나 배경을 갖춘 개화된 청년들이었다. 이들은 총명하고 똑똑한 인재들로서 공개경쟁 시험을 통해 입학했고, 당시로서는 낯선 외래문화인 서양의학을 배우고자 결단을 내린 사람들이었기 때문이다.

둘째, 의학생들의 지원 동기를 보면 학생들은 신학문의 습득을 통한 입신양명(立身揚名)을 추구하였다. 우선 이의식의 경우 제중원에서의 의학교육이 중요한 경력으로 처리되고 있음을 알 수 있다. 당시 조선정부 측에서는 졸업생들에게 주사(主事)를 수여함으로써 학생들을 유인하고자 했다. 이들이 배운 영어는 당시로서도 나름대로의 사회적 가치를 갖는 일이었다. 따라서 영어를 숙달하고 다시 의학이라는 신학문을 배운다는 것은 새로운 인재양성의 일환이었고, 사회에서도 이들에게 습득한 영어로 조속히 일정한 역할을 해주길 기대했으리라 추측할 수 있다. 하지만 학생들은 그 당시로는 기본 체계가 완전히 다른, 새롭고 어려운 학문을 장기간, 그것도 외국어로 공부해야 했기 때문에 공부할 흥미를 상실했을 것이다. 또 생활비의 걱정 없이 공부만 할 수 있는 여유 있는 학생들이 별로 없었으며, 어느 정도의 영어 교육만 받았어도 당시 직장을 구할 수 있었기 때문에 쉽게 중도에 포기했을 것이다. 따라서 이 시기의 의학교육은 현재의 기준으로 볼 때 뚜렷한 결실을 맺지 못했던 것이다.

셋째, 당시 조선의 사회제도의 한계이다. 먼저 조선정부는 제중원의 의학교육을 서양의학을 수입하는 방편으로 이해하면서 주사 임명의 보장을 통해 의료 인력과 기술 관료의 양성을 꾀하였다. 그러나 당시 '서양의학을 시술하는 의사'에 대한 관념은 의학생 본인, 정부 혹은 일반 사람 모두에게 정립되

어 있지 않았고 이에 따라 의학교육제도 또한 실제 의사를 배출하는데 용이
하도록 뒷받침되지 못했던 것 같다. 이것은 20여년이 경과한 1908년에 이르러
서야 의학교 졸업생들에게 의사면허를 주게 된 것과 일맥상통한다고 볼 수
있다.

그렇지만 김의환처럼 원래 제중원 주사였다가 학도로 서임된 경우로 보아
의학생들의 지위가 단순히 의업을 하겠다는 입장은 아니었을 것이다. 오히려
정부가 의학생들의 지위를 어느 정도 보장했을 가능성도 있다.

넷째, 알렌으로 대표되는 미국 북장로회 선교부의 의학교육에 대한 제한적
인 관심이다. 알렌은 의학생을 교육시켰지만 전문 의료 인력의 양성만이 그가
추구한 유일한 목적은 아니었다. 알렌은 조선 선교의 중요한 수단으로 치료와
의학교육을 인식하고 있었으며, 선교부의 입장 역시 마찬가지였다. 다시 말하
자면 의학교육은 제중원의 사회적 역할에 포함될 수 있는 하나의 업무였으며
병원의 역할 역시 선교를 위한 하나의 방편이었던 것이다. 따라서 알렌은 의
학생 교육에만 전념할 수는 없었다. 또한 당시의 선교의사들은 환자의 진료
등으로 대단히 바빠 학생 교육에 많은 시간을 할애할 수 없었다. 동시에 대부
분 선교사들은 한국어 실력이 부족하여 학생과의 대화가 잘 이루어지지 못했
다.

1. 최종악

최종악(崔鐘岳, 1868-1949, 그림 Ⅱ-2-1)[80])은 본관이 탐진(耽津)이며 1868년 11월 29일 최수광(崔壽光, 1828- ?)의 아들로 출생하였다. 원적은 충청남도 공주군 탄천면(灘川面) 송학리(松鶴里)이다. 아들은 최구호(崔龜浩, 1884-1963)이며, 손자 최영선(崔榮善, 1919-1975)은 약학박사로서 대전약품상사 사장을 역임하였다. 최영선의 아들 최용묵(崔龍黙, 1943-)은 의학박사로, 서울대학교 의과대학을 졸업하고 경희대학교 의과대학의 소아과학교실의 교수로 재직하였다.

최종악은 제중원의학교에서 언제까지 교육을 받았는지 분명하지 않다. 하지만 그는 1898년 7월 1일 판임관(判任官) 6등으로 안주전보사 주사(安州電報司 主事)에 임명되었으며 9품이었다. 1899년 7월 2일 판임관 5등으로 승서(陞敍)되었으며, 9월 6일 운산전보사(雲山電報司) 주사로, 이어 10월 13일 다시

그림 Ⅱ-2-1 최종악. (오른쪽) 탄천면장 시절의 최종악. 동은의학박물관 소장.

80) 耽津 崔氏 諱烈公后 族譜. 康德書院, 1993; 국사편찬위원회 편: 大韓帝國官員履歷書. 探求堂, 1971; 朝鮮總督府 施政 25周年 記念 表彰者名鑑, 同 刊行委員會, 1935.

안주전보사 주사로 전임되었다. 1900년 7월 2일 판임 3등으로 승서되었고, 1905년 2월 4일 공주전보사(公州電報司) 주사로 전임되었지만 을사보호조약에 의해 5월 29일 전보사가 일본에 의해 접수되었다.

1907년에는 9품의 전임 주사(前任 主事)였다. 그해 2월 4일에는 강계 등 평안북도 주변 6개 군에서 청나라 사람들이 월경하여 나무를 베어가면서 세금을 내지 않으니, 본인이 만든 회사에서 전관(專管)하게 해주면 세금을 내겠다고 청원하기도 했다.

그는 1913년 4월 9일 이후 1939년 당시까지 오랫동안 공주군 탄천면장을 역임했으며, 1920년 2월 29일부터 5월 12일까지 공주군 목동면장(木洞面長)도 겸임하였다. 1933년 9월 30일 주임관(奏任官) 대우가 되었고, 11월 15일 종7위에 서임되었다. 면장 이외에도 1920년대 후반부터 30년대 중반까지 이인금융조합(利仁金融組合)의 사장으로 있었다. 그는 1949년 3월 2일 사망했으며, 묘지는 공주군 탄천면 삼각리에 있다.

2. 이겸래

이겸래(李謙來, 1865-1911)[81]는 본관이 광주(廣州)이며, 자(字)는 순익(順益)
이다. 이병희(李秉義, 1839-81)의 아들로 1865년 3월 15일 출생하였다. 어릴 적
한학(漢學)을 수학했으며, 1885년 식년시 운과(雲科)에 합격한 중인 출신이다.
그의 동생 이정래(李鼎來, 1875- ?)는 대한제국기에 관료로 활동하였으며, 사
촌 이홍래도 역과(譯科)에 합격하고 1885년 통리교섭아문 주사로 활동하였다.

이겸래 역시 제중원의학교에서 언제까지 교육을 받았는지 분명하지 않다.
그는 1894년 동학농민전쟁 때 정부측 참모(參謀)로 종군하여 군공(軍功)을 크
게 세우고 1895년 5월 26일 주임관 5등의 훈련2대 부위(訓練二隊 副尉)라는
무반직에 임명되었다. 이어 1898년 3월 14일 외부 교섭국장(外部 交涉局長), 4
월 17일 중추원 의관(中樞院 議官), 1899년 9월 28일 농상공부 기사(農商工部
技師)를 역임했으며, 1900년 2월 7일 외부 참서관(外部 參書官)으로 임명됨으
로서 대한제국의 근대화 추진 과정에서 중앙부서의 관료로 활동하였다.

1903년 4월 8일 옥구 감리(沃溝 監理), 5월 13일 옥구항 재판소 판사(沃溝
港 裁判所 判事)를 역임했다. 1906년 2월 10일 종2품이 되었고, 3월 27일 칙임
(勅任) 3등의 시종원 부경(侍從院 副卿), 9월 4일 주임 2등의 비서감승(秘書監
丞), 9월 9일 봉상사 부제조(奉常司 副提調)를 역임했다.

이겸래는 행정직을 수행하면서도 사회활동에서 적극적이었다. 그의 구체
적인 활동은 당시 지식인들 사이에서 활발히 진행되었던 계몽학회를 통해 살
필 수 있다.

이겸래가 활동했던 애국계몽학회는 1908년 학술, 문화, 교육의 보급에 목
적을 두고 대한제국기 중급 관료를 중심으로 조직된 교남교육회(嶠南敎育會)

---

81) 국사편찬위원회 편: 大韓帝國官員履歷書. 探求堂, 1971; 廣州 李氏 大同譜 編纂委員會: 廣州
    李氏 大同譜. 1988; 김영경, 박형우, 노재훈: 제중원의학당(濟衆院醫學堂) 입학생의 신분과
    사회진출, 이겸래(李謙來)를 중심으로. 醫史學 10: 60-70, 2001.

였다. 이겸래는 학회 간부가 아닌 회원으로서 창간호의 축사를 보냈는데, 민지(民智)의 개발, 학교의 설립, 기술 교육의 중요성을 강조하고 나아가 세계 변화에 적극적으로 대처할 것을 주장하였다.82) 이겸래는 자신의 글에 우승열패(優勝劣敗), 생존경쟁(生存競爭)이라는 용어를 자주 언급했는데, 당시 지식인 사이에서 풍미하고 있었던 사회진화론의 영향을 받은 것이다.83) 같은 맥락으로 의병운동과 같은 무장투쟁의 형태보다는 문명개화를 통한 개혁을 주장하였다. 그가 기고한 여러 편의 글에서는 생존경쟁에서 살아남기 위한 방법으로 서양문물의 수입과 기술의 습득을 강조하였고, 부국을 위해서는 개인의 능력개발을 우선으로 삼았다. 이는 당시 전형적인 계몽운동론자들의 주장과 일치하는 것이었다.

이겸래는 1911년 9월 5일 사망하였으며, 묘지는 포천군 내면 곡촌에 있다.

---

82) 李謙來: 祝辭. 嶠南教育會雜誌 1: 22-3, 1909.
83) "二十世紀維新之化 一技一能之學以可致者 靡不講求焉 卽吾所固有之農工商天演利益 自可發達而生存競爭之人爲所及亦足 …" 李謙來: 以國富民不如以民富國. 嶠南教育會雜誌 5: 13-5, 1909.

3. 이진호

이진호(李軫鎬, 1867-1946)[84]는 본관이 전의(全義)로, 자(字)는 응팔(應八)이며 1867년 8월 2일 출생하였다. 친아버지는 이교석(李敎錫)인데 이교현(李敎鉉)에게 입적되었다.

이진호는 1882년 무과(武科)에 급제했으며, 1886년 의학교에 입학할 때 외아문에서 설치한 영어학교, 즉 동문학(同文學)의 학생이었다.[85] 그러나 의학이 자기 적성에 맞지 않았던 때문인지 1888년 미국 군사교관 다이(William M. Dye) 등이 고빙되어 연무공원(鍊武公院)이 설치되자 그 곳으로 옮겼다.[86]

1894년 9월 일본이 훈련시킨 교도중대(敎導中隊)의 영관(領官)으로 갑오농민운동을 진압하는데 출동하였고, 갑오개혁 때 친위대(親衛隊) 연대장(聯隊長)을 지냈다. 을미사변(乙未事變) 당시에는 훈련대 제3대대장, 훈련대 해산 뒤에는 친위대 제2대대장이 되었다. 춘생문(春生門) 사건 때 내응(內應)하기로 되어 있었으나 변심하여 군부대신 어윤중(魚允中)에게 계획을 밀고하였다.

1896년 2월 아관파천(俄館播遷)으로 김홍집 내각이 붕괴된 뒤 훈련대가 해산되면서 친일 인물과 함께 일본으로 망명하였다. 을사조약이 체결되자 특별사면을 받아 1907년 9월 귀국하여 통감부 하에서 10월 중추원 부찬의(副贊議)를 거쳐, 통감 이토의 추천으로 평안남도 관찰사 겸 평양고등보통학교 교장을 지냈다. 또한 공립평양동인의원의 평의원으로 일본인들의 의학 교육을 도왔다.

1910년 조선이 일제의 식민지가 되자 10월 1일 경상북도 장관을 거쳐 1916년 3월 28일 전라북도 장관이 되었다. 1921년 11월 총독부 고위 관리 등 조선에 있는 일본인과 친일 거두들이 모여 조선구락부(朝鮮俱樂部)를 만들 때

---

84) 국사편찬위원회 편: 大韓帝國官員履歷書. 探求堂, 1971; 全義禮安 李氏 大同譜 刊行委員會: 全義 李氏 族譜, 1979; 大垣丈夫 編: 朝鮮紳士大同譜. 朝鮮紳士大同譜 發行事務所, 1913; 반민족문제연구소 편: 친일파 99인(1). 돌베개, 서울, 1993.

85) 同文學校. 漢城周報 제4호, 1886년 2월 22일.

86) 이광린: 韓國開化史研究. 개정판. 一潮閣, 1970, 180-1쪽.

발기인으로 참여하였다. 1924년 12월 22일 한국인 최초로 조선총독부 학무국
장(朝鮮總督府 學務局長)으로 임명되었는데, 이것은 그가 일제에 어느 정도
충성했는지를 나타낸다.

　1929년 1월 9일 퇴관하고 중추원 참의(參議)에 임명되었으며, 이후 중추원
고문(顧問), 부의장 등을 지내면서 각종 친일단체를 조직하고 임원으로 활동
하였다. 일본제국 귀족원 책임의원에 임명되는 등 일제 강점기의 대표적인 친
일 관료였으며, 을사오적을 제외하고는 가장 대표적인 친일파로 볼 수 있다.
그는 해방 직후인 1946년 9월 3일 사망했다.

4. 이의식

이의식(李宜植, ? - ?)[87]은 본관이 흥양(興陽)으로 아버지는 이응열(李應說)이다.

그는 의학교에 입학한지 3개월도 채 되지 않은 1886년 6월 15일에 제중원 주사(濟衆院 主事)로 임명되었다. 『대한제국 관원 이력서』에는 "제중원에서 의학을 배워 졸업했다. (음력) 1886년 5월 12일 제중원 주사로 승진하였다."라고 되어 있다 (그림 Ⅱ-2-2).[88] 1886년 6월 15일 고종이 개원 이래 제중원의 성과를 치하하면서 학도였던 이의식을 주사로 승차(陞差)시켰던 것이다.[89]

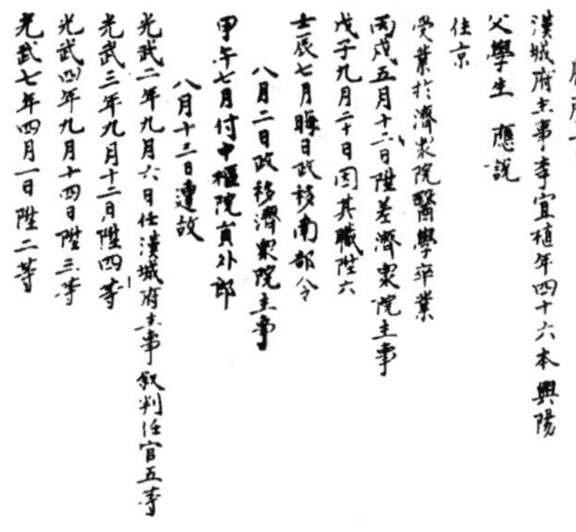
履歷書
漢城府主事李宜植年四十六本興陽
父學生 應說
住京
受業於濟衆院醫學卒業
丙戌五月十二日陞差濟衆院主事
戊子九月二十日因其職陞六
壬辰七月晦日試除南部令
八月二日改移濟衆院主事
甲午七月付中樞院員外郎
八月十二日遞改
光武二年九月六日任漢城府主事 叙判任官五等
光武三年九月十二日陞四等
光武四年九月十四日陞三等
光武七年四月一日陞二等

그림 Ⅱ-2-2 이의식의 이력서. 국사편찬위원회 편: 大韓帝國官員履歷書. 探求堂, 1971.

그는 1892년 7월 남부령(南部令), 8월 2일 제중원 주사를 거쳐 1894년 7월 중추원 원외랑(中樞院 員外郎)으로 임명되었다. 이어 1896년 1월부터 연천군수로 활동을 하다가[90] 1898년 9월 6일 판임관 5등의 한성부 주사(漢城府 主事)로 임명되었다.[91] 1899년 9월 12일 4등으로, 1900년 9월 14일 3등으로, 그리고 1903년 2등으로 승서되었다.[92] 1904년 10월 14일에는 다시 연천군수로

87) 국사편찬위원회 편: 大韓帝國官員履歷書. 探求堂, 1971; 統署日記, 1886년 6월 15일(高宗 23년 5월 14일).
88) '受業於濟衆院醫學, 卒業. 丙戌五月十二日, 陞差濟衆院主事.' 국사편찬위원회 편: 大韓帝國官員履歷書. 探求堂, 1971. 한편 統署日記에는 제중원 주사로 임명된 것이 1886년 6월 15일(高宗 23년 5월 14일)로 되어 있다. 날짜 문제에 있어서는 統署日記의 기록이 더 신빙성이 있는 것으로 보인다.
89) 統署日記, 1886년 6월 15일(高宗 23년 5월 14일); 日省錄, 1886년 6월 14일(高宗 23년 5월 13일).
90) 경기도 내 포사세 납부에 소홀함이 없도록 할 것. 各司謄錄, 1896년 1월.
91) 日省錄, 1898년 9월 6일(음력 1898년 7월 21일).
92) 日省錄, 1900년 9월 14일(음력 1900년 8월 21일).

임명되어 1907년경까지 활동했다.[93) 1908년 당시에는 황해도 강령군 군수였는데,[94) 1909년 2월 4일 해임되었다.[95)

---

93) 日省錄, 1904년 10월 14일(음력 1904년 9월 6일); 訓練存案 1907년 2월 5일. 奎19144 제13책.
94) 대한제국 직원록, 1908년도.
95) 日省錄, 1909년 2월 4일.

5. 윤호

윤호(尹鎬, 1870- ?)[96]는 본관이 파평(坡平)으로 1870년 1월 10일 출생했다. 윤호도 제중원의학교에서 언제까지 교육을 받았는지 분명하지 않다. 그는 1895년 4월 1일 진사(進士)로 선발되어 사관양성소 학도(士官養成所 學徒)에 이어 9월 1일 전주(全州) 진위대대부(鎭衛隊隊附) 참위(參尉)로 임명되었다. 1900년 7월 28일 진위 제2연대 제3대대부로 되었으며, 1902년 5월 6일 전주 진위대대부의 부관부위(副官副尉)로 승진되었다. 1906년 7월 21일 육균연성학교부(陸軍研成學校附)로 임명되고, 1907년 4월 30일 육군보병정위(正尉)로 임명되었다.

---

96) 국사편찬위원회 편: **大韓帝國官員履歷書**. 探求堂, 1971.

6. 진학순

　풍기(豊基) 진씨의 족보를 찾아보면 1870-90년대의 인물이 '학(學)'을 돌림자로 쓰고 있어 진학순(秦學洵)의 존재는 확실하다고 볼 수 있다. 실제 족보를 찾아보면 1866년에 출생한 진학순(秦學純)이라는 이름이 보인다. 활동한 시기가 일치하기에 동일인일 가능성이 있긴 하지만 족보의 성격상 잘못 적혔거나 이름이 개명된 경우도 있기 때문에 단정할 수는 없다.

7. 상소

상소(尙瀟) 역시 진학순과 마찬가지이다. 당시 몇 되지 않는 상(尙)씨들은 모두 '수(水)'를 항렬로 하고, 외자를 쓰고 있다. 상소가 족보에 누락된 원인은 확실하지 않지만 개명했거나 서얼 출신이었기 때문에 족보에서 누락되었을 수도 있다.

8. 김의환

김의환(金宜煥, 1828?-1891)[97]은 광산(光山) 김씨이며, 어렸을 때 이름은 재환(在煥)이고 자(字)는 영숙(永叔)이었다. 그는 뚝섬과 양화도 사이를 일컫는 경강(京江)의 두호(荳湖)에 살았는데, 어려서 부친이 돌아가셔서 집이 몹시 가난했다. 따라서 낮에 일을 하고 밤에 독학으로 공부를 하였다. 그는 본래 선한 것을 즐거워하고 의로운 것을 좋아했으며, 다른 사람에 대해 신의가 있었기 때문에 주위 사람의 도움으로 생계를 유지할 수 있었다.

나이가 들어 계산법을 익히고 백성의 일에 대해 잘 알았기에, 군관(軍官)이나 현령들이 그를 문서작성자(記室)로 채용하였다. 그는 모든 일을 정직하게 처리했기에 그를 싫어하는 사람들도 있었다. 이복동생이 여러 번 김의환의 재산을 탕진했지만, 내색하지 않고 항상 은혜롭게 대했다. 좋은 밭과 집을 구입하여 동생이 거기에 살도록 양보하고, 자신은 처자식과 함께 서울에서 가난하게 먹고 살았는데, 마침내 동생이 뉘우쳤다고 한다.

김의환은 외삼촌을 통해 조선시대 궁중에서 쓰는 쌀, 베, 잡물과 노비 등에 관한 일을 맡아 보던 관아 내수사(內需司)의 별제(別提)가 되었다가, 1886년 2월 12일 손붕구의 후임으로 제중원 주사로 임명되었다. 그는 1886년 6월 14일 제중원의학교의 학도로 서임되었으며, 1890년 4월 22일까지 제중원에 근무하였다. 이후 의탁할 곳 없이 황해도 지방을 떠돌다가 병이 들어 서울로 다시 돌아온 김의환은 1891년 11월 9일에 64세의 일기로 어린 아들을 하나 남기고 서울의 전동(典洞)에서 세상을 떠났다.

---

97) 김의환에 대한 기록은 다음의 문헌에 기록된 내용이다. 金允植: 續陰晴史 上. 1921, 193-4쪽.

제3장 외국에서 교육을 받은 초창기 한국인 의사들

외국과의 국교확대 이후 서양의학에 대한 관심이 고조되다가 1884년 12월 4일의 갑신정변을 계기로 최초의 서양식 병원이 설립되었다. 갑신정변의 와중에서 자상을 입은 민영익의 생명을 구한 의료선교사 알렌은 병원설립안을 제출하였고 1885년 4월 10일 한국 최초의 서양식 병원인 제중원이 개원하였던 것이다.

제중원에서 활동하던 알렌, 헤론 및 언더우드는 1886년 3월 29일 제중원의학교를 개교하여 한국 최초로 서양의학을 시작하였다. 하지만 선교사, 조선정부 및 의학생들 모두 부족한 점이 많아 의학 교육은 활발하게 지속되지 못했고 '의사 배출'이라는 열매를 맺지 못하였다.

이러는 사이 일부 한국인들이 외국에 나가 의사가 되어 귀국하였다. 이들이 의학을 배운 곳은 크게 미국과 일본이었다. 갑신정변 실패 후 일본으로 망명했던 서재필은 미국으로 가서 의과대학을 졸업하여 한국인 최초의 의사가 되었다.98) 김점동과 오긍선은 선교사들의 후원으로 의사가 되었다. 이와 달리 일본에서 의사가 된 김익남, 안상호, 박종환은 관립일어학교를 졸업한 사람들로서 조선정부에 의해 일본으로 유학을 떠난 학생들이었다.

한편 박일근은 일본에서 정규 의과대학을 졸업하지는 않았지만 일본인 의사 밑에서 오랫동안 의술을 배운 후 귀국하여 최초로 개업한 한국인이었다.

이들 중 김익남과 오긍선은 한국인 의사 교육에 매진했고, 나머지 사람들은 선교부의 의사 혹은 개업의로서 한국인의 건강을 돌보았다.

---

98) 서재필은 미국 국적을 가진 상태에서 의사가 되었기 때문에, 한국 최초의 의사가 아니며 오히려 김익남을 최초의 의사로 보아야 한다는 견해가 있다. 하지만 김익남의 경우도 일본에서 의학교는 졸업했지만 의사의 자격을 인정하는 의술개업인허장을 받지 못했다.

1. 서재필[99]

송재(松齋) 서재필(徐載弼, 1864-1951, 그림 Ⅱ-3-1)은 본관이 달성(達成)이며, 1864년 11월 20일 전라남도 보성(寶城)에서 서광효(徐光孝)의 둘째 아들로 출생했다. 미국 귀화명은 제이슨(Philip Jaisohn)이다.

서재필은 어려서 충청도 진잠현(鎭岑縣)의 7촌 아저씨 서광하(徐光夏)에게 입양되었으며, 7세 때 서울에 올라와 외삼촌인 판서(判書) 김성근(金聲根) 밑에서 한학을 배웠다. 그는 1882년 3월 별시 문과에 병과로 합격하여 교서관(校書館) 부정자(副正字)에 임명되었으며, 이 무렵부

그림 Ⅱ-3-1 한국인 최초의 의사 서재필 (1898). 임창영 지음, 유기홍 옮김: 위대한 선각자 서재필 박사 전기, 공병우글자판연구소, 1987.

터 김옥균(金玉均), 서광범(徐光範) 등 급진 개화파 인사들과 교류를 가졌다.

김옥균의 권유로 1883년 일본 도쿄의 도야마육군학교(戶山陸軍學校)에 입학하여 동료 14명과 함께 1년 동안 현대적 군사훈련을 공부하고 1884년 7월 졸업 후 귀국하여 고종에게 사관학교의 설립을 진언하였고, 승낙을 받아 조련국(操鍊局)의 사관장(士官長)이 되었다.

1884년 12월 4일에는 김옥균, 홍영식(洪英植) 등과 함께 갑신정변에 적극적으로 참여했으며 병조참판 겸 후영영관(後營領官)에 임명되었으나, 정변이

---

99) 한국근현대인물자료, 국사편찬위원회; 한국역대인물종합정보시스템. 한국학중앙연구원; 최제창: 현대의학의 선구자 서재필 박사. 韓美醫學史. 의사의 길 60년을 돌아보며. (주)영림카디널, 1996.

삼일천하로 끝나자 일본으로 망명하였으나 일본인들이 망명객을 냉대하자 1885년 4월 다시 미국으로 망명하였다.

미국 샌프랜시스코에서 그는 낮에는 노동을 하고 밤에는 기독교청년회에서 영어를 공부하였다. 1886년 9월 펜실베이니아주 윌크스 배리시에 있는 해리 힐맨고등학교(Harry Hilman Academy)에 입학하여 1889년 6월 졸업했는데, 이때는 미국 국적을 취득한 상태였다. 그해 9월 펜실베이니아주의 라파예트(Lafayette) 대학에 들어가 법률학을 공부했다.

하지만 중국의 쑨원(孫文)처럼 의사가 되기 위해 1889년 컬럼비아의과대학(Columbia Medical College, 지금의 조지워싱턴의과대학) 야간부에 입학하였다. 당시 서재필은 낮에는 육군의학도서관에서 일하고 밤에는 의과대학을 다녔으며, 1892년 6월 2등으로 졸업함으로써 한국인 최초의 의사가 되었다.

서재필은 그 후 워싱턴의 가필드병원에서 1년 동안 인턴 과정을 거친 후 미 육군검사실에서 일했다. 이때 서재필은 군의 병리학자로 유명했던 월터 리드(Walter Reed)와 친분을 맺었다. 서재필은 1894년 미 육군 검사실을 그만두고 워싱턴에 작은 방을 얻어 병원을 개업했는데,[100] 방 중간에 커튼을 쳐, 앞쪽은 진찰실로, 뒤쪽은 침실로 사용했다고 한다. 서재필은 병리학에 일찍 눈을 떠 당뇨병의 진단과 치료에 대한 지식이 풍부했기에 많은 환자들이 몰려들었다.[101]

1894년 갑오개혁이 일어났고, 박정양 내각이 들어서면서 1895년 5월 그의 귀국을 종용했으나 거부했고, 이어 미국을 방문했던 박영효의 재촉으로 1895년 12월 말 귀국하였다. 의사가 아닌 정치가로 고국에 돌아 온 것이었다.

서재필은 귀국 직후인 1896년 1월 중추원(中樞院) 고문에 임명되었다. 그는 정부 예산을 지원받아 1896년 4월 7일 독립신문(獨立新聞)을 창간하는 한편, 이상재(李商在), 이승만(李承晩) 등과 함께 7월 2일 독립협회(獨立協會)를

---

100) 서재필은 졸업 후 병리학 강사가 되었지만 학생들이 유색인종을 차별하자 강사직을 사임하고 워싱턴에서 병원을 개업했다는 기록도 있다. 한국역대인물종합정보시스템. 한국학중앙연구원.

101) 최제창: 현대의학의 선구자 서재필 박사. 韓美醫學史. 의사의 길 60년을 돌아보며. (주)영림카디널, 1996.

결성하고 모화관(慕華館)을 인수 독립회관으로 개축하였다. 11월 30일에는 배재학당에 협성회(協成會)를 조직하였다. 1897년에 들어서는 영은문(迎恩門)을 헐고 그 자리에 독립문(獨立門)을 세웠지만 온건 개화파 정부와 국내에서 활동하던 일부 외국인들의 방해로 1898년 5월 14일 다시 미국으로 떠날 수밖에 없었다.

1898년 4월부터 스페인과 전쟁을 벌이고 있었던 미국에 도착한 서재필은 워싱턴에 도착하자 군의로 입대했다가 12월에 제대하였다. 얼마 후 펜실베이니아 의과대학에 연구원 자리가 나 서재필은 6년 동안 그곳에서 일했다. 1905년 연구원 일을 그만두고 인쇄업과 문방구점을 시작했다.

서재필은 1919년 3. 1 운동 소식을 전해 듣자 잡지 『The Evening Ledger』와 제휴하여 한국 문제를 세계 여론에 호소하는 한편 한국에 우호적인 성향을 가진 미국인들을 규합하는 한국친우회(The League of Friends of Korea)를 조직하여 독립운동을 후원하는데 노력하였다. 그 후 상해임시정부와 긴밀한 연락을 취하며 외교위원장 자격으로 활약했는데, 1922년 워싱턴 군축회의에 독립을 청원하는 연판장을 제출하였고, 1925년 호놀룰루의 범태평양회의에 한국 대표로 참석하여 일본의 침략을 폭로, 규탄하였다.

이렇게 독립운동에 헌신하면서 1924년 가재가 완전히 파산되어 더 이상 활동이 어렵게 되었다. 서재필은 일자리를 구하러 워싱턴으로 가서 그곳 병원에서 병리과 일을 보기도 했다. 그는 펜실베이니아대학 의과대학원에서 재교육을 받고 개업할 목적으로 다시 워싱턴으로 갔으며, 1930-4년 사이에 여러 병원의 고용의사로 일을 하다가 1934년 폐결핵에 걸려 잠시 요양을 취했고 1935년 다시 병원을 개업했다.

1945년 조국이 해방되고 9월부터 군정이 시작된 후 1947년 7월 1일 미 군정장관 하지(John R. Hodge)의 초청으로 49년 만에 귀국하여 과도정부 최고의정관(過渡政府 最高議政官)으로 있으면서 여러 가지 활동을 했다.[102] 하지만 이승만과의 불화, 시국의 혼란 등으로 1948년 9월 10일 미국으로 돌아갔다. 그는 건강이 좋아져 1949년까지 개업을 했지만 1950년에 들어 몸이 점점 쇠

---

102) 서재필(徐載弼). 한국근현대인물자료, 국사편찬위원회.

약해졌고 1951년 1월 5일 별세하였다.

미국에 있던 그의 유해는 전명운(田明雲) 의사의 유해와 함께 1994년 4월 8일 서울 동작동 국립묘지에 안장되었다. 1977년 건국훈장 대한민국장이 추서되었다.

2. 김익남

김익남(金益南, 1870-1937, 그림
Ⅱ-3-2)은 본관이 청풍(淸風)이며,
1870년 8월 11일 서울에서 출생하였
다.103) 그는 어려서 한문을 배운 후
20세가 되던 1890년 3월까지 집에서
한의학을 3년 동안 배웠으며, 1894
년 9월 10일 관립일어학교(官立日語
學校)에 입학하였다. 그는 학부로부
터 일본 유학생으로 선발되어 1895
년 5월 10일 동경 경응의숙(京應義
塾)의 보통과(普通科)에 입학하였으
며, 12월 27일 우등으로 졸업하였
다.104)

김익남은 1896년 1월 12일 도쿄
자혜의원의학교(東京慈惠醫院醫學

그림 Ⅱ-3-2 김익남. 2등 군의장 시절의 사
진으로 알려져 있다. 鄭求忠: 韓國 醫學의
開拓者. 東方圖書株式會社, 1985.

校)에 입학하여 1897년 7월 30일 의학 전기(醫學 前期)를 수료하여 증서를 받
았다. 9월 12일 의학 후기(醫學 後期) 과정에 들어가 9월 15일부터 내과, 외
과, 안과의 실지견습수술을 배웠고, 10월 10일 동경위생성의회(東京衛生成醫
會)의 병인실지연구강론(病人實地研究講論)에 들어갔다. 이어 1898년 9월 12
일 동경자혜의원의학교 이비인후과학 3과에 입학했으며, 1899년 7월 30일 졸
업하여 의학 전과(全科) 및 이비인후과의 수료증을 받았다. 그는 1899년 8월

103) 김익남(金益南). 한국근현대인물자료, 국사편찬위원회.
104) 그는 우등생으로 『日本外交史』와 만국지도를 상품으로 받았다. 김익남(金益南). 한국근현
    대인물자료, 국사편찬위원회.

10일부터 도쿄자혜의원의 당직의사로 근무를 시작하여 1900년 7월 6일 당직의 증명서를 받았다.

당시 일본의 전문학교와 대학에서 이루어진 의학교육은 4년제였는데, 졸업시험은 내무성의 의술개업시험을 겸한 것이었다. 그런데 김익남은 일본에서 개업할 의사가 없어 시험을 치루지 않고 귀국한 것으로 알려져 있다.[105]

한편 김익남은 1900년 4월 2일자로 판임관 6등의 의학교 교관(敎官)에 임명되었으며,[106] 정부는 주일 공사관에 그를 귀국케 하도록 재촉하였다.[107] 하지만 그는 8월 2일 귀국하였고, 11월 22일 주임관 6등으로 승서되었다.[108]

김익남이 활발히 활동하던 1902년 초 의학교에는 교장 지석영을 비롯해, 장도(張燾), 전용규(田龍圭), 고다케 등 5명이 있었다. 이중에서 촉망받던 법률가인 장도는 통역이 주 임무였고, 글만 읽을 줄 아는 전용규는 사무처리 일을 주로 처리했고, 실제 교육은 일본인 고다케와 김익남이 담당했기 때문에 김익남의 역할은 막중한 것이었다.[109] 그는 해부학으로부터 생리학, 세균학, 약물위생 등 많은 과목을 가르쳤고 통역도 담당했으며,[110] 강의가 없는 시간에는 집에서 환자를 진료하였다.[111]

한편 1900년 겨울 학기부터 매 학기시험에서 학생들의 졸업 혹은 진급, 그리고 수상자가 1/3이 넘어 김익남은 교관 장도, 김교준 등과 함께 포증을 수여받았으며, 학부령에 따라 승급을 하였다.[112] 또한 1901년 10월 15일에는 정3품으로 품계가 올랐는데, 당시 의무직으로서는 왕실의 전의와 의학교 교장만이 정2품이었으므로 이 같은 대우는 상당히 파격적인 것이었다.[113] 그는 1903년 12월 30일 주임관 5등으로 승서되었다.

---

105) 鄭求忠: 김익남(金益南). 韓國 醫學의 開拓者. 東方圖書株式會社, 1985, 102쪽.
106) 敍任 및 辭令. 官報 제1539호, 1900년 4월 4일.
107) 雜報 敎官促還. 皇城新聞, 1900년 4월 13일 2면 2단.
108) 아직 부임하지 않은 상황에서 조선 정부는 7월 21일로 김익남에게 삼급봉(三級俸)을 주기로 결정했고, 7월 19일 수칙(受勅) 및 수첩(受牒)을 교부했다. 敍任 및 辭令. 官報 제1634호, 1900년 7월 24일; 彙報. 官報 제1634호, 1900년 7월 24일.
109) 雜報 敎官非醫. 皇城新聞, 1904년 10월 13일 2면 4단.
110) 鄭求忠: 김익남(金益南). 韓國 醫學의 開拓者. 東方圖書株式會社, 1985, 104쪽.
111) 雜報 妙手生春. 皇城新聞, 1901년 1월 12일 2면 3단.
112) 彙報. 官報 제2052호, 1901년 11월 23일; 彙報. 官報 제2269호, 1902년 8월 4일.
113) 金亨錫: 韓末 韓國人에 의한 西洋醫學의 受容. 國史館論叢 5: 184, 1989.

김익남은 1902년 8월 3일 임시위생원(臨時衛生院) 의사로 임명되어 활동하였다.[114] 임시위생원이란 1902년 7월 중순 콜레라 환자가 발생했고 점차 남하하자 조선정부가 8월 2일 방역국을 확대 개편한 것이었다. 임시위생원의 감독은 경무사 이용익이 겸직했으며, 궁내부 고문 샌즈(Sands), 의사로 고종의 시의 분쉬, 뿔떡, 제중원의 에비슨, 복고록, 의학교 교사 고다케, 한성병원(漢城病院)의 와다 야치호(和田八千穗) 등이 총무위원으로 위촉되었다.

1904년 9월 15일에는 유행병 예방위원(流行病 豫防委員)으로 임명되었다가 의학교 교관을 사직하였다. 김익남이 사직하자 10월 10일 6품 유세환[115]이 주임관 6등의 교관에 임명되었지만, 그는 약학교 졸업생으로 약의 성질만 알 뿐이었다. 1904년 10월 18일 안상호가 판임관(判任官) 6등의 교관으로 임명되었지만 귀국하지 않았다.

김익남의 사임은 군부 관제의 변경과 관계가 있었던 것으로 보인다. 그는 1904년 9월 23일자로 의학교 교관을 사임함과 동시에 육군 3등 군의장(軍醫長)[116]으로 임명되었고 9월 24일 군부 의무국(軍部 醫務局) 제1과장으로 보임되었다. 9월 27일 군부 관제가 개편되면서 종래 3등국에서 1등국으로 승격되었으며, 제1과와 제2과가 설치되었다.[117]

과장은 2등 혹은 3등 군의장으로, 과원 2명은 3등 군의장 혹은 1등 혹은 2등 군의로 임명하였다. 제1과의 업무는 1) 위생부 교육, 위생 재료에 관한 사항, 2) 건축, 피복, 양식, 급수, 배수 등 위생에 관한 사항, 3) 방역 및 치료에 관한 사항, 4) 군의학교 병원 및 위생회의에 관한 사항 등이었다. 제2과의 업무는 1) 위생부의 인원 보충 및 군의 이상의 군적에 관한 사항, 2) 위생에 관계된 규정의 심사에 관한 사항, 3) 신체검사 및 진단에 관한 사항 및 상이질병으로 인한 복역해제에 관한 사항, 4) 적십자사 및 기타 위생에 관한 사항 등이었다.

---

114) 宮廷錄事. 官報 제2271호, 1902년 8월 6일.
115) 敍任 및 辭令. 官報 제2956호, 1904년 10월 13일.
116) 당시 군의관은 군의(위관급)과 군의장(영관급)으로 이루어졌으며, 3등 군의장은 소령에 해당한다. 敍任 및 辭令. 官報 제2949호, 1904년 10월 5일.
117) 宮廷錄事. 號外 3, 1904년 9월 27일.

김익남과 함께 유병필, 장홍섭, 김교준 등의 의학교 졸업생이 육군 3등 군의로 임명되었다.[118] 김익남은 1905년 3월 10일 군부 의무국 의무과장(醫務課長)에 임명되었으며, 1906년 4월 10일 훈5등을 받고 팔괘장(八卦章)을 하사받았고 4월 22일 육군 2등 군의장으로 승진하였다.

이즈음 을사조약이 체결되고 국운이 쇠퇴해지자 국민교육의 강화와 국력 배양을 통해 독립의 기초를 다지자는 취지로 많은 계몽 교육단체들이 만들어 졌는데, 김익남은 대한자강회(大韓自强會)와 기호흥학회(畿湖興學會)에서 활동하였다.[119]

1907년 8월 1일 군대가 해산되면서 다수의 군의들이 면직되었는데, 김익남은 8월 26일에 군부 군무국 위생과장(衛生課長)에 임명되었다.[120] 1909년 7월 31일 김익남은 황제를 호위하는 친위부(親衛府)에 소속되었으며,[121] 한국이 일본의 식민지가 되기 직전인 1910년 6월 23일 훈5등이 서훈되었고 팔괘장을 하사받았다.[122] 김익남은 1911년 4월 1일 당시 육군 2등 군의장이었다.[123]

이처럼 김익남은 한말 한국군의 대표적인 군의로 성장했는데, 이렇게 된 배경은 우선 당시에는 일본 유학과 친일적 성향이 관계에서 출세하는 지름길 이었다는 점과, 당시 한국에서 활동하던 일본인 의사들의 대부분이 일본 해군 군의관 출신이었고 이들의 도움으로 김익남이 자혜의원의학교를 졸업했던 점을 들 수 있다.[124]

군의로 근무하고 있던 김익남은 1908년 11월 8일 저녁 7시 서울 안팎에서 의업 활동을 하고 있던 인사들과 함께 혜천탕(惠泉湯)에 모여 의사연구회(醫事研究會)의 조직 방침을 논의했다.[125] 이 연구회의 조직은 5월 경 신문에 보도된 이후 꾸준히 진행되었는데,[126] 11월 15일 김익남이 회장에, 안상호가 부

---

118) 이들에 앞서 의학교 제1회 졸업생 허균이 1903년 3월 21일 친위 제1연대 제2대대 군의 보로 임명되었다. 日省錄, 1904년 9월 23일(음력 8월 14일).

119) 會員動靜. 대한자강회월보 13: 75, 1907; 本會記事. 기호흥학회월보 1: 52, 1908.

120) 日省錄, 1907년 8월 26일(음력 7월 18일); 敍勳 및 辭令. 官報 제3856호, 1907년 8월 28일.

121) 日省錄, 1909년 7월 31일.

122) 敍勳 및 辭令. 官報 제4716호, 1910년 6월 28일.

123) 敍任 及 辭令. 朝鮮總督府 官報 제184호, 1911년 4월 14일.

124) 金亨錫: 韓末 韓國人에 의한 西洋醫學의 受容. 國史館論叢 5: 185, 1989.

125) 雜報 醫事研究. 皇城新聞, 1908년 11월 6일 2면 5단.

회장에, 유병필이 총무에, 최국현, 장기무가 간사에 피선되었다.127) 또한 찬성원으로 외국 의사를 추천키로 예정했지만, 실행되지는 않은 것으로 보인다.

그런데 이 모임의 성격에 이상한 점이 있다. 우선 같은 해 6월에 의술개업인허장을 받은 제중원의학교 졸업생들이 전혀 포함되어 있지 않은 점이다. 일본에서 의학교를 졸업한 사람들과 의학교 졸업생이 주축이 되어 설립되었다고 하더라도 관립의학교 졸업생인 홍석후와 홍종은이 이 연구회에 참여하고 있지 않고 있는 것이다. 따라서 의사연구회를 당시 의사들의 대표적인 단체로 보는 데는 큰 무리가 따른다고 볼 수 있다. 또 하나, 찬성원(贊成員)을 두어 의사가 아니어도 회원으로 가입할 수 있었고 찬성원과 가족들에 병이 생기면 회원 의사를 보내 무료로 치료하기로 했던 점이다.128)

의사연구회의 활동을 보면 1909년 3월 1일 기근 구호를 위해 기금을 걷었으며,129) 1909년 4월 19일에는 의사법의 공포를 내부에 건의하기로 결정하기도 했다.130) 하지만 특별한 성과 없이 의사연구회는 1909년 5월 경 해산 당한 것으로 보인다.131)

언제인지는 확실하지 않지만132) 일본의 한국병합 이후 김익남은 중국과 만주 지방을 돌아본 후 용정을 정착지로 정하고 의료 활동을 했다.133) 1920년 당시 김익남은 용정에 거주하는 '남한(南韓)' 출신들의 친목을 표방한 모임인 친목계(親睦契)를 주도했다.134) 이 모임은 1920년 4월 25일 조직되었는데, 회원이 50여명으로 김익남이 계장(契長)이었다.

---

126) 雜報 醫事研究. 皇城新聞, 1908년 5월 3일 2면 4단; 雜報 醫事研究. 皇城新聞, 1908년 11월 10일 2면 3단.

127) 雜報 醫會任員. 皇城新聞, 1908년 11월 15일 2면 3단.

128) 雜報 醫會親睦. 皇城新聞, 1908년 11월 22일 2면 3단.

129) 雜報 醫會助金. 皇城新聞, 1909년 3월 3일 2면 4단.

130) 雜報 醫會請願. 皇城新聞, 1909년 4월 21일 2면 5단.

131) 이것은 회장 김익남이 1909년 5월 초 의사연구회가 아닌 의술연구조합소(醫術研究組合所)라는 이름의 단체를 내부로부터 승인 받고자 했기 때문으로 생각된다. 신동원: 한국근대보건의료사. 한울, 1997, 427쪽; 雜報 金氏 請願. 皇城新聞, 1909년 5월 5일 2면 4단.

132) 1915년 안상호가 한성의사회를 만들 때 김익남이 포함되어 있지 않은 것은 이때 그가 이미 용정에 있었다는 것으로 해석할 수 있을 것이다.

133) 鄭求忠: 김익남(金益南). 韓國 醫學의 開拓者. 東方圖書株式會社, 1985, 107쪽; 관상자: 경성의 인물백태. 개벽 48: 110, 1924.

134) 密 제○호 國內情報: 韓人親睦契 組織의 件. 陸軍省 발송, 原敬(내각총리대신) 외 수신.

그런데 용정에서의 김익남의 이런 활동에 관해 엇갈리는 견해가 있다. 우선 정구충은 김익남이 독립운동과 관련하여 활동했다고 주장한 바 있다.135) 하지만 일본 측의 비밀문서에 의하면 김익남은 용정촌 조선인 거류민회(龍井村 朝鮮人 居留民會)라는 일본에 대해 우호적인 단체에서 활동하였다.136) 이 회는 1922년 당시 회원이 4,882명으로 상당히 큰 단체였는데, 일본총영사관의 감독을 받으며 매년 800원의 보조금을 받았으며, 이희덕(李熙悳)이 회장, 강용희(姜龍熙)가 부회장이었다. 정확한 그의 행적에 대해서는 심도 있는 연구가 필요할 것으로 보인다.

김익남은 여러 번 국내에 왔었던 것으로 보이는데, 1928년경 장연을 방문하기도 했다.137) 그는 대략 1930년대 중반 귀국하여 서울에서 거주한 것으로 여겨진다.138) 김익남은 1937년 4월 5일 경성부 상왕십리정 자택에서 사망했는데, 다음과 같은 기사가 보도되었다.

한국 양의학의 개척자 김익남이 경성부 상왕십리정 자택에서 68세를 일기로 사망하다. 김익남은 일찌기 고종 32년 한국인으로서는 처음으로 일본으로 건너가 경응의숙의학전문학교에서 의학을 공부하고 동 부속병원에서 연구를 계속하다가 당시 한국정부에서 의학교를 창설하자 주임교원이 되고 후에 한국정부 의무국 국장도 역임하다.139)

---

135) 鄭求忠: 김익남(金益南). 韓國 醫學의 開拓者. 東方圖書株式會社, 1985, 108-9쪽.
136) 機密受제110호, 間道 및 同 接境 地方에 있어서 排日團體 및 親日團體 調査의 건. 1922년 2월 28일 堺與三吉(間島總領事 代理領事) 발송, 1922년 3월 7일 內田康哉(外部大臣) 수신.
137) 鄭求忠: 김익남(金益南). 韓國 醫學의 開拓者. 東方圖書株式會社, 1985, 108쪽.
138) 김익남은 최소한 1933년 초반까지는 용정에 있었던 것으로 보인다. 觀相 博士: 非모던 人物大學(第一講座), 곰보哲學科. 별건곤 64: 42, 1933.
139) 朝鮮日報, 1937년 4월 6일.

3. 안상호

해강(海岡) 안상호(安商浩, 1874-1927)는 본관이 순흥(順興)이며, 아버지 안건영(安建榮)과 어머니 이씨 사이에서 1874년 11월 5일 서울에서 출생하였다.[140] 안상호는 동경에서 의친왕의 저택을 출입하면서 알게 된 사무원 안(安) 양[141]과 백년해로를 맺었고, 4남 2녀를 두었다. 장남 정호(正浩)와 장손 병근(秉根)은 치과의사이며, 3남 부호(富浩)와 장녀는 의사로서 부업을 계승했다.

안상호가 8세가 되었을 때 아버지는 강원도 원주에서 찰방직(察訪職)으로 부임했는데 33세의 젊은 나이로 별세하여 모친 슬하에서 빈곤하게 자랐다.[142] 그러나 12세 때 어머니마저 별세하자 혈혈단신의 상경하여 마포 지역에 살던 친척 최씨 집에 의탁하게 되었다.

안상호는 최씨 집안의 가업인 민력(民曆) 제작을 돕는 한편 한문 공부를 하면서 신학문도 시작했다. 그리하여 1894년 관립일어학교(官立日語學校)를 졸업한 안상호는 명동에 있던 한성병원(漢城病院)의 와다 야치호(和田八千穗) 원장을 알게 되었고, 그로부터 일본 유학을 권유받은 것으로 알려져 있다.[143] 안상호는 1896년 정부 유학생으로서 인천에서 배를 타고 일본 유학의 길에 올랐다. 와다 원장의 소개로 찾아간 도쿄자혜의원의학교의 교장 다카키 가네히로(高木兼寬)로부터 도움을 받으면서 안상호는 중학 졸업 정도에 달하기까지 열심히 공부했다.

---

140) 안상호가 1872년생 혹은 1875년생이라는 기록도 있다. 한편 정구충은 안상호의 호를 해관(海觀)이라 잘못 적었다. 한국근현대인물자료, 국사편찬위원회; 鄭求忠: 해관 안상호(海觀 安商浩) 韓國 醫學의 開拓者. 東方圖書株式會社, 1985, 208쪽.
141) 부인은 원래 일본 모리가 공신(모리가 공신)의 딸로서 공경대부, 반주 혹은 가노 집에 예의 견습을 가는 여자들의 풍습으로 의친왕의 저택에 갔다가 구연수(具然壽)의 소개로 사무를 보게 되었고, 이것이 인연이 되어 해강과 결혼하게 되었다. 鄭求忠: 해관 안상호(海觀 安商浩) 韓國 醫學의 開拓者. 東方圖書株式會社, 1985, 216쪽.
142) 鄭求忠: 해관 안상호(海觀 安商浩) 韓國 醫學의 開拓者. 東方圖書株式會社, 1985, 208쪽.
143) 鄭求忠: 해관 안상호(海觀 安商浩) 韓國 醫學의 開拓者. 東方圖書株式會社, 1985, 208-9쪽.

결국 1898년 11월 초 도쿄자혜의원의학교에 입학했는데, 당시는 4년제였다. 안상호는 1학년에 성적이 우수해 선생들로부터 칭찬을 받았으며, 임상 의학 과목에서도 1위의 성적을 얻었다. 다카키 교장은 안상호가 비록 외국인이었지만 졸업식 때 답사를 하도록 배려해 주었다고 한다. 그는 1902년 7월 졸업에 앞서 6월 28일 의술개업 시험에 합격했는데, 이것은 한국인으로서 일본에서 개업할 권리를 처음으로 얻은 것이었다. 안상호보다 먼저 졸업한 김익남이 의술개업 시험을 보지 않았기 때문이었다.

1902년부터 부속병원에서 실질적인 경험을 쌓고 있던 안상호는 1903년 어느 날 의친왕(義親王)[144]의 왕진 요청을 받았고 이후 의친왕을 항상 가까이 모시게 되었다고 한다.[145]

한편 조선정부는 1904년 10월 18일 안상호를 판임관(判任官) 6등의 교관으로 임명했지만 귀국하지 않았으며,[146] 12월 21일자로 주임관(奏任官) 6등의 교관으로 승진되었으나 역시 귀국하지 않았기 때문에 결국 1905년 1월 16일자로 면관되었다.[147]

안상호는 1907년 3월 21일에 일본을 떠나 귀국했는데,[148] 종로 3가 16번지에 위치한 중국인 상인 소유의 신축 건물을 매입하고 개인병원을 개원하였다.

종로에서 개업 중이던 안상호는 전의로 입시할 것을 여러 번 종용받았지만 관리로서 활동할 생각이 없어 궁내부 촉탁으로 1주일에 한 번 입진할 것만을 약속하였다.[149] 1909년 후반에 들어 고종 태황제와 의친왕을 진찰하기도 했지만,[150] 1910년 8월 25일 시종원(侍從院) 전의(典醫)로 임명되었다가[151] 후

---

144) 의친왕(1877-1955)은 고종의 다섯째 아들이며, 호는 만오(晩悟)이다. 1895년 특파 전권대사로 유럽의 여러 나라를 방문하였고, 1899년 미국에 유학하였다. 1910년 나라를 빼앗긴 후 독립운동가와 접촉하는 가운데 1919년 상해 임시정부로 탈출하려다가 만주 단동에서 일본 관헌에 발각되어 송환되었다.

145) 鄭求忠: 해관 안상호(海觀 安商浩) 韓國 醫學의 開拓者. 東方圖書株式會社, 1985, 210쪽.

146) 敍任 및 辭令. 官報 제2962호, 1904년 10월 20일.

147) 敍任 및 辭令. 官報 제3020호, 1904년 12월 27일; 敍任 및 辭令. 官報 제3042호, 1905년 1월 21일.

148) 醫士 安商浩氏 歸國. 대한유학생회학보 2: 95-6, 1907.

149) 鄭求忠: 해관 안상호(海觀 安商浩) 韓國 醫學의 開拓者. 東方圖書株式會社, 1985, 211쪽.

150) 옥후미령. 신한국보 1909년 9월 28일 2면 5단; 의왕병세. 신한국보 1909년 12월 22일 3면 7단.

151) 日省錄, 1910년 8월 25일.

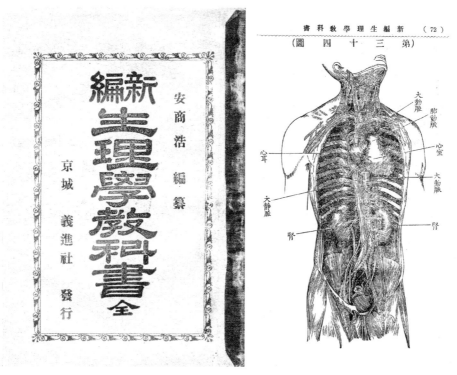

그림 Ⅱ-3-3 **안상호의 『新編 生理學教科書 全』(1909).** 동은의학박물관 소장.

에 전의 촉탁(囑託)이 되었다.

안상호는 1908년 11월 설립된 의사연구회의 부회장으로 활동했으며,152) 1909년에는 보통교육용으로 『신편 생리학교과서 전(新編 生理學教科書 全)』을 편찬하여 출판하기도 했다.153) 이 책은 총론, 운동 기능, 신진대사, 체온, 신경계통 등 5개의 장으로 이루어져 있으며, 인체 해부도와 함께 여러 기관계통의 기능을 간략하게 소개하고 있다(그림 Ⅱ-3-1).

안상호는 1910년 8월 2일 새로이 발족한 동서의학강습소(東西醫學講習所)에서 유병필과 함께 서양의학을 가르쳤다. 1915년 12월에는 서울에서 활동하고 있던 박종환, 오긍선, 유병필 등과 함께 한성의사회(漢城醫師會)를 조직했는데, 자신은 회장에, 박종환은 부회장에 선출되었다.

---

152) 雜報 醫會任員. 皇城新聞, 1908년 11월 15일 2면 3단.
153) 安商浩: 新編生理學教科書. 義進社, 1909.

1910년대 중반 안상호의 아이들은 일본인 학교를 다니고 있었는데,[154] 이 것은 안상호가 일본에서 유학을 했기 때문이었던 것으로 보인다. 안상호는 이 외에도 대정친목회(大正親睦會)의 평의원으로 활동했는데,[155] 이 단체는 모든 결사가 금지되었던 무단정치 시기인 1916년 11월 29일 발기회를 가져 유일하 게 결성된 친일단체였으며, 설립 목적은 일제의 무단정치에 순응하도록 하는 것이었다.

한편 1919년 1월 22일 고종 태황제가 덕수궁 함녕전에서 뇌출혈로 쓰러지 자 당직의사였던 그는 일본인 의사 모리야스 랜키치(森安連吉)[156]와 함께 진 료하였으나 끝내 생명을 구하지는 못했다. 이로 인해 그는 일본인의 사주로 고종에게 독약을 투약했다는 소문이 돌았으며,[157] 이에 대해 이왕직은 해명서 를 발표하기도 했다.[158] 당시의 상황을 정구충은 다음과 같이 설명하고 있다.

당시 궁내부에서 태황제께서나 황제 태자께서 미열이 나실 때에도 의례적으 로 중하다는 연락이 보통이었고, 또한 한방 전의가 먼저 진맥을 보고 한방식으 로 구급 치료를 한 후 해강에게 연락하는 형편이었다. 그리고 특수 치료를 제외 하고는 구급할 때도 주사 같은 치료를 함부로 못할 때였다.
그래서 22일에도 해강이 의친왕 전하의 독촉 전화를 받고서야 덕수궁으로 입 진하였다. 태황제께서는 코를 골고 의식도 없으시매 안정을 취하시도록 궁중에 있는 보통 약을 드리고 귀가하였다.[159]

한 번은 여학생 2명이 칼을 품고 진찰을 받으러 왔다며 안상호 의원에 와 서는 문을 잠그고 '진실을 말하지 않으면 죽이겠다'고 위협하니 '옥체를 보니

---

154) 오늘 現在 京城府內 日本人 小學校에 入學한 韓國人 兒童 名單. 每日申報, 1916년 10월 21일.
155) 大正親睦會 發起人會를 開催. 每日申報, 1916년 12월 1일 2면 4단.
156) 모리야스는 1872년 12월 29일 오카야마에서 출생했으며, 1900년 6월 동경제국대학 의과 대학을 졸업하고 1906년 2월 독일 베를린 및 키일에서 사비 유학을 가서 내과학을 전공 하였다. 1908년 4월 귀국했으며, 1909년 11월 의학박사 학위를 수여받았다. 1909년 대한의 원 의관 겸 교수로 임명되었으며, 한일합방 이후 조선총독부의원 의관 및 내과장을 역임 하였다.
157) 義親王 向滬의 動機. 獨立新聞, 1919년 12월 25일 2면 3단.
158) 李王職에서 高宗의 薨因에 對한 解. 每日申報, 1919년 3월 15일, 16일.
159) 鄭求忠: 해관 안상호(海觀 安商浩) 韓國 醫學의 開拓者. 東方圖書株式會社, 1985, 214쪽.

독약을 잡수셨음이 확실하다'고 말하며 이에 대해 도장까지 찍어준 사건이 있었다고 한다.[160] 이외에도 진료실에 소변을 던지고 화장실 창문에 불을 지르는 등의 의외의 피해를 당했다.[161] 그러나 아직도 불충분한 자료 때문에 그 시시비비가 밝혀지지 않고 있다.

고종의 독살설을 손병희에게 알려 3.1운동의 심지를 타오르게 하는 역할을 했던 의친왕은 1919년 11월 초 만주로 탈출하여 대한민국 임시정부에 합류하려 하였다. 그는 대동단의 전협, 최익환 등과 만주, 상해로의 탈출을 모색했지만 신의주에서 일본 경찰에게 발각되어 강제로 송환되었는데, 이때 안상호와 간호부 최효신(崔孝信)을 불러들여 미국에 가서 고종의 독살에 관해 증언하도록 하는 계획을 갖고 있었다.[162]

안상호는 1926년 10월 초 이왕직의 어용괘(御用掛)직을 사임했다.[163] 그는 1927년 12월 31일 사망했으며,[164] 묘지는 경기도 군포시 금정동에 있다.

160) 내지 여학생의 보낸 편지. 신한민보, 1919년 8월 16일 4면 1단.
161) 鄭求忠: 해관 안상호(海觀 安商浩) 韓國 醫學의 開拓者. 東方圖書株式會社, 1985, 215쪽.
162) 密 제102호 其604, 高警 제33431호. 李堈公 事件. 1919년 11월 24일 陸軍省 발송, 原敬(內閣總理大臣) 외 수신.
163) 辭令. 東亞日報, 1926년 10월 2일 1면 10단.
164) 人事. 中外日報, 1928년 1월 4일 1면 9단.

4. 김점동(박에스더)

한국 최초의 여의사 김점동
(金點童, 1876-1910, 그림 II-3-4)
165)은 세례명이 에스더(Esther)인
데, 박유산과 결혼하면서 박에스
더로 불리게 되었다. 김점동은
1876년 3월 16일 서울 정동에서
평범한 선비 계층인 김홍택(金弘
澤)과 연안 이씨 사이에서 넷째
딸로 태어났다. 그의 동생은 세
브란스병원 간호부양성소 제1회
졸업생인 김배세(金背世)이다.

그녀가 10세 쯤 되었을 때 가
세가 빈궁해지자 부친은 미 북감
리회의 선교사 아펜젤러의 집에
들어가 잡무를 보게 되었다. 김

그림 II-3-4 한국인 최초의 여의사 김점동(박
에스더). Korea Mission Field 7(5), 1911.

점동은 이를 계기로 어렸을 때부터 선교사들을 가까이에서 대할 수 있었고,
미 감리회의 여자 선교사 스크랜턴 대부인(Mary F. Scranton)이 정동에 이화학
당을 설립하고 학생들을 모집할 때인 1886년 11월 할머니의 완고한 고집을
꺾고 아버지의 후원 속에 이화학당(梨花學堂)에 입학하였다.

김점동은 이화학당에서 영어, 산수 등 일반 과목 외에도 주기도문, 찬송,
기도 등의 예배 의식을 배웠다. 그러던 중 1888년 여름 신앙체험을 하였고,
믿음의 확신을 얻은 그녀는 다른 동료 학생 2명과 함께 1891년 1월 25일 올

---

165) 박에스더. 한국감리교인물사전; The Story of the First Korean Woman Doctor. Gospel in
All Lands, June 268-72, 1899.

링거(Franklin Ohlinger) 목사로부터 세례를 받았다. 이때 에스더라는 세례명을 얻었으며, 이로 인해 그녀의 이름은 김점동에서 김에스더(金愛施德)로 바뀌게 되었다.

이화학당 시절 영어 실력이 남보다 뛰어나 선교사들의 사랑을 독차지했던 김에스더는 1890년 10월에 내한하여 여성 전용병원인 보구녀관(保救女館, 후에 동대문부인병원) 의사이자 이화학당 교사로 취임한 로제타 셔우드(Rosetta Sherwood)의 통역 일을 맡게 되었다. 셔우드와의 만남을 통해 그녀는 의료인으로서 자신의 삶의 방향을 잡았다. 그리하여 셔우드가 보구여관에서 기초의학을 가르치기 위해 의학반을 운영하자 김에스더는 의학반에 들어가 서양의학을 배우기 시작했고 셔우드는 개인적은 각별한 관심을 쏟으며 그녀를 지도했다.

셔우드는 1892년 6월 같은 의사이자 선교사로 온 홀(William J. Hall)[166]과 결혼하여 홀 부인이 되었고, 김에스더는 1893년 5월 24일 홀의 조수였던 박유산[167]과 결혼하면서 남편의 성을 따르는 서양의 전통에 따라 이름을 박에스더(朴愛施德)로 바꾸었다.

홀 부부가 1894년 5월 평양 개척선교의 사명을 띠고 평양으로 이주하자 박에스더 부부도 동행하였다. 이곳에서 홀 부인은 1894년 한 교인의 눈먼 딸을 교육하기 시작했던 것을 확대시켜 맹인학교(盲人學校)를 세우고 귀머거리까지 교육하였다. 그러나 1894년에 일어난 동학혁명과 청일전쟁 중에 구휼활동을 벌이던 홀이 11월 24일 사망하였다.

이에 따라 홀 부인은 12월 본국으로 돌아가게 되었고, 귀국하는 홀 부인에

---

166) 홀(1860-1894)은 1885년 캐나다 온타리오주의 킹스턴 의과대학에 입학하여 기독교청년회 지부를 조직하는 등 활발한 활동을 하다가 1886년 선교사로 자원한 후, 1887년 미국 뉴욕의 벨뷰의과대학(Bellevue Medical College)으로 옮겨 1889년 졸업하였다. 졸업 후 뉴욕에서 빈민 의료선교를 하다가 후에 아내가 된 로제타 셔우드를 만났다. 로제타는 1890년 10월 조선에 부임하였고, 홀은 원래 중국으로 임지가 결정되었지만 스크랜턴의 강력한 요청으로 1891년 12월 13일 내한하였다. 박형우: 윌리엄 제임스 홀(William J. Hall). 延世醫史學 5: 142-51, 2001.

167) 박유산은 한학자의 장남으로 태어났는데, 부친 사망 후 기울어져가는 가세를 잡기 위해 노동 등을 통해 생계를 돌보다가 평양에 온 윌리엄 홀을 통해 기독교 신자가 되었다. 결혼 당시 24세였다.

게 박에스더는 미국에서의 의학공부 뜻을 비쳤다. 그의 뜻이 받아들여져 박에
스더 부부의 미국 유학길이 열리게 되었다.

박에스더는 1895년 2월 뉴욕의 리버티공립학교에 입학하였고 그 해 9월에
는 뉴욕 유아병원에서 간호원으로 근무하면서 의료 실습을 받는 한편 개인교
수를 찾아 라틴어, 물리학, 수학 등을 공부하였다. 1896년 10월 1일 볼티모어
여자의과대학(현 존스홉킨스대학교)에 입학하여 1900년 6월에 졸업하였다. 이
동안 남편 박유산은 셔우드가(家)의 농장에서 농부가 되어 아내의 뒷바라지를
하고 있었는데, 아내의 졸업을 21일 앞두고 폐결핵으로 사망하였다.

박에스더는 1900년 11월 20일 귀국하여 커틀러(Mary M. Cutler)의 후임으
로 서울 보구녀관에서 의료 활동을 시작하였다. 1903년 평양의 기홀병원(紀笏
病院)에 부임하여 홀 부인과 합류하였다.

박에스더는 평양에 부임한 지 10개월 만에 3천 명 이상의 환자를 치료하
는 등 활발한 진료 활동을 벌였다. 의료 활동과 함께 그녀는 미 감리회 여선
교회의 선교사로 임명받아 황해도와 평안남도 지역을 순회하며 전도활동을
벌였고 홀 부인에 의해 기홀병원 안에 설립된 맹인학교와 간호학교의 교사로
도 활약하였다.

한편 1909년 4월 28일 경희궁에서 고종 태황제가 참석한 가운데 대한부인
회 등이 주최한 해외 유학여성 환영회가 베풀어졌을 때, 박에스더는 하란사
(河蘭史), 윤정원(尹貞媛)과 함께 은장(銀章)을 받았다.

그러나 과중한 진료 업무 속에 그녀는 몸이 허약해져 1909년 결핵을 앓게
되었고, 홀 부인이 정성스럽게 보살폈음에도 불구하고 1910년 4월 13일 35세
의 짧은 인생을 마감하였다.

5. 박종환

박종환(朴宗桓, 1878- ?)은 1878년 2월 19일 출생했는데, 그에 대해서는 거의 알려진 바가 없다.

그는 1902년 6월 20일 현재 4년제인 제1고등학교 의학교(高等學校 醫學校)의 3학년을 거의 마친 상태였는데, 이로 미루어 1899년경에 입학한 것으로 보인다. 그는 1903년 7월 제1고등학교 의학교가 개칭된 지바의학전문학교(千葉醫學專門學校)를 졸업했으며, 졸업 후 병원에서 실제 임상훈련을 마치고 1905년 12월 귀국하였다. 그는 1908년 안상호의 권유[168]로 궁내부 전의로 임명되었다.

일본 유학 중부터 일본에 나라를 빼앗기는 것을 안타깝게 여겼던 박종환은 1909년의 총리대신 이완용 모살미수사건과 연루되기도 했는데, 이 사건에는 손병희 등 다수의 천도교 신자가 관계되었다. 결국 박종환은 1910년 3월 17일 전의의 직에서 해임되었다. 안상호는 한일합방을 앞둔 1910년 8월 25일 다시 시종원(侍從院) 전의(典醫)로 임명되었다.[169]

박종환이 이렇게 천도교 신자로서 적극 활동하는 가운데, 1913년 천도교는 부속병원을 설립할 계획을 발표했는데 박종환이 원장으로 임명되었다.

천도교에서 일반 병 환자를 치료하기 위하여 천도교 부속병원을 설립할 예정으로 자본금 삼만 원을 적립하고 이번 해 춘기부터 실시한기로 결정했다는데, 원장은 의사 박종환 씨로 선정하였다더라.[170]

1910년대 중반 박종환의 아이들은 안상호, 이완용의 아이들과 함께 일본인 학교를 다니고 있었는데,[171] 이것은 안상호와 마찬가지로 일본에서 의학을 공

---

168) 鄭求忠: 韓國 醫學의 開拓者. 東方圖書株式會社, 1985, 208-17쪽.
169) 日省錄, 1910년 8월 25일.
170) 天道敎病院 設立. 每日申報, 1913년 3월 28일 2면 7단.

부했기 때문으로 보인다. 하지만 대정친목회의 평의원으로 활동했던 안상호
와 달리 박종환은 이 회에 참여하지 않았다.172)

　　그는 1928년 경기도 이천군 읍내에 거주하고 있었는데, 이후 활동은 알려
져 있지 않다.173)

171) 오늘 現在 京城府內 日本人 小學校에 入學한 韓國人 兒童 名單. 每日申報, 1916년 10월
　　 21일.
172) 大正親睦會 發起人會를 開催. 每日申報, 1916년 12월 1일 2면 4단.
173) 本田六介 編纂: 朝鮮. 日本醫籍錄. 제4판, 醫事時論社, 東京, 1928.

6. 오긍선

해관(海觀) 오긍선(吳兢善, 1878-
1963, 그림 Ⅱ-3-5)[174]은 해주(海州)
오씨이며, 1878년 10월 4일 충청남
도 공주에서 아버지 오인묵(吳仁黙)
과 어머니 전주 이씨 사이에서 태어
났다.[175] 오긍선은 밀양 박씨[1877년
5월생이며, 충남 박영대(朴永大)의
딸]와 결혼하였으며, 1896년 장남
한영(漢泳)이 출생하였다. 이어 차남
진영(1911년 생, 경성제국대학 졸
업), 장녀 성순(1904년생, 정신여학
교 졸업), 차녀 기순(1908년생, 금성
여고보 졸업), 3녀 삼순(1909년생,
금성 제2여고보 졸업) 등이 출생하
였다.

그림 Ⅱ-3-5 오긍선. 동은의학박물관 소장.

오긍선은 고향에서 8세부터 한학을 수료하였다. 그는 신학문을 배우기 위
해 상경하여 1896년 10월 배재학당에 입학하였다. 당시 배재에는 이승만, 김
필순, 김희영, 홍석후 등이 다니고 있었다. 그는 1897년 9월에는 독립협회에
가입하여 간사로 선임되었고, 1898년 협성회에서 발간한 협성회보의 창간위

---

174) 海觀 吳兢善 先生 記念事業會 編: 海觀 吳兢善. 延世大學校 出版部, 서울, 1977; 鄭求忠:
해관 오긍선(海觀 吳兢善) 韓國 醫學의 開拓者. 東方圖書株式會社, 1985, 379-402쪽.
175) 출생이 1877년 혹은 1879년으로 되어 있거나, 어머니가 한산 이씨라고 되어 있는 기록이
있다. 한국근현대인물자료, 국사편찬위원회; 한국역대인물종합정보시스템. 한국학중앙연
구원.

원으로 활약하였다. 그러나 1898년 12월 서재필이 추방당하고 독립협회가 해체되면서 수많은 간부들이 투옥되었다.

이때 오긍선은 검거를 피하기 위하여 1899년 1월 침례교 선교사 스테드만 (F. W. Steadman) 목사 집에 피신하였다. 자연스레 스테드만의 한국어 선생이 된 오긍선은 그를 따라 공주 지방으로 내려가 한국어를 가르치면서 선교 활동을 도왔다. 몇 달 후 독립협회에 관련된 사람들이 석방되자 오긍선도 상경하여 1900년 봄 배재를 졸업했고, 계속 스테드만을 도왔다.

그런데 스테드만은 1901년 여름 동경으로 근무지를 옮기게 되자 군산 예수교병원장으로 막 부임한 미 남장로회의 알렉산더(A. J. A. Alexander)에게 오긍선을 소개시켜 주었고, 오긍선은 그의 한국어 선생이 되었다. 그러나 6개월 후 알렉산더가 미국의 부친이 사망하여 귀국하게 되었고, 이때 오긍선에게 유학을 권하였다.

1902년 1월 하순 유학을 떠난 오긍선은 켄터키 주 덴빌에 있는 센트럴대학에 입학하였다. 오긍선은 2년 동안 의학에 필요한 기초 과목인 영어, 수학, 생물학, 물리학, 화학 등을 이수한 후 1904년 3월 수료하였다.

이어 루이빌의과대학에 편입하여 1907년 3월 졸업하였다. 졸업 후 루이스페르 군립병원[176]에서 6개월 동안 인턴 수련을 받으며 피부과를 연구하였으며, 미 남장로회의 의료선교사로 임명된 후 1907년 11월 귀국하였다.

귀국 후 오긍선은 황실 전의나 대한의원 의관으로 근무해 달라는 순종과 통감 이토의 요청을 거절하고 자신이 의료선교사로 임명받은 미 남장로회가 운영하는 군산 예수교병원의 책임을 맡았다. 1909년 오긍선은 군산에 영명중학교(英明中學校)를 설립하여 교장직을 맡았으며, 구암교회도 설립하였다. 이어 1910년 봄에는 광주 예수교병원의 책임을 맡았으며, 1911년 8월 14일 다시 목포 예수교병원장으로 전임되었고 이곳에서 정명여학교(貞明女學校) 교장직도 겸하였다.

---

176) 한국근현대인물자료, 국사편찬위원회.

세브란스의 의학교육을 돕기로 한 남장로회의 결정에 따라 오긍선은 남장로회의 선교사 자격으로 1912년 5월 12일 세브란스병원의학교의 조교수로 취임했다. 오긍선이 부임할 당시 세브란스병원의학교는 의학교 건물 신축 공사로 인해 학교가 임시 휴교 상태였는데, 한국인으로서는 김필순이 중국으로 망명해 학교를 떠났고 홍석후와 박서양이 교수로 근무하고 있었다.

부임 이후 몇 년 동안 해부학, 조직학 및 병리학을 강의하면서 외과학 조수로 활동하였다. 그는 영어로 인해 교수와 학생 사이에 강의가 원활하게 이루어지지 않자 다른 강좌의 보충 강의를 하기도 했는데, 당시 그를 '세브란스의 백과사전'이라고 부른 이유도 거기에 있었다. 그는 1916년 4월 1일 피부과 분야의 연수를 위해 일본 도쿄제국대학의 피부학교실로 떠났다가 1917년 5월 귀국하여 세브란스연합의학전문학교에 피부비뇨기과를 신설하고 과장으로 임명되었다. 그는 1919년 경성보육원(京城保育院)을 설립하여 고야 양육 사업을 시작했다.

오긍선은 에비슨의 전폭적인 지지 하에 한국인 교수로서 두각을 나타냈는데 1921년 3월 학감으로 임명되었으며, 1929년 8월에는 의학을 연구하기 위해 다시 미국 및 유럽으로 떠나 1930년 귀국하였다. 같은 해 오스트리아 비인대학으로부터 피부과 연구에 대한 수료증서를 받았다.

1930년 10월에는 부교장으로 임명되었으며, 1935년 2월 16일 에비슨에 이어 세브란스의학전문학교의 제2대 교장으로 임명되었다. 그의 교장 임명은 개인적인 영광인 동시에 세브란스가 이제 명실 공히 조선인의 손에 의해 운영되게 되는 계기를 이루었다. 그는 학감, 부교장 등으로 활동하면서 세브란스가 일본 문부성으로부터 지정받는데 공헌했으며, 이러한 행정적인 능력 때문에 다른 선교의사들의 존재에도 불구하고 에비슨을 이어 제2대 교장으로 임명될 수 있었다. 그런데 오긍선의 교장 임명은 순탄한 것은 아니었다. 우선 그 동안 부교장을 지냈던 반버스커크가 이에 반발했고, 치과의 부츠도 이에 반대하였다. 배재 동창생이자 세브란스 제1회 졸업생인 홍석후도 오긍선에 이어 학감에 임명되었지만, 오긍선이 부교장이 될 즈음 여러 이유를 들어 교수직을 사직하고 개업해 버렸다.

교장에 취임한 후인 1937년, 모교인 미국의 센트럴대학과 루이빌대학은 각각 명예법학박사와 명예이학박사 학위를 그에게 수여하였다.

그는 취임 후 조선인 교수의 양성에 전력하였고, 기초학교실의 보강, 연구시설의 확충, 도서시설의 완비 등 병원 중심으로 이루어졌던 세브란스의 운영을 의학교육과 연구라는 학교 중심의 운영과 균형을 맞추는데 기여를 하였다. 특히 교지가 협소해 더 이상 발전할 공간이 없자 당시 연희전문학교가 있던 신촌에 대지를 구입해 이전 계획을 세우기도 했다.

하지만 에비슨의 공백이 너무 컸던지 1936년 중반에 해부학교실의 최명학 교수 사직 사건이 일어났다. 오긍선 교장은 입학을 전제로 금품을 수수한 부정입학 문제에 연루된 같은 과의 교수였던 당시 병원장 이영준을 감싸면서 이를 지적했던 최명학 교수를 사직시켰고, 학교 측의 이러한 처분에 불만을 품은 동창생들을 중심으로 최명학 교수 유임 운동이 일어나기도 했다. 이 사건의 파장은 최 교수의 사직으로 끝나지 않았다. 오긍선 교장은 원활하지 못한 학교 운영에 대해 계속 사임 압력을 받았다. 1942년 1월 그는 총독부가 일본인을 후임 교장으로 임용하라는 압력을 거부하고 이영준을 교장으로 임명하고 퇴직한 후 명예교장으로 추대되었다. 이영준의 교장 취임은 1942년 8월 15일 조선총독부 학무국으로부터 인가를 받았다.[177]

오긍선은 교장의 업무 이외에도 금융조합 평의원, 경성부 인사상담소 평의원, 경성부 협의원, 경성보육원 이사 등 많은 명예직을 겸했다. 또한 조선사회사업협회 이사, 경성부교화단체연맹 부회장, 경성서부교화구 상임위원, 중앙기독교 청년회 이사 등의 공직을 겸했다. 이와 같이 세브란스의 교장을 사임한 후에 오긍선은 일제에 협력함으로써 교육자로서, 의학자로서, 사회사업가로서의 그의 선구자적인 활동에 큰 오점을 남겼다.

---

177) 美英擊滅 새 理念下 旭醫專 大革新. 每日申報, 1942년 8월 19일 3면 1단.

해방 후에는 관계 진출의 권유를 뿌리치고 안양기독보육원의 원장으로서만 전념했다. 조선피부비뇨기과학회 명예회장, 대한성서공회 이사장, 기독청년회 이사, 서울여자의과대학 재단이사 등을 역임하면서 활동했으며, 구황실 재산관리총국장을 지내기도 했다.

그리고 서울특별시 시민보건위생공로감사장, 민간사회분야 사회사업공로표창, 대한의학협회 의학교육공로표창, 정부의 공익포장, 새싹회의 소파상(1962년 10월 31일) 등을 수상하였다.

오긍선은 1963년 5월 18일 서대문구 대조동 자택에서 사망했으며, 망우리의 가족묘지에 안장되었다.

7. 박일근

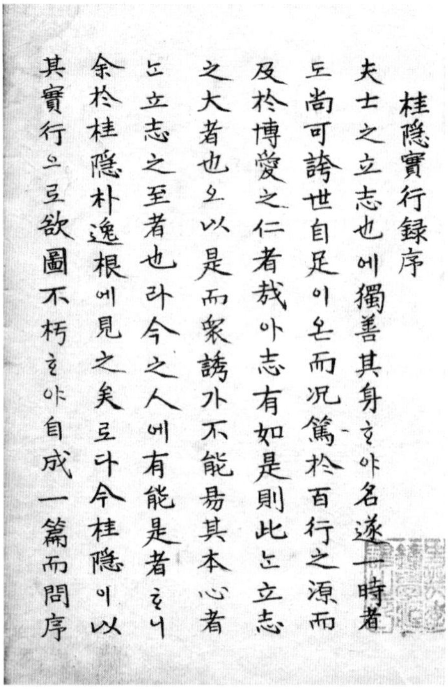
桂隱實行錄序
夫士之立志也에獨善其身ᄒᆞ야名遂一時者
도尙可誇世自足이온而況篤於百行之源而
及於博愛之仁者哉아志有如是則此ᄂᆞᆫ立志
之大者也오以是而衆誘가不能易其本心者
ᄂᆞᆫ立志之至者也라今之人에有能是者ᄒᆞ니
余於桂隱朴逸根에見之矣로다今桂隱이以
其實行으로欲圖不朽ᄒᆞ야自成一篇而問序

그림 Ⅱ-3-6 박일근의 『계은자술』. 동은의학박물관 소장.

박일근(朴逸根, 1872- ?)[178]은 이미 언급한 다른 6명의 의사처럼 미국이나 일본의 정규 의학교를 졸업하지는 않았으나, 최초로 개업한 한국인으로 알려져 있다. 박일근에 대해서는 자신의 생애를 담은 『계은자술(桂隱自述)』[179]이라는 책을 통해서만 알려져 있을 뿐이다(그림 Ⅱ-3-6). 이 책은 필사본으로 서문에 의하면 1915년 저술되었다.

박일근은 1872년 5월 경상북도 영일의 가난한 농가에서 태어났으며, 어려서는 서당에서 한학을 공부하였다. 너무 가난해 생계를 꾸려나가는 것이 절박했던 박일근은 1888년 집을 떠나 충청도에서 1년 정도 머물다가 1889년 서울로 올라와 담배 장사를 하면서 홀로 생활하였다.

박일근의 삶에 결정적인 반전의 계기가 된 것은 일본인의 집에서 머슴으로 일할 때였는데, 1890년 8월 일본인 의사 이노우에(井上太郞)의 집을 소개받아 의학을 배우게 된 것이다. 1891년 이노우에가 일본으로 돌아감에 따라

178) 자료로 본 한국의학의 역사(5). 최초의 한국인 개원의사 박일근. 연세의대 동창회보 제207호 7면, 2001.
179) 이 책은 서지학자 이종학(李種學) 선생이 생전에 연세대학교 의과대학 동은의학박물관에 기증하였다.

부산으로 내려가 다른 일본인 의사에게 의학을 배우던 박일근은 1892년 3월 일본 나가사키(長崎)로 건너가 4월 구마모토현(熊本縣)에 있는 교토구(行德健男) 병원의 의학교육 과정에 입학하였다. 이 병원의 교육 과정은 의학강습소에 해당했는데, 박일근은 그곳에서 6년 동안 의학을 배웠다.

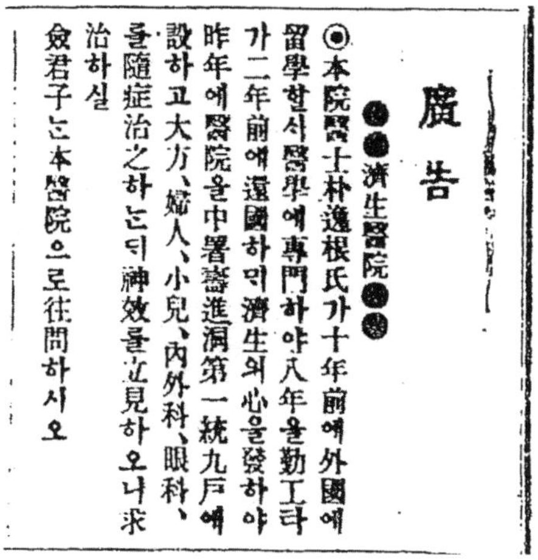
廣告

●●濟生醫院●●

◉本院醫士朴逸根氏가十年前에外國에留學할새醫學에專門하야八年을勤工타가二年前에還國하매濟生의心을發하야昨年에醫院을中署壽進洞第一統九戶에設하고大方、婦人、小兒、內外科、眼科、를隨症治之하ᄂᆞᆫᄃᆡ神效를立見하오니求治하실

僉君子ᄂᆞᆫ本醫院으로往問하시오

그림 Ⅱ-3-7 박일근의 개업광고. 皇城新聞, 1899년 3월 7일 4면 2단.

의학 공부가 어느 정도 수준에 도달했다고 느낀 박일근은 1897년 5월 부산항을 통해 귀국하였다. 귀국 후 개성의 석교의원(石橋醫院)에서 의술을 연마한 후 8월에 서울로 올라와 시미스(清水近造)가 운영하던 의원에서 일을 도왔다.

박일근이 개원한 것은 1898년 3월이었는데, 서울 교동에서 한도영(韓道永)의 집 두 칸을 빌려 제생의원(濟生醫院)이라는 이름으로 개원하였다. 1899년 3-4월에 걸쳐 한성순보에 제생의원의 광고가 실렸는데, 그 내용은 다음과 같았다(그림 Ⅱ-3-7).

> 본원 의사 박일근 씨가 십년 전에 외국에 유학할 새 의학에 전문하여 팔년을 근공타가 이년 전에 환국하매 제생의 심을 발하여 작년에 의원을 중서 수진동 제일통 구호에 설하고 대방, 부인, 소아, 내외과, 안과를 수증 치지하는데 신효를 입견하오니 구치하실 첨군자는 본 의원으로 왕문하시오.[180]

그는 내과, 외과, 소아과, 부인과, 안과를 표방하였다. 이후 수동(壽洞), 이어 8월경 청계천 근처 모교(毛橋) 동쪽변의 두 번째 집으로 이전했는데, 동서

180) 이 광고는 1899년 3월 7일부터 4월 15일까지 23번에 걸쳐 실렸다. 皇城新聞, 1899년 3월 7일 4면 2단.

양 각종 명약을 구비하고 내과, 외과, 부인과 및 소아과를 표방하였다.[181] 1900년 4월에는 종로 대동서시 건너에 있던 병원을 종로 사기전 건너 일본인 재봉소 근처로 옮겼다.[182] 이와 같이 병원을 자주 이전했는데, 그 이유는 확실하지 않다. 하여튼 박일근의 제생의원은 환자가 몰려 큰 성공을 거두었는데, 진찰료는 받지 않았으며 약값으로 하루에 두 냥을 받았다.

개원의사로서의 활동 이외에도 의료와 관계된 사회활동에도 적극 참여했다. 1908년 10월 한국의학회(韓國醫學會)[183]의 회원으로 가입하였고, 봉명학교(鳳鳴學校)[184]의 촉탁의사로서 활동하였으며, 재판과 관련하여 시신 부검에도 참여하였다. 1915년에는 4명의 조수에게 의학을 가르치기도 하였다.

동아일보는 1936년 당시 박일근이 운영하던 제생의원에 대해 다음과 같이 전하고 있다.

　(박일근)씨의 병원은 온돌방에다 그다지 크지 못한 규모로 아담하게 병상을 꾸며놓고 손수 진찰도 하고 매약도 하여 의사 겸 약제사를 겸하고 있다.

이후 박일근에 대해서는 알려진 바가 없다.

---

181) 皇城新聞, 1899년 8월 17일 4면 2단.
182) 이 광고는 1900년 4월 27일부터 5월 9일까지 10번에 걸쳐 실렸다. 데국신문, 1900년 4월 26일 4면 1단.
183) 한국의학회는 관이나 군에 종사하던 일본 의사들의 주도로 결성되었다는 점에서 동인회와 유사하다. 이 학회는 1908년 10월에 열린 경성의사회에서 당시 대한의원 원장 사토와 조선주차군 군의감 후지다에 의해 '의학 연구 및 의사 위생의 진로'를 위한 단체의 필요성이 제기되어 10월 28일 설립되었으며 계림의사회(鷄林醫師會)로도 불렸다. 이 학회에는 한국인 회원으로 의학교 졸업생 유병필, 이규준, 한민제, 최국현, 그리고 개업의 박일근이 가입하였으나 간부로 활동하지는 못하였다. 한일합방 후 1911년 4월 29일 창립된 조선의학회(朝鮮醫學會)도 의학 연구를 통한 조선 지배 보조라는 설립 목적, 일본인 군관의(軍官醫)가 중심이 된 회원 구성 등으로 볼 때 서울에만 국한되어 있던 한국의학회를 전국적으로 확대한 단체였다고 할 수 있다. 朴潤栽, 朴瀅雨: 韓末·日帝 初 醫師會의 창립과 朝鮮 支配. 延世醫史學 5: 1-142, 2001.
184) 봉명학교는 서울의 미동에 위치했으며 1908년 9월 중학과를 설치하고 학생을 모집해 교육을 시작하였다.

제4장 에비슨에 의한 의학교육의 재개

1. 에비슨의 내한과 제중원의 선교부 이관

1) 빈튼과 에비슨

알렌은 1887년 8월 주미 한국공사관의 외국인 서기관(書記官)으로 임명되자 선교사직을 사임하고 11월 미국으로 귀국했다가 1889년 6월 조선정부와 계약 기간이 만료되자 9월 조선으로 돌아와 다시 선교사로 임명을 받았다.[185] 그런데 알렌에 이어 제중원의 책임을 맡았고 동시에 어의로 임명되었던 헤론은 불행히도 이질에 걸려 1890년 7월 26일 운명하여 양화진의 외국인 묘지에 묻혔다. 헤론의 사망으로 책임 의사가 공백 상태로 있게 되자 제중원은 위기를 맞게 되었다.

선교지부는 긴급회의를 열어 제중원 처리 문제를 토론했는데, 생전 제중원을 선교 사업을 할 수 없는 순수 정부 기관으로 운영하는 것은 적절치 않다고 말했던 헤론의 견해에 대부분의 선교사들이 동의했다. 그리고 만일 정부가 동의한다면 선교회가 제중원을 인수 받아 선교병원으로 만드는 것으로 의견을 모았다.[186] 따라서 제중원을 선교병원으로 변화시키기 위해 언더우드로 1인 위원회를 구성하여 정부의 제안이 무엇인지 알아보도록 하였다.

당시 언더우드는 알렌이 서기관직을 거절하고 선교회에 남아 헤론을 대신해 제중원을 맡아 주기를 바랐다.[187] 하지만 1890년 7월 21일 주한 미국공사관의 서기관으로 임명된 알렌이 8월 1일자로 선교사직을 사임하면서 일이 복잡해졌다. 서기관으로 임명된 알렌은 제중원의 책임을 겸직하겠다고 제의했

185) Mission in Korea. The Fifty-third Annual Report of the Board of Foreign Missions of the Presbyterian Church in the United States of America. Mission House, New York, 1890년, 132쪽.
186) 언더우드가 엘린우드(F. F. Ellinwood)에게 보내는 1890년 8월 4일 편지(이만열, 옥성득 편역: 언더우드 자료집 I. 연세대학교 출판부, 2005, 227쪽).
187) 호튼이 엘린우드(F. F. Ellinwood)에게 보내는 1890년 7월 30일 편지(이만열, 옥성득 편역: 언더우드 자료집 I. 연세대학교 출판부, 2005, 222쪽).

지만, 선교지부는 이를 거부했고 후임자 선정은 더욱 지연되었다.

이와 같이 후임자의 선정이 지연되자 일본인들은 제중원의 인수를 원했고, 가톨릭은 병원을 소유하기 위해 모든 것을 다 바치겠다는 의사를 표명했다. 교세가 막 확장되어 가는 성공회(聖公會)도 그런 방향으로 전력 경주하고 있었다.[188]

이런 상황에서 알렌은 제중원이 선교회 산하의 기관이 아니라 원래 자기 개인의 책임 하에 맡겨진 것이라고 주장하였다. 이에 대해 언더우드는 정부 결정과 상관없이 미 북장로회에 의해 헤론, 파워, 엘러스, 호튼 등의 의료선교사가 파송되었으며, 병원에 약품이 부족했을 때 선교부가 이를 제공했기 때문에 제중원은 선교부 산하의 병원임을 강조하였다.[189]

선교지부는 알렌의 동의하에 2달 동안 제중원의 문을 닫으면서 향후 진로를 모색키로 하였다. 하지만 고종의 적극적인 후원과 8월 6일자로 선교부로부터 도착한 전보에 의해 선교지부의 계획은 모두 취소되었다. 전보에 의해 알렌이 제중원의 책임자로 임명된 것이었다.[190] 이후 알렌은 거의 반년 동안 후임자가 올 때까지 제중원의 책임을 맡았다.[191]

1891년 4월 3일 빈튼(Charles C. Vinton)[192]이 파견됨으로써 미 북장로회는

---

188) 해링톤 저, 이광린 역: 開化期의 韓美關係, 알렌 박사의 활동을 중심으로. 一潮閣, 1973, 99-101페이지.

189) 언더우드가 엘린우드(F. F. Ellinwood)에게 보내는 1890년 8월 10일 편지(이만열, 옥성득 편역: 언더우드 자료집 I. 연세대학교 출판부, 2005, 228쪽).

190) 언더우드가 엘린우드(F. F. Ellinwood)에게 보내는 1890년 8월 10일 편지(이만열, 옥성득 편역: 언더우드 자료집 I. 연세대학교 출판부, 2005, 229쪽); 언더우드가 엘린우드(F. F. Ellinwood)에게 보내는 1890년 8월 11일 편지(이만열, 옥성득 편역: 언더우드 자료집 I. 연세대학교 출판부, 2005, 232-3쪽).

191) 알렌은 1890년 12월 30일로 서울의 선교회에 편지를 보내 엘린우드가 맥길을 자신의 후임으로 임명했다는 편지를 받았다고 알렸다. 이에 선교회는 알렌의 감독 하에 일하는 것에 동의한 하디를 임시로 고용해 줄 것을 요청했고, 이것이 받아 들여져 2월 하디가 병원의 책임을 맡았다. 언더우드가 엘린우드(F. F. Ellinwood)에게 보내는 1891년 1월 6일 편지(이만열, 옥성득 편역: 언더우드 자료집 I. 연세대학교 출판부, 2005, 241-2쪽); 알렌이 엘린우드(F. F. Ellinwood)에게 보내는 1891년 2월 23일 편지(김인수 옮김: 알렌 의사의 선교, 외교 편지. 장로교신학대학교 부설 한국교회사연구원, 2007, 386쪽).

192) 빈튼(賓頓, 1856-1936)은 1891년 4월 3일부터 1893년 10월까지 제중원의 책임을 맡았다. 그는 사임 후에도 1899년 에비슨이 안식년을 가졌을 때, 1900년 12월 말 에비슨이 장티푸스에 걸려 앓고 있을 때 등 선교부가 필요로 할 때는 언제든지 제중원의 진료를 담당하였다. 빈튼은 1908년 선교사 직에서 사임하고 미국 워싱턴주 시애틀로 돌아갔으며, 1936년 6월

어려운 고비를 넘긴 것처럼 보였지만 빈튼 부임 직후부터 제중원 운영과 관련된 문제가 발생하였다. 서울에 도착한 직후 빈튼이 알렌의 입회 하에 만난 외아문 독판 민종묵(閔種黙)은 빈튼에게 제중원 경비의 자유로운 사용에 대해 약속하였다. 하지만 실제 약값이나 잡비 등의 지출에서 재정담당 주사의 협조가 전혀 이루어지지 않았다. 이에 빈튼이 다시 알렌의 입회하에 문제를 제기했지만 외아문 독판이 이전의 약속을 백지화시켰다.[193] 이에 빈튼은 5월 11일[194] 제중원 운영에 관한 몇 가지 조치를 요구하면서 근무를 거부하였다.

빈튼의 요구 중에는 병원의 각종 경비를 의사의 관할 하에 자유롭게 쓰자는 것이 포함되어 있었다. 이러한 빈튼의 요구에 대해 외아문 독판 민종묵은 1891년 6월 27일 미국 공사 허드(Augustine Heard)에게 공문을 보내 제중원의 운영 원칙을 함부로 바꿀 수 없으며, 그 이유 때문에 일할 뜻이 없다면 다른 의사로 교체할 수 있다고 강한 반응을 보였다.[195] 이에 대해 허드 공사가 병원의 재정을 자유롭게 써보겠다는 빈튼의 의도가 약품 구입에 한하는 것이었다고 해명[196]함으로써 이 문제는 일단락되었고 빈튼은 7월 4일부터 제중원에서 다시 근무하기 시작했다.

그렇지만 빈튼은 오전에 다른 일을 하고 오후에만 병원에서 일을 하든가 혹은 비가 오면 아예 병원 문을 열지 않는 등 근무를 소홀히 하기 시작했다. 결국 빈튼은 1891년 9월 1일부터 자기 집에 따로 진료소를 꾸며 환자를 치료하고 전도 활동을 하기에 이르렀다.[197] 1892년 후반에 들어 정부는 필요한 약

26일 뉴욕에서 사망하였다.

193) 기포드(D. L. Gifford)가 엘린우드(F. F. Ellinwood)에게 보내는 1891년 6월 17일 편지 (Records of Board of Foreign Missions of the Presbyterian Church of U. S. A. Korea, Letters and Reports. 6권 27번 편지).

194) 빈튼의 1891년 보고서에는 5월 11일부터 7월 3일까지 제중원을 사직(辭職)했다고 되어 있는 바, 여기서 사직이란 의미는 알렌의 중재로 조선정부와의 갈등이 일단 매듭되기 전의 상태를 의미한다. C. C. Vinton: Annual Report. Medical work, Seoul, Jan. 19, 1892(Records of Board of Foreign Missions of the Presbyterian Church of U. S. A., Korea, Letters and Reports 7권 3번 편지, Korea Letters 1892-1893, Volume 4).

195) 美案 문서번호 899, 濟衆院 經費 自由 使用 不許와 및 醫師 彬敦 去就의 件, 1891년 6월 27일(高宗 28년 5월 21일).

196) 美案 문서번호 900, 同上職務 繼續 告知와 및 藥用에 限한 自由准與勸誘, 1891년 6월 29일 (高宗 28년 5월 23일).

197) The Fifty-fifth Annual Report of the Board of Foreign Missions of the Presbyterian Church in

의 구입을 위한 경비를 지불하지 못하게 되자 제중원에서의 진료는 더욱 어
려워지게 되었다.[198] 1893년의 경우 빈튼은 가장 바쁜 때인 여름 내내 제중원
의 문을 닫았으며, 9월에 들어 매주 2번씩 오후에만 진료를 하는 상황이었
다.[199]

2) 제중원의 선교부 이관

결국 1893년 11월 1일부로 빈튼이 교체되고 후임으로 에비슨(Oliver R.
Avison, 魚丕信, 1860-1956, 그림 Ⅱ-4-1)이 책임자로 임명됨으로써 제중원은
새 전기를 맞게 되었다.

전기의 계기는 한 사건에서 시작되었다. 1894년 4월 말 에비슨이 지방에
며칠 왕진을 갔다 온 사이에 수술실로 만들려고 준비해 준 방을 한국인 주사
들이 일본인 의사에게 세를 주는 사건이 발생했던 것이다.[200]

그렇지 않아도 제중원에 있는 조선인 주사나 하인들이 도움보다는 방해가
된다고 여기고 있었던[201] 에비슨은 제중원을 사임하기로 결심하고, 미국 공사
관의 부총영사 알렌에게 보고하였다.[202] 알렌의 보고를 받은 실[203] 공사는

---

the United States of America. Mission House, New York, 1892년, 177쪽. 빈튼이 이렇게 결정
하게 된 데에는 주위 여러 선교사들의 영향이 컸다.

198) Mission in Korea. The Fifty-sixth Annual Report of the Board of Foreign Missions of the
Presbyterian Church in the United States of America. Mission House, New York, 1893년, 145쪽.

199) 알렌이 엘린우드(F. F. Ellinwood)에게 보내는 1893년 9월 3일 편지(김인수 옮김: 알렌 의사
의 선교, 외교편지. 장로교신학대학교 부설 한국교회사연구원, 2007, 423쪽).

200) 이 사건의 전말은 당사자 에비슨의 자서전에 상세하게 기술되어 있다. O. R. Avison: The
Memoir of Life in Korea, 1940, 185-200쪽.

201) Mission in Korea. The Fifty-seventh Annual Report of the Board of Foreign Missions of the
Presbyterian Church in the United States of America. Mission House, New York, 1894년, 156-7
쪽.

202) 에비슨으로부터 상황을 전해들은 알렌은 엘린우드에게 다음과 같은 편지를 보냈다. "고종
의 약속에도 불구하고 제중원 운영에 재정 문제가 있는데, 주사들의 횡령 때문이다. 이런
환경에서 에비슨은 일할 기운을 잃었다. 조선정부는 아무 대가도 없이 훌륭한 일을 하고
있는 에비슨을 벙커 씨의 집에서 몰아냈다. 나는 에비슨에게 모든 것을 집어치우라고 충고
했다." 알렌이 엘린우드(F. F. Ellinwood)에게 보내는 1894년 5월 16일 편지(김인수 옮김: 알
렌 의사의 선교, 외교편지. 장로교신학대학교 부설 한국교회사연구원, 2007, 433-4쪽).

203) 실(J. M. B. Sill, 施逸)은 1894년 4월 30일 서울 주재 미국 변리공사(辨理公使) 겸 총영사
(總領事)로 부임하였다. 당시 한반도에서 청과 일본 양국이 세력장악을 위해 일촉즉발의 군

1894년 5월 10일자로 조선정부의 외아문 독판에게 제중원 책임자 에비슨이 사직한다는 공문을 보냈다.

제중원의 책임자 에비슨이 앞으로는 그 기관에 나가지 않겠다는 서신 연락을 받았으므로 이에 알려드립니다. 그는 자신의 돈으로 구입한 125달러 상당의 약품도 갖고 떠난다고 합니다. 그가 사직한 이유로는 첫째로 병원 운영비나 약품, 장작 등의 구입비를 전혀 받지 못하였다는 것, 둘째로 근자에 마련된 새로운 조치도 시행되지 않고 있다는 것, 셋째로 정부에서 사용토록 허락을 받았던 집에서 쫓겨나게 되는 큰 모욕을 당하였는데 그 집은 본시 '벙커'부인이 병원에 나올 때 마련되었던 집이라는 것이었습니다. 그리고 에비슨은 일한 것에 대해 아무런 보수도 받지 못했습니다. 단지 보수라면 집을 사용토록 한 것뿐이었습니다. 병원은 민영익의 도움으로 우리 공사관에서 설립하고 국왕의 따뜻한 양해와 원조로 운영되었던 것임을 본인은 설명코자 합니다. 조선정부의 요청으로 '알렌' 박사(그는 병원 운영의 책임을 지고 있으면서도 전혀 보수를 받지 않고 일을 하였습니다)는 자기 대신에 다른 의사를 구했고, 그가 죽자 다른 의사를 구했습니다. 만족스럽다고 생각되지 않아 또 다시 특출한 재능을 갖고 있고 친절하면서도 부지런한 에비슨 박사를 새로 구하였습니다. 그러나 그는 제대로 평가를 받지 못하였습니다. 이 병원은 미국 내에서도 잘 알려져 있습니다. 이 병원의 설치로 말미암아 조선이나 조선정부에 대해 매우 좋은 인상을 갖게 되었습니다. 그리고 자선을 베풀고 있다고 우리들은 자랑으로 여기고 있습니다. 이처럼 훌륭하게 출발한 기관이 처참한 결말이 난 것을 유감스럽게 생각합니다. 그러나 그다지 감사나 지지를 받지 못하는 곳에서 더 이상 무료로 자기의 시간과 정력을 소비하지 않겠다는 에비슨의 행동을 승인하지 않을 수 없습니다.

실

외아문 독판 서리 김학진 각하[204]

사적 대결을 벌이고 있었는데, 그는 6월 영국, 러시아, 프랑스 등의 외교 대표와 제휴하여, 청, 일 양국 사신에게 동학군을 진압한다는 구실로 출병한 양국군의 동시 철병을 요구하는 공동 통첩문을 보내는 등 주도적인 외교활동을 폈다. 그해 11월 미 국무부에 을미사변의 사후처리 문제를 열국(列國)이 공동으로 추진할 것을 건의하였으나, 국무부로부터 러시아 공사 베베르와의 공동 행동에 대한 힐책과 조선의 내정문제에 간섭하지 말라는 훈령을 받고, 사실상의 외교 활동을 중단하였다. 그의 후임으로 1897년 7월 알렌이 대리공사로 임명되었다.

204) 美案 문서번호 1244, 濟衆院 醫士 芮斐信 自退의 件. 奎18047, 1894년 5월 10일(高宗 31년 4월 6일).

그림 Ⅱ-4-1 에비슨. 동은의학박물관 소장.

얼마 후 한국인 관리들의 중재 요청을 받은 알렌은 에비슨에게 편지를 보
내 어떠한 조건이면 제중원에서 일을 다시 하겠는가 물어 왔다.

이에 에비슨은 다음과 같은 조건을 제시하였다.

1. 한 명을 제외한 모든 주사는 왕에 의해 소환되어야 한다. 기관은 왕에게 속한
   것이기에 나는 한 명의 관리가 왕과 나 사이에 연락관으로 있는 것은 좋다.
2. 35명의 모든 하인들은 해고되어야 하며, 나는 내 조수를 선택할 것이다.
3. 병원의 필요에 따라 선교부의 경비로 개축할 수 있게 전체 자산205)은 우리 선
   교부가 전관해야 한다.
   만일 이것이 이루어지면 우리는 다음을 보증한다.
1. 사업비에 대한 재정 지원의 책임에서 왕을 해방시킨다.206)
2. 1년 이상의 통고 후에는 어느 때나 전체 자산을 왕에게 돌려주며, 자산의 개량
   및 개축 등에 소요된 모든 경비를 우리에게 지불해야 한다.207)

여기서 "재정 지원의 책임에서 왕을 해방시킨다."는 조건은 제중원의 운영
개선을 요구하는 것이 아니라 사퇴를 철회하는 대신 병원을 선교부에서 운영
하겠다는 것이었다. 이 조건이 받아들여지면 비록 국왕이 병원의 최종 책임자
로 내세워져 있지만 그는 단지 건물 주인의 성격만을 지닐 뿐 제중원의 운영
에 조선정부가 간여할 여지가 전혀 없게 되는 것이었다.208) 이러한 지적은 요
구 사항 1에서 "기관은 왕에게 속한 것이기에 나는 한 명의 관리가 연락관으
로 있는 것은 좋다."고 하였던 이유를 에비슨 자신이 "부동산이 정부의 소유
인 까닭"이었다고 한 것과 같은 것이다.209)

---

205) 병원 자산이란 병원에 속한 건물 뿐 아니라 인접한 공지도 포함된 것이었으며, 주택을 지
   을 수 있게 해 달라는 내용도 포함되어 있었다. 魚丕信 博士 小傳(十四). 제중원의 유래
   (속). 基督新報 제855호, 1932년 4월 20일.
206) '그리고 병원 운영에 대하여는 이렇게 말하였다. 병원 운영에 관한 일체의 문제는 나에게
   위임할 것이다. 나는 본국 선교부에서 비용을 얻어서 건물과 일할 사람과 하인과 필요한
   약재와 기계류를 설비하겠다. 그리고 이 일에 대하여는 한국 황제 폐하께로부터 하등의 보
   조금을 요구치 않을 것이다.' 魚丕信 博士 小傳(十四). 제중원의 유래(속). 基督新報 제855
   호, 1932년 4월 20일.
207) O. R. Avison: The Memoir of Life in Korea, 1940, 195-6쪽.
208) 신동원: 公立醫院 濟衆院, 1885-1894. 한국문화 16: 254, 1995.

조선인 관리들은 이 제안을 거부하였고, 에비슨은 더욱 더 사퇴 입장을 강경하게 고수하였다.210) 결국 8월 31일 외아문 독판 김윤식은 에비슨의 조건을 받아들인다는 공문을 미국 공사 실에게 보내 에비슨이 제중원에 남아 계속 근무해줄 것을 요청하였다.211) 이에 에비슨은 1894년 9월 7일 실 공사를 통해 다시 한 번 제중원의 운영을 선교부에서 담당하겠다고 제안했는데, 그 내용은 실 공사가 조선정부에 보낸 다음과 같은 문서에서 확인할 수 있다.

외무 문서 제29호

미국 공사
서울, 조선 1894년 9월 7일

각하

각하의 8월 31일 서신에 대하여, 저는 병원에 대한 각하의 서신 내용을 에비슨 의사에게 알렸으며 그는 다음과 같은 제안을 하고 있습니다.

그가 병원의 전권을 맡게 되면, 필요한 외국인 조수들을 확보할 것이며, 자신과 외국인 조수 모두 보수를 받지 않고 병원을 운영할 것입니다. 귀 정부에서는 몇 명의 주사를 임명해 병원에 거주하면서 귀 정부를 대표하도록 할 수 있지만, 그들은 제중원의 정당한 운영에 간섭해서는 안 되며 따로 떨어져 있는 적당한 건물에서 거주해야 합니다. 에비슨 의사와 동료들은 자금을 투입하여 필요한 물품을 모두 구입하고 피고용인과 조수의 급료를 모두 지급할 것입니다(다만 주사에게는 어떤 경우에도 지출하지 않습니다). 그는 필요한 수리를 하고 병원 뒤쪽의 언덕 위 빈 터에 자신이 거주할 건물을 지을 것이며, 이들 집과 부지는 병원의 일부가 될 것입니다. 그는 몇 년 또는 무기한 근무할 것이지만 귀 정부는 언제든지 제중원을 환수할 수 있습니다. 다만 1년 전에 에비슨 의사나 그의 대리인들에게 통보하고 그가 자신의 집과 병원 건물의 수리에 실제로 지출한 액수를

---

209) 魚丕信 博士 小傳(十四). 제중원의 유래(속). 基督新報 제855호, 1932년 4월 20일.

210) 알렌은 엘린우드에게 편지를 보냈는데, 7월 말에는 제중원이 철폐되었다고 하였고, 8월 말에는 상황이 좋아질 것으로 기대하였다. 알렌이 엘린우드(F. F. Ellinwood)에게 보내는 1894년 7월 26일 편지(김인수 옮김: 알렌 의사의 선교, 외교편지. 장로교신학대학교 부설 한국교회사연구원, 2007, 438쪽); 알렌이 엘린우드(F. F. Ellinwood)에게 보내는 1894년 8월 26일 편지(김인수 옮김: 알렌 의사의 선교, 외교편지. 장로교신학대학교 부설 한국교회사연구원, 2007, 440쪽).

211) 美案 문서번호 1279, 陸軍敎師 茶伊, 醫士 芮丕信의 仍留要請. 1894년 8월 31일(高宗 31년 8월 1일).

지불해야 합니다.

저는 이것이 매우 공정한 제안이라고 생각합니다. 귀 정부가 겪고 있는 자금난을 덜 수 있을 것이며 대가 없이 1급 병원을 확보할 것입니다.

에비슨 의사는 병원에 있는 32명의 주사와 고용인들 때문에 근무를 포기해야했습니다. 이들은 모든 예산을 써버렸으며 환자들이 들어갈 곳이 없도록 방들을 차지했습니다. 에비슨 의사가 이런 식으로 간섭받을 수 없음은 분명합니다. 그의 제안은 이러한 모든 문제를 해결할 것이며, 그는 언제라도 귀 정부의 제안을 경청할 것입니다. 아울러 본 공사는 에비슨 의사가 합의한 것을 준수하도록 할 것이며 귀 정부의 어떠한 불만도 기꺼이 경청할 것입니다.

이 제안이 각하의 동의를 얻고 건물 부지가 확보된다면, 저는 각하로부터 조언을 들은 후 가능한 한 빨리 에비슨 의사가 업무를 시작하도록 할 것입니다.

실212)

에비슨의 이러한 제안에 대해 외무대신은 9월 26일 미국 공사에게 에비슨의 요구안을 수락한다는 공문을 보내면서 더 나아가 그런 조건하에서는 운영권이 이관되었으므로 조선 관리들을 파견할 필요가 없다는 뜻을 밝혔다(그림 Ⅱ-4-2).213) 그리고 향후 제중원 부지와 건물을 반환할 경우에는 건물의 신개축에 들어간 비용을 청산하기로 하였다.

대조선(大朝鮮) 외무대신인 김(金) 아무개는 회답을 보냅니다. 지난 음력 8월 8일 귀하가 보낸 '제중원에 대한 일이 의사 에비슨에게 통보되었고 그가 제안하고 있는 각각의 내용에 의거하면' 등의 서신을 접수했습니다. 이에 의해 검토해 보면, 제중원에는 간혹 곧바로 결정하지 못한 문제점이 있으며 현재 비어[刷虛] 있는 상태입니다. 제중원 문제를 에비슨이 요청한 대로 따르도록 할 것입니다. 모든 사무는 그가 완전히 관할하여 운영[專管辦理]하도록 하며 소유하고 있는 제중원 내의 빈 터에 그가 거주할 건물을 짓는 것을 우선 수락하는 것도 반대할 이유는 전혀 없습니다. 다음에 우리 정부가 언제라도 제중원의 환수[還取]를 요

---

212) 이 문서의 한역(漢譯)은 美案 규 18046의 1과 규장각 19047에 수록되어 있으며, 統署日記, 1894년 9월 8일(고종 31년 8월 9일)에도 실려 있다. 원문에는 8월 9일로 되어 있으나 8월 8 일(양력 9월 7일)이 맞다. 美案 문서번호 1281, 濟衆院醫士 芮조信 要求 各條의 承認要請. 1894년 9월 7일(高宗 31년 8월 8일); 美案 문서번호 1283, 濟衆院 芮조信 提出 條件의 承認. 1894년 9월 26일(高宗 31년 8월 27일).
213) 美案 문서번호 1283, 濟衆院 芮조信 提出 條件의 承認. 1894년 9월 26일(高宗 31년 8월 27일).

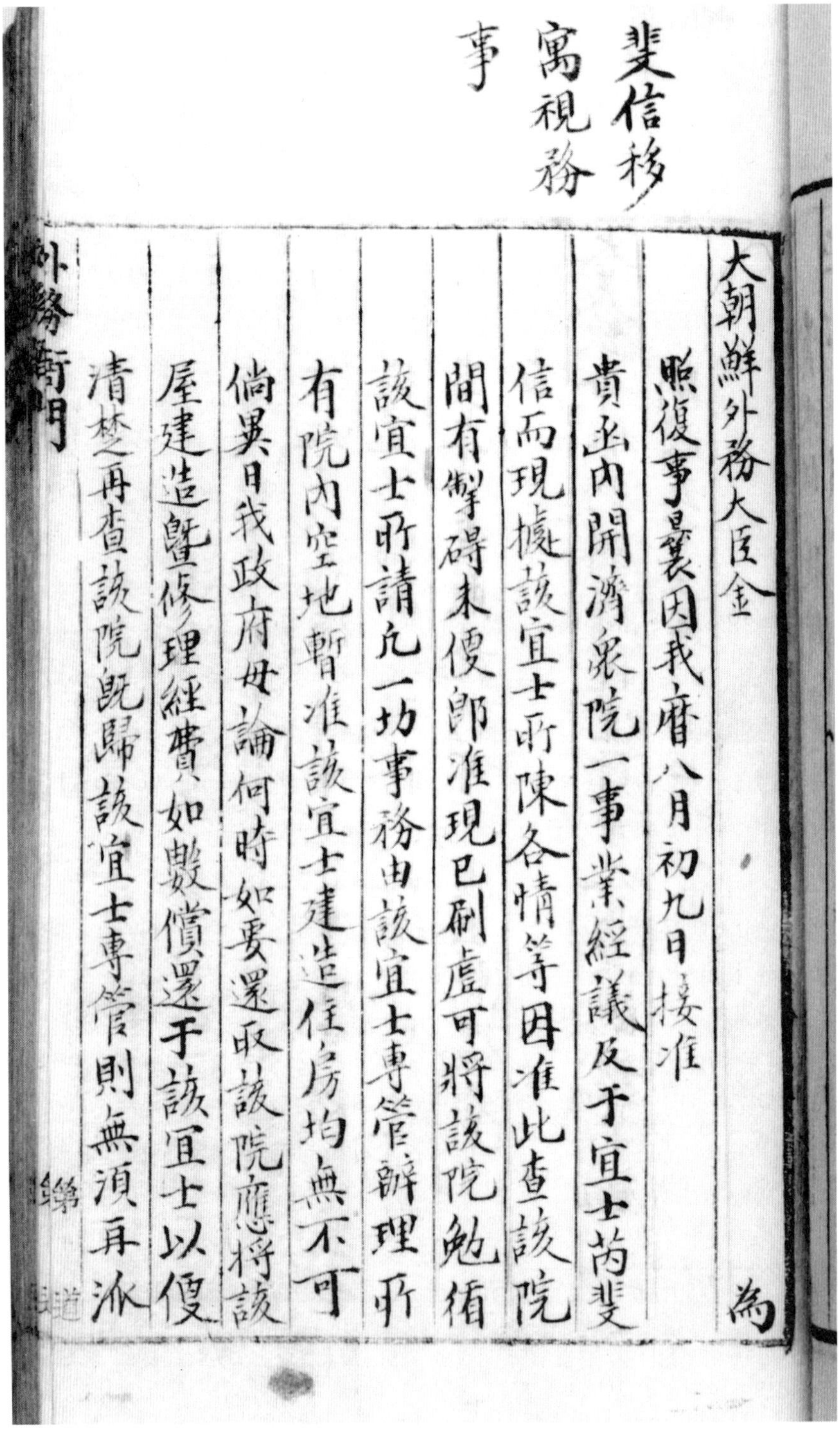

斐信移
寓視務
事

外務衙門

大朝鮮外務大臣金　為

照復事曩因我府八月初九日接准

貴函內開濟眾院一事業經議及于宜士芮斐

信而現擬該宜士所陳各情等因准此查該院

間有窒碍未便郎准現巳刷盧可將該院勉循

該宜士所請允一坊事務由該宜士專管辦理所

有院內空地暫准該宜士建造住房均無不可

倘異日我政府毋論何時如要還取該院應將該

屋建造暨修理經費如數償還于該宜士以便

清楚再查該院既歸該宜士專管則無須再派

그림 Ⅱ-4-2 제중원 전관 문서. 美案 奎18047, 1894년 9월 26일(고종 31년 8월 27일).

구할 경우에는 이 건물의 건축비와 수리비를 지출한 액수만큼 그에게 갚아 청산하도록 할 것입니다. 제중원이 그의 완전한 관할 하에 들어가게 될 경우를 검토해보면 우리 정부의 관리와 고용인 등을 다시 파견할 필요는 없습니다. 그가 혼자서 일을 처리하도록 하여 운영권[事權]을 단일화할 것입니다. 나중에 그가 업무를 볼 때 우리 정부의 지도[訓勸]를 받지 않거나 우리 정부가 불만이 있을 경우에는 귀 대신에게 공문을 대신 보내 공식적으로 처리하는 것이 사리에 맞습니다. 에비슨에게 빨리 옮겨와 곧바로 업무를 보도록 조치하시는 것이 좋을 것입니다. 이러한 내용으로 회답을 보내니 귀 대신께서 검토하고 시행해주시기 바랍니다. 이상과 같이 말씀드립니다.

이상

조선 주재 미국 편의행사대신(便宜行事大臣) 겸 총영사 실 각하
조선 개국 503년 8월 27일

조선정부가 제중원의 운영권을 완전히 미국 선교부에 넘기는 데 동의한 것이었다. 따라서 1894년 9월말 이후 제중원은 에비슨의 전관 하에 미국 북장로회의 온전한 사립 선교병원으로 운영되었다. 제중원이 설립된 지 9년 만에 병원의 운영 주체와 방식에 커다란 변화를 맞이하게 된 것이었다.

운영권이 선교부로 넘어온 이후 제중원에서는 그 동안 금지되었던 선교활동이 자유로워 진 것 이외에 바뀐 것은 없었다. 병원의 위치도 의사도 달라진 것이 없었다. 다만 행정직을 담당했던 한국인 관리들이 사라진 것일 뿐, 그것이 환자들에게 제중원의 변모로 인식될 리 없었다. 선교사나 조선인들에게는 여전히 제중원이었을 뿐이었다.

2. 에비슨의 의학교육 구상

1) 에비슨의 교육 배경

에비슨은 조선에 오기 전에 캐나다에서 교육자로서 다양한 경험을 갖고 있었기 때문에 교육의 중요성 및 그 과정에 대해 잘 이해하고 있었다.

에비슨은 16세에 온타리오주 알몬트(Almonte)에서 고등학교를 졸업하고 퍼스(Perth)에서 모델학교에 입학하여 졸업 후 제3종 교사자격증을 받았다. 이 자격증에 의해 그는 1878년 1월 2일부터 3년 동안 스미스 휠스(Smith Falls)의 허튼초등학교(Hutton Public School)에서 교사로 근무한 적이 있었다.

이후 약방 견습생으로 일하던 에비슨은 온타리오 약학교에 입학하여 졸업한 후 약물학 교수로 임명되었다. 당시 토론토 약국에서 최상의 좋은 제안이 들어와 이를 수락해 여러 모로 안락한 생활을 하려고 생각을 하고 있었지만, 약학교 학장은 에비슨에게 의과대학을 진학할 것으로 권유하였다. 결국 에비슨은 약학교 교수의 신분을 유지하면서 토론토대학 의과대학의 2학년으로 편입하여 의학 공부를 시작하였다. 에비슨이 3학년이 되자 2학년 학생들이 찾아와 에비슨에게 약리학 강의를 부탁했고 학교 당국도 이를 허락하였다. 그리하여 에비슨은 같은 기관의 학생이자 선생이 되었던 것이다.

1887년 졸업한 에비슨은 약리학 교수로 임명됨과 동시에 토론토에서 개업했다. 개업의로서 대리 왕진을 계기로 토론토 시장의 가정 주치의가 되는 등 명성을 떨치기도 했지만, 약학교에서 매주 9번, 의과대학에서 4번 강의를 했기에 매우 바쁜 생활을 했다.

이와 같이 임상 경험은 물론, 약학교와 토론토 의과대학에서 교수로서의 충분한 경험이 있었던 에비슨은 의학교육에 대한 관심이 남달랐다. 에비슨이 의료선교사로 가기로 결심한 가장 중요한 이유 중의 하나는 보건 위생 운동을 펴 나갈 수 있는 한국인 의사들을 교육 훈련시키는 사업을 한국의 수도 서울에서, 그것도 왕립병원에서 시작할 수 있게 되었다는 사실 때문이었다.[214] 이런 문제의식을 갖고 있던 에비슨은 한국의 현실을 접한 후 의학교육에 대한 자신의 결심을 더욱 확고히 하게 되었다.

2) 장연에서의 경험

첫 안식년을 끝내고 돌아온 에비슨은 1901년 4월 한국을 방문한 미 북장로회 해외선교부 총무 브라운(Arthur J. Brown) 목사[215] 부부를 평양으로 안내하는 임무를 맡았는데, 가는 도중 황해도의 여러 곳을 거쳐 장연(長淵)에 도착했다. 이곳에서 에비슨이 경험했던 일은 그가 평소 의학교육에 대해 갖고 있었던 구상이나 확신을 잘 보여 준다.

우리는 저녁 늦게 (장연에) 도착했는데 곧 병든 사람을 봐달라는 요청을 받았다. 이곳은 나의 예전 학생인 (서)효권이가 병원을 떠난 후 살고 있는 곳이고 그는 내가 올 것을 알았기 때문에, 자신이 치료할 수 없는 많은 환자들을 대기시켜 놓고 있었다. 첫 환자는 팔꿈치가 탈골된 소년이었는데 팔꿈치를 굽히지 못한 채 뻣뻣한 상태로 몇 달 동안 있었다. 식사가 아직 도착하지 않았기 때문에 우리는 곧장 에테르로 마취를 하고 팔꿈치를 정상 위치로 복귀시켰다. ...... 거의 앞을 못보고 뼈가 썩어 생긴 발의 종양으로 고통 받는 불쌍한 사람이 편안하게 해달라고 강하게 호소하자, 나는 결국 효권이가 나중에 돌보아준다면 아침 식사 전 5시에 그를 수술해주겠노라고 말해 버렸다. 이런 일은 우리에게 긴 하루 일과 후 짧은 밤의 휴식을 갖게 하였다. 이런 일은 종종 있었다. 다음날 아침 이런 열악한 조건 하에서 수술하는 것을 보는 것을 놓치지 않으려 했던 브라운 박사의 도움을 받아 우리가 잤던 방바닥에서 에테르로 마취를 시킨 다음 최소한 궤양에 새로운 시작을 줄 수 있도록 질병이 있는 뼈를 모두 긁어냈다.[216]

---

214) A. D. Clark: Avison of Korea - The Life of Oliver R. Avison, M. D. 에비슨 전기 - 한국 근대 의학의 개척자. 연세대학교 출판부, 서울, 1979, 84쪽.

215) 브라운(1856-1945)은 미국 북장로회의 목사로서 1895년 외국선교부의 간사에 이어 1903년부터 1929년까지 총무로 봉직하면서 한국과 밀접한 관계를 가졌다. 1901년과 1909년 두 차례에 걸쳐 한국을 방문하였다. 기독교대백과사전 편찬위원회: 기독교대백과사전. 기독교문사, 1984.

216) Annual Report of Imperial Korean Hospital, Seoul, Korea. Sept. 1901. 이 자료는 한국어 번역과 함께 원문 전체가 논문으로 발표된 바 있다. 박형우, 이태훈: 1901년도 제중원 연례보고

이런 일을 경험한 에비슨은 "수술 후 처치에 대해 훈련 받은 사람이 없었다면 우리는 어떠한 수술도 할 수 없었을 것이다. 우리는 왜 젊은 한국인에게 의사로서의 적절한 교육을 시킨 후 한국 각지로 보내야 하는가를 이 예로서 잘 알 수 있는 것이다."라고 하여 평소 젊은 한국인을 의사로서 교육해야 한다는 자신의 철학을 잘 나타내고 있다.

처음에 의료선교사로 조선에 나온 서양 사람은 몇이 못 되었다. 그러나 이미 나와 있는 이들과 앞으로 계속하여 나올 사람이 아무리 열심히 일을 한다 하더라도 조선의 보건을 증진하고 위생을 개량함에 큰 공헌을 하기가 어려웠다. 그들로서 당시 조선에서 할 수 있는 일은 끊임없이 발생하는 무수한 환자의 지극히 적은 수를 치료하여 줄 뿐 이었고, 서양의사들이 조선의 질병을 방지하는 동시에 과학적 의술과 위생의 사상을 보급하려면 조선 사람을 교육시켜서 조선 사람으로 서양의술에 통한 의사를 양성하는 것밖에 상책이 없음을 깨닫게 되었다. 물론 내가 의료교육을 위하여 생각한지는 벌써 오래 되었었다. 왜 그러냐하면 내 자신이 일찍이 캐나다 토론토를 떠나기 전에 의학과 약학을 교수한 경험이 있었던 까닭이었다. 그래서 나는 조선에 의학교 하나를 세워보기로 결심하게 되었다.[217]

에비슨은 한국의 폭발적인 의료 수요를 감당할 수 있는 많은 의료진을 선교사들로 충당할 수 없으므로 가능한 빨리 조선인 의사들을 양성하는 것이 필요하다고 판단했고, "그것은 의학교를 설립하는 것을 의미하였으며, 나의 열정으로 그것을 그냥 하기로 결심했다."라고 술회하였다.[218] 또한 1935년 당시 신동아 기자와의 회견에서 제1회 졸업생들의 배출을 회상하면서 "어디 감개무량 할 뿐이겠습니까? 검은 머리가 이 결과를 얻기 위해 백발이 되었는데요!"라며 한국인 의사를 배출하기 위해 평생 노력했음을 밝혔다.[219]

에비슨이 이상적으로 생각한 의학교는 단지 의사만 양성하는 것이 아니라

서. 延世醫史學 4: 230-1, 2000.
217) 魚丕信 博士 小傳(二四). 조선의료교육의 시작(一). 基督新報 제866호, 1932년 7월 6일,
218) 魚丕信 博士 小傳(二四). 조선의료교육의 시작(一). 基督新報 제866호, 1932년 7월 6일.
219) 歷史 깊은 學校의 初創 時節. 第4回 世專篇. 신동아 1935년 8월호, 124-7쪽.

간호사, 약제사, 치과의사 그리고 안경사 등 모든 의료인을 양성하는 학교였
는데, 당연히 자신의 모교 토론토대학교가 모델이었다.220)

3) 에비슨에 의한 의학교육의 의미

에비슨에 의해 이루어진 의학교육은 크게 세 측면에서 그 의미를 부여할
수 있다. 우선 에비슨의 의학교육은 한국 서양의학의 토착화 과정 그 자체였
다. 김필순, 홍석후, 홍종은 등은 에비슨의 지도로 거의 전 과목에 걸쳐 우리
말로 된 의학교과서를 편찬하였다.221) 그리고 알렌, 헤론 시대와 달리 정규
졸업생을 배출함으로써 이들이 우리나라 최초의 의사면허인 의술개업인허장
(醫術開業認許狀)을 취득하게 하였다. 즉 의학교육이 교육 자체로서의 의미를
넘어서 사회적 공인 과정을 밟는 단계에 이르게 되었던 것이다. 더 나아가 이
들은 모교에 남아 후학을 양성함으로써 서양의학이 한국에 뿌리를 내려 자생
할 수 있는 토대를 쌓았던 것이다.

---

220) O. R. Avison: Some high spots in medical mission work in Korea. Part Ⅳ. A medical school.
 Korea Mission Field 35: 146, 1939.
221) 박형우: 우리나라 근대의학 도입 초기의 의학 서적. I. 제중원·세브란스의학교에서 간행된
 의학교과서. 醫史學 7: 223-38, 1998.

3. 안식년 이전의 의학교육

1) 의료조수

1893년 11월 1일 제중원의 책임을 맡은 에비슨은 그 동안의 침체에서 탈피하기 위해 여러 조치를 취했다. 우선 날씨에 상관없이 매일 진료소를 열어 환자가 되돌아가지 않게 하고, 돈 없는 사람도 거절하지 않고 치료하기로 하였다. 그리고 자신이 직접 한국어를 배워 환자를 보려 하였고, 방을 청결하게 하여 가능한 한 많은 환자를 입원시키고, 여러 종류의 수술도 하기로 하였다.222)

당시 제중원에는 선교부에서 파송된 독신녀(獨身女) 한 사람이 매일 몇 시간 정도 병실에 와서 환자를 돌보았을 뿐 아무도 에비슨을 도와줄 사람이 없었다. 그리하여 하는 수 없이 한국인 한 사람을 조수로 택해 환자의 마취를 담당하도록 하여 수술을 진행하였다.223)

에비슨은 제중원이 선교부로 이관된 직후에도 한국인 조수를 고용하여 도움을 받고 있었는데, 이들 의료조수의 활동은 1895년 유행한 콜레라 방역 사업에서 잘 나타난다. 1895년 7월 24일 내부대신 유길준(俞吉濬)으로부터 서울의 콜레라 방역의 책임을 맡아 달라는 요청을 받은 에비슨은 서울에 있는 의

---

222) 魚丕信 博士 小傳(十二). 제중원의 유래(속). 基督新報 제853호, 1932년 4월 6일.
223) '나는 수술을 마친 후에 환자를 상에 눕게 했다. 그 환자가 있던 방은 전일에 가게로 쓰던 방이었다. 우리가 사는 집이 병원에서 상거가 뜬 고로 나는 병원 구내에 사는 한국인 한 사람을 불러 밤에 그 환자와 같이 있으면서 수술한 데 감은 붕대가 풀어지면 이리이리 하라고 자세히 가르쳐 주었다. 이튿날 아침에 가보니 병자 혼자 있었다. 붕대는 풀어지고 수술한 곳에 심을 박은 것까지 빠지고 들어났다. 내가 책임을 지워서 환자와 함께 있으라고 한 사람이 같이 있지 않았던 것이다. 환자는 수술한 곳이 몹시 아프니까 감은 것을 풀어 놓으면 나을까 하여 풀어 놓은 것이었다. 그 결과로 수술한 곳에 균이 들어 환자는 결국 죽고 말았다. 그리하여 나는 큰 수술에 있어서 첫 시험이 되는 이번 일에 성공치 못한 결과로 조선 사람의 신용을 얻지 못하였다. 그러나 나는 여기서 배운 것이 많게 되었으니 다시는 중한 환자를 무지한 사람을 믿고 맡기지 않아야 된다는 것이었다.' 魚丕信 博士 小傳(十二). 제중원의 유래(속). 基督新報 제853호, 1932년 4월 6일.

료선교사와 간호부로 위생부(衛生部)를 조직하고 콜레라의 방역을 위해 헌신적인 노력을 했는데, 자신의 곁을 지켜달라는 고종의 요청에 대해 다음과 같이 답하였다.

> ...... 저의 수하에서 훈련을 받아 이 병에 대한 일을 잘 아는 조선 청년 한 사람을 대궐에 유(留)하게 하옵고, 만일 병의 기미가 보일 때는 즉시 저에게 통지하여 제가 와서 보도록 하겠사오니 ...... 224)

이 한국인 청년이 콜레라에 대해 잘 알고 있었던 것은 에비슨이 약간의 한국인 청년에게 의학 조수로서의 훈련을 시킨 결과였다. 방역 활동을 통해 자신감을 얻은 에비슨은 의학교육에 더욱 박차를 가하였다.

한편 제중원에서 선교가 자유로워지자 에비슨은 대중 계몽 방법의 일환으로서 한국어로 써진 많은 소책자를 발간하여 여러 질병의 원인과 예방법을 가르쳤다.225) 한국어로 써진 이 소책자들의 번역은 한국어에 서투른 에비슨 혼자의 힘으로는 버거운 일이었으며, 한국인 조수들의 큰 도움을 받았다. 소책자의 제목들은 『천연두와 예방주사』, 『모기와 말라리아』, 『이와 장티푸스』, 『벼룩과 재귀열』, 『파리와 장티푸스』, 『이질, 십이지장충 및 다른 기생충과 인분을 사용하는 논밭』 등 아주 인상적인 것들이었다.

이 책자들은 제중원의 약제실에서 환자들한테 배부되기도 하고 다른 한편으로는 지방 순회 선교사들에게 나누어주어서 성경 강의에 곁들여서 위생 교육을 시키는데도 사용되었다.

2) 의학교육의 재개

처음 에비슨은 다른 선교사의 도움을 받지 못하면 혼자서라도 의학교육을 시작하겠다고 결심하였지만, 곧 심각한 어려움에 부딪히게 되었다.

---

224) 魚丕信 博士 小傳(十七). 제중원의 유래(속). 基督新報 제859호, 1932년 5월 18일.
225) O. R. Avison: Some high spots in medical mission work in Korea. Part III. Korea Mission Field 34: 122, 1939.

그림 Ⅱ-4-3 에비슨의 초기 의학교육. (왼쪽) 담당교수와 과목이 기록되어 있는 에비슨의 보고서. O. R. Avison: Report. Oct. 1/ 1895 to Sept. 30/ 1896. (오른쪽) 제이콥슨 간호사. 동은의학박물관 소장.

처음에 이 일을 위하여 생각하고 계획하여 실행하려 할 때에는 일을 착수한 뒤에 보다 그리 어려움을 깨닫지 못하였다. 그런데 조선에 나와 일하는 의료선교사들이 더러 있기는 했지만 대개 사방에 흩어져 있었음으로 그들이 한 곳에 모여서 학생을 모아 가르칠 수는 없었다. 그래서 나는 나 혼자서라도 한 과정 씩 가르치기로 생각하고 이로부터 시작하여 의학교의 기초를 세우기로 하였다.[226]

그리하여 1895년 10월 1일부터 시작하는 1895-6년도[227]에는 남학교에서 조수로 선발된 몇 명의 학생들이 병원에서 일하면서 완전히 교육을 받은 의사가 될 목표로 의학교육을 받았는데, 이때 교수진과 교과목은 다음과 같았다 (그림 Ⅱ-4-3).

　　　화이팅 여의사 - 생리학, 영어

---

226) 魚丕信 博士 小傳(二四). 조선의료교육의 시작(一). 基督新報 제866호, 1932년 7월 6일.
227) O. R. Avison: Report, Oct. 1 / 1895 to Sept. 30 / 1896(Records of Board of Foreign Missions of the Presbyterian Church of U. S. A. Korea, Letters and Reports. 23권, 1895-1896, Korea Volume 11, Reports 1891-1900, 16번 편지); Mission in Korea. The Fifty-ninth Annual Report of the Board of Foreign Missions of the Presbyterian Church in the United States of America. Mission House, New York, 1896년, 164쪽; D. L. Gifford: Education in the capital of Korea. Ⅱ. Korean Repository 3: 215, 1896.

　　제이콥슨 간호사 - 붕대법 및 마사지
　　빈튼 - 화학, 약물학
　　에비슨 - 해부학, 기초 현미경학, 전기학, 단순한 피부병, 심장, 폐 및 소변의
　　　　검사

　　또한 당시 정동에 있었던 예수교학당 학생들은 일반 강의 이외에 특수 직
업훈련을 받았는데, 일부 학생은 제중원과 외래진료소에서 보조 역할을 했다.
　　그런데 당시 이 의학교육기관은 특별한 명칭이 없었던 것으로 보인다.
1897년 9월 15일자 『죠션크리스도인회보』228)에는 특정 이름 대신 '현재 제중
원에 의술학당(醫術學堂)이 설립되어 있다.'고 표현되어 있기 때문이다. 1908
년 발행된 잡지 『조선(朝鮮)』229)에는 제중원의학교 제1회 졸업식을 소개하면
서 '미국 교회 부속병원 제중원 교육과'라고 다소 장황한 설명문을 붙이고 있
다.
　　어려움은 한두 가지가 아니었지만 학생들을 선발하는 것이 가장 힘들었다.
알렌이 조선정부의 협조를 받아 학생을 뽑았던 상황과는 달리 에비슨은 혼자
학생을 모집해야 했는데, 며칠 동안 고생해 학생 한 명을 뽑으면 길게는 3개
월, 짧게는 4-5일 만에 그만 두는 등 학생 모집이 대단히 힘들었다.

　　무엇보다도 먼저 해야 될 것은 다소간이라도 조선 재래의 교육을 받고 이 방
면에 취미를 갖은 학생을 모으는 것이었다. 처음에 생각하기는 고등계급 사람들
은 대개 교육을 받았을 것이라고 하고 고등계급 중에서 학생을 얻어 보기로 하
였다. 그러나 고등계급 사람 중에도 현대 교육을 받지 못한 사람이 다수임을 보
았고 또 그 중에 교육을 받았다는 사람이라도 의학의 기초 교육이 되는 산술과
수리를 먼저 가르치지 않으면 아니 될 것을 발견케 되었다.
　　나는 첫째 학생을 모집하기로 결심하고 하루는 청년 몇 사람을 만나서 "그대
는 의사가 되기를 원하지 않는가?"하고 물어 보았다. "의사가 되면 무엇을 합니
까?"하고 반문한다. "의사가 되면 병원에 와서 더러운 헌데 난 환자와 여러 가지
속병과 여러 가지로 고통 받는 환자들을 손을 대어 고쳐주고 치료하는 것인데
이일을 하려면 먼저 의학의 초보라도 배우지 않고는 할 수 없다."고 대답하였다.

---

228) 장노회 회의한 일. 죠션크리스도인회보 33호, 1897년 9월 15일.
229) 朝鮮, 1908년.

이 말을 듣더니 그 청년들은 하기 싫어하는 기운을 보이며 "우리는 그런 일을 감당할 수 없다."하고 가 버렸다. 나는 그들 중에 손톱을 길게 기른 사람이 있는 것을 보고 "손톱을 왜 그렇게 길게 기르느냐?"고 묻자 그들은 대답하기를 "이는 우리가 도무지 상일하지 않았다함을 보이는 것이라."고 하였다. 이 광경을 보고 나는 상류계급에서 학생을 모집할 뜻을 단념하고 하류사회 사람이라도 누구든지 이런 험한 일 하기를 좋아하는 사람을 뽑아서 학교를 시작키로 하였다. 그래서 처음에 병원 일을 도와 준 사람들은 대개 즐겨 일하고저 하는 사람들만을 택하게 되었다.230)

학생 선발과 함께 의학교과서도 문제였다. 한국어로 써진 의학 서적이 없었기 때문이었다. 하지만 에비슨은 학생들에게 "나는 이제부터 여러분들에게 해부학을 가르치기 시작할 터"라고 하면서,231) 자신이 배웠던 그레이(Henry Gray)의 해부학 교과서로 첫 번째 강의를 시작하였다. 그러나 강의는 순조롭게 진행되지 못했다. 가장 큰 이유는 서양의학의 지식을 알릴 과학용어나 의학용어가 그다지 번역되어 있지 않았기 때문이었다.

후에 에비슨은 "그때 나에게 닥칠 어려움을 알았더라면, 나는 지금의 세브란스연합의학전문학교로 된 의학교 계획을 진행할 충분한 용기를 갖지 못했을 것이다. 그러나 때에 따라서는 뱃심 있게 일을 추진했고, 때에 따라서는 어려움을 무시했기 때문에 현재와 같은 성과를 얻을 수 있었다."고 회고하였다.232) 의학교과서 문제를 해결하기 위해 에비슨은 강의와 동시에 그레이 해부학 교과서를 한국어로 번역하기 시작했는데, 이미 1897년 초에 이 책의 번역이 어느 정도 진행되고 있었다.233)

우리가 그레이 씨 저의 해부학을 번역하기 시작할 때에 나는 조선말로 그 여러 가지 과학상 술어를 번역할 수 없음을 알고 어찌할 바를 몰랐다. …… 따라서 우리는 과학상 여러 가지 술어를 번역과 함께 새로 만들어 내기 시작하였다.

230) 歷史 깊은 學校의 初創 時節. 第4回 世專篇. 신동아 1935년 8월호, 124-7쪽; 魚丕信 博士 小傳(二四). 조선의료교육의 시작(一). 基督新報 제866호, 1932년 7월 6일.
231) 魚丕信 博士 小傳(二四). 조선의료교육의 시작(一). 基督新報 제866호, 1932년 7월 6일.
232) O. R. Avison: Some high spots in medical mission work in Korea. Part Ⅳ. A medical school. Korea Mission Field 35: 146, 1939.
233) A. Kenmure, C. C. Vinton: The literary needs of Korea. Korean Repository 4: 63, 1897.

...... 이 모양으로 번역하여 만든 교재를 가지고 첫 공과를 가르쳤다. ...... 이 해 부학의 원고는 우리가 첫 번으로 안식년을 당하여 귀국하게 되었을 때 탈고가 되었다. 탈고와 동시에 당시 학생들에게 전부 교수하여 주었었다.234)

학생 선발이나 교재 편찬의 문제들에도 불구하고 학생들의 교육은 계속되 었다. 1897-8년도235)에는 7명의 학생이 있었는데, 2명은 자신이 학비를 부담했 고 2명은 식비를 제공했으며 앞으로 들어오는 학생들도 자신이 부담하게 할 예정이었다. 당시 이들은 외래와 병동에서 조수의 역할을 했는데, 한국어로 써진 의학교과서, 의학 및 해부학 용어가 없어 많은 어려움이 있었다.236) 1898년 에비슨은 조수 몇 명과 함께 무관학교 후보생 4, 5백 명의 체중을 재 고, 간단한 신체검사를 실시하였다.237) 시험 장소는 영국 공사관과 미국 공사 관 뒤의 넓은 마당이었는데, 큰 건물에 고종이 앉아 참관하였다.

1898-9년도238)에는 5명의 학생이 해부학, 화학 및 관련 분야를 배우고 있 었다. 쉴즈는 이들에게 환자를 간호하는 법, 외과 수술의 준비 등을 교육하였 다.239) 1899년 조선정부의 법률 고문으로 있던 미국인 그레이트하우스240)가 사망했을 때 그가 갖고 있던 제중원의학교의 화학 기구 몇 가지를 신중하게 챙겨달라는 공문을 보낸 것으로 보아 학생들은 화학 실습까지도 받았던 것으 로 보인다.241)

---

234) 魚丕信 博士 小傳(二五). 조선의료교육의 시작(二). 基督新報 제867호, 1932년 7월 13일. 교 과서 번역 작업에 대해서는 131쪽에 설명하였다.

235) Mission in Korea. The Sixty-first Annual Report of the Board of Foreign Missions of the Presbyterian Church in the United States of America. Mission House, New York, 1898년, 161쪽.

236) R. E. Speer: Report on the Mission in Korea of the Presbyterian Board of Foreign Missions. 2nd ed, The Board of Foreign Missions of the Presbyterian Church in the U. S. A, 1897, 31쪽.

237) The Sixty-second Annual Report of the Board of Foreign Missions of the Presbyterian Church in the United States of America. Mission House, New York, 1899년, 171쪽.

238) Mission in Korea. The Sixty-second Annual Report of the Board of Foreign Missions of the Presbyterian Church in the United States of America. Mission House, New York, 1899년, 171쪽.

239) Annual Report of Seoul Station, Korea Mission for the Year 1898-1899, 1899, 14쪽.

240) 그레이트하우스(Clarence R. Greathouse, 具禮, 1846-1899)는 미국인이며, 법학을 전공하였 다. 그는 1886년부터 4년 동안 재일 미국 총영사로 재직하다가 1890년 9월 내부협판에 임 명되었으며, 전우총국방판(電郵總局幇判) 직도 겸임하였다. 그는 1895년 1월부터 외부자문 겸 법부자문을 맡다가 1899년 10월 21일 사망하여 양화진 외국인 묘지에 묻혔다.

241) 美案 문서번호 2078, 濟衆院 所有 化學器具의 回收要請. 1899년 11월 2일.

그림 Ⅱ-4-4 에비슨의 안식년 기간 중 제중원에서 교육을 담당했던 휠드 여의사(A)와 쉴즈
간호사(B). 동은의학박물관 및 연세대학교 간호대학 소장.

에비슨의 초기 의학교육은 학년이나 수업 연한이 없었고 강의도 규칙적이
지 않는 등 정해진 틀이 없었다. 또 선교부와 선교사들이 반대하고 있기 때문
에 대외적으로 학교를 설립하고 학생을 공개 모집하지 않았다. 이런 사정에도
불구하고 의학교육은 꾸준히 계속되었다. 에비슨이 이렇게 의학교육을 진행
하고 있을 무렵 조선정부도 의학교의 설립을 추진하고 있었다.

에비슨이 병가를 얻어 1899년 3월 안식년을 맞이해 캐나다로 귀국할 때 7
명의 학생이 있었다.[242] 에비슨이 귀국하자 1899년 3월 25일부터 휠드[243]와
쉴즈가 병원의 책임을 맡았다(그림 Ⅱ-4-4).[244] 1899-1900년도[245]에는 쉴즈가

242) 박형우, 이태훈: 1901년도 제중원 연례보고서. 延世醫史學 4: 226-7, 2000.
243) 휠드(Eva Field, 弼, 1868-1932)는 미국 아이오와주의 드모인(Des Moines, Iowa) 출신으로
    1897년 10월 14일 의료선교사로 내한하여 제중원에서 여성을 진료했으며 1899년 3월 에비
    슨이 안식년을 떠나자 쉴즈와 함께 제중원의 책임을 맡았다. 그녀는 1901년 가을 선교에
    전념하기 위해 의료 분야를 떠났다. 1908년 피터스(Alexnader A. Pieters, 彼得, 1872-1958)
    목사와 결혼했고 그의 성서 번역 작업을 도왔다. 1932년 서울에서 사망하여 양화진 묘지에
    묻혔다. 남편 피터스는 세브란스병원에 5천원을 기부하여 그녀를 기념하기 위한 대수술실
    을 치과진료소 4층에 지었다.

학생들에게 환자 관리, 외과수술을 위한 환자 준비 등을 강의했다. 또 이 시기에 여의사 휠드는 여학교 학생 중 똑똑한 몇 명을 의사로 만들기 위해 교육시키는 등 교육의 폭을 확대시켜 나갔다.[246) 1900-1년도는 휠드가 2명의 여학생에게 의학 교육을 시켰다.[247)

내가 (안식년을 보내고) 돌아와 보니 이전 학생들은 한마디 얘기도 없이 흩어졌음을 알았다. 나는 학생들이 절망감을 갖고 있으며, 그들의 입장에서 오랜 기간 동안 남아 의학 공부를 한다는 것이 얼마나 힘든 일이고 특히 현재와 같은 상황(중추적 역할을 하던 에비슨이 귀국하고 없는)에서 더욱 어렵다는 사실을 너무 잘 알고 있기 때문에 그들을 비난할 수 없었다. 소년 한 명을 새로 고용했는데 그의 기록이 좋았기 때문에 나는 그와 함께 기초부터 시작하였다. 전에 있었던 학생들 중, 한 학생은 일본인 의사의 관리 하에 있는 진고개의 의학교[248)에 다니고 있었고, 한 학생은 왕립 사관학교의 생도로 들어갔고, 세 학생은 그 동안 병원에서 배운 지식으로 의약품을 판매하면서 생활을 하고 있었으며, 나머지 두 명은 서울에 있지만 아무 일도 하지 않고 있었다.[249)

그러나 의학교육의 중추적인 역할을 수행하는 에비슨이 서울을 비운 것은 이제 막 시작된 의학교육이 제 궤도에 오르는데 커다란 장애일 수밖에 없었고, 이는 곧 학생들의 동요로 이어졌다. 에비슨이 안식년을 끝내고 1900년 10월 조선으로 돌아왔을 때에는 학생들이 모두 떠나고 없었다.

---

244) Annual Report of Seoul Station, Korea Mission for the Year 1898-1899, 1899, 14쪽.
245) Mission in Korea. The Sixty-third Annual Report of the Board of Foreign Missions of the Presbyterian Church in the United States of America. Mission House, New York, 1900년, 168쪽.
246) The Sixty-third Annual Report of the Board of Foreign Missions of the Presbyterian Church in the United States of America. Mission House, New York, 1900년, 169쪽.
247) Mission in Korea. The Sixty-fourth Annual Report of the Board of Foreign Missions of the Presbyterian Church in the United States of America. Mission House, New York, 1901년, 216쪽.
248) 후루시로가 1897년 운영했던 종두의양성소를 말한다.
249) 박형우, 이태훈: 1901년도 제중원 연례보고서. 延世醫史學 4: 226-7, 2000.

4. 안식년 이후 진행된 체계적인 의학교육

안식년을 끝내고 1900년 10월 2일 서울로 돌아온 에비슨은 2명의 조수를 고용하여 진료를 다시 시작했다.[250] 동시에 이전의 의학교육을 반성하고 좀 더 조직적으로 의학교육을 실시하기로 하였다. 이를 위해 에비슨이 우선적으로 한 일은 학생 관리를 더욱 철저하게 하는 것이었다. 입학생들은 의학교육 과정을 완전히 끝내고 의사가 될 때까지 적어도 8년 동안은 남아 있겠다는 약속을 받았으며, 만일 이들이 중도에 퇴학하게 되면 그 동안 그들을 위해 사용되었던 모든 경비를 배상하도록 했다. 또 일찍 결혼하여 가정의 부양책임을 맡고 있는 학생들에게 생활비를 지급하기로 하였다. 또한 의학에 속한 전 분야에서 실습 경험을 제공한다는 차원도 고려하여 학생들을 약제사, 외과 처지 조수, 간호사 등으로 고용하고, 연차와 숙련도 등에 따라 보수를 지불하였다.

먼저 1학년은 첫 해이기 때문에 생활비를 지급하지 않고, 2학년은 식비로 매월 3원, 3학년부터는 매월 5원에서 시작하여 학년이 올라갈수록 1원씩 증액하여 8학년에는 매월 10원씩 주도록 하여, 한 학생이 졸업할 때까지 576원 (288 달러, 매년 평균 35 달러)을 지급받을 수 있도록 하였다. 에비슨은 학생들을 잘 교육하면 후에 이들이 의사나 교수가 되고, 또한 기독교 선교의 핵심 인물이 될 수 있기 때문에 이 정도의 비용을 투자하는 것은 가치 있는 일이라 생각했다.

내가 다시 돌아왔다는 소식을 듣자, 그들 중 세 명이 내게 환영의 편지를 보내 다시 돌아온 것을 환영하고 병원에 계속 남아 있지 못한 것을 사과하면서, 가족의 생활을 책임지고 있어 당장 공부하러 가지 못한다는 연락을 보내왔다. 그 중의 한 명은 재입학을 원했지만 그때는 학생의 식비를 부담할 기금마저 내게 없었으므로 이를 허락할 수 없었다. 이 학생은 장연의 서효권이었으며, 이 목적을 위해 쓸 돈을 신청할 테니 9월 1일 다시 오라고 했다.

---

250) 박형우, 이태훈: 1901년도 제중원 연례보고서. 延世醫史學 4: 218, 2000.

서울에 살고 있는 두 명의 학생은 제중원이 다시 문을 연 직후 찾아와 재입학을 요청하면서 계속 남아 공부하지 않은 것에 대해 사과함으로 재입학을 허락하였다. 얼마 후 일을 잘 할 것 같이 보이는 3명의 학생을 뽑았으나, 한 명은 의사로서 성공하는데 필수적인 소양을 개발하지 못했기 때문에 내보냈다. 따라서 우리는 5명의 소년을 데리고 있으며, 9월 1일 6명으로 교육을 재개할 것으로 예상하고 있다.[251]

결국 1901년 6월 12일, 8년 혹은 필요한 과정을 끝내 의사로서 자격을 갖출 때까지 남아 있기로 약속한 학생은 5명이었고[252] 모두 보호자의 확인을 받았다. 1901년 9월, 서효권이 공부를 다시 시작하여 학생은 모두 6명이 되었다.

학생들은 과거 교육기간 등을 고려하여 학년이 정해졌다. 에비슨이 조직적으로 의학교육을 한 것의 요체는 바로 학년을 부여한 것이었다. 가장 상급 학생은 전병세로서 1901년 9월 현재 5학년이었다. 학생들의 이름과 학년은 다음과 같았으며, 모두 기독교 신자였다(그림 II-4-5).[253]

전병세(Chun Pyung Say)   5학년
서효권(Suh Hyo Kwon)   4학년, 서경조의 아들 - 1901년 9월 재입학 (1911년 제2회로 졸업, 졸업 당시 이름은 서광호, 그림 II-4-6)
박서양(Pak Suh Yang)   2학년, 박성춘의 아들 - 에비슨 귀국 후 재입학 (1908년 제1회로 졸업)
김정원(Kim Chung Won)   2학년
홍인후(Hong In Hoo)   1학년 (에비슨 귀국 후 뽑은 3명의 학생 중 1명)
홍덕수(Hong Tuk Soo)   1학년, 서상륜의 예비 사위 (에비슨 귀국 후 뽑은 3명의 학생 중 1명)

에비슨은 교육의 질(質)을 대단히 중요하게 여겼다. 당시 한국인들은 서양

---

251) 박형우, 이태훈: 1901년도 제중원 연례보고서. 延世醫史學 4: 227, 2000.
252) Mission in Korea. The Sixty-sixth Annual Report of the Board of Foreign Missions of the Presbyterian Church in the United States of America Mission House New York. 1902년, 191쪽
253) 박형우, 이태훈: 1901년도 제중원 연례보고서. 延世醫史學 4: 227, 2000.

The present staff consists of,
Chun Pyung Say,　fifth year,

Suh Hyo Kwon,　　fourth year, son of Suh Kyung Jo,
　　the Song Chun Elder,
Pak Suh Yang,　　second year,　,,　,,　Pak
　　the butcher.
Kim Chung Won,　second year,
Hong In Hoo,　　first year,　　,,　　Hong, deacon
　　at Sai Moon An.
Hong Tuk Soo,　　first year,　son-in-law-to-be of Suh
　　Sang Yun.

그림 Ⅱ-4-5 에비슨의 1901년 보고서 및 초기 의학생. 연세대학교 중앙도서관 소장.

의학을 공부할 준비가 거의 되어 있지 않았으므로 기초 학문인 영어, 생물, 화학 그리고 물리 등을 짧은 기간에 이해시키고 의학교육을 시키기에는 어려움이 많았다.

당시 제중원 이외에도 의학교육을 실시하던 곳이 몇 곳 있었지만 그 교육기간은 대개 3년이었다.254) 특히 에비슨이 안식년을 떠날 즈음인 1899년 3월 24일 의학교 관제가 반포되었고, 학생 모집을 거쳐 9월 4일 개교했는데, 수업 연한은 3년이었다.255)

제1관 총칙
제3조 수업연한 3개년은 속성
　　과(速成科)니　　학과는
　　간이적요를 주로 하고
　　국내 의술이 발달한 후

그림 Ⅱ-4-6 서효권(서광호). 동은의학박물관 소장

---

254) '평양 제중원 미국의사 위월시(魏越時)가 병자의 래문자(來問者)를 수증진치(隨症診治)하난데 한역(漢譯) 의서(醫書)를 외국에서 구치(購致)하야 학도를 분급(分給)하고 그 졸업 기한이 3년이라더라.' 雜報 平壤醫師. 皇城新聞, 1900년 1월 11일 2면 3단.
255) 學部令 제9호 醫學校 規則. 官報 제1307호, 1899년 7월 7일.

에는 연한을 갱정하여 심절한 술업을 교수한다.

에비슨은 3년 정도의 교육 기간으로는 충분한 교육의 질을 확보할 수 없다고 판단했다. 에비슨은 젊은이들이 제멋대로 배워 불완전한 상태에서 의사라고 자칭하고 일반 사람들에게 해를 끼쳐서는 안 된다고 믿고 있기 때문이었다. 그래서 에비슨은 기초 교육은 물론 충분한 임상 실습을 위해서는 최소한 8년은 가르쳐야 한 사람의 의사로서 독립적으로 환자를 볼 수 있으리라 생각했다.

에비슨의 이런 구상은 선교회에서 제도적으로 보완되었는데, 에비슨은 1903년 모든 남자 의료선교사들로 이루어진 위원회를 구성하여 이 위원회로 하여금 의학교육 및 의사 자격증 수여, 학칙과 교과 과정의 작성 그리고 졸업 시험 등을 관장하게 할 것을 건의하였고,256) 이 안에 따라 1905년 10월 13일 의료위원회(醫療委員會)는 다음과 같이 교과 과정을 결정하였다.257)

제7항   우리는 무급으로 12명의 의학생을 교육시키겠다는 웰스의 요청, 10명의 의학생을 교육시키겠다는 셔록스의 요청을 승인한다.

제8항   2년 전 선교부 지시에 따라 에비슨은 의학부 과정은 7년제로, 약학부 과정은 3년제로 편성했으며, 내년부터 이를 실시할 예정으로 그 사본을 각 의료선교사들에게 배부토록 한다.

제9항   세브란스병원 책임 의사들이 청원한 12명 학생 조수의 채용 및 교육 건을 허가하도록 추천한다.

에비슨이 의학교육을 강화한 후의 학사 일정은 대체적으로 다음과 같았다. 우선 1900-1년258)에 휠드는 그녀의 한국어 선생을 통해 수학을 강의했는데, 교재도 출판하였다(그림 Ⅱ-4-7).

『산슐신편 데일권』은 1902년 서울의 대한성교서회에서 발행되었다. 미국

---

256) Report of Medical Committee. Minutes of the Nineteenth Annual Meeting of Presbyterian Church in the U. S. A., 1903, 43-4쪽.

257) 1905 Minutes and Reports of the Twenty-First Annual Meeting of the Presbyterian Church in the U. S. A., 1905, 44-5쪽.

258) 박형우, 이태훈: 1901년도 제중원 연례보고서. 延世醫史學 4: 228, 2000.

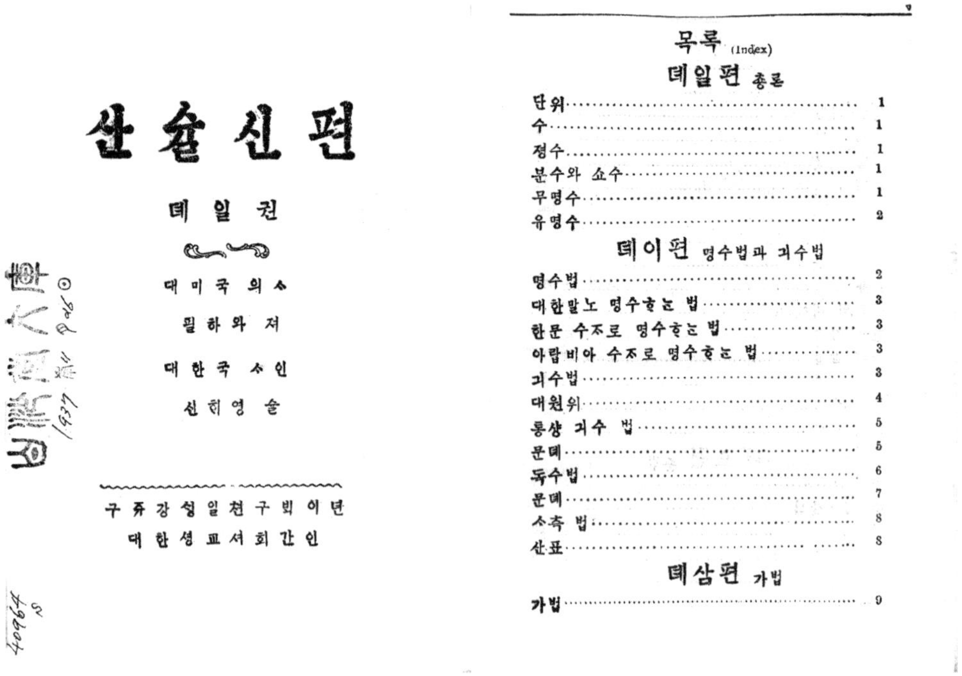

그림 Ⅱ-4-7 휠드 여의사의 산술신편(1902). 연세대학교 중앙도서관 소장.

인 여의사인 필하와(Dr. Eva H. Field)가 짓고 신해영이 술(述)한 것으로 되어 있는 이 책은 신식 연활자로 인쇄되었고, 크기는 21.5×14.5㎝이다.

책은 겉표지, 속표지, 영문간기, 서문(1쪽), 목록(9쪽), 본문(221쪽), 答(27쪽)으로 구성되어 있다. 끝부분에 별도의 간기는 없다. 서문에서 필드는 서양 수학책을 한국 사정에 맞게 고쳐 번역했으며, 자신의 저술도 포함되어 있음을 밝혔다. 본문은 총론, 명수법과 기수법, 가법, 감법, 승법, 제법, 제등수, 정제수와 이치, 분수, 소수, 순환 소수, 미터법 등 12편으로 구성되었다.

쉴즈 간호사는 김필순과 함께 영어를 강의하는 동시에 간호, 붕대 감는 법, 외과적 드레싱의 준비, 수술방 준비 및 관리, 기타 유사한 주제 등을 강의했다. 에비슨은 화학, 약물학, 해부학을 강의했다. 물론 이때는 가르치는 사람이 적었고 환자를 봐야 했기에 실제 강의 시간은 많지 않았고 불규칙적이었다. 교수나 학생들 모두 상당히 실망했다. 그렇지만 의학생 겸 통역 겸 번역자로 고용한 김필순과 함께 의학교과서 편찬 작업을 재개하였다.

당시 에비슨은 외래에서 다음과 같은 환자를 치료했기 때문에 의학생도 이런 종류의 질환을 경험할 수 있었는데, 발치와 같은 외과적 처치는 학생들이 대부분 스스로 해결했고 자신들이 해결하지 못하는 환자만 에비슨에게 자문을 구하였다.

피　부 - 옴, 습진, 건선, 전염성 농가진, 유약 중독, 티눈, 사마귀, 여드름, 소양
　　　　증, 매독, 백선, 피부 색소증, 두드러기, 반흔, 궤양, 농양, 피부백반증,
　　　　대상포진
소화관 - 소화불량, 설사, 이질, 변비, 충수돌기염, 발치, 치아에서 제거한 치석,
　　　　각종 탈장
직　장 - 치루, 치질, 항문 탈출, 항문 궤양
생식비뇨- 임질, 고환염, 포경, 신장염, 연성하감, 방광염, 수종, 정삭정맥류, 요실
　　　　금, 부고환염, 협착
　눈　 - 안염, 홍채염, 결막염, 각막염, 백내장, 익상편, 안검내번, 안검외번, 안
　　　　와 부종, 사시, 포도종, 반흔, 난치성 맹, 안검염, 누관 협착, 눈의 이물
　　　　질
　귀　 - 외이도염, 중이염, 신경성 농, 카타르성 농, 귀지, 귀의 이물질
호　흡 - 폐결핵, 기관지염, 후두염, 풍토성 각혈, 늑막염, 천식, 폐렴, 인두염, 백
　　　　일해, 편도선염
심장순환- 심장, 대동맥류
신　경 - 간질, 정신병, 안면 마비, 경련성 마비, 건강염려증, 신경통, 반신마비,
　　　　신경쇠약
뼈, 관절 - 염좌, 각종 탈구, 각종 골절, 관절염
기생충 - 촌충, 회충
　코　 - 급성 주사비, 용종, 비중격 편위, 비강 폐쇄
기　타 - 빈혈, 다양한 발열, 연주창, 유행성 이하선염, 육종, 상피종, 혈관종, 지
　　　　방종, 류마티즘, 유행성 감기, 선천성 구순열, 간경화증, 예방접종, 수
　　　　두증, 양재물 섭취, 나병, 과도한 발한, 출산, 임신 장애

한편 입원 환자 중에는 다음과 같은 환자들이 있었다.

내과계열

영양실조, 발열, 빈혈, 만성 궤양, 소화 불량

말라리아, 발진티푸스, 이질, 콜레라, 임질

심장근육 퇴행, 신장염, 신경통, 천식, 폐결핵, 결핵성 관절염

외과계열

부종, 각종 농양 및 궤양, 포경, 화상, 복부 손상, 칼에 의한 후두 손상, 하지
　의 관통상, 결핵성 복막염, 탈장, 제대의 낭종, 항문 누공, 급성충수돌기염,
　복부내 종양, 뇌진탕

뼈의 육종, 구순열, 각종 탈구, 각종 골절, 골막염, 전완골 괴사, 척추골의 카
　리에스 및 척주 만곡

음경의 상피종, 요도 파열, 급성 화농성 결막염, 각막염, 안염, 백내장, 사시,
　편도선염

　　1901-2년[259)]은 에비슨에게 실망스러운 한 해였다. 학생 6명 중 1명은 능력
이 없어 내보내야만 했고, 2명은 에비슨이 강의에 소홀함에 실망하여 떠남으
로써 3명만 남게 되었다. 이 3명 중 2명도 떠나기 일보직전이었지만, 일본인
간호사 2명이 합류하여 에비슨이 강의할 여유가 생겼기 때문에 가까스로 이
들을 붙잡을 수 있었다.[260)] 1901-2년에 에비슨은 매주 토요일 화학을 강의했
는데, 의학생뿐 아니라 여학교 상급반, 중학교(intermediate school)의 남학생,
몇몇의 다른 사람들도 참여해 대략 15명 정도가 강의를 들었는데, 교재는 일
본 화학책을 번역한 것이었다. 강의와 함께 실습도 병행했는데, 기구가 다소
조잡했지만 과학의 원리를 학생들 마음에 심어주기에는 충분했다. 학생들은
이런 강의 내용에 큰 관심을 나타냈는데, 에비슨은 학기말 시험 결과 많은 학
생들이 배운 내용을 매우 잘 파악하고 있음을 알 수 있었다고 회고하였다.

　　강의는 초기의 어려움을 극복하면서 점차 기본 틀을 갖추기 시작했는데
1903년에는 해부학, 유기화학, 무기화학 등이 강의되었고, 1903-4년[261)]에 이르
러서는 정규적으로 해부학, 화학, 생리학 강의가 진행될 수 있었다. 강의가 안

---

259) Annual Report of Seoul Station to the Korea Mission, October, 1902, 24쪽.

260) 가까스로 잔류한 학생은 김희영과 신창희인 것으로 보인다.

261) Annual Report of Seoul Station Presented to the Korea Mission of the Presbyterian Church in
　　the United States of America at its Annual Meeting, September, 1904 at Seoul.

정되면서 학생들이 더 많은 관심을 나타내게 된 것은 물론이었다. 그들은 에비슨이 병원 건축 관계로 자리를 비웠을 때 스스로 일을 해결할 수 있을 정도로 성장하고 있었다.

5. 세브란스병원으로의 발전

1899년 3월 에비슨은 안식년을 얻어 캐나다에 돌아가게 되었다. 에비슨이 안식년을 떠나자 휠드가 쉴즈의 도움을 받아 제중원의 책임을 맡았다. 빈튼도 1899년 10월까지 제중원에서 환자를 진료했으며, 11월에는 갓 부임한 셔록스 (Alfred M. Sharrocks, 謝樂秀, ? -1919, Ⅳ-1-4)가 합류하였다.

평소 연합병원의 건설을 통해 선교사들의 결집은 물론 의료사업을 효율적으로 진행시킬 수 있을 것으로 생각하고 있었던 에비슨은 먼저 친구인 건축가 고든(Henry B. Gordon, 1855-1951)에게 부탁해 40명의 환자를 입원시킬 수 있는 병원의 설계 도면을 부탁하였다. 뉴욕의 선교부도 병원 건립 기금 모금 계획을 허락하였다. 이때 병원 건축을 위한 결정적인 행운이 찾아 왔다. 에비슨은 선교부의 요청으로 1900년 4월말부터 5월초까지 뉴욕에서 열린 만국선교대회(Ecumenical Conference of Missions)에 참석하여 '의료선교에서의 우의(Comity in Medical Missions)'라는 내용의 강연을 했고, 이를 들은 클리블랜드의 부호 세브란스(Louis H. Severance, 1838-1913, 그림 Ⅱ-4-8)가 병원 건립 기금으로 1만 달러를 희사한 것이었다.

에비슨은 이 기금을 갖고 1900년 10월 2일 조선으로 돌아왔다. 그렇지만 병원 설립은 평양의 선교사들

그림 Ⅱ-4-8 세브란스. 동은의학박물관 소장.

의 반대와 조선정부의 비협조 때문에 순탄하게 진행되지 않았다. 평양 선교사들은 1만 달러 중 5천 달러만 병원 건립에 사용하라고 주장했고 미국 북장로회 선교부도 이에 동조했기 때문이었다. 그러나 이 소식을 들은 세브란스가 나서 1만 달러 모두를 병원 건립에 사용하게 함으로써 문제는 일단락되었다.

조선으로 돌아 온 에비슨은 새 병원을 구리개 제중원 내에 건립하고 싶었다.262) 알렌도 현재의 병원 터에 새 병원을 짓기를 강력하게 희망하였다.263) 한편 고종은 새 병원을 지을 대지(垈地)를 하사할 의사를 비쳤지만 조선인 관리들의 비협조로 실제 부지 선정이 자꾸 지연되었다. 이를 답답히 여긴 세브란스는 1902년 여름 5천 달러를 다시 보내면서 더 이상 조선정부에 기대지 말고 속히 병원 대지를 구입할 것을 요청하였고, 에비슨은 남대문 밖 남산 기슭 복숭아골에 병원 부지를 구입하였다. 병원 부지가 선정됨에 따라 세브란스가 파견한 고든의 지휘로 건축이 진행되었다. '새로 짓는 제중원'의 공사 시작을 알리는 정초식은 1902년 11월 27일 추수감사절 날 오후 3시에 거행되었다. 정초식을 위해 에비슨은 초청장을 보냈는데 그 내용은 다음과 같았다(그림 II-4-9).

본월 이십칠일(음력 십월 이십팔일) 오후 세시에 남문 밧게 새로 짓눈 제중원(쎄버란스씨 긔렴병원) 긔초의 모퉁이돌을 놋겟스오니 오셔서 참예ᄒ심을 ᄇ라웁ᄂ이다.
이 돌을 대미국공수 안련씨가 놋켓스올
구쥬강생 일천구백이년 十一月
대한 광무 육년 임인 십일월
제중원 백

하지만 조선정부가 건축 허가를 내주지 않는 등 공사의 진행은 처음부터 순조롭지 못했고, 1903년 말에는 러시아와 일본 사이에 전쟁이 일어날 것이라는 소문이 돌면서 건축자재 값이 폭등해 시공자가 계약을 포기하는 어려움이

---

262) O. R. Avison: The Severance Hospital. Korea Review 4: 487, 1904.
263) 美案 문서번호 2546, 濟衆院 基地 契券 發給과 病院 建屋의 件. 1902년 4월 22일.

본월이 십팔일 (음 력 십월이 십팔일) 오후
세시에 남문밧게새로짓는 제중원 (쎄버란
씨긔렴병원) 긔초의 모롱이 돌을 놋겟소오
니 오서서 참예 ᄒ심을 ᄇ라 옵 ᄂ 이다
어돌을 대 미국공ᄉ 안련씨 가 놋 겟소 옵
구유강성 일천구백이년 십일월
대 한 광무 六년임인 十一월

제즁원 빅

그림 Ⅱ-4-9 세브란스병원의 정초식. A. 알렌이 정초석을 놓고 있다. 동은의학박물관 소장.
B. 정초식 초청장. 재단법인 한국교회사연구소 소장.

있었다. 하지만 세브란스가 추가 비용을 기꺼이 부담하면서 문제는 해결되었
다. 마침내 1904년 9월 23일 새 병원의 봉헌식을 올림으로써 입원실 규모가
40병상인 한국 최초의 현대식 종합병원이 문을 열게 되었다(Ⅱ-4-10).

병원의 이름은 병원 기증자 이름을 따서 '세브란스기념병원(Severance
Memorial Hospital)'이라 불렸지만 후에는 '기념(Memorial)'을 생략해서 불렸
다.264) 새 병원에서는 10월 4일 처음으로 수술을 시작했는데, '빛으로 인도한
다(letting in the light)'는 의미로서 특별히 백내장 환자를 선택하였다. 정식 개
원식은 그해 11월 16일 열렸다. 개원식 이전에 모든 환자는 새 병원으로 옮겼
다.

조선정부는 1885년 창립 이래 제중원의 대민구료사업에 대해 높이 평가하
고 있었다. 그러나 세브란스병원의 운영은 항상 재정 부족에 시달렸는데, 이
에 주한 미국공사 알렌은 1905년 2월 16일자로 한국의 외부대신 이하영에게
공문을 보내 세브란스병원 운영비를 한국 정부에서 보조해 줄 것을 요청하였
다.265) 공문의 내용을 보면, 세브란스병원은 원래 조선정부의 보조로 운영되

---

264) Editorial Comment. Korean Review 2: 357, 1902; Mission in Korea. The Sixty-sixth Annual
Report of the Board of Foreign Missions of the Presbyterian Church in the United States of
America. Mission House, New York, 1903년, 212쪽.

265) 美案 문서번호 3089, 施比蘭士病院 運營費의 政府 補助 要請, 1905년 2월 16일.

그림 Ⅱ-4-10 1904년 준공된 세브란스병원. 동은의학박물관 소장.

었던 제중원의 후신인데, 현재의 큰 대지의 마련과 설비는 미국인 세브란스가 기부한 돈으로 이루어졌으며, 매일 많은 한국인 환자가 몰려와 수술과 치료를 받는바 병원의 유지비가 많이 드니 매달 세관 수입 중에서 400-500원씩을 도와주면 좋겠다는 것이었다. 이에 대해 6월 5일자로 외부대신 이하영은 '신제중원(新濟衆院)'에 보조를 해 달라는 요청에 대해 그 동안 회답이 늦어진 것은 한국 정부에서 결정을 내리지 못했기 때문인데, 자기는 개인적으로 찬성하지만 정부로부터 허락을 받지 못하였으니 공사가 황제를 알현할 때 여쭈어 보라고 했다.266) 결국 1906년 5월 22일 내부대신의 요청으로 탁지부 대신이 청의를 내었고, 5월 31일 조선정부는 '미국인'의 제중원에서 그 동안 환자를

266) 美案 문서번호 3139, 施富蘭士病院 補助 要求에 對한 回答, 1905년 6월 5일.

치료한 공로를 치하하기 위해 찬성금(贊成金) 3,000원을 지급하기로 결정하였다.267) 1906년은 제중원이 구리개에서 현재의 서울역 앞에 해당하는 복숭아골로 이전한 뒤이지만, 찬성금은 그 동안의 활동에 대한 격려의 의미를 담고 있었으며 그 내용은 다음과 같았다.

제중원의 설치가 이미 수 십 년이 지났는데 백성의 생명을 구제하는데 열심이어서, 경향 민생의 병이 있으나 의지할 데가 없는 자와 치료를 하여도 효과가 없는 자가 제중원에 부축되어 이르면 정성을 다해 치료한다. 죽다가 살아나고 위험한 지경에서 목숨을 부지하게 된 자를 손가락으로 셀 수 없을 정도인데 아직 한마디 치하하는 말이 없고 한 푼 도와주는 돈이 없으니 이것은 매우 부끄러운 일이다. 제중원을 돕는 돈을 보내자는 의견이 이미 정부의 방침인바 결코 보류할 수 없어 이에 송부하니 잘 검토한 다음 찬성금 3,000원을 예산 외에서 지출하여 제중원에 보내서 그 널리 시술하는 의미를 길이 장려함이 필요하다.268)

---

267) 奏本 제230호 濟衆院 贊成金 豫備金中 支出件 上奏事, 1906년 5월 31일(奏本 9. 서울대학교 규장각, 1998, 302-3쪽); 彙報. 官報 제3470호, 1906년 6월 4일; 雜報 有勞酬金. 皇城新聞, 1906년 5월 18일 2면 5단.
268) 奏本 제230호 濟衆院 贊成金 豫備金中 支出件 上奏事, 1906년 5월 31일(奏本 9. 서울대학교 규장각, 1998, 302-3쪽).

6. 세브란스병원 건립 이후의 의학교육

에비슨은 병원 건립과 여러 가지 일로 학생들에게 많은 정성을 쏟지 못했지만, 세브란스가 보내 준 허스트(Jesse W. Hirst, 許時泰, Ⅱ-4-11)[269]가 1904년 9월 13일 세브란스병원이 건립되기 직전에 합류하면서 이전보다 더 적극적으로 의학교육에 임할 수 있었다. 또한 1906년 가을 쉴즈 간호사가 합류하면서 병원 일은 물론 간호사 교육까지 시작할 수 있게 됨은 물론 에비슨의 더욱 교육과 교과서 번역에 집중할 수 있게 되었다. 이에 따라 병원을 이전하고 난 뒤인 1905년 가을[270]부터는 많은 한국어 의학 교과서가 출판되면서 의학 교육에 큰 도움이 되었다. 가장 먼저 출판된 것은 『약물학 상권. 무기질』이었다. 동시에 강의도 규칙적으로 진행되었다. 또한 주현측, 홍석후 및

그림 Ⅱ-4-11 허스트. 에비슨과 함께 한국 최초 면허의사 배출에 크게 공헌하였다. 동은의학박물관 소장.

---

269) 허스트는 1864년 12월 24일 미국에서 출생하였으며, 1890년 프린스턴대학을 졸업한 후 1893년 필라델피아의 제퍼슨의과대학을 졸업하였다. 1900년부터 제퍼슨 의과대학에서 조직학, 산부인과 및 진단학을 강의하다가 북장로회 의료선교사로 1904년 9월 13일 내한하여 새로 세워진 세브란스병원에서 에비슨을 도왔다. 그와 에비슨은 전문적인 일을 동등하게 분담했기에 허스트는 언어 공부를 위해 여유를 가질 수 있었고, 에비슨은 의사가 되길 원하는 학생들에게 의학을 가르치는데 헌신할 수 있었다. 1934년 3월 30일 그는 은퇴하였는데 이는 세브란스에서 처음으로 정년을 맞은 것이며, 첫 명예교수로 추대되었다. 그는 1952년 4월 28일 플로리다에서 사망하였다.

270) Mission in Korea. The Sixty-ninth Annual Report of the Board of Foreign Missions of the Presbyterian Church in the United States of America. Mission House, New York, 1906년, 245쪽.

그림 Ⅱ-4-12 초기 의학생들(1905). 중앙에 상투를 튼 학생들이 있으며, 뒷줄 왼쪽에서 중절모를 쓰고 있는 학생은 김필순이다. 동아의보 17호, 1971년 1월, 변용욱 소장

홍종은이 편입해 합류하였다. 하지만 강의실이 없었기 때문에 빈 병실을 이용할 수밖에 없었다.[271] 당시 학생들은 대부분 모시적삼에 감투를 쓰고 신발도 마른 신을 신고 있었다(Ⅱ-4-12).[272]

1906년 초[273] 현재 여러 명의 학생들이 해부학, 생리학, 화학, 세균학, 병리학 등의 기초 학문을 이수 받았다. 이들 과목 중에는 교과서가 제대로 제본된 상태로 출판된 과목도 있었고, 아직 제본은 되지 않았지만 필요한 만큼씩 등사하여 배부된 과목도 있었다. 동시에 실제 내과와 외과에서 임상 실습이 진행되었는데, 학생들은 수술실에서 에비슨과 허스트를 도우면서 실습을 했기에 모든 종류의 작은 수술과, 외국인 선생의 감독 하에 독자적으로 절단술 같은 일부 큰 수술을 할 수 있는 정도로 훈련되어 있었다(Ⅱ-4-13). 박서양은 난산을 겪는 산모의 처치를 위해 허스트와 왕진을 가기도 했다(그림 Ⅱ-4-14).[274] 이들은 실제 병원에서 실습을 했기 때문에 당시 세브란스병원에서 진료

271) O. R. Avison: Some high spots in medical mission work in Korea. Part Ⅳ. A medical school. Korea Mission Field 35: 147, 1939.
272) 歷史 깊은 學校의 初創 時節. 第4回 世專篇. 신동아 1935년 8월호, 124-7쪽.
273) O. R. Avison: Severance Hospital. Korea Review 6: 65, 1906.

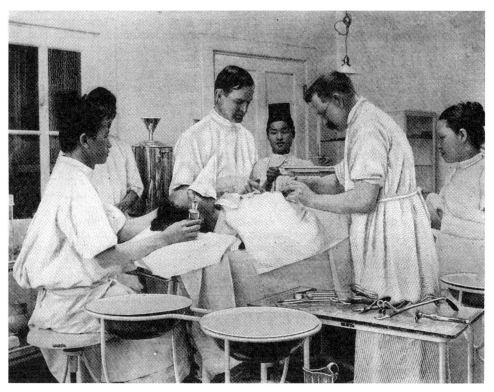

그림 Ⅱ-4-13 **세브란스병원에서의 수술 장면(1904).** 오른쪽에 수술을 집도하는 에비슨, 맞은편에 허스트가 있으며, 왼쪽에는 한국인 마취사가 있다. 에비슨과 허스트 사이에서 의학생 박서양이 수술 광경을 관찰하고 있다. 동은의학박물관 소장.

했던 질병들을 살펴보면 이들이 의학생으로 경험했을 범위를 추측할 수 있다. 개원 후 17개월 동안 외래에서 진료한 16,000명의 환자들의 주요한 병명은 다음과 같았다.[275]

말라리아, 장티푸스, 발진티푸스, 성홍열, 폐렴, 천연두, 백일해, 신장염, 트라코마, 구충증, 사상충병, 매독, 급성 류마티즘, 이질, 설사, 신경쇠약, 지역성 각혈, 폐결핵, 폐외 결핵(뼈, 관절, 분비선), 기관지염, 늑막염, 옴, 단독, 반신불수, 사지마비, 황달, 정신이상, 섬망, 수암, 가막성 후두염, 방광마비, 고환염, 신경통, 결막염, 각막염, 농혈증, 기관지 폐렴, 천식, 출혈성 자반증, 뇌 좌상, 두개골 골

---

274) 잡보 김부인순산. 大韓毎日申報, 1907년 10월 23일 3면 3단.
275) O. R. Avison: Severance Hospital. Korea Review 6: 64, 1906; Severance Hospital. Korea Mission Field 2: 93-6, 1906.

절, 척추 골절, 사지 골절, 이염, 각기
병, 빈혈, 골반염증질환, 신경염, 편도
선염

한편 이 기간에 490명이 입원하여
매일, 그리고 하루에도 여러 번 크고
작은 수술이 시행되었는데 중요한 것
들은 다음과 같았다.[276)

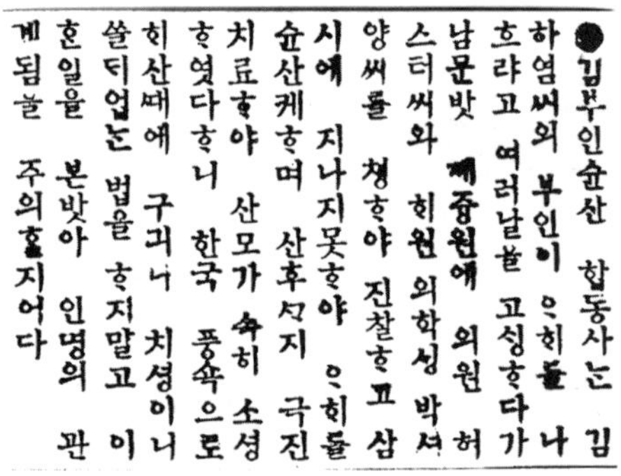

●김부인순산 합동사는 김
하염씨의 부인이 으히를 나
흐라고 여러날을 고성호다가
남문밧 제중원에 외원 허
스터씨와 히원 의학성 박셔
양씨를 쳥호야 진찰호고 삼
시에 지나지못호야 산후산지
숨산케호며 산모가 쇽히
쳐료호야 ... 한국 소성
흥엿다호니 한국 풍속으로
히산때에 구니 치셩이니
쓸티업는 법을 호지말고
혼일을 본밧아 인명의
계됨을 주의홀지어다

그림 Ⅱ-4-14 허스트와 의학생 박서양의
왕진. 大韓每日申報, 1907년 10월 23일.

눈 - 백내장, 홍채적제술, 안구적
 출, 익상편, 안검내번, 안검
 외번
귀 - 고막 천자, 이개 복원, 폴립이나 종양 제거
코 - 중격 보정, 폴립제거, 아데노이드 적출
목 - 구개수 제거, 편도선 제거
복부 - 난소적출, 탈장수술, 자궁외임신, 위루술, 간농양, 복수천자
절단 - 손가락, 손, 팔, 발가락, 발, 다리
뼈의 절제 - 손, 손목, 발, 발목, 엉덩이, 턱, 두개골, 가시돌기, 갈비뼈
뼈의 소파술 - 손, 손목, 팔, 발, 발목, 다리, 엉덩이, 골반, 갈비뼈, 흉골, 견갑
 골, 두개골
기타 - 종양제거, 유방절제, 흉막천자, 농양 절개, 누공 절개, 자궁과 골반장
 기에 대한 수술, 치질 등

에비슨은 3년 이내에 이들 중 3-4명이 완전한 의사로 졸업할 수 있을 것으
로 기대하였다.

한편 새 병원으로 옮긴 후 여건이 좋아지자 입학생이 많아져[277) 1906년 말
16명의 학생이 있었는데, 상당한 훈련을 받은 학생이 7명, 덜 훈련을 받은 학
생이 9명이었다.[278) 덜 훈련 받은 학생들은 화학, 해부학, 조직학, 생리학, 약

---

276) O. R. Avison: Severance Hospital. Korea Review 6: 64, 1906; Severance Hospital. Korea
 Mission Field 2: 93-6, 1906.
277) 1회 졸업생 신창희는 1904년 5월 11일, 주현측은 1905년 1월 10일, 홍석후와 홍종은은
 1906년 2월 1일 입학하였다.

물학에 대한 강의를 받았다.279)

　1907년이 되자 훈련을 잘 받은 학생들은 언제 졸업하여 의사가 되는가를 궁금해 하기 시작했고, 일부는 에비슨이 졸업 기한을 확실히 말해주지 않으면 중도에 포기할 뜻을 비치기도 했다.280) 어렵게 얻은 학생들을 중도에 잃어버릴 지도 모른다는 생각이 들자 에비슨은 너무나 안타까웠다. 이에 에비슨은 한 동안 생각한 후에 학생들에게 아직 공부할 것이 얼마나 남았는지 설명해 주었다. 그리고 '이제부터 만일 학생들이 공부에 좀 더 힘쓰고 실습하는 시간을 늘린다면 일년 안에 모든 과목을 다 마치고 졸업할 수 있게 하겠다.'고 말 했다.

　에비슨 자신과 나중에 합류한 허스트가 여러 과정을 가르쳤으므로 학생들은 각 과목에 대해 단편적 지식을 얻었을 뿐이었다. 따라서 에비슨은 그들이 졸업하기 위한 준비로 각 과목에 대해 반드시 알아야 할 것을 충분히 가르치기로 하였다.

　한편 덜 훈련 받은 학생들은 물리학, 화학, 해부학, 조직학, 생리학, 세균학, 약물학의 강의를 받았고,281) 그해 10월 1일 다시 신입생을 받았다.282)

---

278) 상당한 훈련을 받은 7명은 모두 1908년 1회로 졸업하였다. 허스트(J. W. Hirst)가 보내는 1906년 12월 11일 편지.(Records of Board of Foreign Missions of the Presbyterian Church of U. S. A. Korea, Letters and Reports. 44권, Korea Letters 1906, 156번 편지)

279) 덜 훈련을 받은 9명 중에서는 김재명만이 제3회로 졸업하였다. 연세대학교 의과대학 학적부.

280) 魚丕信 博士 小傳(二六). 조선의료교육의 시작(三). 基督新報 제868호, 1932년 7월 20일.

281) 제3회 졸업생 김재명의 학적부. 연세대학교 의과대학.

282) 이때 몇 명이 입학했는지는 확실하지 않으나, 1911년 제2회 졸업생으로 강문집, 박건호, 박영식, 송영서, 이태준 등이 졸업하였다. 연세대학교 의과대학 학적부.

제5장 한국어 의학교과서의 편찬

에비슨이 의학교육을 시작하면서 가장 크게 절감했던 문제는 한국어로 된 의학교과서가 없다는 점이었다. 이러한 점은 알렌과 헤론의 제중원의학교나 조선정부의 의학교에서도 대두되었던 문제였다.

초기 의학생들은 당시 영국이나 미국의 원서를 구해 공부했을 가능성은 거의 없고, 일본이나 중국에서 간행되었던 한역의서(漢譯醫書)들도 구하기 쉽지 않았을 것이다. 또 그 가격이 크게 부담이 되었을 것이다.283) 하지만 상대적으로 접근하기 쉬웠던 것들은 역시 한역의서였을 것으로 추정되며, 소개되었을 가능성이 있는 책들 중 최소한의 서지학적 근거를 찾을 수 있었던 것은 다음과 같다.284)

합신(Benjamin Hobson, 合信): 전체신론(全體新論). 묵해서관(墨海書館), 상하이(上海), 1851.

합신(合信): 전체신론(全體新論). 이서당(二書堂), 1857.

합신(合信): 박물신편(博物新編). 묵해서관(墨海書館), 상하이(上海), 1855.

합신(合信): 서의약론(西醫略論). 인제의관(仁濟醫館), 상하이(上海), 1857.

합신(合信): 서해약론(西醫略論). 노조관(老皂館), 1858.

합신(合信): 내과신설(內科新說). 인제의관(仁濟醫館), 상하이(上海), 1858.

합신(合信): 내과신설(內科新說). 노조관(老皂館), 1859.

합신(合信): 부영신설(婦嬰新說). 인제의관(仁濟醫館), 상하이(上海), 1858.

합신(合信): 부영신설(婦嬰新說). 노조관(老皂館), 상하이(上海), 1858.

해득란(F. W. Headland, 海得蘭) 저, 부란아(傅蘭雅) 역: 서약대성(西藥大成). 제조국본(製造局本), 1870. (4권)

위이기(韋爾期) 저, 가약한(嘉約翰, J. G. Kerr) 역: 화학초급(化學初級), 박제의국본

---

283) 일제 시기나 해방 이후 1950년까지도 일부 부유한 집안의 학생들을 제외하고는 각 과목의 교과서를 갖고 있는 경우는 별로 없었다. 대신 수업 시간의 필기로 공부하였다.

284) 집옥제의 서목(書目), 지석영 구장(舊藏) 서적 및 일부 해부학과 관련된 서적들이다. 金斗鐘: 韓國醫學史 全. 探求堂, 1966, 468-9쪽; 三木榮: 朝鮮醫學史 及 疾病史. 思文閣出版, 1991, 267-8쪽; 三木榮: 朝鮮醫學敎育史. 朝鮮學報 14, 1959 91쪽; 裵圭淑: 大韓帝國期 官立 醫學校에 관한 硏究. 이화여자대학교 대학원 1990년도 석사학위 청구논문, 1991, 37-8쪽; 박형우, 박준형: 한국에서 최초로 발간된 해부학 교과서와 편찬 배경. 대한해부학회지 39: 461-9, 2006.

(博濟醫局本), 1870. (2권)

가약한(嘉約翰): 내과천징(內科闡徵), 1873. (1책)

가약한(嘉約翰) 역: 피부신편(皮膚新編), 1874.

가약한(嘉約翰) 역: 서의약석(西藥略釋), 1875.

가약한(嘉約翰) 역: 과찰신법(裹紮新法), 1875.

가약한(嘉約翰) 구술: 화류지미(花柳指迷). 박제의국(博濟醫局), 1875. (1권)

해득란(海得蘭) 저, 부란아(傅蘭雅) 역: 유문의학(儒門醫學), 1876. (상, 중, 하 3권)

서의안과(西醫眼科). 박제의국(博濟醫局), 1880.

덕정(德貞, J. H. Dudgeon) 역: 전체통고(全體通考). 동문관(同文館), 1886.

가약한(嘉約翰) 역: 위생요지(衛生要旨). 박제의국본(博濟醫局本), 1886.

진사등(真司騰) 저, 부란아(傅蘭雅) 역: 화학위생론(化學衛生論). 광학회본(廣學會本), 1891. (4권)

스기타 겐파쿠(杉田玄白): 해체신서(解體新書), 1774.

오오쯔끼 겐타꾸(大槻玄澤): 중정해체신서(重訂解體新書), 1798.

다구찌 카즈요시(田口和美): 해부람요(解剖攬要), 1877.

도유덕(稻惟德) 역: 전체도설(全體圖說), 1884. (1책)

이마다 쯔카네(今田 束): 실용해부학(實用解剖學), 1887-8 (3책)

나라사까 겐이찌로우(奈良坂源一郎): 해부전서(解剖全書), 19세기 후반.

에비슨은 이 문제를 해결하기 위해 한국 의학생들의 도움을 받으며 한국어로 된 의학교과서의 편찬에 적극 나섰다.

1. 해부학 교과서의 번역

에비슨은 우선 의학이 기본이 되는 그레이의 해부학 교과서285)(Gray's Anatomy)부터 번역하기 시작했다.

1) 그레이 해부학 교과서의 1차 번역

에비슨은 의학 교과서의 번역을 위해 조선 고전에 지식이 있고 영어를 약간 아는 젊은이를 찾았다. 다행히 조선인을 위해 의학교를 세우겠다는 생각에 불타고 있는 한 젊은이를 찾아내었고 그와 함께 그레이 해부학 교과서의 번역을 시작했는데 1897년 초에 이미 어느 정도 번역이 진행되어 있었다.286) 번역은 쉽지 않았지만 그렇다고 불가능한 것도 아니었다.287) 매일 강의 분량에 맞게 번역을 해서 다른 학생들에게 가르쳤다.

---

285) 번역한 그레이 해부학교과서가 몇 년도 판(版)인가 하는 것에 논란이 있다. 『의학백년』에는 1868년, 김두종의 『韓國醫學史』에는 1859년 판이었다고 기술되어 있다. 그레이 해부학 교과서는 1858년 영국 1판(British edition)이 처음 발행된 이후 4-5년마다 새 판이 발행되어 왔다. 미국에서는 1858년의 영국 1판을 근거로 1859년 미국 1판(American edition)이 발행된 이후 영국판과는 다른 편집자에 의해 다르게 발행되어 왔다. 따라서 김두종의 1859년 판은 미국 1판을 의미하는 것이다. 반면, 『의학백년』에 언급된 1868년에는 영국 판, 미국 판 어느 것도 발행된 적이 없다. 따라서 1859년의 미국 판이 근거가 있어 보이지만, 이를 인정하기에는 다음과 같은 문제가 있다. 에비슨 자신은 "그리하여 나는 전일에 학교에서 배호든 그레이 씨 저의 해부학을 가지고 이 과정에 대한 첫 번 강의를 시작하게 되었다."고 기록하고 있다. 에비슨이 대학에서 배웠던 바로 그 책을 조선에 가지고 와 강의에 사용했다는 의미라면 토론토 의과대학을 졸업한 1887년을 기준으로 할 때 1883년판(영국 10판) 혹은 그 이전의 어느 판을 의미하지 이것이 반드시 1859년의 미국 1판을 지칭하는 것이라 할 수 없다. 또한 에비슨이 사용했던 그 책이 아니라 최근 판을 구입해 사용했을 가능성도 전혀 배제할 수는 없다. 연세대학교 의과대학 의학백년 편찬위원회: 의학백년. 연세대학교 출판부, 1986, 57-62쪽; 金斗鐘: 韓國醫學史 全. 探求堂, 1981, 517쪽; P. L. Williams, R. Warwick(eds): Gray's Anatomy. 36th British ed, W. B. Saunders Co, Philadelphia, 1980; C. D. Clemente(ed): Gray's Anatomy. Anatomy of the Human Body. Thirtieth American ed, Lea & Febiger, Philadelphia, 1985.

286) A. Kenmure, C. C. Vinton: The literary needs of Korea. Korean Repository 4: 63, 1897.

287) O. R. Avison: Some high spots in medical mission work in Korea. Part Ⅳ. A medical school. Korea Mission Field 35: 146, 1939.

이 책을 번역할 때의 어려움을 에비슨은 다음과 같이 기록하고 있다(그림 Ⅱ-5-1).

우리가 그레이 씨 저의 해부학을 번역하기 시작할 때에 나는 조선말로 그 여러 가지 과학상 술어를 번역할 수 없음을 알고 어찌할 바를 몰랐다. 그래서 우리는 이 교과서를 번역만 할 뿐 아니라 새말을 만들지 않으면 아니 되었다. 따라서 우리는 과학상 여러 가지 술어를 번역과 함께 새로 만들어 내기 시작하였다. 나는 부족한 조선말을 가지고 번역하는 사람에게 그 원어의 뜻을 일러주면 번역하는 사람은 나의 설명을 들은 후에 한문글자로 그 뜻에 맞도록 문자를 만들어 내었다. 이 모양으로 번역하여 만든 교재를 가지고 학생에게 첫 공과를 가르쳤다. 이것도 맨 처음에는 한문으로 술어를 적당히 만들지 못하고 영어 음에 맞춰서 술어를 쓰되 한문자를 사용하여 다소간 그 본 의미를 나타내도록 하였던 것이다. 첫 공과의 준비를 가까스로 마치고 둘째 공과의 번역을 시작하였다. 첫 공과와 둘째 공과를 다 준비하여 가지고 가르칠 때에 김 군의 도움을 받아가지고 끙끙 매며 하던 모양은 여러분이 잘 상상하여 아실 일이다. 물론 우리는 해부학을 장장이 다 번역할 수는 없었다. 그 중에서 가장 필요하게 생각하는 요점만 따서 번역한 것이었다.[288]

이 번역은 에비슨이 안식년을 맞은 1899년 3월에 완료되었으나 안식년 기간 동안 이를 맡고 있던 조수가 죽는 바람에 원고가 없어졌다.[289]

2) 그레이 해부학 교과서의 2차 번역

한국어로 된 교과서가 시급한 상황에서 처음 번역한 교과서의 원고가 없어졌기에 에비슨은 빠른 시일 내에 번역을 다시 해야만 했다. 이는 에비슨 혼자만의 작업으로 이루어질 수 없는 일이었다. 1차 번역에서도 보이듯이 유능한 한국인 조수의 도움을 필요로 하는 것이었다. 그리고 에비슨은 김필순이라는 유능한 조수를 만남으로 해서 다시 한 번 번역에 착수할 수 있게 되었다.

에비슨이 김필순을 만난 것은 안식년을 마치고 돌아온 후였는데, 김필순은

---

288) 魚조信 博士 小傳(二五). 조선의료교육의 시작(二). 基督新報 제867호, 1932년 7월 13일.
289) 魚조信 博士 小傳(二五). 조선의료교육의 시작(二). 基督新報 제867호, 1932년 7월 13일.

【七】 一千九百三十二年一月六日 　**거 독 신 보**　 (大正三種郵便物認可)(大正四年二十月七日) 第八百四十號

魚不信博士小傳
（一）

河 鯉 泳

그림 Ⅱ-5-1 에비슨의 초기 의학교육을 상세하게 싣고 있는 基督新報. 基督新報 제840호, 1932년 1월 6일 7면.

에비슨이 안식년으로 없는 사이 제중원에서 셔록스의 영어 통역을 했었다. 에비슨은 김필순을 알게 되자 곧 그를 통역 겸 조수로 임명하여 번역사업 재개를 준비하였다.[290] 물론 김필순은 이전에 받았던 교육도 보잘 것 없고, 번역해야 할 과목도 어려웠기 때문에 그의 영어 실력만으로 유능한 번역 보조자

---

290) K. S. Kim: Dr. Kim Pil Soon. Korea Mission Field 7: 14-6, 1911.

가 되기는 어려웠다. 이에 에비슨은 김필순을 자신의 곁에 놓고 직접 가르치며 번역을 진행하기로 마음먹었다.[291] 김필순을 단순한 번역 보조자가 아닌 의사로 교육시키며 제대로 된 번역을 시도하기로 결정한 것이었다. 바로 1900년의 일이었다.[292]

에비슨이 다시 번역에 착수한 책은 이번에도 그레이 해부학 책이었다. 1900년에 시작된 해부학 책의 번역은 1902년 10월까지 상당한 양을 마쳤으며,[293] 마침내 세브란스병원이 준공될 때쯤인 1904년 9월 번역을 끝내는데 성공하였다.[294] 그들의 작업은 다른 일, 예컨대 환자로부터의 호출이나 외국인 방문객 뿐 만 아니라 한창 건설 중인 세브란스병원 때문에 자주 중단되는 어려움을 겪으면서도 해낸 성과이기에 더욱 값진 것이었다.

김필순은 영어에 대한 지식이 없었고 한문만 약간 알았을 뿐이다. 따라서 그는 선생과 옆에 앉아 공부해야 했지만, 다른 일, 환자 혹은 외국인 방문객 때문에 중단되는 경우가 많았다. 교과서 번역은 한 단원 한 단원 이루어졌으며, 새로운 용어를 고안해내야 했다. 번역이 끝나면 조금씩 등사해 다른 학생들에게 배포되었다.[295]

한편 에비슨의 해부학 번역 작업은 우리나라 최초의 한국어 의학서적 번역이었기에 의학용어나 개념을 번역하는데 상당한 어려움을 겪을 수밖에 없었다. 영어 개념에 맞는 한국어 개념을 강구하는 것은 두 언어 모두에 정통하지 않고서는 대단히 어려운 일이기 때문이었다. 에비슨은 이를 해결하기 위해 이미 서양의학 책이 번역되어 있는 중국과 일본의 책들을 구해 참고하며 작업을 진전시켰다.

---

291) 박형우, 이태훈: 1901년도 제중원 연례보고서. 延世醫史學 4: 229. 2000.
292) 김필순은 1905년 발간된 『약물학 샹권. 무긔질』의 서문에서 "본방 청년들을 모아 의학을 가르칠 즈음에 필순도 그 문하에 들어오니 이때는 곧 구주강생 일천 구백년이라."라고 회고하였다. 대영국 의사 어비신 번역: 약물학 샹권. 무긔질. 제중원 출판. 1905.
293) Annual Report of Seoul Station to the Korea Mission, October, 1902, 25쪽.
294) Annual Report of Seoul Station Presented to the Korea Mission of the Presbyterian Church in the United States of America at its Annual Meeting, September, 1904 at Seoul, 34쪽.
295) A Christian Korean celebration. Korea Mission Field 5: 206-8, 1909.

해부학(비록 원고가 불타버렸지만)이 끝난 뒤에 우리는 화학을 새로 번역하기 착수하였다. …… 이와 동시에 우리는 중국에서 중국어로 된 의학서류를 많이 구입하였다. 중국에는 서양으로부터 의료선교사들이 조선보다 훨씬 일찍 들어와서 의학서적을 중국말로 준비한 것이 많았다. 이 책들을 참고하는 가운데 도움을 받은 것이 많으나 어떤 것은 조선에 적당치 않게 된 것도 상당히 많았었다. 교과서 전부를 다 준비하기 전에 일본 것을 구입하여 참고한 것도 많았는데 대개는 문부성에서 의학교 교과서로 준비한 것들이었다. 일어로 된 교과서 중에도 중국어로 된 교과서에서 쓴 같은 술어를 쓴 것이 많았으나 어근은 같은 것이로되 서로 다르게 쓴 것도 많았으므로 두 가지를 참고하여 조선에 적당하도록 새로 만든 것도 상당히 많게 되었다.[296)]

중국과 일본 용어를 차용하면서 동시에 그것으로 해결될 수 없는 부분을 한국어로 새롭게 만들어내는 작업을 병행한 것이었다. 이는 결코 쉽지 않은 과정이었는데 김필순은 1905년 발간된 『약물학 상권. 무기질』의 서문에서 다음과 같이 회고하고 있다.

…… 그 본문대로 번역만 한 것이 아니요 이를 증감하며 그 장절의 차서를 받고 아 초학자의 과정에 적당토록 하였으나 본방 방언에 약명과 병명과 의학상에 특히 쓰는 말 중에 없는 것이 많음으로써 필순의 옅은 학식과 용렬한 재주로 일본서 번역한 말을 빌어 쓰며 혹 새 말도 지어 쓰매 ……[297)]

이렇게 어려움을 겪으며 번역을 끝냈지만 불행하게 이번 번역서에도 문제가 발생하였다.

번역된 것은 조금씩 등사해서 몇 부를 만들어 다른 학생에게 나눠주었다. 그레이 해부학책의 번역이 완전히 끝났을 때, 우리들 중의 몇몇은 '끝났다'는 것이 무엇을 의미하는지 알고 있다. 그것은 등사하기 전에 불에 타 없어졌다는 의미인 것이다. 이 모든 일은 굉장한 시련을 안겨 주었다.[298)]

---

296) 魚兆信 博士 小傳(二五). 조선의료교육의 시작(二). 基督新報 제867호, 1932년 7월 13일; 박형우, 박준형: 한국에서 최초로 발간된 해부학 교과서와 편찬 배경. 대한해부학회지 39: 461-9, 2006.
297) 대영국 의사 어비신 번역: 약물학 샹권. 무긔질. 제중원 출판. 1905.

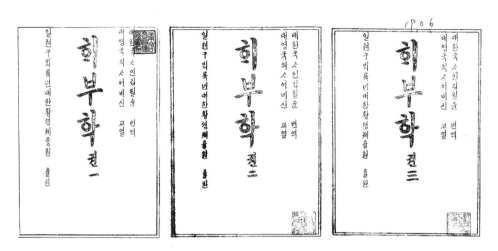

그림 II-5-2 1906년 한국에서 최초로 출판된 해부학 교과서. A. 권 1. 기창덕 소장본. B. 권 2. C. 권 3. 한국학중앙연구원 소장.

이 글은 제중원(세브란스병원)에서 번역 교과서 출판이 활발히 진행 중이던 1909년에 쓰여 진 것으로 여기서 '우리들 중 몇몇'은 1회 졸업생들로 모교에 남아 있던 김필순, 박서양, 홍석후였다. 번역한 원고를 이들 몇몇 학생들이 등사하여 이용하기는 했지만 원래 원고는 다시 불에 타 없어진 것이었다. 결국 2차 번역서 역시 출판하지 못한 채 끝나게 되었다.

3) 일본 해부학 교과서의 번역

결국 에비슨과 김필순은 다시 해부학 책을 번역할 수밖에 없었다.

이때에 준비한 것은 전번에 한 것보다 훨씬 낳았다. 그래서 처음에 준비한 원고를 잃어버린 것이 도로 이익이 된 셈이었다. 이번에는 원고를 그림과 함께 등사하여 쓰기로 하였다.[299]

아! 우리가 없는 동안 해부학의 원고는 불에 없어졌고, 일을 다시 해야 했다.

---

298) A christian Korean celebration. Korea Mission Field 5: 206-8, 1909.
299) 魚丕信 博士 小傳(二五). 조선의료교육의 시작(二). 基督新報 제867호, 1932년 7월 13일.

이 일은 이전처럼 시간이 걸리지 않았으며, 번역이 끝나자 이전과 같은 불행을 피하고 각 학생 및 후의 학생들이 교과서를 가질 수 있도록 - 다른 책들과 함께 - 등사하였다.[300]

이 두 자료에 의하면 그레이 해부학 책의 번역 원고가 불에 탄 다음 즉시 번역을 다시 시작했는데 이번에는 처음보다 번역 작업이 훨씬 수월했고 1906년 초에 번역이 끝나[301] 다른 책들과 함께 등사하였다. 바로 이 책이 현재 남아 있는 3권의 해부학 책이다(Ⅱ-5-2). 이 책들은 속표지 내면에 일본인 이마다 쯔카네(今田束)[302]의 책, 즉『실용해부학(實用解剖學)』[303]을 번역한 것으로 적혀 있다. 일본 해부학 책을 번역하였던 것이다(Ⅱ-5-3). 속표지에는 "대한국 사인 김필순 번역, 대영국 의사 어비신 교열, 해부학, 일천구백륙년 대한 황성

---

300) O. R. Avison: Some high spots in medical mission work in Korea. Part IV. A medical school. Korea Mission Field 35: 146-9, 1939.

301) Severance Hospital. Korea Mission Field 2: 95, 1906.

302) 이마다(1850-1889)는 동경대 의학부 초대 해부학 교수였던 은사 다구찌 카즈요시(田口和美)와 함께 일본 해부학의 개척자로 평가를 받고 있다. 이마다는 1868년 군대에 들어가 막부 토벌에 참가한 후 1872년 퇴역했다. 그해 8월 도쿄의 제일대학구 의학교(第一大學區 醫學校, 현재의 동경대학교 의학부)에 소사로 취직해 해부학을 배웠다. 1873년 4월 조수가 되었고, 해부학교실에 정식으로 적이 등록되었다. 그는 천황이 고용한 외국인 교수와 함께, 다구찌를 도우면서 해부학을 연구했다. 1874년 5월 학교의 명칭은 동경의학교(東京醫學校)로 바뀌었고, 이마다는 1875년 교수보(敎授補, 강사에 해당)의 조수, 이어 1876년 교수보가 되었다.

1877년 4월 동경대학 의학부가 발족되었고, 이마다는 10월 28세의 나이로 최초의 해부학 조수(조교수에 해당)로 임명되었다. 그의 상사는 다구찌 교수였다. 동경대학의 직제가 개정되면서 이마다는 1881년 7월 동경대학 조교수로 발령되었다. 역시 조직의 개편과 함께 이마다는 1886년 3월 제국대학 의과대학 조교수가 되었으며, 48세의 다구찌 교수와 29세의 고가네이 요시키요(小金井良精) 교수가 상사로 있었다. 이 해 5월 시체전문 주입법(屍體澱粉 注入法)을 개발하여 발표하였고, 8월에는 최고재판장 다마노 세이리(玉乃世履)가 도쿄의 자택에서 사망하자 원만한 장례를 위해 시신을 방부 처리하였다. 이다마는 1887년 9월에 실용해부학(實用解剖學) 세 권을 간행하였고, 같은 해 독일어로「내이(內耳)의 부위(部位)」라는 제목의 논문을 발표하였다. 이마다는 1889년 11월 22일 도쿄에서 장티푸스에 걸려 사망하였다. 박형우, 박준형: 한국에서 최초로 발간된 해부학 교과서와 편찬 배경. 대한해부학회지 39: 461-9, 2006.

303) 3권의 실용해부학은 J. Henle, J. Hyrtl, C. Clause, T. E. Hoffmann, H. W. Maiser, K. Gegenbaur, J. Burns 등이 저술한 당시 권위가 있었던 독일 책들을 주로 인용하여 출판했는데, 권1은 1887년 9월, 권2는 12월, 그리고 권3은 1888년 6월에 초판을 출판됐다. 이후 1888-9년 재판, 1889-90년 제3판, 1890-1년 제4판, 그리고 1892-3년에 제5판이 출간되었다. 이마다의 사후 고가네이가 이 책의 교열을 맡아 15판까지 출판하였다. 박형우, 박준형: 한국에서 최초로 발간된 해부학 교과서와 편찬 배경. 대한해부학회지 39: 461-9, 2006.

제중원 출판"으로 인쇄되어 있으며, 각각 권一, 권二, 권三이다.

그렇다면 왜 일본의 해부학 책을 번역했을까? 이에 대한 답은 두 가지로 요약할 수 있다. 첫째, 김필순은 그레이 해부학 책을 번역할 때 일본 책을 구해 참고하였다. 이 속에는 이마다의 해부학 책도 포함되어 있었고, 김필순도 이 책에 상당히 친숙해져 번역하기가 보다 용이했을 것이다. 둘째, 당시 정세와 밀접한 관계가 있는 것으로 보인다. 1905년 을사보호조약이 체결되어 자의건 타의건 일본과의 관계가 이전보다 밀접해졌기 때문이다.

그런데 일본으로 말하면 현대식 교육에 있어서 중국보다 훨씬 진보된 나라였고 관계에 있어서도 조선과 일본 사이가 더 밀접하게 되었으므로 우리는 마침내 일본의 교육방침을 따라가기로 결정하였다. ...... 그래서 조선에 일본교육제도가 실시되자[304] 우리 학교 학생들은 잠간동안 일본용어에 통하게 되었든 것이다.[305]

이렇게 편찬된 교과서는 제중원 뿐 아니라 다른 선교 기관에서도 무료로 배포되어 사용되었는데, 재고가 없게 되자 다시 등사하였다. 『해부학 권1』은 에비슨의 부재중인 1909년 새롭게 등사판을 찍어내었다.[306] 이 책의 내용은 1906년 판과 동일하며, 속표지에는 "대한국 의소 김필순 번역 대영국 의소 어비신 교열 해부학 일천구백구년 대한 황성 제중원 출판"으로 인쇄되어 있다.

4) 한국에서 최초로 간행된 해부학교과서의 서지학적 특징[307]

1906년 최초로 출판된 해부학 교과서는 원본의 체재를 그대로 받아들여 3권으로 분책(分冊)하여 번역하였다.[308] 번역본은 근대적인 등사(謄寫) 방식을

304) 1910년 일본의 한국병합을 지칭하는 것으로 보인다.
305) 魚丕信 博士 小傳(二五). 조선의료교육의 시작(二). 基督新報 제867호, 1932년 7월 13일.
306) J. W. Hirst: Severance Hospital Medical College. Korea Mission Field 5: 116-7, 1909.
307) 박형우, 박준형: 한국에서 최초로 발간된 해부학 교과서와 편찬 배경. 대한해부학회지 39: 461-9, 2006.
308) 번역본은 현재 4권이 남아 있다. 기창덕 소장본인 권1은 1권이 남아 있으며, 속표지에 "대한국 스인 김필순 번역 대영국 의소 어비신 교열 해부학 권일. 일천구백륙년 대한 황성 제중원 출판"으로 인쇄되어 있고, 속표지 내면에 일본인 금뎐속(金田 束)의 책을 번역한 것으로 적혀 있다. 금(今)을 금(金)으로 사용한 것은 우리 발음이 같기 때문으로 생각된다. 권2

이용한 등사본(謄寫本)이다. 종이 재질은 얇은 한지이며, 등사된 종이를 반으로 접고 여러 장을 중첩하여 책 표지와 함께 실로 꿰어 선장본(線裝本) 방식으로 제책(製冊)하였다.

각각의 낱장의 가운데 부분, 즉 접히는 부분인 판심(版心)에 "히부학 권일/골학각론"식으로 제목을 달았다. 그리고 판심 아래쪽에 쪽수가 기입되어 있다. 즉, 판심에 책 제목과 권수, 소제목, 쪽수를 기입하는 전통적인 방식을 이용하였다. 전통적인 목판활자본인 경우에는 판심 위, 아래 부분에 어미(魚尾, 무늬)를 새겨 넣지만 필사본의 경우에는 매번 그 무늬를 직접 그리기가 번거롭기 때문에 대체로 어미를 넣지 않는다. 이 책도 등사지에 필사의 과정을 거치기 때문에 번거로움을 피하기 위해 어미를 생략하였던 것으로 보인다.

책표지는 전통적인 방식대로 황염(黃染)을 하고 난 후, 능화판을 이용하여 무늬를 넣었다. 책표지에는 일반적으로 왼쪽 상단에 제첨(題簽)이라고 하여 권차(卷次)를 써서 부착한다. 그러나 이 책에서는 책 표지에 직접 한국어로 "히부학 권일"이라고 썼다. "히부학"은 큰 글씨로 "권일"은 작은 글씨로 썼다. 그러나 권2에서는 "히부학 二"라고 쓰고 있다. 권3에서도 권2와 마찬가지이다.

책을 꿰맨 실도 전통적인 방식대로 염색된 실을 꼬아서 만든 홍사(紅絲)를 이용하였다. 그러나 실로 엮는 방식에 있어서는 전통적인 방식과 차이가 난다. 즉, 전통적인 오침안정법(五針眼訂法)이 아니라 사침안정법(四針眼訂法)을 따르고 있는 것이다. 이것은 비슷한 시기에 발간된 다른 제중원 교과서에서도 모두 마찬가지이다. 당시 중국과 일본 등의 장황법(裝潢法)의 영향을 받아서 사침안정법으로 제작되었던 것으로 판단된다.

김필순이 번역한 해부학 교과서를 서지학적 의미를 살펴보면, 세 가지 측면에서 의미를 부여할 수 있다. 첫째 전통적인 선장본 방식을 이용하였으며, 표지를 염색하고 붉은 실로 엮는 황지홍사(黃紙紅絲)를 계승하였다. 둘째 전통적인 목판활자본이나 필사의 방법을 선택하지 않고 적은 비용으로 많이 찍을 수 있는 등사 방식을 선택함으로써 근대적인 방식을 수용하였다. 물론 대

는 안춘근 장서(한국학중앙연구원 장서각 소장)에 포함되어 있는데, 아쉽게도 1-4쪽이 빠져 있다. 권3은 안춘근 장서(한국학중앙연구원 장서각 소장)와 홍문화 장서(한독의약박물관 소장)가 남아 있다. 이 책들은 가로가 16cm, 세로가 23.2cm이다.

량 생산이라는 측면에서는 연활자로 인쇄할 수도 있었겠지만, 너무 많은 비용
이 소요된다는 단점이 있다. 결국 연활자 인쇄보다 저렴한 등사로 인쇄한 것
으로 판단된다. 셋째 전통적인 오침안정법을 따르지 않고 사침안정법을 채용
한 점이다. 한국의 근대화의 과정에서 중국이나 일본의 영향이 컸던 만큼, 인
쇄 방식에 있어서도 전통적인 요소를 지켜나가면서도 외래적인 요소를 받아
들였던 것으로 볼 수 있다.

5) 번역본과 원본의 차이[309]

번역본은 원본과 몇 가지 점에서 달랐다(그림 Ⅱ-5-3). 우선 포함된 그림을
보면 권 1의 경우 서도(序圖)를 그림 1, 2, 3, 4로 나누었는데, 그림 2는 이마
다의 책에 없는 그림이다. 이와 유사하게 원본에는 없는 척주(脊柱)의 만곡을
나타내는 삽도 14가 들어 있다. 한편 원본보다 더 정밀한 그림이 번역본에 포
함되어 있는데, 뼈의 단면을 나타내는 그림(원본의 삽도 6과 번역본의 삽도7)
이 그러하다. 더구나 측두골(側頭骨)과 두정골(頭頂骨)의 경우 이마다의 원본
을 인용하지 않고 그레이 책의 그림을 인용한 흔적이 보인다(원본 삽도
20~22와 번역본의 삽도 21~23). 설골(舌骨)의 경우 단순한 원본 그림 대신 근
육이 부착된 다른 그림을 인용하였다(원본 삽도 16과 번역본의 삽도 17). 두
개골의 일부 그림은 원본과 순서가 다른데, 아마도 책의 편집과 관계된 것으
로 보인다(원본의 삽도 31~33과 번역본의 삽도 32~34). 또한 번역자의 필요에
따라 일부가 삭제되었는데, 원본의 계통해부학(1~3쪽)과 그 속의 삽도 1~3이
빠졌으며, 골성흉곽(骨性胸廓)을 나타내는 삽도 15도 빠져 있다.

권2의 경우 이마다가 자신의 연구를 바탕으로 자세하게 설명하고 있는
425~435쪽과 삽도 185~190번, 그리고 회음(會陰)의 부위를 설명하고 있는
351~358쪽과 삽도 144~151번을 생략하였다. 반면 권3의 경우는 삽도의 순서
와 내용이 일치하며, 삽도 시작 번호만 다를 뿐이다.

309) 박형우, 박준형: 한국에서 최초로 발간된 해부학 교과서와 편찬 배경. 대한해부학회지 39:
461-9, 2006.

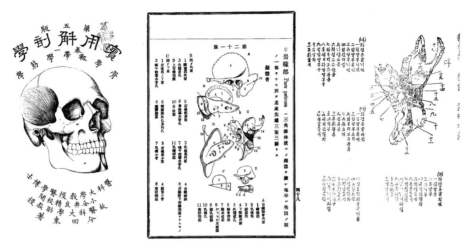

그림 Ⅱ-5-3 해부학 교과서 원전과 번역본의 비교. (왼쪽) 원본 속표지. (가운데) 원본의 측두골에 관한 내용. (오른쪽) 번역본의 측두골에 관한 내용.

이상과 같이 번역본에 실려 있는 그림을 전체적으로 살펴보면 번역자의 의도에 따라 일부가 삭제되거나 필요에 따라 그림에 변화를 주었음을 알 수 있다. 이것은 실제 해부를 통한 경험은 아니지만 이전의 번역에서 얻은 귀중한 경험을 새 번역에 적용시킨 것으로, 의학의 토착화라는 관점에서 중요한 진전이라고 볼 수 있다.

다음으로 본문을 살펴보면 뼈, 근육, 혈관 등 해부학적 구조의 명칭은 이마다의 원본과 특별히 다른 것이 없었다. 모두 당시에 통용되던 한자였기 때문에 한국에서도 사용하는데 큰 문제는 없었던 것으로 보인다. 다만 당시 사용되었던 용어 중에 현재 사용되지 않는 것들이 자주 보이며, 이 용어에 상당히 어려운 한자가 사용되고 있었다.

해부학 용어와 달리 해부학적 설명은 대부분 한국어로 풀어 사용하고 있는데, 이 과정에 번역자의 노고가 컸음을 짐작케 한다. 또한 설명이 간결하게 되어 있는 이마다의 실용해부학의 내용은 모두 포함하되 필요에 따라 원문에는 없는 설명이나 항목이 보충되어 있는데, 이것은 이전의 그레이 해부학 책 번역에서 얻었던 경험을 반영시킨 것이라 볼 수 있다.

이와 같이 에비슨과 김필순에 의해 1906년 간행된 한국 최초의 해부학 교과서는 독일 의학의 영향을 크게 받은 이마다의 책을 기본으로 하되 영국 (및 미국)의 그레이 해부학 번역에서 얻었던 자신들의 귀중한 경험을 더함으로써 단순한 번역에 그치지 않고 독일과 영국의 해부학을 아우르는 완성도 높은 해부학 책을 편찬하고자 노력했던 것이다.

하지만 이렇듯 한국 최초로 발행된 해부학 교과서는 1910년 한일합방으로 일본에 나라를 빼앗기면서 더 이상 설 자리를 잃고 말았다. 일제가 일본어 사용을 강요했기 때문이었다.

2. 해부학 이외의 의학교과서의 번역

1901-2년에 에비슨이 의학생들에게 화학 강의를 할 때 일본 화학책을 번역한 교과서를 사용했다는 기록이 나오는데,[310] 제본을 했는지 혹은 인쇄물의 상태로 배포되었는지 확실하지 않다. 비록 불타 없어졌지만 그레이 해부학 책의 번역이 끝나자, 에비슨은 김필순 이외에도 홍석후와 홍종은이 있어 번역 작업에 박차를 가할 수 있었다.

해부학이 끝난 뒤에 우리는 화학을 새로 번역하기 착수하였다. 그 다음에는 생리학, 약물학, 그 다음에는 병리학, 진찰법, 내과, 피부과, 외과, 산부인과 등에 관한 교과서를 준비하였는데 이것은 처음보다 비교적 쉬웠다. 웨 그러냐하면 이상 각 학과에서 통용되는 술어가 많은 까닭이었다.[311]

실제로 가장 먼저 출판된 것은 『약물학 상권. 무기질』이었는데, 여러 책 중에서 유일하게 에비슨의 서문이 포함되어 있기 때문이다.

서

이 책은 의학전문을 초학하는 한국 학도들을 위하여 김필순 씨로 더블어 영인 쁘류스씨의 영어 약물학에서 우선 무기약만 번역하여 이준일 씨의 글씨로 속쇄판에 인출하되 본문에 약간 가감하여 초학 과정에 적당케 하여하나 부족한 것이 없지 아니한 고로 장차 다시 출간하고 유기약물학도 개간하여 그 후에 특별한 치료학을 출판하여 여러 학도의 총명을 돕고져 하노라.

一천 九백 五년　　　어비신 서[312]

이런 점으로 보아 1904년 완성되었으나 원고가 불에 타버린 그레이 해부

---

310) Annual Report of Seoul Station to the Korea Mission, October, 1902

311) 魚兆信 博士 小傳(二五). 조선의료교육의 시작(二). 基督新報 제867호, 1932년 7월 13일.

312) 대영국 의사 어비신 번역: 약물학 샹권. 무긔질. 제중원 출판. 1905.

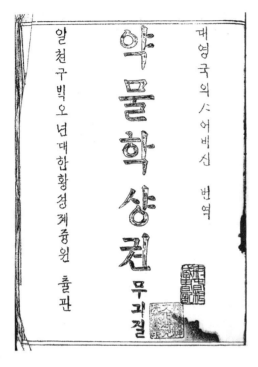

이셔

셔칙은 의학젼문을 초학ᄒᆞᄂᆞᆫ 한국 학도들을 위ᄒᆞ여

김필슌씨로 더브러 영인ᄉᆡ류씨의 영어약물학로속에

셔 위쳔무긔약만 번역ᄒᆞ여 리쥰일씨의 글시로ᄡᅥ여

판에 인츌ᄒᆞ려ᄒᆞ나 부죡흔 거시 잇가감ᄒᆞ여 초학과졍에

덕당게ᄒᆞ고 유긔약물학도 긔간ᄒᆞ며 그후에 샹졍

다시 츌간ᄒᆞ고 유긔약물학도의 총명을 돕고져

흔 치료학을 츌판ᄒᆞ여 여러 학도의

노라

一쳔구ᄇᆡᆨ五년

어비신셔

대영국의ᄉᆞ어비신 번역

약물학 샹권 무긔질

알쳔구빅오년 대한황셩졔중원 츌판

그림 II-5-4 제중원의학교에서 가장 먼저 출판된 약물학 샹권. 무기질(1905). 한국한중양연구원 소장.

학 책을 번역 이후 처음으로 등사해 출간한 책이 바로 이 『약물학 샹권. 무기질』이었다(그림 II-5-4). 에비슨과 김필순의 서문은 당초 불에 타버린 해부학 원고 속에 포함시킬 계획이었을 것이다. 또한 이 책의 번역은 1904년 9월 현재 원고가 불타버린 해부학과 함께 이미 완료된 상태였다.[313] 이 책이 출판된 1905년 가을까지 5권의 교과서가 번역되었으며, 학생들에게 배포할 예정으로 있었다.[314] 이때 번역된 것은 해부학, 생리학, 화학, 약물학, 세균학 등이었는데,[315] 약물학 책이 등사본의 상태로 가장 먼저 배포된 것 같다. 반면 해부학, 생리학, 화학 무기질 등은 1906년에 출판되었다.

또 하나의 특징은 이 책이 영국 책을 번역했다는 점이다. 이로 보아 에비

313) Annual Report of Seoul Station Presented to the Korea Mission of the Presbyterian Church in the United States of America at its Annual Meeting, September, 1904 at Seoul.

314) Annual Report of Seoul Station Presented to the Korea Mission of the Presbyterian Church in the United States of America at its Annual Meeting, September, 1905 at Pyeng Yang.

315) Severance Hospital. Korea Mission Field 2: 93-6, 1906.

슨은 처음에는 자신이 배웠던 영국 책의 번역을 시도했으나 진도가 너무 느리고, 의학용어를 만드는 일이 너무도 힘들었으며, 전술한 바와 같이 1905년 을사보호조약이 맺어지는 등의 정세 변화와 함께 과감하게 일본 책을 번역하기로 한 것 같다.

1904년 9월 현재 에비슨은 무기화학(Inorganic Chemistry), 생리학(Physiology)을 번역하고 있었고, 약물학 유기질(Organic Materia Medica), 치료학(Diseases and their Treatment), 피부과학(Diseases of the Skin), 외과학(Surgery)의 번역을 계획하고 있었다.[316] 1906년 초 병리학 및 진단학이 번역 중에 있었다.[317]

1904년 9월 세브란스병원 개원 후 17개월 동안 교과서 준비에 모두 355원이 소요되었는데, 이 기간 동안 세브란스병원에서 지출한 돈이 12,077원임을 감안하면 나름대로 예산 확보가 걱정이었다.[318] 따라서 1906년 미 북장로회 한국 선교지부는 미국의 의료인들에게 한국에서의 사정을 소개하는 책자를 보내 기금을 모금하기에 이르렀다.

이제는 지원자도 많아지고 강의가 정규적으로 진행되는 등 상황이 좋아졌지만, 가장 큰 문제는 한국어로 된 교과서가 없다는 점이다. 한국에 있는 모든 선교의사는 의무적으로 교과서 편찬 작업에 노력을 해야 한다. 1906년 현재 해부학, 생리학, 화학, 치료학, 위생학, 간호학, 식물학, 내과의 번역이 완료되어 원고가 있는데, 필사본 혹은 등사본의 상태로 이용되고 있다. 이것들을 인쇄하는 데에는 약 3,000-4,000달러로 추정되는 경비가 필요하다. ······ 장차 출판 경비는 책을 팔아 충당될 수 있다. ······ 한국연합출판사(Union Publishing House of Korea)는 의학교과서 출판에 사용될 이 기금의 기탁을 원하고 있다. ······ 한국기독교서회(Korean Religious Tract Society)의 서기 빈튼이 도움을 기다린다. 빈튼 박사는 이 사업에 박차를 가하기 위해 최근 미국에 있으며, 특히 의학 잡지를 통해 의학교과서 건을 여러 동업자들에게 알리고 싶어 한다.[319]

---

316) Annual Report of Seoul Station Presented to the Korea Mission of the Presbyterian Church in the United States of America at its Annual Meeting, September, 1904 at Seoul.
317) Severance Hospital. Korea Mission Field 2: 93-6, 1906.
318) Severance Hospital. Korea Mission Field 2: 93-6, 1906
319) Medical Books Needed and Medical Education in Korea. Korea Mission Field 2(7): 131-3, 1906

이 사업에서 어느 정도의 성과가 있었는지는 확실하지 않다. 그러나 이후 의학교과서 출판은 더욱 활기를 띠게 되었으며, 1910년 8월 한일합방으로 일본에 나라를 빼앗긴 직후까지 계속되었다.

1910년 9월 현재 에비슨은 세브란스병원의학교 내에 출판부(Department for Textbooks)를 둘 계획까지 갖고 있었다.320) 이렇게 편찬된 교과서는 제중원뿐 아니라 다른 선교 기관에도 무료로 배포했으며, 에비슨은 이런 일이 계속될 수 있기를 희망하였다.321)

1907년 9월 현재 병리학, 진단학, 피부과학 및 세균학이 번역되어 출판되었고, 외과학 및 고등생리학이 번역 중에 있었다.322) 1908년 8월 현재 고등생리학이 번역되었고, 외과학, 내과학(Practice of Medicine) 및 의학사전이 번역 중에 있었다.323) 1909년 두 번째 안식년을 가진 에비슨의 부재 중 번역 사업은 별 진전이 없었다. 병리학의 번역이 약간 진전되었고, 조직학 및 해부생리학의 번역을 시작하였다.324) 그러나 중요한 것은 이전에 만들었으나 다 소모된 생리학, 화학, 해부학 권1의 새로운 등사판이 만들어졌다는 점이다.

1909년 8월 현재까지 에비슨은 해부학(3권), 생리학, 화학(2권), 병리학, 세균학, 현미경(Microscope), 진단학, 피부병 진단치료법 단, 산과학 및 외과학 등을 번역하였다.325) 이리하여 1909년 말이 되자 충분한 수의 의학교과서가 번역되었고, 다른 책들도 번역 중에 있었다.326)

---

320) 1910 Report of the Korea Mission of the Presbyterian Church in the U. S. A. to the Annual Meeting held at Seoul. September 1910

321) From Dr. O. R. Avison, Seoul. Korea Mission Field 3: 56, 1907

322) Report of the Korea Mission of the Presbyterian Church in the U. S. A. to the Annual Meeting held at Pyeng Yang. Sept. 1907; Mission in Korea. The Seventy-first Annual Report of the Board of Foreign Missions of the Presbyterian Church in the United States of America. Mission House, New York, 1908년, 279쪽.

323) Report of the Korea Mission of the Presbyterian Church in the U. S. A. to the Annual Meeting held at Pyeng Yang. Aug. 1908; Mission in Korea. The Seventy-second Annual Report of the Board of Foreign Missions of the Presbyterian Church in the United States of America. Mission House, New York, 1909년, 282쪽.

324) J. W. Hirst: Severance Hospital Medical College. Korea Mission Field 5: 116-7, 1909

325) Quarto Centennial Papers read before The Korea Mission of the Presbyterian Church in the U. S. A. at the Annual Meeting in Pyeng Yang. August, 1909

326) A christian Korean celebration. Korea Mission Field 5: 206-8, 1909

3. 제중원-세브란스병원에서 간행된 의학교과서

위와 같은 여러 자료를 종합해 보면 에비슨과 제1회 졸업생인 김필순, 홍석후, 홍종은 등에 의해 번역되고 출판된 의학 교과서의 목록은 다음과 같았다(그림 Ⅱ-5-5). (책 이름에 꺽쇠를 한 것은 현재 남아 있는 책에 적혀 있는 실제 제목이며, 기록으로만 남아 있는 책들은 꺽쇠를 하지 않았다.)

1. 그레이 저 인체해부학. 필사본, 1899년 3월 탈고. (원고했던 조수가 사망함에 따라 원고가 없어짐.)
2. 화학. 1901년 사용. (일본책을 번역한 것임.)
3. 그레이 저 인체해부학. 필사본, 1904년 9월 현재 탈고. (김필순과 함께 번역했으며, 등사 직전에 원고가 불에 타버렸음.)
4. 『약물학 상권. 무기질』대영국 의사 어비신 번역, 1905년 출판. (1904년 9월 현재 번역이 끝났으며, 1905년 출판.)
5. 약물학 하권. 유기질. 대영국 의사 어비신 번역, 1905년 출판. (1904년 9월 현재 번역이 끝났으며, 1905년 출판한 것으로 추정됨.)
6. 『해부학 권일』대한국 사인 김필순 번역, 대영국 의사 어비신 교열, 1906년 출판. (1906년 초 현재 번역이 끝나 출판.)
7. 『해부학 권이』대한국 사인 김필순 번역, 대영국 의사 어비신 교열, 1906년 출판. (1906년 초 현재 번역이 끝나 출판.)
8. 『해부학 권삼』대한국 사인 김필순 번역, 대영국 의사 어비신 교열, 1906년 출판. (1906년 초 현재 번역이 끝나 출판.)
9. 『신편 화학교과서. 무기질』대한국 사인 김필순 번역, 대영국 의사 어비신 교열, 1906년 출판. (1904년 9월 현재 번역 중이었고, 1906년 초 현재 번역이 끝나 출판.)
10. 신편 화학교과서. 유기질. (김필순 번역, 에비슨 교열. 1906년 초 현재 번역이 끝남.)
11. 『신편 생리교과서. 전』대한국 사인 홍석후 번역, 대영국 의사 어비신 교열, 1906년 출판. (1904년 9월 현재 번역 중이었고, 1906년 초 현재 끝나 출판.)

12. 『진단학 1』 대한국 사인 홍석후 번역, 대영국 의사 어비신 교열, 1906년 출판. (1906년 초 현재 번역 중이었고, 끝나자 출판.)

13. 『진단학 2』 대한국 사인 홍석후 번역, 대영국 의사 어비신 교열, 1907년 출판. (1907년 9월 현재 번역이 끝나자 출판.)

14. 치료학(Therapeutics or Diseases and their Treatment). (1904년 9월 현재 번역을 계획하였고, 1906년 현재 끝남.)

15. 위생학(Hygiene). (1906년 현재 번역이 끝남.)

16. 간호학(Nursing). (1906년 현재 번역이 끝남.)

17. 식물학(Botany). (1906년 현재 번역이 끝남.)

18. 내과(Practice of Medicine). (1906년 현재 번역이 끝났음. 김필순이 내과책을 번역했다는 기록이 있음.[327])

19. 『피부병 진단치료법. 단』 대한 륙군 군의 홍종은 번역, 대영국 의사 어비신 교열, 1907년 출판. (1907년 9월 현재 번역이 끝나자 출판.)

20. 세균학. (1906년 초 및 1907년 9월 현재 번역이 끝난 상태임.)

21. 『병리통론』 1907년 출판.

22. 『무씨 산과학』 의사 홍종은 역, 1908년 출판.

23. 고등생리학. (1907년 9월 현재 번역 중이었으며, 1908년 현재 끝났음.)

24. 『해부학 권일』 대한국 의사 김필순 번역, 대영국 의사 어비신 교열, 1909년 출판. (1909년 발행된 새로운 등사판.)

25. 『신편 화학교과서. 유기질』 대한국 의사 김필순 번역, 대영국 의사 어비신 교열, 1909년 출판. (1909년 발행된 새로운 등사판.)

26. 신편 화학교과서. 무기질. (1909년 새로운 등사판이 발행된 것으로 추정됨.)

27. 신편 생리교과서. 전. 대한국 사인 홍석후 번역, 대영국 의사 어비신 교열, 1909년 출판. (1909년 발행된 새로운 등사판.)

28. 『외과총론』 의학박사 김필순 역술. 1910년 10월 출판. (1904년 9월 현재 번역을 계획하였고, 1907년 9월 현재, 1908년 8월 현재 번역 중이었으며, 1909년 8월 현재 번역이 끝났고, 1910년 10월에 출판.)

29. 해부생리학(Combined Anatomy and Physiology for Nurses). (D. Kimber이 지은 『Anatomy and Physiology for Nurses』를 김필순[328])이 번역한 것이며, 간호원양성소에서 1908-9년도에 반을 가르쳤다.)

30. 현미경(Microscope). (1909년 8월 현재 번역 완료.)

---

327) K. S. Kim: Dr. Kim Pil Soon. Korea Mission Field 7: 15, 1911.

328) E. L. Shields: Nurses Training School. Korea Mission Field 5: 84, 1909; K. S. Kim: Dr. Kim Pil Soon. Korea Mission Field 7: 14-6, 1911.

한편 번역 계획이 있었거나 번역 중인 기록이 있지만, 이를 완성했다는 기록이 없는 것들은 다음과 같다.

31. 내과(Practice of Medicine). (1908년 8월 현재 번역 중이었으며, 1906년 번역을 완료한 것과의 관계는 확실하지 않음.)
32. 의학사전. (1908년 8월 현재 번역 중.)
33. 조직학(Histology). (1909년 번역 중.)

제중원-세브란스병원에서 간행된 의학교과서들은 모두 1장에 두 면을 등사해 가운데를 접어서 사침안정법으로 제본하였다. 순수 한국어와 영어로만 번역하였고, 한자가 필요할 경우에는 괄호 속에 표기하였다. 다만, 각 장의 숫자와 그림의 숫자는 한자로 표기하였다. 해부학을 제외한 나머지 의학교과서의 특징은 다음과 같다.

1) 약물학 상권. 무기질

1권으로 이루어진 이 책은 에비슨과 김필순이 번역한 것으로 1905년 대한황성 제중원에서 출판했으며, 『약물학 하권 유긔질』과 함께 2책으로 출판되었다(그림 Ⅱ-5-4). 원본은 영국인 Bruce의 『Materia Medica』이며, 그 내용 중 무기약 만 번역한 것이다. 한 페이지에 15행이 들어 있으며, 23.2×16.0㎝이다. 등사는 이순일이 했다.

이 책은 겉표지, 속표지, 에비슨의 서문, 영문 간기, 김필순의 서문, 약물학 정오표, 본문, 찾아보기로 이루어져 있다. 본문은 전체가 무기질론 1편으로 구성되어 있으며, 1편은 금류, 비금류, 산류, 수류, 탄속흑탄화물 등 6장으로 세분되어 있다. 책 맨 뒷부분에 색인은 영문 색인과 한국어 색인으로 구분하였으며, 모두 가로쓰기로 배열하였다. 영문 색인은 "영어+한글+한자+쪽수"의 조합으로 구성되어 있고 쪽수는 아라비아숫자로 기록하였다. 한국어 색인은 "한국어+한자+영어+쪽수"의 조합으로 구성되어 있다.

그림 Ⅱ-5-5 **제중원의학교에서 출판된 의학교과서들.** 동은의학박물관 및 연세대학교 중앙도서관 소장.

2) 신편 화학교과서. 무기질

1권으로 이루어진 이 책은 대한국 사인 김필순이 번역하고 대영국의사 에비슨이 교열했으며, 1906년 대한 황성 제중원에서 출판하였다. 원본의 저자는

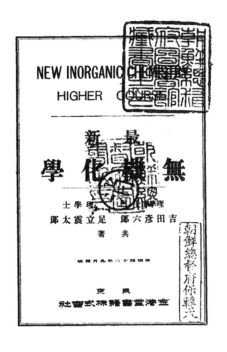

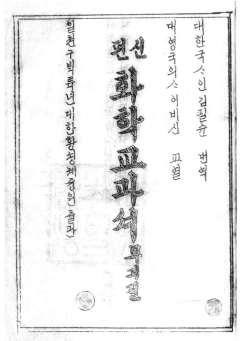

그림 Ⅱ-5-6 신편 화학교과서 무기질의 원본과 번역본. (위) 원본. 吉田彦六郎, 足立震太郎: 最新 無機化學. 金港堂書籍株式會社, 東京, 1909. 국립중앙도서관 소장. (아래) 번역본인 신편 화학교과서 무긔질(1906). 연세대학교 중앙도서관 소장.

일본 이학박사 요시다(吉田彦六郞)이다(그림 Ⅱ-5-6). 판심 위쪽에는 "화학" 가운데에는 "무긔화학"이라고 쓰여 있다. 1면에 세로쓰기로 15행이 들어 있다. 이 책과 함께 『신편 화학교과서. 유기질』이 함께 출판된 것으로 보인다.

이 책은 겉표지, 속표지, 원본 서지, 본문으로 이루어져 있다. 본문은 전체가 상편 무기화학으로 이루어져 있으며, 25개의 장으로 구성되어 있다. 모두 65개의 그림이 삽입되어 있다.

이를 원본과 비교해보면 약 1,000쪽이나 되는 방대한 요시다의 원본 책에서 필요하다고 생각되는 부분을 취사선택하여 편집했음을 알 수 있다.

3) 신편 생리교과서. 전

1권으로 이루어진 이 책은 대한국 사인 홍석후가 번역하고, 에비슨이 교열했으며, 1906년 대한 황성 제중원에서 출판하였다(그림 Ⅱ-5-7). 이 책은 원본

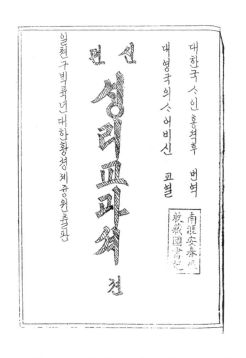
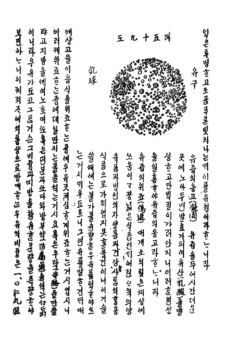

그림 Ⅱ-5-7 **신편 생리교과서, 전(1906).** 한국학중앙연구원 소장.

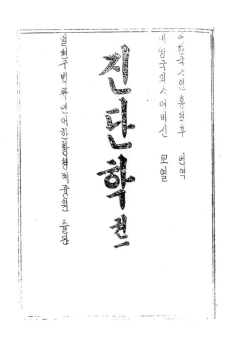

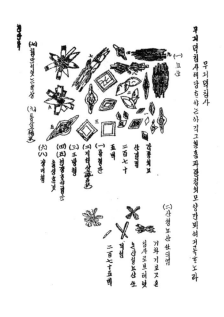

그림 Ⅱ-5-8 진단학. (위) 진단학 1(1906). (아래) 진단학 2(1907). 한국학중앙연구원 소장.

은 일본의사 츠보이(坪井次郎)가 저술한 생리학 책이다. 1페이지에 16행이 들어 있다.

이 책은 겉표지, 속표지, 원본서지, 례언, 본문, 색인으로 이루어져 있다. 본문은 총론, 골계통, 근계통, 피부계통, 순환기계통과 혈액 및 님프와 님프관, 호흡기계통, 소화기계통, 비뇨기계통, 신경계통, 오관기계통 등 10편으로 구성되어 있으며, 그림 88개가 들어 있다. 색인은 가로쓰기로 되어 있으며, 한국어 색인은 "한국어+한자+영어+쪽수"의 조합으로 구성되어 있고 쪽수는 아라비아 숫자로 기록되어 있다.

4) 진단학

2권으로 이루어진 이 책은 홍석후 번역, 에비슨 교열로 1906년과 1907년 대한 황성 제중원에서 출판하였다(그림 Ⅱ-5-8). 이 책은 원본은 독일 의학박사 愛氏가 저술한 책이다. 1페이지에 16행이 들어 있다.

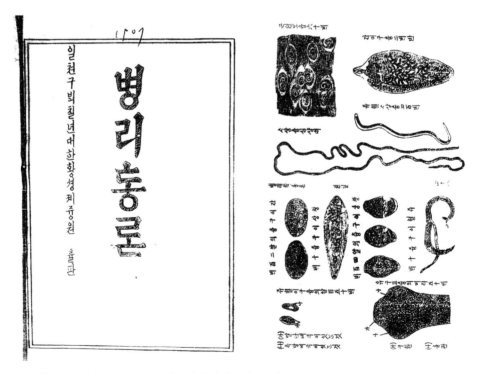

그림 Ⅱ-5-9 병리통론(1907). 한국학중앙연구원 소장.

이 책은 겉표지, 속표지, 원본서지, 목록, 본문으로 이루어져 있다. 『진단학 권1』의 본문은 피부진사, 체온진사법, 맥박의 진사, 호흡진사 등 4개의 장으로 이루어져 있으며 그림은 없다. 『진단학 권2』의 본문은 순환기, 소화기, 비장, 비뇨기, 생식기 및 신경계 진사 등 6개의 장과 15개의 그림이 있다.

5) 병리통론 1

1권으로 이루어진 이 책은 번역자나 교열자의 표시가 없이 1907년 황성 제중원에서 출판한 것으로 되어 있다(그림 Ⅱ-5-9). 판심 위쪽에 "병리학 통론", 가운데에 "권일"이라고 쓰여 있는 것으로 보여 여러 권이 출판된 것으로 보인다.

이 책은 겉표지, 속표지, 목목 및 본문으로 이루어져 있다. 본문은 질병론, 병원인론, 병변론으로 구성되어 있다.

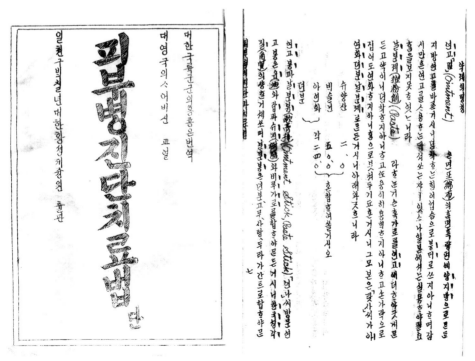

그림 Ⅱ-5-10 **피부병 진단치료법 단(1907).** 동은의학박물관 소장.

6) 피부병 진단치료법. 단

1권으로 이루어진 이 책은 대한국 육군군의 홍종은 번역, 에비슨 교열로 1907년 대한 황성 제중원에서 출판하였다(그림 Ⅱ-5-10). 판심 위쪽에 "피부병의 진단과 치료법"이라고 쓰여 있으며, 1페이지에 16행이 들어 있고 크기는 23.0×15.6㎝이다.

책은 겉표지, 속표지, 목록, 본문으로 이루어져 있다. 순수 한국어로만 번역하였고, 한자가 필요할 경우에는 괄호 속에 표기하였다. 다만, 각 장절의 숫자와 그림의 숫자는 한자로 표기하였다. 본문은 염증성 피부병, 피부혈행장애, 비부진행성 영양장애, 피부종양, 피부퇴행성 영양장애, 신경성 피부증, 기생성 피부병, 피부만성 전염병, 급성 전염병 발진, 매독진으로 구성되어 있으며, 그림은 없다.

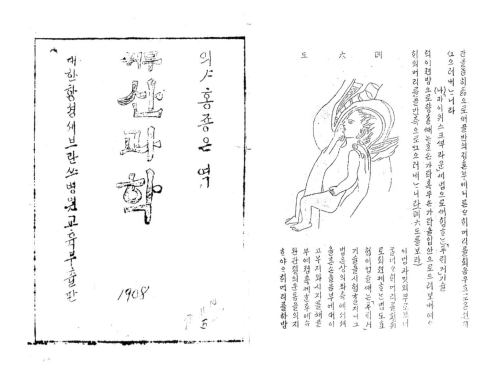

그림 Ⅱ-5-11 **무씨 산과학(1908).** 동은의학박물관 소장.

7) 무씨 산과학

1권으로 이루어진 이 책은 의사 홍종은이 번역한 것으로 1908년 대한 황성 세브란스병원 교육부에서 출판하였다. 이 책은 일본인 무씨(武氏)의 책을 번역한 것이다(그림 Ⅱ-5-11). 판심 위쪽에 "무씨산과학"이라고 쓰여 있으며, 1페이지에 16행이 들어 있고 크기는 23.2×15.7㎝이다.

책은 겉표지, 속표지, 본문으로 이루어져 있다. 순수 한국어로만 번역하였고, 한자가 필요할 경우에는 괄호 속에 표기하였다. 다만, 각 장의 숫자와 그림의 숫자는 한자로 표기하였다. 본문은 서론, 여자의 골부골반, 산욕, 임신으로 구성되어 있으며, 그림 7개가 들어 있다.

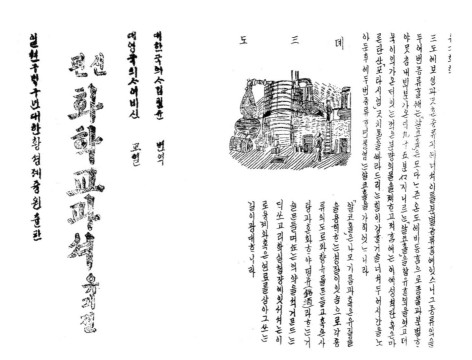

그림 Ⅱ-5-12 신편 화학교과서. 유기질(1909). 동은의학박물관 소장.

8) 신편 화학교과서. 유기질

1권으로 이루어진 이 책은 대한국 의사 김필순이 번역하고 에비슨이 교열했으며, 1909년 대한 황성 제중원에서 출판하였다(그림 Ⅱ-5-12). 1906년 발행되었던 같은 이름의 책을 다시 등사한 것이다. 판심 위쪽에 "유긔화학"이라고 쓰여 있다. 1면에 세로쓰기로 16행이 들어 있고, 크기는 23.1×16.1cm이다.

이 책은 겉표지, 속표지, 본문으로 이루어져 있다. 본문은 유기화학, 메틴 계열의 탄화수소와 그 유도체, 이터류, 지방산, 다염기도유기산, 에틸닌 혹은 생유기, 벤신계열, 터레핀 기름 혹은 송근유, 알칼나이드, 단백질섬유소와 몰뉴덴, 게신과 예규민, 세레딘 등 11개의 장으로 구성되어 있으며, 모두 30개의 그림이 삽입되어 있다.

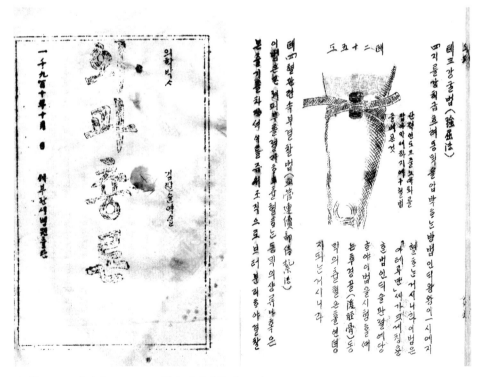

그림 Ⅱ-5-13 **외과총론(1910).** 동은의학박물관 소장.

9) 외과총론

1권으로 이루어진 이 책은 의학박사 김필순이 역술한 것이며, 1910년 10월 세브란스병원에서 출판하였다(그림 Ⅱ-5-13). 판심 위쪽에 "외과"이라고 쓰여 있으며, 1페이지에 13행이 들어 있고 크기는 23.2×15.7㎝이다.

책은 겉표지, 속표지, 본문으로 이루어져 있다. 순수 한국어와 영어로만 번역하였고, 한자가 필요할 경우에는 괄호 속에 표기하였다. 다만, 각 장의 숫자와 그림의 숫자는 한자로 표기하였다. 본문은 염증론, 창상과 창상요법, 창상전염병론, 종양론, 마취법, 조직이단법과 지혈법, 창상 배농법과 조직결합법, 절단법, 관절이단법과 절제법, 장피부, 피하결체조직의 손상과 질병, 혈관의 손상과 질병, 님프관의 손상과 질병, 뼈의 손상과 질병, 관절의 손상과 질병, 근, 건, 건초, 점막낭의 질병, 신경의 손상과 질병 등 15장으로 구성되어 있고, 그림 40개가 삽입되어 있다.

제6장 첫 면허의사 배출

1. 졸업시험

학생들에게 약속한 1908년이 되자 에비슨은 각 과목에서 가장 중요하고 필요하다고 인정되는 것들만 뽑아 문제 백 개씩을 만들었다. 에비슨은 이 문제에 대한 답을 낼 수 있는 학생은 의사의 직업을 가진 후에 환자를 진료할 때 생명을 염려할 필요가 없을 만큼 믿을 수 있어 그에게 개업이나 의사 자격을 주어도 무방하다고 생각하였다.

예를 든다면 의사로서 마취제를 사용하는데 두 가지 약을 보통 사용한다. 클로로포름(chloroform)과 에테르(ether)인데, 규정한 분량보다 과량을 쓰면 생명에 위험이 있고 혹은 죽지는 않는다 하더라도 여러 가지로 해를 받게 된다. 그래서 의사들은 이런 약을 쓰는 법을 철저히 알아야 하며, 또 이런 약을 과도하게 사용하여 중독 된 환자에 대하여 치료하는 방법을 알아야 한다. 만일 이것에 대한 지식이 완전하지 못할 때에는 환자를 구하지 못하게 되는데, 특히 외과에서는 이것이 매우 필요하고 중요하며 많이 쓰는 약이다.[329]

이 문제들은 몇몇 외부 의사들로부터 검증을 받았기에, 결코 허식적인 것이 아니었다. 학생들에게 한 질문들은 최근의 한국선교사의학회(韓國宣敎師醫學會) 모임에서 다루어졌던 것이며, 미국이나 캐나다에서 의학도를 위한 어떠한 시험으로도 충분한 질문들이었다.[330]

시험은 크게 세 과목으로 나누어 치러졌는데, 내과, 외과, 산과였다.[331] 이들이 받은 졸업시험의 평균 성적은 92, 87.5, 87.5, 85.5, 82, 74.5, 72점이었으며, 전체 평균은 83점이었다.[332] 이로서 7명 모두가 졸업시험에 합격하였다. 필기나 구두시험과 함께 치룬 실기시험은 점수가 훨씬 더 좋았다.

---

329) 魚丕信 博士 小傳(二六). 조선의료교육의 시작(三). 基督新報 제868호, 1932년 7월 20일.
330) Editorial. Korea Mission Field 4: 72-3, 1908.
331) 제1회 졸업생 김희영의 졸업증서(1908). 동은의학박물관 소장
332) Graduation exercises. Korea Mission Field 4: 124, 1908.

그런데 당시 우리 학생들에게는 실습 시험이 학술 시험보다 비교적 쉬웠다. 왜냐하면 반에 학생 수가 적고 모든 수술에 학생들이 같이 조수 노릇을 하였기 때문이었다. 그들은 일반외과 치료에만 조수 노릇을 할 뿐만 아니라 진찰과 치료에 있어서 모든 종류의 질병을 전부 다 취급하게 되었음으로 그들의 기술이나 경험은 학술에 비할 것이 아니었다.333)

에비슨은 정말 학생들이 한 사람의 의사로서 일을 할 수 있다는 사실이 확실해질 때까지 학생을 졸업시키지 않고 철저하게 가르쳤던 것이다.334) 그리고 에비슨 자신이 전에 캐나다 토론토에서도 교육을 해 보았지만 7명의 학생들과 같이 성적이 훌륭한 학생들은 처음이라고 말할 정도로 이들은 실력이 있었다.

이후 에비슨은 가끔 이 때 출제한 시험 문제들이 캐나다에서 출제한 것들보다 쉬웠겠지 하고 생각하곤 했다. 그런데 은퇴 후 자서전을 쓰던 1940년 경 에비슨의 자신의 집 어느 구석에서 종이 뭉치 하나를 발견했다. 펴보니 그때 낸 시험 문제들이었는데, 다시 한 번 읽어보니 캐나다에서 일반적으로 출제했던 것보다 훨씬 더 어려운 것들이었음을 알게 되었다.

뿐만 아니라 에비슨은 학생들의 태도에도 대단히 만족해했다. 졸업을 앞두고 에비슨은 이들이 졸업 후 어떤 일을 하고 싶어 하는가를 무척 알고 싶었다. 에비슨은 학생들이 그 동안 공부를 하느라 경제적으로 대단한 어려움을 겪었기 때문에 모두 나가서 개업을 하여 돈을 벌려고 하지 않을까 하는 생각을 가지고 있었다. 그래서 졸업식 전날 학생들에게 졸업해서 무엇을 할 것인가를 물었다. 그러나 학생들은 의외로 돈보다는 학교에 남아 후학을 가르치는 일을 하겠다고 대답하였다. 이에 에비슨은 이들이 자기의 이익을 위하여 일하기보다는 남을 위한 책임을 느끼니 정말 훌륭한 인격을 구비하였다는 사실을 알고 크게 감동하였다.

학생 제군! 제군은 내일로 졸업장을 받아 가지고 나가게 되었다. 나는 '제군

---

333) 魚丕信 博士 小傳(二六). 조선의료교육의 시작(三). 基督新報 제868호, 1932년 7월 20일.
334) 魚丕信 博士 小傳(二六). 조선의료교육의 시작(三). 基督新報 제868호, 1932년 7월 20일.

의 장래 방침을 듣기 원한다. 여러분이 졸업장을 받기 전에 여러분이 생각하는 바를 알고 싶다.'고 하였다.

그들은 한동안 침묵하고 있었다. 그러다가 한 사람이 일어나 말하기를 '그렇지 않아도 우리도 졸업한 뒤에 어떻게 할까?'하는 문제를 가지고 이미 많이 이야기 하였습니다. 우리는 오랜 시일을 허비하여 공부하였습니다. 우리들은 교장께서 주시는 적은 돈을 받아가지고 가까스로 지내왔습니다. 우리들은 모두 가족이 있는 사람들이오. 공부하는 동안에 재정상으로 막심한 곤란을 받아 온 것이 사실입니다. 그래서 낙심도 여러 번하고 어느 때는 몇 번씩 도망질을 치려고 하였습니다. 그러나 언제나 당신이 붙잡아 주셨고 혹 달아나려 할 때는 만류하셨던 것입니다. 지금 와서 뿐 아니라 늘 말해오던 것은 '언제나 우리가 졸업을 하고 개업을 하여 돈을 벌까?'하는 물음이었습니다. 그러나 이 자리에 임하여 다시 생각하여 보니 어찌할 바를 모르겠습니다. 지금 같아서 우리 앞에 장래가 없는 것 같습니다. 우리는 어찌 할 바를 모르겠습니다. 에비슨 박사가 우리에게 기회를 주시겠지 그가 우리를 가르쳐 놓았으니 그가 우리를 이 만큼 만들어 놓았다. 우리는 '병원에 남아서 우리 뒤에 입학한 반을 가르침이 어떠할까?' 우리는 이렇게 이야기를 하였습니다.

이 말에 나는 열정이 용솟음쳤다. 나는 스스로 말하기를 '오! 나는 일곱 사람의 의사를 양성한 줄로 생각하였더니 의사 뿐 아니라 참다운 인격을 양성하였구나!'하고 감탄하였다. 남을 위하여 책임감이 없다하면 그 어찌 인격자라 하랴! 이들은 '남을 위한 책임감을 가졌으니 정말로 훌륭한 인격을 구비하였다.'하였다.[335]

에비슨은 한국에서 처음 시작했던 서양 의학교육이 첫 결실을 맺고 한국에서 서양의학의 새 기원을 여는 첫 졸업식을 크고 성대하게 치러야겠다고 생각했다.

---

335) 魚丕信 博士 小傳(二七). 조선의료교육의 시작(四). 基督新報 제869호, 1932년 7월 27일.

2. 통감 이토와의 교섭

에비슨은 이들이 공식적인 면허증을 부여받는 일이 대단히 중요하다고 느꼈으며, 이미 을사보호조약이 체결되었기 때문에 일본 통감의 허락이 필수적이란 사실을 깨달았다. 그 어느 방법도 이들 젊은이들에게 의사로서 진료를 할 수 있는 법적 권리를 줄 수 없을 것으로 판단했고, 따라서 통감 이토 히로부미(伊藤博文)336)를 통해 새로운 장을 열기로 했다. 1900년 제정된 의사규칙(醫師規則)은 한의사에만 적용되었고, 의학교를 졸업한 학생들에게는 적용되지 않아 의술개업인허장이 수여된 적이 없었다.

이토의 사저를 방문한 에비슨은 최상의 호의적인 접대를 받았다.337)

에비슨은 이토에게 자신의 감독 하에 이 젊은이들이 어떻게 미국의 의과대학에서 하는 모든 교과 과정을 배웠는지, 그들이 어떻게 철저한 시험을 통과해 자신의 판단으로 의사로서 진료를 할 수 있도록 준비가 되어있는지 등 학생들이 공부한 기간과 또 성심, 성의껏 학업에 종사한 사실을 이야기한 다음, 이제 졸업식을 거행하려 한다고 말했다. 그리고 그들이 진료를 할 수 있게 하기 위해 협조가 필요하다고 말했다.

인내하며 진지하게 에비슨의 긴 이야기를 듣고 있던 이토는 이루어진 성과에 만족을 표현하면서 물어보았다.

"내가 당신을 어떻게 도울 수 있습니까? 내가 무엇을 해주기를 원합니까?"
"이것은 한국의 전향적 발전에서 획기적인 사건인 서양 의사의 첫 졸업입니다. 이것을 졸업생 자신들 뿐 아니라 첫 졸업장 수여를 보기 위해 참석할 모든 사람들을 위해서도 기억에 남는 날로 만들고 싶습니다."

---

336) 에비슨과 이토의 첫 만남은 1895년에 이루어졌다. 1895년 청일전쟁에서 승리한 일본은 이토를 중국에 보내 평화조약을 조정하고 서명하도록 했다. 그 도중에 이토는 서울에 잠시 들렀고 일본공사가 그를 위한 만찬을 열었는데 그때 에비슨이 내빈으로 초청되었던 것이다. O. R. Avison: The Memoir of Life in Korea, 1940, 추가본.
337) O. R. Avison: The Memoir of Life in Korea, 1940, 추가본.

"훌륭한 생각입니다."

"나 에비슨은 외국 사절, 정부 관리, 졸업생의 친지, 그리고 이러한 행사에 관심이 있을 사람들에게 많은 초청장을 보낼 예정입니다만, 이런 목적을 위해 충분히 큰 방이 없습니다."

"그것은 멋진 계획입니다. 하지만 어떻게 내가 당신을 도와 그런 방을 마련해 줄 수 있겠습니까?"

"우리는 방을 갖고 있지 않습니다. 다만 우리가 필요한 공간을 덮을 정도로 충분한 군용 텐트를 당신이 빌려 준다면 잔디와 테니스장 위에 방을 만들 수 있습니다."

"기꺼이 도와드리겠습니다. 또 다른 일이 있습니까?"

"예, 통감께서 행사에 직접 참석해 주셔서, 졸업생 및 그 동료들에게 통감께서 그들에게 관심을 갖고 있다는 것을 보여 주십시오."

"그것은 나에게 큰 기쁨입니다."라고 대답하는 이토는 에비슨의 요청에 상당히 고무되는 것을 느꼈으며, 그가 동의했을 때 에비슨은 이렇게 말했다.

"각하를 매우 괴롭혀드려 미안합니다. 만일 통감께서 훈사를 해 주신다면 졸업생들은 매우 감사해 할 것이며 저 역시 고마워할 것입니다."

이토는 미소를 지으며 그렇게 하겠다고 약속했다.

통감 이토로부터 긍정적인 답변을 들은 에비슨은 학부 및 내부대신과 의논하여 식에 참석하여 연설하는 것을 허락받았다.[338]

에비슨은 당시 한국의 저명한 내·외국인들, 졸업생 가족, 그리고 기독교계 등 각계에 초청장을 보냈고, 졸업식의 개최 사실이 5월 30일자로 일제히 보도되었다.[339] 그리고 졸업식을 거행하는데 있어 교파를 가리지 않고 여러 교파들이 참여하여 역할을 할 수 있도록 배려하였다. 그리하여 짜여 진 식순은 다음과 같았다.

사회 게일 목사
개회기도 - 이 장로(연동교회)
스크랜턴의 강연 - 한국의 서양의학 도래와 발전에 대한 약사

---

338) Graduation exercises. Korea Mission Field 4: 124, 1908.
339) 雜報 美人醫校卒業. 皇城新聞, 1908년 5월 30일 2면 4단; Severance Hospital School. Seoul Press, 1908년 5월 30일. 2면 좌측 4번째 줄.

　　　훈사 - 학부대신 이재곤(李載崑)
　　　학위 수여 - 에비슨 교장
　　　졸업증서 수여 - 이토 통감
　　　훈사 - 통감 이토
　　　　　　내부대신 임선준(任善準)
　　　답사 - 졸업생 홍석후
　　　　　　졸업생 김필순
　　　미국 영사 새몬스의 인사말
　　　교장 연설
　　　기도 트롤로프 목사

　　준비를 끝낸 에비슨에게 남은 일은 졸업식 당일 날씨가 나쁘지 않기만을
기도할 뿐이었다.

3. 세브란스병원(제중원)의학교의 첫 졸업식

드디어 알렌이 의학교육을 시작한지 22년 만에, 에비슨이 의학교육을 시작한지 10여 년 만인 1908년 6월 3일 7명의 첫 졸업생을 배출하게 되었다.[340] 이때 에비슨의 감회가 어떠하였을 것인가는 상상하고도 남음이 있다.

졸업식은 1908년 6월 3일 수요일 오후 4시 의학교에서 거행되었다.[341] 에비슨과 허스트는 각자의 풍습에 따라 가운과 모자를 쓰고 나왔다. 여러 해 동안의 고심과 노력의 결정을 표시하는 졸업 증서는 학교의 빛을 갖춘 리본으로 동여매었다. 그때까지 병원 외에는 아무 것도 없었고 학교로서의 설비는 아주 보잘 것이 없었지만 제1회 졸업생을 내게 된 만큼 에비슨과 허스트가 교수회가 되어 졸업생에게 학위를 주는 것으로 생각하였다.

잔디밭과 테니스장에 통감부에서 빌려 준 육군용 큰 텐트가 세워졌고 700명을 수용하도록 의자들이 놓여졌다. 많은 깃발들이 장식되었는데, 주요 하객들의 국적을 알리기 위해 태극기와 일장기가 병원 구내로 들어가는 입구 위에 장식되었고, 병원 운영 주체의 국적을 알리기 위해서 성조기가 병원 위에 걸렸다. 태극기는 한쪽의 높은 장대에서, 영국 국기인 유니온 잭(Union Jack)은 다른 장대에서 에비슨 박사의 국적을 나타내며 걸려 있었으며, 텐트 위에 많은 태극기와 성조기들이 걸려 있었다. 단상 뒤에는 두 개의 대형 적십자기가 텐트의 벽에 걸려있었다.

단상에는 백 명의 주요 인사들을 위한 자리가 마련되었는데, 단상 전면 앞자리에는 졸업생들을 앉게 했다(그림 II-6-1).[342] 이토 통감은 가운데 귀빈석

340) 雜報 美人醫校卒業. 皇城新聞, 1908년 5월 30일 2면 4단.

341) 졸업식에 관련된 내용은 아래의 글에서 주로 인용한 것이다. Severance Hospital Medical College. Graduating Exercise. Seoul Press, 1908년 6월 5일 2면 좌측 4번째 줄부터 5번째 줄, 3면 좌측 2번째 줄부터 4번째 줄까지; Severance Hospital Medical College. Graduating Exercise. Korea Mission Field 4: 98-102, 1908; Graduation exercises. Korea Mission Field 4: 123-7, 1908.

342) 魚丕信 博士 小傳(二七). 조선의료교육의 시작(四). 基督新報 제869호, 1932년 7월 27일.

그림 II-6-1 1908년 6월 3일 제중원의학교의 제1회 졸업식 광경. 동은의학박물관 소장.

에 앉았는데, 그 옆에 중추원 의장 김윤식이 앉았고 사회자인 게일, 교장인 에비슨, 허스트가 앉았다. 참석한 주요 인사로는 정부의 고위 관리로 학부대신 이재곤, 내부대신 임선준이 참석했고, 고종의 둘째 아들이자 순종의 동생인 의화군이 그의 대리인을 보냈으며 이외에 많은 한국인 고관들이 참석했다. 그리고 이토 통감의 측근인 무라다(村田), 그의 다른 참모인 육군 군의총감 후지다 쓰쿠아키(藤田嗣章)와 많은 다른 일본의 고위 관리들, 그리고 서울에 사는 대부분의 외국인들, 제물포의 웨어 부부, 대구 제중원의 존스톤, 평양의 베어드 부부, 미국 오하이오 신시내티의 갬블(Gamble) 부부 및 아들, 중국 상해의 국왕 대변인(Crown Advocate)인 윌킨슨(H. W. Wilkinson), 그리고 서울과 그 근방의 교회에서 온 많은 한국인 부부 등 거의 천 명이 참석함으로서 대성황을 이루었다. 그야말로 서울의 일대 사건이었던 것이다.

졸업식은 미 북장로회 게일(J. S. Gale) 목사의 사회로 진행되었는데, 게일 목사가 시무하는 교회의 목사인 이 씨가 한국어로 기도로 시작되었다.

1) 스크랜턴의 강연

의장의 짧은 연설 뒤에 스크랜턴이 "한국의 서양의학 도래와 발전에 대한 약사(A Short Sketch of the advent and progress of western medicine in Korea)"라는 제목으로 강연을 했다.

한국의 서양의학 도래와 발전에 대한 약사

한국에서 의학교 학생의 첫 졸업식인 오늘, 연설을 할 기회가 주어져 영광스럽습니다. 이 행사는 이 땅의 서양의학 도래와 관계가 있는 모든 사람들에게 특별한 기쁨 중의 하나입니다. 이 행사는 의술의 발전에 있어서 하나의 신기원을 나타내는 것이며, 의술의 미래 발전과 연관지어볼 때 매우 중요한 의미가 있습니다. 우리는 오래 동안의 노력으로 오늘의 결실을 맺었고, 그들의 발전으로 인해 외국인과 자국민을 포함한 한국의 모든 사람들에 대한 의료를 한 차원 더 높인 세브란스병원과 의학교에 진심어린 축하를 보냅니다.

대략 25년 전, 세 명의 의사가 한국에서 선교지부의 창립을 위하여 미국의 두 개의 큰 선교 단체로부터 선발되었습니다. 나는 그들이 선발되고 위임받은 정확한 역사적 순서는 말할 수 없으나, 이 세 사람, 즉 알렌, 스크랜턴 및 헤론이 이 순서대로 이곳에 왔다는 것은 확실합니다. 알렌은 원래 중국의 남경으로 파송되었으나, 새로운 나라가 개방되고, 그곳에 기회가 있다는 것을 듣자마자 1884년 9월 20일 중국을 떠나 한국에 도착하였습니다. 첫 몇 달은 그보다 먼저 온 외국인 및 원주민과의 면식 및 친교를 위해 보냈고, 첫 달 동안은 분명히 의료 활동을 거의 하지 않았습니다.

1884년 12월 4일은 한국의 개방에 있어서 주목할 만한 날입니다. 그날 새로운 우정국의 개국을 알리는 연회가 벌어졌는데, 그 연회가 진행되던 중 특정 관리들을 색출해내기 위한 화재 경보가 울렸고, 그 시대 진보파에게 불필요하다고 생각되는 여러 사람이 단수되었는데, 그 당시 부상자 가운데, 마지막 왕비의 가까운 친척인 민영익이 있었습니다. 민 공(公)은 세계 일주 여행에서 막 돌아온 주미 한국공사관의 중요한 일원이었으며, 미국과의 조약 비준을 위임받고 있었습니다.

그 당시 미국의 전권대사였던 푸트 장군은 알렌이 그 부상자들을 돌보게 하는데 큰 역할을 했으며, 특별히 민 공을 보살피도록 하였습니다. 알렌의 노력은 성공적이었고, 오늘날 세브란스병원의 전신인 그 당시의 정부 병원은 왕가에 대한 알렌의 노력에 대한 감사의 표시로 건립되었습니다.

이 기관은 한국에 세워진 많은 외국인 기관 중 최초의 것입니다. 이 기관은 공식적으로 1885년 2월 25일[343] 문을 열었습니다.

1885년 5월 3일 한국에 도착한 스크랜턴은 알렌을 제물포에서 처음 만나, 다음 날 서울로 동행하였고, 5월 5일 제중원을 처음 방문하였습니다. 그때부터 헤론이 6월 말 경에 오기까지 짧은 기간 동안 스크랜턴은 그 병원에서 알렌을 도왔습니다. 알렌이 왕가의 그 한 사람을 성공적으로 치료하여 얻은 서양의학의 특별한 소개 과정으로 인해 그의 무료진료소는 처음부터 모든 종류의 환자들로 가득 찼습니다. 그 수는 매일 백 명을 넘겼고, 알렌 혼자로는 그를 도울 수 있는 사람이 단 한 사람도 없는 상황에서, 갑자기 그에게 책임 지워진 수요를 충족시키는 것은 매우 무거운 짐이었습니다.

헤론이 도착하자 스크랜턴은 그가 파견된 임무를 수행하기 위해, 그리고 선교의 하나로서 병원을 건립하기 위해 떠났습니다. 이 사업은 그해 6월 현재 벙커 교수가 살고 있는 그의 저택에서 시작했는데, 나중에 이 무료진료소는 현재 정동의 감리교교회 자리로 이전되었습니다. 이 병원은 왕에 의해 배재학당과 이화학당이 이름을 하사 받을 때 함께 '시병원'이란 이름을 하사받았습니다. 몇 년 동안 이 기관은 매년 5천에서 7천 명의 환자를 돌보는 일을 수행하였습니다.

자, 우리가 특별히 관심을 가지고 있는 제중원으로 다시 돌아가 봅시다. 당신들 중 누군가는 한때 외아문병원(Foreign Office Hospital)이라고 불렸던 오래된 병원을 기억하실 겁니다. 의학교는 알렌, 헤론 및 언더우드를 강사진으로 하여 1886년 4월 10일[344] 그곳에서 시작하였습니다.

그 해는 무섭게 창궐하던 아시아 콜레라에 대한 서양의술의 치료 시도가 처음으로 행해졌습니다. 또한 그 당시에는, 외국인들이 아기들을 약물실험용으로 사용한다던가, 약물에 중독 시킨다던가, 아기들의 눈을 사진을 찍을 목적으로 사용한다던가하는 각종 죄목으로 그들을 악마로 몰아 체포하던 때였는데, 배재학당이 생긴 직후 그 밑의 지하실이 아기들을 숨기는 목적으로 사용된다는 소문이 돌았고 몇 명이 사람들이 그 소문의 진위를 확인하기 위해 그곳에 다녀갔습니다.

점점 그런 소문은 어느 정도 누그러졌습니다. 1887년 구 외아문병원은 나중에 에비슨이 살았던 곳이며, 최근 일본 전람회가 열렸던 곳인 구리개의 더 좋은 부지로 이전하였습니다.

다음으로 궁전에서 환자를 돌보는 일과, 한국의 여성 활동에 있어서 알렌을

---

343) 이 날짜는 음력으로 표시된 것이다.
344) 스크랜턴이 착각한 것이다. 정확한 날짜는 1886년 3월 29일이며, 4월 10일은 양력으로 했을 때 제중원의 공식 개원일이다.

돕기 위해 1886년 엘러스(지금은 벙커 부인)가 내한하였습니다.

이때 스크랜턴은 여성과 아이들을 전문적으로 돌보는 병원의 필요성을 발견하고 현재 보구녀관이라고 알려진 여성병원을 커틀러(Dr. Cutler)의 책임 아래 개원하였습니다. 하워드(Dr. Meta Howard)는 이곳에 보내진 최초의 여자 의사입니다.

시간과 여러분의 인내심을 고려하여 여러 가지 중요한 분야에서 의료 활동을 수행했던 사람들을 언급해 보면, 이 봉사 활동에 일찍이 일생을 헌신한 헤론, 원산에서 하디와 함께 몇 년을 활동한 맥길, 부산의 어윈, 한국의 영국 선교사업의 설립자인 제물포의 랜디스와 서울의 와일즈, 평양에서 의료 활동은 시작한 홀 부부, 이 글에서 빠져서는 안 될 이름인 웰스(Wells) 등인데, 오늘날 한국인의 마음속에 이 직업과 기술들에 대한 호의적인 입지는 일찍이 의술에서 훌륭한 일을 했던 이상의 모든 사람들 덕택입니다.

언급한 의료중심으로부터 필요한 거점에 서양의학의 시술을 확립하기 위해 의료인들이 뻗어나갔는데, 지금도 외국인이건 일본인이건 서양의학을 시술하는 사람이 있는 곳에서 멀리 떨어진 곳을 여행하기가 힘든 상황입니다.

우리 이외에 다른 집단에서도 의료 활동을 했는데, 무엇보다도 한국에 온 일본인들에 의해 서양식으로 실행되었던 의료 활동입니다. 이런 맥락에서 한성병원은 수년 동안의 명성과 입지에 있어서 주목할 만한 기관입니다.

그러나 이 시점에서 특별히 언급되어져야할 한국 정부의 기관이 셋이 있습니다. (관립)의학교는 10년 이상 존재하고 있습니다. 수년 전부터 정부의 주도 하에 한국의 백신 개발과 접종을 위해 시작한, 어떤 의미에서 구 외아문병원의 최근 계승자인 광제원, 최근 일제 치하에서 일본에 의해 경영되고 있는 적십자 병원.

이토 통감은 한국의 개혁을 진행시키면서 조선정부가 지원하는 이 세 개의 기관은 정부가 그들의 국민에게 이익을 주기 위한 희망대로 각각 잘 해나가고 있었음에도 불구하고 그 기관들 중 어떤 것도 그 고귀한 목적을 다하지 못하고 있다고 판단하였습니다. 이 기관들의 실용성과 개혁을 위해 이토 통감은 이 세 기관을 대한의원으로 통합하고 프-러전쟁과 청일전쟁, 도쿄에 있는 그의 개인 병원과 공립병원에서 많은 경험을 가진 사토를 불러들였습니다.

이 기관은 이제 빠르게 완성되어가고 있으며, 조만간 공식적으로 개원하게 될 것입니다. 이 건물은 벽돌과 석재로 만들어진 넓은 프론트를 가진 2층 건물이며, 200에서 300개의 병상을 수용할 수 있는 7개의 넓은 병동과 연결될 것입니다. 기숙사와 교수를 위한 관사, 의과대학도 함께 지어질 것입니다.

그러나 이것에 관해서는 이 기관이 스스로 더 많은 것을 알려줄 것이며, 우리는 한국 최초의 제중원에 있어 사도의 길(apostolic line)로 다시금 돌아갑시다.

내 생각에 에비슨이 한국에 와서 오늘날의 성과에 확실히 공을 돌릴 만한 가치가 있는 성공적인 작업을 시작한 것이 1893년입니다. 에비슨의 관리 하에 훌륭한 활동으로 세브란스병원의 현재 명성에 적지 않은 기여를 한 이 기관은 1904년에 구리개에서 우리가 지금 모여 있는 이 장소로 이전하였습니다. 세브란스 씨의 많은 기부는 이 기관을 사회에 대해 선행을 하게 만들고, 오늘날 첫 의학교 졸업생을 배출하게 한 노력과 견줄 만큼의 기여를 하였습니다. 지금 이 시간에 이 병원의 혜택을 굳이 언급하지 않더라도, 어떤 칭찬의 말로도 모자란 이 기관의 행적을 여러분 모두가 직접 목격하셨습니다.

지나간 날의 그 숱한 사건들을 되새기는 것이 고리타분하게 느껴질 수도 있습니다. 현재의 기쁨에 있어서 역할을 했던 많은 좌절과 용기를 잠깐 생각해봅시다. 우리는 많던 적던 간에 또 다른 기관이 들었을 수도 있는 것들을 목격했고, 한국인들이 칭찬을 금할 수 없는, 맹인들에게 눈을 돌리고, 나무, 돌, 심지어 모든 중요하지 않은 것에까지 눈을 돌렸다는 것은 사실입니다. 우리는 서양 의학의 자신감이 점점 성장하는 것을 매우 흥미롭게 지켜보았습니다.

오늘은 한국 의학의 새 시대를 장식한 날입니다. 먼저 나서 일본에 가서 서양 의학교를 졸업하고 온 사람들은 다른 이들과 합류하기 위해 그렇게 하였습니다. 아무튼 한국에서의 서양의학의 작은 흐름은 이제 변화하고 있고, 두 부류는 섞이게 될 것입니다. 서양과 교화하기 위해 그들이 배우고, 몇 가지 방식으로 행해온 원칙을 가지고 있는 일본의 서양의학도들처럼, 우리도 한국이 헌신적으로 이전 받은 기술들에 대해 무의미한 형제가 되지 않기를 희망합니다. 우리는 서양에 의해서 의료라는 방식으로 한국에 혜택이 주어졌을 뿐 아니라, 한국도 같은 면에서 열정과 헌신을 주었다고 믿습니다.

나는 이 새로운 개업의들과 한국의 첫 의학교 졸업생들에게 진심으로 축하를 보냅니다. 나는 당신들에게 엄숙한 책임이 있음을 일깨워주고 싶습니다. 당신들은 자신이 아니라 남을 위해 봉사하는 직업을 갖고 있습니다. 당신들의 새로운 직업윤리를 성취하기 위해서는 단지 이름뿐만이 아닌 동료들을 위해 봉사하는데 있어서 자신의 삶에 얽매이지 않았던 사람들의 계승자가 되어야만 합니다. 당신은 헌신과 고된 연구와 높은 성취를 계승받았고, 당신들에게 그것들이 실제로 쓰여 지는데 있어서, 못쓰게 되거나 줄어들지 않도록 하는 책임이 있습니다. 당신은 인내와 헌신으로 당신의 바로 앞의 선교의 선구자들에 의해 희망적인 수업을 받아왔습니다.

뿐만 아니라 나는 당신들이 당신들의 나라에서 개척자가 되었으며, 당신의 민족과 계승자들을 위해 한국의 의술을 다져나가는 것이 당신들의 의무임을 일깨워주려 합니다. 의학은 한국에서 수행해야할 거대한 임무가 있으며, 이 일을 수행해야 할 사람은 한국인 의사들입니다. 이곳의 외국인 의사들은 잠시 머물고 곧 떠날 테지만, 당신들은 그들이 가르쳤던 것을 계승하고, 그것들을 당신의 민족과 당신의 나라의 이익을 위해 사용해야만 합니다. 오랜 세월 동안 당신의 직업에 있어서 가르침을 받았던 많은 교수들의 많은 높은 이상들을 가지고, 당신의 직업과 당신의 스승과, 당신을 계승할 학생들의 영광과 이익을 위해 최선을 다해 일하십시오.

2) 졸업장 수여

스크랜턴의 강연이 끝나고 학부대신 이재곤의 훈사가 있었고, 이어 에비슨에 의한 학위 수여와 이토 통감에 의한 졸업증서의 수여라는 졸업식의 가장 흥미롭고 중요한 과정이 남았다. 졸업생들은 제모를 썼고 한복 위에 가운을 입었다. 괜찮은 모습이었다. 허스트가 이 영광을 안은 일곱 명의 젊은이를 호명했는데,345) 홍종은, 김필순, 홍석후, 박서양, 김희영, 주현측, 신창희였다(그

그림 Ⅱ-6-3 에비슨, 허스트와 제1회 졸업생들. 졸업증서와 부케를 손에 들고 있다. Korea Missio Field 35(7), 1939.

그림 Ⅱ-6-2 허스트와 제1회 졸업생들. 뒷줄 왼쪽이 김필순 가운데가 홍석후, 오른쪽이 신 창희이며, 가운데 줄 왼쪽이 주현측, 가운데가 허스트, 오른쪽이 박서양이다. 아랫줄 왼쪽은 김희영, 오른쪽은 홍종은이다. 동은의학박물관 소장.

림 Ⅱ-6-2, Ⅱ-6-3).

허스트가 이름을 부른 졸업생은 단상으로 나왔으며, 에비슨은 졸업증서를 이토에게 전해 주어 그로 하여금 학생에게 수여하도록 하였다. 에비슨으로부터는 후드를 수여받았다. 졸업생은 의장과 통감, 그리고 스승에게 인사를 하고 단상을 내려갈 때, 에비슨의 아들 고든 월버로부터 장미로 된 부케를 받았다. 그리고 하객들의 진심 어린 박수를 받았다.

이들이 받은 학위는 의학박사(醫學博士)였으며, 영어로는 「Doctor of Medicine and Surgery」였다(Ⅱ-6-4).[346] 1904년 9월 세브란스병원이 개원하자 제중원과 세브란스병원이 혼용되어 사용되었으나, 졸업장은 세브란스병원의 학교 명의로 발행되었다.

3) 통감 이토의 훈사[347]

졸업증서의 수여가 끝나자 이토가 일본어로 연설을 하였다. 연설은 그의 개인 비서인 고쿠부 쇼타로(國分象太郎)에 의해 한국어로, 「Seoul Press」의 도모토 모토사다(頭本元貞)에 의해 영어로 통역되었다. 그의 연설은 교수와 학생들이 애써 공부한 것을 감사하게 생각하는 치하의 말이었다.

각하, 신사 숙녀 여러분,
저는 세브란스병원의 첫 번째 졸업식에서 이러한 기념적인 일에 한 부분을 할 수 있는 특권에 대해 매우 감사하게 생각합니다. 나는 그들의 인생에서 매우 기쁘고 중요한 졸업식에서 졸업생들을 축하할 수 있게 된 것에 대해 더욱 더 감사를 드립니다. 그리고 한국의 발전을 위해서 그들의 전문 분야에서 보여준 에비슨 박사와 그의 동료들의 헌신적이고 효과적인 노력에 대해 감사를 드리고 싶습니다.
다른 극동의 나라들과 같이 한국도 의학교가 없진 않았습니다. 하지만 저보

---

345) 졸업생을 호명한 사람은 이재곤이었다는 기록도 있다.
346) Mission in Korea. The Seventy-second Annual Report of the Board of Foreign Missions of the Presbyterian Church in the United States of America. Mission House, New York, 1909년, 281쪽.
347) Prince Ito. Seoul Press, 1908년 6월 4일 2면 좌측 2번째 줄

그림 II-6-4 제1회 졸업생 김희영의 졸업증서(1908). 동은의학박물관 소장.

다 여러분이 더 잘 알듯이 조선 의학은 질병의 원인을 연구하고 새로운 약을 개발하기 위한 화학 연구에서 매우 중요한 해부학과 생리학적인 면에서 서양 의학과 비교가 되지 않습니다.

따라서 제가 처음 여기 통감으로 왔을 때 전 당장 조선정부에 대한의원을 세우자고 건의했습니다. 그와 동시에 발전된 서양의학을 소개하고 병원과 함께 학교에서 서양의학을 가르치자고 했습니다. 병원은 최근에야 열었고 아직 학교에서 어떠한 졸업생도 배출하지 못했습니다.

오늘 제가 졸업장를 드리게 되는 제군들, 여러분은 배우고 숙련된 서양의사에게서 문명의학을 배울 수 있는 기회를 경험해 왔습니다. 여러분의 과정을 끝낸 후에 여러분은 지금 교실에서 배운 것들을 실제 적용하는 인생에서 매우 중요하고 새로운 단계에 와 있습니다. 여러분은 인생에서 매우 중요한 발전을 해 왔고 전 그것에 대해 진심으로 축하합니다. 결론적으로 전 여러분이 여러분의 나라에서 의학의 발전에 앞장서는 선구자가 되었으면 합니다. 그렇게 함으로서 여러분은 여러분의 스승과 국가가 여러분께 원했던 것을 충실히 이행할 수 있게 되는 것입니다.

그 다음으로 내부대신 임선준이 졸업생들에게 짧은 연설을 하였다.

4) 졸업생의 답사

그리고 졸업생 중 한 명인 홍석후가 졸업생을 대표해서 한국어로 간단하게 감사를 표했다. 그는 "우리들을 그와 같은 발전을 할 수 있게 하신 하나님의 은총에 감사드리고 동시에 선생님들께서 가르쳐 주신 것뿐만 아니라 학생들이 희망이 없어 보이고 너무나 긴 고통에 포기하려고 할 때 끊임없이 격려해주신 것에 대해 감사드린다"고 말했다.

그리고 다른 졸업생 김필순이 영어로 연설을 해서 영어를 사용하는 많은 하객들로부터 큰 칭찬을 받았다.

졸업생의 답사에 이어 의장이 미국 영사인 새몬스(Thomas Sammons)를 소개하였다. 그는 이루어진 일의 중요성과 선교 및 교육적인 측면에서의 가치에 대해, 그리고 병원의 선행에 대해 강조하였다. 특히 10주 동안 한국에 머물면서 세세히 조사하여 크게 좋은 일이 될 것이라고 느껴 그의 기부액을 크게 늘린 세브란스 씨의 일을 말하였다. 마지막으로 통감과 조선정부가 이 기관에 보여준 지지 및 호의는 다른 무엇보다도 미국인 자선가를 만족시켰다는 점을 강조했다.

5) 에비슨의 연설

미국 영사에 이어 마지막으로 에비슨의 연설이 있었다. 그는 간략하게 그가 처음에 조선에 와서 의료 사업을 수행했던 상황을 흥미롭게 설명하면서 무엇을 하려고 했고 무엇이 성취되었는가를 말한 후, 그것은 쉽지 않았으며 항상 고무된 것도 아니었다고 말했다. 입학한 학생들 중 충분할 정도의 기간 동안 그와 함께 남았던 사람은 극히 적었지만 그의 인내는 드디어 보상 받게 되었으며, 7명의 총명한 젊은이의 졸업에서 더 없는 그의 노력의 결과를 보는 것이 행복하다고 말했다. 그의 의사를 만들려는 오랜 노력의 첫 번째 결실들이 이론과 실습의 모든 면에서 교육되어 그를 기쁘게 한다고 하였다. 그는 졸업생에 대한 내부대신의 관심과 동정에 대해 감사를 표하며, 그와 조선 통감에게 졸업생들이 추가 시험 없이 정부의 인증을 받게 된 것에 대해 감사를 한국인의 능력에 대해 매우 무지한 사람의 말을 지적하면서 자신이 15년 동안 한국인들을 가르치고 일하면서 한국인들의 능력과 정신세계에 대해 알게 되었다고 말하고, 그는 한국인들이 다른 나라의 사람들보다 조금도 뒤쳐지지 않았다는 것에 대해 망설이지 않고 말할 수 있다고 하였다. 최고 졸업자의 성적이 92%에서 가장 낮은 사람이 72%로 평균 83%의 성적이 이를 증명한다고 하였다. 그는 졸업생들의 양성에 조금이라도 기여한 사람들은 몇 년 후에 한국에 크게 기여했다는 자부심과 감사를 가지게 될 것이라고 말했다. 그는 이 졸업식에 참석한 동양과 서양 하객들 모두에게 감사를 표시하면서, 그들의 참여가 의학과 같은 인도적인 사업에 있어 동양과 서양이 공동의 관심을 나타내는 것이라는 점을 강조했다. 동시에 동양인과 서양인들이 인류 진보와 문명의 발달을 위해서 힘을 모으는 것이 불가능한 것이 아니라고 말했다. 아울러 졸업식 전날 졸업생들을 만나 그들의 장래 대해 물은 것에 대한 대답에 자신이 크게 감동한 이야기도 하였다. 그리고 졸업생들이 가져야 할 책임감에 대해 몇 개의 충고로 말을 끝냈다.

마지막으로 성공회 트롤로프 목사[348]의 기도와 축복으로 성대한 졸업식이 끝났다. 많은 관중들은 졸업식이 끝난 후에도 남아 새로운 의사들의 탄생을 축하하고 그들의 성공을 빌었다.

에비슨은 많은 친구들의 축하에 휩싸였다. 친구들은 환경을 극복해낸 한국 청년들에게 동정을 보내고, 많은 어려움을 이겨낸 15년 동안의 노력이 좋은 결과를 맺게 된 것에 대해 축하하였다.

6) 「Seoul Press」의 논설

1908년 6월 5일 「Seoul Press」는 졸업식과 관련된 기사를 보도하면서 한국에서의 첫 의사 배출에 대해 다음과 같은 사설을 실었다.[349]

관련 기사가 실려 있는 세브란스병원의학교의 첫 졸업식에 비상한 관심이 쏠렸다. 이것은 한국에서 의학의 역사상 새로운 장을 여는 것이다. 수요일 졸업증서를 받은 젊은이들은 한국에서 교육을 완료한 첫 의학생들이다. 졸업식장에서 스크랜턴 박사가 연설한 바와 같이 그들은 일본과 미국의 의학교에서 졸업증서를 받은 여러 명이 있기에 의학사를 받은 첫 한국인들은 아니다. 그러나 수요일의 졸업식은 한국에서 의학교육이 굳건한 발판을 만들었다는 것을 입증했다는 점에서 중요하다. 이것은 주로 에비슨 박사 및 그의 능력 있는 동료에 의한 것이며, 한국에서 의료사업에 개척자적인 그들의 힘들었던 노고가 스크랜턴 박사의 연설에 잘 나타나 있다. 일본이 처음에는 네덜란드로부터, 후에는 독일로부터 주로 의학을 받아들인 것에 비해 한국은 주로 미국과 영국에

---

348) 트롤로프(M. N. Trollope, 1862-1930)는 영국에서 출생하여 옥스퍼드대학 및 커데스던신학교를 졸업한 후 1888년 사제 서품을 받고 1891년 3월 19일 영국성공회의 선교사로 내한하였다. 1893년 한국어 성서 번역에 참여했고, 강화에서 주교 대리직을 수행하기도 했다. 1911년 7월 25일 제3대 주교가 되었으며, 1917년 왕립아시아학회의 조선지부장으로 재직하며 한국한 연구를 지원했다. 1930년 11월 6일 람베드회의 참석차 귀국했다가 돌아오던 중 일본 고베항에서 폭풍으로 배가 충돌하여 사망하였다. 김승태, 박혜진: 내한 선교사 총람. 1884-1984. 한국기독교역사연구소, 1994, 498-9쪽.

349) Western Medicine in Korea. Seoul Press, 1908년 6월 5일 3면 첫 번째 줄.

서 의학을 받아들였다는 점이 흥미롭다. 이것은 새로운 의학이 그 나라에 소개된 상황이 달랐기 때문이다. 일본의 경우 서양의학이 상업과 함께 소개되었으며, 그것은 일본인들에게 지식을 전파하고자 하는 외국인 의사 측의 특별한 노력 때문이 아니라 우리 의료인들의 새로운 기술에 대한 억제할 수 없는 갈증 때문이었다. 거의 극복할 수 없는 어려움 중에 배웠던 일본의 서양의학 선구자들의 굴하지 않는 인내보다 더 교훈적 혹은 영감을 주는 것은 어느 국가에서건 교육의 역사에 있어 없을 것이다. 이야기는 길지만 그들이 투쟁해야 했던 어려움의 본질을 바로 나타내 주는 한 예를 인용하고자 한다. 60년 이상 전 에도에서 약 6명의 열렬한 의학도가 겉핥기식으로만 아는 네덜란드어로 된 해부서를 제외하고는 강사도 없이 스스로 학급을 만들었다. 그들은 책을 열심히 읽었으며, 책 속의 그림의 도움을 받고 혹은 때로 참수된 사형수의 시신을 해부하며 그 내용의 의미를 판독했다. 때로 그들은 어떤 어려운 용어에 걸려 그들 스스로 한 단어로 정확한 의미를 갖는데 때로는 며칠을 소비해야 했다. 하지만 인내력으로 상당히 정확한 번역 작업의 완수에 성공하였다. 이런 노력의 결과 보상이 주어져 1867-8년의 왕권 복위 전쟁 시기에 일본은 이미 양 진영에서 아프고 상처받은 사람들에게 왕진을 갈 충분한 수의 훈련된 외과의사들이 있었다. 한국에서 서양의학은 선교 사업과 함께 들어왔으며, 초기에는 상당히 한국인들의 의지에 반해 시도되었다. 따라서 진전은 느렸고 만족스럽지 못했으며, 에비슨 박사가 언급한 바와 같이 한국에서 시작하는데 의학 분야에 있는 외국인들이 경험한 바와 같이 상당한 어려움이 있었다. 하지만 실험이 결국 성공적인 것으로 입증되었으며, 우리는 관립이건 사립이건 지금 진행되고 있는 의학교육에서의 노고에 같은 성공이 있을 것을 믿어 의심치 않는다. 한국에서 서양의학에 새로운 시대가 동이 트고 있다.

4. 최초의 의사면허 - 의술개업인허장

졸업식 다음 날인 1908년 6월 4일 졸업생들은 내부 위생국으로부터 의술개업을 허락하는 의술개업인허장(醫術開業認許狀)을 받았는데,[350] 통감 이토의 지시에 의한 것이었다. 인허장의 내용은 "○○○는 세브란스병원의학교에서 의학 수업의 전 과정을 이수하고 동 기관에서 충분한 시험을 통과한 사실로 보아 의료를 행할 권리를 부여한다."는 것으로 추정된다(그림 Ⅱ-6-5).[351] 이

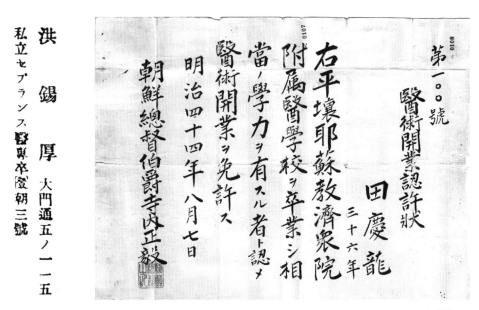

그림 Ⅱ-6-5 의술개업인허장. A. 홍석후가 인허장 3번이었음을 알려 주는 자료. 日本醫籍錄. 東京醫師時論社, 1928. 동은의학박물관 소장. B. 전경룡의 인허장 100번. 아쉽게도 조선총독부에서 발행한 것이지만, 1908년 최초로 발행된 것과 유사할 것으로 추정된다. 국가기록원 소장.

---

350) 에비슨은 이미 1906년 곧 배출될 졸업생들에게 정부의 공인된 자격을 주기 위해 노력하고 있었으며, 인허장은 1908년 5월 말에 내부로부터 승인을 받았다. 에비슨(O. R. Avison)이 브라운(A. J. Brown)에게 보내는 1906년 6월 8일 편지(Records of Board of Foreign Missions of the Presbyterian Church of U. S. A. Korea, Letters and Reports. 48권, Korea Letters 1906, 73번 편지); 雜報 醫業承認. 皇城新聞, 1908년 5월 31일 2면 3단; 雜報 開業狀 受與. 皇城新聞, 1908년 6월 7일 1면 3단; Severance Hospital Medical College. Seoul Press,

의술개업인허장은 번호가 1번부터 7번까지였으며, 이것이 한국 최초의 의사
면허이다.[352]

1) 의술개업인허장 1번

그러면 의술개업인허장의 1번, 즉 최초의 면허를 받은 의사는 누구였을까?
홍석후가 3번이었고, 주현측이 6번이었던 것은 확실하지만[353] 각 졸업생의 면
허 번호는 확실하게 알려져 있지 않다.

여기서 우리가 주목할 자료가 있다. 바로 졸업식을 소개한 기사의 내용 중
에 있는 다음과 같은 내용이다.

  이 영광을 안은 일곱 명의 젊은이는 홍종은, 김필순, 홍석후, 박서양, 김희
  영, 주현측, 신창희였다.

졸업생의 순서가 좀 특이하다. 입학 순서도 아니고, 한국어, 영어 혹은 일
본어 발음순서도 아니다. 그런데 연세대학교 의과대학에 남아 있는 옛 학적부
에 의하면 맨 앞에 철(綴)해 있는 홍종은의 면에 1번이라는 표시가 있고, 신
창희와 주현측의 순서가 바뀐 것을 제외하고는 위의 졸업생 순서와 동일한
번호가 매겨져 있다. 이 순서는 다름 아닌 졸업 점수 순서대로 철했던 것이
고, 바로 이 성적에 따라 의술개업인허장이 수여된 것으로 추정된다.[354] 이
추정을 근거로 하면 의술개업인허장의 번호는 다음과 같았다.

  1908년 6월 6일 2면 좌측 4번째 줄

351) 현재 유일하게 남아있는 전경룡(田慶龍)의 의술개업인허장 제100호의 내용을 토대로 추
   정한 것이다.

352) Graduation exercises. Korea Mission Field 4: 127, 1908; Mission in Korea. The Seventy-
   second Annual Report of the Board of Foreign Missions of the Presbyterian Church in the
   United States of America. Mission House, New York, 1909년, 281쪽.

353) 本田六介 編纂: 朝鮮. 日本醫籍錄. 제1판, 醫事時論社, 東京, 1925, 5쪽, 47쪽.

354) 이 순서는 7명의 졸업생을 홍종은, 김필순의 순서로 나열하고 있는 '대한매일신보'나
   'Seoul Press'에서도 동일하다. 雜報 의술허가. 大韓每日申報, 1908년 6월 6일 2면 3단;
   Severance Hospital Medical College. Seoul Press, 1908년 6월 6일 2면 좌측 4번째 줄.

그림 Ⅱ-6-6 홍종은, 홍석후를 의학박사로 칭하고 있는 자혜약방 광고지(1909년 경). 동은의학박물관 소장.

1번 홍종은, 2번 김필순, 3번 홍석후
4번 박서양, 5번 김희영, 6번 주현측, 7번 신창희

한편 여러 곳에서 이들이 의학박사(醫學博士)라고 불려지는 것을 확인할
수 있다(그림 Ⅱ-6-6).[355]

2) 의술개업인허장의 역사적 의미

세브란스병원의학교 제1회 졸업생들에게 수여된 의술개업인허장의 역사적
의미를 한국 의사 면허제도의 도입사의 측면에서 알아보기로 하자.[356]

한국에서 의사면허 제도의 기원은 1900년 1월 2일자로 반포된 의사규칙
(醫士規則)에서 찾을 수 있다(그림 Ⅱ-6-7).[357] 이 규칙은 제1조에서 「의사(醫
士)는 의술을 관숙(慣熟)하여 천지운기(天地運氣)와 맥후진찰(脈候診察)과 내
외경(內外景)과 대소방(大小方)과 약품온량(藥品溫凉)과 침구보사(鍼灸補瀉)를
통달하여 대증투제(對證投劑)하는 자」로 규정함으로써 한국 역사상 처음으로
의사에 대한 법률적 정의를 내리고 있는데, 그 내용으로 보아 한의사들을 염
두에 두고 있음을 알 수 있다.

이 규칙의 제25조에서는 관청의 허락 없이 의사로 활동하는 사람에게 10
원 이상 100원 이하의 벌금에 처할 수 있는 처벌 규정까지 두어 의료에서 의
사의 독점권을 분명하게 인정하였다. 그런데 제2조에서는 의과대학과 약학과
의 졸업장을 가지고 국가에서 주관하는 시험을 통과한 사람을 의사로 규정하
고 이들 외에는 의료행위를 금하고 있어 장차 배출될 미래의 의사에 대해서
도 미리 규정을 정해 놓은 것처럼 보인다.

하지만 이것은 규정일 뿐 실제로 시행되지는 않았다. 조선정부는 제2조에

---

355) 에비슨은 7명의 졸업생에게 박사 대우를 하기로 하고, 내부대신 및 통감을 방문하여 협
   의하였다. 雜報 給位博士. 皇城新聞, 1908년 6월 7일 2면 3단; 雜報 待遇協議. 皇城新聞,
   1908년 6월 11일 2면 3단; 廣告 慈惠醫院. 大韓每日申報 1909년 10월 31일 4면 2단.
356) 여인석, 박윤재, 이경록, 박형우: 우리나라 의사면허 제도의 역사. 구한말과 일제시대를
   중심으로. 醫史學 11: 137-53, 2002.
357) 內部令 제27호 醫士規則. 官報 제1473호, 1900년 1월 17일.

서 과도기적으로 기존에 의료 활동을 하는 이들 가운데 위생국에서 주관하는 시험에 합격한 자들에 대해 인허장을 부여한다는 단서를 덧붙였는데, 이는 한의사들을 위한 것이었다. 내부(內部)에서는 13도에 공문을 보내 각 군에서 활동하는 의사와 약제사의 이름, 주소 등을 파악하여 그 명단을 보내도록 하였다.358) 그리고 1900년 3월 1일부터 20일까지 내부에서 의사와 약제사를 소집하여 시험을 보게 하였으며 이 기간 중에 시험을 보지 않는 자에게는 벌금을 부과하는 조치를 취하기도 하였다.359) 당시까지 한의사란 특별한 교육 과정이나 자격에 대한 검증 과정 없이 본인이 원하면 누구나 약간의 의학지식을 밑천으로 의료 활동을 할 수 있었기 때문에 이 의사규칙으로 당시의 많은 한의들의 질을 관리할 수 있었을 것으로 보인다.

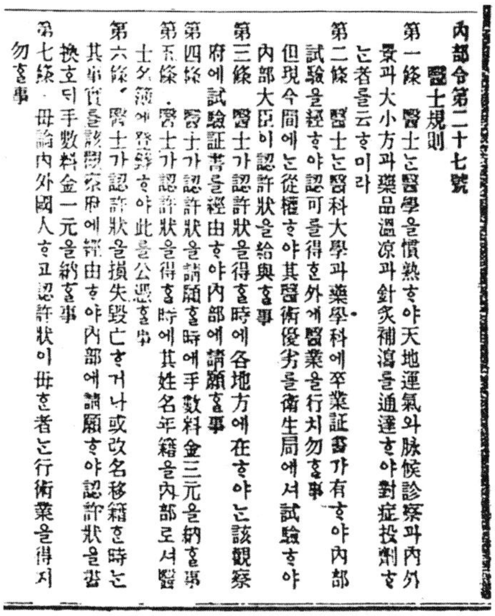
內部令第二十七號
醫士規則
第一條 醫士ᄂᆞᆫ醫學을慣熟ᄒᆞ야天地運氣와脈候診察과內外
景과大小方과藥品溫凉과針灸補瀉를通達ᄒᆞ야對症投劑ᄒᆞ
ᄂᆞᆫ者를云ᄒᆞ미라
第二條 醫士ᄂᆞᆫ醫科大學과藥學科에卒業證書가有ᄒᆞ야內部
試驗을經ᄒᆞ야認可를得ᄒᆞᆫ外에醫業을行치勿ᄒᆞᆯ事
但現今間에ᄂᆞᆫ從權ᄒᆞ야其醫術優劣를衛生局에서試驗ᄒᆞ야
內部大臣이認許狀을給與ᄒᆞᆯ事
第三條 醫士가認許狀을得ᄒᆞᆯ時에各地方에在ᄒᆞ야ᄂᆞᆫ該觀察
府에試驗証書를經由ᄒᆞ야內部에請願ᄒᆞᆯ事
第四條 醫士가認許狀을請願ᄒᆞᆯ時에手數料金三元을納ᄒᆞᆯ事
第五條 醫士가認許狀을得ᄒᆞᆫ時에其姓名年籍을內部로서醫
士名簿에登錄ᄒᆞ야此를公認ᄒᆞᆯ事
第六條 醫士가認許狀을損失毁亡ᄒᆞ거나或改名移籍ᄒᆞᆫ時ᄂᆞᆫ
其事實을該觀察府에經由ᄒᆞ야內部에請願ᄒᆞ야認許狀을替
換ᄒᆞ되手數料金一元을納ᄒᆞᆯ事
第七條 毋論內外國人ᄒᆞ고認許狀이毋ᄒᆞᆫ者ᄂᆞᆫ行術業을得지
勿ᄒᆞᆯ事

그림 Ⅱ-6-7 의사규칙. 內部令 제27호 醫士規則. 官報 제1473호, 1900년 1월 17일.

한편 조선정부는 1899년 7월 의학교 규칙(醫學校 規則)을 발표하면서 졸업시험을 통과한 사람에 대해서 졸업장과 동시에 내부대신 명의로 의술개업 면허장을 수여하도록 규정했지만, 실제로 이들은 인허장을 받지 못했다. 조선정부는 인허장의 수여에 대해 그다지 적극적이지 않았고, 또 필요성도 크게 느끼지 않았던 것 같다. 오히려 최초의 인허장은 통감부 시기인 1908년 에비슨의 요청으로 제중원의학교 제1회 졸업생들에게 주어졌다.

한국 최초의 의술개업인허장 수여에 대해 통감부는 다음과 같은 기록을

358) 雜報 飭試醫業. 皇城新聞, 1900년 2월 10일 2면.

359) 1900년 인허장을 받은 사람 중에 조옥승(曹玉承)이 있는데, 이때 시험을 보아 내부 위생국으로부터 의사인허장(醫士認許狀)을 받았다. 그는 1902년 내부 위생국의 사무위원에 임명되었다. 朝鮮紳士寶鑑, 1914, 576쪽; 雜報 醫藥試才. 皇城新聞, 1900년 3월 3일 2면 2단; 잡보 뎨국신문, 1900년 3월 3일 2면 3단.

남겼다.

전기 세브란스병원 부속의학교는 본년(1908년) 6월에 이르러 한인 졸업생 7명을 배출함으로써 그 실력을 조사하여 특히 의술개업인허장을 교부하였다. 한국에서 한국인을 의사로 공인하는 것은 좋은 일이다. 예전부터 한국에 있어서는 의사규칙이 있었는데, 아직 이를 실제로 적용한 적은 없었다. 한인으로서 스스로를 의사라 칭하고 현재 그 의료업을 운영하는 사람은 앞에서 기재한 7명을 제외하고 그 수가 2,600명에 이른다. 그렇지만 모두가 공인을 받은 것은 아니다.[360]

따라서 관립의학교 졸업생들이 '의술개업인허장으로 개업을 할 수 있었다.'는 지적은 틀린 것이다.[361] 하지만 1909년 말부터 대한의원 부속의학교 졸업생을 시작으로 의학교 졸업생들에게도 소급해서 주어졌고, 한일합방 후에는 제중원(세브란스병원)의학교나 조선총독부의원 부속의학강습소 졸업생 뿐아니라 평양 야소교제중원 부속의학교 졸업생[362], 그리고 평양의 동인의원 부속의학교 졸업생들[363]에게도 주어졌다. 이렇게 발급되기 시작한 의술개업인허장은 1913년 11월 15일에 새로 마련된 의사규칙에 의해 '의사면허증'이란 명칭으로 새 번호가 부여될 때까지 144명에게 발급되었으며, 1913년 12월 11일에 마지막으로 박동석(朴東碩)에게 주어졌다.[364]

이러한 인허장은 정부가 인정하는 의학교 졸업생에게만 국한되었던 것으로 보인다. 1910년 6월 하얼빈에 거주하던 이진옥이 의술 개업을 위해 내부에 청원했는데, 그가 의사규칙에 규정된 자격이 없기 때문에 인허할 수 없다고 허가하지 않았던 적이 있었기 때문이다.[365]

---

360) 裵圭淑: 大韓帝國期 官立醫學校에 관한 硏究. 이화여자대학교 대학원 1990년도 석사학위청구논문, 1991, 54쪽.

361) 裵圭淑: 大韓帝國期 官立醫學校에 관한 硏究. 이화여자대학교 대학원 1990년도 석사학위청구논문, 1991, 54쪽.

362) 廣告 醫術開業認許狀. 朝鮮總督府 官報 제246호, 1911년 6월 26일.

363) 醫術開業認許狀 授與 下付. 朝鮮總督府 官報 제224호, 1911년 5월 31일.

364) 醫籍登錄. 朝鮮總督府 官報 제437호, 1914년 1월 16일.

365) 1900년의 의사규칙이 서양식 교육을 받은 사람들에게 적용되지 않았던 사실로 미루어 이진옥이 요청한 의술개업이 어떤 성격이었으며, '규정된 자격'이 정확하게 무엇인지는 분명하지 않다. 雜報 醫術開業 否認. 皇城新聞, 1910년 6월 5일 2면 5단.

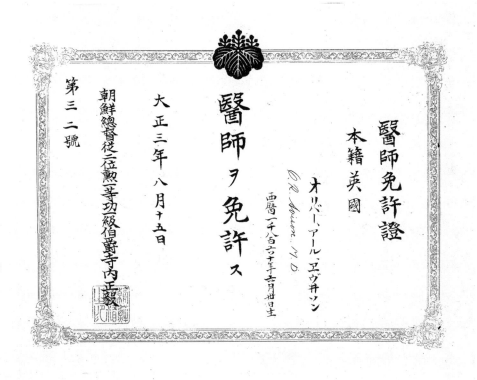

그림 Ⅱ-6-8 의사면허증. 제32호이며, 1914년 8월 15일 에비슨에게 부여된 것이다. 동은의학박물관 소장.

새로운 의사면허(醫師免許, 그림 Ⅱ-6-8)가 발급되면서 기존의 의술개업인허장은 그대로 인정하여 새로운 의사면허증을 수여하지는 않았다. 다만 기존의 인허장을 분실하거나 주소의 변경 등으로 다시 발급 받아야 할 경우에는 새 번호의 의사면허를 주었다.

5. 첫 졸업생 배출 이후 세브란스병원의학교의 발전

1) 세브란스병원의학교

제1회 졸업생을 배출한 후 세브란스병원의학교는 새로운 법률적 지위를 얻게 된다. 이전까지는 별도의 등록이나 허가 절차 없이 학교를 운영할 수 있 었지만, 1908년 8월 26일 통감부는 전문 15개 조항과 부칙 2개 항으로 구성된 사립학교령(私立學校令)366)을 반포했다.

칙령 제62호 사립학교령

제1조 사립학교는 별가(別假)의 규정이 유(有)한 자를 제(除)한 외에 총(總)히 본령 규 정에 의함이 가홈

제2조 사립학교를 설립코자 하는 자는 좌의 사항을 구(具)하야 학부대신의 인가를 수 (受)함이 가홈

　1. 학교의 일적, 명칭 및 위치

　2. 학칙

　3. 교지 교사의 평면도

　4. 1개년 수지예산

　5. 유지방법

　　단 기본 재산 우(又)는 기부금에 대하여는 증빙 서유를 첨부함이 가홈

　6. 설립자, 학교장 및 교원의 이력서

　7. 교과용 도서명

　　전항 제4호를 제(除)한 외 각호의 사항에 이동을 생(生)한 시(時)는 학부대신에 게 보고함이 가홈. 단 승계자 우(又)는 신임자의 보고에는 이력서를 첨부함이 가홈.

　　사립학교의 개교 및 폐지는 설립자가 학부대신에게 보고함이 가홈.

---

366) 勅令 제62호 私立學校令. 官報 제4165호, 1908년 9월 1일.

제3조   전조의 학칙에는 좌의 사항을 규정함이 가홈.

　　1. 수업연한 및 학년에 관한 사항

　　2. 학과목 및 기 정도와 매주 교수 시수에 관한 사항

　　3. 학원 혹 학도의 정원

　　4. 입학자의 자격과 기타 입학 퇴학에 관한 사항

　　5. 수업료 및 입학료 등에 관한 사항

　　6. 기타 학교에서 필요로 인하는 사항

제4조   사립학교는 기 명칭상에 사립 2자를 관(冠)함이 가홈

제5조   사립학교에는 학교장을 치(置)함이 가홈. 학교장은 학교를 대표하여 교무를 장리(掌理)홈

제6조   사립학교에서 용(用)하는 교과용 도서는 학부의 편찬한 자이나 우(又)는 학부 대신의 검정을 경(經)한 자 중으로 택함이 가홈

　　　　사립학교에서 전항 이외 의 도서를 校科用 도서로 용(用)코자 하는 시는 학부 대신의 인가를 수(受)함이 가홈

제7조   사립학교에는 좌의 장부를 비(備)함이 가홈

　　1. 학적부 및 출석부

　　2. 직원명부

　　3. 회계에 관한 장부

제8조   좌의 각호의 1에 해당한 자는 사립학교의 설립자, 학교장 우(又)는 교원됨을 득지 못홈

　　1. 금옥(禁獄) 이상의 형에 처하였던 자

　　　단 특사복권된 자는 차한(此限)에 부재홈

　　2. 징계 처분에 의하여 면관에 처하고 2개년을 경(經)치 아니한 자

　　　단 징계를 면한 자는 차한(此限)에 부재홈

　　3. 교원 허장(許狀) 환수의 처분을 수(受)하고 2개년을 경(經)치 아니한 자

　　4. 성행불량으로 인하는 자

제9조   사립학교의 설비, 수업 및 기타 사항에 대하여 부적당함으로 인(認)한 시(時)는 학부대신은 차(此)의 변경을 명함을 득홈

제10조 좌의 경우에는 학부대신은 사립학교의 폐쇄를 명함을 득홈

　　1. 법령의 규정에 위배한 시

　　2. 안녕 질서를 문란하거나 우(又)는 풍속을 괴난할 려(慮)가 유(有)할 시

3. 6개월 이상 규정의 수업을 위(爲)치 아니한 시

4. 제9조에 의하여 학부대신의 여(與)한 명령에 위배한 시

제11조 설립인가를 수(受)치아니하고 학교의 사업을 위하는 자에 대하여 는 학부대신은 기 사업의 금지를 명함이 가홈

제12조 사립학교장은 매년 5월말일 현재에 의하여 직원 성명, 담당 학과목, 학년별, 학원 학도 재적자 수 및 출석자 수, 교과용 도서명 및 회계의 상황에 관한 보고서를 조제하여 익월내로 학부대신에게 보고함이 가홈

제13조 지방관은 학부대신의 지휘를 승(承)하야 기 소관내의 사립학교를 감독홈

제14조 본령에 의하여 학부대신에게 제출하는 문서는 소할 지방관을 경유함이 가홈

제15조 본령은 서당에 적용치 아니홈

　　　부칙

제16조 본령은 룽희 2년 10월 1일로부터 시행홈

제17조 기설(旣設)한 사립학교는 기 설립 인가를 수(受)한 여부를 부문하고 총(總)히 본령 시행일로부터 6개월 이내에 본령 규정에 준하여 학부대신의 인가를 수(受)함이 가홈

이상에서와 같이 사립학교령에 의해 모든 사립학교는 학부의 승인을 얻어야 했고, 성향이 불량한 자를 교사로 임용할 수 없으며 통감부의 시책에 맞는 것만을 교과서로 사용하도록 했다. 이는 통감부가 항일 애국사상의 온상인 사립학교를 감시하고 통제 하에 넣기 위한 조치였다. 사립학교령에 의해 5,000여개에 이르던 사립학교는 1910년 5월에 절반 이상으로 감소되었다. 이 법령에 따라 의학교는 1909년 7월 세브란스병원의학교(世富蘭偲病院醫學校, Severance Hospital Medical School)로 학부에 정식으로 등록하였다(그림 Ⅱ-6-9).[367]

제1회 졸업생을 배출한 직후 에비슨이 두 번째 안식년을 떠나자, 허스트가 혼자 의학교와 병원의 과중한 책임을 맡게 되었다. 하지만 제1회 졸업생 중 6명이 모교에 남아 허스트의 짐을 크게 덜어 주었다. 또 거의 전 과목에 걸쳐 한국어 교과서가 준비되어 있었기에 강의가 훨씬 수월했고, 1909년에는 재고

---

367) 세브란스의학전문학교 일람, 1923년.

그림 II-6-9 진급증서. 1914년 졸업생 윤진국에게 1911년 6월 제2회 졸업식에서 수여된 것이다. 학교 명칭이 세브란스병원의학교로 되어 있다. 김필순, 박서양, 허스트, 에비슨의 서명이 보인다. 동은의학박물관 소장.

가 바닥이 난 생리학과 생화학, 해부학 제1권을 새로 등사하여 발행하는 등 의학 서적의 번역도 꾸준하게 진행하였다.

제1회 졸업생들은 의학교뿐만 아니라 세브란스병원 간호원양성소와 보구 녀관 간호원양성소에서도 강의를 맡았다.368) 세브란스병원 간호원양성소에서 는 김필순이 킴버(D. Kimber)의 '간호사를 위한 해부생리학(Anatomy and Physiology for Nurses)'을 반 정도 번역하여 가르쳤다. 홍종은은 '증상의 관찰' 과 '음식물 투여'를, 홍석후는 '안과학(The Eye in Health and Disease)'을 강의 했다. 김희영은 '약물학(Materia Medica)'을, 신창희는 '미터법을 포함한 계량과

---

368) E. L. Shields: Nurses Training School. Korea Mission Field 5: 84, 1909; A. I. Morrison: Nurses' Training School, Seoul. Korea Mission Field 5: 108-9, 1909.

측정(Weights and Measures including the Metric System)'을, 그리고 후에는 '현미경을 이용한 세균학(Bacteriology, with the aid of the Microscope)'를 강의하였다. 보구녀관 간호원양성소에서는 김필순이 해부생리학 교과서로 강의했고, 김희영이 '독극물과 치료약'에 대한 강의를 했다.

제1회 졸업생을 배출하고 난 후 외래, 진료, 교육이 크게 전문화되었는데, 우선 진료에 있어 크게 한국인에 대한 내과 및 외과 입원 진료, 외래진료소, 특진 및 왕진과 외국인에 대한 내과 및 외과 입원 진료, 특진 및 왕진으로 분화되었다.369) 이외에 Pasteur Institute, 전염병, 안경과, 의학교, 간호원 양성소, 전도 사업 및 교과서 번역 등의 분야가 있었다.

제1회 졸업생을 배출한 직후인 1908년 가을 많은 학생들이 의학생이 되기를 희망했는데, 10월 1일 이중에서 23명에게 입학을 허가하였다.370) 이들 신입생 중에는 세브란스에서 이미 교육을 받은 경험이 있는 8명은 상급반으로 했고,371) 처음 입학한 15명을 하급반으로 하였다. 입학 후 상급반 학생들은 해부학, 생리학, 생화학, 약물학, 세균학, 물리학, 병리학을, 하급반 학생들은 해부학, 생리학, 생화학, 약물학, 약리학, 조직학, 영어, 수학을 배웠다.372) 학생들은 위의 강의 이외에 추가로 병원에서 여러 가지 일들을 도왔으며, 따라서 수업은 4시간의 강의와 두 시간 이상의 실습으로 이루어졌다.

1908년 말과 1909년 초 허스트는 한국인 의사들과 함께 기독교청년회에서 의학과 위생을 주제로 일련의 대중 강연회를 진행했는데, 예상 외로 많은 청중들이 참석했다.373) 또 중앙교회(Central Church)에서 한 번은 남성들을 위해, 한 번은 여성들을 위해 대규모의 강연회를 개최하였다. 이 강연회는 여러 지방에서 서울로 올라와 10일 체류하면서 성경공부를 하는 신도들이 참석했는

---

369) Mission in Korea. The Seventy-second Annual Report of the Board of Foreign Missions of the Presbyterian Church in the United States of America. Mission House, New York, 1909년, 280-1쪽.

370) J. W. Hirst: Severance Hospital Medical College. Korea Mission Field 5: 116-7, 1909.

371) 상급반에 해당하는 학생들이 누구인지는 확실하지 않지만, 재입학한 서광호(서효권, 2회 졸업) 만이 졸업하였다. 연세대학교 의과대학 학적부.

372) 연세대학교 의과대학 학적부에 의하면 하급반 학생들은 화학, 해부학, 조직학, 생리학, 약물학 강의를 받았다.

373) J. W. Hirst: Severance Hospital Medical College. Korea Mission Field 5: 116-7, 1909.

데, 남성반에는 5-6백 명이, 여성반에는 그 반 정도의 인원이 참석하여 큰 성
황을 이루었다.

1909년 9월 말 콜레라가 유행하자 김필순, 박서양, 김희영 등은 일본 의학
교를 졸업한 안상호, 의학교와 대한의원을 졸업한 한경교(의학교 1회), 장기무
(의학교 3회), 이석준(대한의원 교육부), 정윤해(대한의원 교육부), 박용남 등
과 함께 방역에 나서겠다고 정부에 청원하였고, 이것이 받아들여져 방역집행
위원 및 보조원 등과 공동으로 적극적인 방역활동에 나서기도 했다.374)

그런데 이와 같은 학생 수의 증가와 대중 강연회 등의 활동은 새로운 문
제에 부딪혔다. 가르칠 교수의 부족이었다. 제1회 졸업생들 중 6명이 모교에
남아 교육에 참여했지만, 보다 충실한 교육을 위해서는 더 많은 수의 교수가
필요했다. 또한 김희영, 신창희 및 홍종은은 1년 정도 모교에서 근무를 하다
가 개업을 위해 사임하였다. 따라서 교수가 부족한 상황을 맞아 평소 연합을
강조해 왔던 에비슨은 다른 교과에 선교의사의 강의 참여를 요청했고, 이것이
받아들여지면서 세브란스의 의학교육이 틀을 갖추게 되었다.

1909년도 후반기375)의 정규 전임교수는 에비슨, 허스트, 김필순, 홍석후,
그리고 박서양이었으며, 휠드 여의사와 버피(E. B. Burpee)376)는 영어와 수학
수업을 담당했는데 휠드는 자신이 저술한 수학책을 개정하였다. 이외에 1909
년 겨울 송도에 있는 남감리회의 리드(Wightman T. Reid, 李慰萬)377)가 파견되
어 소화기 질환과 의료선교에 대해 강의를 했다.

1909-10년에는 신입생인 1학년에게 김필순이 해부학을, 박서양이 화학을,
그리고 홍석후가 현미경 사용법, 물리학 및 동물생명학을 가르쳤다.378) 2학년

374) 防疫美擧. 皇城新聞, 1909년 9월 30일 3면 1단.
375) A christian Korean celebration. Korea Mission Field 5: 206-8, 1909.
376) 버피는 외국인 공동체의 사설 간호사로서 1908년 5월부터 일을 시작했지만, 세브란스의
일도 도와주었다. Mission in Korea. The Seventy-second Annual Report of the Board of
Foreign Missions of the Presbyterian Church in the United States of America. Mission House,
New York, 1909년, 281쪽.
377) 리드는 아버지 리드(Clarence F. Reid, 李德) 선교사의 뒤를 이어 1907년에 내한하였다. 아
버지의 활동으로 버지니아주의 아이비(W. C. Ivey)로부터 5천 달러의 기부금을 받아 개성
에 아이비기념병원(Ivey Memorial Hospital, 南星病院)을 설립하였다. 1909년에 100만 명 구
령운동을 주도하는 등 의료와 복음사업에 전력하다가 1928년 선교사직을 사임하고 귀국
하였다.

들은 물리학, 화학, 해부학, 조직학, 생리학, 세균학, 약물학을 배웠다.[379]

1910년에는 10월 초에 27명의 학생을 뽑았는데, 제3회로 1명(고명우이며 3학년으로 편입하였음), 제5회로 4명, 제6회로 5명이 졸업하였다. 이와 같이 학생들을 계속 모집하면서, 1910-1년에는 학교 역사상 처음으로 동시에 4학년의 강의가 진행되었다.

1910-1년에 각 학년의 학생 수는 4학년이 6명, 3학년 6명, 2학년 17명, 그리고 1학년이 27명으로, 모두 56명이었으며, 학년 별 강의 과목, 교수진, 수업 시간 배정 등은 다음과 같았는데, 하루에 총 16-18시간이 8달에 걸쳐 시험을 포함해서 진행되었다.

1학년   물리학, 화학, 해부학, 생리학, 약물학, 동물학
2학년   화학, 해부학, 조직학, 생리학, 세균학, 약물학
3학년   위생학, 병리학, 진단학, 치료학, 내과
4학년   내과, 외과, 피부병학, 산과학

에비슨: 4시간 /하루
        2학년 약물학 / 3학년 진단학, 치료학, 위생학(일부), 일반내과(일부)
        4학년 피부병학, 외과(일부)
허스트: 4시간 /하루
        2학년 조직학, 세균학 / 4학년 산과학, 외과(일부)
        학년 불명 안이비인후과(굴절 포함),
폴웰[380](북감리회, 평양): 9시간 /달   혈관계 질환과 호흡기 질환
리드(남감리회, 송도): 6시간 /달   소화기계 질환
웨어[381](영국 성공회, 제물포):   장기생충학
휠드(피터스 부인): 3시간 /주   생리학(일부)

---

378) 윤진국의 진급증서. 제15호, 1910년 5월 30일.
379) 연세대학교 의과대학 학적부.
380) 폴웰(Edward D. Follwell, 輔粤)은 모두 40시간의 강의를 했다. 그는 미 북감리회의 의료 선교사로서 1895년 12월 내한하여 1896년 5월 평양에서 의료선교를 시작하였고, 홀의 미 망인의 도움을 받아 1897년 2월 기홀병원을 완공하였다. 병원에 전도인을 두어 복음전도 와 평양 이문동교회에 소속되어 봉사하였다. 1920년 10월 선교사를 사직하고, 이후 부산 에서 개인적으로 활동했다. Korea. Annual Report of the Board of Foreign Missions of the Methodist Episcopal Church, 1909, 192쪽.
381) 웨어(H. H. Weir)는 영국 성공회 소속의 의료선교사였다.

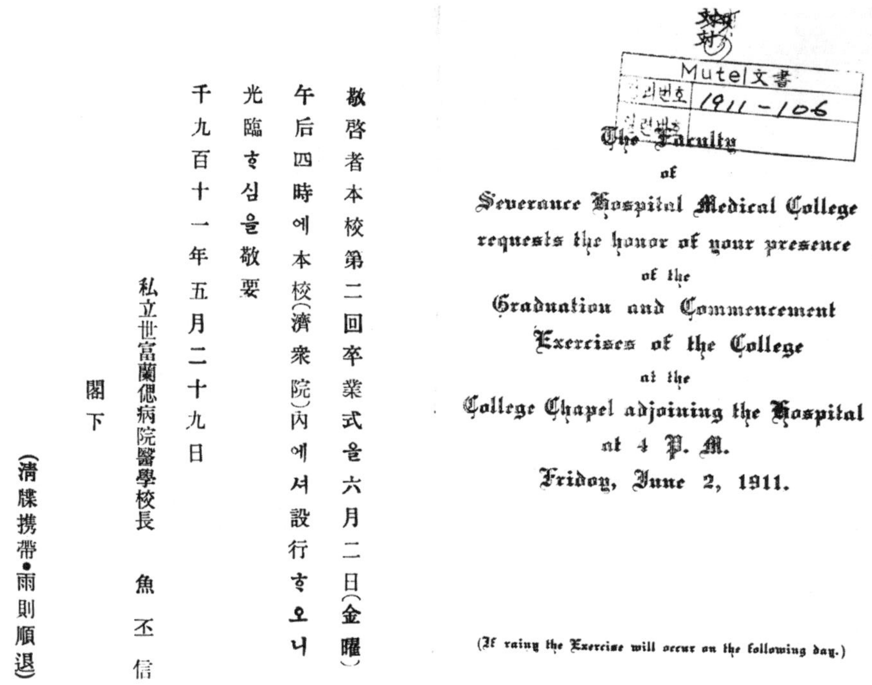
敬啓者本校第二回卒業式을六月二日(金曜)
午后四時에本校(濟衆院)內에서設行ᄒᆞ오니
光臨ᄒᆞ심을敬要
千九百十一年五月二十九日
私立世富蘭偲病院醫學校長 魚丕信
閣下
(淸牒携帶•雨則順退)

Mutel文書 1911-106

The Faculty
of
Severance Hospital Medical College
requests the honor of your presence
of the
Graduation and Commencement
Exercises of the College
at the
College Chapel adjoining the Hospital
at 4 P. M.
Friday, June 2, 1911.

(If rainy the Exercise will occur on the following day.)

그림 Ⅱ-6-10 제2회 졸업식 초청장. 재단법인 한국교회사연구소 소장.

김필순(학교 manager): 3-4시간 /하루
　　1학년 생물학 / 2학년 해부학, 생리학(일부)
　　3학년 위생학(일부) / 4학년 외과(에비슨과 함께)
홍석후: 3시간 /하루
　　2학년 조직학, 세균학 / 3학년 병리학
　　4학년 외과, 산과 / 학년 불명 안이비인후과(허스트와 함께)
박서양: 6시간 /주　　　2학년 화학

1911년 5월 졸업시험을 통과한 6명의 제2회 졸업식이 1911년 6월 2일 오후 구내 남대문교회에서 거행되었다(그림 Ⅱ-6-10).[382] 이날 졸업식에는 참석한 특별한 하객들로는 데라우치 총독과 그의 참모들, 여러 명의 한국인 고관

382) O. R. Avison: Report of the Severance Hospital Plant. Seoul, Korea. For the year 1910-1911; Notes and personals. Korea Mission Field 7: 210, 1911

그림 Ⅱ-6-11 제2회 졸업생들. 뒷줄이 제2회 졸업생들이며, 앞줄 왼쪽에 홍석후, 박서양, 그리고 맨 오른쪽에 김필순 등 한국인 교수들도 보인다. 1917년 세브란스연합의학교 졸업 앨범. 동은의학박물관 소장.

들, 미국 영사, 중국 영사, 서울의 기독교 중학교의 교장들, 해리스 주교 등이 있었다. 하객들은 병원 건물에 모여 행렬을 이루었는데, 허스트, 김필순, 홍석후, 박서양이 인솔하는 의과대학 학생들은 강연자들과 손님들의 뒤를 이어 남대문교회로 향하였다. 제물포에서 온 웨어는 한국의료선교연합회를 대표하여 의장을, 김필순은 부의장을 맡았다.

이 여섯 명의 졸업생들은 6월 16일자로 총독부로부터 의술개업인허장을 받았는데, 주요 인적사항은 다음과 같았다(그림 Ⅱ-6-11).[383]

88번	서광호	황해	1908년 9월 1일 재입학	1880년 8월 16일생
89번	강문집	서울	1907년 10월 1일 입학	1880년 2월 16일생
90번	박건호	충북	1907년 10월 1일 입학	
91번	박영식	평북	1907년 9월 12일 입학	1891년 1월 4일생

383) 彙報. 朝鮮總督府 官報 제246호, 1911년 6월 26일 6면; 연세대학교 의과대학 학적부.

92번 이태준 경남 1907년 10월 1일 입학
93번 송영서 황해 1907년 10월 1일 입학 1885년 2월 27일생

1911년 후반의 강의는 에비슨, 허스트, 김필순, 홍석후, 박서양, 웨어, 리드 등에 의해 이루어졌다. 그런데 한국인 교수 중 가장 중요한 인물이었던 김필순이 1911년 12월 31일 중국으로 망명했고 마침 의학교 교사를 건축 중이어서 학교를 임시 폐쇄하였다.

1912년 10월 1일부터 의과대학의 문을 다시 연 후의 교과목과 교수진은 다음과 같았다.[384]

1학년 물리학, 화학, 해부학, 생물학
2학년 화학, 국소해부학, 조직학, 생리학, 세균학, 병리학, 약물학
3학년 위생학, 병리학, 진단학, 치료학, 소아과학, 내과, 외과, 외과병리학
4학년 위생학, 치료학, 외과병리학, 이비인후과, 산과학, 부인과학, 소화기, 호흡기

에비슨(북장로회): 진단학, 내과(부분), 외과(부분), 치료학, 피부병학 강의, 약물학
          의 강의 감독[385]
허스트(북장로회)
리드(미국 남감리회): 소화기 질환
폴웰(감리회): 호흡기와 순환기 계통
노튼[386](감리회): 위생학
커렐[387](호주 장로회): 산과와 이비인후과, 안과

---

384) Severance Hospital Medical College. Korea Mission Field 9: 170, 1913.
385) 에비슨이 서울지부에 보내는 1912년 6월 1일부터 1913년 5월 31일까지의 보고서.
386) 노튼(Arthur H. Norton, 魯敦)은 미 감리회의 의료선교사로, 1907년 미 감리회의 의료 선교사로 내한하여 해주 지방에서 개척 선교의사로 활동했다. 1913년 10월 10일 모친을 기념하기 위해 노튼기념병원(Lovisa Holmes Norton Memorial Hospital)의 봉헌식을 올렸고, 사람들은 이 병원을 해주구세병원(海州救世病院, Salvation Hospital)으로 불렀다. 1912-3년 세브란스에서 위생학을 강의했고, 1913-6년에 안·이비인후과교수로 활동했다. 1917년에는 세브란스의학전문학교 이사로 임명되었고, 1922년 세브란스의학전문학교 안과학 교수로 부임했다가 1928년 건강 악화로 귀국하였다.
387) 1889년 10월 선교사를 파송하여 경남 일대에서 전도활동을 시작한 호주 장로회가 처음으로 파견한 의료선교사는 1902년 6월 6일 멜번의 빅토리아 장로교 외국 선교위원회가 임명한 아일랜드 왕립대학 졸업생인 커렐(Hugh Currell, 巨烈)이었다. 그는 부산의 앤더슨 목사 집에 거처를 정하고, 진료소를 개설하여 인근 각지의 환자들을 치료하기 시작했다. 1905년에는 호주 의료선교의 중심지가 되는 진주로 임명을 받았으며, 1906년 이주하였다.

맥라렌388)(호주 장로회): 신경학, 소아과학 및 굴절(refraction)

웨어(성공회): 기생충학

오긍선(남장로회): 해부학, 병리학

홍석후

박서양

쉴즈 - 위생에 대한 의학 연속물 소책자(그림 II-5-12)를 사용해 강의389)

2) 세브란스연합의학교

세브란스에서 이루어진 교육의 특징적이며 중요한 사항은 여러 교파가 연합하여 한국인 의사와 간호사 교육을 했다는 점이다. 이러한 연합은 1895년 6월부터 유행했던 콜레라 방역 사업에서 여러 교파의 선교사들이 서울과 지방을 막론하고 서로 협동하여 방역 활동을 전개한 데서 유래했다고 볼 수 있다.390) 1905년에는 북장로회와 북감리회 선교부의 합동위원회에서 시험적으로 1년 동안 같이 일하면서 앞으로의 합동사업에 대한 계획을 세울 위원을 선출하였다.391) 그 후 1907년 9월 9일 조선의료선교사협회(Korea Medical Missionary Association)가 창립되면서 세브란스의 연합운영이 본격적으로 논의되었

1913년 4월 2일 세브란스병원의학교의 제3회 졸업식에서 '본교의 목적 및 성질'이란 제목의 연설을 했다.

388) 맥라렌(Charles I. McLaren, 馬最秀, 1882-1957)은 스코틀랜드 출신으로 1886년 호주로 이주하였다. 맥라렌은 1906년 의과대학을 졸업하고 멜번 병원에서 전공의로 근무하였으며, 1908년부터 16개월 동안 소아병원에서 일하였다. 1911년 11월 호주장로회의 의료선교사로 내한하여 진주병원에서 커렐과 함께 의료사업을 펼쳤다. 1914년 세브란스의 신경학 교수로 부임하였고, 1917년부터 20년까지 제1차 세계대전에 군의관으로 참전하였다. 진주에서 3년 동안 봉사한 후 세브란스에서 15년 동안 신경정신과의 책임을 맡았다. 맥라렌은 1939년 일제의 심한 간섭으로 세브란스를 사임하고, 진주에서 데이비스와 의료 활동을 벌였다. 1941년 제2차 세계대전이 발발하자 일경에 체포되어 부산으로 압송되었고, 11주 동안 구속 수감되었다. 1942년 호주로 귀국하였고, 1957년 10월 사망하였다. 기선완: McLaren의 일생과 사상. 최초 한국인 정신의학자 이중철 교수 탄생 100주년 기념 심포지움. 연세의대 정신과학교실, 2004; E. W. New: A Doctor in Korea. The Story of Charles McLaren, M. D. The Australian Presbyterian Board of Missions, Sydney, 1958.

389) Annual Report 1912-13, E. L. Shields, Seoul(Korea Mission Materials of the PCUSA (1911-1954). Reports, Field Correspondence and Board Circular Letters, 10권 78번 편지).

390) O. R. Avison: The Memoir of Life in Korea, 1940, 323쪽.

391) 1905 Minutes and Reports of the Twenty-First Annual Meeting of the Presbyterian Church in the U. S. A., 1905, 44-5쪽.

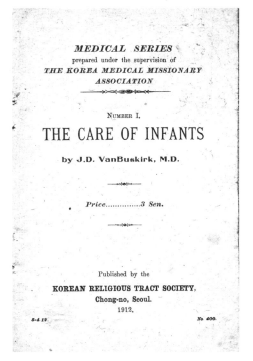

구쥬 강싱 일천구빅칠 년

대한 광무 십일 년 뎡미

위생

대한 예수교셔회 간인

METHODIST PUBLISHING HOUSE, SEOUL, KOREA.

심물

이 물은 슈소와 산소 외에 또 다른 지료들이 잇느니 셕회질(石灰質)(Lime)과 텰질 鐵質(Iron)과 염질(壚質)(Chlorine)과 먹니 셥질과 류황질(硫黃質)(Sulphur)과 다른 여러 가지 질이 잇느니라

위성

약물

약물은 혹 먹기도 ᄒᆞᆯ고 혹 슐죵과 담죵에 씻기도 ᄒᆞ며 뒤보지 못 ᄒᆞ는 티와 셜샤ᄒᆞᆫ티 먹으면 효험을 보느니 이 물은 나라에 크게 유익ᄒᆞᆫ니라 이럼으로 유로바 각 나라들은 이런 물을 차즈면 회샤를 셜시ᄒᆞᆯ고 쟝소를 ᄒᆞᆫ느니라 이 물은 여러 가지니 혹 렬질 잇는 것도 잇고 류황질 잇는 것도

구

영ᄋᆞ 양육론

일쟝 아기 날 새에ᄒᆞᆯ 것

一관 숨쉬게 ᄒᆞᆯ눈것

아기 날때에 아기가 반드시 울거신티 울지아니ᄒᆞᆯ면 셕기 손가락 에 부드러온 슈건을 감아셔 아기의 입속에 잇눈거 품이나 춤을 씻 셔 줄거시오 만일 그리ᄒᆞ여도 울지 아니ᄒᆞ면 아기를 잘 업퍼들고 볼기를 조곰만 싸려 울게 ᄒᆞᆯ것이라

二관 텬줄 동이눈법

아기를 난후에 텬줄을 곳 동이지 말고 손 가락으로 그 텬줄의 믹 과 긋흔거슬 집어보아 믹이 힘업슴을 기드리여 젹굿호 실노 동이 고 졍ᄒᆞᆫ 가위로 버힐거시라

三관 눈을 씻기눈법

졍밝ᄒᆞᆫ 솜이나 슈건을 가지고 아기눈을 씻기고 그 후에 눈을 때 들어 열고 졍ᄒᆞᆫ 봉산슈(硼酸水)를 너흘거신티 이 봉산은 비싸지 안은것이니 약국에서 사셔 쓰리엿던 몰 흔사발 가량에 봉산슈 흔 숙갈즘 드려 쓸거시나 약방에셔 봉산슈로 사셔 쓰는 거시 됴흐니

一

MEDICAL SERIES
prepared under the supervision of
**THE KOREA MEDICAL MISSIONARY
ASSOCIATION**

NUMBER I.

THE CARE OF INFANTS

by J.D. VanBuskirk, M.D.

Price...........3 Sen.

Published by the
KOREAN RELIGIOUS TRACT SOCIETY,
Chong-no, Seoul.
1912.

5-4.12   No. 400.

그림 Ⅱ-6-12 위생에 관한 연속물 소책자. 선교의사들은 기독교서회에서 연속물로 위생에 관한 소책자를 발간했으며, 쉴즈가 이것을 이용해 학생들에게 강의를 하였다. (위쪽) 위생 (1907). (아래쪽) 반버스커크의 영아양육론(1912). 동은의학박물관 소장.

으나,392) 실제 연합의 구체적인 움직임은 제1회 졸업생들이 배출된 1908년부터 시작되었다. 조선 정부가 이들에게 최초의 의사면허증을 부여하자 선교사들 사이에서 정부에서 인정한 의학교를 보다 안정된 기반 위에서 운영하자는 의견이 나오게 된 것은 당연한 것이었다. 당시 선교사들이 발행하던 잡지인 『Korea Mission Field』는 다음과 같은 사설을 실으면서 여러 교파의 연합을 강조하였다.

우리는 이번 호에 제중원의학교의 졸업식에 관한 또 다른 글을 싣는다. 우리는 독자들에게 이에 대해 사과할 마음이 없다. 그 이유는 세브란스병원이 조선의 선교 사업에서 가장 중요한 기관이며 우리 독자들에게 지난 15년 동안 이 기관의 업적을 알리는데 실패하지 않았나 하는 의문이 들기 때문이다. 에비슨 박사는 매우 완고하고 오래 동안 단련시켰다. 그는 15년 동안 조선에서 다양한 경험을 통해 의학교를 굳은 기초 위에 훌륭하게 건립했다. 그의 노력은 조선정부의 지지를 얻어냈으며, 6월 3일 처음으로 정부의 인정 면허를 받은 졸업생들을 배출했다. 조선의 선교부들이 하나로 통합하지 못하고 이 기독교의학교의 단단한 기초를 지지하지 못하는 이유는 무엇일까? 부산, 평양, 송도, 선천, 대구, 원산이나 기타 다른 곳에서 학생들이 공급되며, 이곳 병원을 책임지는 의사들이 교육과 번역을 담당한다. 서울에 있는 의사들은 학교에서 학생들을 가르치거나 환자 보는 일을 한다. 조선에 있는 교회들은 누구도 추월하지 못할 의과대학을 만들지 못할까? 노력하자.393)

초기의 의료선교사협회의 회원들은 한국인 의사 및 간호사의 교육과 한국어로 써진 의학교과서에 지대한 관심을 가지고 있었다. 1908년 개최된 조선의료선교사협회는 각 교파의 선교의사들이 선교부의 승인을 전제로 매년 일정 기간 동안 세브란스병원의학교에서 강의를 하는 것을 조건으로 하여 연합의학교를 세울 것을 결의하였다.394) 아직 협동에 관해 구체적이고 분명하게 결정된 것은 없었지만, 전임이 아닌 상태에서 영국성공회의 웨어가 병리학 교수

---

392) E. W. Anderson: Early days of Korea Medical Missionary Association. Korea Mission Field 34: 95-6, 1939.
393) Editorial. Korea Mission Field 4(8): 121-2, 1908
394) A christian Korean celebration. Korea Mission Field 5: 207, 1909.

그림 II-6-13 각 교파에서 파견된 의료선교사. A. 미국 남장로회의 다니엘. 1917년 세브란스 연합의학교 졸업 앨범. 동은의학박물관 소장. B. 호주 장로회의 맥라렌. 1929년 세브란스연합 의학교 졸업 앨범. 동은의학박물관 소장. C. 미국 남장로회의 오긍선. 1917년 세브란스연합의 학교 졸업 앨범. 동은의학박물관 소장. D. 미국 북장로회의 밀즈. 1917년 세브란스연합의학교 졸업 앨범. 동은의학박물관 소장. E. 미국 남장로회의 반버스커크. 1917년 세브란스연합의학 교 졸업 앨범. 동은의학박물관 소장. F. 캐나다장로회의 스코필드. 연세대학교, 주한캐나다대 사관: 20세기 한국과 세계. 연세와 캐나다. 2000, 34쪽.

로, 북감리회의 폴웰과 남감리회의 리드가 내과학 교수로 교육활동에 단기적 으로 참여하기 시작하였다.[395]

1909년의 총회는 "한국의 젊은이를 자기 민족에 대한 의료전도자로 훈련 하기 위해 협회의 책임 하에 서울에 중앙의료선교대학(Central Medical

---

395) Severance Union Medical College. Catalogue 1917-1918. 사립세브란스연합의학전문학교, 경 성, 1917.

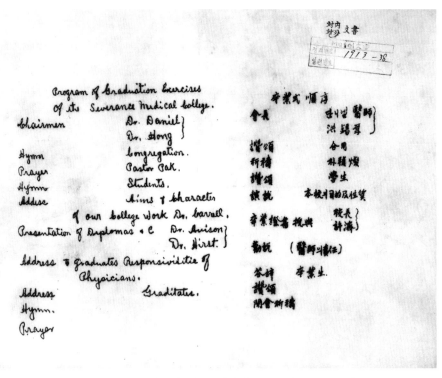

그림 Ⅱ-6-14 제3회 졸업식 식순. 재단법인 한국교회사연구소 소장.

Missionary College)을 설립하는 것의 타당성과 가능성을 고려하기 위해 위원회를 구성한다."고 결의하였다. 이에 따라 셔록스, 포사이드, 반버스커크, 밀스 등을 위원으로 임명하였다. 1910년 총회에서는 "세브란스병원의학교를 한국기독교회연합의학교(Union Medical College of the Christian Churches of Korea)로 명명한다."고 하였다. 그리고 3명의 교육위원을 위촉하여 이들이 세브란스의 담당자와 함께 입학, 시험, 졸업 등 학사관리를 하도록 하며, 의학교의 학위증서도 의료선교사협회의 회장과 교육위원회의 위원장이 공동으로 서명하도록 결의하였지만 실제 이루어지지는 않았다.

그런데 1912년 5월 12일 미국 남장로회가 군산에서 활동하던 오긍선을 파견하고, 이어 호주 장로회가 커렐과 맥라렌을 1년에 3개월 동안 파견키로 하면서 1912년 10월 1일부터 1913년 초[396) 사이에는 북장로회의 에비슨, 허스

---

396) Notes and Personals. Korea Mission Field 9: 212, 1913.

트, 미국 남감리회의 리드, 감리회의 폴웰과 노튼, 호주 장로회의 커렐과 맥라렌, 성공회의 웨어, 남장로회의 오긍선, 그리고 홍석후, 박서양 등이 강의를 담당하게 되었다(그림 Ⅱ-6-13). 1913년까지는 다른 교파에서 파견하는 선교의사가 상임이 아닌 경우가 많았기 때문에 "연합"이라고 하기는 어려웠다.

한편 1913년 4월 2일 의학교의 채플 장소로 쓰이는 남대문교회에서 제3회 졸업식이 거행되었다(그림 Ⅱ-5-14).[397] 다니엘과 홍석후가 의장을 맡았던 이 졸업식에서 5명의 학생이 'M. B. 학위'를 수여 받았으며, 2명은 'M. D. 학위'를 수여 받았다. 이 5명 졸업생들의 주요 인적사항은 다음과 같았다.[398]

135번 김인국   서울   1908년 10월 5일 입학   1886년 1월 21일생
136번 장인석   황해   1908년 10월 1일 입학   1883년 2월 8일생
137번 김재명   평북   1906년 10월 2일 입학   1878년 9월 28일생
138번 고명우   부산   1910년 10월 1일 입학   1884년 3월 13일생
141번 곽병규   황해   1908년 9월 24일 입학   1892년 2월 18일생

1913년 6월 13일 금요일에는 수많은 조선인과 외국인들로 가득 찬 가운데, 학교 교사의 봉헌식이 있었다(그림 Ⅱ-6-15).[399] 봉헌된 신축 교사는 100명을 교육할 수 있을 정도였으며, 이후 학교의 명칭이 세브란스연합의학교(世富蘭偲聯合醫學校, Severance Union Medical College)로 바뀌게 되었다(그림 Ⅱ-6-16).

1913-4년 사이의 강의 및 1913년 10월 현재 세브란스의 교수진은 다음과 같았으며, 제1회 졸업생으로서 홍석후와 박서양이 있었다.[400]

1학년   화학, 해부학, 조직학, 생리학, 약물학
2학년   국소해부학, 조직학, 생리학, 세균학, 병리학, 약물학
3학년   위생학, 진단학, 치료학, 소아과학, 내과, 외과, 외과병리학

---

397) Severance Hospital Medical College. Korea Mission Field 9: 170, 1913.
398) 연세대학교 의과대학 학적부.
399) Notes and personals. Korea Mission Field 9: 212, 1913; A. F. Daniel: Severance College; Doing things together. Korea Mission Field 9: 296-7, 1913.
400) 에비슨(O. R. Avison)이 브라운(Brown)에게 보내는 1913년 10월 20일 편지.

그림 II-6-15 신축된 세브란스병원의학교 건물. Korea Mission Field 9(9), 1913.

4학년 소아과학, 내과, 피부병학, 이비인후과, 안과학, 산과학, 부인과학, 정신병
학, 법의학

미국 북장로회 에비슨(교장) - 내과학, 임상진단학, 피부병학 및 위생학
허스트(안식년 중) - 부인과학, 외과학, 전기치료, 물 및 기기적 치료
러들로 - 외과학, 외과해부학, 외과병리학
밀스 - 병리학, 임상병리학, 세균학(동시에 조선의 질병에 관해 연구)
미국 남장로회 오긍선 - 해부학, 조직학, 외과학 조수
호주 장로회 커렐(1년에 3개월) - 산과학/ 맥라렌(1년에 3개월) - 소아과학, 신경
과학
북감리회   반버스커크 - 생리학, 치료학, 내과학
남감리회   바우만401) - 안과학, 이비인후과학, 굴절학
홍석후 - 생리학, 안이비인후과   강문집 - 에비슨을 도움
박서양 - 화학   고명우 - 러들로 및 맥라렌 조수 겸 병원 레지던트

---

401) 바우만(N. H. Bowman)은 미 남감리회의 의료선교사로 1911년 8월 의사인 부인과 함께
내한하였다. 춘천에서 활동하다가 세브란스연합의학교의 안과 교수로 임명되었으며, 1916
년 부인의 병 때문에 미국으로 돌아갔다.

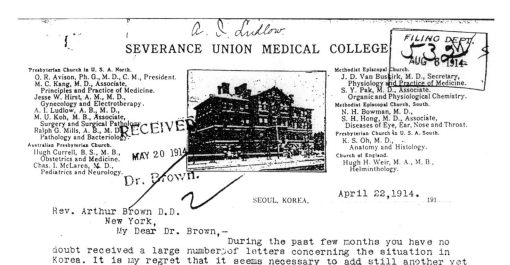

그림 II-6-16 1914년 사용된 세브란스연합의학교의 편지지.

3) 세브란스(연합)의학전문학교

조선총독부는 합방 이듬해인 1911년 8월 23일 조선교육령(朝鮮教育令)을 공포하였다.[402] 총 30개 조항으로 이루어진 이 법령은 1910년대 일제의 조선 인에 대한 교육정책의 의도가 어떤 것이었는지를 잘 보여준다. 이 법령에 의 해 조선인 교육은 보통교육(1910년대는 4년제)과 실업교육이 중심이 되었고, 고등교육은 엄격히 통제되었다. 전문교육에 대한 규정이 있었지만 그것은 전 문학교를 염두에 둔 것이었으며, 대학에 대한 규정이 없었다.

총독부는 조선교육령과 함께 1908년의 사립학교령을 개정하여 1911년 10 월 사립학교규칙(私立學校規則)을 공포하였다.[403] 이 법령의 주요 내용을 살 펴보면 사립학교는 오로지 조선총독부의 인가를 통해서만 설치할 수 있으며, 설치인가 사항의 변경, 사립전문학교의 설치, 교과 과정, 교과용 도서, 그리 고 교원의 자격 등도 조선총독부의 인가를 받도록 하였다. 일제는 자신들이

---

402) 勅令 제229호. 朝鮮總督府 官報 제304호, 1911년 9월 11일.
403) 朝鮮總督府令 제114호. 朝鮮總督府 官報 號外, 1911년 10월 20일.

그림 II-6-17 세브란스연합의학전문학교의 교직원. 동은의학박물관 소장.

직접 통제하는 관립학교는 관리에 문제가 없으나 직접적 통제권을 벗어난 사립학교는 민족의식을 배양하는 온상이 될 수 있다고 생각했기 때문에 신경을 쓰지 않을 수 없었던 것이다.

　더 나아가서 총독부는 1915년 3월 24일 사립학교규칙의 일부를 개정[404]함과 아울러 전문학교규칙(專門學校規則)[405]을 공포하여 사립학교에 대한 감독을 한층 강화하였다. 특히 개정 사립학교규칙에서 세브란스와 관련하여 중요한 조항은 제3조의 2로서, 전문교육을 하려는 사립학교는 기초가 튼튼하고 상당한 설비와 교원을 가져야 하며, 이를 위해 1915년 4월 1일을 기준으로 먼저 학교를 유지할 만한 재산을 가진 재단법인을 조직하도록 한 것이었다.

　또한 「전문학교 규칙」에 부합하지 않은 기존의 의학교는 전문학교로 칭

---

404) 朝鮮總督府令 제24호. 朝鮮總督府 官報 제789호, 1915년 3월 24일.
405) 朝鮮總督府令 제26호. 朝鮮總督府 官報 제789호, 1915년 3월 24일.

할 수 없게 되었다. 여러 어려움이 있었지만 다행히 세브란스는 세브란스병원의학교로 이미 대한제국 정부에 등록되어 있었고 졸업생을 배출하였으며, 1913년부터는 여러 교파가 연합하여 새 교사의 신축과 함께 교명도 세브란스연합의학교로 바꾼 터였기에 전문학교로 승격하는 문제는 비교적 수월했다. 이 과정에서 미 북장로회, 북감리회, 남감리회, 그리고 캐나다 장로회는 매년 재정을 지원하기로 하였고, 이들 교회와 호주 장로회에서 이사를 파견하였다.

세브란스연합의학교는 1916년 4월 25일 에비슨을 이사장, 반버스커크를 부이사장으로 하는 이사회를 구성하였고, 1917년 3월에 재단법인을 설립하였다. 그 해 5월 14일 조선 총독 하세가와 요시미치(長谷川好道)에 의해 재단법인과 전문학교로서의 학교 설립이 허가되면서 교명을 사립 세브란스연합의학전문학교(世富蘭偲聯合醫學專門學校, Severance Union Medical College)로 개칭하였다(그림 Ⅱ-6-17).

이런 과정 중에 박서양은 만주로 망명했고, 홍석후만 유일하게 모교에 남아 1929년 학교를 떠날 때까지 안, 이비인후과의 책임을 맡았다.

제 III 부

조선정부 - 통감부 - 조선총독부에 의한 의학교육

고종은 1897년 10월 12일 국호를 '대한제국'으로 고치고 자주적인 근대화를 위해 다방면으로 노력하였다. 하지만 이미 1885년 4월 「공립의원 규칙」의 제정에 일본인 의사가 관여했던 것에서 볼 수 있는 바와 같이 일본의 영향력은 점차 증대되고 있었고, 대한제국 시기에 이르러서는 의학 교육기관 및 의료기관 설치 등 모든 일에 일본의 영향력은 더욱 커졌다.

1894년 9월 제중원을 미 선교부로 이관시킨 조선정부는 1899년 의학교와 내부병원(1900년 광제원으로 개칭)을 설치하였다. 제중원의학교의 학생을 모집했던 것 이외에 서양의학 교육에 특별한 경험이 없던 조선정부는 의학교에 일본인 교사를 고용하여 서양의학을 교육시켰다. 수업연한이 3년인 속성 과정이었던 의학교는 일본인 교사의 교체, 한국인 교관의 잦은 교체, 재정난, 학생들의 이탈 등으로 그 운영이 순조롭지 못했지만, 3회에 걸쳐 졸업생을 배출시켰다. 의학교에 함께 설치된 내부병원은 순수 한방병원으로서 일부 서양 약제를 사용하였다.

청일전쟁과 러일전쟁에서 승리한 일본은 한국의 내정을 개혁한다는 구실 아래 1904년 8월 22일 한일협정서를 체결하였고 이 협정서에 근거하여 고문정치가 시작되었는데, 경무고문으로 고용된 일본 경시청 경시인 마루야마 시게토시는 내부 위생국, 경무청 그리고 광제원의 관제를 개정하고 보건계 사무를 장악하였다.

1905년 11월 17일 을사늑약이 체결되고 12월 21일 초대 통감으로 이토 히로부미가 임명되었다. 그는 의학교, 광제원, 적십자병원을 하나로 통폐합하여 식민지적 의료 체계에 적합한 기관을 만들겠다는 의도를 갖고 있었다. 이것은 위생에 관한 각종 사업을 모두 통합해 하나의 큰 기관을 만들어야 장악하기가 용이하다는 판단에 의한 것이었다. 이를 위해 통감부는 광제원에서 근무하던 한의사들을 모두 내쫓아내고 일본인 서양의사로 교체하였다. 그리고 1907년 3월 15일 세 기관을 병합하여 대한의원을 설립하였다.

통감부의 주도로 대한의원이 설립됨으로써 1899년 3월 24일 「의학교 관제」

의 반포로 시작된 학부 소속의 의학교는 8년 동안의 운명을 다했다. 근대적 의료 인력을 양성하려는 대한제국의 노력은 일본의 제국주의 침략으로 좌절되었고, 결국 식민지 의료인력 양성기관으로 변질되었다. 이후 통감부는 대한의원에서의 교육에는 큰 관심을 나타내지 않았다.

한편 일본은 1909년 9월부터 약 2달 동안 대규모의 일본 군대를 투입하여 의병을 탄압했으며, 일본 군대에 대한 지원과 한국인 회유를 위해 주요 도시에 자혜의원을 설립했는데, 서울의 대한의원과 함께 식민지 의학체계의 중요한 역할을 담당하였다

1910년 8월 한일합방이 되자 대한의원은 조선총독부의원으로 개칭되었고, 부속 의학교는 부속 의학강습소로 격하되었다. 하지만 1914년 의사면허제도를 도입하면서 총독부는 의학강습소를 '지정'하여 무시험으로 면허를 줌으로써 사립 의학교에 대한 관립 의학교의 우월성을 보장하였다.

제1장 의학교

고종은 갑오개혁 후 조선의 자주 독립과 내정개혁의 기본 방향을 제시하기 위해 1895년 1월 7일 「홍범(洪範) 14조」를 선포했는데, 11조에 '자질이 있는 젊은이를 외국에 파견하여 학술과 기예를 익히도록 한다.'고 하여 외국의 선진 학술과 기예에 대한 교육의 중요성을 강조하였고, 14조에 '문벌을 가리지 않고 널리 인재를 등용한다.'고 하여 인재 등용의 중요성도 강조하였다.[1]

「홍범 14조」의 11조에 나타난 교육의 중요성은 2월 2일에 반포된 「교육입국조서(敎育立國詔書)」에서 전 국민을 대상으로 한 새로운 교육의 필요성과 중요성이 강조됨으로서 구체화되었다.

...... 우내(宇內)의 형세를 살펴보건대 부강하여 독립하여 웅시(雄視)하는 모든 나라는 모두 다 인민의 지식이 개명하였도다. 이 지식의 개명은 곧 교육의 선미(善美)로 이룩된 것이니, 교육은 실로 국가를 보존하는 근본이라 하리로다. 그러므로 짐은 군사(君師)의 자리에 있어 교육의 책임을 지노라. 또 교육은 그 길이 있는 것이니 헛된 이름과 실제 소용을 먼저 분별하여야 하리로다. 독서나 습자로 옛 사람의 찌꺼기를 줍기에 몰두하여 시세의 대국(大局)에 눈 어둔 자는, 비록 그 문장이 고금을 능가할지라도 쓸데없는 서생에 지나지 못하리로다.

이제 짐이 교육의 강령을 보이노니 헛 이름을 물리치고 실용을 취할지어다. 곧, 덕(德)을 기를지니, 오륜의 행실을 닦아 속강(俗綱)을 문란하게 하지 말고, 풍교를 세워 인세(人世)의 질서를 유지하며, 사회의 향복을 증진시킬지어다. 다음은 몸을 기를지니, 근로와 역행(力行)을 주로 하며, 게으름과 평안함을 탐하지 말고, 괴롭고 어려운 일을 피하지 말며, 너희의 근육을 굳게 하고 뼈를 튼튼히 하여 강장하고 병 없는 낙(樂)을 누려 받을 지어다. 다음은, 지(知)를 기를지니 사물의 이치(理致)를 끝까지 추궁함으로써 지를 닦고 성(性)을 이룩하고, 아름답고 미운 것과 옳고 그른 것과, 길고 짧은 데서 나와 남의 구역을 세우지 말고, 정밀히 연구하고 널리 통하기를 힘쓸지어다. 그리고 한 몸의 사(私)를 꾀하지 말고, 공중의 이익을 도모할지어다.

이 세 가지는 교육의 강기(綱紀)이니라. 짐은 정부에 명하여 학교를 널리 세우고 인재를 양성하여 너희들 신민의 학식으로써 국가중흥의 대공을 세우게 하

---

1) 官報, 1895년 1월 7일(開國 503년 12월 12일).

려 하노니, 너희들 신민은 충군하고 위국하는 마음으로 너희의 덕과 몸과 지를 기를지어다. 왕실의 안전이 너희들 신민의 교육에 있고, 국가의 부강도 또한 신민의 교육에 있도다. 너희들 신민이 선미한 경지에 다다르지 못하면 어찌 짐의 다스림을 이루었다 할 수 있으며, 정부가 어찌 감히 그 책임을 다하였다 할 수 있고, 또한 너희들 신민이 어찌 교육의 길에 마음을 다하고 힘을 다하였다 하리요. 아비는 이것으로써 그 아들을 고무하고, 형은 이것으로서 아우를 권면하며, 벗은 이것으로써 벗의 도움의 도를 행하고 분발하여 멎지 말지어다. ……2)

즉 조서는 국가의 보존과 부강에는 교육이 근본이며, 종래의 경전 중심의 교육을 지향하고 교육의 3대 강령으로 덕육(德育), 체육(體育), 지육(智育)을 제시하였다. 또한 교육입국의 정신을 들어 학교를 많이 설립하고 인재를 길러 내는 것이 곧 국가 중흥과 국가 보전에 직결되는 것임을 밝혔다.

조서의 발표 후 교육에 일대 개혁이 일어나 근대 학제가 확립되기 시작했는데, 우선 갑오개혁 때 만들어진 학무아문(學務衙門)을 학부(學部)로 개칭하고 그 조직을 정비하였다. 또 교육을 통한 국가 중흥의 이상을 실현하기 위해 1895년 4월 16일 교사 양성을 목적으로 한 한성사범학교 관제(漢城師範學校官制)를 공포한데 이어 외국어학교 관제(外國語學校 官制), 소학교령(小學校令) 등의 학교법을 제정하였다.3)

---

2) 高宗實錄, 1895년(高宗 32년) 2월 2일.
3) 勅令 제79호 漢城師範學校 官制. 官報 제17호, 1895년(開國 504년) 4월 19일; 勅令 제88호 外國語學校 官制. 日省錄, 1895년 5월 10일; 勅令 제145호 小學校令. 官報 제119호, 1895년 (開國 504년) 7월 22일.

1. 의학교 설립

1) 의학교의 예산 반영

「교육입국조서」를 계기로 1896년 1월 15일 「건양원년 세입세출 총예산설명(建陽元年 歲入歲出 總豫算說明)」에 처음으로 내부 소관의 의학교 예산이 반영되었다.4) 즉 제6관에 본년도 신설사업으로 의학교비(醫學校費)가 6,906원[제1항 설립비 3,050원, 제2항 유지비 3,856원], 제7관에 본년도 신설사업 의학교 부속병원비(醫學校 附屬病院費)가 14,353원[제1항 설립비 4,555원, 제2항 유지비 9,798원]이 책정되었다.

이를 자세히 살펴보면 의학교 설립과 관련해 당초에는 교사(校舍)를 새로 마련할 예정이었지만 이전에 관청으로 사용하던 적당한 처소가 있기에 수리비만 산정했으며, 기타 요구 경비도 반으로 줄였다. 공청(公廳)이 어느 곳이었는지 확실하지 않지만 당시 의학교로 사용할 적당한 건물이 있었던 것으로 보인다. 유지비의 경우 교장이 교수를 겸임케 함으로써 교관의 수를 감해 정하였다. 부속병원의 유지비는 당초 입원 환자를 평균 30명으로 산정하였으나 역시 반으로 줄여 15명으로 하였고, 이에 비례해 의원, 직원 및 제 경비를 줄여 결정한 것이었다.

그러나 이러한 의학교 및 부속병원의 설립 계획은 1896년 2월 11일 아관파천으로 인한 김홍집(金弘集) 내각의 붕괴와 국내 정세의 변화 및 예산 준비 부족 등의 경제적 사정으로 진행되지 못하였다.5)

한편 『독립신문』은 1896년 12월 1일자 논설에서 서양에서는 적어도 7년 동안 학교와 병원에서 해부학, 화학 등의 학문을 배우고 다양한 질병의 치료

---

4) 建陽元年 歲入歲出 總豫算說明. 官報 제226호 附錄, 1896년 1월 20일 4면, 13-4면.
5) 裵圭淑: 大韓帝國期 官立醫學校에 관한 硏究. 이화여자대학교 대학원 1990년도 석사학위 청구논문, 1991, 11-2쪽.

법을 공부한 후 교수 앞에서 시험을 본 후에야 의사가 된다는 점을 강조하였다. 그리고 당장 백성들을 위해 의학교와 병원을 설립할 수는 없겠지만, 한의사들의 비위생적인 처치나 굿 등을 엄격하게 관리하도록 촉구하였다.[6]

2) 의학교의 설립 건의

만민공동회의 건의

1898년 7월 15일에 개최된 만민공동회(萬民共同會)는 목원근, 송석준(宋錫俊), 홍정후(洪正厚) 등 3인을 총대위원(總代委員)으로 선정하여 학부대신에게 의술학교의 설립을 건의했는데, 그 내용은 다음과 같았다.

경계자는 서양의원이 대한에 와서 병원을 설시한 지 십 여 년대 그 정묘한 범방으로 병든 사람들 살린 것이 가히 익혀 헤아리지 못하며 궁핍한 병든 사람에게 옷과 밥도 주며 죽은 사람에게 장사하는 부비도 자당을 하니 그 감사함은 엎드려 생각건대 본 대신께서도 아시려니와 대한에서도 서양의술을 배워 익혀 의방하여 시행함이 위생의 급선무거늘 지금 학습을 베풀어 열지 아니 함은 오히려 스스로 다행히 여겨 그리 하오니까 학교로 의논함일대.

지성하신 칙령을 받들어 각 학교를 베풀어 세우시고 때로써 권면하시되 인민 구원하여 살리는 의술학교에 이르러는 지금까지 베풂이 없으니 나라 백성에게 큰 부끄러움을 어느 때에나 면하오며 그 의약의 헌헌 미미한 묘리를 배워 우리나라 병든 사람들을 어느 날에나 능히 다스리오리까. 대법궁하고 곤하고 지극히 가난한 집에도 의약을 쓰거든 하물며 온 나라리오 신자된 자는 간함이 있으며 사면된 자는 고함이 있는 것은 예와 어지에 통한 외온즉 지금 사민이 함께 모여 의논하고 이에 우러러 고하오니 나려 헤아리신 후에 가라대 있을지 없을지, 느지러히 할지 급히 할지, 가라 할지 불가라 할지 폐여 보여 이 사민으로 하여금 밤낮으로 옹망하는 것을 특별히 맞추심을 엎드려 바라노라.[7]

이러한 만민공동회의 건의에 대해 학부는 다음과 같이 회답하였다.

---

6) 론셜. 독립신문, 1896년 12월 1일 1면 1단.
7) ᄉ민 편지. 독립신문, 1898년 7월 18일 3면 1단.

경복자는 제중 위생이 사무에 반드시 중요함을 일찍 알았으되 다만 학교 힘 쓰는 것이 초창하고 경비가 군졸하여 각종 학교를 예산에 넣지 못한 고로 의술 학교도 지우금 겨를을 못하였으니 이렇게 아시고 아직 후일을 기다리심을 요구 하노라.8)

위생의 중요성은 이해하지만 예산 문제로 각종 학교를 예산에 다 넣지 못 하였으니 '의술학교(醫術學校)'도 후일을 기다려 달라는 것이었다.

지석영의 건의

그런 가운데 1898년 11월 7일 전 감찰사 지석영이 학부대신 이도재(李道 宰)에게 의학교의 설립을 요구하는 긴 청원서를 올렸는데,9) 다음과 같았다(그 림 Ⅲ-1-1).

학부대신에게 올리는 글

삼가 글을 올리는 것은 천하의 학문이 의학보다 중요한 것이 없습니다. 사람 의 생명에 관계 때문에 신농(神農) 황제는 의약을 제조하여 질병을 치료하였으니 세상을 오래 보전한 공이 깊으며 삶을 좋게 하는 덕이 지극했습니다.

무릇 역대 철인 달사들도 옛날 신성이 널리 인간의 생명을 건진 어진 마음씨 를 추모하지 않는 이 없으며 이에 따라 뜻이 의학에 있어 더욱 그 독실하게 연 구한 자로 어진 정승이 되지 않으면 마땅히 어진 의원이 되었으니 범중암 같은 분이 이분이요 어진 장수가 되지 못하면 이에 어진 의원이 되었으니 장개빈 같 은 분이 이런 분이요.

또한 서방의 인물로 말씀드려도 근래 영웅으로 세상에 이름이 있는 자가 의 사로 좇아 일어나지 않는 사람이 없으니 정위 양애 약실 합신 씨들 같은 분이 이분입니다.

이로써 본다면 의원을 가히 가볍게 대할 수 있겠습니까.

만약 어린아이로 하여금 어려서부터 병이 없이 잘 자라고 늙어서도 가히 건 강하게 산다면 의약을 기다릴 일이 없겠지마는 분육 같은 용망 있는 자라도 병 이 있으면 눕고 말 것이요, 사광 같은 총명으로도 병이 있으면 흐려질 것이요,

---

8) 잡보 학부회답. 독립신문, 1898년 7월 25일 3면 1단.
9) 金亨錫: 韓末 韓國人에 의한 西洋醫學의 受容. 國史館論叢 5: 175-210, 1989.

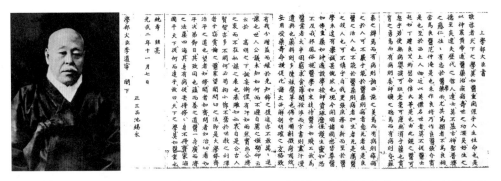

그림 Ⅲ-1-1 지석영과 의학교 설립 청원서(1899). 池錫永: 上學部大臣書, 1898년 11월 7일, 장서각 문서번호 2-2005.

소진 장의 같은 변사라도 병이 있으면 우둔할 것이요, 서시 같은 미인이라도 병이 있으면 얼굴이 파리할 것이니, 병이 사람에게 가히 무섭지 않겠습니까.

의약에 능하면 병든 자는 낫고 죽을 자도 살 수 있는 것이니 이것은 어진 의원이 사람을 살리는 것이요, 의약에 능하진 못하면 병든 사람이 더 악화될 수 있고 살 사람도 죽을 수 있으니, 이것은 용렬한 의원이 사람을 죽이는 것이니 가히 조심하지 않을 수 있겠습니까. 우리나라가 이 개화기를 당하여 여러 가지 일이 날로 새로워지고 있으나 의학에 이르러서는 아직 새롭지 못하니 진실로 슬픈 일입니다.

오늘날 개명의 시대를 맞이하여 여러 나라들이 다 의원을 높이기를 부처 같이 하고 약을 중요하게 생각하기를 신(神)같이 하여 두루 의학교를 설치하고 스승에게 학문을 연구하여 생령을 보호하고 미치지 못할 가 두려워하는데 우리나라 풍속은 의학을 보기를 낮은 기술로 보고 의사를 대접하기를 천한 장인같이 생각하니 의약업을 하는 자는 태반이나 곤궁하여 먹을 것을 구해야 하고 얇은 지식으로 약방서나 알 정도면 다 한만하게 귀동냥에 의존 할 뿐이고 약 재료는 묵은 나무뿌리 썩은 풀뿌리 정도로 우연히 경미한 병 증세에 맞으면 혹 효험이 있고 이를 믿고 망년되게 극약을 잘못 써서 사람의 수명을 앗아가니 서양 사람들의 해부학의 정확한 방법과 전통한 실기를 연구하는 법과 정밀한 재료에 비유한다면 졸렬하고 엉성하여 하늘과 땅에 가히 부끄러울 뿐만 아닙니다.

무릇 사람들의 질병은 이미 작은 병은 근심하면서 더욱 급한 자는 큰 의원이나 군의가 쓰여 져야 하니 저의 생각은 빨리 의학교를 서울에 개설하여 일본 명의 중에 영어를 잘하는 자로 강사로 초빙하여 우리나라에서 일어, 영어를 잘하는 학생 중 한문에 능한 총명한 인재 몇 사람을 선발하여 학도로 삼아 부지런히 연구하여 졸업을 하면 그 속에서 가장 우수한 인재를 뽑아 태의 군의의 품계를 주어 넉넉히 각 도로 파견하여 의학교를 설립하고 학생들을 교육시키면 유명한

의원들이 국내에 펼쳐질 것이니 이렇게 되면 위아래의 군인이나 백성들이 함께 오래 살 수 있는 수역을 누릴 수 있을 것입니다.

원천 같은 작은 공으로 시작하여 창해 같은 큰 덕을 펴는 격입니다.

엎드려 바라옵건대 각하께서는 깊이 살피셔서 결행하시기를 바랍니다. 진실로 이와 같이 한다면 아름다운 일이 이보다 큰 것이 없을 것입니다.

교사는 정부에서 담당하여 편리하게 하고 학도는 교사가 담당하여 키운다면 다시 무엇이 폐가 될 일이 있으리오. 다만 풍토가 다르고 한온의 기후가 다르며 먹는 음식이 장부에 맞지 않아 불편한 점이 없지 않겠지마는 혹 그들에게 맞는 것도 있고 우리에게 맞지 않는 폐단은 있겠으나 그러나 마땅히 그 교사와 학도 사이에 부득불 한 번 참작하지 않을 수 없으며 찬성하는 사람을 구한 연후에나 온전하고 원만하리라 믿습니다.

이런 사람들은 진실로 중국과 서양을 통하는 의학자가 아니면 가하지 않습니다.

넓고 넓은 이 천지에 반드시 그런 사람이 있기는 하지만은 오직 염려되는 바는 구슬은 진흙 속에 빠지기 쉽고 진품은 숨기 쉽고 반짝 빛을 내어 허망하게 명예나 좋아하는 혹 나타나는 사람이 있기도 하고 석영(錫永)은 노둔하고 지식이 없으나 어려서부터 성품이 편벽하게 의학을 좋아하여 중국이나 우리나라 의학에 약간의 조예가 있고 서방의 의서에도 또한 자못 널리 연구하고 깊이 연구하여 열람이 약간 있으며 증세에 따라 약을 조제하는 데도 감히 능하다고 하지는 못하지만 내과 외과 과목에 이르러서도 피아의 이해와 약제의 우열을 가리는데도 저울질할 만한 안목이 없지 않습니다.

만약 이 직업에 임하여 이 책임을 전담한다면 옛날 배운 것을 다시 참고하고 새로운 지식을 연마하면 반드시 약간의 보탬이 될 것이요 선각자의 한사람으로 후진을 깨우치는 데 감히 만만이나 사양하지 않겠습니다.

세상 사람의 공론이 어떤 줄 알지 못하고 자기를 천거하는 혐의를 피하지 못하고 고명하신 대신에게 우러러 말씀드려 망령스럽고 부끄러워 땀이 비 오듯 흐르고 있으나 그러나 사실상은 공신에서 나온 것이요, 사사로운 이욕에서 나온 뜻은 아닙니다. 겉은 비록 자기 일 같으나 속은 공적인 입장에서 나온 것입니다.

옛날 사람의 어질고 지혜가 있는 자는 또한 한가하지 못한 자 많다하니 어찌 반드시 구차하게 작은 일 따위에 구애되어 세교의 이로운 일에 용감하지 못하리오.

간절히 의존하면 의원들이 바라보고 듣고 묻고 만져보는 법(맥진, 복진)은 즉 이 대학의 수제치평하는 도리와 같아 바라는 것은 닦는 것과 같고 듣는 것은 가지런히 하는 것과 같고 묻는 것은 다스리는 것과 같고 끝는 것은 평천하는 것과 같아 순서와 조목이 그 이치가 같으니 싸서 기르는 도리는 한 몸을 다스리는 것이요 넓혀서 건지는 법은 사해를 다스리는 것과 같으니 자기 몸이 병들어 있으면 어떻게 수신을 할 수 있으며 수신을 하지 못하면 제가치국평천하를 어떻게 펼쳐나갈 수 있으랴.

그런고로 천하의 학문이 의학보다 중요한 것이 없으니 깊이 살펴주소서.

1898년 11월 7일

정삼품 지석영(池錫永)

학부대신 이도재 각하[10]

지석영은 모든 학문 중에서 의학이 가장 중요한 학문임과 건강의 중요성을 강조하였다. 이를 위해 의사라는 직업을 높게 평가하면서 이들에 대한 대우의 부당함을 지적하였다. 하지만 건강을 돌봄에 있어 의사에 따라 살 사람도 죽을 수 있다고 지적하면서 종래 한의사들을 질타하였다. 그리고 의학교를 서울에 개설하고 일본 의사를 강사로 초빙해 학생을 선발하되, 이들이 졸업하면 각 도(道)로 파견하여 의학교를 설립하여 교육시키자고 주장하면서 필요하다면 자신이 그 학교의 책임을 맡겠다고 하였다.

이 청원은 학부대신과 학무국장 김각현(金珏鉉)에 의해 받아들여졌고,[11] 11월 9일자로 의학교 설립을 위한 비용을 1899년도 예산에 포함시킬 것과 1899년 봄에 의학교(醫學校)[12]를 창설한다는 내용이 담긴 회신서를 지석영에게 보냈다.[13]

의학교의 설치에 대해 당시의 각종 언론들은 긍정적인 반응을 보였다.

현금의 세계에 문명한 각국은 인민의 위생을 위하여 정부에서 무수한 돈을

---

10) 池錫永: 上學部大臣書, 1898년 11월 7일, 장서각 문서번호 2-2005(大韓醫史學會: 松村 池錫永. 아카데미아, 1994, 173-6쪽; 224-6쪽); 잡보. 뎨국신문, 1898년 11월 17일 3면 2단; 醫校請設. 皇城新聞, 1899년 1월 7일 4면 1단.

11) 뎨국신문에는 이 청원에 대해 학부대신이 예산 부족을 이유로 난색을 표명했다고 보도하였다. 醫校請設. 皇城新聞, 1899년 1월 7일 4면 1단; 잡보. 뎨국신문, 1898년 11월 17일 3면 2단.

12) 의학교에 관해서는 다음과 같은 논문들이 참고가 된다. 裵圭淑: 大韓帝國期 官立醫學校에 관한 研究. 이화여자대학교 대학원 1990년도 석사학위 청구논문, 1991; 奇昌德: 韓國近代醫學敎育史. 아카데미아, 1995, 49-52쪽, 127-32쪽; 신동원: 한국근대보건의료사. 한울, 1997, 250-79쪽; 여인석: 대한제국기의 官에 의한 의학교육. 延世醫史學 2: 286-98, 1998; 황상익: 역사 속의 학부(學部) "의학교", 1899-1907. 한국과학사학회지 22: 170-91, 2000.

13) 學部大臣答書, 1898년 11월 9일(奇昌德: 韓國近代醫學敎育史. 아카데미아, 1995, 51쪽).

들여 의학교를 설시하고 병원을 많이 두는데, 대한에서는 의학교라 하는 명색이 당초에 없고 근년에 영, 미국과 일본에서 나온 몇몇 의원이 병원을 설시하고 적지 않은 자본을 허비하여 가며 대한 사람들을 위하여 혹 학도를 뽑아 의술도 가르치며 병인을 극진히 치료하되 본국에서는 본국 인민을 위하여 의학교와 병원을 설시한 것이 한 곳도 없는 것은 대한에 참 수치가 되는 일이라. 우리가 정부에서 의학교를 설시한다는 말을 듣고 얼마큼 치하하며 고명한 의원을 고빙하여 잘 실시되게 하기를 바라더니 ......14)

의학교 설립을 위한 예산은 1899년 1월 16일 여러 대신의 논의를 거쳐 탁지부 예산에 편입되어15) 1899년 예산에 의학교 설치금으로 6,030원을 책정, 지출하기로 결정되었다.16) 하지만 이 예산은 의학교 설치금이 처음 반영된 1896년 1월 15일 「건양원년 세입세출 총예산」의 6,906원보다 적은 것이었으며, 의학교 부속병원 설립비도 책정되지 않았다.

3) 의학교 관제

이와 같은 결정에 따라 1899년 2월 28일 학부대신에 의해 「의학교 관제 청의서(醫學校 官制 請議書)」가 마련되었고, 결국 3월 24일 학부 관할의 「의학교 관제(醫學校 官制)」가 칙령 7호로 반포되었다(그림 Ⅲ-1-2).

> 칙령 제7호 의학교 관제
> 제1조   의학교는 국민에게 내외 각종 의술을 전문으로 교수하는 곳으로 정한다.
> 제2조   의학교의 수업 연한은 3년으로 정한다.
> 제3조   의학교는 학부의 직할이며 경비는 국고로 지원한다.

14) 雜報 學舍日廣. 皇城新聞, 1898년 12월 6일 3면 2단; 잡보. 매일신문, 1898년 12월 6일 3면 2단; 잡보. 뎨국신문, 1899년 3월 16일 3면 2단; 의학교. 독립신문, 1899년 3월 29일 1-2면.
15) 雜報 豫算決定. 皇城新聞, 1899년 1월 18일 3면 2단.
16) 1월 28일 의정부 회의는 광무 3년도 총 예산안을 의결하였으며, 3월 8일 중추원에서 아무런 수정 없이 가결되었다. 함께 설치된 중학교는 7,400원, 여학교는 3,750원의 예산이 책정되었지만, 1900년도에는 예산이 책정되지 않았다. 奏本 제9호 光武 3年度 總豫算件 上奏事, 1899년 1월 30일(奏本 3. 서울대학교 규장각, 1995, 13-32쪽); 금년 예산표. 독립신문, 1899년 2월 1일 1면 2단; 雜報 豫算項目(續). 皇城新聞, 1899년 3월 21일 3면 2단.

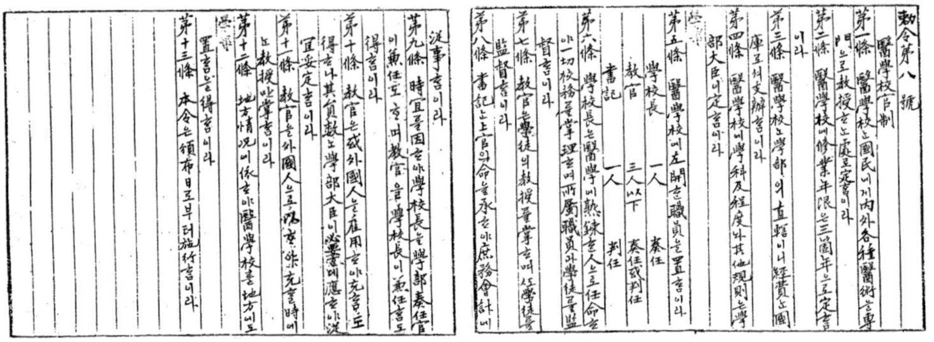

勅令第八號
醫學校官制
第一條 醫學校ᄂᆞᆫ國民에게內外各種醫術을專門으로敎授ᄒᆞᄂᆞᆫ處로定홈이라
第二條 醫學校에修業年限은三個年으로定홈이라
第三條 醫學校ᄂᆞᆫ學部의直轄이니經費ᄂᆞᆫ國庫로서支辦홈이라
第四條 醫學校에學科及程度와其他規則ᄋᆞᆫ學部大臣이定홈이라
第五條 醫學校에左開ᄒᆞᆫ職員을置홈이라
學校長 一人 奏任
敎官 三人以下 奏任或判任
書記 一人 判任
第六條 學校長ᄋᆞᆫ醫學에熟鍊ᄒᆞᆫ人으로任命ᄒᆞ야一切校務를掌理ᄒᆞ며所屬職員과學徒를監督홈이라
第七條 敎官ᄋᆞᆫ學徒의敎授를掌ᄒᆞ며又學徒를監督홈이라
第八條 書記ᄂᆞᆫ上官의命을承ᄒᆞ야庶務會計에從事홈이라
第九條 時宜를因ᄒᆞ야學校長을學部奏任官이兼任ᄒᆞ기도ᄒᆞ며敎官을學校長이兼任홈도得홈이라
第十條 敎官은或外國人을雇用ᄒᆞ야充홈도得ᄒᆞ나其員數ᄂᆞᆫ學部大臣이必要에應ᄒᆞ야從宜妥定홈이라
第十一條 敎官을外國人으로以ᄒᆞ야充ᄒᆞᆯ時에ᄂᆞᆫ敎授만掌홈이라
第十二條 地方情況에依ᄒᆞ야醫學校를地方에도置홈을得홈이라
第十三條 本令은頒布日로부터施行홈이라

그림 Ⅲ-1-2 의학교 관제(1899). 奏本 제49호 醫學校 官制件 上奏事, 1899년 3월 24일(奏本 3. 서울대학교 규장각, 1995, 155-7쪽).

제4조 의학교의 학과와 정도(程度)와 기타 규칙은 학부대신이 정한다.

제5조 의학교에는 다음과 같은 직원을 둔다.

학교장	1인	주임
교관	3인 이하	주임 혹은 판임
서기	1인	판임

제6조 학교장은 의학에 숙련된 자를 임명하여 일체 교무를 맡아 관리하게 하고 소속 직원과 학도를 감독한다.

제7조 교관은 학도의 교수를 담당하고 학도를 감독한다.

제8조 서기는 상관의 명(命)을 받아 서무 회계에 종사한다.

제9조 경우에 따라 학교장을 학부 주임관이 겸임도 하고 교관을 학교장이 겸임할 수도 있다.

제10조 교관은 혹 외국인을 고용하여 충원하는 것도 가능하나 그 수는 학부대신이 필요에 따라 정한다.

제11조 교관을 외국인으로 충원할 때에는 교수만 한다.

제12조 지방의 사정에 따라 의학교를 지방에도 설치할 수 있다.

제13조 본령은 반포일로부터 시행한다.

광무 3년 3월 24일[17)]

17) 3월 1일 의정부회의는 학부대신이 청의한 '의학교 관제 칙령안'을 의결하였다. 奏本 제49호 醫學校 官制件 上奏事, 1899년 3월 24일(奏本 3. 서울대학교 규장각, 1995, 155-7쪽); 勅令 제7호 醫學校 官制. 官報 제1220호, 1899년 3월 28일; 醫學校 設立. 皇城新聞, 1899년 3월 8일 3면 2단; 잡보. 뎨국신문, 1899년 3월 9일 3면 2단.

관제의 주요 내용은 학부 직할로 3년 과정의 의학교를 설치하며, 학교장과 3인 이하의 교관을 두되, 필요에 따라 외국인 교관을 고용할 수 있게 하였다. 또한 내외 각종 의술, 즉 한의학과 서양의학을 모두 배우는 기관으로 목표를 설정하였다. 의학교는 교육입국조서에 발표 후 만들어진 한성사범학교, 외국어학교, 소학교 등을 관장하고 있던 학부에 소속되었다.[18]

4) 의학교 규칙

의학교 관제의 반포와 함께 조선정부는 경성 중부 관인방(寬仁坊) 훈동(勳洞)에 있었던 김홍집(金弘集)의 옛 저택을 의학교로 사용하기로 하고 대대적으로 수리를 했는데, 이미 5월 19일에 이러한 사실이 알려졌다.[19]

의학교 건물과 외국인 교사를 확보한 조선정부는 7월 5일 학부령(學部令) 제9호로 「의학교 규칙(醫學校 規則)」을 제정했는데, 그 내용은 다음과 같았다.

> 의학교 규칙
> 제1관 총칙
> 제1조 의학교는 본년 3월 24일 칙령 제7호 의학교 관제 제1조에 의하여

---

18) 1894년 갑오개혁의 일환으로 군국기무처가 개혁되면서 의정부 산하에 기존의 예조 업무의 일부와 관상감, 육영공원, 사역원의 업무, 교육 및 학무행정을 관리하는 학무아문이 설치되었다. 학무아문에는 총무국, 성균관상교서원사무국, 전문학무국, 보통학무국, 편집국, 회계국 등 6국이 있었다. 전문학무국은 중학교, 대학교, 기예학교, 외국어학교, 전문학교, 사범학교에 관한 사무를 담당하였고, 보통학무국은 소학교와 사범학교를 담당하였다.
　학무아문은 1895년 학부로 개칭되었고, 대신관방(大臣官房)(비서과, 문서과, 회계과), 학무국(소학교 및 학령아동취학, 사범학교, 외국어학교, 전문학교, 기예학교, 외국유학생에 관한 사항), 편집국(교과용 도서 번역, 편집, 검정, 도서구입, 보존, 관리 및 인쇄에 관한 사항) 등으로 통폐합되었다. 성균관, 관상소, 한성사범학교, 외국어학교는 학부대신이 감독하는 기구로 독립하였다.
　갑오개혁 이전에는 의료요원의 양성이 내부 소관이었으며, 따라서 처음 반영되었던 의학교 관련 예산은 1896년 1월 15일의 「건양원년 세입세출 총예산설명」에서 내부 관할로 설정되어 있었다. 하지만 학부가 정부 주도의 교육을 관장하는 중추적인 부서로 정착되면서 신교육의 일환으로 설립된 의학교는 학부에 소속되었다.

19) 잡보 三년 작뎡. 독립신문, 1899년 5월 19일 3면 1단; 잡보 병원슈리. 뎨국신문, 1899년 5월 20일 3면 1단; 朝鮮總督府 京城醫學專門學校 一覽, 1940년. 이 문건은 다음의 글에 번역되어 있다. 박윤재: 한국 현대의학 관련자료 소개 5. 京城醫學專門學校 一覽. 延世醫史學 2: 371-425. 1998.

각종 의술을 교수한다.

제2조 생도에게 재학 중에 교과서를 차급(借給)하고 필요한 지필묵을 지급한다.

제3조 수업 연한 3개년은 속성과니 학과는 간이적요(簡易摘要)를 주로 하고 국내 의술이 발달한 후에는 연한을 갱정(更定)하여 심절(深切)한 술업(術業)을 교수한다.

제4조 의학교 각과의 교과서는 학부에서 편집한 것으로 하고 혹 학부대신의 검정을 거친 것도 사용한다.

제5조 의학교의 세칙은 학교장이 정하여 학부대신의 인가를 받는다.

제6조 학교장은 학부 주임관이 겸임할 때는 학교의 각항 사유를 교관이 교장에게 보명 타판(報明 妥辦)한다.

제2관 학과 및 정도(程度)

제1조 의학교 속성과의 학과는 동물, 식물, 화학, 물리, 해부, 생리, 약물, 진단, 내과, 외과, 안과, 부영(婦嬰), 위생, 법의, 종두, 체조로 정한다. 단 시의(時宜)에 따라 1, 2 과목을 증감할 수 있다.

제2조 각 학과에 필요한 기계와 물품을 구치(購置)하여 실지 견습케 한다.

제3조 학과의 교수 시는 체조 시간을 제하고 매일 5시간으로 정하되 장단(長短)을 수(隨)하여 추이(推移) 개정한다.

제3관 학급 학기 학년

제1조 학급은 생도의 원수와 학력에 응하여 편제하는데 교장이 교관과 상의하여 타정(妥定)한다.

제2조 학기는 1년을 나누어 춘학기와 추학기로 정하되 아래 표에 의한다.

1. 춘학기   1월 6일로부터 하기 휴학일까지
2. 추학기   추기 상학일(上學日)로부터 12월 25일까지

제3조 학년은 추기 초에 시작하여 익년 하기 말까지 1학년으로 정한다.

제4관 입학 휴학

제1조 입학은 매년 춘추 학기 초로 허입(許入)한다.

제2조 입학을 원하는 자는 중학교 졸업장이 유하고 좌기한 자격을 구비한 자로 허입(許入)한다.

단 현재는 중학교 졸업생이 무(無)함으로 문산(文筭)이 초유(稍裕)하고 재지(才智)가 총명한 자를 특시 허입(特試 許入)한다.

1. 년령이 만 20세 이상으로 30세 이하인 자
1. 신체가 강건한 자

   시의(**時宜**)에 인하여 신체검사도 한다.

제3조 입학을 원하는 자는 제1호 서식에 비추어 품청장(**稟請狀**)을 교장에게 정출(**呈出**)하면 교장이 교관을 회동하여 입학시험을 치른 후에 허입(**許入**)한다.

   입학시험과목

1. 한문 독서   작문
1. 국문 독서   작문
1. 산술 비례   시답(**試答**)

제4조 입학허가를 득한 자는 제2호 서식에 비추어 보증장을 교장에게 증출(**呈出**)한다.

제5조 보증인은 경성 내에 주거하는 신분적 확자(**確者**)로 하고 생도와 보증인이 전거(**轉居**)나 혹 사망하는 시는 사속(**斯速**)히 교장에게 고명 개정(**告明 改訂**)한다.

제6조 하기 휴학과 추기 상학은 절후(**節侯**)의 조만(**朝晚**)을 따라서 교장이 림시 결정하되 학부대신의 허가를 받는다.

제7조 휴학일은 좌표에 의한다.

1. 만수성절(**萬壽聖節**)
1. 천추경절(**天秋慶節**)
1. 개국기원절(**開國紀元節**)
1. 흥경절(**興慶節**)
1. 계천기원절(**繼天紀元節**)
1. 매 일요일
1. 하기휴학 하기 휴학일로부터 추기 상학일까지 60日을 넘지 못한다.
1. 동기휴학 12월 26일로부터 1월 5일까지
1. 음력명절 음력 12월 21일로부터 정월 20일까지와 한식 전일로부터 한식일까지와 추석 전일부터 추석일까지
1. 외국 명절은 림시하여 교장이 양의(**量宜**)하여 휴학함을 허락한다.

   단 혼상(**婚喪**)[조부모, 부모, 형제, 자매 동이성(**同異姓**) 사촌 이내]으로 인하거나 부득이한 사고가 있으면 교내에서 확지(**確知**)하는 즉시 휴학은 교관이 허유(**許由**)하고 1주일이 넘는 휴학은 교장이 허유(**許由**)한다.

   제5관 재학 퇴학 출학 처벌

제1조 재학자는 반도(半途)에 퇴학할 수 없다. 단 질병이 있거나 부득이한 사고가 있어 퇴학할 경우에는 해생도(該生徒)와 보증인이 연서하여 해교(該校)로 청원하면 질병과 사고를 검사하여 적확(的確)한 후에 교장이 허시(許施)한다.

제2조 좌기한 각항 범촉(犯觸)한 자가 있으면 교장이 출학을 명하고 학부에 보명(報明)하여 관보에 광고한다.

1. 졸업 전에 타 학교로 전학한 자

1. 조행(操行)을 불수(不修)하여 누도 형칙(屢度 刑飭)하되 회오(悔悟)치 않는 자

1. 교칙을 위배한 자

1. 학업 부진하여 속독(速讀) 3학기에 진급치 못한 자

1. 학업은 불근(不勤)하고 부당한 사항에 참의 망론(叅議 妄論)하는 자

1. 무고 결석이 1주일 이상에 이르는 자

제3조 출학을 명받은 자는 관공사립 각종 학교에 부학(赴學)함을 물허(勿許)하고 각부부원청(各府部院廳)에 지조(知照)하여 수용을 못하게 한다.

제6관 시험 졸업

제1조 매월 종(每月 終)과 1학기 1학년에 3종으로 정하여 월종 시험은 한 달 학력을 검정하고 학기 시험은 한 학기 학력을 검정하고 학년 시험은 1년 학력을 검정한다.

제2조 월종 시험을 치러서 우등생은 해 급 내에 승좌(陞座)하고 연 3차 우등생은 제3호 서식에 비추어 포상을 부여하고 학기시험을 치러서 우등생은 제4호 서식에 비추어 진급장을 부여하며 특별한 상을 시(施)하고 관보에 광고한다.

단 수업 연한 이전에는 비록 진일급이라도 졸업시험을 득(得)치 못한다.

제3조 학기 학년 시험을 치러서 평점이 최소인 자는 낙급(落級)도 할 수 있다.

제4조 월종 학기 학년의 시험 기록은 학부로 선보(繕報)한다.

제5조 시험에 평점은 교사와 교관이 상의 타정(商議 妥定)한다.

제6조 학기 학년 시험에 진급치 못한 자와 질병이나 부득이한 사고로 시험에 불참한 자는 원급(原級)에 잉치(仍置)한다.

제7조 졸업시험은 제3학년 말에 행하되 소수(所授) 전과를 통하여 학력을

검정한다.

제8조 졸업시험을 치러서 급제(及第)한 자는 제5호 서식에 따라서 졸업장을 부여하고 학력이 불급(不及)한 자는 원급(原級)에 잉류(仍留) 교수한다.

제9조 졸업장을 부여한 후에 내부대신이 의술개업면허장(醫術開業免許狀)을 부여한다.

부 칙

제1조 공사립 의학교를 설치하는 것도 종의(從宜)하여 허한다.
공립은 관민이 경비를 공동하여 설립하고, 사립은 사인이 경비를 지판(支辦)하여 설립한 것을 칭한다.

제2조 공사립 의학교는 지방관과 관찰사를 거쳐서 학부대신의 허가를 받는다.

제3조 공사립 의학교의 학과 및 정도(程度)와 기타 규칙은 학부에서 정하고 교과서도 학부의 검정을 거친다.

(각종 양식 생략)

광무 3년 7월 5일
의정부 찬정 학부대신 민병석[20]

이 규칙에 따르면 수업연한은 3년으로 하여 속성(速成)으로 의사를 길러내되 의술이 발달한 연후에는 그 연한을 개정하기로 하였다. 국가에서는 의학생들에게 지필묵과 교과서를 지급하도록 하였으며, 교수 과목은 동물, 식물, 화학, 물리, 해부, 생리, 약물, 진단, 내과, 외과, 안과, 부영(婦嬰), 위생, 법의, 종두 및 체조 등의 16개 과목이었으며, 필요에 따라 1, 2 과목을 더 경시키기로 하였다. 수업시간은 체조시간을 제외하고 매일 5시간이었다.

학생의 등교와 간단한 과목 이수 정도만을 규정한 1885년의 「공립의원 규칙」의 임시적, 미봉적 성격에 비해 이 규칙이 의학생의 선발에서 졸업 면허 획득까지 전 과정을 법적으로 규정하고 있어 상당한 의의를 지닌다는 견해가 있다.[21] 또한 입학 자격 조건에 중학교 졸업자만 응시케 함으로써 학력 제

---

20) 學部令 제9호 醫學校 規則. 官報 제1307호, 1899년 7월 7일.

을 규정한 것은 처음 있는 일이며, 소학교-중학교-의학교의 체제가 갖추어졌
다는 지적도 있다.[22]

하지만 「의학교 규칙」과 관련해 몇 가지 생각해 볼 점이 있다. 우선 이 규
칙의 구체성에 대한 것이다. 「공립의원 규칙」이 만들어지고 14년이 지난 시점
에서, 더군다나 일본의 영향력이 더욱 강해진 입장에서 보다 구체화되고 발전
된 규칙의 출현은 당연한 것이다. 그리고 이 규칙의 구체성은 의학 교육에 관
한 조선정부 스스로의 경험이 아니라 일본의 경험에서 우러나온 것이라고 보
는 것이 타당할 것이다. 따라서 한국의 현실에 맞지 않은 점이 있을 수밖에
없었기에 실제 실행에 있어서도 규정대로 이루어지지 않은 경우가 많았다. 대
표적으로 학력 제한 규정이다. 중학교 졸업장이 있어야 응시 자격이 있는 것
으로 규정되었으나 당시에는 중학교 졸업생이 없었다. 실제 의학교 제1회 졸
업생들의 경우에도 중학교를 졸업한 사람은 한 명도 없었다. 이렇듯 규정이나
법규가 담고 있는 내용이 실제 이루어진 사실과 다른 경우가 많다. 규정이나
법규의 해석에 주의해야 하는 이유가 거기에 있다.

---

21) 신동원: 한국근대보건의료사. 한울, 1997, 259쪽.
22) 裵圭淑: 大韓帝國期 官立醫學校에 관한 硏究. 이화여자대학교 대학원 1990년도 석사학위
청구논문, 1991, 17쪽.

2. 교직원 임명

1) 한국인 교직원의 임명

의학교 관제에 따라 3월 28일자로 의사는 아니지만 의학에 밝고 의술에 정통한 지석영이 주임관 2등의 교장(校長)에 임명되었고, 3월 29일자로 군부 주사 출신으로 법률에 밝은 경태협(景台協)[23]이 판임관 5등, 소학교 부교원 남순희(南舜熙)[24]가 판임관 6등의 교관(教官)에, 그리고 유홍(劉泓)[25]이 판임 관 7등의 서기(書記)에 임명되었다. 그런데 이들 중 교장 지석영을 포함하여 서양의학을 정식으로 공부한 사람은 아무도 없었다. 우두법 보급에 일정 역할 을 한 지석영은 자신의 말처럼 의학에 특별한 취미가 있어 동양과 서양의 의 학을 모두 조금씩 공부했다[26]고는 하지만 서양의학을 가르칠 위치에 있었던 것은 아니었다.

정식 규정을 찾기 힘들지만 의학교 관제에 명기된 3명 이하의 '교관'은 각 자 역할이 있었다.[27] 우선 경태협을 시작으로 그의 후임으로 임명되었던 교관 들은 일종의 사무직으로서 '학도를 감독하는 교관'이었다. 이들 중에는 의학

---

23) 경태협은 군부 주사로 있던 1895년 7월 콜레라와 이질에 전염된 평양 제3훈련대의 장교 와 병졸들에게 약을 투여하고 구료한 경험이 있었다. 경태협은 1899년 4월 1일 의원면관 되었으며, 1906년 12월부터 선산과 정주군수를 역임하였다. 敍任 및 辭令. 官報 제84호, 1895년(開國 504년) 6월 9일; 彙報. 官報 제101호, 1895년(開國 504년) 6월 29일; 敍任 및 辭令. 官報 제1223호, 1899년 3월 31일; 敍任 및 辭令. 官報 제1234호, 1899년 4월 13일.

24) 남순희는 일본 게이오의숙(慶應義塾)을 졸업하고, 사립 공수학교(工手學校)에 전학하여 채 광야금에 관한 교육을 받다가 문부성 견습으로 옮겨 사무를 익혔다. 1898년 6월 13일부터 인천부 공립소학교 부교원으로 활동하다가 1899년 3월 29일로 의학교 교관으로 임명되었 으며, 1901년 8월 2일 사망하였다. 彙報. 官報 제974호, 1898년 6월 13일; 敍任 및 辭令. 官報 제1223호, 1899년 3월 31일; 彙報. 官報 제1961호, 1901년 8월 9일; 김근배: 일제시기 조선인 과학기술인력의 성장. 서울대 박사학위논문, 1996, 43, 66-7쪽.

25) 유홍은 1899년 10월 2일 면직되었으며, 10월 5일 판임관 6등의 법부 주사로 임명되었다. 敍任 및 辭令. 官報 제1223호, 1899년 3월 31일; 敍任 및 辭令. 官報 제1383호, 1899년 10 월 4일; 유홍(劉泓). 한국근현대인물자료, 국사편찬위원회.

26) 池錫永: 上學部大臣書, 1898년 11월 7일, 장서각 문서번호 2-2005.

27) 이 책의 309쪽에 있는 의학교 교관 및 직원 명단을 참고할 것.

本院長古城梅溪가一時端國を야
不在を더니今次來京前과如히刻力
院務에從事を며傾히慈爲으로써되
도록患者의便益을圖謀を야各般治
病에應코조を오니江湖의患者と繼
續來院を야求治を옵쇼셔
俯本院診察時間을如左히定を얏
소오니照亮を심을望を며
一每日午前八時로브터午後二時々
지
一院長이在院を야診察をと時間一
每日午後二時로브터六時々지
一時間外이病家에請を야診察をと
時間
但急病은此限에在치아니홈
明治三十三年七月十三日
兆晄 贊化病院
廣告

그림 III-1-3 후루시로 바이케이. (왼쪽) 의학교 교관으로 고빙된 후루시로. 동은의학박물관 소장. (오른쪽) 황성신문의 찬화병원 광고. 廣告. 皇城新聞, 1900년 7월 16일 4면 2단.

교 서기 출신도 있고, 또 반대로 교관으로 임명되었다가 서기로 임명된 경우도 있었다. 다음으로 산술을 학생들에게 가르쳤던 남순희를 시작으로 그의 후임으로 임명되었던 교관들은 일본인 교사의 통역이나 번역 혹은 자신이 잘 알고 있는 분야를 담당하여 실제 교육에 부분적으로나마 참여했다고 볼 수 있다. 이들은 관립일어학교를 졸업했거나 일본에서 수학, 법학, 약학, 화학 등을 전공하였다. 그리고 한국인 의사 혹은 의학교 졸업생으로 교관에 임명된 사람들은 김익남, 김교준 및 유병필뿐이었다.

의학교 개교 후에 나타난 의학교 교관의 잦은 교체는 '학도를 감독하는 교관'들의 난맥상이었으며, 실제 교육은 일본인 교사의 강의를 기본으로 하고 일부 한국인 교관들이 통역 및 일부 강의를 담당하는 형식으로 진행되었다.

2) 후루시로의 교사 임명

당시 한국에는 서양의학을 제대로 공부한 사람이 거의 없었을 뿐 아니라 더구나 교육을 진행할 사람이 없었으므로 어쩔 수 없이 외국인을 고용할 수밖에 없었고, 지석영 스스로도 청원서에서 서울에 있는 일본 명의를 강사로 초청하자고 명기한 바 있었다. 바로 이러한 점이 의학교 관제의 제10조에 반영되었다.

> 제10조 교관은 혹 외국인을 고용하여 충원하는 것도 가능하나 그 수는 학부대신이 필요에 따라 정한다.

조선정부의 요청에 따라 1899년 4월 18일 일본 공사는 여러 해 동안 일본 공사관의 의사로 근무했고 종두의양성소를 운영한 바 있는 후루시로 바이케이(古城梅溪, 그림 Ⅲ-1-3)[28]를 교사로 추천했고,[29] 4월 28일자로 학부대신과 외부대신은 계약기간 3년, 월급 130원으로 의정부에 승인을 요청하였다.[30]

그런데 그의 교사 임명은 순탄치 않았다. 중추원에서 한국인 중에도 의술에 능통한 사람들이 많이 있는데, 왜 외국인을 고용하는가 하는 반대가 있어 결정을 미루었기 때문이었다.[31] 이에 5월 9일 학부 참서관 이규환(李圭桓)이 중추원을 방문하여 자신도 한국인을 교사로 고빙하고 싶지만 서양의술이 효과가 빠른 약제를 쓰는 등의 이유를 들어 외국인 의사 고빙의 불가피성을 설명하였다.[32] 그가 정식으로 의과대학을 졸업하지 않았다는 점도 문제가 되었지만, 그의 외과술이 뛰어난 점은 어느 정도 인정되므로 원래의 계약 기간 3

---

28) 후루시로는 1883년 12월 일본 대분현(大分縣) 갑종의학교(甲種醫學校)를 졸업하고 1884년 5월 의술개업면장을 취득하였다. 그는 1886년 5월 서울의 일본공사관 의관으로 내한하였다. 그는 1891년 의관직을 사임하고 진고개에 찬화의원(贊化醫院)을 개업하여 의료 활동을 하였다. 그리고 학부의 인가를 받아 1897년 종두의양성소를 설립했는데, 사립이었지만 조선정부와 긴밀한 관계를 가지며 운영되었다. 학부는 양성소 지원생을 모집하는 광고를 내주었고, 학부 편집국에서 1898년 8월 『종두신서(種痘新書)』를 편찬하는 등 그의 활동을 여러 모로 도왔다. 잡보. 뎨국신문, 1898년 9월 30일 3면 1단; 잡보. 뎨국신문, 1898년 12월 8일 3면 2단; 잡보. 뎨국신문, 1899년 4월 6일 4면 1단; 裵圭淑: 大韓帝國期 官立醫學校에 관한 研究. 이화여자대학교 대학원 1990년도 석사학위 청구논문, 1991, 31-4쪽; 三木榮: 朝鮮醫學史 及 疾病史. 思文閣出版, 1991, 272쪽.

29) 잡보 합동청구. 독립신문, 1899년 4월 19일 3면 2단; 學部來去文 照會 제7호, 1899년 4월 27일.

30) 延聘 醫學校 教師 請議書 제4호, 1899년 4월 28일, 各部請議書存案 奎17715; 잡보 교사 고빙. 독립신문, 1899년 5월 3일 3-4면.

31) 雜報 醫校說明. 皇城新聞, 1899년 5월 5일 3면 1단; 잡보 하외여하. 독립신문, 1899년 5월 6일 3면 1단.

32) 잡보 의학교샤 연빙. 독립신문, 1899년 5월 11일 2면 2단.

년을 1년으로 변경하고 추후에 그의 능력을 판단하기로 한 후 그의 임용을 가결시켰다. 5월 11일 의정부회의는 학부대신과 외부대신이 연서로 청의한 의학교 교사 건을 만장일치로 의결하였다.[33) 이를 바탕으로 5월 16일자로 학무국장 김각현과 외부 교섭국장 사이에 의학교합동(醫學校合同)에 대한 합의가 이루어졌다.[34)

이 계약서는 고용된 외국인 의사에 대한 여러 가지 사항을 상세하게 규정하고 있는데, 교사가 본분을 지키지 않을 경우 한국정부는 외교적 절차를 밟아 그를 해임할 수 있게 함으로써 제중원 의사들의 경우와는 근본적으로 다른 모습을 보이고 있다. 조선정부는 제중원 의사들과는 이러한 고빙계약을 체결하지 않았을 뿐만 아니라 이들에 대한 실질적인 통제권이 없었다. 조선정부가 의학교의 외국인 교사에 대해 주도적인 입장을 취하고 있는 것과 대비가 된다 하겠다.

---

33) 奏本 제84호 醫學校 敎師 延聘件 上奏事, 1899년 5월 12일(奏本 3. 서울대학교 규장각, 1995, 247-9쪽).
34) 醫學校敎師 合同. 奎23088, 1899년 5월 16일.

3. 의학생 모집

1) 의학생 모집 광고

의학교의 규칙과 교사가 정해지자 학생 모집에 착수하였다. 1899년 7월 14일자 관보에 처음으로 의학생 모집 광고가 실렸는데, 그 내용은 다음과 같았다(그림 Ⅲ-1-4).

광고
의학교 학원 권부광고(勸赴廣告)
금에 관립의학교에 학원을 모집할 터이니 입학하기 원하는 자는 본월 15일로 위시하야 내(來) 8월 15일 내로 본부에 품고(稟告)하고 동월 16일에 본부로 진(進)하야 입학시험을 수(受)함이 가할 사
광무 3년 7월13일　학부

의학교 학원 시험규목(試驗規目)
　1. 입학자의 년령은 20세 이상 30세 이하 자
　1. 입학시험은 좌와 여(如)할 사
　　　신체강건자
　　　한문의 독서와 작문
　　　국문의 독서와 작문
　　　산술 비례식답
　1. 입학시험에 응코져 하는 자는 제1호 서식을 의하야 품청증(稟請証)을
　　구정(具呈)하고 시험후 입학허가롤 득한 자는 제2호 서식을 조(照)하야
　　보증을 정출(呈出)함이 가할 사

(제1호 및 제2호 서식 생략)

차식양지(此式樣紙)는 본부의 래(來)하야 구용(購用)할 사[35]

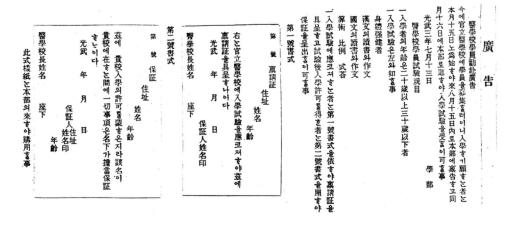

그림 Ⅲ-1-4 의학교 학생 모집 광고. 廣告. 醫學校 學員 勸赴廣告. 官報 제1313호, 1899년 7월 14일.

이를 보고 지원한 사람들을 대상으로 8월 16일 국문, 한문과 작문, 그리고 산술로 입학시험을 치렀고 이중 50명을 선발하기로 하였다.

2) 선발된 의학생

실제 선발한 학생 수는 50명이 넘었던 것으로 보인다. 1899년 12월 당시 한 명도 중도 탈락되지 않았는데 52명의 학생이 있었고 1900년 1월에는 53명이 있었기 때문이다.[36) 이들 중 후에 졸업했고 나이 등을 알 수 있는 기록이 있는 사람들을 대상으로 그들의 배경을 살펴보면 다음과 같았다.[37)

우선 입학 당시 나이는 15세부터 32세까지 다양했는데, 나이를 확실히 알 수 있는 12명 중 2명은 30세가 넘었고 3명은 20세 미만이었다. 이것은 당초 공고된 20세 이상 30세 이하가 지켜지지 않았음을 나타내며, 조선정부가 실제

---

35) 廣告. 醫學校 學員 勸赴廣告. 官報 제1313호, 1899년 7월 14일; 廣告. 醫學校 學員 勸赴廣告. 官報 제1320호, 1899년 7월 22일.

36) 雜報 醫生試取. 皇城新聞, 1899년 8월 17일 3면 1단; 雜報 醫學勤工. 皇城新聞, 1899년 12월 9일 2면 2단; 雜報 醫校施賞. 皇城新聞, 1900년 2월 5일 2면 2단.

37) 이 책의 365쪽을 참고할 것. 의학교 입학생들의 인적배경과 신분관계에 대한 것은 다음의 글이 참고가 된다. 裵圭淑: 大韓帝國期 官立醫學校에 관한 硏究. 이화여자대학교 대학원 1990년도 석사학위 청구논문, 1991, 23-7쪽.

나이 보다는 제시된 시험 과목에서 얻은 점수로 학생들을 선발했기 때문인 것으로 보인다.[38] 또한 학생들 중에는 규칙대로 중학교를 졸업한 사람은 아무도 없었다. 입학 전 교육이나 다른 경력을 가진 사람들이 있었고, 의과에 등 제하여 의관으로 활동했거나 경무관으로 근무했던 사람들도 있었다. 당시 위생 사무는 경무청이 관장했으므로 경무관으로 활동한 사람들은 이 업무를 통해 관심을 갖고 의학교에 진학한 것으로 추정된다. 집안 배경을 보면 일부 세력가 집안이나 한미한 가문 출신의 양반도 있었지만 중인 집안 출신이 다수였을 것으로 추정된다.

3) 개학

개학 예정은 당초 8월 20일[39]로 알려졌다. 그러나 8월 26일자 관보에 9월 1일에 개학할 것이며 이보다 3일 전인 8월 29일 10시에 훈동 의학교에서 신입생을 대상으로 오리엔테이션을 한다는 광고가 게재되었고,[40] 7월에 일본으로 귀국했던 후루시로도 개학 일자를 맞추기 위해 8월 24일에 부산항에 도착하였다.[41]

하지만 실제로는 9월 4일에 개학하였고,[42] 정식 입학식은 이보다 한 달 뒤인 1899년 10월 2일 오전 11시에 있었다.[43] 첫 입학식에는 학부대신 이하의 모든 학부 관리, 외부대신, 탁지부대신, 그리고 심상훈, 박정양, 민영환, 고영희, 이종태, 일본공사 기니모도(國本常太郎) 등 많은 내빈이 참석한 가운데 열

---

38) 당초 공고와 달리 학생들의 나이에 큰 차이를 보이는 것은 후에 뽑은 학생들에서도 마찬가지였던 것으로 보인다. 의학교를 제3회로 졸업한 홍석후는 학생들의 나이에 관해 다음과 같은 기록을 남겼다. "12-3세부터 50세까지의 학생이 한 교실에서 교수를 받았다. 지금 주교정에서 개업하고 있는 채영석씨는 내가 학교에 입학했을 때 47세의 노령으로 학생복을 입고 매일 정근하였다." 洪錫厚: 30年前 學校와 學生氣風. 新東亞 6권 1호, 1936년 1월, 160-1쪽.

39) 잡보 의학개학. 독립신문, 1899년 8월 14일 2면 3단.

40) 廣告. 皇城新聞, 1899년 8월 26일 3면 3단; 잡보. 독립신문, 1899년 8월 26일 3면; 廣告. 皇城新聞, 1899년 8월 28일 3면 3단.

41) 雜報 醫師到泊. 皇城新聞, 1899년 8월 26일 2면 3단.

42) 잡보 일신 삼역. 독립신문, 1899년 9월 12일 2-3면.

43) 잡보 개학 례식. 독립신문, 1899년 10월 3일 3면 2단.

렸는데, 학생 50명에게 '의학의 본지'에 관한 연설이 있었다.

4. 번역 교과서 출판

의학교는 운영 역시 순조롭지 않았다. 일본으로부터 들여온 기계와 서적 등이 1899년 9월 초 인천항에 도착하자 학부의 요청으로 면세로 통관되었다.[44] 하지만 정작 학생들에게 필요한 교과서는 도착하지 않았다. 또한 인력이 크게 부족하여 처음에는 학생 교육 및 통역, 그리고 교재 번역 등의 모든 일을 인천의 공립소학교에서 부교원으로 근무한 경력을 가지고 있던 남순희 교관 혼자 맡아하다시피 했다.[45] 이에 따라 후루시로는 통역과 번역을 담당할 사람을 한 명씩 보충해 달라고 학부에 요청했다. 하지만 학부는 아직 예산이 없으니 남(南) 교관 혼자 일을 하고 있으면 인원 하나를 찾아 붙여 주겠다고 답변했다.

또한 의학 교과서가 도착하지 않아 화학 과목의 강의만 진행하기로 하였다. 학부 편집국은 10월 14일 일본인 아사카와(麻川松次郎)를 매월 본국화 75원과 신수비 10원을 지급하기로 하고 12월까지 3개월 예정으로 고용하여 화학교과서를 번역시켰다.[46] 10월 중순 현재 다른 일본 의학 서적 수 십 종을 번역 중이었는데 한 달 정도면 번역이 완료될 것으로 예상하고 있었다. 이처럼 교재가 조금씩 갖추어지고 강의가 진행되면서 의학교의 교육도 일단 자리를 잡아가기 시작했다. 이렇게 어려운 중에도 학생들은 한 명도 결석하지 않고 성실하게 공부를 하였다.[47]

---

44) 잡보 면세홀 공찰. 독립신문, 1899년 9월 2일 3면; 校用免稅. 皇城新聞, 1899년 9월 29일 2면 3단.

45) 잡보 일신 삼역. 독립신문, 1899년 9월 12일 2-3면.

46) 아사카와는 1900년 1월에 교사로 고빙할 예정이었는데, 이에 대해 국내에도 일본어 번역에 능통한 사람이 많은데 굳이 일본인을 고용한 것을 비판하는 여론도 있었다. 한편 나중에는 일어학교 졸업생을 번역생으로 고용하여 번역시키기도 했는데, 박정선은 1902년 11월부터 1904년 1월까지 의학교 번역생으로 일했다. 醫書飜譯. 皇城新聞, 1899년 10월 16일 2면 2단; 잡보 의학책 편집. 독립신문, 1899년 10월 14일 2면 3단; 잡보. 데국신문, 1899년 10월 16일 3면 2단; 잡보 일문번역. 독립신문, 1899년 10월 25일 4면 1단; 박정선(朴正善). 한국근현대인물자료, 국사편찬위원회.

47) 雜報 醫學勤工. 皇城新聞, 1899년 12월 9일 2면 2단.

이 시기에 어느 책이 번역되었는지는 전혀 알려진 바가 없으나, 1900년 10월 말 교관 남순희가 저술한 정선산학과 1902년 유창희가 번역한 병리통론이 남아 있다. 또한 1907년에는 해부학 번역본이 발간되었다.

1) 정선산학

『정선산학(精選算學)』은 1900년에 9월 남순희가 편집하고, 권재형(權在衡)이 교열하여 출판한 책으로, 상·하 2책과 별책으로 된 해식(解式)으로 구성되어 있다(그림 Ⅲ-1-5).[48] 의학교에서 출판된 것은 아니었지만 학생들의 교재로 사용되었을 것으로 추정된다. 이 책은 황성신문사(皇城新聞社)에서 출판되었으며, 신식 연활자로 인쇄되었다. 크기는 23.4×16.7㎝이고 국한문 혼용으로 되어 있으며, 사침안전법의 선장본이다.

1900년 판의 상권은 1900년 7월 15일자의 권재형의 서문, 범례, 목차(3쪽), 본문(251쪽), 답(31쪽), 임병항(林炳恒)의 발문(跋文)으로 구성되어 있다. 본문은 사칙, 정수의 성질, 분수, 소수, 순환소수 및 명수 등 모두 5편으로 구성되어 있다. 부록은 본문의 문제에 대한 답만 적혀 있다.

『정선산학 해식 상(精選算學 解式 上)』은 1900년 황성신문사에서 출판되었다. 신식 연활자로 인쇄된 이 책의 정가는 15전이며, 크기는 앞의 책과 같다.

한편 이 책을 출판한 황성신문사는 황성신문을 통해 몇 차례 정선산학을 소개했는데, 다음과 같았다.

> 정선산학 정가 85전, 동 해식 정가 15전. 우 산책은 외국 산서 중 정요한 정의와 긴착한 문제를 역선하고 우 해식을 특간하여 수 초학이라도 교도를 부대하고 소연 오해케 하였으니 제군자는 좌 개한 매각소로 내구하시옵

> 정선산학(精選算學) 정가 85전 동(同) 해식(解式) 정가 15전 우 산책은 외국 산서(算書) 중 정요한 정의와 긴착할 문제를 역선(譯選)하고 우 해식을 특간하야 수초학(雖初學)이라도 교도를 부대하고 소연 오해케 하얏스니 제군자

---

48) 雜報 精選算學. 皇城新聞, 1900년 11월 30일 2면 2단.

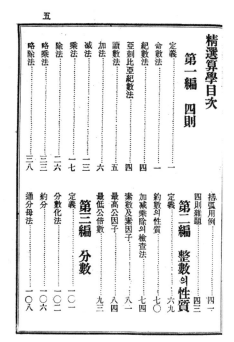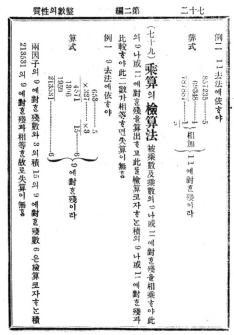

그림 Ⅲ-1-5 남순희가 저술한 정선산학(1900). 동은의학박물관 소장.

는 좌개한 매각소로 래구(來購)하시옵.

　좌개(左開)한 서책을 원람(願覽)코져 하시는 첨군자는 하기(下記) 발수처(發售處)로 왕림하시옵. 흠흠신서 4책 성학집요 3책 대한지지 2책 만국지지 1책 잠상실험설 1책 산정산술 2책 청국무술정변기 2책 정선산학해식 2책. 발수처 중서 동구 월변 주한영 책사(冊肆)[49]

　1907년판은 탑인사(搭印社)에서 간행되었는데, 1900년 판을 다시 간행한 것이었다. 초판본과 다른 점은 학부 편집국 검정을 강조하고 있다는 점이다. 책의 크기도 23.8×16.6㎝의 사침안정법의 선장본으로 바뀌었다. 1900년 초판의 서문과 발문이 그대로 실렸다. 초판과 목차 배열은 같지만 각각 편목의 분

---

49) 廣告. 皇城新聞, 1900년 12월 1일 3면 1단; 廣告. 皇城新聞, 1901년 5월 11일 3면 2단; 廣告. 皇城新聞, 1902년 6월 19일 3면 2단.

량에서 차이가 난다. 답의 분량도 30쪽으로 줄었다. 정가는 70전이었다.

1908년판은 황성서적조합(일한인쇄주식회사)에서 신연활자본으로 다시 편찬되었으며, 편집, 교열자 모두 동일하다. 크기는 22.4×15.4㎝이며, 사침안정법의 선장본이다. 1900년의 서문, 목차, 발문이 모두 전판 같지만 본문이 252쪽, 답이 32쪽으로 달라졌다.

2) 병리통론

『병리통론(病理通論)』은 1902년 3월 학부 편집국(學部 編輯局)에서 발행한 의학 교과서이다(그림 Ⅲ-1-6). 유창희(劉昌熙)가 번역하고 지석영이 교열하였다. 크기는 22.9×15.5㎝이며, 사침안정법의 선장본이다. 신식 연활자로 인쇄되어 있으며, 본문은 국한문 혼용이다.

그림 Ⅲ-1-6 유창희가 번역한 병리통론(1902). 동은의학박물관 소장.

내용은 속표지, 1902년 4월 1일자의 금래(琴來) 민영소(閔泳韶)[50]의 서문, 목차 8쪽, 본문 396쪽으로 구성되어 있고, 간기는 별도로 없다. 목차에 병리통론 권상(卷上)이라는 제목이 있는 것으로 보아 여러 권으로 기획되었던 것으로 보인다.

본문은 서론, 질병론(疾病論), 병원론(病原論), 병변론(病變論)으로 이루어져 있다. 질병론은 질병의 정의, 증후 및 진단, 예후 및 경과, 전귀(轉歸), 치칙(治則)의 순서로 설명하였다. 병원론은 크게 내인(內因)과 외인(外因)으로 나누어 설명하였다. 전체 내용의 3/4를 차지하고 있는 병변론은 국소혈행장애, 퇴행병변, 진행병변, 염증, 전염병, 신진대사병 및 온정병(溫政病)으로 나누어 설명하였다.

3) 해부학

『해부학(解剖學)』은 1907년 의학교에서 발행한 책으로, 제중원에서 김필순이 번역하여 1906년 출판한 것과 동일한 일본의 이마다(今田)가 저술한 실용해부학(實用解剖學)을 의학교 교사였던 고다케(小竹)가 추린 후 의학교 교관 유병필(劉秉珌)이 번역한 것이다(그림 Ⅲ-1-7).

이 책은 탁지부 인쇄국에서 제조하였으며, 크기가 22.4×15.9㎝인 양장본이다. 책은 1907년 5월에 쓴 민영소의 축하의 글과 1907년 2월 10일자의 의학교 교장 지석영의 서문, 목차 17쪽, 본문 501쪽으로 이루어져 있다. 간기는 별도로 없으며 책 맨 뒤쪽에 "탁지부 인쇄국(度支部 印刷局) 제조"라고 작게 인쇄되어 있다.

본문은 국한문 혼용으로 되어 있다. 본문은 서론과 골학 총론, 인대학 총론, 근학 총론, 내장학 총론, 혈관학 총론, 신경학총론 등 6편으로 이루어져

---

50) 민영소(1852-1917)는 본관이 여흥(驪興)이며, 1878년 정시 문과에 급제한 후 1885년 병조참지, 호조판서, 직제학, 한성부윤 등을 지냈다. 1901년 학부대신, 후에 중추원의장(中樞院議長)이 되었다. 그는 민씨 척족의 거물이며, 병조판서로 있을 때 일본에 망명 중인 김옥균과 박영효 등의 암살을 시도했지만 실패했고, 다시 홍종우를 상하이로 밀파하여 김옥균을 살해하였다. 1910년 국권피탈 후 일본 정부로부터 자작(子爵)의 작위를 받았다. 그는 친일파 목록에 대표적인 인물로 포함되어 있다.

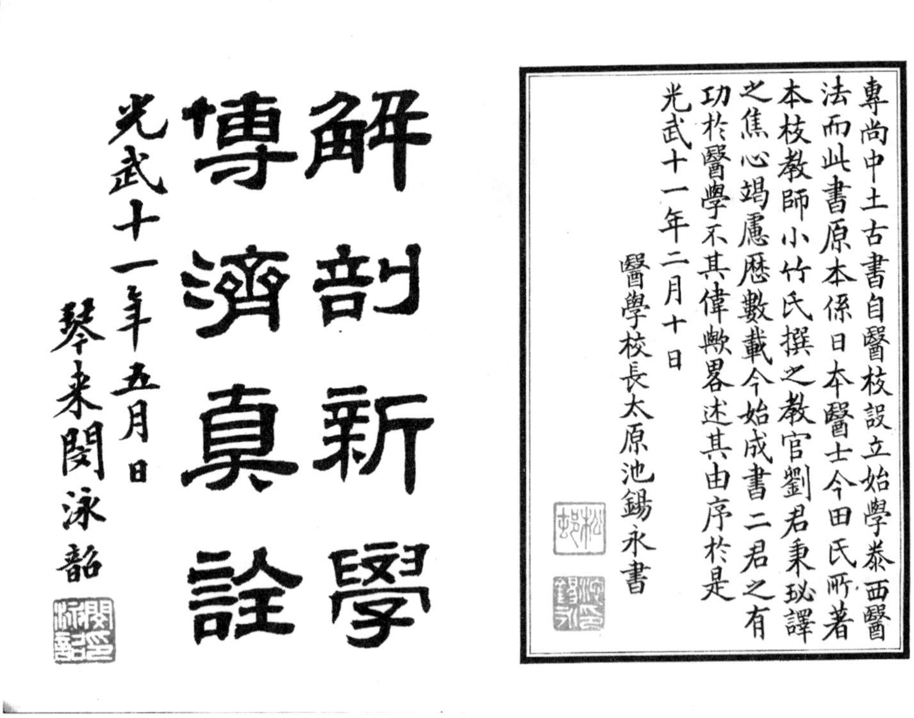

解剖新學

博濟真詮

光武十一年五月日

琴來閔泳韶

專尚中土古書自醫校設立始學恭西醫
法而此書原本係日本醫士今田氏所著
本枝教師小竹氏撰之教官劉君秉玘譯
之焦心竭應數載今始成書二君之有
功於醫學不其偉歟畧述其由序於是
光武十一年二月十日
醫學校長太原池錫永書

그림 Ⅲ-1-7 유병필이 번역한 해부학(1907). 제중원의학교에서 김필순이 번역한 것은 원본과 동일한 3권이며 그림이 포함되어 있지만, 유병필의 번역본은 한 권으로 압축했으며 그림이 포함되어 있지 않다. 동은의학박물관 소장.

있다. 골학 총론은 골학 각론, 사지골의 2장으로, 인대학 총론은 구간인대, 상지인대, 하지인대 등 3장으로, 근학 총론은 근학 각론, 구간제근(軀幹諸筋), 사지근으로, 내장학 총론은 소식기(消食器), 호흡기, 비뇨기, 생식기, 혈관선, 오관기(五官器)로, 혈관학 총론은 심장, 동맥, 정맥, 임파관으로, 신경학 총론은 동물성 신경계통의 중추부, 동물성 신경계통의 말초부, 교감신경계통으로 나누어 설명하였다.

　김필순의 번역본과 달리 이 책은 이마다의 3책 내용 중 일부만을 선별하여 번역한 것임을 알 수 있다. 또한 모든 용어들은 한자를 그대로 썼고 토씨만을 한국어로 썼으며, 본문 속에 삽도나 도판이 전혀 없다는 점이 김필순의 번역본과 크게 대비되는 점이다. 별도의 부도가 있었는지는 확실하지 않다.

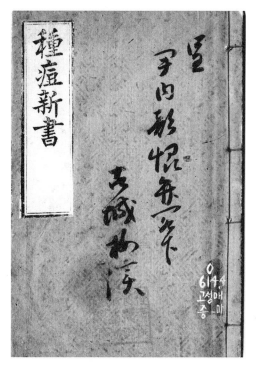

그림 Ⅲ-1-8 후루시로의 종두신서(1898). 연세대학교 중앙도서관 소장.

4) 종두신서

학부 편집국에서 출판한 『종두신서(種痘新書)』는 의학교에서 출판된 것은 아니지만 학생들의 교재로 사용된 것으로 보인다(그림 Ⅲ-1-8). 1898년 8월 종두의양성소의 후루시로가 강술(講述)하고 아사카와가 번역했으며, 62쪽이다. 크기는 22×15㎝이고 연활자로 인쇄했으며, 사침안정법의 선장본이다.

이 책은 본문이 국한문 혼용이지만 서문은 순한문으로 되어 있으며, 겉표지, 이경식(李庚植)의 서문(1쪽), 후루시로의 자서(自序, 2쪽), 목록(2쪽), 본문(61쪽) 및 간기로 구성되어 있다. 간기는 본문 맨 마지막 쪽에 같이 있다.

이 책의 내용은 종두의 역사, 수두(獸痘), 두묘의 종류, 종두의 수술, 두종의 경과, 두종 경과 중의 병발병, 복종(複種), 두묘보존법 등 8장으로 이루어져 있다.

5. 의학교 운영

1) 1899-1900년도의 학사일정

학생들은 물리학과 종두학(種痘學)을 먼저 배웠는데 12월 10일 경 종두학은 다 끝내었고 물리학은 반 정도 끝낸 상태였다. 곧 화학을 배우고 1900년 1월에는 해부학을 배울 예정이었지만,[51] 실제 실습이 아니라 강의를 통한 공부였다.

당시 의학교의 건물이나 설비, 교재 등은 불충분했으나, 학생의 규율과 상벌은 엄격했다.[52] 무단결석이 3, 4일만 되어도 퇴학되었고, 시험 때에는 시험장에 들어갈 때 의복을 모두 벗고 저고리와 바지만 입게 하여 엄밀한 신체검사가 끝난 후에 들어가게 했다. 또 시험을 보는 동안에는 버선도 신지 못하게 함으로써 부정행위를 막았다.

첫 입학생의 시험은 1900년 1월 17일에 치러졌으며 당초에는 우등, 1등, 2등, 3등으로 나누어 상품을 수여할 예정이었다.[53] 1월 23일 의학교에서 시상이 있었는데, 시험 결과 1급이 40명, 2급이 13명이었으며,[54] 성적이 나쁜 2급 학생들은 낙제 시켜 새로 뽑은 학생들과 함께 가르치기로 하였다.[55]

한편 강민(姜民), 송석환(宋錫煥), 손진수(孫晉秀) 등 3명[56]의 우등생에게 외국사(外國史), 지필묵을 수여하였고, 탁지부 대신 조병직(趙秉稷)이 10원을, 교사 후루시로는 『위생신론(衛生新論)』을 나누어 주었다(그림 Ⅲ-1-9).[57]

---

51) 잡보. 뎨국신문, 1899년 12월 12일 2면 3단. 당초 개학과 함께 화학을 시작하려 했는데, 차질이 있었던 것으로 보인다.
52) 洪錫厚: 30年前 學校와 學生氣風. 新東亞 6권 1호, 1936년 1월, 160-1쪽.
53) 雜報 醫校試驗. 皇城新聞, 1900년 1월 18일 2면 2단.
54) 여기서 1급은 진급, 2급은 낙제인 것으로 보인다. 雜報 醫校施賞. 皇城新聞, 1900년 2월 5일 2면 2단.
55) 뎨국신문에는 2급이 10명이며, 이들은 억울하다고 항의했다고 한다. 잡보. 뎨국신문, 1900년 2월 16일 3면 1단.
56) 우등생 3명 중 손진수만 졸업하였다. 손진수는 후에 손창수(孫昶秀)로 개명하였다.

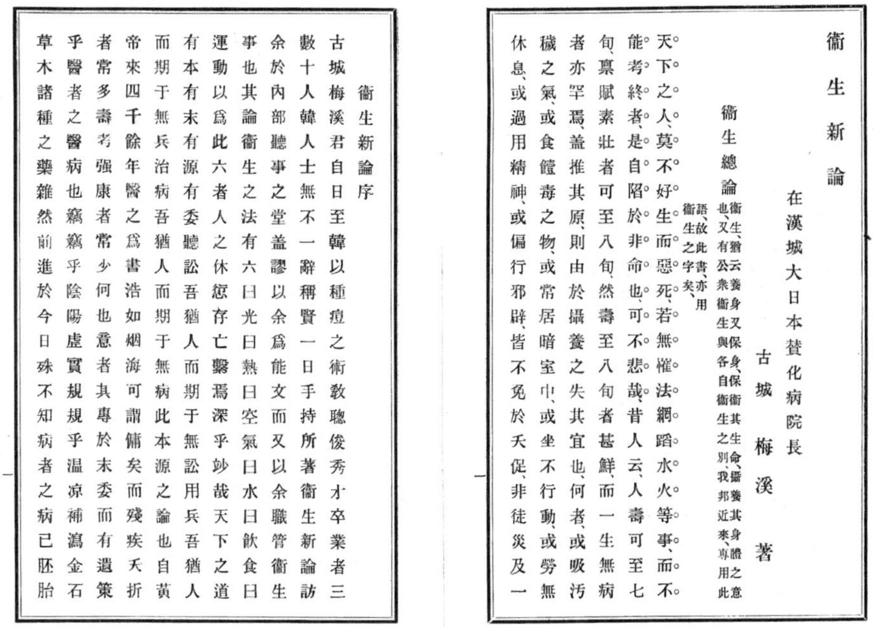

衛生新論

在漢城大日本贊化病院長
古城　梅溪　著

衛生總論
衛生猶言衛生也、又有公衆衛生與各身保衛生、語云養身、故此書亦用、我邦近來專體用之此意

天下之人、莫不好生而惡死。若欲
能考終其壽、壯者可至八旬、
旬裏賦素、盖推其原、則由於攝養之失其宜也、何者或
者亦罕、食體毒之物、或常居暗室中、或坐不行動、或勞無
穢之氣、或過用精神、或偏行邪辟、皆不免於天促非徒災及一

衛生新論序

古城梅溪君自曰、至韓以種痘之術、教聰俊秀才、卒業者三
數十人、韓人士無不一辭稱賢、以余為能文、而又以
余於內部聽事之堂、蓋謬以余能文、而又以
事也、其論衛生之法、有六日光日熱日空氣日水日飲食日
有本有末有源、此六者、人之休怨吾猶存焉
而期于無兵治病、吾猶聽人而期于無疴用兵、吾自黃
運動以為此六源之論兵、吾自黃人
帝常多壽考強康者、常少、何也、意實規規乎溫凉補瀉、金石
乎醫者之醫病也、竊竊前進於今日、殊不知病者之病、已胚胎
草木諸種之藥、雜然前進於今日、殊不知病者之病、已胚胎

그림 Ⅲ-1-9 후루시로의 위생신론(1899). 동은의학박물관 소장.

1900년 1월 23일 의정부회의는 탁지부대신이 청의한 1900년도 총예산을 의결했는데, 의학교비는 5,225원으로 1899년도 보다는 적게 책정되었다.58)

1900년 2월 15일 제2학기가 시작되었다.59) 개학 전인 2월 7일자로 의학교 규칙에 따라 두 번째로 학생모집 공고를 냈는데,60) 가선(加選), 즉 추가모집이었다. 지원자들은 3월 5일 10시 독서, 작문 및 산술로 입학시험을 치렀다.61)

---

57) 위생신론은 1899년 동경에서 초판이 발행되었다. 1책으로 구성되어 있고 순한문으로 되어 있으며, 1쪽에 12행이 들어 있고 크기는 22.3×15.2㎝인 양장본이다. 이 책은 겉표지, 홍문관 학사 남연철의 서문(2쪽), 내부대신 박정양의 서문(2쪽), 내부 위생국장 최홍주의 서문(2쪽), 사례소직원 신만휴의 서문(3쪽), 목록(1쪽), 본문(77쪽), 부록(9쪽)으로 이루어져 있다. 본문은 총론, 광, 열, 공기(지기부), 수, 음식, 운동으로 이루어져 있으며, 부록으로 병원(病原) 및 치법약설(治法略說), 의리잡술(醫理雜術)이 들어 있다. 雜報 醫校施賞. 皇城新聞, 1900년 2월 5일 2면 2단.

58) 奏本 제58호 光武 4年度 總豫算件 上奏事, 1900년 1월 23일(奏本 4. 서울대학교 규장각, 1996, 175-94쪽).

59) 잡보. 뎨국신문, 1900년 2월 16일 3면 1단.

60) 광고에는 학생을 가선(加選)한다고 되어 있다. 廣告. 官立各外國語學校와 醫學校 學員 勸赴 廣告. 官報 제1493호, 1900년 2월 9일.

제2학기가 시작된 직후인 2월 25일에는 일본 등에서 흑사병(黑死病)이 유행하자 각부 대신, 각 학교 교원, 여학교 교장 등이 의학교에 모인 가운데 교장 지석영과 교관 후루시로가 그 예방 규칙을 설명하였고,62) 3월 말에는 흑사병 예방규칙(黑死病 豫防規則)을 만들어 배포하였다.63)

교관의 잦은 인사이동

1900년 4월에 들어 교관의 인사이동이 잦아 의학교 인사는 난맥상을 보였다. 하지만 이들 교관은 '가르치는 교관'이 아니라 '학교 사무를 보는 교관'이었기 때문에 실제 교육과는 직접적인 관계는 없었다.

4월 13일 외부 참서관으로 전임한 심영섭의 후임으로 홍종덕이 임명되었지만, 그는 4월 21일자로 면직되었다. 또 학부 주사로 있었던 윤태응이 자기 의사와 관계없이 민병철에게 자리를 빼앗기자 학부대신과 협판을 수없이 찾아가 억울함을 호소하여 학부로부터 4월 21일자로 의학교 교관으로 임명되었다.64) 그런데 그에 대해 세간에 의학과 관계가 없는 인물을 뽑았다는 비판이 일자, 이유는 분명하지 않지만 4월 28일자로 유홍의 후임으로 1899년부터 주사로 있던 이병선과 자리를 맞바꾸었다. 윤태응은 1902년 1월까지 의학교 서기의 자리를 지켰다. 이와 같은 교관의 잦은 이동은 '관직을 만들기 위한 방편'을 위한 인사 단행의 측면을 완전히 벗어나지 못했음을 말해준다.65)

2) 외국인 교사의 교체

조선정부는 1900년 4월 2일자로 일본 자혜의원의학교를 졸업하고 도쿄자

---

61) 2회 졸업생 김달식은 4월에 입학하였다. 雜報 學徒試取. 皇城新聞, 1900년 3월 6일 2면 3단; 김달식(金達植), 한국근현대인물자료, 국사편찬위원회.
62) 廣告. 近日에. 皇城新聞, 1900년 2월 21일 3면 2단; 雜報 豫防演說. 皇城新聞, 1900년 2월 26일 2면 3단.
63) 범연이 알지말일. 뎨국신문, 1900년 3월 27일 1-2면; 흑사병 예방법(전호 련속). 뎨국신문, 1900년 3월 28일, 1-2면.
64) 신동원: 한국근대보건의료사. 한울, 1997, 265-6쪽.
65) 신동원: 한국근대보건의료사. 한울, 1997, 266쪽.

혜의원의 당직의사로 근무 중이던 김익남을 교관으로 임명하고 주일 한국공사관에 그를 귀국케 하도록 재촉하였다. 그는 8월 2일 귀국하여 의학교 교관으로 부임하였다.

후루시로의 사임

그런데 4월 중순 학생들이 후루시로의 수업을 거부하면서 자퇴를 청했고, 결국 후루시로가 면직된 사건이 일어났다.[66] 4월 17일 학부는 학생 40명을 불러 후루시로가 무엇을 잘못했는지 알아보았는데, 학생들의 답변은 다음과 같았다.

후루시로는 해부학 중에 골학을 강의하는데 왼쪽과 오른쪽 경골(脛骨)을 구별하지 못하고 오히려 교과서의 내용을 고쳐 적기까지 하였으며, 두개골의 요철을 분간하지 못하였으니 골학은 손으로 만지고 눈으로 볼 수 있는 것이기에 교사가 잘못 가르쳐도 학생이 이해해서 고칠 수 있지만, 근육학이나 내장학 같은 것은 잘못 배우게 되면 사람들의 병을 고쳐주기는커녕 도리어 상하게 되니 그렇게 잘못된 지식을 배우며 국고를 낭비하는 것보다 학교를 그만두는 것이 낫겠다.[67]

이에 대해 학부대신 김규홍(金奎弘)은 즉각적인 답변을 회피하면서 학교에 가서 지시를 기다리라고 하면서, 교관의 해임 여부는 본인이 해결하겠다고 하였다.[68] 이에 학생들은 어쨌든 후루시로로부터는 배우지 않겠다고 하였다.[69]

한편 후루시로는 자신이 수업 시간 중 왼쪽 뼈를 오른쪽 뼈로 잘못 가르친 '사소한 실수'를 인정하면서, 다음과 같이 해명하였다.

---

66) 雜報 醫學徒의 請退. 皇城新聞, 1900년 4월 17일 2면 3단. 이 사건에 대해서는 다음의 글이 참고가 된다. 신동원: 한국근대보건의료사. 한울, 1997, 267-72쪽.
67) 雜報 醫學徒의 說明. 皇城新聞, 1900년 4월 18일 2면 4단; 잡보 데국신문, 1900년 4월 19일 3면 3단.
68) 雜報 醫學徒의 說明. 皇城新聞, 1900년 4월 18일 2면 4단; 잡보 데국신문, 1900년 4월 19일 3면 3단.
69) 잡보 데국신문, 1900년 4월 19일 3면 3단.

담당 교사의 해명서

1. "두골(頭骨)의 요철도 분간 못한다."고 하고 있으나 인체 안와(眼窩)의 상면은 전두골의 일부로 형성되어 있어 중앙은 높고 주위는 낮아 마치 복분하면(覆盆下面)의 상태를 하고 있다. 따라서 교과서도 그 중앙이 높음을 형용함에 철자(凸字)로써 하였다. 그러나 학생들은 그 당시 질문하기를 "이것은 철자를 사용하면 온당하지 못하고 요자(凹字)를 써야 한다."하여, 내가 대답하기를 "그렇지 않다. 이 뼈는 지금 제군들이 보는 바와 같이 주위는 낮고 중앙은 높아 즉, 궁륭형(穹窿形)을 하고 있지 않느냐. 또 아래에서 올려볼 때의 형용으로 위에서 내려다보는 문자가 아닌 이상 물론 철자(凸字)라 하여도 별 모순 될 리 없다."하였다. 그런데 5~6장 뒤에 이르러 똑같이 같은 부위를 설명한 대목이 있었는데 여기에서는 반대로 요자(凹字)를 쓰고 있었다. 따라서 학생이 다시 말하기를 "요자(凹字)가 맞다."고 하였다. 그렇지만 나는 그것이 오식인 점과 또 그 이유를 설명하고 그렇지 않다고 하였다. 그러나 학생들이 매우 이해하기 어려워하는 듯한 경황이었으므로, 나는 다시 말하기를 "실제로 이 뼈가 이와 같은 형상임을 달리 오인하지 않는 한 굳이 요철의 문자를 놓고 왈가왈부할 것이 없다. 따라서 제군들은 마음대로 해득(解得)하여도 무방하다."고 일렀다. 그런데 학생의 청원서나 신문에는 뼈의 실물의 요철을 잘못 가르친 것처럼 기재하였다. 이것은 큰 오류로, 요약해 말하면 문자 응용상의 적부의 문제로서 결코 내가 그 뼈에 대하여 잘못 가르친 것은 아니다.

1. "좌경 우경(左脛 右脛) 운운"은 본래 인체의 골격 조립은 좌우가 반대로 되어 있다. 그런데 내가 가르칠 때 그 골격 조립이 반대로 되어 있는 것을 알아차리지 못하고 잠시 가르치는 동안 책과 뼈의 위치를 대조해 보지 않았기 때문에 이들 뼈에 대하여 다시 정사(精查)해 보니 완연히 좌우 위치가 반대로 되어있음을 발견하였다. 그래서 이를 학생에게도 알렸고 또 골격 조립도 다시 고쳤다. 그런데 경골의 좌우 내외도 분별 못한다 하면 이는 커다란 무언(誣言)이 될 것이다.70)

이에 학부는 수업 중에 일어난 사건이 실책이라 인정하여 학생들의 주장을 일견 인정하면서도, 그것이 사소한 것에 불과하다는 후루시로의 해명도 일부 수용하여 이 사건을 마무리 짓고자 했다. 즉 사소한 사비를 가리는 것 보

---

70) 醫學校 日人敎師의 資質問題로 인한 學生들의 同盟退學件. 駐韓日本公使館記錄 5. 국사편찬위원회, 1990, 253쪽.

다 조속한 수업 정상화가 더욱 중요하다고 본 것이었다.[71] 이에 학부대신은 4월 21일 의학교 교장에게 즉각 수업을 재개할 것을 지시하였다.

> 귀 제11호 보고서에 의하여 학원들의 청원서는 모두 살펴보았는바 실학(實學)의 바탕에서 정밀하게 밝히고 강구하여 한 치의 소홀함도 있어서는 아니 되는 것이니 지금 이 학원의 청원이 괴이할 것도 없겠으나 그 교사의 2건의 실수는 잠시 살피지 못한 작은 과실에 불과한 것으로 이미 큰 실착(失錯)이 아니고 보면, 사제지간의 정의(情誼)에 경솔하게 논박하였으니 어찌 한심하지 않으리오. 경골의 내외와 안과(眼窠)의 요철을 이제는 이미 정정하였으니 사제 간에 이렇게 변론하여 정당점을 찾는 것이 수업 상 더욱 유익한 일이거늘 귀 교장이 어찌 실사 효칙(曉飭)하여 학업이 중단되지 않게 하지 않고 이토록 번거롭게 보고하였는지 참으로 개탄스럽다. 이에 지령하니 조량(照亮)하시고 제원에게 포유(佈諭)하여 즉시 등교하게 하고 등교한 상황을 보명(報明)하기 바라오.[72]

하지만 학생들은 이에 불복해 4월 24일 의학이 사소한 소홀함도 용납하기 힘든 학문이며, 그릇된 선생에게서 배운 학생은 그릇될 수밖에 없다는 두 가지 이유를 담은 청원서를 교장에게 제출하면서 계속 등교를 거부하였다.

청원서

> 일전에 여러 학생들이 본부에 들어와 대기하라는 명을 받고 갑자기 청원한 연유를 아뢰었던바 물러가 조처를 기다리라는 처분을 받고 주야로 기다렸는데 지금 지령을 보니 학생들을 효칙(曉飭)하여 후루시로(古城梅溪) 씨에게 전처럼 수업을 받도록 하라고 하셔서 교장께서 이처럼 간절히 효유(曉諭)하시니 학생들의 도리로는 즉시 명을 따라야 마땅한 일이나 감히 명을 따르지 못한 것은 이 학문이 다른 학문과는 달라 한 치만 틀려도 결과적으로는 천리의 오차가 생기기 때문입니다. 『서경』에 이르기를, "나무는 먹줄에 따라 곧아진다.(木從繩則直)"고 하였으니 교사는 먹줄과 같고 학도는 목재와 같은데 먹줄이 바르지 못하면 나무가 무엇을 따라 곧아지겠습니까. 곧지 못한 나무는 버리면 그만이지만 부정(不精)한 학문은 도리어 배우지 않는 것만 못한 것이기에 이제 일제히 퇴학하니, 이

---

71) 신동원: 한국근대보건의료사. 한울, 1997, 269쪽.
72) 議政府 贊政 學部大臣 金奎弘이 醫學校長 池錫永에게 보내는 指令, 1900년 4월 21일. 駐韓日本公使館記錄 5. 국사편찬위원회, 1990, 253-4쪽.

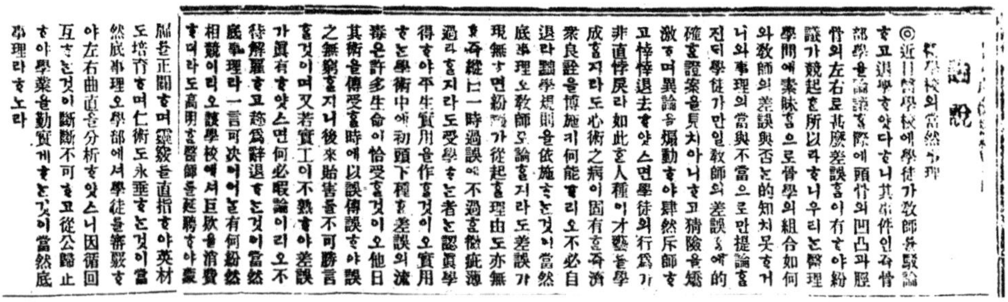

그림 Ⅲ-1-10 후루시로 사건을 다룬 당시의 신문. 論說. 醫學校의 當然事理. 皇城新聞, 1900년 4월 27일 2면 1단.

는 대세가 부득이한 것이지 결코 성의가 부족하여서는 아닙니다. 조량(照亮)하소서.73)

이와 같이 학생들이 계속적으로 퇴진을 요구하자 학부는 후루시로를 자진 사임시키는 것으로 문제를 해결하려 했다. 그리하여 4월 25일 학부대신과 협판은 학부를 방문한 후루시로에게 자퇴 청원을 내라고 권유하면서 그렇지 않으면 해고하겠다는 방침을 통고하였다.74) 이에 후루시로는 4월 26일 학부로 찾아와 학생들이 그것을 꼬투리로 삼아 집단 자퇴를 청원하거나 자신의 해임을 요구하는 것은 월권행위라고 강하게 반발하였다. 또한 자신은 조금도 개의치 않으니 학생들을 모두 퇴학을 시키고 교장도 면직시키라고 요구하였다.75) 4월 27일 황성신문에는 논설을 통해 '만일 학생들의 주장에 정당한 근거가 없으면 그들을 모두 출학시키고, 교사에 잘못이 있다면 아무리 사소한 것이라도 자진 사퇴시켜라.'고 촉구하였다(그림 Ⅲ-1-10).76)

학생들은 계속 수업을 거부하는 상태에서 후루시로는 자진해서 사직하지 않았고 학부에서도 이 문제를 더 거론하지 않았는데, 5월 21일 후루시로는 갑자기 아내가 오래도록 병을 앓고 있으므로 귀국하여 요양하기 위해 일본으로 돌아가기 위해 교사직을 사임하겠다고 학부에 청원했고, 학부도 그를 일방해

---

73) 請願書, 1900년 4월 24일. 駐韓日本公使館記錄 5. 국사편찬위원회, 1990, 254쪽.
74) 잡보. 뎨국신문, 1900년 4월 28일 3면 2단.
75) 잡보. 뎨국신문, 1900년 4월 27일 3면 1단; 잡보. 뎨국신문, 1900년 4월 28일 3면 2단.
76) 論說. 醫學校의 當然事理. 皇城新聞, 1900년 4월 27일 2면 1단.

고가 아닌 의원해고(依願解雇)로 처리하였다.77) 이에 28일부터 수업이 재개되었지만 의학을 가르칠 교사가 없었으므로 산술만 공부했다.78)

고다케의 고빙

후루시로를 의원면직시킨 조선정부는 1900년 5월 23일 일본 공사 하야시 곤스케(林權助)에게 그의 후임자 추천을 의뢰하였고,79) 5월 25일 일본 1등 군의 고다케 타게지(小竹武次)가 추천되었다.80) 그는 6월 1일 계약 기간 2년에, 월급도 150원으로 후루시로보다는 좋은 조건으로 계약을 맺었다.

의학교 교사 고빙 약정서

대한국 학부와 외부에서는 약정을 체결함에 있어서 현재 학부에서 대일본 의사 고다케 타게지(小竹武次)를 의학교 교사로 임용하기로 약정을 의결하여 아래에 열거함.

제1관　교사의 임용연한은 약정 조인일로부터 계산하여 만 2개년으로 정함. 연한 만료 후 계속 임용하고자 할 때에는 학부에서 해당 교사와 상의하여 다시 의정함.

제2관　교사의 급료는 약정 조인일로부터 계산하여 광무 4년 12월까지 본국 현행은화로 매월 150원씩 지급하고 광무 5년 1월로부터 기한 만료일까지는 매월 200원씩 지급함.

제3관　해당 교사의 거처는 학부에서 한 곳을 선택하여 불편 없게 해줄 것. 만일 거처를 마련해 주지 못할 시는 매월 20원씩을 지급하여

---

77) 그는 6월 9일 증천환호(曾川丸號)를 타고 일본으로 돌아갔다가, 7월 중순 다시 서울로 돌아와 찬화병원에서 업무를 재개하였다. 日案 문서번호 5712 醫學敎師 古城梅溪의 解雇와 後任 薦擧 依賴. 1900년 5월 23일; 雜報 古城解雇. 皇城新聞, 1900년 5월 22일 2면 2단; 雜報 古城歸國. 皇城新聞, 1900년 6월 12일 2면 3단; 廣告. 贊化病院. 皇城新聞, 1900년 7월 18일 3면 2단.

78) 잡보. 뎨국신문, 1900년 5월 29일 2면 3단; 雜報 醫校上學. 皇城新聞, 1900년 5월 29일 2면 3단.

79) 日案 문서번호 5712 醫學敎師 古城梅溪의 解雇와 後任 薦擧 依賴. 1900년 5월 23일; 雜報 延請日醫. 皇城新聞, 1900년 5월 24일 2면 3단.

80) 雜報 日本軍醫의 薦引. 皇城新聞, 1900년 5월 26일 2면 3단; 日案 문서번호 5717 醫學敎師 小竹武次 推薦의 件. 1900년 5월 26일; 學部來去文 照覆 제13호, 1900년 5월 28일.

임대비에 쓰도록 함.

제4관 학교과정 및 교수 시에 해당하는 일은 모두 학무국장 및 본교 교장의 지휘 하에 처리함.

제5관 교사가 혹 본분을 지키지 않거나 규칙을 위반한 일이 있으면 학부에서는 외부에 알리고 외부에서 일본 공사관에 알려 공사관과 상의 하에 사퇴하도록 하되 기한 만료여부에는 구애받지 않으며 급료는 사퇴일까지만 계산하여 지급함.

제6관 이 약정의 기한 만료 후 연장해서 임용하지 않을 경우에는 학부에서 별도로 2개월 급료를 지급하여 돌아가는 비용에 쓰도록 함.

제7관 교사가 혹 질병으로 휴가를 청할 시에는 필히 의사의 진단서를 첨부하여야만 휴가를 주되 2개월을 넘지 못하며 그 기간의 급료는 예에 따라 지급함. 혹 2개월을 초과할 시에는 급료는 반액만 지급하고 또 2개월이 지나도 쾌유하지 못할 시에는 만기 때의 예에 의하여 해고함.

제8관 교사가 부득이한 일로 잠시 환국(還國)할 경우에는 2개월에 한하여 말미를 주어야 하며 혹 말미기한이 지난 후 1개월이 경과하도록 학교에 돌아와 업무를 보지 않을 시는 해고하여도 무방함.

제9관 약정에 혹 미비한 점이 있으면 학부나 외부에서 일본 공사관에 협의를 청하여 개정함.

제10관 이 약정서는 4부를 작성하여 학부와 외부 그리고 일본 공사관과 해당 교사가 각기 서명 날인하여 나눠 보관함.

대한 광무 4년 6월   일

학부 학무국장 김각현 대일본인 **小竹武次** 외부 교섭국장 이응익(李應翼)

그렇지만 고다케는 1등 군의 출신이라는 자신의 경력에 비해 월급이 너무 적으므로 인상해줄 것을 요구했으며, 조선정부가 당해 년에는 예산 관계로 어렵다고 밝히자 일본 공사는 이를 양해하면서 1901년도 예산 편성 시 고려해줄 것을 요청하였다.[81] 그러나 이 월급 인상은 1901년 초 이루어지지 않았으며,[82] 1902년 6월 1일에 계약을 2년 동안 갱신하면서 200원으로 인상되었

---

81) 醫學校敎師 小竹에 대한 處遇約定 改訂件. 韓日本公使館記錄 5, 국사편찬위원회, 1990, 254-5쪽.

다.[83] 1904년 6월 1일에는 월급 200원, 의사 월급 50원, 집세 20원 등 270월에, 계약기간 3년으로 재계약을 맺었다.[84]

새로 고빙된 고다케는 6월 11일 이전 교수의 잘못된 강의를 바르게 정정했고, 6월 12일부터 강의를 시작하였다.[85]

3) 1900-1년도의 학사일정

1900년 8월 25일부터 9월 5일까지 의학교의 세 번째로 학생을 모집했고, 9월 10일 입학시험을 치렀다.[86]

1900년 9월 10일 가을 학기가 시작되었다.[87] 가을 학기부터는 8월 2일 귀

---

82) 1901년 초 고다케의 월급이 인상되지 않자 일본공사 하야시는 그의 월급 올려달라고 요청하였다. 한편 3월 6일 학부대신은 고다케와 계약 체결시 월급을 인상하기로 했다는 점을 들어 200원으로 인상하자는 청의서를 돌렸으며 6월 고다케의 월급이 인상되었다. 奏本 제1호 醫學校 敎師 合同 改正案 上奏事, 1902년 1월 10일(奏本 5. 서울대학교 규장각, 1995, 284-5쪽); 醫學校敎師 合同, 奎23093, 1900년 6월; 雜報 敎師增俸. 皇城新聞, 1901년 3월 9일 2면 3단; 雜報 請加醫俸. 皇城新聞, 1901년 5월 25일 2면 2단; 雜報 請加醫俸. 皇城新聞, 1901년 8월 12일 2면 2단.

83) 1902년 7월 11일 의정부회의에서 학부대신, 외부대신 임시서리 연서의 청의로 고다케의 속빙 계약을 의결하였다. 醫學校敎師 續合同, 奎23100, 1902년 6월 6일; 雜報 醫師續約. 皇城新聞, 1902년 1월 16일 2면 2단; 雜報 日校續約. 皇城新聞, 1902년 6월 3일 2면 2단; 奏本 제1호. 醫學校 敎師 合同 改正件 上奏事, 1902년 1월 10일(奏本 5. 서울대학교 규장각, 1995, 284-5쪽); 奏本 제64호 醫學校 敎師와 仁川港 日語學校敎師 續聘件 上奏事, 1902년 7월 12일(奏本 5. 서울대학교 규장각, 1995, 481-3쪽).

84) 1904년 6월 27일 의정부회의에서 학부대신, 외부대신 및 탁지부대신 연서의 청의로 고다케의 속빙 계약을 의결하였다. 한편 조선정부는 1905년 1월 18일 의학교 교사 일본국 육군 3등 군의정 고다케에게 훈3등 팔괘장을 하사하였으며, 1906년 3월 27일에는 훈2등을 수여하였다. 醫學校敎師 續合同, 奎23109, 1904년 6월 1일; 雜報 醫師續聘案. 皇城新聞, 1904년 5월 27일 3면 1단; 奏本 제127호 日語學校 醫學校 敎師와 仁川港 日語學校敎師 續聘件 上奏事, 1904년 6월 29일(奏本 6. 서울대학교 규장각, 1995, 643-7쪽); 高宗實錄, 1905년 1월 18일; 敍任 및 辭令. 官報 제3046호, 1905년 1월 26일; 高宗實錄, 1906년 3월 27일; 敍任 및 辭令. 官報 제3419호, 1906년 4월 5일.

85) 잡보. 뎨국신문, 1900년 5월 29일 2면 3단; 雜報 醫校開學. 皇城新聞, 1900년 6월 12일 2면 3단.

86) 이때 입학한 학생 중에 2회로 졸업한 김수현, 장홍섭, 차현성, 최국현 등이 있었다. 廣告. 官立各學校 學員 勸赴 廣告. 官報 제1661호, 1900년 8월 24일; 雜報 學徒加選. 皇城新聞, 1900년 8월 25일 2면 2단; 김수현(金守鉉), 한국근현대인물자료, 국사편찬위원회; 장홍섭(張鴻燮), 한국근현대인물자료, 국사편찬위원회; 차현성(車顯聲), 한국근현대인물자료, 국사편찬위원회; 최국현(崔國鉉), 한국근현대인물자료, 국사편찬위원회.

87) 廣告. 本校 秋期開學. 皇城新聞, 1900년 8월 25일 3면 1단.

국한 김익남이 고다케를 도와 함께 의학교육을 시작하였다. 그는 해부학으로 부터 생리학, 세균학, 약물 위생 등 많은 과목을 가르쳤고 통역도 담당했다.[88]

12월 10일 의학교 학년 시험에서 손진수, 유용, 김명식이 우등생으로 뽑혔다.[89] 1901년 4월 4일 치러진 학기시험에서는 1급 학원 손진수, 방한숙, 김교준과, 2급 학원[90] 지성연, 최규수, 홍종훈이 우등생으로 뽑혀 상품을 받았다.[91]

한편 2급 학원 최규수 등은 의학 서적이 모두 일본어로 되어 있기에 산술시간을 일본어 교육시간으로 만들어 달라고 청원하였다.[92] 학생들 중에는 여러 이유로 퇴학이나 전학을 했는데, 1901년 6월경 16명이 퇴학하고 9명이 전학하여 학생 수가 반 정도로 줄었다. 학부에서는 법부에 요청하기를 한성재판소가 이들 학생들로부터 매 기마다 2원 50전씩 계산하여 돌려받아 주도록 요청하였다.[93]

그런데 이 시기에 의학교 운영에 큰 문제가 생겼다. 학생들의 지원이 급감했고 재정도 좋지 않았기 때문이었다.

의학교의 운영난

9월 중순 의학교 등 제반 학교 교장 들이 모여 이 문제를 숙의한 결과 입학생에 대한 유인책으로 각 학교 졸업생을 해당 학교 교관으로 서임토록 한다는 방안을 학부에 제출하였다.[94] 이에 학부도 이에 찬성해 의학교 '우등' 졸업생들을 성균관 박사같이 의학교 교관으로 서임할 계획을 세웠고,[95] 학부대신은 10월 9일 안을 의정부회의에 올렸다.[96] 이 안은 10월 24일 통과되었고

---

88) 鄭求忠: 김익남(金益南). 韓國 醫學의 開拓者. 東方圖書株式會社, 1985, 104쪽.
89) 廣告. 官報 제1756호, 1900년 12월 13일. 이중 유용은 졸업하지 못하였다.
90) 여기서 1급 학원은 상급반을, 2급 학원은 하급반을 의미한다. 2급 학원 우등생 3명 중 지성연만 졸업하였다.
91) 雜報 醫校試驗. 皇城新聞, 1901년 4월 5일 2면.
92) 雜報 請添日語. 皇城新聞, 1901년 4월 17일 2면.
93) 雜報 退學懲費. 皇城新聞, 1901년 7월 1일 2면 3단.
94) 잡보. 뎨국신문, 1900년 9월 14일 3면 1단.
95) 雜報 卒業敎官. 皇城新聞, 1900년 9월 22일 2면 2단.

10월 25일 칙령 제40호로 「외국어학교(外國語學校)와 의학교(醫學校)와 중학교 졸업인(中學校 卒業人)을 해학교(該學校)에 수용(收用)하는 관제(官制)」가 반포되었다.

> 칙령 제40호 외국어학교와 의학교와 중학교 졸업인을 해학교(該學校)에 수용하는 관제
> 제1조 외국어학교와 의학교와 중학교에 졸업한 인은 해교 교관을 서임 재안(在案)하였다가 해교 교관이 유궐(有闕)하여 전보(塡補)할 시에는 졸업생 교관 서임한 인으로 특별시험을 경(經)하여 전임(塡任)함이라
> 제2조 본령은 반포일로부터 시행함이라[97]

이 관제에 의하면 의학교 졸업생들은 당초의 청의(請議)처럼 '우등' 졸업생이 아니어도 일단 교관으로 임명했다가 교관의 자리가 비워지면 이들 중에서 특별시험을 거쳐서 교관으로 임용하기로 했다. 따라서 실제 임용되기 전까지는 일종의 '대기 교관'이었던 것이다.

그런데 이 시기에 재정상태가 나빠 원래 학생들에게 약속했던 지필묵과 식비의 지급이 어려워지는 등 제반 경비가 몹시 궁색해져 거의 폐교할 지경에까지 이르렀으며, 지석영은 교장직에서 자신을 면직시켜 줄 것을 청원하였다.[98] 이런 이유로 1901년에는 신입생을 뽑지 못한 것으로 보인다.[99]

1900년 4월에 이어 1900년 후반기에 들어서도 교관이 자주 바뀌는 등 인사가 안정되지 않았다. 9월 25일 교관 이병선이 상공학교 교관으로 전보되자 11월 28일 그의 후임으로 김하영이 결정되었는데, 12월 4일 이승현으로, 다시 12월 8일 탁지부주사 전용규로 대체되었다.

---

96) 中學校 語學校 醫學校 優等 卒業生을 依 成均館 博士 例하여 該敎官 敍任事 請議書 제9호, 1900년 10월 9일; 各部請議書存案 奎17715.
97) 奏本 제186호 各 學校 卒業生을 그 學校에 收用하는 件 上奏事, 1900년 10월 25일(奏本 4. 서울대학교 규장각, 1996, 610-2쪽); 勅令 제40호. 官報 제1716호, 1900년 10월 27일.
98) 이때 외국어학교장, 중학교장 등도 함께 청원한 것으로 보아 의학교의 재정만 나쁜 것은 아니었다. 雜報 校長請願. 皇城新聞, 1900년 11월 5일 2면; 잡보 데국신문, 1900년 11월 5일 3면 1단.
99) 裵圭淑: 大韓帝國期 官立醫學校에 관한 硏究. 이화여자대학교 대학원 1990년도 석사학위 청구논문, 1991, 22쪽.

이런 가운데 조선정부는 학기시험에서 학생들의 졸업 혹은 진급, 그리고 수상자가 1/3이 넘으면 포증을 수여한다는 규정에 따라 김익남 등의 교관에게 포증을 수여하였고, 학부령에 따라 승급을 시켰다.[100]

---

100) 彙報. 官報 제2052호, 1901년 11월 23일; 敍任 및 辭令. 官報 제2056호, 1901년 11월 28일.

6. 첫 졸업생 배출

1901년 후반에도 교관이 자주 바뀌는 등 인사가 안정되지 않았다. 8월 2일 남순희가 사망하자[101] 그의 후임으로 8월 6일 중학교 교관 박승원이 수첩을 받았고, 11월 14일 임명된 9품 이주환이 부임을 거부하자 11월 30일 바로 면 직하고 장도를 대신 임명하였다. 이들은 모두 일본인 교사의 통역을 하거나, 번역 혹은 자신이 잘 알고 있는 분야를 담당하여 실제 교육에 부분적으로나 마 참여했던 사람들이었기 때문에 교육의 한 부분이 제대로 시행되지 못했음 을 나타내는 것이었다.[102]

그렇지만 1902년 이후 교관의 잦은 교체 등의 난맥상은 크게 호전되었다. 1902년 초 의학교에는 교장 지석영을 비롯해, 장도, 전용규, 고다케, 김익남 등 5명이 있었으며, 이들은 1904년 9월까지 교체되지 않았기 때문이었다. 이 중에서 촉망받던 법률가인 장도는 통역이 주 임무였고, 글만 읽을 줄 아는 전 용규는 주로 사무처리 일을 처리했고, 실제 교육은 일본인 고다케와 김익남이 담당했기 때문에 김익남의 역할은 막중한 것이었다.[103]

하지만 1901년 10월 초 교장 지석영은 내과학, 물리학 등을 가르칠 번역본 이 없어 교과에 어려움이 있다고 학부에 보고하였다.[104] 개교 직후 일본인을 고용해 벌였던 번역작업이 큰 성과를 얻지 못했기 때문인 것으로 보인다. 하 지만 1902년에는 콜레라 예방을 위해 의학교 편집으로 한자와 한국어로 쓴 20페이지의 「호열자 예방 주의서(虎熱刺 豫防 主意書)」를 배포하기도 했다(그 림 Ⅲ-1-11).[105]

1902년 3월 초에 동계 시험이 있었는데, 1반의 방한숙, 유용, 손진수, 그리

---

101) 彙報. 官報 제1961호, 1901년 8월 9일.
102) 신동원: 한국근대보건의료사. 한울, 1997, 274쪽.
103) 雜報 敎官非醫. 皇城新聞, 1904년 10월 13일 2면 4단.
104) 雜報 敎科難便. 皇城新聞, 1901년 10월 5일 2면 2단.
105) 金斗鐘: 韓國醫學史 全. 探求堂, 1966, 516쪽; 三木榮: 朝鮮醫書誌 增修版. 學術圖書刊行 會, 1973, 162쪽.

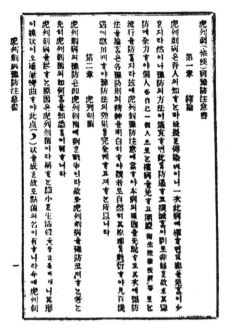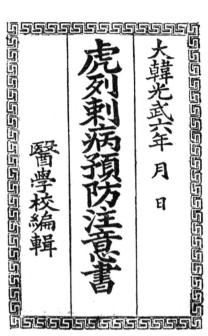

그림 Ⅲ-1-11 虎熱刺 豫防 主意書(1902). 金斗鐘: 韓國醫學史 全. 探求堂, 1966, 516쪽.

고 2반106)의 지성연, 서상우, 김지현이 우등생으로 뽑혔다.107)

1) 졸업시험

1902년에 들어 3년 과정의 의학교는 졸업생의 배출을 눈앞에 두게 되었다. 그런데 의학교에서 이루어진 교육의 문제점은 고종의 어의 분쉬나 제중원의 에비슨이 지적한 바와 같이 의학을 실습에 의하지 않고 책을 통해서만 배웠다는 데 있었다.108) 의학교의 학생들은 조선의 풍습에 따라 해부와 같은 실습을 하지 못했을 뿐만 아니라 실제 임상실습도 하지 못했다. 오로지 일본의 의서를 읽는 것만으로 의학을 배웠기 때문에, 그들은 병원의 환자들이나 연구실을 접할 수 없었기 때문에 졸업생들은 질병이나 그 치료법에 대한 실제적인

---

106) 2반 우등생 3명 중 지성연만 졸업하였다.
107) 雜報 醫校冬試. 皇城新聞, 1902년 3월 8일 2면. 서상우는 서상만일 수도 있다.
108) 리하르트 분쉬 지음, 김종대 옮김: 고종의 독일인 의사 분쉬. 학고재, 서울, 1999, 49쪽;
     O. R. Avison: The Memoir of Life in Korea, 1940, 373-4쪽.

지식이 없었다. 따라서 실제 환자를 진료하는데 있어 상당한 한계가 있었다. 정부에서 운영하는 서양식 병원이 없는 당시로서는 당연한 결과였다.[109)

의학교 첫 졸업생의 졸업시험은 학교장이 5월 13일이라고 발표하였으나,[110) 학부와 논의 없이 결정된 것이라 하여 지석영은 5월 13일 학부로부터 견책을 받았다.[111) 결국 학생들은 5월 14일부터 학무국장 장세기(張世基)의 "의학자는 인명사생(人命死生)의 관계가 막중하니 시험장에서 학원들이 만약 부정행위를 하는 경우에는 훗날 위생상에 크게 해독이 있을 것이다."는 말을 듣고 어떤 종류의 책도 시험장에 반입하지 못하도록 학생들은 입실에 앞서 몸수색을 받은 후, 매일 한 과목씩 해부, 내과 등의 과목을 6-7일 동안에 걸쳐 졸업 시험을 치렀다.[112) 시험 결과는 이로부터 두 달이 경과한 7월 4일에 발표되었는데, 우등이 5명, 급제가 14명으로 모두 19명이었다(그림 Ⅲ-1-12).[113)

2) 의학교 부속병원

하지만 이들은 실습할 부속병원이 완성될 때까지 졸업할 수가 없었다. 당초 의학교를 개교한 직후인 1900년 3월경 병원을 설치키로 하였으나 설립되지 않았다.[114) 부속병원 건립은 12월경 지석영의 청원으로 승인을 받았고,[115) 부속병원은 1902년 1월 8일 학교 부근에 설립하기로 결정되었으나 실제 공사는 1902년 6월에 시작되었으며,[116) 약과 기구를 구비하고 8월 11일 의학교 부속병원(醫學校 附屬病院)이 개원하였다.[117) 여기서 한 가지 주목할 점은 당시

---

109) 이러한 모습은 얼마 전에도 있었다. 먼저 국립 의과대학만 만들어 놓고 교육병원을 확보하지 못해 임상실습에 차질을 빚었던 일이 바로 그것이다.

110) 雜報 醫校試選. 皇城新聞, 1902년 5월 10일 2면 3단.

111) 敍任 및 辭令. 官報 제2200호, 1902년 5월 15일.

112) 雜報 醫校試取. 皇城新聞, 1902년 5월 16일 2면 4단.

113) 彙報 光武 6년 7月 4日 醫學校 第1回 卒業試驗榜. 官報 제2250호, 1902년 7월 12일.

114) 잡보. 데국신문, 1900년 3월 16일 3면 2단.

115) 醫學校 附屬病院 醫師 別付 合同請議書 제3호 各部請議書, 1901년 12월 30일. 奏本 제2호 醫學校 附屬病院 醫師 合同件 上奏事, 1902년 1월 10일(奏本 5. 서울대학교 규장각, 1996, 287쪽).

116) 雜報 醫校病院. 皇城新聞, 1902년 6월 12일 2면 4단.

117) 廣告. 官報 제2269호, 1902년 8월 4일; 廣告. 官報 제2270호, 1902년 8월 5일; 雜報 醫□ 驗病. 皇城新聞, 1902년 8월 5일 2면 2단; 廣告. 醫學校 附屬病院. 皇城新聞, 1902년 8월 8

에 내부 소속의 병원인 광제원이 있었음에도 불구하고 지석영이 별도로 의학교 부속병원의 건립을 요청한 점인데, 광제원이 한방병원이었기 때문이었다.

병원 의사로는 의학교 교사인 고다케 한 사람이 겸관(兼管)하게 하는 것으로 결정되어 1901년 12월 30일 의정부 회의에 제출되었다.[118] 학부대신과 전 외부대신의 연서 청의로 제출된 의학교 부속병원 의사 계약안은 1월 9일 의정부에서 의결되었고, 1902년 1월 1일자로 부속병원에 6개월을 근무하되 매달 50원을 받기로 하였다.[119] 그는 병자를 치료할 때 학도의 견습시키는 임무를 맡았고, 학무국장과 의학교 교장의

○學事
光武六年七月四日醫學校第一回卒業試驗榜

方漢肅
孫晉秀
以上五人優等

蔡永錫
崔鎮協
安祐璿
金性集
尹相萬
以上十四人及第
合十九人

金明楷
金敎準
李濟奎
朴熙達
許均
李奎濚
李秉學

劉珏
金相建
韓景敎
金鳳觀
薛佑根

그림 Ⅲ-1-12 의학교 제1회 졸업시험방. 彙報. 光武 6年 7月 4日 醫學校 第1回 卒業 試驗榜. 官報 제2250호, 1902년 7월 12일.

지휘를 받아 업무를 보기로 하였다. 이러한 그의 역할에서 드러나듯 의학교 부속병원은 대민 진료의 목적보다는 최소한의 학생 교육에 중점을 두고 설립된 것이다.

졸업시험에 통과한 의학생들은 약 4개월의 실습을 거쳤는데,[120] 8월에 발생한 괴질의 검역을 위해 방한숙, 김명식, 손진수가 파견되기도 했다.[121]

일 3면 1단.

118) 醫學校 附屬病院 醫師 別付 合同請議書 제3호 各部請議書, 1901년 12월 30일

119) 奏本 제2호 醫學校 附屬病院 醫師 合同件 上奏事 1902년 1월 10일(奏本 5. 서울대학교 규장각, 1995, 286-7쪽); 醫學校 敎師附 合同, 奎23098; 雜報 見習病院. 皇城新聞, 1902년 1월 18일 2면.

120) 의학교 1회 졸업생 유병필은 1902년 졸업 후 1903년까지 이 병원에서 실지견습을 했다고 기록하고 있는데, 바로 이 4개월 정도의 기간을 의미하는 것으로 보인다. 大韓帝國官員履歷書 第25冊, 국사편찬위원회, 1972, 309, 640쪽.

121) 雜報 派醫檢疫. 皇城新聞, 1902년 8월 29일 2면 3단.

3) 의학교 제1회 졸업식

결국 1903년 1월 9일 오후 1시 입학생 50여 명 중 19명이 의학교 제1회로 졸업하였다.[122] 이날 졸업식에는 각부 대신, 일본 공사, 일본 육군 군의 등이 참석하였다.

의학교 제1회 졸업생 19명은 다음과 같았다.

우등 - 방한숙, 김명식, 유병필, 손진수, 김교준 (5명)
급제 - 채영석, 이제규, 김상건, 최진협, 박희달, 한경교, 안우선
　　　 허　균, 김봉관, 김성집, 이규영, 한우근, 윤상만, 이병학 (14명)

이들은 「의학교 규칙」의 제6관 시험 졸업, 제9조에 규정된 의술개업면허장(醫術開業免許狀)을 받지 못했다. 그리고 졸업식도 치르지 못한 19명의 학생들은 7월 16일 모두 판임관(判任官) 6등의 의학교 교관으로 서임되었는데,[123] 1900년 10월 반포된 칙령 제40호「외국어학교와 의학교와 중학교 졸업인을 해학교에 수용하는 관제」에 근거한 것이었다. 이들은 정규 교관의 자리가 비워지면 특별시험을 거쳐서 정규 교관으로 임용될 가능성을 갖고 있었으나, 실제 정규 교관으로 근무했던 졸업생은 김교준과 유병필뿐이었다.

---

122) 첫 입학생 중 홍종욱은 2회로 졸업하였다. 홍종욱(洪鍾旭), 한국근현대인물자료, 국사편찬위원회; 雜報 醫徒新募. 皇城新聞, 1903년 1월 7일 2면 3단; 雜報 醫校禮式. 皇城新聞, 1903년 1월 10일 2면 3단.
123) 敍任 및 辭令. 官報 제2254호, 1902년 7월 17일. 이들 중에서 이제규, 김성집, 이규영은 6품, 최진협은 9품이었다.

7. 의학교의 운명

1) 의학교 제2회 졸업생의 배출

제1회 졸업생을 배출한 이후 학생들을 계속 모집했는데 1902년 8월 25일에는 20-30세 사이의 사람을 대상으로 한문과 국문의 독서와 작문을 통해 네번째로 학생을 뽑았다.[124] 또한 1903년 1월 18일 25-30세 사이의 사람을 대상으로 문리, 제술 시험을 보아 다섯 번째로 학생을 뽑았다.[125]

제2회 졸업생의 명단은 1903년 7월 7일에 확정되어 우등이 3명, 급제가 9명이었으며,[126] 실제로 졸업식은 이보다 1년 뒤인 1904년 7월 2일 각 대신과 일본 공사가 참석하여 격려하는 가운데 이루어졌다.[127] 제2회 졸업생은 15명이 통과하였으나[128] 실제 졸업생은 12명이었는데, 제1회 졸업생보다 7명이 적은 것이었다.[129]

우등 - 지성연(池成沇), 김수현(金守鉉), 최국현(崔國鉉) (3명)
급제 - 최익환(崔益煥), 차현성(車顯聲), 장홍섭(張弘燮), 강원영(姜元永), 이기정(李基正)
      김달식(金達植), 박세환(朴世桓), 홍종욱(洪鍾旭), 오장환(吳章煥) (9명)
      주창겸(朱昌謙)[130] (1명 추가)

---

124) 廣告. 皇城新聞, 1902년 8월 20일 2면; 廣告. 皇城新聞, 1902년 8월 22일 3면; 廣告. 皇城新聞, 1902년 8월 23일 3면; 廣告. 皇城新聞, 1902년 8월 25일 3면; 廣告. 各外國語學校와 醫學校 學員 募集 廣告. 官報 제2280호, 1902년 8월 16일.

125) 후에 대한의원 1회 졸업생이 되었던 홍대철이 이때 입학하였다. 雜報 醫徒新募. 皇城新聞, 1903년 1월 7일 2면 3단; 홍대철(洪大喆), 한국근현대인물자료, 국사편찬위원회.

126) 彙報. 光武 7年 7月 7日 醫學校 第2回 卒業試驗榜. 官報 제2565호, 1903년 7월 15일.

127) 雜報 醫校卒業式. 皇城新聞, 1904년 7월 2일 2면 3단.

128) 高宗實錄, 1903년 7월 7일.

129) 이들은 대부분 1900년 9월 입학했던 학생들로 추정되지만, 1900년 4월 혹은 1899년 입학했던 학생들도 있었다.

130) 관보에 게재된 12명에 주창겸이 후에 추가되어 13명이 되었는데, 그 이유는 알려져 있지 않다. 주창겸은 1907년 3월 5일 육군 3등 군의로 임명될 때 의학교 교관의 직책을 갖고

2) 의학교 제3회 졸업생의 배출

제2회 졸업생을 배출한 후에도 계속 학생을 모집했는데 1903년 8월 29일 12시에 25-30세 사이의 사람을 대상으로 한문과 국문의 독서와 작문을 통해 여섯 번째로 학생을 뽑았고,[131] 9월 14일에는 추가 모집을 통해 일곱 번째로 학생을 뽑았다.[132] 1904년 5월 16일에는 학부에서 20-30세 사이의 사람을 대상으로 한문과 국문의 독서와 작문을 통해 여덟 번째로 학생을 뽑았다.[133] 마지막으로 1905년 8월 31일 학생을 뽑았다.[134]

1903년 7월 학기말 시험에서 홍종은, 홍석후, 장기무 등이 우등생이었다.[135] 또한 1904년 7월 19일 의학교 학년 시험에서 홍종은, 홍석후, 장기무 등이 우등생이었다.[136] 1904년 2월에는 러일전쟁이 일어나자 고다케는 학생 4명을 인솔하여 일본군 위생대를 따라 평양에서 부상병 치료에 참여하였다.[137]

그런데 제2회 졸업생을 배출한 다음부터는 의학교의 학사 운영이 원활하지 않았다. 김익남이 1904년 9월 23일 사직하고 10월 10일 6품 유세환이 주임관 6등 임명되었는데,[138] 당시 의학교의 교관 중 1명은 법률을 전공으로

있었다. 또한 통감부에서 의학교와 대한의원 졸업생의 수를 모두 54명으로 집계한 것은 의학교 2회 졸업생을 13명으로 했기 때문이었다. 敍任 및 辭令. 官報 제3708호, 1907년 3월 8일; 統監府: 第2次 韓國施政年報. 明治 41年. 印刷局, 1910, 167쪽; 2006 會員名簿. 서울大學校 醫科大學 同窓會, 2006, 30쪽.

131) 廣告. 皇城新聞, 1903년 8월 22일 3면; 廣告. 各 外國語學校 學員과 醫學校 學員 募集 廣告. 官報 제2596호, 1903년 8월 20일.

132) 廣告. 皇城新聞, 1903년 9월 14일 3면 3단.

133) 廣告. 醫學校 學員 募集 廣告. 官報 제2818호, 1904년 5월 5일; 廣告. 醫學校 學員 募集廣告. 皇城新聞, 1904년 5월 9일 3면. 같은 광고가 5월 10일, 11일, 12일, 13일, 14일, 16일에도 실렸다.

134) 廣告. 官立醫學校와 農商工學校 學員 募集 廣告. 官報 제3211호 1905년 8월 7일; 廣告. 皇城新聞, 1905년 8월 21일 4면. 같은 광고가 8월 22일, 23일, 25일, 26일, 28일, 29일, 30일에도 실렸다.

135) 廣告. 官報 제2572호, 1903년 7월 23일.

136) 廣告. 官報 제2882호, 1904년 7월 19일.

137) 廣告. 醫校 徐行. 皇城新聞, 1904년 2월 26일.

138) 敍任 및 辭令. 官報 제2956호, 1904년 10월 13일.

한 사람으로 통역이 주 임무였고(장도), 1명은 약학교를 졸업한 사람으로 약의 성질만 알 뿐이었으며(유세환), 나머지 1명은 글만 읽을 줄 알아 서기의 사무만 할 뿐이었다(전용규).[139] 1904년 10월 18일 안상호가 판임관(判任官) 6등의 교관으로 임명되었지만 귀국하지 않았고, 12월 21일자로 주임관(奏任官) 6등의 교관으로 승진하였으나 귀국하지 않아 결국 1905년 1월 16일 면관되었다. 이런 상황에서 1월 19일 육군 3등 군의로 근무하던 유병필이 주임관 6등의 교관으로 서임되었다.[140]

1905년도 의학교 예산은 8,976원이었는데, 상세한 내역으로는 봉급이 3,120원, 청비(廳費)가 750원, 교과서 번역비가 500원, 약값이 1,000원, 수리비가 100원, 신급 및 잡비가 266원, 외국인 급료가 3,240원이었다.[141]

제3회 졸업식은 원래 1905년 10월로 예정되어 있었지만 12월 13일이 되어서야 4명에 대해 졸업시험방이 발표되었다.[142] 이들은 12월 15일 판임관 8급의 의학교 교관으로 임명되었다.[143] 결국 졸업증서 수여식은 1907년 1월 29일 4명의 졸업생을 대상으로 거행되었는데,[144] 그 명단은 다음과 같았다.

우등 - 장기무(張基茂), 홍석후(洪錫厚), 홍종은(洪鍾殷) (3명)
급제 - 윤중익(尹重翊) (1명)

1906년도의 의학교 예산은 모두 10,266원이었는데, 설립 당시 보다는 많아졌지만 거의 대부분 봉급 및 급여비였으며 교육을 위한 교재, 실습에 필요한 기구 등의 구입 예산은 없었던 것으로 보인다.[145] 구체적으로 봉급이 2,440원, 청비가 450원, 급여가 1,800원, 서적비가 600원, 교사수리비가 50원, 잡비가

---

139) 雜報 敎官非醫. 皇城新聞, 1904년 10월 13일 2면 4단.
140) 敍任 및 辭令. 官報 제3044호, 1905년 1월 24일.
141) 奏本 제322호 1905年度 歲入歲出總豫算件 上奏事, 1904년 12월 28일(奏本 7. 서울대학교 규장각, 1995, 638쪽).
142) 彙報. 官報 제3326호, 1905년 12월 18일.
143) 敍任 및 辭令. 官報 제3327호, 1905년 12월 19일.
144) 雜報 醫校證書受與. 皇城新聞, 1907년 1월 26일 2면 4단.
145) 豫算. 官報 號外, 1905년 12월 15일.

260원, 그리고 외국인 급여가 3,240원이었다.[146] 부속병원비는 1,470원으로 그 규모가 그리 크지 않았으며, 당시 통감부는 부속병원이 완전히 유명무실해 환자를 수용할 수조차 없는 상황으로 판단하고 있었다.[147]

1907년 2월 의학교 교관 유병필은 매 일요일 오후 3시에 위생 산파(産婆), 타태(墮胎) 및 육아교육을 실시하였다.[148]

3) 의학교의 폐교

을사보호조약이 체결된 후 의학교, 광제원, 적십자병원이 하나로 통폐합되어 식민지적 의료 체계에 적합한 기관인 대한의원의 설립이 결정되자 의학교에 재학 중이던 많은 학생들이 자퇴했다. 이처럼 의학교의 운명이 결정되자 의학교 생도 이만용(李萬用)과 정수철(鄭秀哲)이 몰래 세무주사 선발 시험에 응시해 합격하였고, 결국 11월 초에 합격이 취소당한 일도 있었다.[149]

1906년 5월 의학교 교사 고다케는 학부대신에게 의학교와 부속병원을 확장하자는 건의를 하기도 했지만,[150] 결국 통감부의 주도로 대한의원이 설립되자 1899년 3월 24일 「의학교 관제」의 반포로 시작된 학부 소속의 의학교는 1907년 3월 14일로 8년 동안의 운명을 다했다.

4) 의학교의 역대 교직원

형식적으로 교관으로 임명된 졸업생을 제외하고 의학교에서 정규 교관 및 직원으로 근무했던 사람들은 다음과 같다(교관은 '학도를 감독하는 교관', '교육에 부분적으로 참여했던 교관', 그리고 '실제 의학교육에 참여했던 교관'으

---

146) 奏本 제161호 光武 10年度 總豫算案 上奏事, 1905년 12월 12일(奏本 8. 서울대학교 규장각, 1998, 432-49쪽); 官報 號外, 1905년 12월 15일.
147) 韓國學文獻硏究所 編: 舊韓末 日帝侵略史料叢書 I, 政治篇 1. 韓國施政一班(1906), 아세아문화사, 1984, 201, 233쪽.
148) 雜報 醫校婦女. 皇城新聞, 1907년 2월 22일 2면.
149) 雜報 醫徒壇試. 皇城新聞, 1906년 11월 7일 2면 3단.
150) 雜報 醫師意見書. 皇城新聞, 1906년 5월 18일 2면.

로 나누어 정리하였다).

직위 이름	임명일	해임일	비 고
교장 지석영	1899. 3. 28	1907. 3. 14	대한의원에서 계속 근무
교사 후루시로	1899. 5.	1900. 5. 21	해부학 강의 문제로 의원면직됨
고다케	1900. 6. 11	1907. 3. 14	대한의원에서 계속 근무
교관 학도를 감독하는 교관			
경태협	1899. 3. 29	1899. 4. 11	
심영섭	1900. 1. 8	1900. 4. 13	
홍종덕	1900. 4. 17	1900. 4. 21	
윤태응[151]	1900. 4. 21	1900. 4. 28	서기로 됨
이병선[152]	1900. 4. 28	1900. 9. 25	윤태응 후임, 후에 상공학교 교관
김하영[153]	1900. 11. 28	1900. 12. 4	이병선 후임
이승현[154]	1900. 12. 4	1900. 12. 8	김하영 후임, 후에 육군 1등 군의
전용규[155]	1900. 12. 8	1904. 12. 8	이승현 후임, 서기로 됨
이우승	1904. 12. 8	?	의학교 서기였음.
교육에 부분적으로 참여했던 교관			
남순희	1899. 3. 29	1901. 8. 2	사망함
박승원[156]	1901. 8. 6	1901. 11. 14	남순희 후임
이주환[157]	1901. 11. 14	1901. 11. 30	박승원 후임

---

151) 敍任 및 辭令. 官報 제1562호, 1900년 5월 1일.
152) 敍任 및 辭令. 官報 제1690호, 1900년 9월 27일.
153) 敍任 및 辭令. 官報 제1745호, 1900년 11월 30일.
154) 敍任 및 辭令. 官報 제1750호, 1900년 12월 6일.
155) 敍任 및 辭令. 官報 제1750호, 1900년 12월 6일; 敍任 및 辭令. 官報 제1754호, 1900년 12월 11일.
156) 박승원(朴承源)은 1898년 관립일어학교를 졸업하였고 중학교 교관으로 있다가 의학교 교관으로 임명받았다. 그는 1901년 8월 15일 3급봉을 지급받기로 했으며, 11월 9일 판임관 4등으로 승서된 직후 다시 중학교 교관으로 서임되었다. 박승원(朴承源). 한국근현대인물자료, 국사편찬위원회; 敍任 및 辭令. 官報 제1961호, 1901년 8월 9일; 敍任 및 辭令. 官報 제1968호, 1901년 8월 17일; 敍任 및 辭令. 官報 제2042호, 1901년 11월 12일; 敍任 및 辭令. 官報 제2046호, 1901년 11월 16일.
157) 이주환(李周煥)은 내부에 의해 1893년 일본으로 유학을 떠났으며, 1896년 10월 게이오의숙 보통과를 졸업하였고, 1897년 2월 수학속성과를 졸업하였다. 이어 1899년 11월 육지측량부 수기소(修技所) 지형과(地形科)를 졸업하여 한국인 최초의 측량전문가가 되었으며, 1900년 1월 귀국하였다. 의학교 교관으로 발령받자 이를 거부하여 의원면관되었다. 그는 1906년 7월 20일 내부 치도국(治道局) 기수로 임명되었다. 이주환(李周煥). 한국근현대인물자료, 국사편찬위원회; 敍任 및 辭令. 官報 제2046호, 1901년 11월 16일; 雜報 醫學敎官.

장 도[158]	1901. 11. 30	1904. 10. 14	이주환 후임
유세환[159]	1904. 10. 10	1905. 12. 18	
최규익[160]	1906. 1. 15	1907. 3. 14	

실제 의학교육에 참여했던 교관

김익남[161]	1900. 4. 2	1904. 9. 23	실제로는 8월 2일 귀국
김교준[162]	1903. 2. 21	1904. 1. 24	의학교 1회 졸업생, 빈전도감의 감조관으로 됨
유병필[163]	1905. 1. 19	1907. 3. 14	의학교 1회 졸업생, 대한의원의 교관 및 교수가 됨
서기 유 홍	1899. 3. 29	1899. 10. 2	
이병선	1899. 10. 2	1900. 4. 28	의학교 교관으로 됨
윤태응	1900. 4. 28	1902. 1. 18	의학교 교관이었음
김교필	1902. 1. 18	1904. 1. 1	
이운승	1904. 1. 2	1904. 3. 7	
이우승	1904. 3. 7	1904. 12. 8	의학교 교관으로 됨
전용규	1904. 12. 8	1905. 10. 10	의학교 교관이었음

皇城新聞, 1901년 12월 4일 2면 4단; 敍任 및 辭令. 官報 제2063호, 1901년 12월 6일.

158) 장도(張燾)는 1899년 동경법학원을 졸업했으며, 1902년 11월 22일 주임관 6등으로 승서했다. 의학교 교관으로 활동한 이후, 외부 번역관으로 부임하였다. 敍任 및 辭令. 官報 제2063호, 1901년 12월 6일; 敍任 및 辭令. 官報 제2960호, 1904년 10월 18일.

159) 유세환(劉世煥)은 1900년 4월 동경약학교 졸업하고, 1902년 제국대학교 의과대학 보통과를 졸업하였다. 그는 1903년 3월 27일 내부 광제원위원으로 임명되었다가 1904년 7월 7월 해임되었다. 7월 18일 철도원 주사 판임관 6등으로 서품되었으나 10월 9일 의원면관되었다. 1904년 12월 19일 유행병 예방임시위원으로 임명되었으며, 1905년 12월 18일 육군 2등 약제관으로 부임하였고, 1906년 7월 20일 육군 1등 약제관이 되었다. 敍任 및 辭令. 官報 2956호, 1904년 10월 13일.

160) 최규익(예전 이름 최명식, 1878- ?)은 1895년 3월 26일 일본 동경으로 유학하여 게이오 의숙에 입학한 후 1896년 7월 보통과를 졸업하였다. 1896년 9월 공업학교에 입학하여 1899년 7월 화학공예부 염직과를 졸업하였다.1900년 7월 귀국 후 1902년 8월 28일 의학교 제약위원으로 임명되었으며, 1904년 10월 29일 1904년 유행병 예방임시위원에 임명되었다가 의학교 교관에 임명되었다. 최규익(崔奎翼). 한국근현대인물자료, 국사편찬위원회; 敍任 및 辭令. 官報 제3353호, 1906년 1월 18일.

161) 99쪽을 참고할 것.

162) 363쪽을 참고할 것.

163) 370쪽을 참고할 것.

제2장 대한의원 교육부, 의육부, 부속 의학교

러일전쟁에서 승리한 일본은 한국의 내정을 개혁한다는 구실 아래 1904년 8월 22일 외부대신 서리 윤치호와 일본공사 하야시 사이에 한일협정서(韓日協定書)를 체결했다.164) 이 협정에 의해 고문정치(顧問政治)가 시작됨으로써 한국의 일본 속국화가 본격화되었는데, 협약에도 없이 내부 경무고문(警務顧問)으로 일본 경시청 경시인 마루야마 시게토시(丸山重俊)가 고용되었다.165)

1905년 1월 20일166) 서울에 도착한 마루야마는 내부 위생국, 경무청 그리고 광제원의 관제를 개정하고 보건계 사무를 장악하였다.167) 당시 한국의 보건의료 및 약품과 관련된 행정은 갑오개혁 때 설치된 내부 위생국이 담당하고 있었다. 하지만 협정서가 체결된 후 1905년 2월 정부 조직이 개편되면서 지방국 위생과로 그 위상이 격하되었다.168) 더 나아가 1906년 1월 10일에는 위생과가 지방국으로부터 경무국으로 이속되었다.169)

그런데 헤이그 밀사 사건을 계기로 1907년 7월 12일 고종을 강제로 퇴위시킨 일본은 법령제정권, 관리임명권, 행정권 및 일본 관리의 임명 등을 내용으로 한 7개항의 조약안을 제시했다. 이 조약안은 아무런 장애 없이 1907년 7월 24일 이완용과 이토의 명의로 정미 7조약(丁未 7條約)이 체결, 조인되었다. 조약의 후속조치로 통감부는 행정실권을 장악하기 위해 한국인 대신 밑에 일본인 차관을 임명하여 한일합방이 될 때까지 4년 동안 차관정치(次官政治)를 실시하였다. 동시에 경찰권을 위임하도록 하였으며, 경비를 절약한다는 이유로 한국 군대를 해산하였다.

---

164) 한일의정서 체결 후 통감부에 의한 보건의료제도의 장악에 대해서는 다음의 글이 참고가 된다. 신동원: 한국근대보건의료사. 한울, 1997, 326-32쪽.

165) 1905년 2월 1일 의정부회의는 내부대신, 외부대신 및 탁지부대신의 연서로 청의한 마루야마의 경무청 고문관 고빙계약을 의결하였고, 2월 3일 계약하였다. 奏本 제36호 日本人 丸山重俊을 警務廳顧問으로 願聘하는 件 上奏事. 1905년 2월 2일(奏本 8. 서울대학교 규장각, 1995, 95-7쪽).

166) 雜報 警顧入來. 皇城新聞, 1905년 1월 21일 2면 3단.

167) 雜報 警務顧問傭聘契約. 皇城新聞, 1905년 2월 9일 2면 2단.

168) 韓國衛生一般. 內部 衛生局, 1909, 1쪽.

169) 勅令. 官報 제3349호, 1906년 1월 13일.

1905년 11월 17일 을사보호조약이 체결되고 12월 21일 초대 통감으로 임명된 이토는 의학교, 광제원, 적십자병원을 하나로 통폐합하여 식민지적 의료체계에 적합한 기관을 만들겠다는 의도를 갖고 있었으며,[170] 1906년 4월 9일 통감부에서 열린 제3차 한국시정개선에 관한 협의회에서 자신의 구상을 밝혔다.

경성에는 한성병원, 적십자병원, 내부 소속의 광제원과 학부 소속의 의학교 부속병원이 있다고 하지만 전문적으로 병원의 체계와 설비를 가진 병원은 한성병원뿐이다. 다른 세 병원은 어느 것이나 규모가 작고 분립되어 사회에 도움이 되는 것이 적으니 통합해 적십자병원 하나로 하면 규모가 완전한 것으로 될 것이다.[171]

이날 회의에서는 종두사업은 통합하여 신설할 적십자병원으로 이관토록 하였으며, 광제원은 적십자병원에 합병시키고, 곧 폐지하기로 하였다. 의학교에 대해 이토는 그대로 두되, 부속병원은 다른 기관에 통합시키자고 하였다. 하지만 이완용은 부속병원이 학생 실습을 위해 꼭 필요하기 때문에 아예 학교를 병원에 부속시키자는 안을 내었으며, 이토가 이를 승낙하였다.

통합 경비는 종두사업, 광제원, 의학교와 부속병원의 예산 및 적십자사병원에 대한 황실의 지원금으로 충당하기로 하고, 점차 늘리기로 결정하였다. 이와 같은 결정은 위생에 관한 각종 사업을 모두 통합해 하나의 큰 기관을 만들어야 이를 장악하기가 용이하다는 판단에 의한 것이었다.[172]

---

170) 朝鮮總督府醫院 20年史. 朝鮮總督府醫院, 1928, 1쪽; 雜報 病院倂設. 皇城新聞, 1906년 9월 20일 2면 5단.
171) 金正明 編: 日韓外交資料集成 第六卷 上. 嚴南堂書店, 1964, 171-84쪽.
172) 韓國學文獻硏究所 編: 舊韓末 日帝侵略史料叢書 II, 政治篇 2, 韓國施政年報(1906-1907). 아세아문화사, 1984, 380-4쪽.

1. 대한의원의 설립

1) 병원의 설립 과정

이토(그림 Ⅲ-2-1)의 구상은 순조롭게 진행되지 않았다. 우선 의료기관의 합병에 대해 부정적인 여론이 표출되었다. 즉 병원과 의학교는 많을수록 좋은 것인데, 교육 확장, 위생 확장하면서 여러 병원을 통합해 하나로 축소하는 것에 대한 비판 여론이 있었던 것이다.[173] 그리고 적십자사병원을 확장한 후 내부 광제원과 의학교를 적십자병원에 합병하려 했던 시기에 의학교, 광제원 및 대한적십자병원이 각자 확장을 추진하려 한 점이 예사롭지 않다. 이는 아마도 통감부의 주도가 아닌 내부인의 호소를 채택하는 모습을 보이려 했기 때문인 것으로 생각된다.

의학교의 경우 고다케는 1906년 4월에 의학교와 부속병원을 신축 확장하자는 의견을 내었는데, 기본 맥락은 새 기관으로 이를 통합하여 확장해야 한다는 주장과 같은 맥락으로 볼 수 있다.[174] 5월 중순에는 학부대신에게 이를 건의하였는데, 후반부에서 의약의 발달 및 병자를 널리 구제하는 일은 오직 경비가 넉넉할 때만 가능하다고 강조하여 통감부의 정책을 두둔하였다.[175] 광제원의 경우 1906년 8월 내과, 외과, 안과, 이비인후과 등으로 분과시켜 진료한다고 발표되었고,[176] 9월에는 시험장과 수술 시술장을 설치키로 하였다.[177] 적십자사의 경우는 1906년 7월 중순 그 사무를 확장하기 위해 의학교를 여기에 병합하여 폐지시키고, 사장에 의친왕, 수행원 유세남, 부회장은 한응복(韓應覆)을 추천한다는 소문이 있었다.[178]

---

173) 雜報 合倂何意. 大韓每日申報, 1906년 4월 18일 3면 2단.
174) 雜報 醫師意見. 皇城新聞, 1906년 4월 14일 2면 6단.
175) 雜報 醫師 意見書. 皇城新聞, 1906년 5월 18일 2면 3단.
176) 雜報 廣濟院 擴興. 皇城新聞, 1906년 8월 2일 3면 5단.
177) 雜報 廣濟擴張. 皇城新聞, 1906년 9월 29일 2면 5단.

그림 Ⅲ-2-1 초대 통감 이토. 그는 대한의원의 설립을 추진했고, 병원의 명칭도 친히 '대한 의원'이라 붙였다. 동은의학박물관 소장.

이와 같이 의학교, 광제원, 대한적십자병원을 둘러싸고 여러 계획 및 소문이 나도는 가운데 통감 이토는 1906년 6월 25일 제6회 시정개선협의회에서 3개 병원의 통합을 위해 일본 육군 군의총감 사토 스스무(佐藤進)를 한국에 초빙한다고 한국 대신에게 일방적으로 통고하였다.[179] 그리고 7월 12일 열린 제8회 시정개선협의회에서는 이토 통감이 대한의원 설립안을 제시하였고, 이지용 학부대신은 이를 찬성하였다.[180] 그리하여 7월 3일 내한한 사토를 위원장으로 하고, 의학교 교관 고다케, 광제원 의장 사사키 요모시(佐佐木四方志), 대한적십자병원 주임 요시모토 미쓰아키(吉本潤亮), 통감부 기사 고야마 젠(小山善), 통감부 서기관 고쿠부 쇼타로(國分象太郎), 촉탁 약학사 고지마 다카사토(兒島高里), 그리고 탁지부의 기사 구니에다 히로시(國技博) 등 일본인만으로 구성된 위원회를 조직하였다.[181]

---

178) 雜報 醫校合社. 皇城新聞, 1906년 7월 17일 2면 4단.
179) 金正明 編: 日韓外交資料集成 第六卷 上. 嚴南堂書店, 1964, 220쪽.
180) 金正明 編: 日韓外交資料集成 第六卷 上. 嚴南堂書店, 1964, 262쪽.
181) 朝鮮總督府醫院 20年史. 朝鮮總督府醫院, 1928, 5쪽; 이 위원회의 명칭이 '대한의원 창립

이 위원회의 사토 위원장은 세 기관을 폐지하고 새로이 치료, 의사 교육 및 위생 행정을 집행하기 위한 병원의 건립을 결정하였으며, 건축비는 28만 원, 경상비는 연 123,468원으로 결정했다. 병원 이름은 통감이 친히 대한의원 (大韓醫院)이라 붙였다.[182)

대한의원의 병원 부지는 서대문 밖의 화약제조지, 탑골공원, 용산 병영 근처 등 여러 곳이 후보지로 떠올랐으나,[183) 경성 동소문 내의 건평이 26,429.72평인 장소에 1907년 낙성 예정으로 1906년 8월 기공식을 거행하였 다.[184) 9월 21일 한성부는 대한의원 설치 기지를 동서(東署) 마등산(馬登山) 으로 정하고 내부 훈령에 의해 토지 및 가옥 매수를 위해 25,655원 80전을 탁지부로 이전 지불케 했다는 기사가 보도되었다.[185) 결국 토지 및 가옥 매 수를 위해 11월 초 위의 금액을 지불하였고, 병원 기지를 더욱 넓히기 위해 5,700여 원을 다시 요청하였다.[186) 그런데 10월 초 원래 북서(北署) 영춘문 바깥에 위치한 적십자병원을 동서 마등산 근처로 부지로 이전하기로 확정하 고 의학교와 광제원을 합병하려 한다는 기사가 게재되었다.[187) 그리고 같은 해 10월 말 적십자병원 건축 기지 내의 가옥과 전답의 대금부지 구입으로 5,742원 26전을 지불 요청하였고, 한성부에서 내부로 보내어 지불하였다.[188) 이 대금은 병원 기지를 넓히기 위해 요청한 5,700원과 거의 같은 금액이다. 1906년 11월 말경 대한의원 건축을 위해 경계를 정하는 중에 황실 소유의 땅이 포함되어 있는 것이 논란이 되어 다시 조사하는 소동이 벌어졌다.[189)

결국 1906년 11월 13일 대한의원 건설비로 293,566원이 책정되었다.[190) 이

위원회(大韓醫院 創立委員會)'이었는가는 확실하지 않다.
182) 韓國學文獻硏究所 編: 舊韓末 日帝侵略史料叢書 I, 政治篇 1, 韓國施政一般(1906). 아세아 문화사, 1984, 233-8쪽.
183) 金正明 編: 日韓外交資料集成 第六卷 上. 嚴南堂書店, 1964, 264-6쪽.
184) 朝鮮總督府醫院 20年史. 朝鮮總督府醫院, 1928, 65쪽.
185) 雜報 病院址價支給. 皇城新聞, 1906년 9월 24일 2면 4단; 雜報 病院基址에 價額. 大韓每 日申報, 1906년 9월 23일 2면 4단.
186) 雜報 工病兩費. 皇城新聞, 1906년 11월 7일 2면 5단.
187) 雜報 赤社建築. 皇城新聞, 1906년 10월 8일 2면 4단.
188) 雜報 病院地價支給. 皇城新聞, 1906년 10월 26일 2면 5단.
189) 雜報 病院地更査. 皇城新聞, 1906년 12월 1일 2면 4단.
190) 豫算. 官報 號外, 1906년 11월 22일.

와 같은 과정을 통해 연건동 마등산 일대 4만 900여 평의 부지에 병원 건설
이 시작되었다. 건축은 당시 탁지부 기사였던 구니에다(國技)의 설계에 의해
진행되었다.

부지의 토목공사는 대략 1906년 말에 끝났고, 1907년 1월 28일 대한의원
및 부속건물의 신축 공사가 오오쿠라(大倉), 이시이(石井) 등의 일본인에게
맡겨졌다. 당초 1907년 8월 31일로 준공하려던 계획은 고종 양위, 의병 및
군대 해산 등으로 지연되어 준공 예정일이 9월 말로 연기되었다.

한편 1906년 9월 중순 일본에서 얻은 차관 중 10만원을 대한의원 건축비
로 지출하였고,[191] 이즈음 위생 사무를 확장하기 위해 광제원과 의학교를 통
합하여 대한의원을 창설하고 일본의 의학박사를 고빙하여 시무하기로 조선
정부와 공식 합의한 것으로 보도되었다.[192] 그리고 정부 회의에 정식으로 대
한의원 설립안건 및 대한의원 관제가 제출된 것은 10월 25일이었다.[193]

이상에서 보는 바와 같이 대한의원은 이미 실질적인 주권을 상실한 우리
정부의 의도와는 무관하게 통감부에 의해 강제로 건립이 추진되었다. 따라서
이 기관은 명칭은 대한의원이지만 통감부에 의해 운영되는 의료와 교육, 그
리고 위생업무를 담당하는 보건기구였다. 외관상으로는 한국민을 위한 발전
된 최신식 의료시설로 선전되어 전시효과라는 측면에서 큰 몫을 했을지는
모르지만, 실은 한국에 와 있는 일본인 관리 및 그 가족, 그리고 일본인 거
류민의 보건을 위한 의료시설에 지나지 않았다.[194] 또한 당초 적십자병원으
로 통합하려던 계획은 대한의원 설립으로 급선회했는데, 종래 혜민서나 활인
서 같은 빈궁한 백성을 구료하는 적십자병원으로 통합할 경우 대한제국 황
실 사업으로 널리 알려질 것이 두려웠고, 그렇게 되면 일본의 의료계 장악과
국민 회유라는 목표가 달성되기 힘들 것을 간파하였기 때문이었다.[195]

---

191) 雜報 三處經費支出. 皇城新聞, 1906년 9월 19일 2면 3단.
192) 雜報 病院倂設. 皇城新聞, 1906년 9월 20일 2면 5단.
193) 雜報 政議案件. 皇城新聞, 1906년 10월 26일 2면 2단; 雜報 醫院官制. 皇城新聞, 1906년
    10월 26일 2면 3단; 雜報 院校移屬. 大韓每日申報, 1906년 10월 27일 2면 5단.
194) 奇昌德: 韓國近代醫學敎育史. 아카데미아, 1995, 56쪽.
195) 裵圭淑: 大韓帝國期 官立醫學校에 관한 硏究. 이화여자대학교 대학원 1990년도 석사학위
    청구논문, 1991, 48쪽.

2) 대한의원 관제

1907년 3월 4일 중추원 회의에
서 대한의원 관제가 가결되었고,[196]
1907년 3월 10일 칙령 제9호로 「대
한의원 관제(大韓醫院 官制)」가 반
포되어 3월 15일부로 시행되었다
(그림 Ⅲ-2-2).

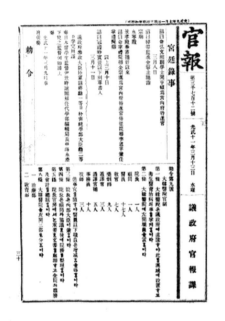

그림 Ⅲ-2-2 대한의원 관제. 勅令 제9호
大韓醫院 官制. 官報 제3712호, 1907년 3월
13일.

    칙령 제9호 대한의원 관제
제1조   대한의원은 의정부에 직
       례(直隷)하여 차(此)를 한
       성에 설치하고 위생 의육
       치병의 사(事)를 장(掌)케
       함이라
제2조   대한의원에 좌개 직원을
       치(置)함이라
       원장 1인
       고문 1인
       의원 17인
       교관 7인
       약제사 9인
       통역관 3인
       통역관보 5인
       사무원 10인
       기사 3인
       단 사의(事宜)를 수(隨)하여 의원 이하 직원은 증감함을 득(得)함이라
제3조   원장은 내부대신이 겸함이라
제4조   원장은 고문과 협의한 후에 원무를 정리(整理)함이라

---

196) 奏本 제82호 大韓醫院 官制 勅令案 上奏事, 1907년 3월 10일(奏本 10. 서울대학교 규장
    각, 1998, 99-102쪽); 雜報 樞院開會. 皇城新聞, 1907년 3월 5일 2면 4단.

제5조 원장 관방(官房)에서는 중요한 문서를 처판(處辦)하고 전원(全院)의
　　　　서무 및 회계를 총괄함이라

제6조 대한의원을 좌개 3부로 분(分)함이라

　　1. 치료부

　　2. 교육부

　　3. 위생부

제7조 치료부는 좌개 사(事)를 장(掌)함이라

　　1. 질병 구료

　　2. 빈민 시료

제8조 교육부는 좌개 사(事)를 장(掌)함이라

　　1. 의사 양성

　　2. 약제사 양성

　　3. 산파 및 간호부 양성

　　4. 교과서 편찬

제9조 위생부는 좌개 사(事)를 장(掌)함이라

　　1. 의사 약제사 및 산파의 업무 병(竝) 약품 매약 취체에 관한 조사

　　2. 전염병 및 지방병의 예방 종두 기타 총(總)히 공중위생에 관한 조사

　　3. 검미(檢黴) 검역 및 정선(停船)에 관한 조사

　　4. 위생회 및 지방병원에 관한 조사

제10조 각 부원은 상호로 겸무함을 득(得)함이라

제11조 지방 정황에 의하여 대한의원 지사(支司)를 치(置)함을 득(得)함
　　　　이라

제12조 현영간(現令間)은 본원 직원 중 외국인을 초빙하여 기 사무를 대
　　　　판(代辦)케 함을 득(得)함이라

제13조 대한의원은 대한국 적십자사의 촉탁을 수(受)하여 해 병원에 속한
　　　　일체 업무를 장(掌)함이라

제14조 각 부의 세칙은 별(別)로히 의정부령으로 차(此)를 정함이라

　　　　부칙

제15조 본령은 광무 11년 3월 15일로부터 시행함이라

제16조 본령 시행일로부터 광무 9년 칙령 제10호 광제원 관제 및 광무 9
　　　　년 칙령 제7호 의학교 관제를 병(竝) 폐지함이라[197]

　이상과 같이 대한의원 관제는 내부대신이 겸직하는 원장이 고문 사토[198]

197) 勅令 제9호 大韓醫院 官制. 官報 제3712호, 1907년 3월 13일; 雜報 醫院官制. 皇城新聞,
　　1907년 3월 13일 2면 3단; 官報 勅令. 皇城新聞, 1907년 3월 29일 1면 1단.

와 협의하여 모든 일을 하는, 고문이 장악하는 기구였고 자연히 일본의 영향력이 크게 확대되었다. 또한 의정부의 직할로 하였기에 대한의원의 전체 위상이 강화된 것처럼 보이지만,[199] 교육의 측면에서 독립된 기관이었던 의학교는 대한의원 교육부(大韓醫院 敎育部)로 그 위상이 크게 축소되었다. 또한 8명이나 되는 많은 통역을 둠으로써 강의와 진료에 있어 일본인들의 활동이 용이하도록 하였고, 한방(韓方)을 철저하게 배제하였다. 위생부는 전염병, 지방병, 종두 시술 등 국가적인 위생 관계 업무를 담당하였다. 또한 직원으로 외국인을 고빙할 수 있게 함으로써 일본인을 대거 고용할 수 있는 길을 터 놓았다.

관제에 따라 3월 19일 을사오적의 한 사람인 내부대신 이지용(李址鎔)이 초대 원장으로 겸직 임명되었고,[200] 의학교 교장이었던 지석영은 교관 주임관 2등으로 지위가 강등되었다. 원장의 임명과 함께 의학교 교사였던 고다케는 의학교육을 관장하는 교육부장에, 광제원의 사사키는 위생부장에, 이토의 시의였던 고야마는 치료부장에 각각 임명되었다. 한편 이완용 내각이 들어서자 5월 22일 제2대 원장으로 내부대신 임선준(任善準)이 겸직 임명되었고 12월 31일까지 약 7개월 동안 원장으로 있었다.[201]

3월 18일 의정부회의에서 탁지부대신의 청의로 12월 31일까지의 대한의원비로 42,658원을 예비비 중에서 지출하기로 의결했는데, 내역은 광제원이 27,678.398원, 의학교가 14,809.304원으로 두 기관의 예산이 따로 편성되었다.[202] 이중 의학교와 관련된 내역을 자세히 살펴보면 다음과 같다.

---

198) 사토는 이미 1906년 11월 고문으로 예정되어 있었다. 雜報 日醫歸國. 皇城新聞, 1906년 11월 17일 2면 2단.

199) 이 관제의 초안에는 수장으로 황족 중에서 임명하는 총재를 두는 것으로 되어 있었으나 삭제되었고, 초안에는 없었던 외국인을 병원 직원으로 쓸 수 있다는 조항이 새로 첨가되었는데 다분히 일본인의 대한의원 장악을 염두에 둔 것으로 보인다. 신동원: 한국근대보건의료사. 한울, 1997, 346쪽.

200) 敍任 및 辭令. 官報 제3725호, 1907년 3월 28일; 雜報 內大兼任. 皇城新聞, 1907년 3월 21일 2면 2단.

201) 敍任 및 辭令. 官報 제3779호, 1907년 5월 30일.

202) 사실 따로 편성한 것이 아니라 폐지된 의학교와 광제원의 집행하지 않은 예산을 합한 것이었다. 奏本 제113호 大韓醫院費 豫備金中 支出件 上奏事, 1907년 3월 19일(奏本 10. 서울대학교 규장각, 1998, 132-4쪽).

봉급   1,941.61   원
청비   718.254   원
수리비   50   원
신급 및 잡비 1,365.78   원
약품비   225   원
교육비   6,535.3   원
외국인 봉급   3,973.07   원

6월 19일 의정부회의에서 탁지부대신의 청의로 대한의원 경비로 24,714원을 증액하고 이를 예비비에서 지출하기로 의결했는데, 외국인, 즉 일본인의 봉급을 늘리기 위한 것이었다.203) 6월 27일에는 의정부회의에서 탁지부대신의 청의로 대한의원 시설비 64,011원을 예비비에서 지출할 것을 의결하였다.204)

---

203) 奏本 제334호 大韓醫院費 增額分 豫備金中 支出件 上奏事, 1907년 6월 19일(奏本 10. 서울대학교 규장각, 1998, 383-4쪽).
204) 奏本 제361호 大韓醫院 設備費 豫備金中 支出件 上奏事, 1907년 6월 27일(奏本 10. 서울대학교 규장각, 1998, 410-2쪽).

2. 대한의원 교육부

막상 의학교가 폐지되자 학생들은 며칠 동안 학교 수업을 받지 않는 등 분위기가 어수선했다. 지석영이 의학교 폐지에 대한 설명을 요구하자 참정대신 박제순은 학교는 폐쇄하지 않으니 학생들은 즉각 학업에 복귀할 것을 촉구하였다.205)

훈동의 의학교 건물은 그 해 11월 20일까지 그대로 사용하는 등 상당 기간은 내용적인 면에서 의학교 시절과 달라진 점은 크게 없었다.206) 그렇지만 통감부는 의학교육에 대해 열의가 부족했으며, 기관의 통폐합이라는 혼란 속에서 졸업생의 수도 많지 않았다.207)

대한의원 관제의 반포와 함께 1907년 3월 15일자로 교관에 지석영, 유세환, 유병필, 최규익이 임명되었다.208) 대한의원의 개원 이후 일본인이 좌지우지한다는 인상을 지우기 위한 조치가 이루어졌다.209) 우선 학생들의 관리를 책임지는 학감(學監)의 직책을 새로 만들고,210) 5월 31일 지석영을 이에 임명한 것이었다(그림 Ⅲ-2-3).211) 지석영은 교장이었던 자신을 교관으로 강등시키자 사직을 청원했었는데, 아마 그를 달래기 위한 처사로 보인다.212)

1907년 7월 24일 의정부회의에서 내각총리대신, 탁지부대신 연서 청의로 스크랜턴(William B. Scranton)을 대한의원 교관으로 3년 동안 용빙 계약하기로 의결했는데, 월봉 300원, 가사료 100원이었다.213) 스크랜턴에 이어 7월 27

205) 雜報 醫校無恙. 皇城新聞, 1907년 3월 18일 2면 6단.
206) 雜報 醫校三日停學. 皇城新聞, 1907년 11월 23일 2면 5단.
207) 佐藤剛藏 著, 李忠浩 譯: 朝鮮醫育史. 螢雪出版社, 1993, 52쪽.
208) 奏本 제353호 大韓醫院 敎官 敍任件 上奏事, 1907년 6월 26일(奏本 10. 서울대학교 규장각, 1998, 396쪽); 敍任 및 辭令. 官報 제3803호, 1907년 6월 27일.
209) 신동원: 한국근대보건의료사. 한울, 1997, 348-9쪽.
210) 正誤. 官報 제3781호, 1907년 6월 1일.
211) 奏本 제301호 大韓醫院 敎官 池錫永 大韓醫院 學監 敍任件 上奏事, 1907년 5월 31일(奏本 10. 서울대학교 규장각, 1998, 350쪽); 敍任 및 辭令. 官報 제3782호, 1907년 6월 3일.
212) 雜報 敎官請願. 皇城新聞, 1907년 4월 23일 2면 3단.
213) 大韓醫院 敎官 雇聘契約書, 奎23212, 1907년 6월 16일; 奏本 제6호 大韓醫院 敎官 W. B.

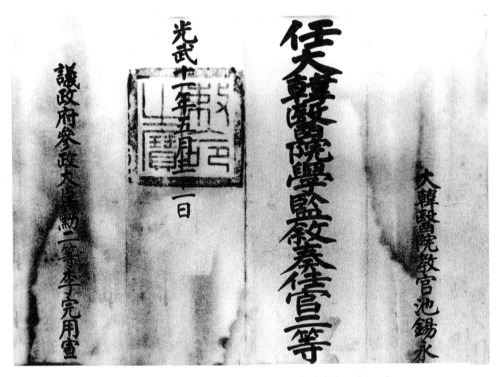

그림 Ⅲ-2-3 지석영의 대한의원 학감 임명장 사진. 동은의학박물관 소장.

일 하세가와 가메지로(長谷川龜四郞)[214], 8월 9일 구보 다케시(久保武)[215]가 각각 교관으로 임명됨으로써 고다케를 포함해 일본인 교관이 3명에 달하게 되었다(그림 Ⅲ-2-4). 이 당시 한국인 교관은 일본인 교수가 국한문 교과서로 가르치면 이를 우리말로 통역하는 역할을 맡았다.[216] 한편 4월 9일 교육을 돕는 역할로 추정되는 조수로 오가와(小川賢雄)가 임명되었다.

대한의원 교육부는 1907년 4월 8일 18세부터 30세 사이의 학생모집 광고를 내었고, 4월 26일 한문 독서, 국한문 작문 및 산술문답으로 시험을 보았다.[217] 이들 중 관비생 20명, 자비생 20명 및 후보생 17명이 선발되었는

스크랜톤 傭聘合同件 上奏事, 1907년 7월 24일(奏本 11. 서울대학교 규장각, 1998, 60-1쪽).

214) 일본국인 長谷川龜四郞을 大韓醫院 敎官으로 囑託하고, 月俸 150円과 舍宅料 30円을 지급하기 바란다는 문서, 1907년 7월 27일. 起案 제15책, 奎17746.

215) 일본국인 久保武를 大韓醫院 敎官으로 囑託하고 月俸 100圓과 舍宅料 30圓을 급여한다는 문서, 1907년 8월 9일. 起案 제15책, 奎17746.

216) 雜報 職員協議. 皇城新聞, 1909년 4월 16일 2면 6단.

데,218) 의학교 시기에 학생들이 모두 관비생인 것에 비해 혜택이 크게 줄어든 것이었다.

1907년 7월 9일 대한의원 교육부 제1회 졸업생 13명의 명단을 발표했는데, 다음과 같았다.

그림 Ⅲ-2-4 구보. 동은의학박물관 소장.

우등: 김태권(金泰權), 정윤해(鄭潤海), 홍대철(洪大喆), 이명흠(李明欽)

급제: 권태동(權泰東), 이규찬(李圭瓚), 신태영(申泰永), 이석준(李錫駿), 박계양(朴啓陽), 이경식(李敬埴), 윤병학(尹秉學), 이승정(李承鼎), 박봉태(朴鳳泰)219)

1907년 6월 29일 총리대신 이완용, 통감 이토, 그리고 대장 하세가와 요시미치(長谷川好道)는 대한의원 건축이 진행되는 기지를 시찰하였다.220) 1907년 11월 병원 본관(시계탑 건물)이 준공됨에 따라 병원은 8일과 9일 이전하였다.221) 교육부는 1907년 11월 21일 황교(黃橋)길 마등산(馬登山) 위의 대한의원 구내로 옮겨 병사 1동을 교사로 사용하였고, 교기도 제정하였다.222) 그러나 기숙사가 아직 미비하여 학생들은 3일 동안 휴교하였다.223) 11월 14일에는 대한적십자사 물건을 대한의원으로 옮겼다.224)

217) 廣告. 學員募集廣告. 官報 제3737호, 1907년 4월 11일; 廣告. 學員募集廣告. 官報 제3738호, 1907년 4월 12일.
218) 雜報 醫試紛競. 大韓每日申報, 1907년 5월 14일 2면 4단.
219) 彙報. 光武 11年 7月 9日 大韓醫院 敎育部 第壹會 卒業生. 官報 제3831호, 1907년 7월 30일.
220) 雜報 三氏 醫院 視察. 皇城新聞, 1907년 7월 1일 2면 3단.
221) 11월 9, 10일에 大韓醫院을 統內馬登山에 新築한 大韓醫院으로 移接했다는 제100호 公涵. 照會 제8책, 奎17826, 1907년 11월 6일.
222) 박윤재: 한국 현대의학 관련자료 소개 5. 京城醫學專門學校 一覽. 延世史學 2: 373, 1998.
223) 雜報 醫校三日停學. 皇城新聞, 1907년 11월 23일 2면 5단.

고야마(小山善)가 부장으로 있던 치료부에는 광제원 의사로 근무하던 이규선(李圭璿), 피병준(皮秉俊)이 의원으로 임명되었고, 6월 26일에는 의학교 제2회 졸업생 최국현(崔國鉉)이 의원으로 임명되었다. 그리고 6월 24일[225] 스즈키 겐노스게(鈴木謙之助), 우치다 도시(內田從志), 가나이 도요시치(金井豊七), 시미즈 다케후미(淸水武文)가, 11월 25일[226] 타다켄고로(多多見五郎), 야노 가네코(矢野兼古), 무라카미 닷쇼(村上龍藏) 등 다수의 일본인 의사들을 의관에 임명함으로써 건설 중에 있던 대한의원의 개원을 준비하였다. 6월 19일 대한의원비로 24,714원을 증액한 것은 바로 이들의 봉급을 주기 위한 것이었다.[227]

사사키가 부장으로 있던 위생부에는 6월 28일 사이토 겐지(齊藤謙次),[228] 7월 5일 다나카(田中守),[229] 8월 28일 오쿠누키 키요스케(奧貫恭助)[230]가 기사로 임명되었다.

---

224) 雜報 病院合設. 皇城新聞, 1907년 11월 15일 2면 3단.

225) 大韓醫院 醫員 鈴木謙之助, 內田從志, 金井豊七, 淸水武文에게 月俸 금화 130환과 사택료 금화 30환을, 事務員 井上鯉一에게 월봉 금화 80환과 사택료 20환을, 사무원 市川鶴松에게 月俸 금화 60원과 사택료 금화 20환을, 事務員 井田友雄에게 月俸 금화 40환을 급여한다는 起案, 1907년 6월 24일. 起案 제15책, 奎17746.

226) 일본국인 從7位 勳6等인 多多見五郎을 大韓醫院 醫員으로 囑託하고, 月俸 130圓과 舍宅料 30圓을 지급하며, 일본국인 矢野兼古를 大韓醫院 醫員으로 囑託하고, 月俸 130圓과 舍宅料 30圓을 지급하는 안을 회의에 제출하는 請議書 제31호, 1907년 11월 25일. 起案 제15책, 奎17746; 일본국인 村上龍藏를 大韓醫院 醫員으로 囑託하는 문서, 1907년 11월 14일. 起案 제15책, 奎17746.

227) 奏本 제334호 大韓醫院費 增額分 豫備金中 支出件 上奏事, 1907년 6월 19일(奏本 10. 서울대학교 규장각, 1998, 383-4쪽).

228) 대일본인 齊藤謙次를 大韓醫院 技師로 囑託할 것과 大韓醫院 囑託技師 齊藤謙次에게 月俸 150圓과 舍宅料 30圓을 급여할 것을 稟議하는 내용의 문서, 1907년 6월 28일. 起案 제15책, 奎17746.

229) 일본국인 田中守를 大韓醫院 技師로 囑託하고, 月俸 150円과 舍宅料 30円을 지급하는 辭令書를 제출하니 처리하기 바란다는 문서, 1907년 7월 5일. 起案 제15책, 奎17746.

230) 일본국인 奧貫恭助를 大韓醫院 技師로 囑託하고, 月俸 200圓, 舍宅料 30圓을 급여한다는 문서, 1907년 8월 26일. 起案 제15책, 奎17746.

3. 대한의원 의육부

1907년 8월 27일 순종이 즉위한 후 12월 27일에 열린 의정부회의에서 내부대신 및 탁지부대신 연서 청의로 대한의원 관제 개정 칙령안이 의결되었고, 칙령(勅令) 제73호로 「대한의원 관제(大韓醫院 官制)」가 반포되었다.

칙령 제73호 대한의원 관제

제1조 대한의원은 내부대신의 관할에 속(屬)하여 치병 의육 및 위생의 시험에 관한 사무를 장(掌)홈

제2조 대한의원에 좌개 직원을 치(寘)함

원장 1인 칙임

부원장 1인 칙임 혹 주임

의관 전임 10인 주임

기사 전임 4인 주임

교수 전임 6인 주임

사무관 전임 2인 주임

학생감 전임 1인 주임

약제관 전임 4인 주임 혹 판임

부교수 전임 3인 판임

주사 전임 6인 판임

제3조 원장은 내부대신의 지휘 감독을 승(承)하여 원무를 총리(總理)하고 부하 직원을 감독함

제4조 부원장은 원장을 좌(佐)하여 원무를 장(掌)하되 원장이 사고가 유(有)한 시(時)는 기 직무를 대리함

제5조 대한의원에 좌개 3부를 치(寘)함

치료부

의육부

위생시험부

제6조 치료부에서는 좌개 사무를 장(掌)함

1. 질병의 구료에 관한 사항

    2. 빈민의 시료에 관한 사항

제7조 의육부에서는 좌개 사무를 장(掌)함

    1. 의사 약제사 산파 및 간호부 양성에 관한 사항

    2. 의학 교과서 편찬에 관한 사항

제8조 위생시험부에서는 좌개 사무를 장(掌)함

    1. 전염병 기타 병원의 검사 예방 및 치료 방법의 연구에 관한 사항

    2. 위생상에 분탁석(分析析) 및 검사에 관한 사항

    3. 두묘제조에 관한 사항

제9조 각부에 장을 치(寘)하되 치료부장은 의관, 의육부장은 교수, 위생시험부장은 기사로써 차(此)에 충(充)함

    부장은 원장의 명을 승(承)하여 기 부무(部務)를 장리(掌理)하고 부하직원을 지휘감독함

제10조 사무관은 원장의 명을 승(承)하여 서무를 장(掌)함

제11조 의관 및 약제관은 치료부에 교수, 부교수 및 학생감은 의육부에, 기사는 위생시험부에 속하여 원장 및 부장의 명을 승(承)하여 기 부무(部務)를 장(掌)함

제12조 주사는 상관에 지휘를 승(承)하여 서무에 종사함

제13조 내부대신은 봉급 예산의 범위 내에셔 대한의원에 번역관, 조수, 기수 및 번역관보를 치(寘)함을 득(得)함

    번역관은 주임으로 하고 조수, 기수, 번역관보는 판임으로 함

    조수는 치료부, 의육부 우(又)는 위생시험부에, 기수는 위생시험부에 속하여 상관의 지휘를 승(承)하여 기 부무(部務)에 종사함

부칙

제14조 본령은 룡희 2년 1월 1일부터 시행함

제15조 광무 11년 칙령 제9호 대한의원 관제는 폐지함[231]

이 관제의 특징은 대한의원 교육부를 1908년 1월 1일부로 대한의원 의육부(大韓醫院 醫育部)로 개칭한 것이었다.[232] 그리고 의정부가 아니라 내부 관할로 환원하였고, 원장은 내부대신이 겸임하는 것이 아니라 전임으로 임명하

---

231) 奏本 제351호 大韓醫院 官制 改正件 勅令案 上奏事, 1907년 12월 27일(奏本 11. 서울대학교 규장각, 1998, 663-4쪽).

232) 황성신문에는 대한의원 교육부가 2월 초부터 의육부로 개칭한다고 기록되어 있다. 칙령 73호는 1월 1일부로 반포되었지만, 실제 개칭은 2월부터 이루어졌을 가능성도 있다. 雜報 改稱醫育. 皇城新聞, 1908년 1월 31일 2면 3단.

大韓醫院開院式紀念

그림 Ⅲ-2-5 사토 스스무. 대한의원 개원식 기념엽서. 동은의학박물관 소장.

도록 하였다. 증원된 의관과 확장된 진료부를 위해 부원장(副院長)을 두었다. 또한 고문을 없앰으로써 노골적으로 원장을 일본인으로 임명하려는 의도를 나타내었다. 이에 따라 대한의원의 설립을 주도하며 고문의 직책을 갖고 있던 사토가 1908년 1월 1일 제3대 전임 원장으로 취임하였으며(그림 Ⅲ-2-5),²³³⁾ 5월 27일에는 타카나시 쓰네모토(高階經本)가 부원장에 임명되었다.

  사토의 원장 발령과 동시에 많은 일본인들이 의관, 교수, 약제관, 번역관, 기사 등으로 발령되었다.²³⁴⁾ 그리고 교관이었던 육군 2등 군의정(軍醫正) 고

---

233) 奏本 제74호 大韓醫院長 敍任件 上奏事, 1908년 1월 1일(奏本 12. 서울대학교 규장각, 1998, 81쪽); 敍任 및 辭令. 官報 제3980호, 1908년 1월 25일. 이전의 원장은 내부대신이 겸임했었기 때문에 일본인의 글에는 사토를 1대 원장으로 기록하는 경우가 있다. 奇昌德: 韓國近代醫學教育史. 아카데미아, 1995, 56쪽.

234) 奏本 제68호 大韓醫院 醫官 敍任件 上奏事, 1908년 1월 1일(奏本 12. 서울대학교 규장각, 1998, 78쪽); 奏本 제69호 大韓醫院 教授 敍任件 上奏事, 1908년 1월 1일(奏本 12. 서울대학교 규장각, 1998, 78쪽); 奏本 제70호 大韓醫院 藥劑官 敍任件 上奏事, 1908년 1월 1일(奏本 12. 서울대학교 규장각, 1998, 79쪽); 奏本 제71호 大韓醫院 飜譯官 敍任件 上奏事, 1908년 1월 1일(奏本 12. 서울대학교 규장각, 1998, 79쪽); 奏本 제72호 大韓醫院 技師 敍任件 上奏事, 1908년 1월 1일(奏本 12. 서울대학교 규장각, 1998, 80쪽); 奏本 제73호 大韓醫院 學生監 敍任件 上奏事, 1908년 1월 1일(奏本 12. 서울대학교 규장각, 1998, 80쪽); 敍

다케가 의학교육의 실무를 책임지는 교육부장, 통감 이토의 주치의였던 고야마가 치료부장, 대한적십자병원 주임 요시모토가 위생부장, 그리고 사사키가 시험부장으로 각각 임명되었다.[235]

의육부 교수로는 고다케, 구보, 유세환, 유병필, 하세가와, 최규익 등이 유임되어 임명되었고, 지석영도 학생감에 유임되었다. 다만 관제에 규정된 부교수로 임명된 사람은 없었던 것으로 보인다.

의육부로 개편될 당시 치료부는 내과, 외과, 안과, 산부인과, 이비인후과의 5개 과가 있었고, 병실은 7동에 100여 병상이 있었다. 이미 충분한 의관을 뽑은 상태에서 5월 15일 후지이 토시히코(藤井虎彦)가 의관에 임명되었다. 또한 관제에 규정된 조수로 윤태하(尹泰夏, 1908-1918), 피병준(皮秉俊, 1908-1914), 김상섭(金相燮), 이응원(李應遠), 강대식(康大植, 1908-1913), 이관호(李寬鎬, 1908. 8. 30 임명), 한민제(韓民濟, 1년 동안) 등이 임명되었다. 이들은 각 과에서 일본인 의관의 한국인 진료를 원활하게 하기 위해 배치되었다.[236] 위생시험부는 세균검사소, 화학분석소 및 두묘제조소 등으로 나누어져 있었다.[237]

학생 교육에 있어 특기할 한 점은 1908년 3월 23일 일본인 병사자의 시체를 해부하여 내장을 보관하였는데, 이것이 1899년 개교 이래 의학교 및 대한의원에서 처음 이루어진 일종의 '해부 실습'이었던 것으로 보인다.[238] 7월 초에는 약학과를 증설하여 학도를 모집하기로 결정하였지만[239] 예산이 부족하여 중지하였다. 따라서 자신이 학비를 부담하는 예비생 10명을 모집하여 강의하였고, 1909년부터 관비생을 양성키로 하였다.[240] 반면 의육부에서는 의학생을 모집하지 않은 것으로 보인다.

任 및 辭令. 官報 제3969호, 1908년 1월 13일; 敍任 및 辭令. 官報 제3980호, 1908년 1월 25일.

[235] 朝鮮總督府醫院 20年史: 朝鮮總督府醫院, 1928, 4쪽.
[236] 雜報 醫院內 韓人. 皇城新聞, 1908년 7월 30일 2면 4단.
[237] 朝鮮總督府醫院 20年史: 朝鮮總督府醫院, 1928, 7쪽.
[238] 雜報 日屍解剖. 皇城新聞, 1908년 3월 29일 2면 5단; 雜報 人體學科. 皇城新聞, 1908년 4월 14일 2면 3단.
[239] 雜報 藥學募徒. 皇城新聞, 1908년 7월 4일 2면 4단.
[240] 雜報 藥生私費. 皇城新聞, 1909년 3월 24일 2면 4단.

1907년 11월 일단 새 건물에서 업무가 시작되었지만 이후 1년 동안 병원 건축 사업은 계속되었다. 1908년 10월 24일 대한의원 건물이 준공되어 개원식을 거행했으며,[241] 통감부는 이를 위해 5,000원을 지출하였다.[242] 1908년 12월 7일 의정부회의에서 내각총리대신 청의에 의해 대한적십자사 관제 및 규칙 폐지의 건이 의결되었다.[243]

12월 28일 1909년도 세입세출 총예산이 결정되었는데, 의원 수입 67,085 원, 세출 173,530원이었다.[244] 같은 날 의정부회의에서 내부대신 및 탁지부대신의 청의로 대한의원 관제 개정에 관한 건을 의결하였다.[245]

---

241) 雜報 開院式에 勅語. 皇城新聞, 1908년 10월 25일 2면 3단.
242) 奏本 제583호 大韓醫院 開院式 費 五天圓을 隆熙 元年度 國庫 剩餘金 中 支出件 上奏事, 1908년 9월 28일(奏本 12. 서울대학교 규장각, 1998, 683-4쪽).
243) 奏本 제304호 大韓國 赤十字社 官制 및 規則 廢止件 勅令案 上奏事, 1909년 7월 22일(奏本 13. 서울대학교 규장각, 1998, 439-40쪽).
244) 官報 號外, 1908년 12월 28일. 세출은 봉급이 71,800원, 청비가 19,990원, 여비가 384원, 잡비가 21,134원, 사택료가 12,00원, 그리고 의무비가 48,222원이었다.
245) 奏本 제29호 大韓醫院 官制에 關한 件 上奏事, 1909년 2월 4일(奏本 13. 서울대학교 규장각, 1998, 90-1쪽).

4. 대한의원부속 의학교

대한의원 의육부는 1909년 2월 4일 칙령 제10호에 의해 병원 사무에서 독립되면서 대한의원부속 의학교(醫學校)로 개칭되었다.246) 그리고 칙령 12호에 의해 시험 및 두묘 제조에 관한 업무가 내부 소관으로 이관되었다.

칙령 제10호 대한의원 관제
제1조　대한의원은 내부대신의 관리에 속하여 질병의 진료에 관한 사항을 장(掌)함
제2조　대한의원에 부속의학교를 치(置)하여 의사 약제사 산파 및 간호부의 양성에 관한 사항을 장(掌)케 함
제3조　대한의원에 좌의 직원을 치(置)함
　　　　원장 1인 칙임
　　　　부원장 1인 칙임 혹 주임
　　　　의관 전임 12인 주임 내 2인은 칙임으로 함을 득(得)함
　　　　사무관 전임 1인 주임
　　　　교수 전임 5인 주임
　　　　약제관 전임 1인 주임
　　　　학생감 전임 1인 주임
　　　　주사 전임 6인 판임
　　　　조수 전임 17인 판임
제4조　원장은 내부대신의 지휘 감독을 승(承)하여 원무를 장리(掌理)하고 소속 직원을 감독함
제5조　부원장은 원장을 보좌하여 원무를 장(掌)하고 원장이 유고할 시는 기 직무를 대리함
제6조　의관 및 약제관은 원장의 명을 승(承)하여 치료에 관한 사항을 장(掌)함

---

246) 雜報 醫院官制 改正. 皇城新聞, 1909년 1월 6일 2면 4단; 勅令 제10호, 大韓醫院 官制, 官報 제4311호, 1909년 2월 26일; 박윤재: 한국 현대의학 관련자료 소개 5. 京城醫學專門學校 一覽. 延世醫史學 2: 373, 1998; 雜報 大韓醫院官制 發布. 皇城新聞, 1909년 2월 27일 2면 3단.

제7조　사무관은 원장의 명을 승(承)하여 서무를 장(掌)함

제8조　교수 및 학생감은 원장의 명을 승(承)하여 교육에 관한 사항을 장(掌)함

제9조　주사 및 조수는 상관의 지휘를 승(承)하여 원무에 종사함

제10조　내부대신은 예산의 범위 내에서 대한의원에 통역을 치(置)함을 득(得)함

　　　　통역은 판임이니 상관의 지휘를 승(承)하여 원무에 종사함

제11조　대한의원의 분과는 내부대신이 차(此)를 정함

부칙

제12조　본령은 융희 3년 2월 1일부터 시행함

제13조　융희 원년 칙령 제73호 대한의원 관제는 폐지함[247]

이 관제에 의해 학생감 이외에 6명이었던 교수가 5명으로 줄어들었으며, 명목상으로 설정되었던 부교수직을 없앴다.

한편 1910년 2월 1일 내부령으로 대한의원부속 의학교 규칙이 발표되었는데 다음과 같았다.

　　　　내부령 제4호 대한의원부속 의학교 규칙
　　　　　제1장　총칙

제1조　대한의원부속 의학교에 의학과, 약학과, 산파과 및 간호과를 치(置)함

제2조　수업연한은 의학과 4개년, 약학과 3개년, 산파과 2개년, 간호과 2개년으로 함

제3조　각과 각 학년의 학과는 별표와 여(如)함

　　　　매주의 교수 시간 수는 대한의원장이 차(此)를 정함

제4조　본교 1학년의 학생 정수는 의학과에 50인, 약학과에 10인, 산파과에 10인, 간호과에 20인으로 함

제5조　본교에서는 수업료를 징수치 아니함

제6조　의학과, 약학과의 교수는 일어로 행함

제7조　학년은 4월 1일로 시(始)하여 익년 3월 31일에 종(終)함

제8조　학년을 분(分)하여 좌개 2학기로 정함

　　　　전학기 4월 1일로부터 10월 20일까지

---

247) **奏本** 제29호 **大韓醫院 官制**에 關한 件 上奏事, 1909년 2월 4일(**奏本** 13. 서울대학교 규장각, 1998, 90-1쪽); **勅令** 제12호, **隆熙 元年 勅令** 제37호 **內部官制 中 左** 갓치 改正홈, **官報** 제4311호, 1909년 2월 26일.

후학기 10월 21일로부터 익년 3월 31일까지

제9조 교수 일수는 매 학년에 2백일 이상으로 함

제10조 휴업일은 융희 2년 각령(閣令) 제6호로 정한 휴가일 외에 좌와 여 (如)함

춘계 휴업 4월 1일로부터 동월 10일까지

하계 휴업 7월 21일로부터 8월 31일까지

동계 휴업 12월 29일로부터 익년 1월 7일까지

제11조 전염병의 예방, 비상한 재변 기타 특별한 사정에 의하여 필요로 인할 시(時)는 대한의원장이 인가를 수(受)하여 임시 휴업함을 득(得)함

제2장 입학 퇴학 징계 출학

제12조 입학을 허가할만한 자는 연령 18세 이상 25세 미만으로 조행(操行)이 방정한 자로 신체검사 및 입학시험에 합격한 자로 한함

제13조 입학시험의 과목 및 기 정도는 좌와 여(如)함

의학과, 약학과는 국한문[사서 강독 작문], 산술[사칙분수], 일어[일본고등소학 독본의 강독 회화 번역]

대한의원장은 필요가 유(有)함으로 인할 시(時)는 물리학, 화학을 가(加)함을 득(得)함

산파과, 간호과는 독서[국문 오륜행실], 작문[간이한 국문의 작문]

제14조 학생의 모집원수 및 기일은 대한의원장이 차(此)를 정함

제15조 입학지원자는 제1호 서식의 입학청서에 이력서를 점연(粘聯)하여 본교에 증출(呈出)함이 가(可)함

제16조 입학을 허가된 자는 제2호 서식의 서약서를 본교에 증출(呈出)함이 가(可)함

제17조 보증인은 입학자의 존여친(尊旅親)이나 우차(又此)를 대하여 일체 책임을 부담할만한 자 2인으로 정하되 기중 1인은 경성에 거주한 자를 요함

제18조 학생은 자기의 사정으로 퇴학을 청원함을 득(得)치 못함. 특별한 사정으로 퇴학코자 할 시(時)는 기 사유를 상구(詳具)하여 보증인이 연서하고 본교에 청원하여 허가를 수(受)함이 가(可)함

제19조 대한의원장은 교육상에 필요로 인할 시는 학생에게 징계를 시(施)함을 득(得)함. 징계는 계칙(戒飭) 근신 및 정학으로 함

제20조 좌개 각호의 1에 해당한 학생은 대한의원장이 출학(黜學)을 명함

1. 성행불량한 자

2. 질병이나 우(又)학력이 부진하여 성업의 소망이 무(無)함으로 인한 자

3. 정당한 사유가 무(無)하고 1개월 이상 연속결석한 자나 우(又)출석이 무상(無常)한 자

제3장 시험 졸업

제21조 시험을 분(分)하여 학기 시험 학년 시험 및 졸업 시험으로 함

학기 시험은 각 학기 내에, 학년 시험은 각 학년말에, 졸업시험은 최종학년말에 차(此)를 행함

대한의원장은 학년 시험의 시행형편을 의하여 후학기 시험을 생략함을 득(得)함

제22조 시험의 성적은 1학과에 100점을 만점으로 하고 각 학과목에 40점 이상으로 하여 총 평균 60점 이상에 달한 자를 합격자로 함

제23조 질병 기타 부득이한 사유로 시험 기일에 출석키 불능한 자는 기 사유를 상구(詳具)하고 보증인이 연서하여 본교에 청원하여 기 허가를 수(受)함이 가(可)함

대한의원장은 전항 경우에는 추후 시험을 행함을 득(得)함

제24조 대한의원장은 의학과, 약학과의 졸업자에게는 제3호 서식, 산파과, 간호과의 졸업자에게는 제4호 서식의 졸업증서를 수여함

제25조 의학과의 졸업자는 의학진사, 약학과의 졸업자는 약학진사의 칭호를 용(用)함을 득(得)함

제4장 학비 의무

제26조 학생은 관비로 하여 식비, 피복 및 잡비를 급여함

기숙사에 기숙케 한 자에게는 식비를 급여치 아니함

제27조 학생으로 제18조 제2항에 의하여 퇴학한 시나 약혹(若或) 제20조 제1호나 우(又)제3호에 의하여 출학(黜學)을 명한 시는 재학 중에 이급(已給)한 학비의 전부나 우기(又幾) 부분을 상환케 하고 제20조 제2호에 의하여 출학(黜學)을 명한 시는 현재 소지한 급여품을 환납(還納)케 함

제28조 학생은 졸업한 후 좌개 기간 내에 각기 수득(修得)한 기술을 요(要)할 직무나 우(又)업무에 종사함을 피명한 시는 차(此)를 거(拒)함을 득(得)치 못함

1. 의학과 3개년

1. 약학과 2개년
1. 산파과 간호과 1개년
　정당한 사유가 무(無)하고 전항 의무를 불행(不行)하는 시는 재학중
　에 이급(已給)한 학비의 전부나 우기(又幾) 부분을 상환케 함

　제5장 원외학생
제29조 사비로 입학을 청원하는 자 유(有)한 시는 대한의원장은 학생 정수
　외에 원외학생으로 하여 입학을 허가함을 득함
　원외학생은 의학과에 20인, 약학과에 10인, 산파과에 10인으로 함
제30조 전항 원외학생에는 제18조 제26조 내지 제28조를 적용치아니 함
　부칙
제31조 본 규칙은 반포일로부터 시행함[248]

　그 동안 병원 사무의 일부로 운영되었던 대한의원 교육부나 의육부와 달리 부속의학교는 다시 병원 사무에서 분리되었다. 따라서 대한의원부속 의학교 규칙은 1899년 제정된 의학교 규칙 이후 다시 정해진 독자적인 규칙으로 볼 수 있다. 부속의학교는 수업연한이 4년이었다. 입학정원은 50명으로 원칙적으로 수업료를 받지 않았지만, 자신이 수업료를 내는 원외학생(員外學生)을 20명까지 뽑을 수 있도록 했다. 입학 시험과목에는 일본어가 포함되어 있었는데, 이는 강의를 일본어로 진행하기로 했기 때문이었다. 학기는 이전과 같이 2학기였지만, 일본식으로 4월에 개학하기로 하였다. 또한 졸업자는 의학진사(醫學進士, 그림 Ⅲ-2-6)라고 부르기로 했고 졸업 후에는 3년 동안 의무적으로 부속 의학교의 지시를 따르도록 했다.

　부속 의학교 규칙이 발표되고 2월 4일 사토가 의원면직되자[249] 2월 12일 내부차관 오카 키시치로(岡喜七郎)가 임시서리로 발령되었다.[250] 7월 20일 육군 군의총감(軍醫摠監) 의학박사 기쿠치 즈네사브로(菊地常三郎)가 제4대 원장으로 임명되었다.[251]

---

248) 部令. 內部令 제5호, 大韓醫院附屬 醫學校 規則, 官報 제4596호, 1910년 2월 7일.
249) 奏本 제21호 大韓醫院長 佐藤進 依願免本官 上奏事, 1909년 2월 4일(奏本 13. 서울대학교 규장각, 1998, 79쪽); 敍任 및 辭令. 官報 제4298호, 1909년 2월 11일; 雜報 五氏依免. 皇城 新聞, 1909년 2월 11일 2면 2단.
250) 敍任 및 辭令. 官報 제4301호, 1909년 2월 15일.

그런데 부속 의학교로 체재가 바뀌는 것에 대해 대한의원에서 현재 근무하는 관리를 모두 내보내고 다시 선택 임명한다는 소문이 도는 등 민심은 이를 반겨하지 않았다.[252] 의육부가 부속 의학교로 개칭되기 직전인 1월 31일 교수 유병필은 교수직을 사임하였다.[253] 유병필 대신 대한의원의 기사로 있던 사이토가 교수로 임명되었다.[254] 스크랜턴은 1910년 1월 20일 교수직을 사임하였다.

이전에는 국한문 교과서로 일본인 교수가 가르치면 한국인 교수가 통역하였지만 실제 강의에 불편이 많았다. 따라서 1909년 4월 중순 부속 의학교는 규칙에 있는 대로 신학기부터는 일본인 교수가 직접 강의하고 통역을 없애기로 하였다.[255]

그림 III-2-6 광고지. 대한의원 졸업생의 학위가 의학진사로 표시되어 있다. 김봉천, 한민제, 한경교, 권태동 등의 이름이 보인다. 동은의학박물관 소장.

이에 대해 많은 직원들은 찬성했고 직원회의를 개최하였으나 해결되지 않았다. 한편 4월 29일 지석영 등은 새 학기부터 일본어로 가르치는 것은 시기상조라는 의견을 내부 위생국에 제출하였다.[256]

---

251) 奏本 제319호 菊池常三郎 大韓醫院長 敍任件 上奏事, 1909년 7월 20일(奏本 13. 서울대학교 규장각, 1998, 447쪽); 敍任과 辭令. 官報 제4439호, 1909년 7월 27일.

252) 雜報 醫官將汰. 皇城新聞, 1909년 2월 9일 2면 3단.

253) 奏本 제95호 大韓醫院 敎授 劉秉珌 依願免本官 上奏事, 1909년 1월 31일(奏本 13. 서울대학교 규장각, 1998, 171쪽).

254) 奏本 제139호 大韓醫院 技師 齊藤謙次 任 內部技師 兼 任 大韓醫院 敎授 叙 上奏事, 1909년 1월 31일(奏本 13. 서울대학교 규장각, 1998, 222쪽).

255) 雜報 職員協議. 皇城新聞, 1909년 4월 16일 2면 6단.

256) 雜報 池氏 等 意見. 皇城新聞, 1909년 4월 29일 1면 4단.

그림 Ⅲ-2-7 최규익이 번역한 근세물리학 전(1909). 동은의학박물관 소장.

결국 강의도 일본어로 진행되면서 대한의원부속 의학교는 한일합방이 되기 이전에 이미 일본의 식민지 의학교육기관이 되어 있었다.

1) 의학교과서의 편찬

대한의원 교육부와 의육부 규정에 교과서 편찬이 언급되어 있었지만 어떤 책들이 발간되었는지 전혀 알려진 바가 없다. 부속 의학교가 되면서 하세가와와 최규익에 의해 물리학과 화학 교과서 등이 편찬되었음이 확인된다.

근세물리학 전(近世物理學 全)

1909년 대한의원 교수인 하세가와가 편찬하고 대한의원 교수인 최규익이 번역한 대한의원의 비매품 교과서이다(그림 Ⅲ-2-7). 이 책은 경성 명치정에

그림 Ⅲ-2-8 최규익이 번역한 근세화학 전(1909). 한국학중앙연구원 소장.

있었던 일한인쇄주식회사에서 인쇄했으며, 크기가 22.4×15.9㎝인 양장본이다.

속표지, 목차 23쪽, 본문 554쪽, 간기로 구성되어 있으며 별도의 서문은 없다. 국한문혼용이다. 본문은 서론과 역학, 유체, 열, 파동 및 음, 광, 자기 정전기, 유전기 등 8개의 편으로 이루어져 있다. 본문 속에는 칼라 도판이 3매, 368개의 삽도가 있다.

근세화학 전(近世化學 全)

1909년 대한의원 교수인 하세가와가 편찬하고 대한의원 교수 최규익이 번역한 대한의원 발행의 책이다(그림 Ⅲ-2-8). 일한인쇄주식회사에서 인쇄했으며 연활자로 인쇄한 양장본이다.

겉표지, 속표지, 목차 32쪽, 본문 393쪽과 부록으로 산 및 염기의 비중표 8쪽, 간기로 구성되어 있다. 설명은 국한문 혼용으로 되어 있다. 본문은 서

第1學年		第2學年		第3學年		第4學年	
前學期	後學期	前學期	後學期	前學期	後學期	前學期	後學期
物理學	物理學	局所解剖學 및 實習	局所解剖學 및 實習	內科各論 臨床講義	內科各論 臨床講義		
化學	化學	生理學	生理學 및 醫化學	外科各論 臨床講義 繃帶學	外科各論 臨床講義		
解剖學	解剖學 및 實習	病理解剖學 및 實習	病理解剖學 및 實習	眼科學 및 臨床講義	眼科學 및 臨床講義		
組織學	組織學 및 胎生學	藥物學	藥物學 處方學 實習	婦人科 및 臨床講義	婦人科 및 臨床講義	婦人科 및 臨床講義	婦人科 및 臨床講義
數學	數學	診斷學	診斷學	細菌學 및 實習	細菌學 및 實習	産科學 및 臨床講義	産科學 및 臨床講義
		外科總論	外科總論		衛生學	小兒科學 및 臨床講義	精神科學 및 臨床講義
						皮膚病學 및 臨床講義	耳鼻咽喉科學 臨床講義
日語	日語	日語	日語	日語	日語	日語	日語
體操	體操	體操	體操	體操	體操	體操	體操

표 Ⅲ-2-1. 대한의원부속 의학교의 시간표. 部令. 官報 제4596호, 1910년 2월 7일.

론, 제1편 본론 및 비금속, 제2편 금속, 제3편 용액론, 제4편 유기화합물로
이루어져 있다.

2) 제2회 졸업생의 배출

부속 의학교의 교과목을 살펴보면 모든 학년에서 일본어와 체조가 공통
으로 들어 있었다. 1학년에서는 물리, 화학, 수학 등 기초 과목과 해부학 및
조직학 등 기초 의학이, 2학년에서는 생리학, 병리학, 약물학 등의 기초 의학
과 함께 진단학, 외과총론이, 3학년에서는 외과각론, 내과학, 부인과, 안과학
및 세균학이, 그리고 4학년에서는 부인과, 산과학, 소아과학, 피부병학, 정신
과학, 이비인후과학이 들어 있었다(표 Ⅲ-2-1).
이러한 교과 과정은 당시 일본의 의학전문학교와 별 차이가 없는 것이었
지만, 강의할 사람도 많지 않은 상황에서 단순히 일본의 형식을 도입했을 뿐
이었다. 실제 이런 과정은 한일합방 후 많은 일본인 교수가 합류하면서 조선

그림 Ⅲ-2-9 대한의원 부속의학교 교사. 동은의학박물관 소장.

총독부의원부속 의학교에서 비로소 실행되었다.

1908년 10월의 개원식 이후에도 일부 건축이 계속되었는데 부속 의학교는 대한의원의 일부를 사용하고 있었다. 1909년 8월 31일 생도 기숙사를 폐지하고 대한의원의 시료원으로 사용하였으며,[257] 11월 16일 부속 의학교 교사(그림 Ⅲ-2-9)의 낙성식이 거행되었다.

이날 오후 1시에는 대한의원부속 의학교의 제2회 졸업식이 있었다.[258] 5명의 졸업생에게는 졸업 하루 전인 1909년 11월 15일부로 의술개업인허장이 수여되었는데, 이는 1908년 6월 세브란스병원의학교 졸업생에게 수여된 이후 의학교 졸업생에게 처음으로 주어진 것이었다. 그 번호와 이름은 다음과 같았다.

제9호 이관호(李寬鎬)(그림 Ⅲ-2-10)

---

257) 잡보 시료원 설시. **大韓每日申報**, 1909년 8월 31일 2면 2단.
258) 雜報 醫院卒業式. 皇城新聞, 1909년 11월 11일 2면 5단; 雜報 落成兼卒業式. 皇城新聞, 1909년 11월 14일 2면 5단; 彙報. 官報 제4537호, 1909년 11월 24일.

제10호 김효명(金孝明)
제11호 한민제(韓民濟)
제12호 박세유(朴世瑜)
제13호 이범위(李範緯)[259]

그림 Ⅲ-2-10 대한의원 제2회 졸업생 이관호. 동은의학박물관 소장.

이날의 졸업식은 지석영 학감의 칙어(勅語) 봉독에 이어, 고다케의 경과 보고, 기쿠치 원장의 식사, 소네(曾禰荒助) 통감을 대신하여 이시즈까(石塚) 장관의 축사 등으로 거행되었다.[260] 이들은 졸업 후 판임급의 조수로 서임되었는데,[261] 일부는 자혜의원 조수로 임명되어 한민제는 청주자혜의원으로, 이관호는 11월 24일 전주자혜의원 조수로 파견되었다.[262]

졸업식과 동시에 의학강습소 및 외래분실 진찰소와 해부실 1동을 준공함으로써,[263] 대한의원부속 의학강습소 시기 건물은 본관, 동1병실, 동2병실, 동3병실, 동6병실, 서1병실, 서2병실, 서3병실, 분7병실, 분8병실, 분9병실(시료병실), 의학강습소 및 외래분실 진찰소, 해부실, 그리고 관사 4동 등이었다.

한편 대한의원부속 의학교 졸업생 중 약포영업을 하는 사람에게는 매약증서를 발급하였다.[264]

제2회 졸업생을 배출한 직후인 1909년 11월 30일 반포된 대한의원 분과

---

259) 彙報 醫術開業認許狀 授與件. 官報 제4600호, 1910년 2월 11일.
260) 雜報 落成兼卒業式. 皇城新聞, 1909년 11월 14일 2면 5단.
261) 雜報 助手敍任. 皇城新聞, 1909년 11월 27일 2면 3단.
262) 이때 이전 졸업생 홍대철도 조수로 임명되어 함흥자혜의원으로 파견되었다. 敍任 및 辭令. 官報 제4541호, 1909년 11월 29일; 雜報 助手敍任. 皇城新聞, 1909년 11월 27일 2면 3단.
263) 雜報 落成兼卒業式. 皇城新聞, 1909년 11월 14일 2면 5단.
264) 雜報 賣藥證書頒給. 皇城新聞, 1910년 8월 10일 2면 6단.

규정(大韓醫院 分課 規程)265)에 따라 대한의원은 임상과가 내과, 외과, 안과, 산과, 부인과, 이비인후과, 소아과, 피부과, 치과로 세분되었고, 약제과와 서무과가 설치되었다.266) 각 과에는 과장(科長)을 임명하고, 필요에 따라 부장(副長)을 두도록 하였다.

대한의원 분과 규정

제1조 대한의원에 내과, 외과, 복과, 산과, 부인과, 이비인후과, 소아과, 피부과, 치과, 약제과, 서무과를 치(置)함

각과(科), 과(課)에 장(長)을 치(置)하되 필요한 경우에는 부장(副長)을 치(置)함

제2조 내과, 외과, 안과, 산과, 부인과, 이비인후과, 소아과, 피부과, 치과에서는 좌의 사무롤 장(掌)함

1. 진찰 치료에 관한 사항
2. 병리시험에 관한 사항
3. 진단서, 검안서 등에 관한 사항

제3조 약제과에서는 좌의 사무를 장(掌)함

1. 조제, 제제에 관한 사항
2. 약품 치료 재료의 보관 맞 시험에 관한 사항
3. 치료 기기의 보관 및 수리에 관한 사항

제4조 서무과에서는 좌의 사무를 장(掌)함

1. 직원의 신분에 관한 사항
2. 회계에 관한 사항
3. 취사 및 기기(汽機) 기관에 관한 사항
4. 전각호 이외의 사무에 관한 사항

1910년 7월 중순 대한의원은 하기 중에 진찰시간을 개정했는데, 환자의 진찰은 오전 8시부터 11시까지였고, 치료는 정오까지였다. 응급 환자는 이외의 시간이나 일요일에도 진찰을 하기로 했다. 하루에 외래환자는 600명, 입원환자는 100명 이상이었다.267)

---

265) 彙報. 官報 제4542호, 1909년 11월 30일.
266) 1909년 12월 대한의원은 1910년부터 치과를 개설하기로 계획하였다. 雜報 齒科設置. 皇城新聞, 1909년 12월 10일 2면 4단.
267) 雜報 大韓醫院 診察時間. 皇城新聞, 1910년 7월 16일 1면 4단.

1910년 7월 말 지방에 여러 자혜의원이 설치됨에 따라 대한의원에서는
조수 견습생 이석준, 권태동 등 8명을 서임하기 위해 교섭 중이었고,[268] 8월
부속의학교 졸업생을 자혜의원에 조수로 서임하였는데 수원에 권태동, 공주
에 이경식, 진주에 정윤해, 광주에 윤병학, 평양에 한민제, 대구에 신태영, 의
주에 이승정, 해주에 이석준, 춘천에 박봉태 등이었다.[269] 이것은 근대적 의
료 인력을 양성하려는 대한제국의 노력이 한일합방 직전 이미 좌절되면서
결국 식민지적 의료인력 양성으로 변질되었다는 것을 의미한다.

이와 같이 의학교, 광제원 및 적십자병원을 세워 나름대로 자주적인 의료
체계의 확립을 기도했던 대한제국의 노력은 1905년 일본이 국권을 침탈하면
서 이들 기관들이 통감 이토에 의해 대한의원이라는 식민지 의료기관으로
전환됨으로써 단절되었다.[270]

3) 대한의원 교육부, 의육부 및 부속 의학교의 역대 교직원

대한의원의 역대 교관은 다음과 같다(그림 Ⅲ-2-11).

교육부(1907. 3. 15 - 12. 31)

이름	임명일	해임일	비 고
고문			
사토 스스무(佐藤進)	1907. 3. 15	1907. 12. 31	
원장(내부대신 겸임)			
1대 이지용(李址鎔)	**1907. 3. 19**	**1907. 5. 21**	
2대 임선준(任善準)	**1907. 5. 22**	**1907. 12. 31**	
교육부			
부장 고다케(小竹武次)	1907. 3. 15	1907. 12. 31	
학감 지석영(池錫永)	**1907. 5. 31**	1907. 12. 31	

268) 雜報 醫院 助手 請敍. 皇城新聞, 1910년 7월 31일 2면 2단.
269) 雜報 醫院 助手 敍任. 皇城新聞, 1910년 8월 10일 2면 3단.
270) 주진오: 서양의학의 수용과 제중원-세브란스. 延世醫史學 1(3): 29, 1997.

교관 지석영(池錫永)	1907. 3. 15	1907. 5. 30
유세환(劉世煥)	1907. 3. 15	1907. 12. 31
유병필(劉秉珌)	1907. 3. 15	1907. 12. 31
최규익(崔奎翼)	1907. 3. 15	1907. 12. 31
스크랜턴(W. B. Scranton)	**1907. 7. 24**	1907. 12. 31
하세가와(長谷川龜四郎)	**1907. 7. 27**	1907. 12. 31
구보(久保武)	**1907. 8. 9**	1907. 12. 31
조수 오가와(小川賢雄)	**1907. 4. 9**	1907. 12. 31

치료부

부장 고야마(小山善)	**1907. 3. 15**	1907. 12. 31
의원 이규선(李圭璿)	**1907. 3. 15**	1907. 12. 31
피병준(皮秉俊)	1907. 3. 15	1907. 12. 31
최국현(崔國鉉)	**1907. 6. 26**	1907. 12. 31
스즈키(鈴木謙之助)	**1907. 6. 24**	1907. 12. 31
우치다(內田從志)	**1907. 6. 24**	1907. 12. 31
가나이(金井豊七)	**1907. 6. 24**	1907. 12. 31
시미즈(清水武文)	**1907. 6. 24**	1907. 12. 31
다다견오랑(多多見五郎)	**1907. 11. 25**	1907. 12. 31
야노(矢野兼古)	**1907. 11. 25**	1907. 12. 31
무라카미(村上龍藏)	**1907. 11. 25**	1907. 12. 31

위생부

부장 사사키(佐佐木四方志)	**1907. 3. 15**	1907. 12. 31
사이토(齊藤謙次)	**1907. 6. 28**	1907. 12. 31
다나카(田中守)	**1907. 7. 5**	1907. 12. 31
오쿠누키(奧貫恭助)	**1907. 8. 28**	

의육부(1908. 1. 1 - 1909. 1. 31)

이름	임명일	해임일	비 고

원장

| 3대 사토(佐藤進) | 1908. 1. 1 | 1909. 1. 31 | |

부원장

| 타카나시(高階經本) | **1908. 5. 27** | 1909. 1. 31 | |

의육부

부장 고다케(小竹武次)	1908. 1. 1	1909. 1. 31
학생감 지석영(池錫永)	1908. 1. 1	1909. 1. 31
교수 구보(久保武)	1908. 1. 1	1909. 1. 31
유세환(劉世煥)	1908. 1. 1	1909. 1. 31
유병필(劉秉珌)	1908. 1. 1	**1909. 1. 31**
최규익(崔奎翼)	1908. 1. 1	1909. 1. 31
하세가와(長谷川龜四郞)	1908. 1. 1	1909. 1. 31
스크랜턴(W. B. Scranton)	1908. 1. 1	1909. 1. 31
조수 오가와(小川賢雄)	1908. 1. 1	?

치료부

부장 고야마(小山善)	1908. 1. 1		
醫官 이규선(李圭璿)	1908. 1. 1	1909. 1. 31	
최국현(崔國鉉)	1908. 1. 1	1909. 1. 31	
야노(矢野兼古)	1908. 1. 1	1909. 1. 31	
후지이(藤井虎彦)	1908. 5. 15	1909. 1. 31	
피병준(皮秉俊)	1908. 7. 23		
내과 무라카미(村上龍藏)	1908. 1. 1	1909. 1. 31	교수 겸임
내과 타다켄고로(多多見五郞)	1908. 1. 1	1909. 1. 31	
외과 스즈키(鈴木謙之助)	1908. 1. 1	1909. 1. 31	교수 겸임
이비과 우치다(內田從志)	1908. 1. 1	1909. 1. 31	
안과 가나이(金井豊七)	1908. 1. 1	1909. 1. 31	
시미즈(淸水武文)	1908. 1. 1	1909. 1. 31	
조수 윤태하(尹泰夏)	1908. 1. 1	1909. 1. 31	
피병준(皮秉俊)	1908. 1. 1	1908. 7. 22	
강대식(康大植)	1908. 1. 1	1909. 1. 31	
김상섭(金相燮)	1908. 1. 1	1909. 1. 29	
이응원(李應遠)	1908. 1. 1	1909. 1. 29	

위생시험부

부장 사사키(佐佐木四方志)	1908. 1. 1	**1909. 1. 31**
사이토(齊藤謙次)	1908. 1. 1	1909. 1. 31
다나카(田中守)	1908. 1. 1	**1908. 8. 17**
조수 세천량길(細川亮吉)	1908. 8. 4	

그림 Ⅲ-2-11 대한의원의 주요 일본인 교관. 위줄 왼쪽부터 시계바늘 방향으로 사사키, 후지이, 타다켄고로, 모리야스, 스즈키, 가나이. 동은의학박물관 소장.

부속의학교(1909. 2. 1 - 1910. 8. 29)

이름	임명일	해임일	비 고
원장			
3대 사토(佐藤進)	1909. 2. 1	**1909. 2. 4**	
임시서리 오카(岡喜七郞)	**1909. 2. 12**	**1909. 7. 19**	
4대 기쿠치(菊地常三郞)	**1909. 7. 20**	**1910. 8. 27**	
부원장			
타카시나(高階經本)	1909. 2. 1	1910. 8. 29	

부속의학교

부장 고다케(小竹武次)	1909. 2. 1	1910. 8. 29
학생감 지석영(池錫永)	1909. 2. 1	1910. 8. 29
교수 구보(久保武)	1909. 2. 1	1910. 8. 29
유세환(劉世煥)	1909. 2. 1	1910. 8. 29
최규익(崔奎翼)	1909. 2. 1	1910. 8. 29
하세가와(長谷川龜四郎)	1909. 2. 1	1910. 8. 29
스크랜턴(W. B. Scranton)	1909. 2. 1	**1910. 1. 20**
겸임 교수 사이토(齊藤謙次)	1909. 2. 1	
의관 겸 교수271)		
시미즈(清水武文)	1909. 2. 1	**1910. 7. 21**
야노(矢野兼古)	1909. 2. 1	**1910. 7. 4**
부인과 후지이(藤井虎彦)	1909. 2. 1	1910. 8. 29
내과 다다견오랑(多多見五郎)	1908. 2. 1	**1909. 12. 25**
내과 모리야스(森安連吉)	1909. 11. 11	1910. 8. 29
외과 스즈키(鈴木謙之助)	1909. 2. 1	**1910. 5. 19**
외과 쓰루다(鶴田善重)	**1910. 5. 30**	1910. 8. 29
안과 가나이(金井豊七)	1909. 2. 1	**1910. 8. 10**
안과 우노 고이치(宇野功一)	1910. 7. 30	1910. 8. 29
이비과 우치다(內田從志)	1909. 2. 1	**1910. 8. 27**

----

271) 대한의원의 의관들 중에는 부속의학교의 교수를 겸임하여 임상 과목의 강의를 했던 경우가 있었는데, 여기에는 통감부의 기록으로 확인된 사람들만 표시하였다.

제3장 조선총독부의원부속 의학강습소

1910년 8월 29일 조선이 일제에 병합되면서 대한의원은 일본의 조선주둔 군 군의부장 후지다의 각본에 의해 이미 만들어져 있던 중앙의원(中央醫院)이 라는 명칭으로 변경되었고, 의학교도 중앙의원부속 의학교(中央醫院附屬 醫學 校)로 개칭되었다.[272] 9월 9일 후지다가 중앙의원 원장 사무에 촉탁되었다.[273]

일제는 9월 30일 칙령 제354호로「조선총독부 및 소속 관서 관제(朝鮮總督 府 및 所屬 官署 官制)」를 공포했고, 10월 1일부터는 기존 통감부의 관료 조 직과 군대, 헌병, 경찰, 헌병보조원 등 치안기구를 확정하였다.

일본은 이미 1909년 7월 6일 각의에서 '한국 병합 실행에 관한 건'을 의결 하여 한국에 대한 강제병합 계획을 확정하였으며, 9월부터 약 2달 동안 대규 모의 일본 군대를 투입 의병을 탄압하였다.[274] 이때 일본은 일본 군대에 대한 지원과 동시에 한국인을 회유하기 위해 주요 도시에 자혜의원(慈惠醫院)의 설 립을 추진했는데, 이 자혜의원은 서울의 대한의원과 함께 식민지 의학체계의 근간을 이루었다(그림 Ⅲ-3-1).

1909년 8월 21일 칙령 75호로 자혜의원 관제(慈惠醫院 官制)가 반포되었 고,[275] 이에 근거해 1909년 12월 10일 전라북도 전주와 충청북도 청주에, 1910년 1월 25일 함경남도 함흥에 자혜의원이 설치되었다. 이어 1910년 9월 3 일 황해도 해주에, 9월 5일 경기도 수원, 충청남도 공주, 평안남도 평양에, 9 월 7일 경상북도 대구에, 9월 9일 강원도 춘천에, 9월 13일 함경북도 경성에, 9월 14일 평안북도 의주에, 9월 19일 경상남도 진주에, 그리고 9월 26일 전라 남도 광주에 각각 자혜의원이 설치되었다. 여러 자혜의원 중 평양과 대구의 자혜의원은 이미 통감부 시기부터 그곳에서 의료 활동을 벌리고 있던 동인회

---

272) 후지다는 대한의원을 중앙의원으로 하고 자혜의원을 지원(支院)으로 하는 형태의 의료체 계를 구상하였고 이런 관점에서 중앙의원의 명칭을 만들었다고 한다. 統監諭告. 漢城新聞, 1910년 8월 31일 1면 2단; 雜報 醫院名稱變改. 漢城新聞, 1910년 9월 2일 2면 4단.

273) 雜報 醫阮長囑託. 漢城新聞, 1910년 9월 9일 2면 5단.

274) 金承台: 日本을 통한 西洋醫學의 受容과 그 性格. 國史館論叢 6: 249-51, 1989.

275) 奏本 제350호 慈惠醫院 官制 上奏事, 1909년 8월 19일(奏本 13. 서울대학교 규장각, 1998, 493-5쪽); 勅令. 官報 제4462호, 1909년 8월 24일.

그림 Ⅲ-3-1 함흥자혜의원. 동은의학박물관 소장.

의 동인의원 건물을 인계받아 사용하였다.

1910년 10월 1일 조선총독부는 훈령 제17호로 자혜의원 사무분장규정(慈惠醫院 事務分掌規定)을 정했는데, 의무과(醫務課)를 설치하여 의학교육을 담당하게 하였다. 이것은 모든 자혜의원에서 의학교육을 실시하기 위한 것이 아니라 평양과 대구의 동인의원에서 한국인 학생들에게 의학교육을 진행하고 있었기 때문이었던 것으로 보인다. 이 규정에 따라 동인의원이 자혜의원으로 개편되면서 의학교는 폐교되었고 학생들은 자혜의원으로 이관되었다.

평양의 경우 자혜의원에서 몇 명의 졸업생이 배출되었고 이들이 의술개업 인허장을 받았지만, 전반적으로 의학 교육은 원활하지 못했다. 이에 조선총독부는 1911년 4월 의학교육을 통합하기로 했고, 이때 일부 학생들이 조선총독부의원 부속의학강습소로 편입되었다.

이와 같이 조선총독부의원 부속의학강습소는 합방 이후 유일한 관립 의학교육기관으로 자리 매김 되었다. 이후 1926년 경성제국대학 의학부가 설립되었고, 이어 1933년 평양과 대구에 다시 의학전문학교가 설립됨으로써 관립 의학교육기관이 다변화되었다.

1. 조선총독부부속 의학강습소의 설립

1910년 9월 30일 일본 칙령 제368호로 「조선총독부의원 관제(朝鮮總督府 醫院 官制)」가 반포되었다.[276) 이 관제에 따라 중앙의원은 조선총독부 소관으로 되면서 조선총독부의원(朝鮮總督府醫院)으로 이름이 바뀌었으며(그림 Ⅲ -3-2), 중앙의원부속 의학교는 조선총독부의원부속 의학강습소(朝鮮總督府醫 院附屬 醫學講習所)로 지위가 격하되었다.[277)

일제가 이렇게 지위를 격하시킨 데에는 여러 이유가 있었다.[278) 첫째, 현재 조선 사람들의 민도가 낮아 전문교육을 하기에 적당하지 않다는 이유를

그림 Ⅲ-3-2 조선총독부의원. 동은의학박물관 소장.

276) 勅令 제368호 朝鮮總督府醫院 官制. 總督府官報 제28호, 1910년 9월 30일.
277) 조선총독부의원부속 의학강습소의 설립과 운영에 관해서는 다음의 글이 참고가 된다. 박윤재: 한국 근대의학의 기원. 연세국학총서 57. 혜안, 2005, 278-93쪽.
278) 박윤재: 일제 초 의학교육기관의 정비와 임상의사의 양성. 醫史學 13: 164-91, 2004.

들어 법과 경제를 연구하는 전수학교(專修學校)만을 전문학교로 인정하였다.279) 병합 이후 일제는 조선인과 일본인 사이의 교육체계를 일원화하겠다는 방침을 세웠지만, 조선인의 교육이나 의료 수준으로 볼 때 일본의 의학교와 동등한 형식을 갖출 필요가 없다는 이유로 의학교를 의학강습소로 강등시켰다.280)

둘째, 조선을 본격적으로 식민통치함에 앞서 조선인 의사가 많이 배출되면 환자들이 일본인 의사에게는 가지 않게 될지 모른다는 우려도 있었다.281)

셋째, 재정부족 또한 일제가 적극적으로 의사 양성에 나서지 못한 이유 중의 하나였다. 대한의원에서는 학자(學資)는 모두 관비로 하여 식비 피복 및 잡비를 급여하였고 졸업 후 의무연한을 정하여 관립병원에 근무하도록 하는 방식으로 의학교육을 지원했었다.282) 그러나 일제는 의학강습소를 설립하면서 관비로 운영되던 교육과정을 점차 사비 위주로 전환시켜 나갔다. 1911년 2월 의학강습소의 규정이 개정되어 4월 1일부터 수업료는 면제해주지만 의과생의 1/3에게만 학자금을 급여하는 것으로 개정되었다.283) 이 규정은 1912년 다시 개정되어 급비생(給費生) 정원이 1/3 이내로 감소되었고, 1915년도 입학생부터는 급비생을 완전히 폐지하고 자비생(自費生)만을 입학시키기로 하였다.284) 이에 따라 의학강습소에 입학한 후 가계상의 곤란으로 인해 중도 퇴학하는 사람들이 다수 발생하였다.285)

---

279) 朝鮮總督府 施政年報(1911年), 362쪽.
280) 佐藤剛藏: 朝鮮醫育史. 茨木, 佐藤先生喜壽祝賀會, 1956, 48쪽.
281) 佐藤剛藏: 朝鮮醫育史. 茨木, 佐藤先生喜壽祝賀會, 1956, 30쪽.
282) 朝鮮總督府醫院附屬 醫學講習所 醫育事業. 朝鮮總督府月報 1(2): 90, 1911.
283) 朝鮮總督府令 제19호 朝鮮總督府醫院 附屬醫學講習所 規則. 朝鮮總督府官報 제140호, 1911년 2월 20일; 朝鮮總督府令 제20호 朝鮮總督府醫院附屬 醫學講習所 生徒學資給與 規則. 朝鮮總督府官報 제140호, 1911년 2월 20일.
284) 朝鮮總督府令 제37호 朝鮮總督府醫院附屬 醫學講習所 規則 改正. 朝鮮總督府官報 1912년 12월 5일; 朝鮮總督府醫院附屬 醫學講習所 教育事務狀況. 朝鮮總督府月報 1915년 10월, 76쪽.
285) 大正 元年度 總督府醫院 醫務狀況. 朝鮮總督府月報 1913년 12월, 90쪽.

2. 조선총독부의원부속 의학강습소의 운영

1911년 2월 20일 조선총독부령 제19호로 「조선총독부의원부속 의학강습소 규칙(朝鮮總督府附屬 醫學講習所 規則)」이 공포되었는데[286] 수업 연한은 의과가 4년이었으며, 폐지된 약학과를 제외하고 대한의원 부속의학교의 학생 전부를 받아 들였다. 의학강습소의 교과목이나 4년의 수업연한은 일본의 의학전문학교와 같았지만, 의학강습소로서의 한계는 분명하였다. 관제상으로도 교관 1명과 교원 1명에 의해 교육이 이루어졌고, 일본의 의학전문학교 보다 낮은 수준으로 여겨져 일본인이 입학하지 않았다. 학생들도 강습소란 명칭에 거부감을 보였고, 졸업증서에 공식 명칭인 의학강습소가 아닌 조선총독부의원 의육과로 사용되었다.[287]

의학강습소의 교수 사항 중 중요한 것은 세 가지였는데, 첫째 국어(일본어)에 중점을 둘 것, 둘째 보통학(普通學) 교양에 힘을 기울일 것, 셋째 환자 진료를 실지로 견습하게 할 것이었다.[288]

의학교 시기와 대한의원 교육부 및 의육부 시기에는 통역을 통해 일본인 교수의 강의가 진행되었지만, 1909년 대한의원 부속의학교 시기부터 직접 일본어로 강의가 진행되었다. 그 이유는 일본어를 완전히 해독하지 못하면 의학 같이 면밀한 학문을 이해하기 어렵다는 이유 때문이었다.[289] 일제는 의학교육에 있어 일본어가 공식 용어로 사용되면서 열등한 학생은 자연 퇴학하고 우등한 학생들이 남아 자연도태가 이루어졌다고 평가하였다. 또한 일본어를 배운 의학강습소 졸업생들은 자혜의원 등 관립병원에서 조수로 채용되어, 치료와 함께 통역을 겸하는 이중의 역할을 수행하였다.[290] 한편 대한의원부속 의

286) 府令 제19호 朝鮮總督府醫院 附屬醫學講習所 規則. 朝鮮總督府官報 제140호, 1911년 2월 20일.

287) 佐藤剛藏 著, 李忠浩 譯: 朝鮮醫育史. 螢雪出版社, 1993, 50쪽.

288) 박윤재: 한국 근대의학의 기원. 연세국학총서 57. 혜안, 2005, 278-93쪽; 朝鮮總督府 救療 機關. 朝鮮總督府月報 1(5): 53-4, 1911.

289) 朝鮮總督府醫院 第1回 年報(1911年), 183-4쪽.

학교 시절 사용했던 번역 교재는 일체
소각하였다.291)

　보통학 교양이란 조선의 보통 교육
기관이 부실하기 때문에 수학, 물리,
화학 등 기초 과학에 대한 입학생들의
소양이 부족하며, 따라서 이들 분야의
지식을 함양해야 한다는 것이었다.

　환자진료를 실지로 견습해야 한다
는 방침은 이론적인 의학 연구를 담당
하는 의학자보다는 환자의 질병을 진
단, 치료할 수 있는 임상의사의 육성
을 강조한 것이었다.

　1910년 10월 1일 중앙의원 원장 서
리로 있던 육군 군의감 후지다가 조선

그림 Ⅲ-3-3 조선총독부의원 초대 원장
후지다. 동은의학박물관 소장.

총독부의원의 원장으로 임명되었다(그림 Ⅲ-3-3). 후지다는 대한의원의 전 직
원에게 사표를 일괄 제출케 하고 다시 발령함으로써 한국인 직원들을 파면하
였다.292)

　의학강습소의 직원은 교관 1명과 교원 1명에 의해 이루어졌는데, 사토 고
조(佐藤剛藏)는 의학강습소의 책임자인 의육과장 겸 의화학교원으로,293) 오게
시다(樋下謙次郎)는 직원으로 임명되었다. 또한 교원 겸 서기에 사까이(酒井
謙治)를 임명하여, 교육 사무를 담당하게 하였다.294) 후지다는 수신을, 사토는
생리학과 의화학을 담당하였다.295) 그러나 해부학은 구보, 세균학은 사이토
(齊藤謙次)에게 의뢰하였고, 병리학이나 기타 기초과목은 새로 임상 의관에

290) 朝鮮總督府醫院 第2回 年報(1912-1913年), 202쪽.
291) 佐藤剛藏: 朝鮮醫育史. 茨木, 佐藤先生喜壽祝賀會, 1956, 50쪽.
292) 이때 의학교 직원 중 청소인 두 사람만 부속의학강습소의 직원으로 유임되었다고 한다.
　　佐藤剛藏: 朝鮮醫育史. 茨木, 佐藤先生喜壽祝賀會, 1956, 27, 45쪽.
293) 박윤재: 한국 현대의학 관련자료 소개 5. 京城醫學專門學校 一覽. 延世醫史學 2: 373,
　　1998.
294) 佐藤剛藏: 朝鮮醫育史. 茨木, 佐藤先生喜壽祝賀會, 1956, 20쪽.
295) 佐藤剛藏: 朝鮮醫育史. 茨木, 佐藤先生喜壽祝賀會, 1956, 51쪽.

그림 Ⅲ-3-4 조선총독부의원부속 의학강습소의 강의 장면(1911). 동은의학박물관 소장.

채용된 젊은 현역 군의관에게 의뢰하였다. 임상과목의 강의는 총독부의원 각과의 의관 및 의원이 분담하였다(그림 Ⅲ-3-4). 1913년 4월에는 이나모토 가메고로(稻本龜五郞)가 병리학 담당으로 임명되었다.

1910년 10월 졸업시험 결과 우등과 급제가 발표되었고,[296] 1911년 3월 조선총독부의원 부속의학강습소 제1회 졸업생 27명을 배출했는데 이들은 4년 동안 대한의원부속 의학교에서 교육을 받았다는 이유로 대한의원부속 의학교 명의의 졸업증서를 받았다.[297]

의학강습소는 식민지 의학체계에서 부실하게 운영되었음에도 불구하고 의사면허제도가 도입되면서, 사립 의학교육기관에 비해 우위에 서게 되었다. 1914년 3월의 반포된 의사규칙에 의하면 '조선총독이 지정한 의학교'는 무시험으로 의사면허증을 수여하기로 했는데, 의학강습소가 지정되었던 것이다

---

296) 醫學校 好成果. 每日申報, 1910년 10월 29일.
297) 佐藤剛藏: 朝鮮醫育史. 茨木, 佐藤先生喜壽祝賀會. 1956, 27, 66쪽.

朝鮮總督府官報 第三百八十九號 大正二年十一月十五日 朝鮮總督府官房總務局印刷所

○府令

朝鮮總督府令第百號
醫師規則左ノ通定ム
大正二年十一月十五日

朝鮮總督 伯爵寺內正毅

醫師規則

第一條 醫師タラムトスル者ハ左ノ資格ヲ有シ朝鮮總督ノ免許ヲ受クルコトヲ要ス

醫師法第一條第一項第一號、第二號ニ該當スル者又ハ醫術開業試驗ニ合格シタル者
一 朝鮮總督ノ指定シタル醫學校ヲ卒業シタル者
二 朝鮮總督ノ定ムル醫師試驗ニ合格シタル者
三 外國ノ醫學校ヲ卒業シ又ハ外國ニ於テ醫師ノ免許ヲ得タル帝國臣民ニシテ適當ト認ムル者
四 外國ノ醫學校ヲ卒業シ又ハ外國ニ於テ醫師ノ免許ヲ得タル者ニシテ朝鮮總督ニ於テ適當ト認ムル者
五 醫業ヲ爲サムトスル外國ノ國籍ヲ有シ其ノ國ニ於テ醫師ノ免許ヲ得タル者

第二條 左ノ各號ノ一ニ該當スル者ハ醫師ノ免許ヲ受クルコトヲ得ス
一 六年ノ懲役又ハ禁錮以上ノ刑ニ處セラレタル者
二 禁錮以上ノ刑ノ宣告ヲ受ケタルトキヨリ其ノ執行ヲ終リ又ハ其ノ執行ヲ受クルコトナキニ至ル迄ノ者
三 二十年未滿ノ者、禁治產者、準禁治產者、瘖啞者、盲者、又ハ瘋癲者

第三條 醫師ノ免許ヲ受ケムトスル者ハ第一條各號ノ資格ヲ記載シタル書面又ハ身體精神ニ異狀アリテ醫業ニ堪ヘストシ認ムル者ニハ醫師ノ免許ヲ與ヘサルコトアルヘシ

第四條 醫師ノ免許ヲ受ケタル者ニハ朝鮮總督ヨリ醫師免許證ヲ下付ス
前項ノ申請ニ對シ免許ヲ與フルトキハ醫師免許證ヲ下付ス

第五條 朝鮮總督ノ免許ヲ受ケタル醫師ハ本籍、氏名ヲ變更シ又ハ其ノ免許證ヲ毀損、亡失シタルトキハ十五日内ニ朝鮮總督ニ免許證ノ書換又ハ再下付ヲ申請スヘシ
前項ノ場合ニ於テ本籍、氏名ヲ變更シタル者ハ戸籍又ハ民籍ノ謄本若ハ抄本ヲ申請書ニ添附スヘシ

第六條 醫師免許ノ申請スル者ハ收入印紙ヲ以テ手數料十圓ヲ醫師免許證書換又ハ再下付ヲ申請スル者ハ一圓ヲ納付スヘシ
既ニ納付シタル手數料ハ之ヲ返付セス

第七條 醫師自己ノ他人ノ診察所、治療所若ハ出張所ニ於テ醫業ヲ開始シタルトキハ五日以内ニ其ノ地ヲ管轄スル警務部長ニ屆出ツヘシ其ノ醫業ヲ廢止シ休止又ハ診療ノ場所ヲ異動シ又復活シタルトキ亦同シ但シ其ノ異動ニ依リ管轄警務部ヲ異ニスルトキハ新舊兩地ノ警務部長ニ屆出ツヘシ

第八條 醫師ハ自ラ診察セスシテ治療ヲ爲シ若ハ診斷書、處方箋ヲ交付シ又ハ檢按セスシテ檢按書、死產證書ヲ交付スルコトヲ得ス但シ診療中ノ患者死亡シタル場合ニ交付スル死亡診斷書、此ノ限ニ在ラス

第九條 醫師ハ法令ノ規定ニ依リ必要アル者ニ正當ノ事由ナクシテ診斷書、死產證書ノ交付ヲ拒ムコトヲ得ス

第十條 醫師ハ何等ノ方法ヲ以テスルモ問ハス業務ニ關スル廣告ヲ爲スコトヲ得ス醫術ノ技能、療法又ハ經歷ニ關スル廣告ハ其ノ何タルヲ問ハス之ヲ爲スコトヲ得ス但シ其ノ氏名、稱號及專門科名此ノ限ニ在ラス

第十一條 醫師ハ患者診察又ハ死體若ハ姙娠四月以上ノ死產兒ヲ檢按シタルトキ犯罪ノ疑アリト認メタルトキハ二十四時間以内ニ其ノ所在地ノ警察署若ハ憲兵分隊長ニ屆出又ハ其ノ職務ヲ行フ者ハ申告スヘシ

一二九

(그림 Ⅲ-3-5).[298] 그 혜택은 이전 졸업생에게까지 확대되어 1910년 9월 의학강습소 설치규정 제정 이래 졸업한 학생들도 자동적으로 의사면허를 부여받았다.[299]

이에 반해 세브란스와 같은 사립의학교 졸업자들은 종전과 달리 졸업과 동시에 의사면허를 받지 못하고 의사시험을 보아 합격해야 하는 불평등한 조건을 강요받았다(그림 Ⅲ-3-6).[300] 병합 이전까지 사립과 관립의 차별 없이 독립적으로 이루어졌던 의사 양성이 의학강습소 졸업생에게 자동적으로 의사면허를 부여하는 시점부터 관립이 사립에 비해 우위에 서게 된 것이었다.

그림 Ⅲ-3-6 의사시험합격증. 의사규칙에 의해 시험을 보았던 1915년 세브란스연합의학교 졸업생 이재영의 의사시험합격증. 동은의학박물관 소장.

---

298) 醫師規則. 朝鮮總督府官報 1913년 11월 15일; 朝鮮總督府 告示 제63호. 朝鮮總督府官報 1914년 3월 7일.
299) 醫學校의 指定. 每日申報, 1914년 3월 10일 2면 1단.
300) 衛生. 朝鮮總督府 施政年報, 1914, 241쪽.

제4장 의학교와 대한의원 졸업생들

1. 의학교 제1회 졸업생

1) 김교준

김교준(金敎準, 1884-1965)[301]은 본관이 경주인 양반 출신이며, 1884년 4월 6일 태어났다. 자는 계평(季平), 호는 내원(萊園)이며, 대종교에서는 김준(金準)으로 사용하였다. 그는 김홍집의 일가로 할아버지 김정집이 예조판서, 아버지 김창희가 공조판서를 지낸 세력가 집안이었으며, 외조부 이명기는 규장각의 직각을 지냈다. 큰 형 김교헌은 규장각 부제학을 거쳐 대종교의 2대 교주를 지냈다.[302]

그는 1899년 9월에 입학하여 우등으로 졸업한 후 의학교 교관으로 임명되었다가 1903년 2월 21일 정규 교관으로 임명되어 학생 교육에 잠시 참여하였다.[303] 그는 1904년 1월 25일 빈전도감(殯殿都監)의 감조관(監造官)으로 임명되었다가[304] 4월 13일 경향(京鄕) 각대(各隊) 군물(軍物) 및 문부(文簿) 조사위원으로 임명되었다.[305] 같은 해 9월 23일 김익남이 육군 3등 군의장으로 임명될 때 유병필, 장홍섭과 함께 육군 3등 군의로 임명되어 군부 의무국 제2과원이 되었고, 1905년 3월 10일 군부 군무국 의무과원이 되어 의무과장 김익남을 보필하였다.[306] 1906년 6월 12일 육군 1등 군의로 되면서 군부 군무국 의무과원으로 임명되었으며, 1907년 8월 26일 위생과장 김익남을 보필하는 위생과원으로 임명되었다.[307] 그는 1909년 7월 30일 육군 3등 군의장으로 승진함으로

---

301) 김교준(金敎準). 한국근현대인물자료, 국사편찬위원회.
302) 裵圭淑. 大韓帝國期 官立醫學校에 관한 硏究. 이화여자대학교 대학원 1990년도 석사학위 청구논문, 1991, 26쪽.
303) 김교준(金敎準). 한국근현대인물자료, 국사편찬위원회.
304) 日省錄, 1904년 1월 25일(光武 7년 12월 9일); 宮廷錄事. 官報 제2733호, 1904년 1월 27일.
305) 敍任 및 辭令. 官報 제2802호, 1904년 4월 16일.
306) 敍任 및 辭令. 官報 附錄, 1904년 9월 30일; 敍任 및 辭令. 官報 제2949호, 1904년 10월 5일; 敍任 및 辭令. 官報 제3086호, 1905년 3월 14일.
307) 敍任 및 辭令. 官報 제3484호, 1906년 6월 20일; 敍任 및 辭令. 官報 제3856호, 1907년 8

써 김익남에 이어, 그리고 의학교 출신으로서는 처음으로 군의장의 계급에 올랐다가 다음날 예편되었다.[308] 그는 합방 직전 정3품의 품계를 받았다.[309]

그는 한일합방 후인 1912년 창성동에서 한조의원을 개업하고 있었다. 한일방합 이후 그는 큰 형 교헌의 영향을 받아 대종교에서 활동했는데, 1911년 대종교의 지교(知教)로 임명을 받고 백천지사(白川支司)의 전사(典事)로 일했으며, 1914년 상교(尚教)가 되었고, 1917년 일제의 종교 탄압으로 총본사(總本司)를 동만주 길림성(吉林省) 삼도구(三道溝)로 옮길 때 큰 형을 따라 만주로 가서 선교와 함께 진료에 노력하였다. 1938년 정교(正教)가 된 후 광복이 되자 귀국하여[310] 1946년 1월 서울에 남도본사(南道本司)를 세우고 전리(典理)로서 활동했다. 총본사가 환국하자 초대 전리 겸 도사교위리(都司教委理, 교주 권한대행)가 되었고, 1958년 대종교에서 가장 높은 교질(教秩)인 사교(司教)로 승진하면서 도형(道兄)의 호칭을 받았다. 그는 1962년 4월 20일부터 1964년 4월 26일까지 제5대 총전교(總典教, 교주)에 선출되어 활동하였다.

2) 김명식

김명식(金明植, 1876- ?)[311]은 본관이 김해이며 1876년 4월 15일 생으로 1899년 9월 입학하여 우등으로 졸업하고 의학교 교관으로 임명되었다. 그는 1902년 10월 7일 다른 졸업생들과 함께 임시위생원(臨時衛生院) 위원에 임명되었다가 1904년 9월 23일 3등 군의로 임명되어 10월 19일 군기창(軍器廠) 의관으로 배치를 받았고, 1905년 3월 18일 군기창 의관보(醫官補)로 임명되었다.[312]

월 28일.

308) 日省錄, 1909년 7월 30일; 日省錄, 1909년 7월 31일.

309) 日省錄, 1910년 8월 27일.

310) 김교준이 만주에서 활동한 것은 분명한 것으로 보이나 언제 귀국했는지는 확실하지 않다. 1933년 당시 서울 광희동에서 개원하고 있었던 기록이 있다. 醫師規則 違反. 朝鮮中央日報, 1933년 6월 7일 2면 8단.

311) 김명식(金明植). 한국근현대인물자료, 국사편찬위원회.

312) 宮廷錄事. 官報 제8호, 1902년 10월 11일; 日省錄, 1904년 10월 19일(光武 8년 9월 11일); 正誤(大). 官報 제2972호, 1904년 11월 1일.

1906년 6월 12일 육군 2등 군의로 승진되었고 10월 29일 진위(鎭衛) 보병 제3대대 의관, 이어 11월 24일 군기창 의관으로 임명되었다.313) 1907년 8월 26일 육군무관학교부(陸軍武官學校附), 1909년 7월 31일 근위보병대대부(近衛步兵大隊附)에 이어 1909년 11월 10일 육군 1등 군의로 승진되었다.314) 1910년 8월 18일에는 정6품의 품계를 받았다.315)

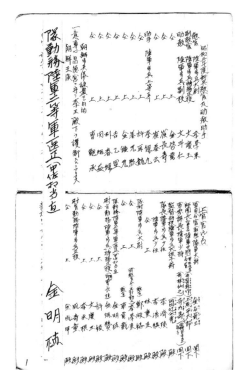

그림 Ⅲ-4-1 김명식이 2등 군의정으로 표시되어 있는 문서. 동은의학박물관 소장

김명식은 의학교 졸업생 중 유일하게 계속 군의로 남아 합방 후에도 일본군대의 군의로 활동했다. 일본군에서 그의 계급은 합방 전과 동일하게 1등 군의였고 1920년 4월 정칠위(正七位)를 서품 받았다. 그는 1922년 8월 3등 군의정(軍醫正)으로 승진했고,316) 1928년에는 2등 군의정(중좌에 해당)이었다(그림 Ⅲ-4-1).317)

그는 1920년대 후반 서울 창성동에 거주하고 있었다.318)

---

313) 敍任 및 辭令. 官報 제3484호, 1906년 6월 20일; 敍任 및 辭令. 官報 제3603호, 1906년 11월 6일; 敍任 및 辭令. 官報 제3624호, 1906년 11월 30일.
314) 敍任 및 辭令. 官報 제3856호, 1907년 8월 28일; 日省錄, 1909년 7월 31일; 日省錄, 1909년 11월 10일.
315) 各司謄錄, 시종원부경 이회구 외 54인의 승품에 관한 안건의 가결을 알림. 太子少師 內閣總理大臣 이완용 발송, 宮內部大臣 민병석 수신.
316) 金明植(一等軍醫) 敍正七位(四月 二十八日附). 東亞日報, 1920년 4월 30일 2면 4단; 金明植(一等軍醫) 任三等軍醫正. 東亞日報, 1922년 8월 18일 2면 7단.
317) 소화 3년도 신병 교관 급 조교 조수. 동은의학박물관 소장
318) 本田六介 編纂: 朝鮮. 日本醫籍錄. 제1판, 醫事時論社, 東京, 1925, 11쪽; 本田六介 編纂: 朝鮮. 日本醫籍錄. 제4판, 醫事時論社, 東京, 1928, 9쪽.

3) 김봉관

김봉관(金鳳觀, ? - ?)은 의학교를 졸업하고 교관으로 임명되었으며, 1902년 10월 7일 임시위생원의 위원, 1904년 10월 29일 유행병예방 임시위원으로 임명되었다.[319] 그는 1906년 10월 18일 육군 3등 군의로 임명되었고, 1907년 4월 30일 진위 보병 제7대대 군의로 임명되었다가 9월 3일 면관되었다.[320]

김봉관은 1906년부터 1907년 사이에 당시 서우학회(西友學會)의 회원으로 활동하면서 학회 잡지인 서우(西友)에 위생과 관련된 글을 투고한 것 이외에는 특별한 활동이 남아 있지 않다.[321]

4) 김상건

춘원(春園) 김상건(金相健, 1879 - ?)은 1879년 6월 3일 출생했으며, 의학교를 졸업하고 교관으로 임명되었고, 1902년 10월 7일 임시위생원의 위원, 1904년 12월 19일 유행병예방 임시위원으로 임명되었다.[322] 그는 1905년 9월 8일 육군 3등 군의로 임명되어 진위 제2대대 의관으로 임명되었으며, 1907년 3월 10일 휴직했다가 9월 3일 면관되었다.[323]

이후의 행적은 알려져 있지 않지만, 1920년대 후반 서울 청진동에 거주했는데 1922년 개업하였다.[324]

---

319) 宮廷錄事. 官報 제2328호, 1902년 10월 11일; 敍任 및 辭令. 官報 제2978호, 1904년 11월 8일.
320) 敍任 및 辭令. 官報 제3591호, 1906년 10월 23일; 敍任 및 辭令. 官報 제3756호, 1907년 5월 3일; 辭令. 官報 附錄, 1907년 9월 14일.
321) 金鳳觀: 衛生部. 서우 1: 20-4, 1906; 金鳳觀: 衛生部. 서우 2: 15-7, 1907; 金鳳觀: 衛生部. 서우 3: 20-2, 1907; 金鳳觀: 衛生部. 서우 4: 16-8, 1907; 金鳳觀: 衛生部(前號續). 서우 5: 14-5, 1907; 金鳳觀: 衛生部. 서우 7: 11-2, 1907.
322) 宮廷錄事. 官報 제2328호, 1902년 10월 11일; 敍任 및 辭令. 官報 제3020호, 1904년 12월 27일.
323) 敍任 및 辭令. 官報 제3243호, 1905년 9월 13일; 敍任 및 辭令. 官報 제3715호, 1907년 3월 16일; 辭令. 官報 附錄, 1907년 9월 14일.
324) 本田六介 編纂: 朝鮮. 日本醫籍錄. 제1판, 醫事時論社, 東京, 1925, 10쪽; 本田六介 編纂: 朝鮮. 日本醫籍錄. 제4판, 醫事時論社, 東京, 1928, 9쪽.

5) 김성집

김성집(金性集, 1871 - ?)325)은 본관이 김해이며 1871년 1월 7일생으로 중인 출신인데, 집안 족보를 살펴보면 관직에 나간 인물이 없는 것으로 보아 명문 중인집안 출신은 아닌 것 같다.326)

그는 1888년 10월 13일 식년 의과에 등제하였고, 1891년 7월 당시 이제규와 함께 내의를 지낸 경력이 있었으며 1899년 9월 의학교에 입학하였다. 의학교를 졸업할 당시 6품이었으며 교관으로 임명되었다. 1902년 10월 7일 임시위생원의 위원으로 임명되었다.327)

1905년 4월 18일 육군 3등 군의로 서임됨과 동시에 진위 보병 제2대대 의관, 9월 8일에는 진위 보병 제6대대 의관, 1906년 5월 21일에는 육군 공병중대 의관으로 임명되었다.328) 그는 1906년 6월 12일 육군 2등 군의로 승진되었고, 10월 29일 육군 공병중대 의관 겸 육군위생원 의관으로, 1907년 4월 30일에는 시위 공병대 의관으로 임명되었다가 9월 3일 면관되었다.329)

김성집은 1920년대 후반 경기도 파주군 문산리에 거주하고 있었다.330)

6) 박희달

박희달(朴熙達, 1880- ?)331)은 본관이 무안(務安)이며, 1880년 9월 14일생으로 1899년 9월 입학하였다. 의학교를 졸업하고 교관으로 임명되었으며,

325) 김성집(金性集). 한국근현대인물자료, 국사편찬위원회.
326) 裵圭淑: 大韓帝國期 官立醫學校에 관한 硏究. 이화여자대학교 대학원 1990년도 석사학위청구논문, 1991, 26쪽.
327) 宮廷錄事. 官報 제2328호, 1902년 10월 11일.
328) 敍任 및 辭令. 官報 號外, 1905년 4월 22일; 敍任 및 辭令. 官報 제3243호, 1905년 9월 13일; 敍任 및 辭令. 官報 제3462호, 1906년 5월 25일.
329) 敍任 및 辭令. 官報 제3484호, 1906년 6월 20일; 敍任 및 辭令. 官報 제3603호, 1906년 11월 6일; 敍任 및 辭令. 官報 제3756호, 1907년 5월 3일; 辭令. 官報 附錄, 1907년 9월 14일.
330) 本田六介 編纂: 朝鮮. 日本醫籍錄. 제1판, 醫事時論社, 東京, 1925, 13쪽; 本田六介 編纂: 朝鮮. 日本醫籍錄. 제4판, 醫事時論社, 東京, 1928, 16쪽.
331) 박희달(朴熙達). 한국근현대인물자료, 국사편찬위원회.

1902년 10월 7일 임시위생원의 위원으로 임명되었다.[332]

그는 1904년 2월 27일 진위 제2연대 제1대대 군의보로 임명되었으며, 1905년 4월 18일 3등 군의로 임명되면서 진위 제2대대 의관으로 임명되었다.[333] 그는 1906년 6월 12일 2등 군의로 승진했으며, 10월 29일 시위 보병 제1연대 제3대대 의관으로, 1907년 3월 10일 진위 보병 제1대대 의관, 4월 30일 시위 보병 제2연대 제1대대 의관으로 임명되었으며, 9월 3일 면관되었다.[334]

그는 1925년 당시 충청남도 당진에 있었는데, 1918년 개업하였다.[335]

7) 방한숙

방한숙(方漢肅, ? - ?)은 관보에 가장 먼저 실려 있기 때문에 의학교를 1등으로 졸업한 것으로 보인다.[336] 하지만 그의 활동은 의학교를 졸업하고 교관으로 임명된 것과 1902년 10월 7일 임시위생원의 위원으로 임명된 것 이외에는 알려진 바가 없다.[337] 1904년 10월 19일 유행병 예방 임시위원으로 임명되지 않은 것으로 보아 그 이전에 사망한 것으로 추정된다.

8) 손진수

손진수(孫晉秀, 1879- ?)[338]는 본관이 밀양(密陽)이며, 1879년 11월 3일생으로 1902년 8월 경 손창수(孫昶秀)로 개명하였다.[339] 그는 1899년 9월 입학하여 우등으로 졸업한 후 교관으로 임명되었으며, 1902년 10월 7일 임시위생원

---

332) 宮廷錄事. 官報 제2328호, 1902년 10월 11일.
333) 敍任 및 辭令. 官報 제2779호, 1904년 3월 21일; 敍任 및 辭令. 官報 號外, 1905년 4월 22일.
334) 敍任 및 辭令. 官報 제3484호, 1906년 6월 20일; 敍任 및 辭令. 官報 제3603호, 1906년 11월 6일; 敍任 및 辭令. 官報 제3715호, 1907년 3월 16일; 辭令. 官報 附錄, 1907년 9월 14일.
335) 本田六介 編纂: 朝鮮. 日本醫籍錄. 제1판, 醫事時論社, 東京, 1925, 28쪽.
336) 손진수는 자신의 이력서에서 제4호 우등증서를 받았다고 했는데, 손진수가 관보에 네 번째로 등재되어 있다. 이로 미루어 방한숙이 1등으로 졸업했음을 알 수 있다. 손창수(孫昶秀). 한국근현대인물자료, 국사편찬위원회.
337) 宮廷錄事. 官報 제2328호, 1902년 10월 11일.
338) 손창수(孫昶秀). 한국근현대인물자료, 국사편찬위원회.
339) 正誤. 官報 제2285호, 1902년 8월 22일.

의 위원으로, 1904년 10월 19일 유행병 예방 임시위원으로 임명되었다.[340]

그는 1905년 1월 24일 시위(侍衛) 제1연대 제3대대 육군 군의보에 임명되었고, 4월 18일 육군 3등 군의로 진위 제1연대 제3대대 의관, 4월 22일 시위 제1연대 제3대대 의관, 그리고 4월 30일 시위 보병 제1연대 제3대대부(附)로 임명되었다.[341] 그는 1906년 6월 12일 육군 2등 군의로 승진되었고 10월 29일 진위 보병 제3대대 의관에, 1907년 3월 10일에는 시위 보병 제1연대 제3대대 의관에 임명되었다가 8월 26일 군부부로 임명되었다.[342]

그는 1909년 7월 30일 1등 군의로 승진되었다가 7월 31일 예편되었다.[343]

9) 안우선

안우선(安祐璿, 1881? - ?)은 1881년 10월 1일생으로 추정되며,[344] 의학교를 졸업하고 교관으로 임명된 후 1902년 10월 7일 임시위생원의 위원으로 임명되었다.[345] 그는 다른 졸업생과 달리 광상기수교습소(鑛床技手敎習所)에 입학하여 1906년 졸업하였다.[346]

한편 1907년 3월 5일 육군 3등 군의로 임명되어 3월 10일 진위 보병 제2대대 의관, 4월 30일 진위 보병 제2대대附로 임명되었다가 9월 3일 면관되었다.[347]

그는 국내에서 상해임시정부 대한적십자사의 청년단 단원으로 활동하다가

---

340) 宮廷錄事. 官報 제2328호, 1902년 10월 11일; 敍任 및 辭令. 官報 제2978호, 1904년 11월 8일.
341) 敍任 및 辭令. 官報 제3046호, 1905년 1월 26일; 敍任 및 辭令. 官報 號外, 1905년 4월 22일; 敍任 및 辭令. 官報 제3123호, 1905년 4월 26일.
342) 敍任 및 辭令. 官報 제3484호, 1906년 6월 20일; 敍任 및 辭令. 官報 제3603호, 1906년 11월 6일; 敍任 및 辭令. 官報 제3715호, 1907년 3월 16일; 敍任 및 辭令. 官報 제3856호, 1907년 8월 28일.
343) 日省錄, 1909년 7월 30일; 日省錄, 1909년 7월 31일.
344) 本田六介 編纂: 朝鮮. 日本醫籍錄. 제1판, 醫事時論社, 東京, 1925, 7쪽.
345) 宮廷錄事. 官報 제2328호, 1902년 10월 11일.
346) 各司謄錄, 농상공부 기수로 박도환 등 공과졸업생 101명을 임명하니 관보에 실어줄 것. 1906년 12월 15일 발송, 議政府 主事 황의정 수신.
347) 敍任 및 辭令. 官報 제3708호, 1907년 3월 8일; 敍任 및 辭令. 官報 제3715호, 1907년 3월 16일; 敍任 및 辭令. 官報 제3756호, 1907년 5월 3일; 辭令. 官報 附錄, 1907년 9월 14일.

대구 감옥에 수감되었다.[348] 당시 그는 의사가 아니라 측량사로 활동하고 있었다. 한편 1920년대 기록에 의하면 그는 조선의사시험에 급제하였고, 1923년 서울에서 개업했다.[349]

10) 유병필

유병필(劉秉珌, 1873-1928)[350]은 본관이 강릉이며, 1873년 10월 23일생으로 1899년 9월 입학하였다. 그는 의학교를 우등으로 졸업한 후 교관으로 임명되었으며, 1902년 10월 7일 임시위생원의 위원에 임명되었다.[351] 1904년 6월 4일 진위 제2연대 제1대대 군의보에 임명되었고, 9월 23일 육군 3등 군의로 임명되었다.[352]

그는 1905년 1월 19일 의학교의 정규 교관으로 임명되었는데, 1903년 2월 21일 임명되어 1년 남짓 정규 교관으로 근무한 김교준을 제외하고는 1회 졸업생 중 유병필이 유일하게 정규 교관으로 임명된 것이었다.[353] 그는 1905년 7월 8일 의학교 학원의 '졸업과 진급과 상증'이 1/3이 넘어 유세환과 함께 포증을 받았으며, 8월 3일에는 학부로부터 강의에 대한 강습을 받았던 증서를 수여 받았다. 이런 활동을 인정받아 유병필은 1906년 1월 19일 정6품의 품계를 받았으며, 2월 10일에는 정3품의 품계를 받았다.

그는 1907년 3월 15일 대한의원 교육부의 교관으로 발령을 받았다.[354] 1907년 9월 3일 3등 군의에서 면관된 것으로 볼 때 대한의원에 근무하면서도 유병필의 군적은 유지된 것으로 보인다.[355] 1906년 제중원에서 김필순이 번역한

---

348) 國內支會 設置. 한국독립운동사 자료 3, 임정편 Ⅲ, 국사편찬위원회.
349) 本田六介 編纂: 朝鮮. 日本醫籍錄. 제1판, 醫事時論社, 東京, 1925, 10쪽; 本田六介 編纂: 朝鮮. 日本醫籍錄. 제4판, 醫事時論社, 東京, 1928, 9쪽.
350) 유병필(劉秉珌). 한국근현대인물자료, 국사편찬위원회. 유병필에 대해서는 다음의 글이 참고가 된다. 이태훈, 박형우: 한말-일제하 유병필의 생애와 의료문제인식. 延世醫史學 4: 139-54, 2000.
351) 宮廷錄事. 官報 제2328호, 1902년 10월 11일.
352) 敍任 및 辭令. 官報 제2949호, 1904년 10월 5일.
353) 敍任 및 辭令. 官報 제3044호, 1905년 1월 24일.
354) 彙報. 官報 제3189호, 1905년 7월 12일; 敍任 및 辭令. 官報 제3722호, 1907년 3월 25일.
355) 辭令. 官報 附錄, 1907년 9월 14일.

것과 동일한 이마다의 해부학 책이 고다케가 편술하고 유병필이 번역하여 출판되었다.356)

유병필은 1908년 1월 1일 대한의원 교육부가 의육부로 개편되면서 교수로 발령을 받았다.357) 이즈음 유병필은 기호흥학회(畿湖興學會)의 회원으로서 기호흥학회월보(畿湖興學會月報)에 생리학이란 제목의 글을 연재하면서 활발히 활동하였다.358) 또한 1908년 11월 15일 김익남, 안상호 등 일본의학교 출신들의 주동으로 만들어진 의사연구회에서 총무를 맡았다.359)

1909년 2월 1일 대한의원 의육부가 부속의학교로 개칭되면서 교수의 수가 줄어들고 강의를 일본어로 하기로 결정되는 가운데,360) 1909년 1월 31일 유병필은 교수직을 사임하였다.

그런데 학교나 군의로 있을 때는 특별한 자격증이 필요 없었는데, 개업을 막상 하자니 의술개업인허장이 필요해졌다. 이에 유병필은 인허장을 신청했고 1909년 3월 19일 내부로부터 제8호 인허장을 수여받았다.361)

한국인 개업의가 거의 없던 1910년대 유병필은 개업을 하면서 김윤식, 윤치호 등을 진료하고,362) 또한 잡지에 글을 투고하거나 위생 강연회를 갖기도 했다.363) 또한 1910년 대한의사총합소(大韓醫士總合所)에 참여하여 산하 위생회의 총무 및 동서의학원의 서의학 강사로 활동하였다.364)

1915년 유병필은 한성의사회(漢城醫師會)의 창립에 적극 참여하였다. 한성

---

356) 이 책의 231쪽을 참고할 것.
357) 敍任 및 辭令. 官報 제3982호, 1908년 1월 28일.
358) 劉秉珌: 生理의 定意 및 緖論. 기호흥학회월보 1: 33-5, 1908; 劉秉珌: 生理學(續). 기호흥학회월보 2: 26-8, 1908; 劉秉珌: 生理學(續). 全身骨格. 기호흥학회월보 3: 25-7, 1908; 劉秉珌: 生理學(續). 기호흥학회월보 4: 18-20, 1908; 劉秉珌: 生理學(續). 기호흥학회월보 5: 12-5, 1908; 劉秉珌: 生理學(續). 기호흥학회월보 6: 23-5, 1909; 劉秉珌: 生理學(續). 기호흥학회월보 8: 23-5, 1909; 劉秉珌: 生理學(續). 기호흥학회월보 9: 19-21, 1909; 劉秉珌: 生理學(續). 기호흥학회월보 10: 17-9, 1909; 劉秉珌: 生理學(續). 기호흥학회월보 11: 22-4, 1909; 劉秉珌: 生理學(續). 기호흥학회월보 12: 18-20, 1909.
359) 雜報 醫會任員. 皇城新聞, 1908년 11월 15일 2면 3단.
360) 勅令 제10호, 大韓醫院 官制, 官報 제4311호, 1909년 2월 26일.
361) 衛生. 官報 제4335호, 1909년 3월 27일.
362) 金允植: 續陰晴史. 1914년 6월; 윤치호 일기, 1916년 9월 27일.
363) 劉秉珌: 衛生學講話. 신문계 4: 82, 1913; 윤치호 일기, 1916년 10월 27일.
364) 皇城新聞, 1910년 5월 11일.

의사회는 1915년 12월 1일 박종환, 안상호, 이규준, 유병필 등 일본의학교 졸업생들과 의학교 관련 졸업생 19명의 발기로 창립되었으며, 안상호가 초대 회장으로 추대되었다.365) 유병필은 1915년 간사를 맡은 것을 시작으로 1916년 부회장, 1917-20년 평의원, 1921년 회장, 1922-27년 평의원 등 항상 단체의 중심적 위치에 있었으며, 사망하기 직전까지 활동을 계속하였다. 1920년 후반 유병필은 종로통에 보성의원(普成醫院)을 개업하고 있었다.366)

이런 사회적인 활동과 함께 유병필은 점차 친일적 성향을 보이기 시작했는데, 모든 결사가 금지되었던 무단정치 시기인 1916년 11월 29일 발기회를 가져 유일하게 결성된 친일단체인 대정친목회(大正親睦會)에 가입하여 평의원으로 활동한 것이 그 시작이었다.367) 이 단체는 일제의 무단정치에 순응하도록 하는 것이 설립 목적이었다. 더 나아가 그는 관민일치로 내선융화를 이루자는 명목 하에 여러 친일단체들이 연합하여 1924년 1월 발기된 각파유지연맹(各派有志聯盟)에 교풍회(矯風會)의 대표로 참가하였다.

의학교 제1회 졸업생이자 교관, 대한의원 의육부 교수, 대한자강회, 의사연구회, 한성의사회의 중심 인물, 그리고 친일 경력을 가진 유병필은 식민지라는 시대상황 속에서 한국인 의사들이 가졌던 인식과 활동을 의료뿐만 아니라 사회적 측면에서도 살펴 볼 수 있게 하는 중요한 예이다.368) 유병필의 친일화는 개인적 차원이 아닌 제국주의 지배 속에서 주체적 발전 방향을 상실한 근대 지식인의 불행한 결말이었다.

11) 윤상만

윤상만(尹相萬, 1885 - ?)은 1885년 8월 9일 출생했으며, 의학교를 졸업하고 교관으로 임명되었고, 1902년 10월 7일 임시위생원의 위원, 1904년 12월

---

365) 여인석, 이규창: 한성의사회에 대하여. 醫史學 1: 32, 1992.
366) 本田六介 編纂: 朝鮮. 日本醫籍錄. 제1판, 醫事時論社, 東京, 1925, 7쪽; 本田六介 編纂: 朝鮮. 日本醫籍錄. 제4판, 醫事時論社, 東京, 1928, 9쪽.
367) 大正親睦會 發起人會를 開催. 每日申報, 1916년 12월 1일 2면 4단.
368) 이태훈, 박형우: 한말-일제하 유병필의 생애와 의료문제인식. 延世醫史學 4: 139-54, 2000.

19일 유행병예방 임시위원으로 임명되었다.369) 그는 1907년 3월 5일 육군 3등 군의로 임명되었다가 9월 3일 면관되었다.370)

그는 1920년대 후반 경기도 가평군에 거주하고 있었다.371)

12) 이규영

이규영(李奎濚, 1871 - ?)은 1871년 3월 21일 출생했으며 졸업 당시 6품의 품계를 갖고 있었는데, 의학교 입학 이전에 경무관이었던 경력을 가졌던 것으로 보인다.372) 그는 의학교를 졸업하고 교관으로 임명되었으며, 졸업생 중 가장 먼저 1902년 9월 27일부터 30일까지 광제원 임시위원에 임명되었고 10월 7일에는 다시 임시위생원의 위원으로 임명되었다.373) 그는 1906년 10월 18일 육군 3등 군의로 임명되었다가 1907년 9월 3일 면관되었다.374)

3등 군의로 임명된 직후 이규영은 통감부에 여행권을 신청하여 1906년 10월 발급받아 일본에 유학을 했던 것으로 보이는데 정확한 기간 등은 알려져 있지 않지만 몇 달 정도인 것으로 추정된다.375) 이즈음 이규영은 서우, 태극학보, 대한유학생회학보 등에 글을 투고했으며, 그 중에는 위생에 관한 것도 포함되어 있었다.376)

그는 1920년대 후반 평안남도 평양부에 거주하고 있었다.377)

---

369) 宮廷錄事. 官報 제2328호, 1902년 10월 11일; 敍任 및 辭令. 官報 제3020호, 1904년 12월 27일.

370) 敍任 및 辭令. 官報 제3708호, 1907년 3월 8일; 辭令. 官報 附錄, 1907년 9월 14일.

371) 本田六介 編纂: 朝鮮. 日本醫籍錄. 제1판, 醫事時論社, 東京, 1925, 13쪽; 本田六介 編纂: 朝鮮. 日本醫籍錄. 제4판, 醫事時論社, 東京, 1928, 16쪽.

372) 日省錄, 1894년 7월 19일.

373) 敍任 및 辭令. 官報 제2320호, 1902년 10월 2일; 宮廷錄事. 官報 제2328호, 1902년 10월 11일.

374) 敍任 및 辭令. 官報 제3591호, 1906년 10월 23일; 辭令. 官報 附錄, 1907년 9월 14일.

375) 雜報 李氏 渡日. 皇城新聞, 1906년 10월 22일 2면.

376) 李奎濚: 衛生의 要論. 서우 6: 17-22, 1907; 李奎濚: 煙草의 害를 論하야 國債의 速償을 祝흠. 서우 6: 28-9, 1907; 李奎濚: 心臟運動과 血液循環의 要論. 태극학보 10: 42-5, 1907; 李奎濚: 春日散步吟. 태극학보 10: 53, 1907; 李奎濚: 貴要食物의 槪論. 대한유학생회학보 3: 35-40, 1907; 李奎濚: 心臟運動과 血液循環의 要論(續). 태극학보 11: 32-4, 1907; 李奎濚: 衛生談片. 태극학보 12: 36-40, 1907; 李奎濚: 男女 급 小兒衛生의 最要注意. 서북학회월보 1: 7-12, 1908.

13) 이병학

이병학(李秉學, ? - ?)은 의학교를 졸업하고 교관으로 임명되었으며, 1902년 10월 7일 임시위생원의 위원으로 임명되었다.[378] 그는 1907년 3월 5일 육군 3등 군의로 임명되었으며, 9월 3일 면관되었다.[379]

14) 이제규

이제규(李濟奎, 1873- ? , 그림 Ⅲ-4-2)[380]는 본관이 태안(泰安)이며, 1873년 4월 1일 생이다. 그는 중인 출신으로, 증조할아버지인 이진우(李鎭宇)는 의과부학별제(醫科簿學別提)였고, 할아버지인 이찬기(李纘基)는 계사(計士), 외할아버지 김형지(金亨遲)는 혜민서 교수, 장인 현행건(玄行建)은 의과정(醫科正)이었다.[381] 이제규와 최익환은 여러 대에 걸쳐 통혼권을 맺고 있는 명문 중인집안 출신인데, 이제규의 할아버지와 최익환의 외할아버지가 형제지간이며, 이제규의 아버지와 최

그림 Ⅲ-4-2 이제규. 동은의학박물관 소장.

377) 本田六介 編纂: 朝鮮. 日本醫籍錄. 제1판, 醫事時論社, 東京, 1925, 33쪽; 本田六介 編纂: 朝鮮. 日本醫籍錄. 제4판, 醫事時論社, 東京, 1928, 37쪽.
378) 宮廷錄事. 官報 제2328호, 1902년 10월 11일.
379) 敍任 및 辭令. 官報 제3708호, 1907년 3월 8일; 辭令. 官報 附錄, 1907년 9월 14일.
380) 이제규(李濟奎). 한국근현대인물자료, 국사편찬위원회.
381) 裵圭淑: 大韓帝國期 官立醫學校에 관한 硏究. 이화여자대학교 대학원 1990년도 석사학위 청구논문, 1991, 25-6쪽.

익환의 장인 역시 사촌지간이다.

이제규는 1887년 10월 식년 의과에 등제했으며, 1889년 6품의 품계를 받았다. 1891년 7월 당시 김성집과 함께 내의를 지낸 경력이 있었으며, 1899년 9월 의학교에 입학하였다. 졸업 후 교관으로 임명되었으며 1902년 9월 23일부터 10월 4일까지 광제원 임시위원으로 근무한 후 10월 7일 다시 임시위생원의 위원으로 임명되었다.[382] 그는 1904년 6월 8일 태의원 분주사(太醫院 分主事)로, 10월 29일에는 유행병예방 임시위원으로 임명되었다.[383]

1905년 7월 25일 육군 3등 군의로 임명되면서 진위 보병 제7대대 의관으로 임명되었고, 1907년 4월 30일 시위 보병 제2연대 제3대대부로, 그리고 8월 26일 군부부가 되었다가 12월 25일 근위기병대부가 되었다.[384] 1908년 9월 17일 육군 2등 군의로 승진되었고 1909년 7월 31일 근위기병대附가 되었다.[385]

이후의 행적은 알려져 있지 않으나 1921년 보도된 바에 의하면 인사동에 살고 있으며 1917년 7월부터 1920년 12월까지 아편 먹는 담배대 2개를 집에 보관하다가 발각되어 징역 6개월의 언도를 받았다고 한다.[386] 그는 1920대 후반 낙원동에 거주하고 있었다.[387]

15) 채영석

채영석(蔡永錫, 1868- ?)[388]은 본관이 평강이며, 1868년 11월 25일생으로

382) 敍任 및 辭令. 官報 제2314호, 1902년 9월 25일; 各司謄錄, 광제원임시위원 고승주의 해임 건 등 관보 게재 요망. 1902년 10월 6일 內部 參書官 구본순 발송, 議政府 參書官 이도상 수신; 宮廷錄事. 官報 제8호, 1902년 10월 11일.
383) 敍任 및 辭令. 官報 제2849호, 1904년 6월 10일; 敍任 및 辭令. 官報 제2978호, 1904년 11월 8일.
384) 敍任 및 辭令. 官報 제3204호, 1905년 7월 29일; 敍任 및 辭令. 官報 제3756호, 1907년 5월 3일; 敍任 및 辭令. 官報 제3856호, 1907년 8월 28일; 敍任 및 辭令. 官報 제3962호, 1908년 1월 4일.
385) 日省錄, 1909년 7월 31일.
386) 阿片 煙竹 두 개를 집에 두엇다가 징역. 東亞日報, 1921년 4월 10일 3면 10단.
387) 本田六介 編纂: 朝鮮. 日本醫籍錄. 제1판, 醫事時論社, 東京, 1925, 7쪽; 本田六介 編纂: 朝鮮. 日本醫籍錄. 제4판, 醫事時論社, 東京, 1928, 9쪽.
388) 채영석(蔡永錫). 한국근현대인물자료, 국사편찬위원회.

양반 출신이다. 1899년 9월 입학하여 졸업한 후 교관으로 임명되었고, 1902년 10월 7일 임시위생원 위원, 1904년 12월 29일 유행병 예방임시위원으로 임명되었다.[389]

그는 1905년 3월 18일 육군 3등 군의와 함께 육군 연성학교 의관보로 임명받았으며, 1906년 6월 12일 육군 2등 군의로 승진되었다가 1907년 9월 3일 면관되었다.[390]

이후 채영석은 계속 의업에 종사한 것으로 보이는데 1920년 김윤식을 진찰한 기록이 남아있으며, 1920년대 후반 당시 서울에 거주하고 있었다.[391] 1934년 10월 당시 한성의사회의 회원으로 활동하고 있었다.[392]

16) 최진협

최진협(崔鎭協, 1876- ?)[393]은 본관이 경주(慶州)이며, 1876년 9월 23일생으로 1897년 경기관찰사 총순(總巡) 판임관 7등으로 임명되었다가 1898년 8월 16일 의원면직되었다. 그는 1899년 9월 의학교에 입학하여 졸업 후 교관에 임명되었으며, 10월 7일 임시위생원 의사에 임명되었다.[394]

1905년 3월 17일 육군 3등 군의가 되면서 육군 유년학교 군의보로 임명되었고, 1906년 6월 12일 육군 2등 군의로 승진되었다가 1907년 9월 3일 면관되었다.[395]

그는 1920년대 후반 당시 수원에 거주하고 있었다.[396]

---

389) 宮廷錄事. 官報 제2328호, 1902년 10월 11일; 敍任 및 辭令. 官報 제3020호, 1904년 12월 27일.
390) 敍任 및 辭令. 官報 제3093호, 1905년 3월 22일; 敍任 및 辭令. 官報 제3484호, 1906년 6월 20일; 辭令. 官報 附錄, 1907년 9월 14일.
391) 本田六介 編纂: 朝鮮. 日本醫籍錄. 제1판, 醫事時論社, 東京, 1925, 10쪽; 本田六介 編纂: 朝鮮. 日本醫籍錄. 제4판, 醫事時論社, 東京, 1928, 9쪽.
392) 金允植: 續陰晴史. 1920년 2월; 한성의사회 신임원 개선. 朝鮮中央日報, 1934년 10월 18일 2면 2단.
393) 최진협(崔鎭協). 한국근현대인물자료, 국사편찬위원회.
394) 宮廷錄事. 官報 제2328호, 1902년 10월 11일.
395) 敍任 및 辭令. 官報 제3093호, 1905년 3월 22일; 敍任 및 辭令. 官報 제3484호, 1906년 6월 20일; 辭令. 官報 附錄, 1907년 9월 14일.

17) 한경교

한경교(韓景教, 1867- ?)[397]는 1867년 1월 17일생으로 1899년 9월 입학하였다. 의학교 졸업 후 교관으로 임명되었으며, 1902년 10월 7일 임시위생원 위원으로 임명되었다.[398]

1903년 7월 11일 친위 제1연대 공병대 육군 군의보로 임명되었으며, 1905년 4월 18일 육군 2등 군의로 승진되면서 공병대 의관이 되었다.[399] 1906년 4월 22일 육군헌병대 의관, 7월 20일 육군 1등 군의로 승진되었다가 1907년 9월 3일 면관되었다.[400]

그는 1920년대 후반 충청남도 논산군에 거주하고 있었다.[401]

18) 한우근

한우근(韓佑根, 1874- ?)[402]은 본관이 청주(淸州)이며, 1874년생으로 1881년부터 집에서 사숙을 했다. 그는 1899년 9월 의학교에 입학하여 졸업 후 교관으로 임명되었으며, 10월 7일 임시위생원 위원으로 임명되었다가 10월 29일 면관되었다.[403] 그는 1907년 3월 5일 육군 3등 군의로 임명되었다가 9월 3일 면관되었다.[404]

1907년 9월 4일 임시황실유 및 국유재산조사국에 채용되었으며, 1908년 1월 22일 임시황실유 및 국유재산조사국 사무원으로 되었다.[405]

---

396) 本田六介 編纂: 朝鮮. 日本醫籍錄. 제1판, 醫事時論社, 東京, 1925, 12쪽.
397) 한경교(韓景教). 한국근현대인물자료, 국사편찬위원회.
398) 宮廷錄事. 官報 제2328호, 1902년 10월 11일.
399) 彙報. 官報 제2575호, 1903년 7월 27일; 敍任 및 辭令. 官報 號外, 1905년 4월 22일.
400) 敍任 및 辭令. 官報 제3436호, 1906년 4월 25일; 敍任 및 辭令. 官報 제3515호, 1906년 7월 26일; 辭令. 官報 附錄, 1907년 9월 14일.
401) 本田六介 編纂: 朝鮮. 日本醫籍錄. 제1판, 醫事時論社, 東京, 1925, 27쪽; 本田六介 編纂: 朝鮮. 日本醫籍錄. 제4판, 醫事時論社, 東京, 1928, 31쪽.
402) 한우근(韓佑根). 한국근현대인물자료, 국사편찬위원회.
403) 宮廷錄事. 官報 제2328호, 1902년 10월 11일.
404) 敍任 및 辭令. 官報 제3708호, 1907년 3월 8일; 辭令. 官報 附錄, 1907년 9월 14일.

19) 허균

허균(許均, 1877- ?)[406]은 1877년 4월 17일생으로 1899년 9월 입학하였다. 의학교 졸업 후 교관에 임명되었고, 1902년 10월 7일 임시위생원 위원에 임명되었다.[407]

그는 1903년 3월 21일 친위 제1연대 제2대대 육군 군의보로 임명되었으며, 1905년 4월 18일 육군 3등 군의가 되면서 진위 보병 제5대대 의관, 4월 25일 포병대 의관에 임명되었다.[408] 1906년 6월 12일 육군 2등 군의로 승진되었으며, 1907년 4월 30일 시위 야전포병대부가 되었다가 9월 3일 면관되었다.[409]

---

405) 各司謄錄, 권현섭 등을 臨時帝室 및 國家財産調査局 事務員으로 임명 요청. 1909년 1월 22일 기안.

406) 허균(許均). 한국근현대인물자료, 국사편찬위원회.

407) 宮廷錄事. 官報 제2328호, 1902년 10월 11일.

408) 敍任 및 辭令. 官報 號外, 1905년 4월 22일; 日省錄, 1905년 4월 25일(光武 9년 3월 21일).

409) 敍任 및 辭令. 官報 제3484호, 1906년 6월 20일; 敍任 및 辭令. 官報 제3756호, 1907년 5월 3일; 辭令. 官報 附錄, 1907년 9월 14일.

2. 의학교와 대한의원 졸업생들의 활동

의학교에 입학한 학생들 중 의학교 졸업생은 제1회가 19명, 제2회가 13명, 제3회가 4명으로 모두 36명이었으며, 대한의원 교육부 제1회가 13명, 부속 의학교 제2회가 5명으로 18명이 졸업하였다.

이들은 모두 졸업장을 받았지만 대한의원 제2회 졸업생들만 의술개업인허장을 받았으며, 이어 의학교와 대한의원의 이전 졸업생에게도 인허장이 수여되었다. 의학교 졸업생들과 대한의원 졸업생들은 졸업 후 진로에 큰 차이를 보이는데, 바로 자혜의원의 설립에 기인한다. 대한의원 졸업생들의 대부분은 전국에 설치된 자혜의원의 조수로 근무하였다.

반면 의학교 졸업생들이 할 수 있었던 것은 의학교 교관 및 군의였으며, 필요에 따라 임시위생원 의사, 유행병 예방위원 등으로 임명되었고 전공과 무관한 관리로 활동한 경우도 있었다.[410]

1) 의학교의 교관

의학교 제1회 졸업생 19명은 졸업과 동시에 1900년 10월 25일 반포된 칙령 40호에 의해 19명 모두 의학교의 교관으로 임명되었다. 하지만 이것은 일종의 대기 교관에 해당하는 것이었으며, 이들은 정규 교관이 결원된 경우 특별 시험을 거쳐 된 정규 교관이 될 수 있었다. 실제로 정규 교관이 된 제1회 졸업생은 2명뿐이었는데, 김교준과 유병필이었다. 김교준은 1903년 2월 21일 정규 교관으로 임명되어 1904년 1월 25일 빈전도감의 감조관으로 임명될 때

---

410) 裵圭淑: 大韓帝國期 官立醫學校에 관한 研究. 이화여자대학교 대학원 1990년도 석사학위 청구논문, 1991, 53-4쪽; 廣告. 皇城新聞, 1907년 2월 20일 3면 4단. 배규숙이 지적한 광제원의 의사가 되는 길은 1907년의 일인데, 광제원이 이미 통감부에 의해 일본인 서양의사들로 대체되었고, 곧 대한의원으로 통합될 예정된 시점이었기 때문에 대한의원의 의사로 되는 길이었다.

까지 학생 교육에 잠시 참여하였다. 반면 유병필은 1905년 1월 19일 정규 교관으로 임명되었으며 1907년 3월 15일 대한의원 교육부 교관, 이어 1908년 1월 1일 대한의원 의육의 교수로 임명되었다가 1909년 1월 31일 사임하였다.

의학교 제2회, 제3회 졸업생들도 교관으로 임명되었지만, 정규 교관이 된 경우는 없었다.

2) 군의(軍醫)

의학교 제1회 졸업생 19명 중 방한숙 제외하고 18명이 군의로 임명받았다. 이중 3등 군의장이 1명(김교준), 1등 군의가 3명, 2등 군의가 6명, 3등 군의가 8명이었다. 한의사들이 군의의 대부분을 차지하던 시기에 김교준은 김익남을 보좌하면서 활동하였다. 의학교 졸업생 중 가장 먼저 군의가 된 것은 허균인데 1903년 3월 21일 친위 제1연대 제2대대 군의보로 임명되었다. 이후 1903년부터 1905년 초까지 임관했던 한경교, 박희달, 유병필, 손창수의 계급은 군의보였다. 이에 비해 1904년 중반부터 1905년까지 임관된 의학교 졸업생들의 계급은 대개 3등 군의였다(그림 Ⅲ-4-3).

1906-7년 임관된 윤상만, 이규영, 이병학, 한우근 등은 보직이 없었던 것으로 보아 의학교 교관의 예에서와 같은 형식적 임명이었던 것으로 보인다. 이것은 의학교 정규 교관으로 임명되었던 유병필의 군적이 유지되어 1907년 9월 3일자로 면관된 것이나, 3등 군의로 임명받은 이규영이 일본에 유학했던 사실로 확인할 수 있다.

1907년 군대 강제해산 이전 한국 군대가 일본 군대와 함께 의병탄압에 가담했는데,[411] 이들 중 한국 군대에서 군의로 활동했던 사람은 김명식, 김봉관, 김상건, 김성집, 박희달, 손창수, 안우선, 유병필, 이제규, 허균 등이었다.

이들 중 대부분인 14명은 1907년 9월 3일 면관되었고, 김교준과 손창수는 1909년 7월 31일 면관되었다. 그리고 김명식은 한일합방 이후 일본 군의로 2등 군의정까지 승진하였다.

---

411) 金承台: 日本을 통한 西洋醫學의 受容과 그 性格. 國史館論叢 6: 239, 1989.

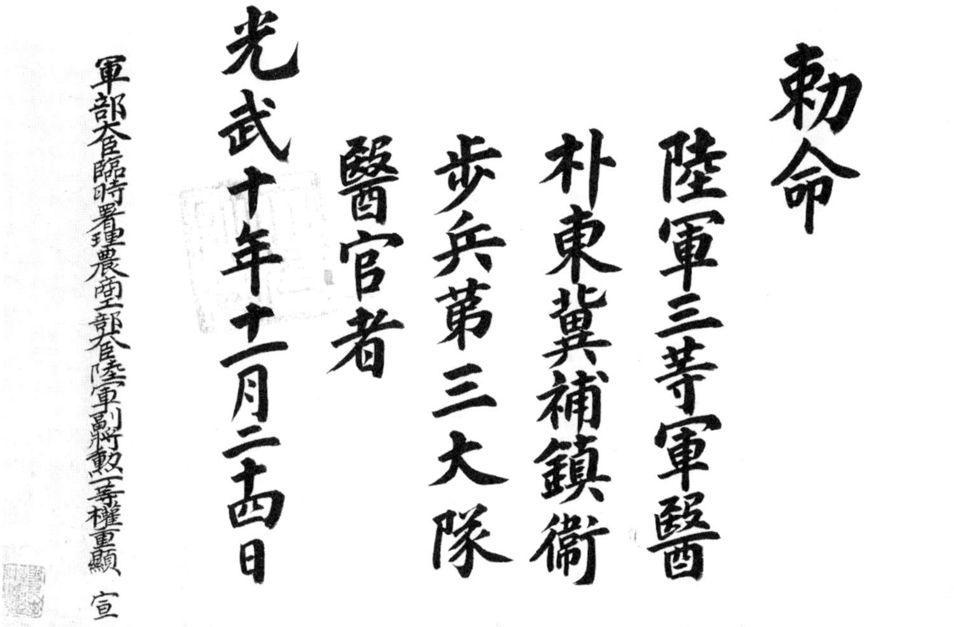
勅命
陸軍三等軍醫
朴東冀補鎭衛
步兵第三大隊
醫官者
光武十年十二月二十四日
軍部大臣臨時署理農商工部大臣陸軍副將勳一等權重顯 宣

그림 Ⅲ-4-3 한의사 박동기의 3등 군의 임명장. 의학교 졸업생들도 이와 같은 임명장을 받았던 것으로 추정된다. 동은의학박물관 소장.

제2회 졸업생 중 김수현은 1904년 6월, 장홍섭은 1904년 9월 군의로 임명되었으며, 1905년 4월 김달식과 최익환이 군의로 임명되었다. 이들 4명은 2등 군의로 승진하였다.412) 나머지 제2회 졸업생들은 1907년 3월 5일 3등 군의로 임명되었는데, 이들에게는 보직이 주어지지 않았고, 1910년 2월 당시에도 2등 군의로 근무하고 있었던 김수현을 제외한 나머지 졸업생들은 1907년 9월 3일 면관되었다.

제3회 졸업생 4명도 1907년 3월 5일 3등 군의로 임명되었으나 보직 없이 1907년 9월 3일 모두 면관되었다.

3) 기타 의료관련 활동

제1회 졸업생 중 이규영(그림 Ⅲ-4-4)과 이제규가 1902년 콜레라가 유행했

---

412) 4명 중 최익환은 3등 군의로 임관된 후 얼마 되지 않아 사망했다.

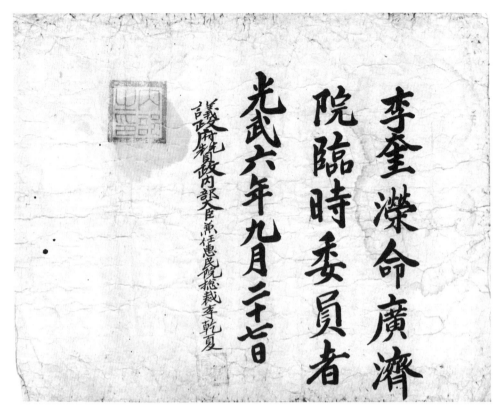

그림 Ⅲ-4-4 이규영의 광제원 임시위원 임명장(1902). 동은의학박물관 소장.

을 때 광제원 임시위원으로 임명된 바 있는데, 모두 912명이 임명된 임시위원
은 의학과 무관한 사람들에게도 남발되었다.413) 1902년 10월 7일에는 김교준
을 제외한 18명이 임시위생원 의사로 임명되었고, 1904년 10월 29일에는 김봉
관. 김상건, 손창수, 윤상만, 이제규, 채영석이 유행병예방 임시위원에 임명되
었다. 조선정부는 의학교 졸업생을 광제원과 위생국에 파견해 근무시킬 계획
도 있었던 것으로 보이지만 실제로는 이루어지지 않았다.414)

　제2회 졸업생 중 김달식은 종도의양성소 출신으로서 종두위원으로 활동했
다. 또한 강원영, 최국현, 최익환, 김봉관, 이기정 등이 유행병예방위원으로 임
명되었고, 1904년 9월 최국현은 검역위원으로 활동했다. 이들 중 강원영과 지
성연은 한일합방 후 조선총독부의원에서 조수로 근무했는데, 아눈 일본 유학

---

413) 신동원: 한국근대보건의료사. 한울, 1997, 285-9쪽.
414) 雜報 醫校試選. 皇城新聞, 1902년 5월 10일 2면 3단.

경력이 크게 작용한 것으로 보인다.

제3회 졸업생 중 홍석후와 홍종은은 다시 제중원의학교에 입학하여 1908년 6월 3일 졸업하였고, 한국 최초의 의술개업인허장을 받았다.

4) 일본 유학

의학교 졸업생 중 일본에 유학을 했던 사람들도 있었는데, 제1회 졸업생 중에는 이규영이 1906년 10월 일본에 유학하였다. 제2회 졸업생 중에는 강원영과 지성연이 오카야마(岡山)의학전문학교에 유학하였다.

5) 기타 활동

제1회 졸업생 중에는 의학과 무관한 활동을 하기도 했는데, 김교준은 군물조사위원과 빈전도감 감조관을 역임했고, 안우선은 광상기수교습소를 졸업했으며, 이제규는 태의원 분주사, 한우근은 임시황실유 및 국유재산조사국에서 활동했다.

제2회 졸업생 중 차현성은 1907년 당시 상방사 서기랑이었으며, 홍종욱은 다시 일어학교를 졸업하고 탁지부 번역관으로 활동했다.

6) 한일합방 후 활동

한일합방이 일어나기 직전인 1910년 4월 현재[415] 의학교와 대한의원을 졸업한 54명의 통계를 보면, 개업이 24명이었고, 군의, 교관, 의원 및 조수 등으로 의술에 종사하는 사람이 17명으로 모두 41명이 개업이나 의술에 종사하고 있었다. 한일합방 직후인 1911년 파악된 이들의 취업상황은 표 Ⅲ-4-1에서와 같았다.[416]

---

415) 統監府: 第2次 韓國施政年報. 明治 41年. 印刷局, 1910, 167쪽(韓國學文獻研究所 編: 舊韓末 日帝侵略史料叢書 Ⅱ, 政治篇 3. 아세아문화사, 1984).

	개업	관리	교사	일본 유학	사망	불명	총계
의학교 제1회	9	6	1	-	1	2	19
제2회	6	4	-	2	1	-	13
제3회	3	-	-	-	-	1	4
대한의원 제1회	7	5	-	-	-	1	13
대한의원 제2회	2	2	-	-	-	1	5
계	27	17	1	2	2	5	54

표 Ⅲ-4-1. 1911년 의학교-대한의원 졸업생들의 취업 상황. 개업은 주로 서울에서 했으며, 관리는 군의, 조선총독부 및 자혜의원 조수로 근무했다. 교사는 사립학교에서 근무 중이었으며, 일본에 유학했던 2명은 당시 조선총독부의원의 조수로 근무하고 있었다. 그런데 내용 중에는 제3회의 경우 홍석후와 홍종은의 근황이 개업으로 되어 있는 등 부정확한 점이 많다.

1909년 3월 유병필, 11월 대한의원 부속의학교 졸업생들에 이어 의술개업 인허장이 수여됨으로써 의학교 졸업생들도 개업할 자격을 얻게 되었는데, 제1회 졸업생들이 개업을 했을 것으로 추정되는 도시는 다음과 같았다.

김교준, 김명식, 김상건, 안우선, 유병필, 이제규, 채영석은 서울에 거주하였다. 이외에 최진협은 수원, 김성집은 파주, 윤상만은 가평, 박희달은 당진, 한경교는 논산, 이규영은 평양에 거주하였다.

---

416) 衛生. 朝鮮總督府 月報, 1911년 7월, 91쪽.

제 IV 부

선교부, 동인회 등에 의한 지역별 의학교육

서울의 제중원을 비롯한 전국에서 이루어진 선교사들의 의료 활동 가운데 한국인들에게 가장 큰 인상을 심어 준 것은 외과수술이었으며, 많은 사람들은 수술하는 것을 보기 위해 병원에 몰려들기도 했다. 하지만 교파에 상관없이 지방의 진료소[1]들은 대개 1명의 의료선교사가 운영했기 때문에 늘어나는 환자를 감당하기 힘들었으며, 우선 급한 대로 자신을 도와 줄 조수들을 고용하여 이들을 교육시켰다.[2] 이들 조수는 한국어에 서투른 선교사를 도왔을 뿐만 아니라 실제 수술 등의 업무도 수행함으로써 진료에 큰 도움이 되었다. 그 결과 대구처럼 의료선교사가 병원을 돌보지 못하는 경우에 한국인 조수가 혼자서 의료사업을 감당하기도 했다. 또한 진료 이외에도 진료를 대기 중인 환자, 입원 중인 환자, 그리고 퇴원하여 집으로 돌아간 환자들에게 지속적인 관심을 보임으로써 선교사업에도 큰 도움이 되었다. 이와 함께 한국인에 대한 진료는 결국 한국인이 담당해야 한다는 생각을 갖고 있던 선교사들은 한국인 의료인 양성 작업을 활발히 추진하였다.

1905년 평양에서 북장로회와 북감리회의 합동으로 진행된 의학교육의 결과 10명이 의술개업인허장을 받은 것은 특기할만한 일이었다. 하지만 제대로 된 의사교육이 쉬운 일은 아니었으며, 1908년 제중원의학교 제1회 졸업생들에게 최초의 의사면허가 부여되자 선교사들 사이에서 정부에서 인정한 이 의학교를 보다 안정된 기반 위에서 운영하자는 의견이 나오게 되었다. 그리하여 1908년 개최된 조선의료선교사협회는 각 교파의 선교의사들이 강의에 참여하는 연합의학교를 세울 것을 결의했고,[3] 1913년 세브란스병원의학교는 학교 이름을 세브란스연합의학교로 바꾸었다. 이와 동시에 각 지역의 선교병원에

---

1) 이들 지방 진료소의 명칭에 '제중원'을 사용한 경우가 많았는데, 미 북장로회의 제중원을 보는 선교사들의 시각을 함축적으로 의미한다고 볼 수 있다. 이러한 시각은 동인의원을 시작으로 경성의학전문학교에서 의학교육에 중추적인 역할을 했던 사토의 글에서도 확인할 수 있다. "조선 내의 주요 지역에는 미국 선교사에 의해 제중원이란 작은 규모의 병원이 설치되어 있었다." 佐藤剛藏 著, 李忠浩 譯: 朝鮮醫育史. 螢雪出版社, 1993, 21-2쪽.
2) 다른 선교부에 의한 의학교육은 다음의 책이 참고가 된다. 이만열: 한국기독교의료사. 아카넷, 2003.
3) A christian Korean celebration. Korea Mission Field 5: 207, 1909.

서 교육을 받던 학생들 중에는 주현측, 유몽택, 김창세와 같이 세브란스에 입학하여 정규 교육을 받고 의사가 된 경우도 있었다. 이들 이외에도 지방의 선교사의 추천으로 세브란스에 입학하여 의사가 된 사람들 중에는 자기 근거지로 내려가 지역의 선교병원에서 환자를 보거나 개업을 하는 경우가 많았다. 또한 지역 교회에서 중추적인 역할을 수행하면서 기독교 전도에도 크게 기여하였다. 이는 외국인 의료선교사들이 한국인에게 의학 교육을 하면서 기대했던 바로 그런 모습이었다.

한편 일본은 대만총독부의학교(臺灣總督府醫學校)를 개교한 후 이 사업을 본격적으로 추진하기 위해 1902년 6월 16일 동인회(同仁會)를 설립했는데, 중국 대륙을 침략하기 위한 의도로 급속하게 경부철도를 건설하면서 이 단체를 앞세워 1904년 2월부터 철도촉탁의(鐵道囑託醫)라는 명목으로 한국에 의료진을 진출시켰고, 평양, 대구 및 용산에 동인의원(同仁醫院)을 개원했다. 러일전쟁 직후 경무고문으로 내한한 마루야마는 동인회의 추천을 받아 경무자문의, 각 지방의 경무자문의 및 각 도읍 병원장, 철도의들을 임명하였다. 동인회가 한국에서 의학교육을 했던 것은 의학교 설립을 강조한 동인회 설치 목적 중 1항에 근거한 것이며, 이것은 통감부시대에 일제가 시도한 식민지 교육 실시를 위한 준비 단계였다.[4]

평양동인의원부속 평양의학교에서는 비교적 조직적인 의학교육이 이루어져 8명이 의술개업인허장을 받기도 했지만, 동인의원이 자혜의원으로 흡수되면서 의학교는 폐교되었으며, 학생들은 자혜의원에서 교육을 받다가 일부가 조선총독부의원부속 의학강습소에 편입하여 졸업하였다.

이상과 같이 다른 선교부 및 동인의원에서의 의학교육은 일부 자체의 성과를 얻기도 했지만 그 맥이 각각 세브란스연합의학교와 조선총독부의원부속 의학강습소로 이어져, 한국 서양의학의 큰 두 흐름을 형성하게 되었다.

---

4) 동인회를 통한 일본의 의학교육은 다음의 글이 참고가 된다. 佐藤剛藏 著, 李忠浩 譯: 朝鮮醫育史. 螢雪出版社, 1993; 李忠浩: 日帝의 文化的 植民地 政策. 同仁會 活動을 中心으로. 歷史敎育論集 16: 175-210, 1991; 李忠浩: 同仁會의 醫師敎育活動. 醫史學 4: 11-21, 1995; 奇昌德: 韓國近代醫學敎育史. 아카데미아, 2003; 박윤재: 한국 근대의학의 기원. 연세국학총서 57. 혜안, 2005, 153-63쪽.

제1장 선교부에 의한 지역별 의학교육

1. 미 북장로회

1884년 9월 알렌이 내한한 이래 서울에서 제중원-세브란스병원을 중심으로 활발한 의료사업과 함께 의학교육을 실시한 북장로회는 각 지방에서도 활발한 의학교육을 벌였다.

1) 평양

평양의 선교지부는 마펫과 리 목사가 1890년부터 세 번의 선교여행을 한 후 1893년 개설되었다. 의료사업은 1895년 6월 내한한 의료선교사 웰스(그림 Ⅳ-1-1)5)가 10월에 평안도 지역에 오면서 시작되었는데, 1896년 평양에 15달러로 진료소를 개설하고 진료사업을 벌였다.

진료소를 개설할 때부터 한국인 조수를 고용했던 웰스는 1898년 사립으로 「약학 및 의학교」(School of Pharmacy and Medicine)를 개교6)하여 이들에게 의학을 가르쳤는데, 1898-99년도에는 8명의 의학생이 있었다.7) 이들은 자비로 최소한 3년 동안 배울 것을 약속하고 약 처방 등을 배웠으며, 1주일에 2번은 강의를 듣고 매일 병원에서 근무하면서 배웠다. 이들은 상당한 도움이 되었는데, 1898-1899년도에 웰스가 두 번 결근했을 때 조수들이 약을 팔고 처방을 했으며 환자를 치료할 정도였다.8)

웰스는 일본 혹은 중국에서 발행된 한문으로 써진 의학서적을 구입하여 학생들이 사용하도록 하였다.9)

---

5) 웰스(James H. Wells, 禹越時, 1877-1938)는 미국에서 의과대학을 졸업했으며, 1915년 은퇴하여 귀국한 후 1938년 7월 미국 오레곤주 포틀랜드에서 사망했다. 김승태, 박혜진: 내한 선교사 총람. 1884-1984. 한국기독교역사연구소, 1994, 520쪽.
6) J. H. Wells: Pyengyang Hospital and Dispensary Report. Year 1898 and 1899.
7) Annual Report. Pyeng Yang Station, Korea Mission for the Year 1898-1899, 10쪽.
8) Annual Report. Pyeng Yang Station, Korea Mission for the Year 1898-1899, 10쪽.
9) 雜報 平壤醫師. 皇城新聞, 1900년 1월 11일 2면 3단.

그림 IV-1-1 웰스에 의한 의학교육. (왼쪽). 웰스는 평양에서 최초의 의학교육을 실시했다. Korea Mission Field 35(5): 2, 1939. (오른쪽) 의학교육에 관한 내용을 담은 웰스가 미 북장로회 선교부로 보낸 보고서.

평양 제중원 미국의사 위월시(魏越時)가 병자의 래문자(來問者)를 수증진치(隨症診治)하난데 한역(漢譯) 의서(醫書)를 외국에서 구치(購致)하야 학도를 분급(分給)하고 기 졸업 기한을 3년으로 하더라.

평양에서의 의학교육도 서울 제중원에서처럼 그리 원활하게 진행되지 않아 중도에 떠나는 학생들이 많았다. 1900년에는 4명의 학생이 떠났지만 나머지 4명의 학생을 대상으로 상당히 충실한 교육이 이루어졌다.[10] 이들은 모두 기독교 신자였으며, 진료에서 뿐 아니라 전도사업에서도 큰 도움이 되었다. 1902년 그의 제1조수는 209건의 수술을 집도했으며, 왕진도 담당하는 등 역할이 컸다.[11]

---

10) Mission in Korea. The Sixty-fourth Annual Report of the Board of Foreign Missions of the Presbyterian Church in the United States of America. Mission House, New York, 1901년, 215쪽.

1904년 웰스가 안식년으로 미국에 갔을 때 오레곤주 포틀랜드 제일교회의 래드 부인이 5,000달러[12]를 기부했는데, 이를 포함한 6,500달러로 1905년 병원 본관을 새로 지은 후 1906년 10월 15일 개원했다. 병원 이름은 캐롤라인 래드병원(Caroline Ladd Hospital)이었으나 흔히 평양야소교 제중원(平壤耶蘇敎 濟衆院, 그림 Ⅳ-1-2)이라 불렸다. 이후 조선총독부는 평양야소교 제중원부속 의학교(平壤耶蘇敎 濟衆院附屬 醫學校)라고 표시했다.

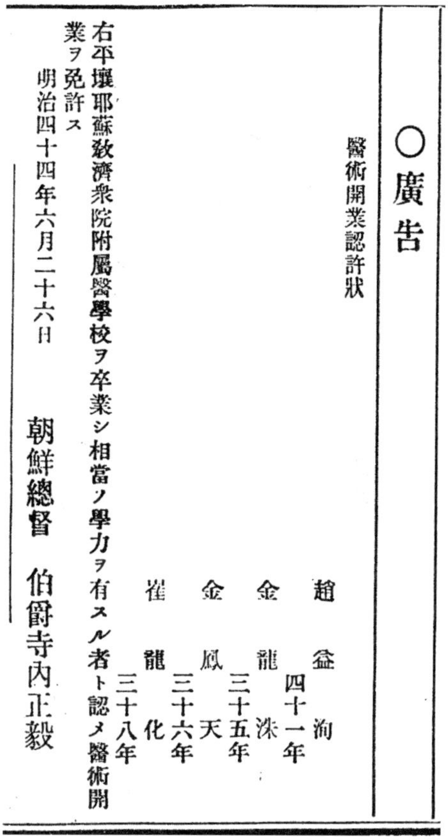

당시 평양에는 북장로회 소속의 래드 병원과 북감리회 소속의 기홀병원이 있었는데, 래드 병원의 웰스와 기홀병원의 폴웰 및 홀은 상대방의 병원에서 진료 활동을 돕는 등 두 병원은 거의 연합으로 운영되었다.[13]

웰스는 안식년에서 돌아온 후 한국인 의료조수를 훈련시키는 데 주력하였다. 1905-6년도에 웰스는 217건의 수술을 집도했는데, 진료과장

○ 廣告

醫術開業認許狀

右平壤耶蘇敎濟衆院附屬醫學校ヲ卒業シ相當ノ學力ヲ有スル者ト認メ醫術開業ヲ免許ス

明治四十四年六月二十六日

朝鮮總督 伯爵寺內正毅

趙益洵 四十一年洙

金龍鳳 三十五年天

金龍鳳 三十六年

崔龍化 三十八年

그림 Ⅳ-1-2 평양야소교 제중원부속 의학교. 의학교 졸업생들에게 의술개업인허장을 수여하는 내용의 관보. 廣告. 朝鮮總督府 官報 제246호, 1911년 6월 26일 6면.

으로 임명된 학생 조수인 조익순(趙益洵)은 118건의 수술을 집도해 전체 수술

11) Mission in Korea. The Sixty-sixth Annual Report of the Board of Foreign Missions of the Presbyterian Church in the United States of America. Mission House, New York, 1903년, 223쪽.

12) Mission in Korea. The Sixty-ninth Annual Report of the Board of Foreign Missions of the Presbyterian Church in the United States of America. Mission House, New York, 1906년, 261쪽.

13) Mission in Korea. The Seventy-first Annual Report of the Board of Foreign Missions of the Presbyterian Church in the United States of America. Mission House, New York, 1908년, 291-2쪽.

건수의 약 1/3을 집도하였다.[14] 1905년 웰스는 감리회의 폴웰과 연합하여 의학반을 운영했는데, 지원자가 약 20명이었지만 선교부의 규칙에 따라 6명의 학생조수를 뽑았으며 부득이 모두 자비로 공부하게 하였다.[15] 당시 의학반은 1주일에 2번의 강의가 진행되었으며, 4-5년 후에는 이들이 의사로 활동할 수 있는 것을 목표로 삼았다.[16] 1906-7년에는 11명의 학생이 있었으며, 3명은 중도 탈락하였다.[17]

1909년 당시 학생으로 조익순, 노인목, 김기웅, 한봉의, 변인희, 곽창석 등이 있었으며,[18] 조익순은 건강 악화로 그만 두었다.[19] 이중에서 김기웅(金基雄)은 대한의원부속 의학교로 옮겼다가 1911년 3월 조선총독부의원부속 의학강습소를 제1회로 졸업하였다.[20] 조익순, 김용수, 김봉천, 최용화 등 4명은 학력을 인정받아 1911년 6월 26일자로 의술개업인허장을 받았다.[21] 1911년 8월 4일에는 전경룡, 김창선, 박상진, 안상헌이, 8월 31일에는 정우경이 학력을 인정받아 의술개업인허장을 수여받았다.[22]

1913년까지 인허장을 받은 총 144명 중 평양야소교 제중원부속 의학교를 졸업하여 정식 의술개업인허장을 받은 사람들은 10명이나 차지할 정도로 한국의 초기 의사 수급에 적지 않은 기여를 했다.

---

14) 당시 조익선의 월급은 35원이었다. Mission in Korea. The Sixty-ninth Annual Report of the Board of Foreign Missions of the Presbyterian Church in the United States of America. Mission House, New York, 1906년, 261쪽.

15) Mission in Korea. The Sixty-ninth Annual Report of the Board of Foreign Missions of the Presbyterian Church in the United States of America. Mission House, New York, 1906년, 261-2쪽.

16) Korea. Annual Report of the Board of Foreign Missions of the Methodist Episcopal Church, 1905, 313쪽.

17) Mission in Korea. The Seventieth Annual Report of the Board of Foreign Missions of the Presbyterian Church in the United States of America. Mission House, New York, 1907년, 271쪽.

18) 그리스도신문, 1909년 8월 16일.

19) Mission in Korea. The Seventy-second Annual Report of the Board of Foreign Missions of the Presbyterian Church in the United States of America. Mission House, New York, 1909년, 291-2쪽.

20) 2006 會員名簿. 서울大學校 醫科大學 同窓會, 2006; 醫術開業認許狀 授與 下付. 朝鮮總督府 官報 제224호, 1911년 5월 31일.

21) 관보에는 인허장의 번호가 적혀 있지 않다. 廣告. 醫術開業認許狀. 朝鮮總督府 官報 제246호, 1911년 6월 26일.

22) 彙報. 朝鮮總督府 官報 제312호, 1911년 9월 11일.

인허장 번호 　이 름

1911년 5월 9일

　　제70호　　　김기웅(金基雄)　　　1911년 3월 조선총독부의원부속 의
　　　　　　　　　　　　　　　　　　학강습소 졸업

1911년 6월 26일자

　　제94호　　　조익순(趙益洵)　　　41세
　　제95호　　　김용수(金龍洙)　　　35세
　　제96호　　　김봉천(金鳳天)　　　36세
　　제97호　　　최용화(崔龍化)　　　38세

1911년 8월 4일자

　　제100호　　　전경룡(田慶龍)

1911년 8월 23일자

　　제101호　　　김창선(金昌善)
　　제102호　　　박상진(朴尙軫)
　　제103호　　　안상헌(安相軒)

1911년 8월 31일

　　제105호　　　정우경(鄭雨卿)

하지만 웰스가 1915년 9월 사임하면서 귀국하자 평양에서의 의학교육은 중단된 것으로 보인다. 1920년 강계에서 활동하던 비거가 평양으로 부임한 이후 래드병원은 감리회의 기홀병원에 합병되어 운영되었다. 1923년에는 광혜여원과도 연합하여 평양기독병원(平壤基督病院)으로 발전하였다.

2) 대구

대구의 의료사업은 1898년 초 존슨(그림 Ⅳ-1-4)[23]이 '제중원'이라는 이름

---

23) 존슨(Woodbridge O. Johnson, 張仁車, 1877-1949)은 1897년 12월 내한 했으며, 건강 문제로 1903년 귀국했다가 1906년 돌아와 의료 활동을 계속했다. 1910년 플레처에게 병원 사업을 인계하고 복음선교사로 전념했으며, 1913년 선교사직을 사임하고 귀국하여 미국 로스앤젤레스에서 목회 활동을 벌이다가 1949년 4월 벤누이스에서 사망했다. 김승태, 박혜진: 내한

의 진료소를 열면서 시작되었으나 시설과 의약품이 빈약해 제대로 된 진료가 불가능했다. 하지만 1899년 7월 의약품과 의료기가 도착하자 10월 1일 동산동에 새 건물을 마련하고 이전하여 성탄절에 공식적으로 진료소의 문을 열었는데, 이것이 동산기독병원(東山基督病院)의 시작이다(그림 Ⅳ-1-3).

그림 Ⅳ-1-3 대구 제중원(1899). 계명대학교 부속 동산기독병원 소장.

대구에서는 의료조수이자 병원 전도사 겸 통역으로 활동했던 서자명(그림 Ⅳ-1-4)[24]이 큰 역할을 하였다. 존슨이 발진티푸스에 걸려 진료를 하지 못했던 1901년 서자명은 혼자 병원 의료사업을 담당하였다.

1908년 당시 서자명이 의료조수이자 병원전도사 겸 통역으로 활동했는데, 원래 있었던 2명의 학생조수 이외에 3명을 더 뽑았다(그림 Ⅳ-1-4).[25] 1909-9년 사이 존슨은 7명의 한국인 학생 조수를 대상으로 이들에게 기초의학 및 임상의학 교육을 실시하였다. 존슨은 해부학, 생리학, 약물학, 내과학, 산과학, 외과학과 조제, 처방 그리고 영어를 가르쳤는데, 용어의 해석과 표현이 어려워 영, 한, 중, 일 사전을 편찬하기 시작했는데, 서자명이 큰 도움을 주었다.

1910년 건강 악화로 존슨이 사임하기 전까지 조수들에게 정규적인 강의가 이루어졌는데, 3명의 상급반 학생들은 상당한 훈련을 받아 산과와 관련된 요

선교사 총람. 1884-1984. 한국기독교역사연구소, 1994, 321-2쪽.

24) 서자명은 입원 중 기독교 신자가 되었거나 상당한 관심을 보인 환자들의 이름과 주소를 적어놓았다가 선교사가 순회를 할 때 그 구역을 담당하는 한국인 조사에게 미리 알려 줌으로써 퇴원한 환자에 대한 전도가 지속적으로 이루어지게 했다. Mission in Korea. The Seventy-second Annual Report of the Board of Foreign Missions of the Presbyterian Church in the United States of America. Mission House, New York, 1909년, 297쪽.

25) 다른 보고에 의하면 1908년 7명의 의학생이 교육을 받고 있었다고 한다. Mission in Korea. The Seventy-second Annual Report of the Board of Foreign Missions of the Presbyterian Church in the United States of America. Mission House, New York, 1909년, 297쪽; H. M. Bruen: 1908 to 1909. 40 Years in Korea, 147쪽; 존슨(W. O. Johnson)의 1908-9년도 보고서.

그림 Ⅳ-1-4 존슨과 그의 한국인 의학생들(1908년경). 뒷줄 가운데에 존슨이 있고, 앞줄 오른쪽 끝이 그의 부인이다. 앞줄 왼쪽 끝이 서자명이다. 계명대학교 부속 동산기독병원 소장.

청이 오면 왕진을 나가기도 했다.[26] 하지만 존슨이 사임하면서 의학교육은 중단된 것으로 보인다.

3) 선천

1901년 선교지부가 개설된 선천에서의 의료 선교는 잠시 제중원에서 근무한 후 평양에서 활동했던 셔록스(그림 Ⅳ-1-5)[27]가 1901년 11월 작은 초가집

---

26) Mission in Korea. The Seventy-fourth Annual Report of the Board of Foreign Missions of the Presbyterian Church in the United States of America. Mission House, New York, 1911년, 282쪽.

27) 셔록스(Alfred M. Sharrocks, 謝樂秀, ? -1919)는 미주리주 파크대학을 졸업했으며, 1899년 9월 내한 했다. 그는 1900년 평양에 이어 1901년 선천으로 전임되었다. 1904년에는 강계로 전임되어 신성학교 교감으로 취임했으며, 1919년 12월 미네소타주 로체스터에서 사망했다. 김승태, 박혜진: 내한 선교사 총람. 1884-1984. 한국기독교역사연구소, 1994, 462쪽.

그림 Ⅳ-1-5 셔록스에 의한 의학교육. (왼쪽) 셔록스. 제중원의학교 제1회 졸업생 주현측도 셔록스로부터 교육받았다. (오른쪽) 선천미동병원. Korea Mission Field 16(3), 1920.

을 구입하여 임시진료소로 사용하면서 시작되었다. 셔록스가 언제부터 의학교육을 시작했는지는 확실하지 않다. 다만 1908년 제중원의학교를 제1회로 졸업한 주현측이 고향 삭주에서 한문을 익힌 후 1901년부터 셔록스가 운영하던 부속의학교에서 4년 동안 의술을 배운 후 상경하여 1905년 1월 10일 제중원의학교에 입학하였다는 사실로 미루어 짐작해 볼 수 있다.[28]

1903-4년도에 셔록스는 6명의 학생에게 의학교육을 실시했는데, 5명은 2학년 과정을, 1명은 1학년 과정을 끝낸 상태였다.[29] 1905-6년도에는 3학년에 해당하는 6명의 학생조수가 교육을 받고 있었는데, 더 많은 학생들이 의료조수로 지원하여 이중 우수한 12명을 예비학생으로 정하였다.[30]

셔록스가 운영하던 진료소는 1905년 11월 미국 샌프란시스코 청년회에서 보낸 기금으로 병원을 새로 짓고 미동병원(美洞病院, In His Name Hospital)이라 이름을 붙였으며, 1903년부터 훈련을 받았던 5명의 조수가 미동병원에서 함께 일하였다.

미동병원에서 의학을 배운 한국인들은 기독교 계통의 병원에서 일을 하거나 개업하였다. 1910년 졸업생 6명 중 절반이 기독교 계통의 병원에 남았는

---

28) 535쪽을 참고할 것.

29) Third General Report of the Syen Chyun Station 1903-1904, 1904, 26쪽.

30) Mission in Korea. The Sixty-ninth Annual Report of the Board of Foreign Missions of the Presbyterian Church in the United States of America. Mission House, New York, 1906년, 271쪽.

데, 2명은 선천 병원에 남았고 1명(정 의사, Dr. Chung)은 재령 병원에 근무했다. 나머지 3명 중 2명은 선천 인근 지방에 개업했고, 정 의사(Dr. Jung)는 의주에서 개업하여 매일 60명 정도를 치료하였다.[31]

1905년 개원한 미동병원이 하루도 병원 문을 닫지 않고 운영된 것은 셔록스가 양성한 한국의 의사들 때문이었다. 1917년 초 셔록스가 안식년을 가졌을 때에도 한국인 의사들만으로 병원이 운영되었다.[32]

4) 재령

재령에서의 의료선교는 1905년 화이팅(그림 IV-1-6)[33]에 의해 시작되었다. 화이팅은 의학교육을 실시하면서 학생들의 기준을 정했는데, 첫째 독실한 기독교 신자일 것, 둘째 한문을 읽을 수 있을 것, 셋째 재정 능력이 있을 것이었다.[34] 이들 의학생들은 상해 북장로회 출판사에서 발간된 한문 의서로 교육을 받았다. 1906년 말 있었던 5명의 학생 중 둘은 보수를 받았는데, 한 명은 3년 동안, 나머지 한 명은 2년 동안 화이팅의 조수로 있었다. 보수를 받지 않는 학생들 중 2명은 일정 기준에 도달했으며, 한 명은 마지막 기준에는 미달했지만 교회 집사로서 진실한 기독교 신자였고 다년간 의약품을 판매한 경험이 있었기 때문에 의학반에 잔류하도록 허용하였다.

당시 의학교육 방법은 오래된 도제식이었다. 실제 강의는 아침에 한 시간 이루어졌고, 이어 진찰실에서 수술, 붕대감기, 약 조제 등을 직접 눈으로 보고 손으로 익히는 과정이었다. 이 방법은 불완전한 것이었지만, 한정된 시간에

---

31) 북장로회 보고서에 언급된 '1908년 봄 졸업한 당(Tang) 의사'가 '정 의사'와 동일한 인물로 추정되지만 확실하지 않다. 이만열: 한국기독교의료사. 아카넷, 2003, 201쪽; Mission in Korea. The Seventy-second Annual Report of the Board of Foreign Missions of the Presbyterian Church in the United States of America. Mission House, New York, 1909년, 302쪽.

32) A. M. Sharrocks: A medical experiment. Korea Mission Field 13: 133, 1918.

33) 화이팅(Harry C. Whiting, 黃浩里, 1865-1945)은 신학과 의학을 전공했으며, 1903년 11월 내한 하여 평양에서 활동하다가 1905년 초대 재령선교사로 임명되었다. 그는 1920년 선교사 직을 사임하고 1921년 귀국했다가 1945년 8월 미국 아이오와주 파이어필드에서 사망했다. 김승태, 박혜진: 내한 선교사 총람. 1884-1984. 한국기독교역사연구소, 1994, 523쪽.

34) H. C. Whiting: The Doctor's point of view. Korea Mission Field 3: 18-22, 1907.

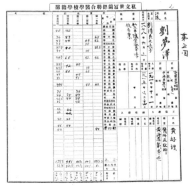

그림 Ⅳ-1-6 화이팅에 의한 의학교육. (왼쪽) 재령 제중원에서 활동했던 화이팅. Korea Mission Field 33(2), 1937. (오른쪽) 유몽택의 학적부. 보증인이 黃浩里(화이팅)로 되어 있다.

가르칠 의사가 1명인 조건에서는 다양한 요구를 만족시키는데 최상이었다. 만일 챠트나 마네킹이 있었다면 학생들은 크게 도움을 받고 교육은 훨씬 쉬웠을 것이다.

조수 유몽택(劉夢澤, Ⅳ-1-6)은 능력이 뛰어나다고 평가되었으며, 기회가 될 때마다 전도도 하였다. 그는 유득량(劉得良)의 장남으로 1878년 6월 2일 태어났으며, 원적은 평안북도 선천이었다.[35] 사립 평양 숭실중학교를 졸업한 후 재령병원에서 조수로 근무하다가 화이팅의 보증으로 1910년 10월 1일 세브란스병원의학교에 입학하여 1915년 3월 24일 제5회로 졸업하였다.

한편 셔록스로부터 의학 교육을 받은 주태영(Chu Tai Yung)은 1911년 재령병원의 정규 의사로 임명되어 1930년대까지 근무하였다.[36]

5) 청주

청주의 선교지부는 1907년 개설되었다. 널에 이어 1908년 8월 부임한 퍼비안스[37]는 하인 집을 개조해 진료소를 만들었으며, 2명의 조수와 함께 진료활

---

35) Mission in Korea. The Seventy-second Annual Report of the Board of Foreign Missions of the Presbyterian Church in the United States of America. Mission House, New York, 1909년, 306쪽; 연세대학교 의과대학 학적부.
36) 이만열: 한국기독교의료사. 아카넷, 2003, 394쪽.
37) 퍼비안스(W. C. Purviance, 芙班瑞, 1875-1952)는 1908년 2월 내한하여 선천 미동병원에서 6

동을 전개하였다. 1910년 4월 병원 신축 작업을 시작하여 1912년 7월 20일 20 병상을 가진 던컨병원(Duncan Hospital)이 개원했는데, 이때 4명의 조수가 있었다.

6) 강계

강계의 의료사업은 1909년 5월 2일 밀스[38])에 의해 시작되었는데, 케네디 부부의 헌금으로 1911년 2월 케네디병원(Kennedy Hospital, 桂禮智病院)을 신축 개원하였다. 케네디병원에는 개원 직후 한 명의 의학조수가 있었다.[39])

개월 동안 의료선교를 하다가 청주선교부로 전임되었다. 1913년 11월 귀국했고, 1914년 7월 선교사직을 사임했다. 김승태, 박혜진: 내한 선교사 총람. 1884-1984. 한국기독교역사연구소, 1994, 424쪽.

38) 밀스(Ralph G. Mills, 馬壹瑞, 1884-1944)는 1908년 10월 내한하여 강계에서 활동했다. 1911년 9월부터 세브란스병원의학교의 교수로 활동하다가 1918년 4월 선교사직을 사임하고 귀국하였다. 김승태, 박혜진: 내한 선교사 총람. 1884-1984. 한국기독교역사연구소, 1994, 381쪽.

39) Mission in Korea. The Seventy-sixth Annual Report of the Board of Foreign Missions of the Presbyterian Church in the United States of America. Mission House, New York, 1913년, 290쪽.

2. 미 북감리회

1) 서울

알렌을 도와 1개월 정도 일하다가 1885년 6월 24일 제중원을 떠난 미국 감리회의 의료선교사 스크랜턴은 정동에 민가와 토지를 구입해 독자적으로 병원 개설을 준비하였다. 그리고 미국에서 보낸 의료기기와 약품이 도착하자 1885년 9월 10월 자신의 집에서 의료 사업을 시작했는데,[40] 이때 제중원의 한국인 직원 두 명이 찾아와 스크랜턴에게 의사가 되고 싶다는 의사를 나타내었다.[41] 이에 스크랜턴은 의학서적을 보려면 먼저 영어를 알아야 한다고 알려주자, 그들은 즉시 아펜젤러에게 영어를 가르쳐 달라고 요청한 일이 있었다. 이 병원은 1886년 6월 15일 시병원(施病院)으로 발전하였다(그림 Ⅳ-1-7).[42]

스크랜턴은 1888년 11월 1일 진찰소에서 3명의 남학생에게 의학교육을 시작했는데, 이론과 함께 실제 의료와 관계된 것을 배웠으며 이들은 진료소의 일에 아주 유용하였다.[43] 1891년에 2명의 조수가 있었는데, 그들은 자신의 의료사업을 수행할 수 있기를 기대하였다.[44]

1890년 10월 중순에는 남대문 상동병원(尚洞病院)을 개원했는데,[45] 이 병원은 2개의 입원실, 조제실, 대기실을 갖춘 벽돌 건물이었으며 노씨 형제가

---

40) Korea. Annual Report of the Board of Foreign Missions of the Methodist Episcopal Church, 1885, 238쪽.

41) M. B. Block: The House Nobody Knows. Korea Mission Field 26: 102, 1930.

42) Annual Report of the Board of Foreign Missions of the Methodist Episcopal Church Korean Mission, 1886, 272쪽. 안내 문구는 영문으로 다음과 같았다. "Old or young, male or female, everybody with whatever disease, come at ten o'clock any day, bring an empty bottle, and see the American doctor."

43) M. B. Block: The House Nobody Knows. Korea Mission Field 26: 102, 1930.

44) Korea. Annual Report of the Board of Foreign Missions of the Methodist Episcopal Church, 1891, 274쪽.

45) Korea. Annual Report of the Board of Foreign Missions of the Methodist Episcopal Church, 1891, 275-6쪽.

그림 Ⅳ-1-7 스크랜턴에 의한 의학교육. (왼쪽) 스크랜턴. Korea Mission Field 35(10): 3, 1939. (오른쪽) 시병원. Korea Mission Field 26(5): 1, 1930.

조수로 근무하였다.[46] 1894년에는 정동의 시병원이 남대문 상동병원으로 이전하여 하나로 합쳐졌다. 그런데 미 북감리회는 1895년부터 일반 의료사업에 대한 예산을 삭감했기 때문에 인원을 감축해야 했다. 당시 상동병원에는 한국인 조수 4명(진료소 2명, 입원실 1명, 의료조수 겸 약제사 1명)이 있었다. 버스티드[47]는 이중 2명을 해고하여 제1조수 겸 약제사인 상동교회 교인 고바야시(小林), 제2조수인 정동교회 교인 권씨(Mr. C. U. Quan)와 함께 진료를 했으며, 1일 평균 진료환자는 10명이었다.[48]

1898년 4월 버스티드의 후임으로 부임한 셔먼[49]은 한국인을 의사로 만드는 것이 최상의 기독교 의료사업 임을 강조하며, 신흥우(申興雨)를 의사로 만들기 위해 많은 시간을 투자했다.[50] 1899년 여름 결핵에 걸려 1900년 봄 미국으로 돌아간 셔먼의 도움으로 신흥우는 미국으로 건너가 처음에 예과에 입학

---

46) 이만열: 한국기독교의료사. 아카넷, 2003, 107쪽.
47) 버스티드(John B. Busteed, 1869-1901)는 1892년 뉴욕의과대학을 졸업하고 1893년 6월 내한하였다. 그는 1897년 건강 악화로 귀국하여 뉴욕에서 의료, 전도활동을 했으며, 1901년 3월 사망하였다. 김승태, 박혜진: 내한 선교사 총람. 1884-1984. 한국기독교역사연구소, 1994, 192쪽.
48) 이만열: 한국기독교의료사. 아카넷, 2003, 111쪽.
49) 셔먼(Harry C. Sherman, 1869-1900)은 1897년 남캘리포니아대학교 의과대학을 졸업하고 1898년 2월 내한하였다. 그는 1900년 6월 건강 악화로 귀국하여 7월 사망하였다. 김승태, 박혜진: 내한 선교사 총람. 1884-1984. 한국기독교역사연구소, 1994, 465쪽.
50) 이만열: 한국기독교의료사. 아카넷, 2003, 112쪽.

하여 2년 동안 공부한 후 의대에 입학했지만 학업을 감당하지 못하고 도중에
문리대로 전과하였다.[51] 셔먼의 귀국과 함께 상동병원은 폐쇄된 것으로 보인
다.

2) 평양

홀

1890년 10월 13일 내한한 홀(그
림 IV-1-8)[52]은 '여성을 위한 의료사
업은 여성의 힘으로(Medical Work
for Women by Women)'라는 표어를
내걸고 여성들로 의학강습반을 조
직했는데, 매일 생리학 등을 가르치
면서 진료소의 조수로 교육을 시켰
다. 처음에 일본인 소녀 오와카와
김점동 등 4명의 한국인 소녀에게
의학 교육을 시작하였다.[53] 1895년
홀은 미국으로 귀국할 때, 자신이
의학을 가르친 김점동을 미국으로
데려가 볼티모어여자의과대학에 입
학시켰다. 김점동은 1900년 한국 최
초의 여의사가 되어 귀국하였다.[54]

그림 IV-1-8 로제타 홀. 여성에게 의학을
가르쳤다. Korea Mission Field 32(12), 1936.

---

51) 전택부: 인간 신흥우. 기독교서회, 1971, 65쪽.
52) 홀(Rosetta S. Hall, 許乙, 1865-1951)은 1889년 펜실베이니아여자의과대학을 졸업하고 1890
년 10월 내한하였다. 1894년 남편이 평양에서 사망하자 2살된 아들을 데리고 귀국했다가
1897년 11월 다시 내한하였다. 그녀는 평양과 서울에서 활동했으며, 특히 1920년 여자의학
반을 조직해 한국인 여자의사 양성에 힘을 쏟았다. 1935년 건강 악화로 선교사직을 사임하
고 귀국하여 1943년 은퇴했으며, 1951년 4월 미국 뉴저지 안식관에서 사망하였다. 김승태,
박혜진: 내한 선교사 총람. 1884-1984. 한국기독교역사연구소, 1994, 278쪽.
53) 이만열: 한국기독교의료사. 아카넷, 2003, 151쪽; 李春蘭: 韓國에 있어서 美國 宣敎醫療活動,
1884-1934. 梨大史苑 10: 11, 1972.

폴 웰

폴웰(Edward D. Follwell)은 홀에 이어 1896년 5월 평양에서 의료선교를 시작하였으며, 1898년부터 김재손을 조수로 고용하여 도움을 받았다.[55] 폴웰은 1905-6년도에 미 북장로회의 웰스와 연합하여 의학반을 운영하면서 상당히 체계화된 의학교육을 실시했는데, 지원자가 약 20명이었지만 선교부의 규칙에 따라 6명만 선발하였다.[56] 부득이 이들은 모두 자비로 공부하였다. 당시 의학반은 매주 2번의 강의를 진행하였으며, 4-5년 후에는 이들이 의사로 활동할 수 있는 것을 목표로 삼았다.[57] 1906년에는 11명이 입학하여 8명이 1년 동안 의학을 배웠으며, 1911년까지 2회에 걸쳐 졸업생을 배출하였다.[58]

기홀병원에서는 폴웰과 한국인 의료조수 2명이 함께 외래진료, 수술, 왕진 등의 의료 활동을 하였다. 의료 조수 중 김재손이 가장 유능했던 것으로 알려져 있는데, 그는 1898년부터 1910년까지 왕진과 수술의 거의 절반을 담당하였다. 그는 폴웰의 단순한 조수로서가 아니라 동료로서 의료 활동의 상당 부분을 담당한 것이었다. 1909-10년도의 경우 수술 환자 214명 중 98명을 김재손이 집도했다.[59] 폴웰과 김재손은 환자 진료 이외에도 전도에도 시간을 할애하였다.

1911년 6월 13년 동안 병원에서 일을 하던 제1조수 김재손이 사임하자 공립평양동인의원부속 평양의학교를 졸업하고 1910년 5월 13일 의술개업인허장을 받은 후 평양자혜의원에서 조수로 근무하던 최성구가 1912년 1월부터 근무하였다.

---

54) 이 책의 51쪽을 참고할 것.
55) Korea. Annual Report of the Board of Foreign Missions of the Methodist Episcopal Church, 1905, 313쪽.
56) Mission in Korea. The Sixty-ninth Annual Report of the Board of Foreign Missions of the Presbyterian Church in the United States of America. Mission House, New York, 1906년, 261-2쪽.
57) Korea. Annual Report of the Board of Foreign Missions of the Methodist Episcopal Church, 1905, 313쪽.
58) 이만열은 제1회 졸업생이 1909년, 제2회 졸업생이 1910년 배출된 것으로 추정하였다. 이만열: 한국기독교의료사. 아카넷, 2003, 187쪽.
59) 이만열: 한국기독교의료사. 아카넷, 2003, 216쪽.

3) 공주

1903년 이후 맥길이 운영하다가 1905년 이래 중단되었던 공주에서의 의료
사업은 1908년 반버스커크[60]가 임명되면서 재개되었는데, 그는 1909년 12월
20일부터 1910년 5월 1일까지 의료조수와 함께 2,315명을 치료했다. 이 조수
는 의학을 배우면서 반버스커크에게 큰 도움을 주었다.[61]

4) 해주

해주가 감리회의 선교구역이 되자 1909년 11월 초 켄트[62]가 진료소를 개
소하였다. 통역관 윤성열은 의료조수 및 전도인으로서의 임무를 열심히 수행
하였다.[63]

켄트에 이어 1910년 11월 1일 부임한 노튼(Arthur H. Norton)은 2명의 조수
를 두고 있었다.[64] 제1조수 한원진은 다른 사람들에게 부담이 된다며 휴가를
가지 않았는데, 노튼은 1912년 봄 그를 (세브란스병원)의학교에 입학시켰다.
그의 자리는 의술개업인허장을 갖고 있는 졸업생 중 한 명으로 채울 예정이
었다. 제1조수는 매주 일요일 조사와 입원환자들을 모아 전도했다. 제2조수
홍명도는 소아 환자들의 진료에 큰 도움을 주었다.

---

60) 반버스커크(James D. VanBuskirk, 潘福奇, 1881- ?)는 1908년 내한했으며 공주에서 활동하
다가 1913년부터 1931년까지 세브란스에서 교수로 활동했다. 1931년 귀국 후 1937년 미국
감리화 사우드캘리포니아연회로 이적하였다. 김승태, 박혜진: 내한 선교사 총람. 1884-1984.
한국기독교역사연구소, 1994, 508쪽.

61) Korea. Annual Report of the Board of Foreign Missions of the Methodist Episcopal Church,
1910, 183쪽.

62) 켄트(E. W. Kent, ? -1917)는 1909년 내한했으며 해주에서 활동하다가 1910년 귀국했고
1917년 사망하였다. 김승태, 박혜진: 내한 선교사 총람. 1884-1984. 한국기독교역사연구소,
1994, 327쪽.

63) Korea. Annual Report of the Board of Foreign Missions of the Methodist Episcopal Church,
1910, 188쪽.

64) Korea. Annual Report of the Board of Foreign Missions of the Methodist Episcopal Church,
1912, 179쪽.

3. 미 남감리회

1) 개성

개성에서 의료사업은 1899년 4월 하디에 의해 시작되었지만 1902년 원산으로 전근하면서 중단되었다가 1907년 9월 리드에 의해 재개되었다. 리드는 아이비병원(Ivey Memorial Hospital, 南星病院)의 신축 작업을 하면서 1908년 5월부터 의료사업을 시작했는데, 의료조수 배선명(裵善明)의 도움을 크게 받았다.[65)

2) 원산

1901년 작은 진료소로 출발한 원산 구세병원은 북감리회의 맥길과 공동으로 운영하다가 1903년부터 로스[66)가 단독으로 운영하였다. 1908년 의료조수 최승현이 있었다.

---

65) 이만열: 한국기독교의료사. 아카넷, 2003, 219쪽.
66) 로스(Joel B. Ross, 羅約耳, ? -1930)는 1901년 8월 내한하여 원산에서 활동하였다. 1929년 안식년으로 귀국했으며, 1930년 12월 미국 켄터키주에서 사망하였다. 김승태, 박혜진: 내한 선교사 총람. 1884-1984. 한국기독교역사연구소, 1994, 445-6쪽.

4. 미 남장로회

1) 군산

미 남장로회는 1902년 가을 군산 진료소의 원장에 알렉산더(A. J. A. Alexander)를 임명했다. 그런데 군산에 도착하자마자 갑작스런 부친이 사망으로 귀국하게 된 알렉산더는 배재학당을 졸업한 오긍선을 데리고 가 미국에서 의학교육을 시켰다. 오긍선은 1907년 의사가 되어 귀국했다.[67] 이후 군산에서는 다니엘, 오긍선에 이어 부임한 패터슨(J. B. Patterson, 孫培淳)은 1907년 말부터 3명의 학생으로 의학반을 조직했는데, 1908년 봄에는 11명으로 늘어났다.[68]

2) 전주

전주에서는 1902년 병원 건물이 이미 신축되었지만 1904년 8월 10일 포사이드가 부임하면서 의료 활동이 재개되었다. 1908년 가을 버드맨(F. H. Birdman)이 진료를 시작했을 때 한국인 의료조수가 있었다.

3) 목포

1909년 목포에 부임한 포사이드[69]는 여러 명의 의료조수들을 훈련시켰

---

67) 이 책의 115쪽을 참고할 것.
68) W. B. Harrison: From Kunsan. Korea. Missionary, June, 304쪽, 1908.
69) 포사이드(W. H. Forsythe, 保衛廉, ? -1918)는 쿠바에서 다년간 의료 활동을 하다가 1904년 내한하여 전주, 목포, 광주 등에서 활동하다가 1912년 선교사직을 사임하고 귀국했으며, 1918년 사망하였다. 김승태, 박혜진: 내한 선교사 총람. 1884-1984. 한국기독교역사연구소, 1994, 255쪽.

다.70)

4) 광주

1905년 부임한 놀런(J. W. Nolan)은 외래 환자진료에서 남녀 조수들의 도움을 받았다.71)

---

70) 이만열: 한국기독교의료사. 아카넷, 2003, 209쪽.
71) 李萬烈: 韓末 美國系 醫療宣敎를 통한 西洋醫學의 受容. 國史館論叢 3: 231, 1989.

5. 캐나다 장로회

1) 함흥

캐나다 장로회의 맥밀런(Kate McMillan, 孟美蘭)은 1903년 원산과 함흥을 오가면서 병원 개설을 준비하다가 한옥 1채를 구입하여 진료소를 개소했는데, 이것이 함흥제혜병원(咸興濟惠病院)의 시작이었다. 맥밀란은 자신이 원산에서 양성한 조수의 도움을 받으며 진료소를 운영하였다.[72]

2) 성진

1901년 5월 18일 성진에 도착한 그리어슨[73]은 김용배를 의료조수로 훈련시켰다. 서울에서 학교를 졸업한 그에게 그리어슨은 원산 진료소에서 조제학 등을 가르치면서 훈련시켰다. 1902년 보고서에 의하면 그는 화학, 약학, 수학, 영어 및 한문 등을 공부하고 있었다.

1907년 주거지역에 성진제동병원(城津濟東病院)이 신축되자, 김용배가 진료 업무를 전담하였다.[74] 하지만 9개월 동안 5,000여 명의 환자를 김용배 혼자 감당하기 힘들어 그리어슨도 함께 진료해야만 했다. 핼리팩스교회의 도움으로 진료소와 김용배 집 사이에 전화가 가설되어 진료에 큰 도움을 주었다.

---

72) 이만열: 한국기독교의료사. 아카넷, 2003, 133쪽.
73) 그리어슨(Robert G. Grierson, 具禮善, 1868-1965)은 1890년 달하우스대학교를 졸업했고, 1897년 감리교신학교를 졸업한 후 1898년 내한하였다. 1899년부터 원산, 성진, 함흥 등에 선교지부를 설치했으며, 1935년 정년퇴임 후 귀국하였다가 1965년 사망하였다. 김승태, 박혜진: 내한 선교사 총람. 1884-1984. 한국기독교역사연구소, 1994, 271-2쪽.
74) 이만열: 한국기독교의료사. 아카넷, 2003, 224쪽.

6. 영국 성공회

영국 성공회의 랜디스는 1891년 10월 18일 병원을 개설하여 진료를 시작했는데 후에 제물포 성누가병원(Great English Holy Doctrine Hospital)으로 발전하였다. 이 병원에는 1905년부터 조유니스(Eunice Cho)가, 1906년부터 최요한(John Choi)와 데이비드(David), 박유니스(Eunice Pak) 등이 의료 조수로 있었다.[75]

---

75) 이만열: 한국기독교의료사. 아카넷, 2003, 226-7쪽.

7. 제7일 안식일 재림교회

간호사인 부인과 함께 1908년 9월 평안남도 순안에 진료소를 개소한 러셀[76]은 4년 동안 20,000명, 월평균 500명을 진료했을 뿐 아니라 의욕적으로 지방 순회 진료까지 했다. 이런 활동이 가능했던 것은 한국인 조수 이석관과 그의 사위 김창세가 있었기 때문이었다.[77] 하지만 안식교회의 의료선교는 다른 선교부에 비해 상대적으로 초보 단계에 머물러 있었다.

김창세(金昌世, 그림 IV-1-9)[78]는 1893년 2월 22일 김승원(金承元)의 장남으로 태어났으며, 원적은 평안도 용강군 서화면이다.[79] 그는 평양

그림 IV-1-9 김창세. 동은의학박물관 소장.

서문내 장로교 중학교와 동경 신전구(神田區) 정칙속성학교(正則速成學校)를 졸업하였다. 그는 순안에서 조수로 있다가 1910년 10월 1일 세브란스병원의학교에 입학하여 1916년 3월 29일 졸업하였고, 미국의 존스홉킨스대학에서 보건학으로 박사학위를 받은 한국 최초의 예방의학자이다. 그의 손위 동서가 도산 안창호이다.

---

76) 러셀(Riley Russel, 魯雪)은 1908년 8월 조지워싱턴대학교 의과대학을 졸업하고 내한하였다.
77) 이영린: 한국재림교회사. 시조사, 1965, 199쪽.
78) 노재훈: 공중 보건학의 선구자 김창세 박사. 延世醫史學 1(1): 11-6, 1997.
79) 연세대학교 의과대학 학적부.

제2장 동인회의 의학교육

1. 평양동인의원

동인회는 식민지 대만에 개교한 대만총독부의학교의 사업을 위해 1902년 6월 16일 조직되었다. 동인회는 일본이 중국 대륙을 침략하기 위해 급속하게 경부철도를 건설하면서 1904년 2월부터 철도촉탁의라는 명목으로 의료진을 한국에 진출시켰고, 평양, 대구, 용산에 동인의원(同仁醫院)을 개원했다.

1) 동인회의원 장정

동인회가 한국에서 의학교육을 했던 것은 회의 설치 목적 중 1항에 언급된 의학교의 설립을 강조한 것에 근거한 것이었다. 즉 '무형상의 유익으로서 미개한 국민을 회유 유액(懷柔 誘掖)하는 최대의 수단으로 삼는 것'이 그들의 목적이었는데, 의약 판로의 지역 개척이 당시 제국주의의 식민지 정책이었던 것을 감안하면 동인회는 창설 목적에서 의료 활동을 통한 식민지 정책을 분명하게 밝힌 것이었다.[80] 일제는 당시 한반도와 만주 지역의 식민지 개척을 위해 정부의 최대 역점 사업으로 왕실까지 동원하여 국민들의 이해와 협력을 얻어 동인회 활동을 전개했다. 러일전쟁 직후 경무고문으로 내한한 마루야마는 동인회의 추천을 받아 각 지방의 경무자문의, 각 도읍 병원장, 철도의들을 임명하였다.

동인회의원 장정(同仁會醫院 章程)은 다음과 같았다.

제1조 동인회의원은 본 회의 주지를 존중하고 소재 지방의 공익적 의사 위생사
　　　 업의 발달 보급을 도모함을 목적으로 한다.
제2조 동인회의원의 경제는 각지 자활로 본지를 이루되 사정에 따라 본회로부
　　　 터 그 보조금을 받되 잉여금이 생길 경우에는 소재 지부 또는 본부의 회

---

80) 李忠浩: 同仁會의 醫師教育活動. 醫史學 4: 12, 1995.

계에 편입하도록 한다.

제3조 동인회의원 소재지에 적당한 병원 규칙을 편성해서 본회의 승인을 받아야 하고 규칙 변경의 경우 또한 동일하다.

제4조 동인회의원으로서 공립의원의 자격을 보유하여 거류민단 또는 소재지 공공단체 등과 특별한 계약을 필요로 할 때는 그 조건을 협정해서 본회의 승인을 받아야 한다.

제5조 동인회의원은 원장으로서 귀임한 자로 하고, 그 진퇴는 소재지 부장의 품의에 따라 본회 회장이 그것을 결정하고, 특히 회장으로로부터 귀임자를 지정받아야 한다. 단, 지부가 설치되지 않은 곳에서는 회장이 직접 그것을 집행한다.

제6조 동인회의원은 매월 5월 말에 전년도의 결산서를 제출하고 11월 말일에 익년도의 예산서를 제출해서 회장의 승인을 받아야 하고 회계연도는 4월 1일에 시작하여 익년 3월 말일에 끝난다. 단, 소재지의 사정에 따라 회계 연도가 1월 1일에서 시작하여 12월 말일에 끝나면 1월 결산을 보고하고, 7월에 익년의 예산을 제출하는 것도 무방하다.

제7조 동인회의원은 재산목록 및 제 장부를 갖추어 출납을 명확히 해서 본부로부터 요구에 따라 언제라도 회계를 명시해야 한다.

제8조 동인회의원은 매년 4월과 10월 중에 전반년도의 사무 및 회계보고가 이루어져야 하고, 만약 필요하다면 임시보고를 요구할 경우 그에 따라야 한다. 단, 소재지의 사정에 따라 1월과 7월에 보고하는 것도 무방하다.

제9조 동인회의원은 반년마다 해당 영역에서의 의사위생에 관한 그 성적과 상황을 보고해야 한다.

2) 나카무라 도미조의 파견

1903년 12월 14일 평양의 일본 거류민들의 요청에 따라 나카무라 도미조(中村富藏)[81]가 동인회로부터 파견되어 일본의 영사분관 및 거류민들을 위한

---

81) 나카무라 도미조는 1868년 7월 14일 생으로 원적은 일본 신홍현 고지군(新潟縣 古志郡)이다. 그는 1888년 2월 의술개업등용시험에 합격하여 기옥현 궐정(埼玉縣 蕨町)에서 개업을 하다가 청일전쟁에 종군한 후 대만총독부 공의에 임명되어 담수(淡水)에서 근무하였다. 1899년 오사카의 검역관으로 전근되었고, 1901년 신정정(新井町)에 있는 상춘병원(常春病院)의 원장이 되었다. 1903년 12월 동인회로부터 평양으로 파견되었다. 1907년 4월 철도촉탁의가 되어 1917년 당시까지 근무 중이었으며, 훈6등을 수여받았다. 한국근현대인물자료, 국사편찬위원회.

촉탁의사로 임명되었다. 그의 임명과 관련된 다음의 내용들은 동인회가 일본의 조선 병합을 위해 얼마나 조심스럽게 노력했는가를 잘 알 수 있는데, 심지어 거주할 장소까지 지정할 정도였다. 동인회 회장 나카오카 모리요시(長岡護美)는 다음과 같은 사항을 명심하도록 나카무라에게 훈령을 내렸다.[82]

　　이번에 특별히 귀하를 평양거류민 공의(公醫) 후보자로서 평양에 파견하니 한국 체류 중에 다음의 사항을 명심하라.

　1. 본 회의 취지를 요득하여 한국 파견 중에 제반 사무에 신중히 행동하라.
　2. 섭생을 존중하여 본 회의 체면을 더럽히는 것을 주의하라.
　3. 본 회의 사업에 관해 필요하다고 인정되는 사항은 크건 작건 힘써 보고하라.
　4. 1903년 12월 25일 파견의 나카무라는 도미조는 평양에 도착하여 주점동(酒店洞)에 거주하고, 평양분관 주임 신조(新庄順貞)의 보호를 얻어 평양거류민의 의료 위생 사무를 촉탁하는 한편 한국인의 위생사상을 계발하는 것에 노력하라.

　　　　　　　　1903년 12월 14일 동인회 회장 자작 나가오카 모리요시

　평양에 도착한 나카무라는 12월 25일자로 평양 일본거류민단 사무소로부터 공의로 촉탁 받았다.

　1904년 2월 러일전쟁이 일어나고 평양이 군대의 주둔지가 되자 나카무라는 평양 병참사령관 육군보병 중좌 기무라(木村宣明)로부터 병참부의 의무를 촉탁 받았다. 그는 평양에서 의료에 소양이 있는 조수 및 산파 몇 명을 모아 임시환자수용소를 설치하여 부상당한 육군 일등군의 키시카와(岸川雄治), 육군보병 중위 고노(河野楊造) 및 하사 이하 4명을 수용해 돌보았고, 3월 7일 육군사영병원(陸軍舍營病院)으로 업무를 인도하였다.

　1904년 3월 평양부인회 회장과 십여 명은 나카무라를 강사로 위촉하여 평양간호부(平壤看護婦)를 조직해서 여러 차례 평양병참병원의 부상자를 간호 위문하였다.

---

82) 公立平壤同仁醫院 沿革. 同仁 38: 1-2, 1909.

2) 평양의학교의 개교

나카무라는 동인회 본부의 승인을 얻어 동인의원이 개원하기 전인 1905년 4월부터 대동문 안에서 '간이(簡易)한 의학을 교수'하기 위해 10여 명의 조선인 학생을 모집하여 평양의학교(平壤醫學校)라 칭하고 의학교육을 시작했다.[83]

1905년 8월에는 동인회의 부회장인 동경의과대학 의학박사 카나야마(片山國嘉)는 한국과 만주의 위생을 시찰하는 길에 평양에 들러 의학생을 만나, 의학교육을 받는 목적을 상찬(賞贊)하고 일장 훈시를 하기도 했다.

그런데 1906년 10월 안질에 걸려 후쿠오카의과대학 병원에 입원하게 된 나카무라는 평양의 한 개업의사에게 의학생들의 계속적인 교육을 부탁하고 떠났다. 하지만 안질이 해를 넘어서도 치료되지 않아 나카무라가 돌아오지 않자, 구심점을 잃은 학생들은 흩어져 최예항, 정두현, 김보연 등 3명의 학생만 남게 되었다. 1906년 정두현이 일본으로 유학을 떠나자, 의학 교육은 더 이상 지속되지 못했다.

3) 동인회 평양지부의 설립

1906년 8월 12일[84] 동인회 부회장 사토 스스무(佐藤進)는 평양에 동인회 지부를 설치하기 위해 통감부 기사 고야마 젠(小山善)[85]과 동인회의 경성 상무위원 사사키와 함께 평양을 방문하였다. 그는 평양이사청의 이사관 기쿠치 다케이치(菊池武一), 평안남도 관찰사 등으로부터 동의를 얻어, 일의 추진을

---

83) 公立平壤同仁醫院 沿革. 同仁 38: 2, 1909.
84) 佐藤 博士의 平壤視察. 同仁 4: 20, 1906.
85) 고야마는 통감부 기사로 있다가 1907년 3월 15일부터 대한의원 치료부 부장으로 임명되었다. 1908년 당시 궁내부 시종원 소속의 전의였다. 주2, 3급이었고 훈4등을 받았다. 고야마는 통감 이토를 수행하여 1909년 10월 26일 하얼빈에 갔다가 이토가 안중근에 의해 저격당하자 응급처치를 담당하였다. 그는 이토를 붕대로 둘둘 감아 묶고 다른 의사들과 함께 러시아병원으로 가서 러시아 의사들과 함께 응급치료를 했지만, 30분 정도가 지나 이토는 사망하였다. 딸 入江暢(1893년생)은 여자학습원 출신이며, 이왕직의 전의를 지냈다. 한국근현대인물자료, 국사편찬위원회.

나카무라에게 위임하였다.

다음 달인 1906년 9월 동인회 본부 상무위원 다시도(田代亮介)는 동인회 사업의 확장을 위해 한국과 만주를 시찰하는 길에 평양에 들러 나카무라와 만났다. 이어 평양이사관, 관찰사, 기타 주요 인사들을 예방하고 찬성을 얻어 동인회 평양지부의 설치를 결정하였다.

그리하여 10월 동인회 본부는 평양이사관 기쿠치, 경무고문인 경시 에이타니 다카시(永谷隆志), 거류민장 바바 하루시토(馬場晴利), 파견의 나카무라를 동인회 평양지부의 창립위원으로 위촉하였다. 이에 근거하여 10월 20일 창립위원들은 동인회의 평양지부를 조직하였다.[86]

동인회 평양지부는 10월 29일 탁지부 소관이던 서문통의 구 감리서(監理署) 터 45평을 빌려 병원으로 사용하는 것을 요청하였고, 11월 13일 조선정부는 이를 허락하였다.[87] 그리고 주변의 민가 30여 채를 구입하여 이곳에 병실 2동과 사무실 1동을 신축하여 동인회 평양지부에서 사용하기로 결의하였다. 이 결의에 따라 6,041원 85전 6리의 공사비를 들여 11월 17일부터 동인의원 병실과 사무실의 신축공사에 착수하였다.

11월 20일에는 창립위원들은 동인회의원 장정 제2조에 의거해 동인회 본부로부터 매월 250원의 보조를 받기로 결정하였고, 제3조에 따라 병원규칙을 기초하였다. 또한 나카무라가 각 관아에서 받는 촉탁 수당을 지부에 제공하여 의원의 경영비로 충당할 것을 결의하였다. 11월 28일 동인회 평양지부장 기쿠치의 추천에 따라 12월 1일 동인회 본부는 회장 오쿠마 시게노부(大隈重信) 명의로 창립위원을 해직함과 동시에 평양지부 임원을 위촉하였다.

평양지부장 겸 평의원   무라이 후데노수케(村井筆之助, 제15사단 군의부장)[88]
                        이시영(李始榮, 평안남도 관찰사)

---

86) 公立平壤同仁醫院 沿革. 同仁 38: 1-5, 1909.
87) 奏本 제513호 平壤市 監理署 建築物을 警察醫 事務所인 同仁醫院에 移屬件 上奏事, 1906년 11월 13일(奏本 9. 서울대학교 규장각, 1998, 727-8쪽).
88) 청일전쟁 직전 일본이 설립한 환자요양소는 청일전쟁 후에 11월 평양병참병원으로 개칭되었다가 1906년 1월 제1한국주차병원으로 확대되었는데, 이때 무라이가 부임하였다. 金承台: 日本을 통한 西洋醫學의 受容과 그 性格. 國史館論叢 6: 236-7, 1989.

모리(森波繁, 위술병원장)
바바(馬場晴利, 민장)
에이타니 다카시(永谷隆志, 경무고문 경시)
히라도마 고토(平渡信, 이사청 경시)
가토 이사무(加藤勇, 철도감부 기사)
이중옥(李重玉, 군수)
김영진(金榮鎭, 참서관)
히라마쓰 고마타로(平松駒太郎, 토쿄대학 의학사)
나카무라(中村富藏)
주사   나카무라(中村富藏)

4) 평양동인의원의 개원[89]

1906년 12월 1일 설립된 동인회의 평양지회는 12월 7일 임원 회의를 열고 히라마쓰를 평양동인의원의 병원장으로, 나카무라를 부원장으로 각각 임명하였다. 당시 의원(醫員)은 오노 메이지로(小野明治郎)와 미조베가(溝部數雄, 그림 Ⅳ-2-1)가 있었고, 약제 주임으로 후쿠시마 아츠사브로(福島庄三郎), 조수 우에모 츠네죠(上野常藏), 사무원 이께다 신지로(池田信治郎), 서기 미노와 수에마치(三野輪末吉) 외 1명, 그리고 산파 2명과 간호부 6명, 간호부 견습 6명 등의 직원이 있었다.[90]

12월 10일에는 창립위원들이 기초한 평양지부 규정 및 의원 조직의 건을 통과시켰다. 동인의원은 일본과 한국의 제 관아 및 공공단체를 위한 위생기관이기에 공립의 명칭을 사용하기로 결정하였다. 동시에 첫 해인 1907년도 예산을 편성했는데, 의원(醫員)의 수를 20명으로 정했다.

그런데 1907년 3월 원장 히라마쓰가 사직을 했고, 제15사단 군의부장 무라이와 위술병원장 모리(森波繁)가 전임하여 평의원직을 그만두었다. 또한 5월에는 관찰사 이시영, 군수 이중옥, 철도감부 기사 가토, 경시 에이타니,[91] 관

89) 公立平壤同仁醫院 沿革. 同仁 38: 1-5, 1909.
90) 李忠浩: 日帝의 文化的 植民地 政策. 同仁會 活動을 中心으로. 歷史敎育論集 16: 196, 1991; 古莊仁太郞: 平壤慈惠醫院의 沿革. 平壤全誌, 평양상업회의소, 1926, 191쪽.
91) 1905년부터 평양에 근무했으며, 대구로 전근되었다. 平壤 警務顧問의 交送. 同仁 13: 12, 1907.

찰도 참서관 김영진, 경시 히라도마
등이 모두 전임되어 평의원직을 그
만 두게 됨에 따라 동인회의 평양지
회 임원들에 큰 변동이 생겼다. 그
리하여 1907년 7월 20일 평양지부장
은 평안남도 관찰사 박중양(朴重陽),
통감부 철도관리국 평양출장소장
오자히토시(小城齋), 평양위술병원
장(平壤衛戍病院長) 3등 군의정 기
타야마(北山啓助), 경무고문 경시 오
카다 고조(向田幸藏),[92] 동인의원 원
장 사토(佐藤剛藏) 등 5명을 평의원
으로 본부에 추천해 8월 1일 승인을
받았다.[93] 9월에는 민단장 바바가
사직함에 따라 민단조역 시부야 마
사수에(澁谷喜平)를 평의원으로 위
촉하였다.

그림 Ⅳ-2-1 미조베가. 평양동인의원 개원
당시 의관으로 근무하였다. 동은의학박물관
소장.

1907년 4월 23일 동인회 평양지부장 기쿠치는 동인의원이 한국민을 위해
진료를 해왔고 종두 보급에 큰 역할을 했으며 한국 학생들에게 의학을 교수
하고 있다는 점을 내세우며 조선정부에 보조금 지급을 요청했다. 10월 24일
내각회의는 평양동인의원에 900원의 보조금을 지급하기로 결정하였고, 10월
30일 순종의 재가를 받았다.[94]

히라마쓰에 이어 1907년 6월 교토대학 출신의 사토 고조(佐藤剛藏)[95]가 제

---

92) 수원에서 전근되어 왔다.
93) 平壤支部 評議員 囑託. 同仁 16: 33, 1907.
94) 이때 대구동인의원도 보조금을 지급받았다. 奏本 제191호 平壤, 大邱同仁醫院 補助費 豫備
費中 支出件 上奏事, 1907년 10월 30일(奏本 11. 서울대학교 규장각, 1998, 295-300쪽); 彙報.
官報 제3913호, 1907년 11월 2일; 雜報 醫育費請求. 皇城新聞, 1907년 8월 10일 2면 5단.
95) 사토는 1906년 7월 교토제국대학 의학부를 졸업한 후, 모교에서 조수로 근무하다가 1907년
8월 내한하였다. 그는 1910년 9월 21일 대한의원 의무를 촉탁 받았고, 한일합방 직후인
1910년 10월 1일 조선총독부의원부속 의학강습소의 의육과장에 이어, 1916년 4월 1일 경성

2대 원장으로 임명받았다.[96] 7월 초에는 겐마(弦間孝三)[97]가 의원으로 합류하 였다.

1907년 7월 26일 동인의원의 건물이 준공되었는데, 병실 1동은 목조 기와 2층 집으로 1층은 38평 8합 3작(勺) 2, 2층은 38평 8합 3작 2재(才)이었다. 사무실 1동은 건평이 16평 1작 7재이었다. 또한 본관이 파손된 곳을 수리하였다. 1907년 12월 1일에는 공립평양동인의원 1주년 기념식을 거행하였다.

1908년 2월 25일 평양지부의 임원들은 격리병동의 설립을 위한 대지 구매 비 3,000원을 동인회 본부에 요청하여 지원받았다. 이 기금으로 7월 15일 격리병동의 건축을 시작했는데, 건축비 및 이전비로 3,800여원이 소요되었다. 완공된 건물은 건평이 110평으로 약 30명의 환자를 수용할 수 있는 규모였다. 1909년 2월 5일 관찰사 이진호가 피병원 설비를 위해 1,500원을 기부하였다.

1908년 9월 24일에는 관찰사 이진호, 관찰통서배관 오오키(大木安之助), 상업회의소장 미야가와(宮川五郎三郎), 평양민단장 오바(大庭貫一) 등이 동인회 평양지부의 평의원으로 위촉되었다. 12월 28일에는 평양 재무감독국장 야노 (矢野久三郎)와 위술병원장 나이토 케이치(內臟敬一)이 평의원으로 위촉되었다. 1909년 4월 22일 이사관 기쿠치가 농상공부 상공국장으로 임명되자 4월 29일 후임 이사관 와카마츠(若松兎三郎)를 지부장으로 임명하였다.[98]

5) 공립평양동인의원부속 의학교[99]

1907-8학년도[100]

1906년 10월 나카무라가 떠나면서 문을 닫았던 의학교는 1907년 5월 1일

의학전문학교의 교수로 임명되었다. 그는 원래 전공이 외과였지만 의화학으로 바꾸었다. 1927년 10월 7일 경성의학전문학교 교장 겸 경성제국대학 교수로 임명받았다.

96) 公立平壤同仁醫院長의 決定: 同仁 12: 4, 1907.
97) 겐마는 동인회의 특별 찬조원이었으며, 1907년 7월 초에 부임하였다. 平壤同仁醫院 醫員 派遣: 同仁 14: 20, 1907; 派遣醫의 出發. 同仁 15: 14, 1907.
98) 平壤支部長 更迭. 同仁 37: 16, 1909.
99) 公立平壤同仁醫院 沿革. 同仁 38: 1-5, 1909.
100) 佐藤剛臟: 韓國平壤通信. 同仁 26: 7-9, 1908.

다시 문을 열고 학생을 모집했는데, 학교의 이름은 공립평양동인의원부속 의학교(公立平壤同仁醫院附屬 醫學校)로 하였다. 부속의학교는 한옥을 강의실로 하여 일본어에 능숙한 의학생의 통역으로 강의가 진행되었다.

하지만 일본 거류민의 진료, 위생행정 및 조선인 진료를 위해 파견된 동인의원의 의사들은 의학교육을 위한 시간을 내기 어려웠다. 강사를 초청할 예산도 뒷받침되지 않았다. 마침 위생시찰을 위해 평양을 방문한 조선주둔군 군의부장 후지다에게 의학생 교육에 육군위생부원들이 참여할 수 있게 해 달라는 요청하였고, 쾌히 승낙을 받았다. 그리하여 9월 위술병원장 기타야마(北山啓助)를 동인의원 고문에, 평양위술병원의 육군 1등 군의 마에지마 나가노부(前島長信)와 육군 2등 약제관 하시모토(橋本盛十郎)를 의학교 강사로 위촉하였다.[101]

개교 당시 30명의 학생 중 1주일도 되지 않아 6명이 퇴교하여 후에 6명을 보궐로 입학시켰는데, 김호연, 김병기, 김대빈, 황석창, 김붕거, 김철찬이 그들이었다.

학사일정: 1학년 수업은 1907년 5월 7일 시작되어 1908년 4월 25일까지 계속되었는데, 여름과 겨울방학 63일, 일요일, 한국과 일본의 기념일, 동인의원 기념일 등으로 65일, 호열자 유행으로 10일, 강사 사정 및 당원 사고로 11일 동안 휴업했다. 따라서 149일을 휴업하였고 수업시간은 하루 평균 4시간이었다. 첫 해의 수업 과목, 담당 교수 및 강의 내용은 다음과 같았다.

물리학	나카무라(中村富藏)	음광, 자전
화학	하시모토(橋本盛十郎)	유기화학
해부학	나카무라(中村富藏)	혈관과 신경
조직학	사토(佐藤剛藏)	혈관과 신경
생리학	마에지마(前島長信)	운동기, 오관뇌척수(五官腦脊髓)

학년말 시험: 16명의 학생이 4월 20일부터 25일까지 학기말 시험을 보았

---

101) 公立平壤同仁醫院의 顧問 及 囑託醫. 同仁 19: 24, 1907.

는데, 1문제 당 1시간이 주어졌다. 이때의 시험문제는 다음과 같았다.

▲ 물리
  (1) 지렛대의 종류 및 무게와 힘의 평균을 쓰시오.
  (2) 아르키메데스의 원리
  (3) 기압은 10미터의 물기둥, 즉 76㎝의 수은주와 같음을 증명하시오.
▲ 화학
  (1) 대기에 관하여 상세히 쓰시오.
  (2) 산, 염기, 염에 관하여 상세히 쓰시오.
  (3) 가류모(加榴母에) 관하여 상세히 쓰시오.
▲ 해부
  (1) 슬관절의 구조
  (2) 저작근의 기시, 정지
  (3) 방광과 복막과의 관계
▲ 조직
  (1) 간(肝)의 조직
  (2) 근(筋)조직
  (3) 선(腺)은 무엇인가?

▲ 생리학
  (1) 혈액순환
  (2) 췌액의 성분 및 작용
  (3) 우유, 알, 우육 자양의 비례
  (4) 동맥혈 과 정맥혈의 차이

시험 결과: 시험 결과 14명이 진급하고 2명을 유급되었다. 진급하게 된 14명 중 한응찬은 전 과목에 걸쳐 90점을 받아 1등을 했고 평균이 80점을 넘은 최성구와 변인기는 우등생이었는데, 3명 모두 관립일어학교를 졸업한 학생들이었다. 평균이 70점이 넘은 김병기와 김정삼은 을(乙)을, 60점이 넘은 변인희, 이경하, 김대빈(김기준)[102]은 병(丙)을, 그리고 50점을 넘은 이정민, 김창

---

102) 1913년 4월 23일 의술개업인허장 114번을 받았는데, 어느 학교를 졸업하고 받았는지 확실하지 않다. 彙報. 朝鮮總督府 官報 제234호, 1913년 5월 14일.

선,103) 황석창,104) 박상옥, 김호연, 노인규는 정(丁)의 성적을 받았으며, 김붕거와 김철찬은 유급되었다. 이들은 전체 평균으로 급제와 낙제가 결정되었고, 각 과목에 점수는 고려하지 않았다.

진급식: 5월 5일 제2학년에 진급하게 된 14명에 대한 진급식이 열렸다. 이날 진급식에는 지부장 평양이사관 기쿠치, 평의원인 평안남도 관찰사 박중양, 평양위술병원장 3등 군의정 키타야마, 평양거류민단장 시부야, 그리고 강사 마에지마 육군 1등 군의, 하시모토 약제관 등 평양의 주요 일본인들이 참석했다. 이외에 주된 빈객으로 여단장 오노(小野寺實), 법무보좌관 나카무라(中村敬道), 한국과 일본의 관공립 학교장들, 외국 선교의사, 신문기자들이 참석했는데, 이들은 게시된 시험문제와 학생들의 답안, 시험성적 등을 관람하였다.

진급식의 진행과정을 살펴보면 먼저 평양동인의원 원장 사토의 진급식 기념사가 있은 후 수업증서(修業證書)를 수여했고, 최성구, 한응찬, 변인기에게는 우등상으로 청진기를 주었다. 그리고 창립 이래의 경과, 학생들의 동태, 시험 성적에 대한 보고가 있었다. 이어 지부장 기쿠치의 생도에 대한 훈화가 있었고, 박중양 관찰사는 강사의 노고에 대한 치하와 함께 생도에게 장래의 희망을 말하도록 했다. 학생 대표 최성구의 답례사가 있은 후 학생들에게 다과회를 베풀었다. 나카무라는 한국인 간호부견습생 3명을 역원 및 빈객에게 소개했고, 축하연에서 직원 일동과 빈객 사이에 주흥을 있었는데, 여흥으로서 경품 추첨을 추첨한 후 오후 6시 동인의원 만세를 부르고 폐회하였다.

학생들의 변동: 30명 중 14명이 중도에 퇴교했는데, 10개월 만에 대한의원 의육부의 제2학년에 입학한 손수경(孫壽卿)과 노기숭(盧基崇),105) 그리고 8개월 만에 건강 때문에 퇴교한 1명을 제외하면 11명이 모두 6개월 이내에 퇴교

---

103) 1911년 8월 23일 평양야소교 제중원부속 의학교를 졸업한 것이 인정되어 의술개업인허장 101번을 받았다. 彙報. 朝鮮總督府 官報 제312호, 1911년 9월 11일.

104) 1913년 3월 31일 조선총독부의원 부속의학강습소를 3회로 졸업하고 5월 23일 의술개업인허장 125번을 받았다. 彙報. 朝鮮總督府 官報 제259호, 1913년 6월 12일.

105) 모두 조선총독부의원부속 의학강습소를 1911년 3월 제1회로 졸업하였다.

그림 Ⅳ-2-2 평양동인의원 교직원과 학생들. 둘째 줄 왼쪽에서 여섯 번째가 1대 동인의원장 나카무라 도미조, 일곱 번째가 2대 원장 사토 고조. 이이다 미유키(飯田深雪) 소장. 박윤재: 한국근대의학의 기원. 혜안, 2005, 155쪽.

하였다. 이들 중 3명은 다른 학교의 교원[106]으로 고용되었고, 1명은 재무국의 통역이 되었다. 2명은 측량학교로 전학했고, 3명은 매약상, 1명은 연초상이 되었으며, 몸이 아픈 학생이 1명이었다. 이들 14명은 30대 초반이 2명, 10대 후반이 1명이었고, 11명이 20대였다.

1908-9학년도[107]

1학년: 1908년 4월 신입생 선발에 20여 명이 응모했는데, 일본어를 해독하지 못한 자는 입학을 허가하지 않기로 하고 5명을 입학시켰다.

---

106) 일신학교, 대동학교, 김여대학교(金呂垈學校)였는데, 특히 대동학교 교사가 된 전경룡은 후에 폴웰이 운영하는 의학교로 다시 들어가 졸업하여 의술개업인허장 100번을 받았다. 佐藤剛臟: 韓國平壤通信. 同仁 26: 7-9, 1908.
107) 佐藤剛臟: 韓國平壤同仁醫院報告. 同仁 28: 11-3, 1908; 平壤通信. 同仁 33: 9, 1909.

신입생인 1학년의 수업은 5월 11일 시작되었으며, 9월 제1학기 시험을 치렀는데 과목, 담담교수 및 문제는 다음과 같았다.

물리학   후쿠시마(福島庄三郎)
화학   후쿠시마(福島庄三郎)
해부학   타테노(館野正)   흉골, 쇄골, 상악골체의 전면
조직학   사토(佐藤剛藏)   세포의 두 주요부, 강력인대의 특징

중간에 보결입학 시켰지만 1학기 말에 8명만 남아 시험을 치렀다.

1909년 1월 제2학기 시험을 치렀는데, 과목, 담담교수는 다음과 같았다.

이학   후쿠시마(福島庄三郎)
화학   후쿠시마(福島庄三郎)
해부학   타테노(館野正)
조직학   사토(佐藤剛藏)
생리학   우지이에(氏家)

1909년 4월 제3학기 시험을 치렀는데, 과목, 담담교수는 다음과 같았다.

이학   후쿠시마(福島庄三郎)
화학   후쿠시마(福島庄三郎)
해부학   나카무라(中村富藏)
조직학   사토(佐藤剛藏)
생리학   우지이에(氏家)

학생들의 진급은 과목의 가중치를 부여하지 않고, 세 번 치른 시험 성적을 평균을 기준으로 정하였다. 또 특정 과목의 점수는 고려하지 않았다. 이 기준에 따라 평균이 50점이 되지 않는 학생 한 명을 낙제를 시켰다. 나머지 학생들은 70점대의 을(乙) 성적이 3명, 병(丙) 성적이 3명, 그리고 정(丁) 성적이 1명이었다. 을 성적을 받은 3명에게는 1원 상당의 서적을 구입할 수 있는 상을 주었다.

이들에게는 수업증서가 수여되었는데, 그 번호와 이름은 다음과 같았다.

제1호 황 윤(28세) 평남 평양군 1912년 조선총독부의원부속 의학강습소 졸업
제2호 장경록(27세) 평남 용강군 1912년 조선총독부의원부속 의학강습소 졸업
제3호 모학복(22세) 함남 덕원군 1912년 조선총독부의원부속 의학강습소 졸업
제4호 김인용(22세) 평남 평안군 1912년 조선총독부의원부속 의학강습소 졸업
제5호 김찬수(25세) 평남 여천군 1912년 조선총독부의원부속 의학강습소 졸업
제6호 조기금(18세) 평남 덕천군
제7호 강병찬(25세) 평남 평양군 1912년 조선총독부의원부속 의학강습소 졸업

제2학년: 제1학기는 1908년 5월 7일부터 수업을 시작했는데, 기초의학과 실용의학의 유도편(誘導編)으로 매주 30시간 동안 다음과 같은 과목의 강의를 받았다.

물리학	나카무라(中村富藏)	음향, 광학, 열학
화학	나카무라(中村富藏)	유기화학, 지방체
해부학	나카무라(中村富藏)	혈관학
생리학	나카무라(中村富藏)	분비편, 오관기편, 체온편
병리학	사토(佐藤剛藏)	유도편, 순환장해편, 퇴행성변화편
약물학	하시모토(橋本盛十郎)	청량약편, 방부소독약편
진단학	마에지마(前島長信)	일반진단법

7월 11일부터는 제1차 학기 시험을 치른 후 7월 21일부터 여름 방학에 들어갔는데, 시험문제는 다음과 같았다. 답안은 일본 가나(かな)와 한자를 섞어 작성하도록 했다.

▲ 물리학
(1) 레조난스(resonance)란 무엇인가?
(2) 광선의 굴절계수를 설명하시오(물과 공기 사이의 예를 들어)
(3) 몰색(沒色)렌즈는 어떻게 만들어지는가?
(4) 비등은 무엇인가
(5) 루베의 소거(燒距)가 5cm, 시거(視距)가 ?cm일 때 그 물체의 곽대도

(廓大度)는 어떠한가?
▲ 화학
(1) 유기물중 탄소를 검출하라
(2) 주정과 초산의 제거
(3) 요소의 소재와 성상
(4) 전분의 성상
(5) 수산암모늄을 가열하면 어떠한 것이 생기는가?
▲ 해부학
(1) 심장판막의 부위 명칭
(2) 중앙과 측면의 방광 인대는 태아의 무엇이 되는가?
(3) 안동맥의 지별의 명칭
(4) 안동맥의 경과
(5) 상피천재정맥의 명칭 문합과 신경과의 관계를 묻는다.
▲ 생리학
(1) 뇨의 주성분
(2) 삼반규관의 생리적 작용
(3) 시관의 조절기능
(4) 체온은 어떤 이유로 방산되는가?
(5) 두 눈으로 먼 곳을 바라볼 때 안근의 연합운동을 설명하시오.
▲ 병리학
(1) 선천성 질병은 무엇인가?
(2) 전분양변성은 무엇인지 그 특유 반응을 서술하라
(3) 전색(栓塞)은 어떠한 것인지를 말하라.
▲ 약물학
(1) 옥도방모의 의학적 치료효용, 용법, 용량
(2) 염소산가리의 생리적 작용과 의학적 치료효용, 용법, 용량
(3) 붕용의 의학적 치료효용과 용법, 용량
(4) 석탄산의 의학적 치료효용과 용법, 용량
▲ 진단학
(1) 시엥스토쿠스 호흡의 현상
(2) 수종을 일으키는 질병의 종류
(3) 졸중체질
(4) 장질부사와 격일열 말라리아의 열형

2학년생 14명 중 노인규[108])가 그만두었고, 두 명은 몸이 아파서 시험을 보지 못했다.

제1차 학기의 시험 결과 최성구가 평균 90점으로 갑(甲)을 받아 1등을 했고, 한응찬이 85점으로 을(乙)을 받아 2등을 했다. 평균이 70점이 넘은 김병기, 변인기, 이경하, 김기준과 60점이 넘은 이정민, 황석창, 변인희, 김창선, 박상옥이 병(丙)의 성적을 받았다.

제1차 학기를 끝내고 새로운 학기인 9월과 10월은 소위 전기(前期)에 해당하는 과목의 강의를 마칠 예정이었으며, 외국어를 추가해도 부담이 크지 않을 것으로 예상했다. 여기서 외국어는 바로 독일어를 의미했는데, 강의를 하다보니 약품명에 문제가 생겼기 때문이었다. 일본어 번역, 예를 들어 백불성(百弗聖)과 백포시열(百布矢涅)은 동일 약품이었지만 학생들은 글자가 다르기 때문에 다른 약품이라고 생각했다. 이런 오해를 없애기 위해 베부시네(ベブシネ)라고 가타가나로 쓰면 같은 약이라는 것을 알 수 있었다. 따라서 외국어 글자를 가르칠 필요를 느껴 독일어의 기초를 가르치기로 다만 일본어에 능통한 학생들에게만 1주일에 5시간씩 독일어를 가르쳤다.

다음의 학기 시험은 12월에 갖기로 했는데, 기초의학은 강사의 사정으로 1909년 1월에 시행하기로 했다.

한편 1학년 학생들은 보결을 통해 모집하기로 하였다.

1908년 12월, 그동안 의학교육을 담당했던 평양위술병원장 기타야마, 육군 1등 군의 마에시마, 육군일등약제관 하시모토가 다른 곳으로 전근되자 후임으로 부임한 평양위술병원장 3등 군의정 나이토 케이치(內藤敬一), 육군 1등 군의 아리모찌 테쯔죠(有持哲造), 육군 2등 약제관 후지키(藤木三壽)가 강사로 위촉되었다.

1909년 2월 1일 사토 원장과 나카무라 부원장은 평양을 방문한 순종을 알현하고, 동인의원 부속의학교를 위해 3백 원을 하사받았다.[109])

---

108) 노인규(盧麟圭)는 관립 평양일어학교 졸업생이었는데, 그의 이력서에 의하면 평양의학교에서 기초 과정만 끝냈다고 한다.
109) 純宗實錄 1909년 2월 3일.

1909-10학년도

1909년 4월, 제3회 의학생을 모집했다. 4월 3일에는 의학교의 제1학년 및 제2학년 학생들의 수업증 및 2학년 학생들의 기초의학 수료식이 있었다.

1910-1학년도

1910년 4월, 제4회 의학생을 모집했다.

첫 졸업생의 배출[110)

공립평양동인의원부속 의학교는 1910년 5월 13일 오후 2시 3학년을 마친 8명을 첫 졸업생으로 배출하는

그림 Ⅳ-2-3 한응찬. 동은의학박물관 소장.

졸업식을 거행했는데, 이들은 일본인 의학교육기관에서 배출된 최초의 졸업생들이었다. 이때 간호부양성소에서도 졸업생이 배출되었다.

첫 졸업식은 평양의 관민유력자 2백여 명이 참석한 가운데 성황을 이루었다. 우선 사토 교장의 인사말이 있었고, 간호부양성소 졸업생, 동 예과 수업생, 의학교 제1, 2, 3학년 학생들에게 증서를 수여한 다음, 나카무라 주사의 학년 보고가 있었다. 이때 3년의 과정을 끝낸 8명은 한응찬(그림 Ⅳ-2-3), 최성구, 변인희, 김병기, 이경하, 김정삼, 김호연, 변인기였다.

이어 동인회 평양지부장인 와카마츠(若松兎三郞) 이사관, 동인회 평양지부 부지부장인 이진호 관찰사, 사사키 동인회 경성상무위원, 타카하시(高橋) 위생국 사무관(위생국장 대리), 후지다 군의감, 이시쿠로(石黑忠悳) 남작 등의 축사가 있었다. 마지막으로 학생 대표의 감사말이 있은 후 오후 4시에 식이 끝났다.

---

110) 平壤同仁醫院 附屬醫學校 卒業式. 同仁 49: 25-6, 1910.

그런데 이들 8명의 졸업생들은 다시 4학년으로 1년 동안의 교육을 더 받는 것으로 결정되었다. 그리하여 특별한 의식 없이 1911년 7월 30일 와카마츠와 이진호로부터 졸업증서를 수여받았다. 이들은 의주, 춘천, 광주자혜의원의 조수 및 평양자혜의원의 견습으로 임용되었으며,111) 4년 과정이 끝나기 전인 1911년 5월 9일부로 시험 없이 의술개업인허장을 받았다(그림 Ⅳ-2-4).112)

인허장 번호	이 름	진 로
79	한응찬(韓應贊)	춘천자혜의원 조수
80	최성구(崔成九)	의주자혜의원 조수
81	변인희(邊隣喜)	평양자혜의원 견습
82	김병기(金秉基)	평양자혜의원 견습
83	이경하(李景河)	평양자혜의원 견습
84	김정삼(金鼎三)	평양자혜의원 견습
85	김호연(金浩淵)	평양자혜의원 견습
86	변인기(邊隣奇)	광주자혜의원 조수

6) 공립평양동인의원 간호부양성소

한국의 여자간호사의 필요성이 대두되자 1907년 10월 28일 간호부양성소 설립원을 평양 이사청에 제출하여 10월 31일자로 인가를 받았다. 그리하여 11월 1일 공립평양동인의원부속 간호부양성소를 설립하고 일본과 한국의 여자 입학생을 모집하였다.

수업연한은 1년으로 예정하고, 전기와 후기로 나누었다.113) 전기에는 수신, 이포법, 생리학대의, 간호법, 붕대학대의, 소독학 등을, 후기에는 수신, 구급치료법, 기계학대의, 위생학대의, 병자 간호 등을 가르치기로 하였다.

입학 자격은 16세 이상 25세 미만의 여자였고, 고등소학교 졸업한 정도의 수준을 요구했다. 입학하면 식료 및 일급을 지급하되 졸업 후 의무적으로 1년

---

111) 同仁醫學校 卒業生. 同仁 56: 18, 1911.
112) 醫術開業認許狀 授與 下付. 朝鮮總督府 官報 제224호, 1911년 5월 31일.
113) 公立平壤同仁醫院의 看護婦養成所 新設: 同仁 19: 24, 1907.

동안은 동인의원에 근무토록 했다.

그런데 한국인 학생의 학과 정도가 낮아서 일본인 학생과 함께 교수하는 것이 어려웠기 때문에 예과생으로서 보통학을 배웠고 그 성과를 보아 일본인 학생과 동일한 학과를 수업 받도록 하였다. 12월 2일 부속 간호부양성소의 수업이 시작되었다.

1909년 2월 1일 사토 원장과 나카무라 부원장은 평양을 방문한 순종을 알현하고, 동인의원 부속 간호부양성소를 위해 1백 원을 하사받았다.[114]

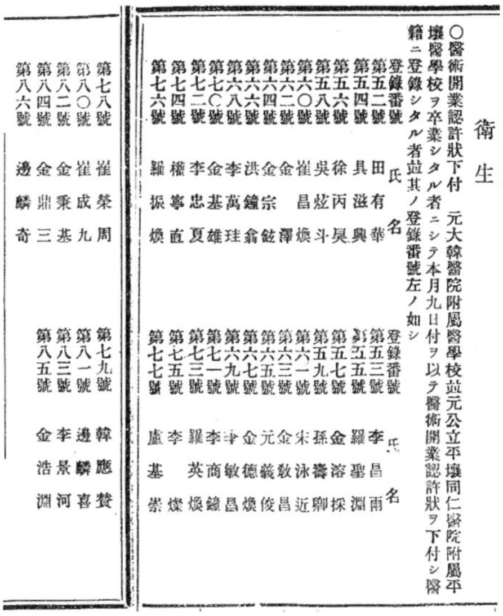

衛生

○醫術開業認許狀下付 元大韓醫院附屬醫學校並元公立平壤同仁醫院附屬平壤醫學校ヲ卒業シタル者ニシテ本月九日付ヲ以テ醫術開業認許狀ヲ下付シ醫籍ニ登錄シタル者並其ノ登錄番號左ノ如シ

登錄番號	氏名
第五二號	田有華
第五四號	具滋興
第五六號	徐丙昊
第五八號	吳炫斗
第六〇號	崔昌煥
第六二號	金 澤
第六四號	金宗鉉
第六六號	洪鐘翕
第六八號	李萬珪
第七〇號	金基雄
第七二號	李忠夏
第七四號	權寧直
第七六號	羅振煥
第七八號	崔榮周
第八〇號	崔成九
第八二號	金秉基
第八四號	金鼎三
第八六號	邊麟奇

登錄番號	氏名
第五三號	李昌雨
第五五號	羅聖淵
第五七號	金溶採
第五九號	孫壽卿
第六一號	宋泳近
第六三號	金致昌
第六五號	元義俊
第六七號	金德煥
第六九號	李敏昌
第七一號	李商鐘
第七三號	羅英煥
第七五號	李 燦
第七七號	盧基崇
第七九號	韓應贊
第八一號	邊麟喜
第八三號	李景河
第八五號	金浩淵

그림 Ⅳ-2-4 공립평양동인의원부속 평양의학교 졸업생에게 수여한 의술개업인허장. 醫術開業認許狀 下付. 朝鮮總督府 官報 제224호, 1911년 5월 31일 3면.

결국 1909년 4월 3일 제1회로 일본인 5명이 처음으로 졸업하였고, 이때 한국인 간호부 예과 제1학년 학생들의 수업식이 있었다.

1910년 4월 4명이 졸업하였다. 1910년 8월 현재 본과에 일본인 5명, 한국인 2명, 그리고 예과에 한국인 6명이 있어, 모두 12명의 학생들이 있었다.

7) 의학교의 폐교와 자혜의원 설립

한편 일본은 1909년 7월 6일 각의에서 '한국 병합 실행에 관한 건'을 의결하여 한국에 대한 강제병합 계획을 확정하였으며, 9월부터 약 2달 동안 대규모의 일본 군대를 투입, 의병을 탄압하였다.[115] 이때 일본은 일본 군대에 대한 지원과 동시에 한국인을 회유하기 위해 자혜의원(慈惠醫院)의 설립을 추진하였으며, 통감부는 자혜의원 관제를 만들었다.[116] 이 관제에 따라 여러 자혜

114) 純宗實錄 1909년 2월 3일.
115) 金承台: 日本을 통한 西洋醫學의 受容과 그 性格. 國史館論叢 6: 249-51, 1989.

의원이 설립되었는데, 1909년 12월 10일 전주와 청주에, 1910년 1월 25일 함흥에, 9월 3일 해주에, 9월 5일 수원, 공주, 평양에, 9월 7일 대구에, 9월 9일 춘천에, 9월 13일 함경북도 경성에, 9월 14일 의주에, 9월 19일 진주에, 그리고 9월 26일 광주에 각각 병원이 설립되었다.

이러한 자혜의원의 설립 계획에 따라 1910년 8월 평양동인의원의 부지, 건물 및 의료기기와 약품 일체를 시가 3만 여원으로 한국정부에 매각하였다. 이후 9월 5일 동인의원이 자혜의원으로 개편되면서 의학교는 폐교되었다. 자혜의원으로 이관될 당시 학생은 모두 57명이었는데, 4학년이 8명, 3학년이 7명, 2학년이 6명, 1학년이 36명으로, 신입생이 상당히 많았다.

이들은 평양자혜의원에 설치된 의육과(醫育科)로 이관되어 사토가 교육을 계속했지만, 1911년 4월 조선총독부의 의학교육 통합 방침에 따라 7명의 학생이 조선총독부의원 부속의학강습소로 편입 조치되었고 의육과는 폐지되었다.117)

---

116) 奏本 제350호 慈惠醫院 官制 上奏事, 1909년 8월 19일(奏本 13. 서울대학교 규장각, 1998, 493-5쪽).

117) 李忠浩 譯, 佐藤剛藏 著: 朝鮮醫育史. 螢雪出版社, 1993, 41쪽.

2. 대구동인의원

1) 동인회 대구지회의 설립

동인회에서 철도의라는 명목으로 파견되어 대구에서 근무하고 있던 후지나와 분준(藤繩文順, 그림 Ⅳ-2-5)은 1904년 11월 경부선이 개통되면서 임시로 진료소를 개설하고 대구동인의원(大邱同仁醫院)이라 칭하며 진료를 시작하였다. 1905년 여름에 한국을 방문한 동인회 부회장 가다야마(片山國嘉)는 대구지역의 동인회 회원들에게 회의 취지 및 중점사업인 의사 양성 사업이 급선무라는 이야기를 전하면서 후지나와에게 대구동인의원의 신설을 진행하도록 일체를 위임하였다.

그림 Ⅳ-2-5 후지나와. 대구동인의원의 개원에 큰 역할을 했다. 동은의학박물관 소장.

2) 대구동인의원의 개원

동인회 본부는 1906년 6월 대구동인의원을 신축하기로 결정하고, 후지나와가 책임자로서 재무관 이토(伊藤恒藏)와 사카다(阪田章) 경시의 도움을 받도록 하였다.[118] 1906년 여름에는 대한의원의 창립위원이며 동인회 부회장인

---

118) 大邱病院의 設立. 同仁 2: 18, 1906.

그림 IV-2-6 대구동인의원. (왼쪽) 대구동인위원. (오른쪽) 1대 원장 이케가미. 동은의학박물
관 소장.

사토 스스무(佐藤進)가 서울로 가는 도중 대구를 방문해 동인의원의 부지를
정하고 건축비의 조달 문제를 해결해 주었다. 그리하여 1906년 8월 동인의원
의 신축 기공식을 가졌는데, 총 공사비 21,000원으로 12월 준공하고, 1907년 2
월 11일 공립 대구동인의원(公立 大邱同仁醫院)이 개원하였다(그림 IV-2-6).[119]

개원 당시 원장에는 동경대학 출신의 이케가미 시로(池上四郞)가 임명되었
고, 부원장에 임명된 후지나와는 사무장과 운영책임자로 경영을 담당하였
다.[120] 그리고 의원으로는 동인회 본부에서 파견된 후구다게(福武庄臟, 그림
IV-2-7)와 니시오(西尾岱抱)가 임명되어 진료를 담당하였다. 개원 당시에는 4
개과가 개설되었는데, 내과는 후지나와가, 외과는 니시오가, 산부인과와 안과
는 후구다게가 담당하였다.

1907년 5월 동인회 대구지회의 임원이 임명되었는데, 지부장에 이사관 우
지노 토쿠타로(氏野德太郎), 부지부장에는 평양에서 전근되어 온 경시 에이타
니(永谷隆志)가 위촉되었다.[121]

1909년 7월 당시의 직원은 원장 이케가미, 부원장 후지나와, 의원 후구다

---

119) 藤繩文順: 大邱同仁醫院. 同仁 42: 3, 1909.
120) 大邱同仁醫院 職員의 決定: 同仁 10: 16, 1907.
121) 大邱支部 役員의 囑託: 同仁 14: 20, 1907.

게와 니시오, 약국장 약제사 스즈키
(鈴木八郞), 약국 조수 다카기(高木
兵造), 간호부장 아리타 카쯔노(有田
カツノ), 간호부 3명, 견습간호부 6
명, 통역 2명 등이었다.[122)]

1907년 7월 15일 동인회 대구지
부 부장 에이타니는 평양동인의원
과 마찬가지로 대구동인의원이 한
국민을 위해 일해 왔다는 점을 내세
우며 조선정부에 대해 3년 동안 매
년 5,400원의 보조금을 지급해 줄
것을 요청했다. 10월 24일 내각회의
는 대구동인의원에 900원의 보조금
을 지급하기로 결정하였고, 10월 30
일 순종의 재가를 받았다.[123)]

한편 동인회의원 장정에 근거해

그림 Ⅳ-2-7 후구다케. 개원 당시 대구동
인의원의 의관으로 근무하였다. 동은의학박
물관 소장.

신청한 대구동인의원의 규칙이 1907년 7월 16일 승인되었다.[124)]

3) 대구동인의원에서의 의학교육

1907-9학년도

후지나가는 1907년 9월 1회로 13명의 학생을 뽑았는데, 이중에서 1909년 3
월까지 6명이 양호한 성적을 얻어 1학년을 수료하고 2학년으로 진급하였다.
이들 학생들은 일본어를 먼저 배웠는데, 일본어를 해독할 수 있는 수준이 되

122) 藤繩文順: 大邱同仁醫院. 同仁 42: 3, 1909.
123) 이때 평양동인의원도 보조금을 지급받았다. 奏本 제191호 平壤, 大邱同仁醫院 補助費 豫
備費中 支出件 上奏事, 1907년 10월 30일(奏本 11. 서울대학교 규장각, 1998, 295-300쪽);
彙報. 官報 제3913호 1907년 11월 2일; 雜報 醫育費請求. 皇城新聞, 1907년 8월 10일 2면 5
단.
124) 大邱同仁醫院 規則 制定. 同仁 15: 14, 1907.

면 개인 사정으로 퇴학하여 다른 곳으로 고용되어 가는 경우가 많았다.

대구는 평양에서와 달리 교수 문제를 자체적으로 해결한 편이었다.[125] 원장, 부원장 및 의원이 각 과목을 분담해 강의했는데, 약학 및 유기화학은 약국장이, 일어와 보통학은 소학교 교원이 가르쳤다. 특히 1908년 겨울방학에는 3명을 선발하여 교토의과대학에 1개월 동안 실습을 보냈는데, 학생들은 해부학과 병리학 표본을 실제로 관찰했고, 의화학, 생리학, 약물학의 실제, 그리고 각과 기계 및 병원 시찰 등을 했는데, 내부적으로 교육 효과를 높게 평가했다.[126]

1909년 5월 보통학 강사 1명을 증원하고, 5월 3일 1학년 학생을 모집했는데, 16명을 선발하여 1학년으로 입학시켰다.

1909-10학년도

1907년 7월 당시 부속 의학교의 직원에는 원장, 부원장, 2명의 의원 이외에 보통학 강사 2명과 회계 겸 사무원 2명이 있었다.[127] 이때 2개 학년이 있었는데, 1학년에게는 일어, 산술, 물리학, 화학, 식물학, 윤리, 해부학, 체조 등 8개 과목을, 2학년에게는 일어, 산술, 유기화학, 윤리, 조직학, 의화학, 생리학, 약물학, 진단학 및 외과총론 등 10개 과목을 가르쳤다.[128]

1908년에는 제2기생 10명을 모집하였다.[129]

제1기생 중 1910년 말 폐원될 때까지 계속 공부한 학생은 5명에 불과했는데, 모두 학술 및 임상 분야에서 상당한 경험을 쌓았다고 한다. 제2기생은 일본어, 기타 예비 교육과 물리학, 해부학 정도만을 학습했다.

1910년 9월 7일 자혜의원으로 개편되어 대구동인의원이 폐원되면서 의학교육은 자혜의원으로 이관되었다. 하지만 졸업생은 배출하지 못하였고, 1911년 4월 학생들은 희망에 따라 조선총독부의원 부속의학강습소로 전학시켰는

---

125) 박윤재: 한국 근대의학의 기원. 연세국학총서 57. 혜안, 2005, 161쪽.
126) 藤繩文順: 大邱同仁醫院. 同仁 42: 5, 1909.
127) 藤繩文順: 大邱同仁醫院. 同仁 42: 3, 1909.
128) 藤繩文順: 大邱同仁醫院. 同仁 42: 4-5, 1909.
129) 이와 다르게 1907년 9월과 1909년 5월에 제1, 2기의 의학생을 각각 30명씩 모집했다는 기록이 있다. 李忠浩: 同仁會의 醫師教育活動. 醫史學 4: 15, 1995.

데, 2명만이 장학생으로 편입되었다.[130]

4) 대구동인의원에서의 간호교육

1907년 10월 3명의 지원자에게 간호교육을 시작했는데, 1908년 10월 수료증을 주었고 1909년 6월 1명에게 다시 수료증을 주었다.[131] 1909년 7월 6명이 강의를 듣고 있었다.

---

130) 李忠浩 譯, 佐藤剛藏 著: 朝鮮醫育史. 螢雪出版社, 1993, 41쪽.
131) 藤繩文順: 大邱同仁醫院. 同仁 42: 5, 1909.

3. 안동동인의원

동인회는 한국을 넘어 중국에도 여러 곳에 동인의원을 설치했는데, 지역에 따라 의학교육이 시도되었다. 대표적인 곳이 안동(安東), 즉 지금의 단동(丹東)에 설치된 동인의원이었다.[132)

교토대학을 졸업한 원장 사카자키(境岬)와 부원장 나카무라 츠토무(中村勤)는 의학 교육에 관심이 많았는데, 1908년에 학생 기숙사 1동을 신축하여 중국인 12명과 한국인 21명에게 의학교육을 시작하였다. 하지만 항일 풍조이기 때문인지 학생들의 대부분이 중도에 퇴학하였고 학업을 끝낸 사람은 중국인 1명과 한국인 2명이었다.

---

132) 同仁会: 同仁会四十年史. 東京, 同仁会, 1943, 78쪽.

제3장 기타의 의학교육

1. 분쉬

분쉬(그림 IV-3-1)[133]는 1901년 11월 2
일 내한하여 1905년 4월까지 고종의 시의
(侍醫)로서 활동했던 독일인 의사이다

1869년 독일 슐레지엔(Schlesien) 지방
의 히르슈베르그(Hirschberg)에서 제지공
장을 경영하던 공장주의 아들로 태어난
분쉬는 1894년 그라이프스발트(Greiswald)
대학을 졸업하여 의사가 되었으며, 스승
이었던 외과의사 헬페리히(Helferich) 교
수의 추천과 도쿄대학 내과의 벨츠(Bälz)
교수의 주선으로 고종(高宗)의 시의로서
내한하게 되었다.

분쉬가 조선정부와 맺은 계약의 주요
내용은 활동에 필요한 편의와 기간을 조

그림 IV-3-1 분쉬. 리하르트 분쉬 지
음, 김종대 옮김: 고종의 독일인 의
사 분쉬. 학고재, 서울, 1999.

선정부가 철저히 보장하는 대신 정부가 요구하는 어의, 궁중의로서의 활동을
철저히 준수하라는 것이었다.

분쉬는 자신의 집에서 진찰실을 열기 전인 1901년 12월부터 독일어를 몇
마디 하는 젊은이 2명(허씨와 김씨)을 만났는데, 이들을 조수나 보조 의사로
가르칠 작정이었다. 그래서 매일 아침 두 시간 동안 인체 구조에 관한 용어를
독일어로 외우도록 맹훈련시켰고, 환자가 오면 이들이 통역을 담당하였다. 분
쉬는 이들의 신분을 공식화시켜 조교로 뽑기 위해 태의원에 신청서를 제출했

---

133) 분쉬(Richard Wunsch, 富彦士, 1869-1911)에 관해서는 다음의 글이 참고가 된다. 趙英烈: 西
洋諸國을 통한 西洋醫學의 受容. 國史館論叢 9: 141-3, 1989; 리하르트 분쉬 지음, 김종대 옮
김: 고종의 독일인 의사 분쉬. 학고재, 서울, 1999; 박형우, 이태훈: 고종의 시의 독일의사 분
쉬(Richard Wunsch). 醫史學 9(2): 233-46, 2000.

다. 이들의 역할은 체온을 재고, 수술 도구를 준비하고, 붕대를 만들어 감고 약을 조제하는 것이었다. 1902년 초 분쉬는 의료학교 설립을 구상하였던 것으로 보인다. 2월 이미 제중원의학교에서 강의를 했던 경험이 있는 헐버트(Homer B. Hulbert)와 의료학교 설립에 관해 얘기를 나누었다. 그러나 이러한 의학 교육에 대한 분쉬의 구상은 구체화되지 못했다.

한편 1902년 3월 수술실과 진찰실을 꾸미면서 의학 교육을 받아본 적이 없는 독일어 학원에 다니는 2명의 젊은이를 수술 보조원으로 채용하였다.

분쉬는 러일전쟁에서 일본군의 승리가 확정되자 재계약이 체결되었음에도 1905년 4월 한국을 떠났다.[134] 분쉬는 일본으로 건너가 독일 영사관 공의 자리나 벨츠 교수 후임 자리 등을 기다리며 2년 가까이 그곳에서 머물렀지만 여의치 않자 유럽으로 돌아갔다. 1908년 독일의 조차지였던 중국 교주(膠州)의 칭따오(靑島)로 가서 활동하다가 1911년 3월 13일 장티프스에 걸려 41세의 나이로 사망했다.

---

134) 공식적인 분쉬의 해임 이유는 본인의 해임 요구이다. 그러나 당시의 정치적 상황에서 분쉬가 더 이상 시의로 활동하기는 어려웠을 것이다. 이에 대해 분쉬도 착잡하다고 적고 있다. 宮內 雇傭 獨人 醫師의 解任事, 1905년 4월 18일, 『德案』 규장각 18044[『舊韓國外交文書(德案 2)』 16권, 고려대학교 아세아문제연구소, 1966, 596쪽, 문서번호 2865]; 리하르트 분쉬 지음, 김종대 옮김: 고종의 독일인 의사 분쉬, 학고재, 1999, 150쪽.

2. 개업의사 주현측의 조수

1908년 6월 3일 제중원의학교를 졸업한 주현측[135])은 1909년 음력 1월부터 선천 읍내에서 인제의원(仁濟醫院)을 개설하였다. 당시 진료를 받기 위해 병원에 오는 환자는 매일 20명에서 많으면 5-60명 정도였으며, 입원 환자는 매일 6-7명에서 많으면 10명 정도였다.[136]) 또한 필요에 따라 왕진을 가기도 했다. 당시 주현측은 4-5명의 조수를 고용하고 있었다.

이들 조수 중에서 후에 정식으로 의사가 된 경우는 없었던 것으로 보인다. 하지만 일부는 한지의사(限地醫師)로서 활동했을 수도 있고, 의사의 수가 절대적으로 부족하던 당시 이들은 한국인 보건의료에 일익을 담당했다.

이와 경우는 다소 다르지만 북한의 주석 김일성의 부친 김형직(金亨稷)은 1910년대 초 평양 숭실학교를 마치고 세브란스에 입학하였다가 중퇴하였다.[137]) 그는 일제에 의해 사상범으로 감옥 생활을 하는 동안 가족이 차입해 준 한의학 서적을 통해 약간의 한의학 지식을 얻게 되었다. 만기가 되어 출소했지만 그의 가족은 여러 가지로 큰 곤경에 처하게 되었다. 김형직은 하는 수 없이 자신이 다녔던 세브란스에 와서 친구들을 통해 졸업장 하나를 얻어 평안도 지방에서 몇 군데 옮겨 다니며 개업을 했다고 한다. 일제에 의해 통제되어 배출되던 제한된 수의 정규 의사와는 달랐지만 의료에 경험이 있던 이들의 역할이 적지 않았음을 알 수 있다.

---

135) 이 책의 주현측 난을 참고할 것.
136) **韓民族 獨立運動史 資料集** 4(105人事件訊問調書 II). 朱賢則 신문 조서, 1912년 4월 1일 작성; **韓民族獨立運動史 資料集** 1(105人事件 公判始末書 I), 第15回 公判始末書, 1912년 12월 12일 작성.
137) 참된 봄을 부르며 1. 도서출판 오름 재발행, 1993, 53쪽.

제4장　의술개업인허장을 받은 사람들

1914년 조선총독부에 의해 '의사면허'가 부여되기 이전까지 의술개업인허장을 받은 사람은 모두 144명이었는데, 이들의 인허장 번호, 이름, 출신교, 수여일, 주요 활동지는 다음과 같았다.

1908년 6월 4일

번호	이름	출신교	수여일	주요 활동지
제1호	홍종은	제중원(세브란스병원)의학교	1908. 6. 4.	의주
제2호	김필순	제중원(세브란스병원)의학교	1908. 6. 4.	중국
제3호	홍석후	제중원(세브란스병원)의학교	1908. 6. 4.	경성부
제4호	박서양	제중원(세브란스병원)의학교	1908. 6. 4.	만주 국자가
제5호	김희영	제중원(세브란스병원)의학교	1908. 6. 4.	직산
제6호	주현측	제중원(세브란스병원)의학교	1908. 6. 4.	평북 선천
제7호	신창희	제중원(세브란스병원)의학교	1908. 6. 4.	중국 안동

1909년 3월 19일[138]

번호	이름	출신교	수여일	주요 활동지
제8호	유병필	의학교(제1회)	1903. 1. 9	경성부

1909년 11월 15일[139]

번호	이름	출신교	수여일	주요 활동지
제9호	이관호	대한의원부속 의학교	1909. 11. 16	전북
제10호	김효명	대한의원부속 의학교	1909. 11. 16	
제11호	한민제	대한의원부속 의학교	1909. 11. 16	
제12호	박세유	대한의원부속 의학교	1909. 11. 16	평북 후창
제13호	이범위	대한의원부속 의학교	1909. 11. 16	함북 무산

---

138) 彙報 衛生. 官報 제4335호, 1909년 3월 27일.
139) 彙報 醫術開業認許狀 授與件. 官報 제4600호, 1910년 2월 11일.

1909년 12월 10일[140)]

번호	이름	출신교	수여일	주요 활동지
제14호	권태동	대한의원 교육부	1907. 7.	경기도 수원
제15호	홍대철	대한의원 교육부	1907. 7.	
제16호	정윤해	대한의원 교육부	1907. 7.	충남 강경
제17호	신태영	대한의원 교육부	1907. 7.	강원 평창
제18호	박계양	대한의원 교육부	1907. 7.	경성부
제19호	윤병학	대한의원 교육부	1907. 7.	경기도 가평
제20호	김태권	대한의원 교육부	1907. 7.	
제21호	최국현	의학교(제2회)	1904. 7. 2	

1910년 2월 3일[141)]

번호	이름	출신교	수여일	주요 활동지
제22호	이석준	대한의원 교육부	1907. 7.	경기도 가평
제23호	손창수	의학교(제1회)	1903. 1. 9	
제24호	장기무	의학교(제3회)	1907. 1. 29	
제25호	김수현	의학교(제2회)	1904. 7. 2	경성부

1910년 3월 12일[142)]

번호	이름	출신교	수여일	주요 활동지
제26호	채영석	의학교(제1회)	1903. 1. 9	경성부
제27호	허 균	의학교(제1회)	1903. 1. 9	
제28호	김성집	의학교(제1회)	1903. 1. 9	경기 파주
제29호	이규영	의학교(제1회)	1903. 1. 9	평남 평양
제30호	윤상만	의학교(제1회)	1903. 1. 9	경기도 가평
제31호	장홍섭	의학교(제2회)	1904. 7. 2	
제32호	김달식	의학교(제2회)	1904. 7. 2	황해 해주
제33호	박용남[143)]		?	경성부

140) 彙報 醫術開業認許狀 授與件. 官報 제4600호, 1910년 2월 11일.
141) 彙報 醫術開業認許狀 授與件. 官報 제4600호, 1910년 2월 11일.
142) 彙報 醫術開業認許狀 授與件. 官報 제4630호, 1910년 3월 18일.
143) 1910년 3월 12일로 수여된 의술개업장은 모두 의학교 졸업생에게 준 것으로 되어 있으
나, 박용남은 졸업생 명단에 포함되어 있지 않다. 박용남은 호가 운계(雲溪)이며, 1909년 1

제34호	오장환	의학교(제2회)	1904. 7. 2

1910년 5월 12일[144]

번호	이름	출신교	수여일	주요 활동지
제35호	이경식	대한의원 교육부	1907. 7.	충남 천안
제36호	이승정	대한의원 교육부	1907. 7.	
제37호	박봉태	대한의원 교육부	1907. 7.	경기도 이천
제38호	김상건[145]	의학교(제1회)	1903. 1. 9	경성부
제39호	한경교	의학교(제1회)	1903. 1. 9	충남 논산
제40호	안우선	의학교(제1회)	1903. 1. 9	경성부
제41호	한우근	의학교(제1회)	1903. 1. 9	
제42호	이기정	의학교(제2회)	1904. 7. 2	

1910년 7월 8일[146]

번호	이름	출신교	수여일	주요 활동지
제43호	김명식	의학교(제1회)	1903. 1. 9	경성부
제44호	이제규	의학교(제1회)	1903. 1. 9	경성부
제45호	이병학	의학교(제1회)	1903. 1. 9	
제46호	차현성	의학교(제2회)	1904. 7. 2	
제47호	이규찬	대한의원 교육부	1907. 7.	

1910년 7월 15일[147]

번호	이름	출신교	수여일	주요 활동지
제48호	김봉관	의학교(제1회)	1903. 1. 9	

월 서울 공애당(共愛堂)에서 가정구급방(家庭救急方)을 출판하였다. 이 책은 동서의약방(東西醫藥方) 중에서 필수적인 구급방을 찬술한 것으로 의학교 제1회 졸업생 김상건이 교정하였다. 박용남은 1909년 2월 의약신보(醫藥新報)를 발행했다고 한다. 박용남(朴容南). 한국역대인물 종합정보시스템, 한국학중앙연구원.

144) 彙報 醫術開業認許狀 授與件. 官報 제4682호, 1910년 5월 19일.
145) 김상건은 1915년 3월 31일 황해도 장연군을 여행하던 중 의술개업인허장을 분실했고, 이 인허장은 무효로 처리되었다. 醫師免許證 無效. 朝鮮總督府 官報 제851호, 1915년 6월 5일.
146) 彙報 醫術開業認許狀 授與件. 官報 제4729호, 1910년 7월 13일.
147) 彙報 醫術開業認許狀 授與件. 官報 제4733호, 1910년 7월 18일.

제49호 이명흠 대한의원 교육부   1907. 7.   충북 음성

1910년 8월 17일[148]

번호	이름	출신교	수여일	주요 활동지
제50호	김교준	의학교(제1회)	1903. 1. 9	만주 용정
제51호	박희달	의학교(제1회)	1903. 1. 9	충남 당진

1911년 5월 9일[149]

번호	이름	출신교	수여일	주요 활동지
제52호	전유화	조선총독부의원부속 의학강습소(1회)	1911. 3.	
제53호	이창우	조선총독부의원부속 의학강습소(1회)	1911. 3.	
제54호	구자흥	조선총독부의원부속 의학강습소(1회)	1911. 3.	경성부
제55호	나성연	조선총독부의원부속 의학강습소(1회)	1911. 3.	
제56호	서병호	조선총독부의원부속 의학강습소(1회)	1911. 3.	
제57호	김용채	조선총독부의원부속 의학강습소(1회)	1911. 3.	경성부
제58호	오현두	조선총독부의원부속 의학강습소(1회)	1911. 3.	
제59호	손수경	조선총독부의원부속 의학강습소(1회)	1911. 3.	평남 평양
제60호	최창환	조선총독부의원부속 의학강습소(1회)	1911. 3.	함북 단천
제61호	송영근	조선총독부의원부속 의학강습소(1회)	1911. 3.	함북 홍원
제62호	김 택[150]			?
제63호	김교창	조선총독부의원부속 의학강습소(1회)	1911. 3.	전북 남원군
제64호	김종현	조선총독부의원부속 의학강습소(1회)	1911. 3.	경기 안성군
제65호	원의준	조선총독부의원부속 의학강습소(1회)	1911. 3.	평북 의주군
제66호	홍종흡	조선총독부의원부속 의학강습소(1회)	1911. 3.	평북 용천군
제67호	김덕환	조선총독부의원부속 의학강습소(1회)	1911. 3.	
제68호	이만규	조선총독부의원부속 의학강습소(1회)	1911. 3.	
제69호	이민창	조선총독부의원부속 의학강습소(1회)	1911. 3.	
제70호	김기웅	조선총독부의원부속 의학강습소(1회)	1911. 3.	평북 자성군
제71호	이상종	조선총독부의원부속 의학강습소(1회)	1911. 3.	강원 홍천

---

148) 彙報 醫術開業認許狀 授與件. 官報 제4762호, 1910년 8월 20일.
149) 醫術開業認許狀 授與 下付. 朝鮮總督府 官報 제224호, 1911년 5월 31일.
150) 1911년 5월 9일로 수여된 의술개업인허장에서 78번까지는 조선총독부부속 의학강습소
   졸업생에게 준 것으로 보이지만 김택은 졸업생 명단에 포함되어 있지 않다.

제72호	이충하	조선총독부의원부속 의학강습소(1회)	1911. 3.	황해 장연
제73호	나영환	조선총독부의원부속 의학강습소(1회)	1911. 3.	
제74호	권영직	조선총독부의원부속 의학강습소(1회)	1911. 3.	경북 봉화
제75호	이찬151)	조선총독부의원부속 의학강습소(1회)	1911. 3.	
제76호	나진환	조선총독부의원부속 의학강습소(1회)	1911. 3.	
제77호	노기승	조선총독부의원부속 의학강습소(1회)	1911. 3.	강원 정선군
제78호	최영주	조선총독부의원부속 의학강습소(1회)	1911. 3.	
제79호	한응찬	공립평양동인의원부속 평양의학교	1910. 5. 13	강원 양구군
제80호	최성구	공립평양동인의원부속 평양의학교	1910. 5. 13	평양
제81호	변인희	공립평양동인의원부속 평양의학교	1910. 5. 13	
제82호	김병기	공립평양동인의원부속 평양의학교	1910. 5. 13	평남 양덕군
제83호	이경하	공립평양동인의원부속 평양의학교	1910. 5. 13	평남 중화군
제84호	김정삼	공립평양동인의원부속 평양의학교	1910. 5. 13	평남 대동
제85호	김호연	공립평양동인의원부속 평양의학교	1910. 5. 13	
제86호	변인기	공립평양동인의원부속 평양의학교	1910. 5. 13	

번호	이름	출신교	수여일	주요 활동지
제87호	이규선152)	한의사		경성부

1911년 6월 16일153)

번호	이름	출신교	수여일	주요 활동지
제88호	서광호	세브란스병원의학교 제2회	1911. 6. 2	
제89호	강문집	세브란스병원의학교 제2회	1911. 6. 2	경성부
제90호	박건호	세브란스병원의학교 제2회	1911. 6. 2	
제91호	박영식	세브란스병원의학교 제2회	1911. 6. 2	평북 용천
제92호	이태준	세브란스병원의학교 제2회	1911. 6. 2	중국, 몽골

151) 의술개업장이 소실되어 1916년 6월 25일로 의사면서 21번을 새로 부여 받았다. 醫師免許. 朝鮮總督府 官報 제587호, 1914년 7월 16일.

152) 이규선은 침술과 한의학을 공부하고 1899년 9월 23일 내부병원, 이어 내부병원의 의사로 근무하였다. 1907년 3월 15일 대한의원 의원이 되어 1908년까지 근무하였다. 인허장 87번은 관보에서는 기록되어 있지 않지만 『日本醫籍錄』에 기록되어 있다. 한의사였으며 정식 의학교를 졸업하지 못했던 이규선이 의술개업인허장을 받은 것은 피병준과 함께 지극히 예외적인 것이었다. 本田六介 編纂: 朝鮮. 日本醫籍錄. 제1판, 醫事時論社, 東京, 1925, 7쪽.

153) 彙報. 朝鮮總督府 官報 제246호, 1911년 6월 26일 6면.

제93호 송영서 세브란스병원의학교 제2회　　　1911. 6. 2　황해 안악

1911년 6월 26일154)

번호	이름	출신교	수여일	주요 활동지
제94호	조익순	평양야소교 제중원부속 의학교		평남 평양
제95호	김용수	평양야소교 제중원부속 의학교		
제96호	김봉천	평양야소교 제중원부속 의학교		평남 평원군
제97호	최용화	평양야소교 제중원부속 의학교		

1911년 8월 4일155)

번호	이름	출신교	수여일	주요 활동지
제98호	피병준156)	종두의양성소	1897. 12	
제99호	유세환	제국대학교 의과대학 선과	1902. 11. 25	

1911년 8월 4일157)

번호	이름	출신교	수여일	주요 활동지
제100호	전경룡	평양야소교 제중원부속 의학교		

1911년 8월 23일158)

번호	이름	출신교	수여일	주요 활동지
제101호	김창선	평양야소교 제중원부속 의학교		평남 강동군
제102호	박상진	평양야소교 제중원부속 의학교		

154) 관보에는 인허장의 번호가 적혀 있지 않다. 廣告. 朝鮮總督府 官報 제246호, 1911년 6월 26일 6면.
155) 彙報. 朝鮮總督府 官報 제285호, 1911년 8월 10일.
156) 피병준은 1885년 9월 증광별시에서 의과에 입격한 한의사로서 12월 약방내침의로 임명 받았다. 1896년 7월 군무아문 주사로 근무했고, 1897년 5월 9일 종두의양성소에 입학하여 12월 졸업하였다. 1898년 4월 12일 내부 종두의사, 1899년 4월 27일 내부병원 의사로 임명되었고, 1900년 7월 9일 내부 광제원 의사로 임명되었다. 대한의원이 설립되자 의원으로 임명되었다가, 조수, 촉탁 등을 거쳐, 한입합방 후에는 조선총독부의원 시료부에서 근무했다. 1915년 외과 전문의원인 창덕의원(昌德醫院)을 개원하였다. 피병준(皮秉俊): 한국 근현대인물자료, 국사편찬위원회.
157) 彙報. 朝鮮總督府 官報 제312호, 1911년 9월 11일.
158) 彙報. 朝鮮總督府 官報 제312호, 1911년 9월 11일.

제103호 안상헌 평양야소교 제중원부속 의학교　　　　　　평남 강서

번호	이름	출신교	수여일	주요 활동지
제104호[159]				

1911년 8월 31일[160]

번호	이름	출신교	수여일	주요 활동지
제105호	정우경	?		강원도 고성

1912년 5월 15일[161]

번호	이름	출신교	수여일	주요 활동지
제106호	장경록	조선총독부의원 부속의학강습소(2회)	1912. 3. 24	
제107호	김찬수	평양동인의원? 총독부?		평남 순천
제108호	황 윤	조선총독부의원 부속의학강습소(2회)	1912. 3. 24	평북 정주

1912년 5월 17일[162]

번호	이름	출신교	수여일	주요 활동지
제109호	강병찬	조선총독부의원 부속의학강습소(2회)	1912. 3. 24	
제110호	김인용	조선총독부의원 부속의학강습소(2회)	1912. 3. 24	

번호	이름	출신교	수여일	주요 활동지
제111호	?	?		

1912년 6월 4일[163]

번호	이름	출신교	수여일	주요 활동지
제112호	모학복[164]	조선총독부의원 부속의학강습소(2회)	1912. 3. 24	함남 함흥

----

159) 관보에 받은 사람의 번호와 이름이 빠져 있다. **彙報. 朝鮮總督府 官報** 제312호, 1911년 9월 11일.
160) **彙報. 朝鮮總督府 官報** 제312호, 1911년 9월 11일.
161) **彙報. 朝鮮總督府 官報** 제542호, 1912년 6월 18일.
162) **彙報. 朝鮮總督府 官報** 제542호, 1912년 6월 18일.
163) **彙報. 朝鮮總督府 官報** 제21호, 1912년 8월 23일.

1912년 6월 21일[165)

번호	이름	출신교	수여일	주요 활동지
제113호	홍대철	조선총독부의원 부속의학강습소(1회)	1911. 3.	

1913년 4월 23일[166)

번호	이름	출신교	수여일	주요 활동지
제114호	김기준	?	.	평남 대동

1913년 5월 8일[167)

번호	이름	출신교	수여일	주요 활동지
제115호	김 규	?		

1913년 5월 9일[168)

번호	이름	출신교	수여일	주요 활동지
제116호	윤승열	조선총독부의원 부속의학강습소(3회)	1913. 3. 31	충남
제117호	강원영	의학교(제2회)	1904. 7. 2	
제118호	박원신	조선총독부의원 부속의학강습소(3회)	1913. 3. 31	
제119호	박영우	조선총독부의원 부속의학강습소(3회)	1913. 3. 31	
제120호	민병의	조선총독부의원 부속의학강습소(3회)	1913. 3. 31	경성부

1913년 5월 21일[169)

번호	이름	출신교	수여일	주요 활동지
제121호	지성연	의학교(재2회)	1904. 7. 2	

---

164) 사토는 1908년 봄 평양동인의원에서 강의를 하던 중 불쑥 찾아 온 중년의 키가 큰 남자가 열심히 의학을 배우고 싶다고 했고 그를 입학시켜 준 적이 있었다. 이 남자는 후에 평양자혜의원, 이어 조선총독부의원부속 의학강습소로 전입하여 졸업 후 고향 함흥에서 개업했는데, 이 남자가 모학복인 것으로 추정된다. 李忠浩 譯, 佐藤剛藏 著: 朝鮮醫育史. 螢雪出版社, 1993, 50-1쪽.

165) 彙報. 朝鮮總督府 官報 제21호, 1912년 8월 23일.

166) 彙報. 朝鮮總督府 官報 제234호, 1913년 5월 14일.

167) 彙報. 朝鮮總督府 官報 제259호, 1913년 6월 12일.

168) 彙報. 朝鮮總督府 官報 제259호, 1913년 6월 12일.

169) 彙報. 朝鮮總督府 官報 제259호, 1913년 6월 12일.

제122호 이응오 조선총독부의원 부속의학강습소(3회) 1913. 3. 31

1913년 5월 23일[170]

번호	이름	출신교	수여일	주요 활동지
제123호	최 환	조선총독부의원 부속의학강습소(3회)	1913. 3. 31	
제124호	이규철	조선총독부의원 부속의학강습소(3회)	1913. 3. 31	
제125호	황석창	조선총독부의원 부속의학강습소(3회)	1913. 3. 31	

1913년 5월 27일[171]

번호	이름	출신교	수여일	주요 활동지
제126호	강기준	조선총독부의원 부속의학강습소(3회)	1913. 3. 31	
제127호	우명범	조선총독부의원 부속의학강습소(3회)	1913. 3. 31	전남 여수
제128호	권태익	조선총독부의원 부속의학강습소(3회)	1913. 3. 31	충남 당진

1913년 5월 30일[172]

번호	이름	출신교	수여일	주요 활동지
제129호	강정원	조선총독부의원 부속의학강습소(3회)	1913. 3. 31	

1913년 6월 3일[173]

번호	이름	출신교	수여일	주요 활동지
제130호	이승청	조선총독부의원 부속의학강습소(3회)	1913. 3. 31	
제131호	강창오	조선총독부의원 부속의학강습소(3회)	1913. 3. 31	

1913년 6월 5일[174]

번호	이름	출신교	수여일	주요 활동지
제132호	최진협	의학교(제1회)	1903. 1. 9	수원

170) 彙報. 朝鮮總督府 官報 제259호, 1913년 6월 12일.
171) 彙報. 朝鮮總督府 官報 제259호, 1913년 6월 12일.
172) 彙報. 朝鮮總督府 官報 제259호, 1913년 6월 12일.
173) 彙報. 朝鮮總督府 官報 제288호, 1913년 7월 16일.
174) 彙報. 朝鮮總督府 官報 제288호, 1913년 7월 16일.

제133호　차세호　조선총독부의원 부속의학강습소(3회)　1913. 3. 31

1913년 6월 14일[175]

번호	이름	출신교	수여일	주요 활동지
제134호	심호섭	조선총독부의원 부속의학강습소(3회)	1913. 3. 31	경성부
제135호	김인국	세브란스병원의학교 제3회	1913. 3. 2	함북 청진
제136호	장인석	세브란스병원의학교 제3회	1913. 3. 2	황해 재령
제137호	김재명	세브란스병원의학교 제3회	1913. 3. 2	

1913년 8월 23일[176]

번호	이름	출신교	수여일	주요 활동지
제138호	고명우	세브란스병원의학교 제3회	1913. 3. 2	경성부

1913년 8월 27일[177]

번호	이름	출신교	수여일	주요 활동지
제139호	김종원	조선총독부의원 부속의학강습소(3회)	1913. 3. 31	

1913년 9월 8일[178]

번호	이름	출신교	수여일	주요 활동지
제140호	한진표	조선총독부의원 부속의학강습소(3회)	1913. 3. 31	부산부
제141호	곽병규	세브란스병원의학교 제3회	1913. 3. 2	황해 사리원
제142호	안병삼	조선총독부의원 부속의학강습소(3회)	1913. 3. 31	충남 서산

1913년 9월 20일[179]

번호	이름	출신교	수여일	주요 활동지
제143호	이건흥	조선총독부의원 부속의학강습소(3회)	1913. 3. 31	

---

175) 彙報. 朝鮮總督府 官報 제288호, 1913년 7월 16일.
176) 彙報. 朝鮮總督府 官報 제340호, 1913년 9월 16일.
177) 彙報. 朝鮮總督府 官報 제340호, 1913년 9월 16일.
178) 醫籍登錄. 朝鮮總督府 官報 제369호, 1913년 10월 22일.
179) 醫籍登錄. 朝鮮總督府 官報 제369호, 1913년 10월 22일.

1913년 12월 11일[180)]

번호	이름	출신교	수여일	주요 활동지
제144호	박동석	조선총독부의원부속 의학강습소(3회)	1913. 3. 31	평남 중화

180) 醫籍登錄. 朝鮮總督府 官報 제437호, 1914년 1월 16일.

제 V 부

한국 최초 면허의사들의 활동

에비슨의 각고의 노력 끝에 1908년 6월 3일 세브란스병원(제중원)의학교에서 제1회로 배출된 7명의 졸업생들은 조선정부로부터 현재의 의사면허에 해당하는 의술개업인허장 제1-7번을 받음으로써 한국 의학교육의 신기원을 이룩했다. 이미 살펴본 바와 같이 제중원의학교 이외에도 다양한 의학교육이 이루어져 왔다. 대표적으로 1899년 문을 연 의학교에서도 다수의 졸업생이 배출된 바 있으며, 여러 교과의 선교부나 일본인에 의한 의학교육이 시도되었다. 하지만 이들은 대개 3년이라는 속성 과정으로 배출되어 제대로 된 의사로서의 훈련을 거의 받지 못한 상태였다. 예외적으로 몇 명은 미국이나 일본에서 정규 의과대학을 졸업하여 귀국한 경우도 있었다.

그러나 세브란스병원의학교 제1회 졸업생들이 한국 의학사에 우뚝 서게 될 수 있었던 것은 충분한 기간 동안 이론 및 실제 경험을 쌓아 당시 미국이나 캐나다의 의과대학 졸업생과 비교해 전혀 손색이 없는 실력을 쌓은 상태에서 졸업했기 때문이었다. 의학교에서 배출된 졸업생들은 실제 임상실습을 거의 하지 못했기 때문에 환자를 보는 의사로서 부족한 점이 많았다. 반면 선교의사가 운영하는 지방의 조그마한 진료소에서 선교의사를 도우면서 의학을 배웠던 졸업생들은 이론적인 면에서 부족할 수밖에 없었다. 이들과 비교하면 제중원의학교 졸업생들은 당시 최고의 시설을 자랑하던 세브란스병원에서 수련을 받았으며, 한국인 의학생들을 교육시킬 수 있는 수준에 도달한 상태에서 졸업을 했던 것이다. 비로소 한국에서 서양의학을 우리의 힘으로 발전시킬 바로 그 출발점에 서게 된 것이다.

이들 한국 최초의 면허 의사 7명의 가족 환경, 활동을 분석해 보면 다음의 몇 가지 특징적인 사실을 발견할 수 있다.

첫째, 이들 대부분은 직접 간접으로 한국에서 활동하던 선교사들과의 접촉이 있었다. 우선 출신을 살펴보면 한국 최초의 교회가 세워졌으며 언더우드가 활동하던 장연 사람들이 포함되어 있다. 김필순이 이곳 출신이고, 나중에 편입한 홍종은도 장연 사람이다. 선교사들과의 관계는 아펜젤러가 세운 배재학당의 졸업생이 3명이나 있었던 점에서 잘 나타난다. 김필순, 김희영은 물론 후에 편입한 홍석후도 배재학당 출신이었다.

한편 홍석후의 부친은 언더우드에게 한국어를 가르쳤다. 박서양은 부친 박성춘을 통해 에비슨에게 의학교육을 받는 기회를 얻었고, 주현측은 선천에서 선교의사 셔록스에 의해 의학교육을 받은 후 세브란스에 입학하였다.

둘째, 김필순, 홍석후 및 홍종은은 서양의학의 토착화에 힘을 써 에비슨을 도와 거의 전 과목의 한국어 의학교과서를 출판하였다.

셋째, 이들은 후진 양성에 많은 관심을 갖고 실천했다. 7명의 졸업생 중 주현측을 제외한 6명은 의학교에 남아 후배 교육은 물론 간호원양성소에서도 강의를 담당하였다. 이들 중 김희영과 신창희는 1년간 간호원양성소 교수로 있다가 개업하였다. 김필순은 병원과 학교의 요직을 맡았으나 독립운동을 위해 중국으로 망명하였다. 박서양은 외과 교수로 활동하였으나 학교를 사임하고 만주에서 활동하였다. 홍석후는 1회 졸업생 중 가장 오래 학교에 남아 동창회를 조직하고 학감 등을 역임하였다. 이들은 모교 이외에도 보구녀관의 감리회 간호원양성학교에서도 강의를 담당하고 이들이 세브란스병원에서 실습하는 것을 도와주는 등 큰 역할을 하였다. 자신이 받는 월급 보다 몇 배나 더 주겠다는 제의를 거절하고 의학교의 교수로 오로지 사명감으로 후진 양성에 나선 이들을 본 에비슨은 크게 감동하였다.[1]

이런 젊은이가 있는 한국의 미래는 희망으로 가득 차 있다. 신이여 그들과 그들이 하는 일에 축복을 내리소서!

넷째, 졸업 후인 1910년 한국이 일본의 식민지로 되면서 국권을 빼앗기자 이들은 홀연히 나서 독립운동에 열과 성을 다하였다. 7명 중 김필순, 주현측, 신창희, 박서양은 몽고와 만주에서 독립운동에 적극 참여하였다.

---

1) A christian Korean celebration. Korea Mission Field 5: 208, 1909.

제1장 김필순

1. 가족 배경[2]

김필순(金弼淳, 1878-1919, 그림 V-1-1)[3]은 광산(光山) 김씨이며, 1878년 6월 25일[4] 황해도 장연군에서 김성섬(金聖贍)과 둘째 부인 순흥 안씨 성은(聖恩, 1858?- 1940) 사이의 장남으로 태어났다. 김필순 집안이 장연에 정착하게 된 배경은 다음과 같았다.

그림 V-1-1 김필순. 동은의학박물관 소장.

원래 이 김씨 집안은 (김필순의) 조부 때까지도 서울에서 쟁쟁한 이름을 떨치던 명문 가문이었다. 그런데 당시 참판 벼슬을 지내던 조부는 부패한 정치 때문에 백성이 도탄에 빠짐을 안타깝게 생각해서 자진 정계에서 물러나 서울에서 380리 떨어진 황해도 장연군 대구면 송천리(솔내)의 불타산(佛陀山)을 중심으로 세 형제가 낙향했는데, 조부의 형제 두 분은 불타산 뒤쪽에, 조부는 남쪽에 자리 잡았던 것이다.

조부는 개척자적인 의지로 황량한 땅을 옥토로 만들어 큰 성과를 얻었다. 그리하여 송천리 일대의 임야와 토지는 전부 그의 소유로 되었고, 99칸짜리 대저택을 지었는데, 마을 사람들은 이 집을 김 판서댁 혹은 김 좌수댁이라 불렀으며, 바로 이 집이 김필순이 태어난 생가였다.[5]

---

2) 김필순의 가족 배경에 대해서는 동생 김필례의 전기 및 아들 김염의 전기에 비교적 잘 기술되어 있다. 이기서: 교육의 길 신앙의 길 김필례 그 사랑과 실천. 태광문화사, 1988; 스즈키 쓰네카스, 이상 옮김: 상해의 조선인 영화황제 김염. 실천문학사, 1996.

3) 김필순에 대해서는 다음의 글이 참고가 된다. 박형우: 대의 김필순(大醫 金弼淳). 醫史學 7: 239-53, 1998.

4) 연세대학교 의과대학 학적부.

5) 김윤옥: 김필순 박사 일대기(원고본). 김윤옥은 김필순의 장남 김덕봉(김영)의 막내딸, 즉

김씨 집안이 터를 잡고 있던 송천리에 1883년 서상륜(徐相崙), 서경조(徐景祚) 형제가 이주해 왔다. 서씨 형제는 평안북도 의주 태생인데, 1878년 인삼을 팔러 청나라 영구(營口)에 갔다가 처음으로 기독교를 접했고, 서상륜은 1882년 세례를 받고 귀국하여 기독교 전도에 힘쓰고 있었다.[6] 그런데 1883년 그들이 성경을 갖고 입국하는 것이 발각되어 의

그림 V-1-2 김필순의 가족. 오른쪽부터 김필례, 할머니, 고모, 김순애 및 김필순. Lillias H. Underwood: Underwood of Korea. Fleming H. Revell Company, 1918, 160-161쪽 사이.

주 감옥에 갇혔다가 풀려나와 송천에 정착하게 된다. 그들은 1886년 말 언더우드를 처음 만났고, 언더우드는 1887년 가을 처음으로 소래를 방문하여 개종자들에게 세례를 주었다.[7]

당시 김필순의 집안은 새로운 서양 문물에 상당히 우호적이었으며, 1895년 서씨 형제가 한국 최초의 소래교회를 세울 때 물심양면으로 지원하였다.

김필순의 아버지는 첫 부인과의 사이에서 윤방(允邦), 윤오(允五) 및 윤열(允烈)의 세 아들을 낳았고, 이어 낳은 딸은 태어난 지 얼마 되지 않아 죽었기 때문에 이름이 없었다. 김필순은 둘째 부인의 장남으로 태어났는데, 그 아래로 딸인 구례(求禮)와 노득(路得)이 있었고, 이어 아들인 인순(仁淳), 딸인 순애(順愛)와 필례(弼禮)의 순서였다(그림 V-1-2). 이와 같이 김필순은 10남매 중 5째로 태어났지만, 이들 가족에게는 정신적인 지주였다.

김필순의 집안에서는 한국 근대사에 지대한 영향을 미친 걸출한 인물들이 많이 배출되었으며, 다수의 세브란스 출신 의사들과 인척 관계를 이루어 초창기 우리나라 의학계에도 큰 영향을 미쳤다.

　　김필순의 손녀이다.
 6) 이만열: 한국 기독교 수용사 연구. 두레시대, 1998, 39쪽.
 7) 한국기독교역사연구소: 한국 기독교의 역사. I. 기독교문사, 1996, 243쪽.

큰 형 윤방은 무장(茂長) 김씨 몽은(蒙恩)과의 사이에서 세 딸을 낳고 1895
년경 세상을 떠났다. 윤방의 첫째 딸 함라(涵羅)는 정신여학교를 졸업하고 남
궁혁(南宮爀)의 부인이 되었다. 둘째딸 미염(美艶)은 세브란스연합의학교 제6
회 졸업생 방합신(方合信)과 결혼하였다. 미염의 바로 아래 동생은 그 유명한
여성 독립운동가 김마리아(金瑪利亞)이다. 둘째 형 윤오는 1895년 7월 3일 언
더우드로부터 집사의 직분을 받았고, 서울로 올라와 필순과 함께 세브란스병
원 건너편에 '김형제 상회'를 설립해 하와이로 인삼을 수출하고[8] 장롱을 짜
는 일을 했다. 그러나 경영 미숙으로 이 상회가 망하자 용산에서 제재소를 경
영하기도 했다. 윤오는 서북학회의 발기인 및 총무로 활동했으며,[9] 세브란스
병원의학교 제3회 졸업생 고명우(高明宇, 1884-1950)를 사위로 맞이하였다. 셋
째 형 윤렬은 똑똑했는데, 과거에서 장원 급제한 후 고향으로 내려오던 중 장
티푸스에 걸려 여관에서 객사하고 말았다.

김필순의 첫째 여동생 구례는 서경조의 둘째 아들 서병호(徐丙浩)와 결혼
하였다. 병호는 상해 임시정부에서 활동한 독립운동가였으며, 그의 형인 서광
호(徐光昊, 1880- ?)는 세브란스병원의학교 제2회 졸업생이다. 둘째 여동생
노득은 양응수(梁應需) 목사와 결혼했다. 경신학교를 다녔던 첫째 남동생 인
순은 여름에 한강에서 물놀이를 하다 익사하였다. 둘째 여동생 순애는 독립운
동가 김규식(金奎植)과 결혼하였다. 원래 김규식은 순애와 혼담이 오간 적도
있었으나, 순애의 학교 동기생 조은수와 결혼하였다. 그러나 조은수가 건강이
악화되어 아들 하나를 남기고 사망하면서 유언으로 동기생 순애와 결혼할 것
을 김규식에게 부탁했고, 결국 주위에서의 강권에 따라 1919년 재혼하였다.[10]
김규식이 독립운동의 일환으로 아들 진동과 사촌 누이동생 은식을 대동하고
몽고의 고린(庫倫)을 여행했을 때 만난 세브란스병원의학교 제2회 졸업생 이
태준(李泰俊)은 김규식의 사촌 누이동생 은식과 결혼하였다. 막내 여동생 필

---

8) 1907년 초 김필순은 송석준과 함께 다량의 인삼을 갖고 미국으로 갔으나 상륙이 거절당
   해 되돌아오기도 했다. 顧秘 第一四四號 (293) 在米韓人ノ行動ニ關スル件 [安昌鎬·林致院·
   宋錫峻의 性向]. 明治 四十年 二月 十八日(1907년 2월 18일) 警務顧問 丸山重俊 발송. 臨
   時統監代理 陸軍大將 男爵 長谷川好道 수신.
9) 西北學會略史. 서북학회월보 1(2): 3-4, 1908; 會事記要. 서북학회월보 1(6): 24, 1908.
10) 이정식: 김규식의 생애. 신구문화사, 1974, 35, 51-2쪽.

례는 한국 기독교여자청년회(YWCA)의 창설자이며, 1918년 6월 20일 세브란스연합의학교 제6회 졸업생 최영욱(崔泳旭, 1893-1950)과 결혼하였다.

이상의 김필순 가계에서 김필순, 서병호, 김순애, 김규식, 김마리아, 이태준 등이 국가에서 서훈을 받아 집안의 많은 사람들이 독립운동에 주도적으로 참여한 흔치 않은 독립운동가 집안이었으며, 그 중심은 바로 김필순이었다.11)

---

11) 김필순은 1997년 건국훈장 애국장을, 서병호는 1968년 대통령 표창, 1980년 건국포장, 1990년 애국장을, 김순애는 1977년 독립장을, 김규식은 1989년 대한민국장을, 김마리아는 1962년 독립장을 각각 추서 받았고, 이태준은 1980년 대통령 표창, 1990년 애족장을 추서 받았다. 대한민국 독립유공인물록. 국가보훈처, 1997.

2. 배재학당 시절

김필순이 어렸을 때 김필순 집안은 사랑방 몇 칸을 동네 아이들에게 서당으로 사용할 수 있도록 개방하였다. 이곳에서 부친은 필순 및 동네 청소년들을 모아 놓고 고명한 훈장을 모셔다가 천자문에서 동몽선습, 맹자, 공자에 이르기까지 한학을 가르쳤다.12)

1887년 가을 언더우드가 소래를 처음 방문한 이후 김필순 집안은 서양 선교사들에게 사랑방을 제공하고 하인까지 딸려주어 그들을 도왔다. 따라서 일찍부터 언더우드 등 선교사들과 자유롭게 접촉할 기회를 가질 수 있었던 김필순은 1894년 기독교 신자가 되었고, 이듬해인 1895년 7월 3일 소래교회의 봉헌 예배가 열리던 날 언더우드로부터 세례를 받았다.13)

1895년 어느 날 언더우드는 김필순 부모에게 '집에 붙들어 놓고 책임지고 공부를 시키겠다.'고 요청하였고, 이것이 받아 들여져 김필순은 서울에서 신식교육을 받게 되었다.14) 김필순은 언더우드 집에 머물면서 배재학당에 입학했다. 배재에 입학한 후 첫 여름 방학에 고향으로 내려 온 필순은 어느 날 집안 고리짝 깊숙이 보관되어 있던 조상들의 옷들을 꺼내 태워버렸다. 이때 필순의 형제들은 다 기독교를 믿고 있었으나, 어머니 안씨는 아직 전통적인 제사 풍습에 젖어 있는 상태였다. 그런 어머니가 필순의 행동을 보고 조상에 뵐 낯이 없다며 몸져눕게 되었다. 그러나 자식들의 설득으로 어머니도 기독교를 믿게 되어 한국 최초의 여전도사가 되었다.

김필순은 배재학당 학생들이 주축이 되어 대중계몽을 목적으로 1896년 11월 30일 조직된 학생운동단체인 협성회15)의 회원이었는데, 당시 협성회에는

---

12) 김윤옥: 김필순 박사 일대기(원고본).

13) K. S. Kim: Dr. Kim Pil Soon. Korea Mission Field 7: 15, 1911; 김영삼: 여성 지도자, 여성 교육자로서의 김 마리아. 나라사랑 제30집 김마리아 특집호: 74, 1979.

14) 이기서: 교육의 길 신앙의 길 김필례 그 사랑과 실천. 태광문화사, 1988, 32쪽.

15) 1898년 1월 현재 협성회의 회장은 이익채였으며, 오긍선이 서기로 있었다. 협성회(協成會)란 아펜젤러(Henry G. Appenzeller)의 초청으로 서재필이 1896년 5월 21일부터 매주 목요

오긍선, 유전 등이 회원으로, 안창호가 찬성원으로 있었다.[16] 한편 1897년 6월에는 김필순의 고향에 서상윤과 형 윤오에 의해 장연협성회가 설립될 때 서울의 협성회에서 김필순과 김흥경을 파견하여 이를 돕도록 했다. 이 장연협성회의 회장은 김윤오였으며, 회원은 25명이였다.[17]

김필순과 함께 배재학당을 다니던 학생들 중에는 이승만, 신흥우, 주시경, 남궁혁 등 한국에 큰 영향을 끼친 사람들이 많았다. 김필순은 남달리 영어 공부를 열심히 했고, 특히 영어발음이 매우 좋았다. 김필순이 후에 에비슨의 통역을 했고 의학교과서를 번역했으며 쉴즈와 함께 영어도 가르칠 수 있었던 것은 바로 이 때문이었다. 제중원의학교 제1회 졸업생 7명 중 김필순 이외에도 김희영과 홍석후가 배재 출신이다.[18]

그러나 김필순의 학창 시절이 순탄했던 것만은 아니었다. 하루는 서울로 가서 공부에 열중하고 있던 필순이 행실이 좋지 않은 어떤 여자와 사귀느라 공부는 팽개쳐두고 있다는 소식이 소래마을로 전해졌다. 필순의 어머니는 매일 밤 돗자리와 빗자루를 들고 마을 뒷산에 올라가 기도를 올렸다.[19] 어느 날 어머니는 기도 중 '네 아들을 내가 구원했으니, 이제 그만 집으로 돌아가거라.'하는 소리를 들었다. 그 뒤에 안일이지만 참으로 공교롭게도 그 무렵부터 김필순이 마음을 고쳐먹고 학업에 열중했다고 한다.[20]

일마다 배재학당에서 세계 지리, 역사, 정치학 등에 관해 특강을 했는데, 이 강의에 자극을 받은 13명의 배재학당 학생이 중심이 되어 조직한 학생운동단체를 말한다. 그 뒤 일반인들의 입회가 허용되면서 학생단체에서 사회단체로 성격이 변하였다. 회중잡보. 협성회회보. 제1권 제1호, 1898년 1월 1일 3면.

16) 회중잡보. 협성회회보. 제1권 제1호, 1898년 1월 1일 4면.
17) 회중잡보. 협성회회보. 제1권 제2호, 1898년 1월 8일 4면.
18) 이들 모두 정규 졸업생은 아니다. 김희영은 협성회의 찬성회원이었고, 홍석후는 1918년 명예졸업생으로 추대되었다.
19) A christian Korean celebration. Korea Mission Field 5: 206-7, 1909.
20) 이기서: 교육의 길 신앙의 길 김필례 그 사랑과 실천. 태광문화사, 1988, 36-7쪽.

3. 제중원의학교 입학

4년 동안 배재에서 학업을 마친 김필순은 1899년 제중원에서 셔록스의 통역 및 조수로서 서양의학과 첫 인연을 맺게 되었다. 제중원의 책임자 에비슨이 3월 말 안식년을 얻어 귀국했기 때문에 여의사 휠드가 쉴즈의 도움을 받아 제중원의 책임을 맡았으며, 빈튼도 그해 10월까지 제중원에서 환자를 진료했고 11월에는 갓 부임한 셔록스가 합류하였다. 셔록스는 1900년도에 매일 10-30명의 환자를 보았는데, 입원 환자는 2-8명이었다.

1900년 10월 귀국한 에비슨은 한국 고전에 지식이 있고 영어를 약간 아는 젊은이를 찾고 있었는데, 김필순의 이런 경험은 에비슨의 통역 겸 조수로 활동하는데 큰 도움을 주었다.[21] 이후 김필순은 에비슨의 지도로 1908년 의학교를 제1회로 졸업해 한국 최초의 면허의사의 한 사람이 될 때까지 다양한 모습을 보이며 성장하였다.

교육에 있어 용어에 큰 문제를 느꼈지만 특별한 대안이 없었던 에비슨은 자신이 고용한 김필순의 도움으로 강의를 진행하였다. 다른 학생들보다 영어를 잘 했던 김필순은 의학생 겸 에비슨의 통역 및 조수로서의 특수한 위치에 있었다. 에비슨이 학생들에게 그 동안 배운 정도에 따라 학년을 처음 부여했을 때 후에 같이 졸업한 박서양은 이름이 올라 있으나 김필순은 이름이 빠져 있는 점이 이를 입증하고 있다. 당시 김필순은 쉴즈 간호사와 함께 다른 학생들에게 영어를 가르치고 있었던 것이다.[22] 김필순에게 교과서 번역을 시키고 있던 에비슨은 더 나아가 그가 조만간 다른 학생들에게 기초 학문을 가르칠 수 있을 것으로 기대하고 있었다.

에비슨은 한국에 나올 때부터 한국인 의사 양성을 염두에 두고 있었고, 김필순은 에비슨의 이러한 기대를 제대로 충족시킨 거의 유일한 학생이었다고

---

21) K. S. Kim: Dr. Kim Pil Soon. Korea Mission Field 7: 15, 1911.
22) Report of Seoul Station, 1900-1901.

해도 과언이 아닐 것이다. 에비슨은 김필순이 7명의 졸업생 중에서 가장 우수하다고 평하였고,[23] 따라서 김필순은 단순히 환자만 보는 소의(小醫)가 되기에 필요한 의학 지식의 습득에만 정열을 쏟은 것이 아니라 그에게 주어진 많은 일들을 해야 했다. 그는 많은 교과서 번역 작업을 통해 교수로서의 자질을 닦았고, 새로 짓는 제중원인 세브란스병원의 건축 및 병원 급식 해결 등을 통해 병원 책임자로서의 소양도 닦았으며, 점차 기울어가는 나라의 운명을 걱정하던 중 1907년 구한국 군대의 해산 과정에서 후에 독립지사로 나서게 된 결정적인 경험을 했던 것이다. 따라서 1908년 김필순이 졸업했을 때 그는 단순한 의사가 아니라 장차 우리나라의 의료계를 짊어지고 나갈 대들보로 성장해 있었다.

1) 교수로서의 훈련

에비슨이 김필순에게 시킨 일 중의 하나는 본격적인 의학 교과서의 번역이었다.[24] 강의의 상당 부분은 김필순이 번역한 책으로 진행되었기 때문에, 김필순 자신은 번역 과정을 통해 공부를 할 수 있었고, 이것은 바로 다른 사람에게 그 과목을 가르칠 수 있는 상태를 의미했다. 실제로 김필순은 졸업 전에 저학년 학생들의 강의도 담당하였다.

가장 먼저 출판된 '약물학 상권. 무기질'에 들어 있는 서문을 통해 번역에 대한 김필순의 생각을 살펴 볼 수 있다.[25]

서
대저 세상 각종 학문이 귀하지 아니한 것이 없으되, 모두 사람의 몸이 깨끗하고 정신이 온전한 연후에야 배우기도 하고 쓰기도 하려니와 만일 몸에 질병이

23) A christian Korean celebration. Korea Mission Field 5: 206-8, 1909.
24) 김필순의 교과서 번역에 관해서는 다음 글이 참고가 된다. 박형우: 우리나라 근대의학 도입 초기의 의학 서적. I. 제중원·세브란스의학교에서 간행된 의학교과서. 醫史學 7: 223-38, 1998; 박형우, 박준형: 한국에서 최초로 발간된 해부학 교과서와 편찬 배경. 대한해부학회지 39: 461-9, 2006.
25) 어비신 번역: 약물학 상권 무긔질. 제중원, 1905.

있던지 정신이 온전치 못하면 비록 좋고 귀한 학문인들 어찌 배우며 어찌 쓰리
오. 그런즉 신체의 질병을 덜며 물리치는 것은 의약이니 이로써 의약은 사람의
생활상에 업지 못할 것이라. 본 방에도 옛적부터 의약이 있으되 서양과 같이 신
체를 해부하고 검사하는 일이 없음으로써 집중에 밝지 못하고 화학을 알지 못함
으로써 약재를 정밀히 제조치 못하며 그 성질을 확실히 깨닫지 못하여 오늘날까
지 위험한 일도 불소하고 불행한 일도 적지 아니하되 사람마다 신수와 팔자를
한하며 혹 의술의 련숙지 못함을 원망하나 본래 의학의 발달이 되지 못하여 소
상한 의서가 없었으니 어디서 좋은 의원이 생기리오. 다만 크게 탄실할 뿐이러
나 다행이 서양으로 더불어 통상된 후에 비로소 영, 미국 예수교회에서 우리나
라에 의술이 밝지 못하여 수다한 생명이 질병의 횡액을 비상이 당함을 듣고 거
액의 지성을 허비하여 의사들을 파송하며 병원을 설치하고 약과 기계를 사서 중
생의 질병을 덜어 그 몸을 강건케 하여 하나님의 진리를 전하여 그 영혼을 영생
하는 길로 인도할 새 영국의학박사 어비신씨도 같은 목적으로 십여 년 전에 본
방에 나와 그 몸의 괴로움을 깨닫지 못하고 그 고명한 학술과 인자한 심성으로
주야를 불관하며 풍한 서습을 불피하고 귀천이 없이 병든 자에게 약을 주며 하
나님의 진리를 가르쳐 그 몸으로 하여금 평안함을 얻게 하여 그 영혼으로 하여
금 영생을 얻게 하고 또한 그 인자한 생각이 후생까지 미쳐 일변으로 본 방 청
년들을 모아 의학을 가르칠 즈음에 필순도 그 문항 들어오니 이때는 곧 주 강생
일천 구백년이라. 그 사무도 여간 도우며 의학을 공부할 새에 선생의 높은 학식
으로 교수하는 열성은 이로 치사할 수 없거니와 다만 우리나라 방언으로 번역한
서책이 없으매 극히 편리치 못한지라 선생이 이를 심히 한탄하여 비록 백망 중
이라도 겨를을 타서 필순으로 더불어 이 책과 및 다른 두어 가지의 서를 간각
번역하여 매일 고정을 공급하더니 지금 오륙년 만에 무기 약물학 일편을 이루어
출판하니 선생은 본래 본국에서도 의술의 고명한 명예가 있을뿐더러 특히 제약
사로 여러 해 결역이 있으며 그 본문대로 번역만 한 것이 아니요 이를 증감하여
그 장절의 차서를 받고 아 초학자의 과정에 적당토록 하였으나 본 방 방언에 약
명과 병명과 및 의학상에 특히 쓰는 말 중에 없는 것이 많음으로써 필순의 옅은
학식과 용렬한 재주로 일본서 번역한 말을 빌려 쓰매 혹 새말도 지어 쓰매 그
문리가 바다를 건너는 돼지의 거동이며 발을 그린 뱀의 모양과 같이 순치 못하
여 보시는 이의 정신을 괴롭게 할 염려가 적지 않으나 공부하시는 여러 학도들
은 구절의 흠을 찾지 마시고 그 뜻을 상고하여 아름답게 받으시면 다행이 총명
의 발달이 만분지일이라도 될까 하나이다.

광무 구년 계동 김필순 서

현재 실물 확인이나 기록으로 김필순이 번역한 것이 확실한 것은 약물학 상권 무기질(1905), 해부학 권1(1906), 해부학 권2(1906), 해부학 권3(1906), 신편 화학교과서 무기질(1906), 해부학 권일(1909), 신편 화학교과서 유기질(1909), 외과총론(1910. 10), 해부생리학, 신편 화학교과서 유기질, 내과, 신편 화학교과서 무기질(1909) 등이다.

이와 같은 김필순의 의학교과서 번역은 현재의 기준으로도 대단한 업적이며, 다른 어느 자연 분야에서도 이와 같은 예를 찾을 수 없는 기념비적인 일이었다.

2) 병원 책임자로서의 훈련

김필순은 에비슨으로부터 여러 해 동안 병원 경영에 관해 상세한 지식과 경험을 쌓았다.[26] 에비슨은 김필순의 역량을 알아보았고, 그가 자신의 뒤를 이어 세브란스를 충분히 이끌어갈 수 있게 훈련시켰다. 우선 그에게 병원 전반의 감독의 임무를 부여했고,[27] 가장 골칫거리였던 병원 급식을 김필순에게 맡기자 그는 가족을 데려다 입원 환자에게 소정의 값을 받고 음식물을 제공하였다.[28]

김필례의 전기에는 다음과 같이 기록되어 있다.[29]

1901년 김필례는 오빠 김필순의 지시에 따라 서울로 올라왔다. 필순은 제중원에 있으면서 의학서적을 우리말로 번역하고 환자 진찰 시 통역을 맡았다. 그러다가 자신도 의술을 조금씩 배워 진찰할 수 있게 되었다. 제중원은 차차 사람들에게 알려지게 되고 사람들이 몰리어 환자도 늘어가니 입원환자들의 식사를 해결하는 일이 화급한 일로 떠오르게 되었다. 그래서 필순은 소래마을로 연락하여 가족들이 서울로 올라오도록 했던 것이다. 인순, 순애, 필순의 아내, 어머니,

26) K. S. Kim: Dr. Kim Pil Soon. Korea Mission Field 7: 15, 1911.
27) 박형우, 이태훈: 1901년도 제중원 연례보고서. 延世醫史學 4: 229, 2000.
28) Annual Report of Imperial Korean Hospital, Seoul, Korea. Sept. 1901.
29) 이기서: 교육의 길 신앙의 길 김필례 그 사랑과 실천. 태광문화사, 1988, 42-3쪽.

필례 등 다섯이었다.

당시 에비슨이 그의 능력을 인정해 장차 세브란스병원의 책임을 맡고 한국의 의학을 이끌어야 할 재목으로 키우려 했던 것은 세브란스병원을 건축하고 있을 당시 상황을 적은 에비슨 자서전에서도 확인할 수 있다.[30]

한국어로 의학 교과서를 편찬하는데 나를 도왔던 의학생 중 한 명이 고든 씨의 통역으로 활동했고 난방 및 배관계통의 설치 이전까지 특별한 어려움 없이 모든 일이 진행되었다. 이런 일에 어떠한 지식도 가진 사람이 조선에 없었기 때문에 고든, 김 군 및 내가 이 일을 해야만 했다. 낮에는 거의 1마일 떨어진 옛 병원(구리개)에서 여러 시간 일을 해야 했지만 나는 다른 두 사람과 많은 설치 작업을 해야만 했다.

3) 독립운동가로서의 훈련

김필순이 언제 도산 안창호를 알게 되었는지는 분명하지 않지만, 1898년 김필순이 협성회의 회원이었을 때 안창호는 찬성원으로 있었다.[31] 따라서 김필순이 서울로 올라온 1895년 이후 최소한 1898년 경 안창호와 친교를 맺기 시작한 것으로 추측되며, 형 윤오의 주선으로 안창호가 1902년 9월 3일 밀러 목사 주례로 구리개제중원 구내의 교회에서 이혜련과 결혼할 때 김필순이 초청인이었다.[32] 김필순과 안창호는 의형제를 맺은 것으로 알려져 있으며, 김필순이 6개월 정도 나이가 많다.

김필순이 학업에 열중하고 있었던 1905년, 을사보호조약으로 외교권이 박탈된 조선의 국운이 기울어 가고 있었다. 그는 착실한 기독교인으로 정의감에 불타 있었으나, 독립운동에 헌신하게 된 데에는 1907년 8월에 일어난 한국군의 강제 해산과정도 큰 역할을 했을 것으로 보인다.

이때의 상황을 김필례 전기에는 이렇게 적고 있다.[33]

---

30) O. R. Avison: The Memoir of Life in Korea, 1940.
31) 회중잡보. 협성회회보. 제1권 제1호, 1898년 1월 1일 4면.
32) 윤병석, 윤경로: 안창호 일대기. 역민사, 1995, 38쪽.

1907년 구한국 군대의 해산은 민족의 분노를 극에 달하게 하였다. 보병대대 장병들이 시가전을 벌이던 날 김필례는 둘째 오빠 윤오 집에 있었다. 김필례는 필순의 집에 있는 어머니 안씨가 걱정이 되어 필순의 집으로 찾아가는 길에 길 위에 강물처럼 흐르는 것이 알고 보니 온통 핏물이었다. 김필례가 세브란스병원 안에 있는 필순의 집에 다다랐을 때 세브란스병원도 아수라장으로 변한 뒤였다. 세브란스병원 안은 부상자와 시체들로 가득했다. 의사와 간호원들은 소달구지에 적십자기를 달고 연신 환자들을 날라 오고 있었다. 김필순은 그날 하루 종일 정신없었다. 밀려드는 환자들을 돌보느라 눈코 뜰 새 없었다. 가족들도 그날은 늦게 서야 점심을 먹고 있었는데 그는 점심 먹고 있는 가족들에게 달려와, '어머니 일손이 달려요. 부상병 간호와 치료하는 일 좀 도와주세요.' '시집도 안간 양가집 규수가 아무리 부상병이라고는 하나 남정네들 간호하는 일을 어떻게 할 수 있겠니?' '어머니 지금 사람들이 죽어가고 있는데 그런 걸 시시콜콜 따지고 있을 때가 아닙니다.' 필순은 마음이 다급했다. 한편으로는 어머니가 야속하기도 했다. 김필순이 그리스도의 참사랑 실천까지 들먹이자 그제 서야 어머니는 마지 못하는 체하며 집안 처녀들이 부상병을 간호하는 것을 허락했다. 이리하여 함라, 미염, 마리아와 김필례, 김필순, 이 다섯은 다친 군인들을 밤낮 가리지 않고 정성껏 돌보았다. 김필례는 열흘 동안을 세브란스병원에서 부상병 간호를 했다. 밤에는 특히 부상병들의 신음소리로 아비규환이었다. 김필순의 조카인 김마리아가 뒷날 항일애국운동, 독립운동의 횃불을 높이 들어올릴 수 있게 된 것도 아마 이 세브란스 체험에 크게 힘입었음을 부인하기 힘들 것이다.

1907년 2월 20일 귀국한 안창호는 일을 보러 서울에 오면 세브란스병원 내에 있는 김필순의 집에서 머무는 경우가 많았고, 일본 경찰도 이를 주시하고 있었다.[34] 이런 관계 속에 김필순은 안창호, 양기탁, 신채호, 이동휘, 김구 등이 1907년 4월에 조직한 비밀정치결사 신민회(新民會)의 일원으로 활동하였다(그림 V-1-3).[35] 당시 신민회에서는 한국을 떠나 중국의 압록강 상류 북안 통화에 독립군 기지를 세운다는 계획을 진행시키고 있었다. 신민회는 서울의

33) 이기서: 교육의 길 신앙의 길 김필례 그 사랑과 실천. 태광문화사, 1988, 56-9쪽.
34) 顧秘 제169호 (292) 要視察人歸國ノ件 [安昌浩의 京城 滯留]. 明治 40年(1907년) 2월 25日 警務顧問 丸山重俊 발송. 臨時統監代理 陸軍大將 男爵 長谷川好道 수신; 안창호가 부인에게 보낸 친필 편지, 1907년 6월 3일; 安昌浩가 이혜련에게 보낸 서신, 1908년 12월 30일. 안창호가 부인에게 보낸 편지 중에는 김형제 상회의 편지지를 이용한 경우가 많다.
35) 반병률: 세브란스와 독립운동. 延世醫史學 2: 320-8, 1998.

그림 V-1-3 김필순의 가족과 한말 군인들. 뒷줄 왼쪽부터 이갑, 김필순, 노백린, 유동렬, 이동휘, 가운데 줄 왼쪽부터 김마리아, 김순애, 한사람 건너 김필순 부인(장남 김영을 안고 있음), 김필례. 박형우: 세브란스의학교 1회 졸업생의 활동. 延世醫史學 2: 334, 1998.

세브란스병원에 있는 김필순의 집에서 회의를 연 일도 있었다. 또 김필순은 안창호에게 김형제 상회의 위층을 접빈실로 제공하여 각지로부터의 대표들이 회합을 갖고 대책을 논의하는 장소로 활용케 했는데, 이때 김형제 상회의 점원 중에 이태준이 있었다. 후에 이태준이 김필순과 함께 중국으로 망명하여 조국의 광복을 위해 헌신할 수 있었던 것은 바로 김형제 상회에서의 경험이 큰 역할을 했을 것이다. 이 당시 정운복(鄭雲復)36)이란 친구는 김필순에게 '자네는 국내에서 썩을 인물이 아니니 해외로 나가 살게'라고 말했다고 한다.37)

김필순은 1907년 3월 16일 상해에서 열린 기독교청년회 동양연합회에 윤치호, 김규식 및 강태응 등과 함께 대표로 파견되었다.38) 또한 이즈음 서북학

36) 정운복은 김윤오와 함께 서북학회에서 활발히 활동했으며, 서북학회 회장을 역임하였다. 會報. 서북학회월보 제1호, 1908, 41쪽.
37) 나라사람. 김마리아 특집호, 1979, 101쪽.
38) 委員派送. 皇城新聞, 1907년 3월 19일 2면 3단; 靑會派員. 大韓每日申報, 1907년 3월 19일

회의 발기인으로 활동했던 형 윤오의 영향으로 서북학회에 가입하여 회관 건축회원 등으로 활동했다.[39] 한편 졸업을 목전에 둔 1908년에 들어 1월 11일에는 서북학회에서 개교식을 거행했는데, 김필순은 노래를 불렀다.[40] 이 당시 김필순은 김형제 상회를 통해 공립신보의 국내 대리점을 맡고 있었다.[41]

2면 5단.

39) 新入會員氏名. 西友 5: 43-5, 1907; 第7回 特別總會 會錄. 西友 7: 42-3, 1907; 會事要錄. 서북학회월보 1(2): 41, 1908.

40) 西北學會 開校式. 皇城新聞, 1908년 1월 12일; 셔북북회 셩황. 共立新報, 1908년 2월 12일 1면 6단.

41) 特別社告. 共立新報, 1908년 4월 22일 2면 7단. 공립신보는 1905년 11월 22일 미국 샌프란시스코의 교포단체인 공립협회의 기관지로 재미교포에게 민족정신을 고취하고 국권회복 운동을 보도하기 위해 창간되었다. 주간으로 발행되었으며, 1909년 2월 공립협회가 국민회로 개편 통합됨에 따라 대동공보와 통합 신한민보로 바뀌었다.

4. 모교 교수

1908년 6월 의학교를 졸업한 김필순은 독립운동을 위해 1911년 말 조국을 떠날 때까지 에비슨 교장의 전폭적인 후원에 힘입어 학교 발전은 물론 서양의학의 토착화를 위해 많은 활동을 하였다. 이미 졸업 전부터 후배들을 가르친 경험이 있고, 병원 경영 뿐 아니라 세브란스병원 건축을 통해 다방면으로 에비슨으로부터 특별히 사사 받은 그에게 많은 역할이 주어진 것은 당연한 것이었다.

졸업 후 김필순의 활동에 관해서는 당시 선교부에서 월간으로 발행되던 『Korea Mission Field』의 1911

그림 V-1-4 김필순. Korea Mission Field 7(1), 1911.

년 1월호에 그를 표지 사진으로 넣고 후에 그의 매제가 된 김규식이 쓴 글에 잘 나타나 있다(그림 V-1-4).

김필순은 졸업 직후 의학교의 교수로 임명되었다. 1909년도 후반기 현재 정규 전임교수는 에비슨, 허스트, 김필순, 홍석후, 그리고 박서양이었으며, 휠드와 버피는 영어와 수학을 담당하였다. 1909-10년에는 1학년에게 김필순이 해부학을 가르쳤다.[42] 이때 2학년들은 물리학, 화학, 해부학, 조직학, 생리학, 세균학, 약물학을 배웠는데, 해부학을 김필순이 강의한 것으로 보인다.[43] 김

---

42) 세브란스의학교 제4회 졸업생 윤진국의 진급증서. 제15호, 1910년 5월 30일.
43) 연세대학교 의과대학 학적부.

필순은 1910년 의학교의 책임을 지는 학감(學監)으로 임명되었다.[44)

1910-1년 학기부터는 교수진이 보강됨에 따라 교육 시간도 많아져 매주 16-18시간의 강의가 8달에 걸쳐 진행되었다. 학년 별 강의 과목, 교수진, 수업 시간 배정 등은 다음과 같았다.[45)

> 1학년 물리학, 화학, 해부학, 생리학, 약물학, 동물학
> 2학년 화학, 해부학, 조직학, 생리학, 세균학, 약물학
> 3학년 위생학, 병리학, 진단학, 치료학, 내과
> 4학년 내과, 외과, 피부병학, 산과학

이 당시 김필순은 하루 3-4시간 강의를 하면서 해부학과 생물학을 담당하였고, 생리학은 피터스 부인과, 위생학과 외과학은 에비슨 교장과 분담하여 강의하였다. 1911년 6월 2일 열린 제2회 졸업식에서 김필순은 부의장을 맡았는데, 조선의료선교연합회의 대표로 의장직을 수행한 웨어의 졸업식사를 한국어로 통역하면서 한국인 하객에게 특히 관심이 있는 내용을 첨언하였다.[46)

한편 김필순은 간호원양성소의 교수로도 활동했는데, 자신이 번역한 킴버 (D. Kimber)의 '간호사를 위한 해부생리학(Anatomy and Physiology for Nurses)'으로 1908-9년도에 절반을 강의하였다.[47) 또한 같은 교재를 이용해 보구녀관의 감리회 간호원양성학교에서도 강의를 했다.[48) 1903년 12월 개교하여 1908년 11월 5일 첫 졸업생이 배출되기 전, 간호원 양성학교에는 상급반이 1명, 하급반이 3명이 있었는데 김필순은 이들에게도 해부생리학을 가르쳤다.

아울러 병원일로서는 졸업 직후 병동과 외과의 부의사(assistant physician)로 임명되었고, 1911년에는 병원의 외래 책임자가 되었다.

---

44) 기록에 따라 'School Manager' 혹은 'Director'로 되어 있다. O. R. Avison: Report of the Severance Hospital Plant. Seoul, Korea. For the year 1910-1911; K. S. Kim: Dr. Kim Pil Soon. Korea Mission Field 7: 15, 1911.

45) O. R. Avison: Report of the Severance Hospital Plant. Seoul, Korea. For the year 1910-1911; 세브란스의학교 제4회 졸업생 윤진국의 진급증서. 제7호, 1911년 6월 2일.

46) Notes and personals. Korea Mission Field 7: 210, 1911.

47) E. L. Shields: Nurses Training School. Korea Mission Field 5: 84, 1909.

48) A. I. Morrison: Nurses' Training School, Seoul. Korea Mission Field 5: 108-9, 1909.

이렇게 원내에서 바쁜 와중에도 1909년 9월 말 콜레라가 유행하자 김필순은 박서양, 김희영 등 동기생 뿐 아니라 안상호, 이석준, 박용남, 장기무, 한경교, 정윤해 등 타 의학교 졸업생 등과 함께 방역에 나서겠다고 정부에 청원하였고, 이것이 받아들여지자 방역집행위원 및 보조원 등과 공동으로 적극적인 방역활동에 나서기도 했다.[49]

이와 같이 선교사들에 의해 주도되어 온 세브란스의 운영이, 에비슨이 평소 생각하던 대로 김필순으로 대표되는 한국인 의사에게 많이 이양되면서 에비슨의 꿈이 조만간 이루어질 것처럼 보였다. 김필순은 졸업 후 많은 일을 하면서도 견디어 냈다. 그러나 그런 김필순에게 1910년 8월의 한일합방은 큰 충격이었다.

---

49) 防疫美擧. 皇城新聞, 1909년 9월 30일 3면 1단.

5. 중국으로의 망명

에비슨의 후계자 수업을 받던 김필순은 쓰러져 가는 조국을 그냥 보고만 있을 수는 없었다. 1909년 10월 29일 안중근 의사가 하얼빈 역에서 이토를 암살하자 일제는 김필순과 오래 전부터 의형제로 인연을 맺고 있던 안창호를 용산헌병대에 2달 동안 구금하였다. 구금에서 풀려난 안창호는 세브란스병원에 입원하였고, 이때 김형제 상회의 점원으로 있다가 1907년 세브란스에 입학한 의학생 이태준을 청년학우회에 입회시켰다.[50]

이태준에게 김필순은 스승이자 동지였다. 이들에게 큰 자극을 준 것은 중국 대륙에서 일어난 신해혁명[51]이었다. 김필순과 이태준은 대륙에서 일어난 큰 변화에 동참하여 얻은 경험이 한국의 독립에 큰 도움이 되기를 간절히 바랐다. 그래서 우선 김필순이 먼저 행동에 옮긴 후 상황을 판단해 이태준이 행동에 나서기로 하였다. 그런데 신민회에 가입하여 비밀리에 독립 운동에 적극 참여하던 김필순이 조국을 떠날 수밖에 없는 큰 시련이 닥치고 말았으니, 소위 105인 사건이었다. 1911년 9월 총독부는 신민회 중심 멤버를 포함한 항일 지식인 7백여 명을 검거 구속하여 105인에게 실형을 언도하였다. 신민회에 대한 일제 검거를 사전에 안 김필순은 1911년 12월 31일 병원에 '신의주에 난산을 겪고 있는 임산부가 있어 전보로 내게 왕진을 요청하는 까닭에 외출한다.'는 내용의 편지 한 통을 남겨두고 모습을 감추었다.[52] 경의선 열차로 떠나는

---

50) 이태준이 안창호에게 보낸 1912년 7월 16일 편지. 島山 安昌浩 資料集(2), 독립기념관, 123-9쪽, 1991.

51) 1911년 5월 청나라의 철도 국유령에 대해 몇몇 지역에서 반대 운동이 일어났는데, 특히 스촨에서는 대규모 무장투쟁으로 발전하였다. 10월 청나라가 이를 토벌하기 위해 군대를 동원하자 혁명파는 10월 10일 우창에서 봉기하여 중화민국 군정부를 설립함으로써 신해혁명(辛亥革命)의 불을 붙였다. 이 혁명은 순식간에 중국 전국으로 파급되어 1개월 이내에 거의 모든 성이 호응하였다. 1912년 1월 1일 손문을 임시 대총통으로 하는 난징 정부가 수립되어 손문의 삼민주의를 지도 이념으로 하는 중화민국이 발족하였다.

52) 김필순의 손녀 김윤옥에 의하면 김필순은 일본인 형사 한 사람이 맹장염에 걸렸을 때 이를 수술해 준 적이 있는데, 이 형사가 김필순에게 급히 피신하라고 알려 주었다고 한다.

김필순을 작별하고 병원에 돌아온 이태준은 "김필순과 이태준이 중국으로 간다."는 소문이 병원에 퍼져 있음을 알고 서둘러 망명길에 올라 남경으로 향하였다.[53]

한편 병원과 학교의 운영에 중추적 역할을 하고 학생 교육에서도 중요한 부분을 담당하던 '가장 중요한 한국인 교수(김필순)의 손실(망명)'은 에비슨에게 큰 슬픔 뿐 아니라 일생에 있어 큰 손실을 안겨 주었다. 마침 학교 교사의 신축과 맞물려 의학교는 1912년 1월 1일 학교를 일시 폐쇄했다가 1912년 10월 1일 새로운 건물에서 다시 문을 열 수 밖에 없었다.[54]

1) 통화

김필순은 자신의 표현대로 '신해혁명의 위생대로 참가하고자' 중국의 통화(通化)로 왔지만,[55] 이미 혁명이 끝나 다시 돌아갈 수도 없는 상황에서 현지에 한국인들을 위한 의사나 의료 기관이 전무한 것을 보고 2년 정도 그곳에 체류하기로 작정하였다(그림 V-1-5). 조국을 잃은 당시 한국 청년들에게는 신해혁명에 대한 소식이 감명 깊게 들려 왔고, 그 영도자 손문(孫文)은 동경의 대상이었다.[56]

김필순은 우선 통화현 동관(東關)의 기독교교회에 체류하면서, 미국에 있는 안창호에게 편지를 보내 주요 의약품의 목록 등을 보내 줄 것을 요청하였다. 동시에 6월 경 가족들을 중국으로 불러들일 예정이었다.

이때 김필례는 오빠 김필순의 격려에 힘입어 일본에 유학하고 있었는데, 그 당시 상황은 다음과 같았다.[57]

---

53) 이태준이 안창호에게 보낸 1912년 7월 16일 편지. **島山 安昌浩 資料集**(2), 독립기념관, 123-9쪽, 1991.

54) Severance Hospital, Seoul. Korea Mission Field 8: 273-4, 1912.

55) 김필순이 안창호에게 보낸 1912년 3월 8일 편지. **島山 安昌浩 資料集**(2), 독립기념관, 243-5쪽, 1991; 김필순(Philip)이 만주 통화현에서 **安昌浩**에게 보낸 1912년 3월 11일 편지.

56) 이정식: 김규식의 생애. 신구문화사, 1974, 41쪽.

57) 이기서: 교육의 길 신앙의 길 김필례 그 사랑과 실천. 태광문화사, 1988, 77-9쪽.

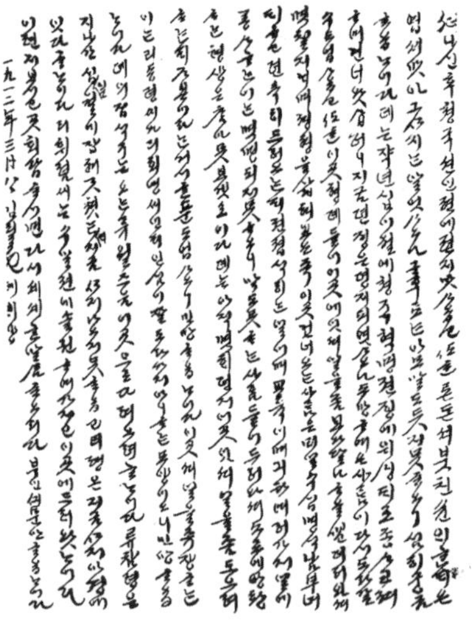

김필례가 고등학교 2학년이 되었을 때 김필순으로부터 보내지고 있던 학비가 중단되었다. 오빠가 소위 105인 사건에 연루되어 행방불명된 것이었다. 105인 중에서 핵심 주동 세력이 김필순의 집에서 모의했다하여 일경은 김필순을 잡아들이기에 혈안이 되어 있어 김필순은 하는 수 없이 신의주에 있는 세브란스 분원에 출장을 간다는 말을 남긴 채 자취를 감추어 버렸다. 사실 그는 서간도 통화현으로 가서 병원을 개업했다.

어느 날 일본에 있는 김필례에게 뜻하지 않은 손님이 새벽에 기숙사로 찾아와 허리춤 속에 감추어 온

그림 V-1-5 김필순이 도산 안창호에게 보낸 1912년 3월 8일 편지. 島山 安昌浩 資料集(2), 독립기념관, 243-5쪽, 1991.

하얀 종이로 끈 새끼를 꺼내어 김필례에게 건네주었다. 새끼를 풀어보니 그것은 종이 조각마다 순서를 적어 넣은 편지였다. 편지의 내용은 대충 이러했다.

'필례 동생 보아라. 내가 긴 말을 자세히 적어 보내지 못함이 서운하나 지금 형편으로는 어쩔 수 없다. 나는 국내의 일로 일경에 쫓기는 몸이 되어 이곳 서간도로 왔다. 이곳에서 난 내 인생을 개척할 생각이다. 난 이곳에서 지금까지 꿈꾸어 오던 이상촌을 세우고 독립군을 양성하여 우리나라 독립의 기틀을 닦고자 한다. 필례야, 넌 이곳으로 와 그 동안 배운 지식을 가지고 교육을 맡아주어야겠다. 편지 전해준 분을 따라 귀국하기 바란다. 귀국 즉시 가족들을 데리고 서둘러 서간도로 오기 바란다. 이만 총총.'

귀국한 필례는 어머니의 강한 뜻을 꺾지 못하고, 언니 김순애와 필순의 가족들 짐을 챙겨 주고 서간도로 들어가는 가족들 전송만을 하고 일본으로 돌아가 수밖에 없었다.

결국 필례의 언니 김순애가 필순의 어머니, 아내, 네 명 아들을 데리고 간 통화에는 신민회의 이회영 등이 건설하고 있던 조선 독립군 기지와 조선인촌이 있었다. 김필순은 이곳에서 적십자병원(赤十字病院)[58])을 열고, 모든 수입을

조선독립군의 군자금으로 기부했는데, 궁극적으로 큰 병원의 건설을 도모하고 있었다(그림 V-1-6).[59]

통화에서의 김필순의 활동은 이회영(李會榮)의 부인 이은숙의 회고록을 통해 엿볼 수 있다.[60] 독립운동가 이회영의 아내 혹은 동지로서 부군을 도와 만주 및 국내에서 항일운동에 크게 이바지 했던 이은숙은 1913년 10월 20일 새벽 마적 떼의 습격을 받아 어깨에 총상을 입었다. 우선 급한 대로 응급 치료를 한 다음, 왕진을 요청한 사람은 바로 통화현에서 활동하고 있던 김필순이

그림 V-1-6 중국에서의 김필순. 앞줄 왼쪽부터 임종건, 김필순, 뒷줄 가운데부터 김필례, 김순애. 박형우: 세브란스의학교 1회 졸업생의 활동. 延世醫史學 2: 336, 1998.

었다. 이회영의 동지였던 그는 당시 통화현에서 적십자병원을 개원하면서 때를 기다리고 있었는데, 연락을 받자 밤새 왕복 약 60㎞나 되는 길을 오는데 21일 오후에야 도착하였다.

김필순은 중국에서 독립운동을 하면서 만호(晩湖),[61] 윤열(允悅),[62] 경순(鏡淳),[63] 명(明)[64] 등 몇 개의 가명을 사용하였다.

---

58) 이 병원에는 한국인 직원도 있었다. 정씨는 김필순의 의원에서 원무에 종사하다가 김필순이 치치하얼로 피신하지 길림성에 남아 농업에 종사하였다. 鄭氏의 九死一生. 獨立新聞 제35호, 1921년 10월 14일 3면 1단; 정씨의 구사일생. 신한민보 제35호, 1921년 11월 24일 3면 3단.

59) 官秘 제218호 통보 조선인 배일운동 기획 상황에 관한 건. 1914년 7월 15일 山縣伊三郎(朝鮮總督府 政務總監) 발송, 1914년 7월 18일 松井慶四郎(外務次官) 수신. 첨부 警高機密 제1579호 朝鮮人 排日運動 企劃 狀況에 관한 件.

60) 李銀淑: 民族運動家 아내의 手記. 正音社, 중판, 1978, 28-9쪽.

61) 官秘 제218호 통보 조선인 배일운동 기획 상황에 관한 건. 1914년 7월 15일 山縣伊三郎(朝鮮總督府 政務總監) 발송, 1914년 7월 18일 松井慶四郎(外務次官) 수신. 첨부 警高機密 제1579호 朝鮮人 排日運動 企劃 狀況에 관한 件.

62) 警高機發 제3049호 不逞者의 處分. 1914년 12월 28일 발송. 1915년 1월 7일 寺內正毅(조선총독) 등 수신. 첨부 李性喆이 劉根洙와 徐丙柱에게 보낸 書信(1914년 3월 28일, 음력), 李性喆이 石晩悟에게 보낸 書信(1914년 3월 28일, 음력), 西間島在住不逞鮮人調査表.

2) 치치하얼

그런데 통화가 점차 일제의 영향권에 들며 압박이 심해지자 김필순은 1916년 8월 경 몽골 근처의 치치하얼(齊齊哈爾)로 도피하였다. 이곳에서 김필순은 북제진료소(北濟診療所)[65]를 개설하는 한편, 흑룡강 포로수용소의 촉탁의(囑託醫)를 겸했다.[66] 또한 땅을 구입하여 평소 꿈꾸던 조선인을 위한 이상촌 건설을 시작하였다.

당시의 상황을 조선족 학자 현용순은 다음과 같이 기술하고 있다.[67]

김필순은 토지 구입을 위해 중국 국적을 취득했다. 땅을 구입한 것은 통화에서 멀리 떨어진 몽골 인근의 치치하얼에 이상촌을 건설하기 위한 것이었다. 김필순은 의원을 열고 어머니와 아내가 빈농을 지도하고 원조했다. 또한 신혼이었던 김필례, 최영욱 부부도 와서 최영욱은 의원에서 일을 하고 김필례는 농민 교육에 종사했다. 김필순의 목적은 중국 각지에 흩어져 있던 조선 청년을 이 이상촌에 모아 독립군 양성의 거점으로 삼으려는 것이었다.

김필순의 손녀 김윤옥은 치치하얼에서의 생황에 대해 집안에 전해 내려오는 이야기를 다음과 같이 기록하고 있다.[68]

---

63) 本機密 제31호 排日朝鮮人의 宣言書 및 其他 送付의 件. 1919년 9월 9일 山崎誠一郎(齊齊哈爾領事代理) 발송, 1919년 9월 18일 內田康哉(外務大臣) 수신. 첨부 [金弼淳 등에 대한 査察 報告書].

64) 本機密 제31호 排日朝鮮人의 宣言書 및 其他 送付의 件. 1919년 9월 9일 山崎誠一郎(齊齊哈爾領事代理) 발송, 1919년 9월 18일 內田康哉(外務大臣) 수신. 첨부 [金弼淳 등에 대한 査察 報告書].

65) '북녘의 제중원'이란 뜻으로 해석해도 무방할 것 같다. 本機密 제31호 排日朝鮮人의 宣言書 및 其他 送付의 件. 1919년 9월 9일 山崎誠一郎(齊齊哈爾領事代理) 발송, 1919년 9월 18일 內田康哉(外務大臣) 수신. 첨부 [金弼淳 등에 대한 査察 報告書].

66) 김필순의 중국군 군의관으로도 활동했다는 기록이 있으나 확인은 되지 않는다. What are the graduates of the Severance Medical College doing? Korea Mission Field 18: 159-60, 1922.

67) 스즈키 쓰네카스, 이상 옮김: 상해의 조선인 영화황제 김염. 실천문학사, 1996, 94-7쪽.

68) 김윤옥: 김필순 박사 일대기(원고본).

그런데 흑룡강에도 그 당시 한국에서 망명해 온 독립군들이 많이 있어 여름 겨울 가릴 것 없이 이들이 말을 타고 주로 밤에 들어 닥치면 집안의 아이들은 자다 말고 모두들 방에서 쫓겨났고, 아이들은 부엌 아궁이 앞에 모여 광솔로 불을 질러 그 조그만 불길로 추위를 달래곤 했고, 큰 남자 아이들은 아침에 나가 까마귀를 잡아 그들에게 대접하곤 했다.

후에 김필순의 장남 덕봉이도 의사가 되었는데, 부인한테 하는 말이 자기는 자랄 때 돈 잘 버는 아버지를 두었지만 너무나 고생을 많이 했고 배고 고플 때마다 '나는 이 다음에 돈을 벌면 먼저 우리 식구들을 배불리 먹이고 난 다음에 남을 돕겠다.'고 어릴 때 결심했었다고 했다.

한편 오빠를 도와 치치하얼에서 잠시 신혼생활을 했던 김필례의 전기에는 치치하얼에서의 생활이 다음과 같이 기록되어 있다.[69]

김필례가 최영욱과 결혼할 무렵 김필순은 치치하얼에서 130여 리가 넘는 땅을 사서 이상촌 건설의 꿈을 실현시키기 위해 애쓰고 있는 중이었다. 그는 러시아제 농기구를 구입하고 동포 빈농 30가구를 받아들였다. 김필순은 병원 일에 바빴음으로 형 김윤오를 불러다가 감독 일을 맡겼다. 선생의 어머니 안 씨도 이곳으로 와 일을 함께 하기도 했다. 어머니는 흙벽돌을 직접 찍기도 했다. 필순은 이곳에다 이상촌을 세우고 중국 일대에 흩어져 있던 애국 청년들을 이곳으로 규합 독립군을 양성하기로 했다. 김필례가 최영욱과 결혼했다는 소식을 알리자 김필순은 김필례 부부에게 치치하얼로 들어와 같이 일하는 것이 어떻겠느냐고 제안했다. 최영욱은 처남의 제의에 선뜻 응하고 치치하얼로 이사하였다. 최영욱은 병원 일을 주로 도왔다. 그러나 김필례가 임신을 하게 됨에 따라 그들 부부는 전라도 광주로 귀국하였다.

이와 같은 김필순의 꿈과 관련하여 생계회(生計會)란 조직이 있었다.[70] 김필순은 1917년 길림의 독군[71] 맹은원(孟恩遠)이 독립을 선언할 때 장래 무상으로 관유지를 빌려주며, 국권이 회복되면 원조 및 특별보호를 한다는 협약을

---

69) 이기서: 교육의 길 신앙의 길 김필례 그 사랑과 실천. 태광문화사, 1988, 94-7쪽.

70) 朝憲機 제259호 三源浦 合泥河地方의 狀況에 관한 건. 1918년 5월 4일 朝鮮駐箚憲兵隊司令部 발송, 1918년 5월 9일 長谷川好道(朝鮮總督) 등 수신.

71) 신해혁명 후에 중국의 각 성(省)에 둔 지방관을 독군(督軍)이라 한다. 원래는 군사장관이었으나 대개 성장(省將)을 겸하여 독립된 군벌(軍閥)을 이루었다. 후에 독판이라고 고쳤다가 1928년 국민혁명 때 폐지되었다.

맺고 간도에서 약 300명의 한국인을 모집했는데, 머지않아 있을 무상 토지의 경작으로 생계를 유지한다는 취지에서 생계회로 명명하였다. 그러나 일경은 이 단체가 한국 독립을 위해 결속을 공고하게 하는 목적이 있는 것으로 파악하고 있었다.

김필순은 1919년 하난사(河蘭史)[72]가 파리평화회의에 한국의 여성 대표로 참석하려할 때 그녀의 신변을 보호해 주었다고 한다.[73] 그러나 계획이 일본 경찰에 알려지자 하난사는 중국으로 망명했다가 북경에서 병으로 객사하였다.

그런데 1919년 4월 경 김동우(金東佑)란 사람이 개성으로부터 치치하얼의 기독교학교의 영어 교사로 초빙되어 김필순의 집에서 거주하게 되었다.[74] 교사라는 직업보다는 돈을 벌기 위해 전당포를 개업하고 싶었던 김동우는 6월 치치하얼의 일본 대리영사를 방문하여 도와 줄 것을 요청하였다. 그리고 8월 중순경에 김필순의 집에서 가져온 문서를 제공했는데, 이것들은 미국에 체류 중인 김규식이 전일(全一)이라는 사람을 통해 8월 초순경 김필순에게 보낸 '조지 영국 수상, 윌슨 미국 대통령 두 사람에게 파리에서 제출한 탄원서 및 각서 등'이었다. 이와 함께 상해 프랑스 조계 장빈로(長濱路) 30호, 36호, 블라디보스토크 모처, 동지선 동부선 소학령역, 봉천성 통화현성 등에 항일기관이 있다고 밀고하였다. 이 대가로 김동우는 일본 대리영사로부터 상당한 편의를 제공받았다.

이 즈음인 1919년 9월 1일 김필순은 유사 콜레라로 사망하였다(그림 V-1-7).[75]

---

72) 하난사(1868-1919)는 1896년 미국 오하이오 웨슬레이안대학으로 유학을 떠나 1900년 최초로 여성 학사 학위를 취득하였다. 1906년부터 이화학당에서 학생을 가르쳤으며, 1910년 신흥우와 함께 미국에서 열린 감리회 집회에 여성 대표로 참석하기도 했다.

73) 나라사람. 김마리아 특집호, 1979, 101쪽.

74) 本機密 제31호 排日朝鮮人의 宣言書 및 其他 送付의 件. 1919년 9월 9일 山崎誠一郎(齊齊哈爾領事代理) 발송, 1919년 9월 18일 內田康哉(外務大臣) 수신. 첨부 [金弼淳 등에 대한 査察 報告書].

75) 일본의 기밀문서에는 김필순이 8월 31일 사망한 것으로 되어 있지만, 상해에서 발행되던 '獨立新聞'에는 윤 7월 7일 즉, 9월 1일 사망한 것으로 되어 있다. 本機密 제31호 排日朝鮮人의 宣言書 및 其他 送付의 件. 1919년 9월 9일 山崎誠一郎(齊齊哈爾領事代理) 발송, 1919년 9월 18일 內田康哉(外務大臣) 수신. 첨부 [金弼淳 등에 대한 査察 報告書]; 兩 志士

> 의학박사 김필순씨는 흑룡강성에 재하여 아족의 장래를 위해 개척에 노력하다가 음력 윤7월 7일에 불행히 영면하고 ……

그런데 김필순의 죽음은 이상한 점이 많았는데, 김필순의 유복녀 김로는 생전 어머니로부터 들은 말씀에 근거하여 다음과 같이 증언하고 있다.[76)]

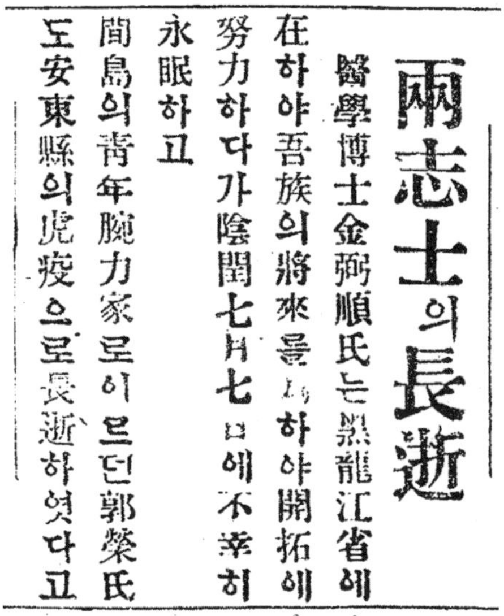

兩志士의長逝

醫學博士金弼順氏는黑龍江省에
在하야吾族의將來를爲하야開拓에
努力하다가陰閏七月七日에不幸히
永眠하고
間島의靑年腕力家로이르던郭榮氏
도安東縣의虎疫으로長逝하엿다고

그림 V-1-7 김필순의 사망 기사. 兩志士의 長逝. 獨立新聞, 제18호, 1919년 10월 7일.

> 우리는 치치하얼 북관악 가호동 3호에 살았다. 아버님이 통화에서 도망해 온 다음 조선독립군은 전부 파괴되고 독립군 전대원이 감옥에 들어갔다. 1919년 어느 날 아버지는 의원의 간호부로부터 한 봉지의 우유를 받았다. 간호부가 말하기를 동료인 일본인 내과의사가 '김 선생은 위급한 환자 치료로 피로한데다 식사도 제대로 챙기지 않으니 이것을 마시도록 주시오.'하고 말하여 그녀에게 넘겨주었다. 그렇지만 김필순은 우유를 마신 직후 기분이 나빠져 그 간호부의 부축을 받아 집에 돌아왔는데 설사는 멈추지 않았다. 다음 날에는 말하는 것도 불가능해졌기에 간호부는 일본인 내과의사에게 왕진을 부탁했다. 일본인 의사는 암염으로 만든 알약을 뜨겁게 해서 김필순에게 먹였는데, 김필순은 배가 시커멓게 변하고 결국은 사망하였다. 조선인 간호부는 대성통곡하며 울었다. 김필순 사망 후 일본인 의사는 모습을 볼 수 없었다. 그는 틀림없는 일본의 특무 요원이었을 것이다. 왜냐하면 통화의 동지[77)]가 감옥에서 보석으로 풀려나 김필순을 방문할 무렵 그 일본인 의사는 김필순 의원에 모습을 나타냈고 사망과 함께 모습을 감추었기 때문이다.

의 長逝. 獨立, 1919년 10월 7일.

76) 스즈키 쓰네카스, 이상 옮김: 상해의 조선인 영화황제 김염. 실천문학사, 1996, 83-4쪽.

77) 김동우와 감옥에서 풀려난 통화의 동지는 아무런 관련이 없는 것으로 보인다.

6. 흩어진 가족들

김필순이 세상을 뜨자 어머니, 부인 및 3-12세까지의 부녀 7명 등 9식구의 대가족은 갑자기 생활난에 부딪쳤다. 어머니는 아버지가 열었던 진료소의 간호부, 조산부로, 둘째는 진료소의 견습의사로 일했다.[78] 게다가 일본 영사관에서는 일본군을 파견해 집안을 수색했는데 다행히 김필순이 궤짝 깊숙이 감추어 두었던 비밀서류는 발견되지 않았다. 그 비밀 서류란 20여명의 혁명지사들이 서명한 '조선독립운동서약서'였다. 당시 상해 임시정부 학무총장이었던 김규식의 부인 김순애는 오빠의 부음에 접하고 치치하얼로 갔다가 일본 영사관 경찰에 체포되어 조사를 받고 석방이 되었으나, 신변의 위험을 느껴 중국 관헌의 도움을 받아 겨우 상해로 탈출해 왔다.[79]

한편 김필순의 사망 소식이 전해지자, 막내 매제 최영욱은 치치하얼로 가서 필순의 가족들을 전라남도 광주로 데려오자고 했지만, 김필례는 장남 덕봉(김영, 1903-37, 그림 V-1-7)이의 교육만을 맡는 것이 좋겠다고 하여 그의 교육만을 맡았다. 김필례는 덕봉이를 아버지의 뒤를 이어 의사를 만들어 볼 심산으로 세브란스의학전문학교에 입학시키고자 했지만, 뜻하지 않은 장애가 가로막고 있었다. 김필순이 독립운동에 깊이 관여했기 때문에 불온사상자의 자녀로 분류되어 입학이 허락되지 않는다는 것이었고, 설령 입학 허가가 나더라도 덕봉이가 중국에서 태어나 자랐기 때문에 일본어로 하는 강의를 제대로 소화해 낼 수 없다는 것이었다. 김필례는 하는 수 없이 덕봉이를 산동의대에 입학시켰다가 나중에 봉천의대에 편입시켜 졸업할 수 있게 해 주었다.[80] 의과대학을 졸업한 덕봉은 1929년부터 1931년까지 세브란스병원에서 수련을 받았는데, 처음에는 당직의로 근무하였고, 나중에 산부인과 수련을 받았다.[81] 수

---

78) 스즈키 쓰네카스, 이상 옮김: 상해의 조선인 영화황제 김염. 실천문학사, 1996.
79) 金學務總長婦人抵滬. 獨立新聞, 1920년 1월 8일 2면 1단.
80) 이기서: 교육의 길 신앙의 길 김필례 그 사랑과 실천. 태광문화사, 1988, 106-7쪽.
81) 소식란. 세브란스교우회보 12: 71, 1929; 소식란. 세브란스교우회보 14: 25, 1931.

련을 끝낸 후 덕봉은 간도 용정의 제창병원에서 근무하였다. 덕봉의 후손들은 현재 미국과 한국에 거주하고 있다.

둘째 아들 덕호(김억, 1908-83)는 치치하얼, 하얼빈, 길림성 등에 거주하였다. 셋째 아들인 덕린(김염, 1910-83)은 1930년대 중국 영화계에서 활동하여 '상해(上海)의 영화황제(映畫皇帝)'라는 호칭을 얻었다.[82] 넷째 아들 덕상(김강, 1911-84)은 해방 후 한국으로 귀국했다가 미국으로 건너갔다. 다섯째 아들 덕호(1914-36)에 관해서는 특별히 알려진 것이 없다. 여섯째 아들 김위

그림 V-1-8 **김필순의 장남 김영.** 캐나다장로회 선교부에서 운영하던 제창병원의 원장을 역임했다. 동은의학박물관 소장.

(1915- ?)는 해방 후 북한으로 귀국하여 번역국 차장으로 활동한 것으로 알려져 있다. 막내 딸 김로(1919-)는 현재 북경에 살고 있다.[83]

김필순은 1997년 독립유공자로 건국훈장 애족장을 받았다. 김필순의 독립운동가로서의 활동은 2007년 8월 15일 광복절 특집으로 MBC 텔레비전 방송에서 「광야의 의사들」이란 제목으로 조명된 바 있다.

김필순은 한국 근대 서양의학의 도입사에서 큰 역할을 수행했을 뿐 아니라 독립운동에도 큰 족적을 남긴 인물이다. 그가 이런 역할을 수행할 수 있었던 것은 기독교적인 배경과 때어 놓을 수 없는 관계가 있다. 제중원의학교에

---

82) 김염에 관해서는 일본인이 쓴 전기가 있으며, 또한 김영의 외손녀 박규원은 의해 소설화되어 2003년 민음사 주최 제1회 올해의 논픽션상 대상을 수상하였다. 그의 일대기는 1996월 4월 28일 KBS의 일요스페셜 「상해의 영화황제 김염」이라는 제목으로 소개된 바 있다. 스즈키 쓰네카스, 이상 옮김: 상해의 조선인 영화황제 김염. 실천문학사, 1996; 박규원: 상하이 올드데이스. 민음사, 2003.

83) 김로는 딸인 중의(中醫) 초해영과 함께 1998년 4월 10일 연세대학교 의과대학이 주최한 '광혜원 개원 113주년 및 한국 최초의사 배출 90주년 기념식'에 참석한 바 있다. 연세의료원 소식 제367호, 1998년 4월 20일.

입학한 후 에비슨의 총애를 받으며 교수로서, 병원 경영자로서의 후계자 훈련을 받던 김필순은 일제의 식민지 지배라는 암울한 시대 상황 속에서 자신의 개인적인 성취에 안주하고 있을 수는 없었다. 처음에는 만주 통화에서, 다음에는 치치하얼로 옮겨 이상촌 건설을 꿈꾸며 동포를 돕고 독립운동을 했던 김필순은 결국 그의 이러한 행적을 추적하던 일본군 특무요원에 의해 1919년 독살당하고 말았다. 격동기에 태어나 근대의학을 토착화시키는데 큰 공헌을 했으며, 거기에 머무르지 않고 나라와 민족을 구하기 위해 헌신했던 김필순은 진정한 의미의 대의(大醫)였던 것이다.

제2장   김희영

1. 졸업 후 활동

김희영(金熙榮, 1879-1920, 그림 V-2-1)은 광산(光山) 김씨로서 1879년 12월 7일 태어났다. 학적부에 의하면 그는 원적이 경기도 경성부이었고, 사립 배재학당을 졸업하였다.[84] 그의 졸업 연도는 확실하지 않으나 1898년 1월 8일 찬성원으로 협성회에 입회하였다.[85]

그림 V-2-1 김희영. 동은의학박물관 소장.

김희영은 졸업 후 1년 동안 간호원양성소에서 '약물학'을 강의하였으며,[86] 보구녀관의 감리회 간호원양성학교에서도 '독극물과 치료약'을 강의했다.[87]

한편 1909년 9월 말 콜레라가 유행했을 때 김희영은 방역집행위원 및 보조원 등과 공동으로 적극적인 방역활동에 나서기도 했다.[88]

이즈음 김희영은 주현측과 잠시 선천에서 개업을 하였다.[89]

본원에서 금년 1월부터 주 박사 현칙씨 영빙ㅎ여 시무이옵더니 병원 사무가 위번다(爲煩多)하와 1분(壹分) 의사론 난가지영(難可支營)이오매 경성 남문 제중원에서 고명ㅎ신 의학박사 김희영씨를 영빙ㅎ왔사오니 유병(有病)ㅎ신 첨원(僉員)은 특위내문중(特爲來門中) ㅎ시던지 우(又) 혹 지급(至急) 병환이 유ㅎ오면

84) 연세대학교 의과대학 학적부.
85) 회중잡보. 협성회회보. 제1권 제3호, 1898년 1월 15일 4면.
86) E. L. Shields: Nurses Training School. Korea Mission Field 5: 84, 1909.
87) A. I. Morrison: Nurses' Training School, Seoul. Korea Mission Field 5: 108-9, 1909.
88) 防疫美擧. 皇城新聞, 1909년 9월 30일 3면 1단.
89) 廣告. 大韓每日申報, 1909년 10월 31일 4면 2단.

전통이라도 흐시면 즉위왕진찰(卽位往診察) 흘터이오니 종기편의(終期便宜) 흐
시와 조병(調病) 케흐옵심 망(望)흠.
　　평북 선천군 인제병원
　　주의(主義) 이봉조(李鳳朝) 고백(告白)

이후 평안북도 용천군 양시(楊市)에서 2-3년 동안 개업을 하였다.[90] 이곳에
서 개업하면서 여러 어려운 환자의 생명을 살려, 지역 주민들은 그를 '대선
생'이라 불렀다고 한다.

그는 1914년 남감리회에서 운영하던 강원도 춘천 예수병원[91]의 원장으로
피임되어 1916년까지 근무하다가, 함경남도 원산의 구세병원[92]으로 파송되었
다. 이곳에서도 그는 환자들을 친절하게 대했고, 생명이 위태로운 환자가 있
으면 시간에 구애받지 않고 진료를 했으며, 따라서 외과 환자들은 김희영이
집도하기를 간청하는 경우가 많았다고 한다. 김희영은 졸업 후 독일 의사로부
터 외과 분야를 배웠는데, 개복술(開腹術)로 말하면 30분 동안이면 넉넉히 끝
냈기 때문에 원산에서는 그를 '김 박사'라고 불렀다.[93]

1919년 김희영은 구세병원 의사의 직을 사임하고, 충청남도 직산(直山)의
금광병원[94]의 원장으로 근무를 시작하였다.[95] 그는 광산에 근무하는 미국인
감독 및 한국인 광부들을 치료하며, 인접 교회에서 활발한 활동을 벌였다. 이
곳에서 김희영은 3.1 만세운동에 연루되어 일본 경찰에 연행되어 재판을 받았
으나, 무혐의로 풀려나는 고초를 겪기도 했다.[96]

---

90) 모교를 떠난 후 김희영의 활동에 관한 기록은 基督新報에 실린 것 이외에는 거의 발견되
　　지 않는다. 基督新報 1920년 11월 17일.
91) 남감리회의 춘천에서의 의료선교사업은 1909년 10-12명의 환자를 수용할 수 있는 진료소
　　가 세워지면서 시작되어 1926년까지 계속되었다. 메이어스, 바우만에 이어 1914년 가을부
　　터 1917년까지 앤더슨(E. W. Anderson)이 선교의사로 근무하였다. 이만열: 한국기독교의료
　　사. 아카넷, 2003, 448쪽.
92) 구세병원(救世病院)은 1901년 작은 진료소로 출발했으며, 1905년 로스가 정식으로 임명되
　　면서 원산에서의 의료사업이 활기를 띠게 되었다. 이만열: 한국기독교의료사. 아카넷,
　　2003, 220-1쪽.
93) 독일 의사가 누구인지, 또 언제 배웠는지는 확실하지 않다. 基督新報 1920년 11월 17일.
94) 미국 감리회의 의료선교사 스크랜턴도 1916년부터 약 1년 동안 이 병원에서 근무하였다
95) What are the graduates of the Severance Medical College doing? Korea Mission Field 18:
　　159-60, 1922.
96) 그의 집안에서는 김희영이 당시 유관순을 치료해 주었다는 이야기가 전해내려 온다.

2. 쓸쓸한 죽음

3.1 운동과 관련하여 김희영은 일본 경찰에 연행되어 심한 고문을 받았고, 불행하게도 폐결핵에 걸려 여러 달 동안 고생을 했다. 1920년 여름 강원도 금강산에서 정양을 했고 조금 차도가 있어 몇 달 후에 안심을 하면서 직산으로 돌아왔다. 그러나 얼마 되지 않아 병이 더욱 악화되어 직산으로부터 상경하여 11월 초순에 모교의 세브란스병원에서 입원 치료를 하게 되었다. **基督新報**의 기자가 김희영을 문병했는데, 그는 "죽기 전에 한번 다시 만나니 고맙다."고 했다고 한다. 그리고 이틀 후인 11월 8일 오후 3시 경 사망하였다.97)

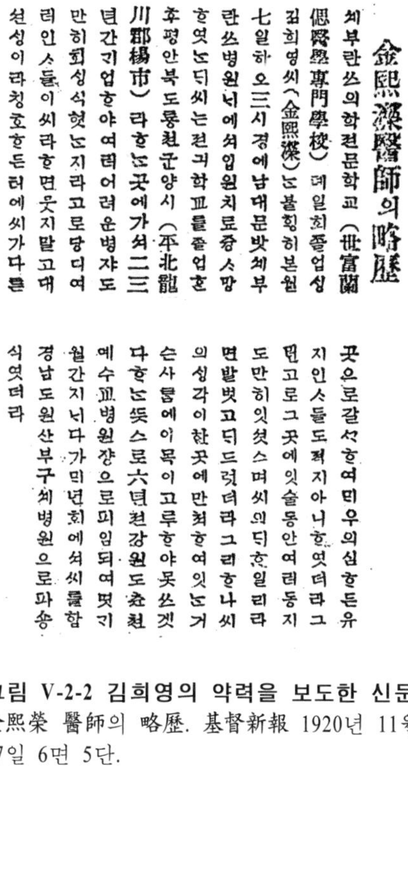
金熙濚醫師의略歷

세부란쓰의학젼문학교(世富蘭偲醫學專門學校)뎨일회졸업싱김희영씨(金熙濚)ᄂᆞᆫ불힝히본월七일하오三시경에남대문밧세부란쓰병원니에셔입원치료중ᄉᆞ망ᄒᆞ엿ᄂᆞᆫᄃᆡ씨는젼긔학교를졸업ᄒᆞᆫ후평안북도룡쳔군양시(平北龍川郡楊市)라ᄒᆞᄂᆞᆫ곳에가셔二三년간긔업ᄒᆞ야여러어려운병쟈도만히회싱식혓ᄂᆞᆫ지라고로당디여러인ᄉᆞ들이씨라ᄒᆞ면웃지말고대션싱이라칭호ᄒᆞ든터에씨가다른곳으로갈셔ᄒᆞ여미우의심ᄒᆞ든유지인ᄉᆞ들도쳑지아니ᄒᆞ엿더라그련고로그곳에잇술동안여려동지도만히잇섯스며씨의ᄃᆡᄒᆞᆫ일리라면발벗고ᄃᆡ드럿더라그리ᄒᆞᆫ나씨의싱각이한곳에만쳐ᄒᆞ여잇ᄂᆞᆫ거슨사ᄅᆞᆷ에이목이고루ᄒᆞ야못쓰겟다ᄒᆞᄂᆞᆫ뜻스로六년쳔강원도춘쳔예수교병원쟝으로피임되여몃긔월간지ᄂᆡ다가미년회에셔씨를함경남도원산부구세병원으로파송식엿더라

그림 V-2-2 김희영의 약력을 보도한 신문.
金熙榮 醫師의 略歷. 基督新報 1920년 11월 17일 6면 5단.

당시 **基督新報**에는 김희영의 장례에 관해 다음과 같은 기사가 실렸다.

金熙濚氏 永眠

의사 김희영씨는 숙환으로 여러 달 신음하던 중 세브란스병원에 입원 치료하더니 지난 8일(월요일) 오후 3시에 서거하야 9일 상오 9시에 제중원예배당

97) 이 기사에는 사망일이 11월 7일과 8일로 각각 다르게 기록되어있다. 그런데 장례에 관련한 기사에서 '지난 8일(월요일)'이라는 부분은 정확한 것으로 보아, 7일은 잘못된 것으로 보인다. **基督新報** 1920년 11월 17일.

에서 영결식을 거행하고 고양군 연희면 세교리에 안장하였다.[98]

---

98) 基督新報 1920년 11월 17일. 세교리(細橋里)는 지금의 동교동과 서교동에 해당한다. 예전에 이 지역에서 한강으로 가기 위해서는 건너야 할 두 개의 작은 다리, 즉 잔다리[세교(細橋)]가 있어 붙여진 이름이다. 동쪽과 서쪽에 있는 다리를 각각 동교(東橋)와 서교(西橋)로 불렀으며, 이것에서 동 이름이 유래하였다. 조선시대에는 한성부 북부 의통방(義通坊) 세교리계(細橋里契) 지역이었다. 1911년 경성부 연희면(延禧面)에 편입되었고, 1914년 경기도 고양군 연희면 동세교리(東細橋里)와 서세교리(西細橋里)로 나뉘었다가, 1936년 동교정(東橋町)과 서교정(西橋町)으로 변경되었다. 1943년 서대문구에 편입되었다가, 1944년 마포구 관할이 되었으며, 1946년 동교정(東橋洞)과 서교정(西橋洞)으로 명칭이 바뀌었다.

제3장   박서양

1. 가족 배경

박서양(朴瑞陽, 1885-1940, 그림
V-3-1)[99]은 1885년 9월 30일 박성춘
(朴成春)과 조(趙)씨 사이에서 장남
으로 태어났다.[100] 그의 아버지 박
성춘은 조선시대에 광대, 무당, 기
생, 갖바치, 고리장, 포졸 등과 함께
사회의 최하층으로 취급받던 칠천
역(七賤役) 중에서도 가장 아래 계
급에 속했던 백정(白丁)이었다. 그는
1862년 지금의 종로구 관철동과 종
로 5, 6가 근방에 해당하는 관자골
에서 출생했는데, 원래 이름이 없었
지만 1895년 4월초 곤당골교회[101]에
서 무어[102] 목사로부터 백정으로서

그림 V-3-1 박서양. 동은의학박물관 소장.

는 최초의 세례를 받고 나서 '새봄을 맞아 새사람이 되었다'는 뜻으로 '성춘
(成春)'이라 부르게 되었다고 알려져 있다.[103]

---

99) 박서양에 대해서는 다음의 글이 참고가 된다. 박형우, 홍정완: 박서양(朴瑞陽)의 근대 문명
   수용과 독립운동. 醫史學 15: 237-50, 2006.

100) 박서양의 출생 년도는 기록에 따라 다른데, 연세대학교 의과대학 학적부에는 1885년으
   로, 호적등본에는 1887년으로 되어 있다. 그가 1900년에 제중원의학교에 입학한 후 1908년
   에 졸업한 것을 고려한다면 1885년에 출생했다고 보는 것이 타당할 것이다. 그리고 박서
   양의 어머니 조(趙)씨가 사망하자 1870년생 이신심(李信心)이 계모로 들어 왔지만, 이복형
   제는 없었다.

101) 지금의 을지로 롯데호텔 근처의 위치에 있었으며, 1896년 홍문수골교회, 이어 1905년 승
   동교회로 발전하였다.

102) 무어(Samuel F. Moore, 1846-1906, 牟三悅)는 1892년 미국 북장로회 선교사로 내한하여 서
   울에서 백정들을 대상으로 선교활동을 벌였다. 또한 서울 근교의 순회전도로 많은 교회를
   설립하다가 사망하였다.

세례를 받은 박성춘은 1898년까지 무어 목사와 함께 백정의 해방 운동, 계몽 운동 및 전도 운동을 적극 전개했다. 박성춘과 곤당골교회의 예수교학당 교사 채(蔡)씨는 갑오개혁으로 시행되었던 신분차별 철폐법을 백정에게도 확대하고자 1895년 5월 6일 탄원서를 내부대신 유길준에게 보냈다. 그 결과 마침내 6월 6일 백정 신분을 철폐한다는 포고문이 서울에 나붙었다.[104]

한편 1895년 6월 콜레라가 만연하기 시작하자 조선정부는 에비슨을 방역 책임자로 임명하였다. 대략 1만 명의 사망자를 내고 콜레라가 지나갔지만, 조선정부로서는 체계적인 방역과 경찰력까지 동원한 강력한 법체계에 의해 콜레라가 어느 정도 수습될 수 있다는 가능성을 얻었다.[105] 콜레라가 거의 퇴치되었을 때 조선정부는 내부대신 유길준을 통해 에비슨에게 사의를 표했다. 이 기회를 놓치지 않고 에비슨은 1895년 10월 내부대신 유길준에게 지방 백정들의 신분 해방을 부탁했고, 1896년 2월 11일의 아관파천 이후 봄에 전국 백정의 신분 해방이 윤허되었다.[106]

박성춘은 1898년에 일어난 독립협회 운동에 적극 참여하여 66명의 총대위원의 한 사람이 되었으며, 1898년 10월 29일 서울 종로에서 열린 만민공동회에서 관민합심을 요구하는 연설을 하기도 했다.[107] 박성춘은 후에 은행가가 되었으며, 1911년 12월이 되서야 승동교회의 장로가 되었다. 이후 오랫동안 경충노회의 재정위원으로 활약하다가, 1922년 6월 12일 사망하였다.[108]

박성춘의 다른 아들 박대양도 세브란스를 1931년도에 졸업하였다.[109] 그리

103) 전택부: 관작골의 박가 성춘. 기독교사상. 1961년 10월호, 76-7쪽.
104) 옥성득: 무어의 복음주의 선교 신학: 불상 파괴 사건과 황제 알현 요청 서신 사건을 중심으로. 한국기독교와 역사 19: 31-76, 2003.
105) 박형우: 제중원. 몸과마음, 2002, 252-7쪽.
106) 이광린: 올리버 알 에비슨의 생애. 한국 근대 서양 의학과 근대 교육의 개척자. 연세대학교 출판부, 1992, 143-4쪽.
107) 鄭喬: 大韓季年史, 광무 2년 戊戌條.
108) 박서양의 호적등본, 종로구청.
109) 『의학백년』에는 박서양의 두 아들이 세브란스에 입학했다고 되어 있으나 이는 에비슨의 자서전에 기록된 것을 그대로 옮긴 것이며, 사실과 다르다. 박서양의 두 아들이 아니라 동생 박대양과 장남 박경철이 세브란스에 입학했으며, 박대양은 1931년 졸업한 반면 박경철은 1년도 되지 않아 중퇴하였다. 연세대학교 의과대학 학적부; 연세대학교 의과대학 의학백년 편찬위원회: 의학백년. 연세대학교 출판부, 1986, 59-60쪽; 연세대학교 의과대학 학적부; O. R. Avison: The Memoir of Life in Korea. 1940, 337쪽.

고 딸 박양빈은 세브란스연합의학교 제4회 졸업생 신필호와 결혼하였다.

박서양의 본적 겸 주소는 종로구 낙원동 152번지이었으며, 어렸을 때 이름은 '봉주리' 혹은 '봉출'이었지만 '상서러운 태양이 되라'는 뜻에서 이름을 서양(瑞陽)으로 바꾸었다고 한다.[110] 박서양은 사숙(私塾)을 하다가 무어가 세운 곤당골 예수교학당에 잠시 다녔다.[111]

한편 박서양은 3남 3녀를 두었다. 1922년 11월 1일 세브란스 병원 구내의 남대문교회에 유치원이 설립되어 에비슨 부인이 원장으로 선출되었는데, 아이의 부모들이 젊은 여자를 원장에게 데려와 교사로 추천하였다. 원장은 면밀히 검토한 끝에 그녀를 교사로 임명했는데 바로 박서양의 장녀 박인애였다.[112] 서울로 올라온 그녀는 아버지가 첫 학생이었던 의학교 및 병원과 함께 발전해 온 교회에서 봉사했던 것이다.[113]

110) 전택부: 토박이 신앙산맥. 한국교회 사도행전. 대한기독교출판사, 1977, 38쪽.
111) 연세대학교 의과대학 학적부; 옥성득: 무어의 복음주의 선교 신학: 불상 파괴 사건과 황제 알현 요청 서신 사건을 중심으로. 한국기독교와 역사 19: 31-76, 2003; 정준모: 사무엘 F. 무어 선교사 생애와 사상. 은혜기획, 2000, 82-5쪽.
112) 박인애는 1901년 5월 출생했으며, 교사로 임명될 때 박서양 가족은 간도에 있었다.
113) O. R. Avison: The Memoir of Life in Korea. 1940, 336-7쪽.

2. 박서양과 에비슨의 만남

박서양이 에비슨을 만나 의사가 될 수 있었던 것은 아버지 박성춘과 에비슨의 만남으로 거슬러 올라간다.[114] 한국에 갓 도착한 에비슨은 1893년 9월 무어(Samuel F. Moore) 목사로부터 장티푸스에 걸려 사경을 헤매고 있는 백정 박성춘의 왕진 요청을 받았다.[115] 에비슨은 무어 목사의 통역으로 구리개제중원에서 가까웠던 관자골의 백정 구역을 여러 번 왕진 치료했다.

집은 가난한 사람의 것이 아니었으나 대부분의 다른 집과 유사하게 작았다. 환자가 누워있는 방은 크기가 7x7피트이었으며 높이도 거의 같았다. 두꺼운 장판지로 덮인 바닥은 9월이었으나 더웠고 부엌 불의 연기가 굴뚝에 도달하기 전에 방바닥 밑의 통로를 통해 지남으로써 난방이 된다. 환자는 얇고 푹신한 이불 위에 누워있어 방바닥의 열기가 기분 좋게 느껴졌다. 나는 다리를 교차해 방바닥에 앉았는데, 이 자세는 서양 사람에게 불편했고 환자를 진찰하는 의사로서는 더욱 그랬다.[116]

박성춘은 신분을 차별하지 않고 자신의 집에 몇 번에 걸쳐 왕진을 와서 자신을 성실하게 치료해 준 에비슨으로부터 감명을 크게 받았다. 그리하여 천주교 신자였던 박성춘은 기독교 신자가 되었다.[117]

어느 날 에비슨은 박성춘으로부터 무어 목사의 주례로 열리는 박서양의 결혼식에 참석해 달라는 요청을 받고 참석하여 축하해주었다.[118] 결혼식이 끝

---

114) 에비슨과 박성춘의 만남은 에비슨이 1940년 타자본으로 엮은 그의 회고록에 자세히 설명되어 있다. 이 회고록은 여러 본(本)이 있으며, 이곳에서는 동은의학박물관 소장본(O. R. Avison: The Memoir of Life in Korea, 1940)을 활용하였다.

115) O. R. Avison: The Memoir of Life in Korea. 1940, 316쪽; 에비슨은 1893년 7월 16일 부산에 도착해 6주 정도 머물다 서울로 왔으며, 10월 알렌으로부터 어의를 인계 받았고, 미국 북장로회 선교부에 의해 1893년 11월 1일자로 제중원의 책임을 맡았다. 에비슨이 박성춘을 왕진한 시기를 1895년 콜레라 유행 때라고 잘못 기록한 문헌이 있다.

116) O. R. Avison: The Memoir of Life in Korea. 1940, 316쪽.

117) S. F. Moore: A Gospel Sermon Preached by a Korean Butcher. Church at Home and Abroad Aug., 1896, 116쪽.

난 후 박성춘은 "박사님, 이제 제 아들놈을 장가보냈으니 병원으로 데려가셔서 사람 좀 만들어 주셨으면 좋겠습니다."하여 에비슨을 놀라게 하였다.

---

118) 박서양이 언제 결혼했는지는 확실하지 않으나 에비슨의 자서전에 12-13세 경이 결혼 적령기라는 언급이 있는 것으로 보아 1897-8년경으로 추정되며, 장인은 이성옥(경주 이씨), 장모는 김씨였다. 호적에 부인은 이 씨라고만 기록되어 있으며, 1883년생으로 박서양보다 두 살이 많았다. O. R. Avison: The Memoir of Life in Korea. 1940, 327쪽; 박서양의 호적등본, 종로구청.

3. 제중원의학교 입학

얼마 후 에비슨은 박서양을 병원으로 데려 왔다. 그는 박서양의 그의 사람 됨을 알아보기 위해 처음에는 병원 바닥 청소와 침대 정리를 시켰고 이외에 도 의학 공부를 할 자질이 있다는 확신을 줄 수 있는 모든 일들을 시켰다.[119] 박서양이 힘든 모든 일을 아무 불평 없이 거뜬히 처리하자 에비슨은 그에게 책을 읽게 했다. 에비슨은 1900년 안식년에서 돌아 온 후 학생들에게 학년을 부여하는 등 의학교육을 강화했는 데, 박서양은 1901년 9월 현재 2학 년이었다.[120]

의학 학업 이외에도 박서양은 다 양한 사회적인 활동을 했다. 졸업 전인 1906년 박서양은 동기생인 홍 석후 등과 함께 1903년 10월 28일 창설된 황성기독교청년회(YMCA)에 서 학생 교육을 담당하는 등 계몽운 동에 적극 참여하였고, 중앙학교, 휘 문학교, 오성학교 등에서 화학과 생 물학을 가르치기도 하였다.[121] 1906 년 황성 기독교청년회 학생 교육 부

그림 V-3-2 황성기독교청년회의 학생 모 집 광고. 교사 명단에 박서양과 홍석후의 이름이 보인다. 學員募集 廣告. 皇城新聞, 1906년 10월 12일 4면 2단.

---

119) O. R. Avison: The Memoir of Life in Korea. 1940, 330쪽.

120) 연세대학교 의과대학 학적부에 의하면 박서양은 1900년 8월 30일 입학한 것으로 기록되어 있 는데, 1910년대 초에 학적부를 만들 때 잘못 기록한 것으로 보인다. 박형우, 이태훈: 1901년도 제중원 연례보고서. 延世醫史學 4: 227, 2000.

121) 皇城新聞, 1906년 10월 6일, 10월 12일. 이때 박서양의 출신을 문제 삼아 학생들이 천시 하는 태도를 보이자, 그는 "내 속에 있는 오백년 묵은 백정의 피만 보지 말고, 과학의 피 를 보고 배우라"고 하며 학생들을 일깨웠다고 한다. 전택부: 관작골의 박가 성춘. 기독교 사상. 1961년 10월호, 76-7쪽.

문에서 부학감을 맡기도 했고,[122]
1907년 9월에는 기독교청년회가 매
월 개최하는 이화공학습(理化工學
習)에서 홍석후와 함께 약물 등에
관해 강의를 하였다.[123] 1908년 발
행된 『대한황성종로기독청년회 약
사(大韓皇城鐘路基督青年會 畧史)』
에 따르면 청년회 중앙조직 내의 교
사부에 박서양을 비롯하여 김규식,

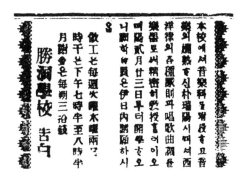

그림 V-3-3 승동학교 음악과. 廣告. 大韓每
日申報, 1909년 2월 16일 3면 1단.

홍석후, 이교승 등이 함께 소속되어 활동하고 있었다(그림 V-3-2).[124]

이와 함께 박서양은 일찍부터 서양 선교사와의 교류하는 가운데 창가(唱
歌) 등 성악에도 능하여 당시 언론에 자주 언급되고 있었는데[125] 이와 같은
그의 활동은 애국가 작사에 관한 김인식(金仁湜) 작사설에서도 확인되고 있
다.[126] 또한 그는 1909년 2월 승동학교(勝洞學校)에 음악과를 설치하고 운영
하기도 하였다(그림 V-3-3).[127] 이때 그가 설치한 음악과를 한국 음악사 학계
에서 "한국 근대 최초의 음악 전문 교육기관"이라 평가하기도 한 것에서 알
수 있듯이[128] 박서양은 서양음악의 수용 및 발전 과정 속에서도 남다른 위치
를 차지고 있었다.[129] 또한 국악에도 관심을 가져 1913년 4월 조선정악전습소

---

122) 만세보, 1906년 11월 7일. 1906년 후반 학감은 황성기독청년회 부총무(혹은 공동 총무)
   브로크만(F. M. Brockman, 巴樂滿)이었고, 박서양은 부학감이었다.

123) 雜報 理化工學習. 皇城新聞, 1907년 9월 22일 1면 4단.

124) 전택부: 한국 기독교청년회 운동사. 범우사, 1994, 101쪽

125) 만세보, 1906년 11월 7일; 皇城新聞, 1909년 4월 11일.

126) 현재까지 명확히 밝혀지지 않고 있는 애국가 작사자에 관한 몇 가지 설 중 박서양과 관
   련된 내용을 소개하면 다음과 같다. 1908년 진명학교 창립 기념식에 쓰기 위해서 金仁湜
   (1885~1962)은 세브란스 출신 박서양이 부르는 작자 불명의 「황실가」를 듣고 이에 힌트를
   얻어 애국가를 작사했다고 한다. 박서양이 불렀다는 「황실가」의 가사(성자신손 오백년은
   우리 황실이요/ 산고수려 동반도는 우리 본국일세/ 무궁화 삼천리 화려강산/ 대한사람 대
   한으로 길이 동락하세) 등 이와 관련된 자세한 내용은 張師勛: 黎明의 東西音樂. 寶晉齋,
   1974, 67-8쪽 참조.

127) 大韓每日申報, 1909년 2월 16일.

128) 노동은: 한국근대음악사 1. 한길사, 1995, 603-5쪽.

129) 만세보, 1906년 11월 7일; 皇城新聞, 1909년 4월 11일.

(朝鮮正樂傳習所)의 가야금과(伽倻琴科)를 제2회로 졸업하였다.130) 당시 홍석후와 홍난파도 조선정악전습소에서 교육을 받았다.

이와 같은 그의 음악적 역량은 이후 간도에서 선교 활동이나 교육, 계몽운동을 펼치는데도 큰 도움을 주었을 것이다.

---

130) 한국의 전통 음률을 익히고 신악을 발전시키기 위해 1909년 설립된 한국 최초의 사립 음악교육기관인데, 처음에는 조양구락부(調陽俱樂部)라는 이름이었다. 1911년 재정후원인인 정악유지회(正樂維持會)가 발족하면서 조선정악전습로(朝鮮正樂傳習所)소 명칭이 바뀌었고, 1914년까지 3회의 졸업생을 배출하였다. 張師勛: 黎明의 東西音樂. 寶晉齋, 1974, 71쪽.

4. 모교 교수

박서양은 졸업(그림 V-3-4) 후 모
교의 전임교수로서 화학을 맡아 강
의를 했는데, 1910-1년도의 경우 2
학년의 화학을 일주일에 6시간 강의
하였다(그림 V-3-5). 학교와 후진 양
성을 위해 동서분주한 박서양은
1911년 6월 2일에는 제2회 졸업식에
서 김필순 및 홍석후와 함께 후배들
을 이끌고 졸업식장까지 행진했으
며, 진급하는 제자들에게 진급증서
를 수여하였다.[131] 제2회 졸업생을

그림 V-3-4 박서양. 승동교회 100년사,
1999.

배출한 후 1911년 12월 31일 동기생 김필순이, 곧 이어 후배 이태준이 중국으
로 망명하여 한국인 교수진에 큰 공백이 생겼다.[132]

또한 이 시기에는 학교 교사를 신축 중이었기 때문에 1912년 1월부터 학
교가 폐쇄되었다. 1912년 10월 다시 문을 연 학교는 여러 교과에서 선교의사
들이 교수로서 합류하면서 1913년 세브란스연합의학교로 개칭되었으며, 박서
양은 감리회의 후원을 받았다.[133] 박서양은 주로 화학을 가르쳤지만 1913년부
터 만주로 가기 전까지 외과학교실의 조교수와 부교수를 역임하였고,[134]
1914-5년도에는 2학년 학생들에게 소외과를 가르쳤다.[135] 또 병원 외과에서

---

131) O. R. Avison: Report of the Severance Hospital Plant. Seoul, Korea. For the year 1910-1911;
Notes and personals. Korea Mission Field 7: 210, 1911.

132) O. R. Avison: Report of the Severance Hospital Plant. Seoul, Korea. For the year 1910-1911.

133) Lera C. Avison이 미 선교부로 보내는 1914년 6월 8일 편지지.

134) 박서양이 외과를 담당하게 된 데에는 동기생으로 외과 분야에서 큰 역할을 맡았던 김필
순의 망명이 크게 작용한 것으로 보인다. 世富蘭偲聯合醫學專門學校 校友會: 校友會員 住所
及 名簿, 1934, 11쪽.

그림 V-3-5 화학을 강의 중인 박서양. 동은의학박물관 소장.

부의사(assistant surgeon)로 근무하면서 임상 경험도 쌓았고, 해부학을 가르치기도 했다.[136] 박서양은 1917년 3월 15일 세브란스가 의학전문학교로 승격할 당시 외과학교실의 조교수로 근무하면서 병원에서 러들로 과장 및 강문집과 함께 외과 환자를 진료하였다.

한편 1909년 9월 콜레라가 유행하자 방역집행위원 및 보조원 등과 공동으로 적극적인 방역활동에 나서기도 했다.[137]

---

135) 1917년 졸업생 김기형의 3학년 진급증서(1915). 한독의약박물관 소장.
136) What are the graduates of the Severance Medical College doing? Korea Mission Field 18: 159-60, 1922.
137) 防疫美擧. 皇城新聞, 1909년 9월 30일 3면 1단.

5. 간도에서의 독립운동

이와 같이 한국 서양의학의 개척자로서 모교에 남아 후진을 양성하며 환자를 보던 박서양은 세브란스가 전문학교로 승격될 즈음 갑자기 학교를 사직하고 간도로 떠났다.[138] 동기생 김필순이나 주현측 등과 달리 그가 독립운동을 위해 간도로 건너가기 전 국내에서 어떠한 독립운동 조직과 연계되어 있었는가를 구체적으로 알려주는 자료는 없는 상황이다. 다만, 그가 간도로 떠나기 전에 보여주었던 서울에서의 활동이나 간도로 이주한 후의 활동을 통해 몇 가지 측면에서 그 가능성을 추측해 볼 수 있다.

우선, 그의 종교와 연관하여 볼 때 그가 건너가 활동했던 북간도 지역의 특성을 들 수 있다. 당시 북간도 지역은 1902년 이래 캐나다 장로회 선교부를 중심으로 교회, 병원, 학교 등이 설립되는 가운데 적극적인 선교 활동이 이루어지고 있었으며, 이후 이동휘(李東輝), 정재면(鄭載冕) 등 기독교 계열의 독립운동 세력들이 활발히 진출하면서 주로 장로회 계통의 민족 교육 운동과 독립운동 기지 건설 운동이 왕성했던 지역이었다.[139] 그리고 이와 관련하여 박서양이 1900년대 중, 후반 적극적으로 황성기독교청년회에서 활동함으로써 1900년대 말 만주, 연해주 등으로 독립운동 기지 건설을 위해 뛰어들었던 상동청년회(尚洞靑年會), 신민회(新民會) 등 주요 독립운동 세력들과 인적으로 연결되어 있었을 가능성이 높다는 점을 들 수 있다.[140]

138) 세브란스 교우회원 주소록에는 박서양이 1918년까지 근무한 것으로 되어 있어, 저자도 이전 논문에서 이를 인용한 바 있다. 그러나 박서양이 1917년 6월 30일 숭신학교(崇信學校)를 설립하고 교장에 취임했다는 분명한 기록이 남아 있다. 世富蘭偲聯合醫學專門學校 校友會: 校友會員 住所 及 名簿, 1934, 11쪽; 박형우: 세브란스의학교 1회 졸업생의 활동. 延世醫史學 2(2). 299-319, 1998; 國史編纂委員會: 日帝侵略下 韓國 三十六年史(三). 1968, 860쪽.

139) 徐紘一: 1910年代 北間島의 民族主義 敎育運動 1. 基督敎 學校의 敎育을 中心으로」. 白山學報 29, 백산학회, 1984; 徐紘一: 1910年代 北間島의 民族主義 敎育運動 2. 基督敎 學校의 敎育을 中心으로. 白山學報 30·31, 백산학회, 1985; 李明花: 北間島地方에서의 民族主義敎育과 植民主義敎育. 실학사상연구 1, 무악실학회, 1990; 박주신: 간도한인의 민족교육운동사. 아세아문화사, 2000, 241-52쪽.

간도로 이주한 박서양은 병원을 세우고 의사로서의 진료 활동을 계속하는 가운데 민족 교육기관을 설립하고 이를 토대로 교육 운동을 비롯한 항일 독립운동에 나섰다. 우선 의사로서 박서양은 간도 연길현(延吉縣) 용지향(勇智鄕) 국자가(局子街)에 구세병원(救世病院)을 개업하였다. 의료 환경이 극도로 열악했던 당시 박서양의 역할을 막중한 것이었다. 구체적인 자료가 남아 있는 1924년 12월 말의 상황을 살펴보자.[141] 당시 연길현에는 한국인이 156,029명, 일본인이 1,420명이 거주하고 있었다. 그런데 의사는 한국인 46명, 일본인 6명 뿐이었다. 한국인 의사 46명은 거의 대부분 한의사였고, 한국인이 경영하는 제대로 된 의료시설로는 박서양의 구세병원 뿐이었다.[142] 이 해에 박서양은 연인원으로 시료환자 3,315명, 유료 환자 6,416명을 치료하였다.

이와 같이 의사로서 활동하면서 박서양은 아동교육의 필요성을 절감하여 1917년 6월 30일 숭신학교(崇信學校)를 설립하고 교장에 취임하였다.[143] 숭신학교는 국자가 하시장(下市場)에 위치한 초등학교로서 학교의 종교는 기독교(장로교)였고,[144] 산술, 한문, 일본어, 조선어 등을 가르쳤다. 숭신학교는 소속 재산은 없고 학부형 및 기독교 신자의 갹출로 학교 운영을 유지했다.[145] 1922년에는 여러 독지가들의 기부금으로 교사를 건축하기도 했지만,[146] 그 운영이 전반적으로 순탄하지 않았던 것으로 보인다. 그리하여 1927년에는 그동안 교

---

140) 1900년대 후반 황성기독청년회, 상동청년회, 신민회의 진용과 그들의 국권회복운동 노선의 분화에 대해서는 장규식: 일제하 한국 기독교 민족주의연구. 혜안, 2001, 제1장; 조동걸: 일제하 민족주의의 성립과 독립운동사 연구. 지식산업사, 1989를 참조할 것.

141) 機密 제193호 在滿 朝鮮人 槪況 作成에 관한 件. 1925년 6월 12일 鈴木要太郎(間島 總領事) 발송, 1925년 6월 23일 幣原喜重郎(外部大臣) 수신.

142) 1920년 길림과 연길현에는 의사가 박서양 이외에도 박우양(朴友陽)과 신청룡(申青龍)이 있었다는 기록이 있으나 이들이 한의사였을 수도 있고, 잠시 진료하다 다른 곳으로 이전해 갔을 수도 있다. 普通報 제26호 吉林近縣 居住 朝鮮人의 槪況. 1920년 11월 16일 關東軍 參謀部 발송, 1920년 11월 21일 內田康哉(外部大臣) 수신.

143) 國史編纂委員會, 日帝侵略下 韓國 三十六年史(三), 1968, 860쪽.

144) 機密 제292호 間情 제27, 52, 53호. 1920년 11월 9일 堺與三吉(間島總領事 代理領事) 발송, 1920년 11월 18일 內田康哉(外部大臣) 수신.

145) 機密受제19호-機密제2호 間島地方 日本側 施設 및 朝鮮人 經營 私立學校 調査의 건. 1922년 1월 7일 堺與三吉(間島總領事 代理領事) 발송, 1922년 1월 17일 內田康哉(外部大臣) 수신.

146) 間島 局子街 崇信學校 校舍新築을 決定. 東亞日報, 1922년 4월 2일 8면; 崇信 校舍 建築 着手. 東亞日報, 1922년 8월 14일 4면.

장으로 활동하면서 재정 지원을 하던 박서양이 직접 운영에 참여키로 하였고, 이화여전 출신의 유자격 교원을 증원하고 수 천원의 기부금을 모금하여 학교 운영에 일대 전기가 이루어지는 듯 했다.[147] 하지만 1928년의 흉작에 이어 1929년에도 경제 상태가 좋지 않아 학교의 존폐 문제까지 거론되자 10월 25일 전 국자가의 시민대회를 열려 유지회를 조직하여 학교 유지의 전책임을 지기로 결의하기까지 하였다.[148] 학교의 규모를 보면 1917년 6월 말 교사 5명에 학생 28명,[149] 1921년 말 교사 5명에 4학급[150]이 있었고 생도는 남자가 25명, 여자가 15명이었다.

박서양은 지역 사립학교의 연합에 관심을 가져 1917년 6월 말에 열린 연길현의 27개 학교의 연합운동회에 적극 참여하였고,[151] 1923년 8월 21일에는 자신의 숭신학교에서 간도 지역의 조선인 학교 운영자들과 모임을 갖고 간도교육협회를 조직하였다. 이 모임에서 협회의 위원장에는 김영학이 선임되었고, 박서양은 집행위원 중 1인으로 활동하였다.[152] 1924년 6월에는 간도 전체의 48개 학교가 참석하여 초유의 성황을 이루기도 했다.[153] 조국에서의 보장된 자리를 박차고 간도로 이주한 박서양은 학생들에게 민족정신을 고취시켰고, 운동회는 어린 학생들에게 단결심과 함께 조국 광복에의 희망을 심어주는 계기를 마련해 주었다. 당시 일본의 간도총영사 대리영사는 특히 숭신학교를 불령선인이 건립하였고 배일적 경향이 있다고 본국에 보고하였다.[154]

---

147) 經營者 變更되어 爲先 內部充實 校舍新築 有資格敎員 招聘 局子街 崇信校 曙光. 東亞日報, 1927년 6월 15일 4면.

148) 間島 崇信校 維持會를 組織. 금년 흉작에 유지가 곤난해 局子街 市民大會 열고. 東亞日報, 1929년 11월 3일 7면.

149) 朝憲機 제206호 朝鮮人 經營 私立學校 聯合運動會의 건. 1917년 7월 10일 朝鮮駐箚 憲兵隊司令部 발송, 1917년 7월 13일 長谷川好道(朝鮮總督) 수신.

150) 여기서 학급을 학년을 의미하는 것으로 보인다. 그런데 이 학교가 몇 년제이었는지는 확실하지 않은데, 숭신학교 학생들의 동맹휴학 관련 기사에 3, 4, 5, 6학년이란 언급으로 이 네 개 학년을 가르쳤는지 혹은 1-6학년으로 확장되었는지 확실하지 않다. 崇信學校生 盟休 辭職敎員을 復職코저. 東亞日報, 1926년 6월 29일 4면.

151) 朝憲機 제206호 朝鮮人 經營 私立學校 聯合運動會의 건. 1917년 7월 10일 朝鮮駐箚 憲兵隊司令部 발송, 1917년 7월 13일 長谷川好道(朝鮮總督) 수신.

152) 機密受제293호-機密제283호 要注意 鮮人의 間島敎育協會 組織에 관한 건. 1923년 9월 18일 鈴木要太郎(間島 總領事) 발송, 1923년 10월 2일 內田康哉(外部大臣) 수신.

153) 全間島, 陸上競技, 參加校 四十八校, 間島 初有 盛況. 時代日報, 1924년 6월 18일 4면.

154) 機密 제292호 間情 제27, 52, 53호. 1920년 11월 9일 堺與三吉(間島總領事 代理領事) 발

이렇게 일본측이 숭신학교를 주시하는 가운데 대한민국 임시정부 대통령 이승만이 보내는 '재외동포에게'라는 제목의 소책자가 1924년 6월 숭신학교를 통해 지역 조선인에게 배포되는 사건이 일어났다.[155] 1929년에는 11월의 광주 학생운동의 여파가 간도까지 밀려 왔는데, 숭신학교가 그 중심에 있었다. 1930년 2월 19일 숭신학교 학생 50여명이 시내 중심가에서 만세를 부르며 시위를 벌였다. 이들은 손에 적기를 들고 과격한 격문을 발표하고 유인물을 배포했는데, 이중 이십 여명이 경찰에 연행되었다.[156] 이에 대해 만주 요령성 정부 주석은 1930년 3월 다음과 같은 훈령을 내려 보냈다.[157]

최근 연길현 在住 선인이 경영하는 각 학교 생도 등은 鮮內에 있어서의 광주 학생사건 반일운동에 자극되어 각소에 배일운동을 행하고 특히 연길 本街 사립 조선인 숭신학교 남녀생도 120여명은 각자 조선독립만세기를 휴대하고 시내 일대를 遊行하며 배일격문을 살포하는 등 형세 불온의 현상이라 하니 중국에 있어서 此種 조선인 등의 반일운동은 延하여 금후의 중일관계에 악영향을 齎來할 것이므로써 각지 관헌은 거주 조선인의 상황을 常히 시찰하고 반일운동 등의 擧에 出하지 아니하도록 엄히 取締를 요함.

이와 같이 간도 지방에서 반일운동의 중심이 된 숭신학교는 결국 1932년 6월 불온사상을 고취한다는 이유로 일본영사관 경찰에 의해 강제로 폐교 당했다.[158]

대한국민회(大韓國民會)는 국내의 3·1운동에 호응하여 간도 지역에서 일어난 3월 13일 만세 운동 결과 조직된 조선인 자치기구 겸 독립운동 단체였다. 대한국민회는 종래 간도 지역 한인 자치기구였던 간민교육회(墾民敎育會,

송, 1920년 11월 18일 內田康哉(外部大臣) 수신.

155) 機密 제231호 李承晩의 聲明書 配布에 관한 건. 1924년 9월 12일 鈴木要太郎(間島 總領事) 발송, 1924년 9월 24일 幣原喜重郎(外部大臣) 수신.

156) 間島 崇信學生 又復萬歲示威, 피금된 학생 이십여명, 中日警 總出動 警戒. 東亞日報, 1929년 11월 3일 7면.

157) 國史編纂委員會: 韓國獨立運動史 五. 學生의 反日運動은 對日關係를 惡化함. 중판, 정음문화사, 1983, 675쪽.

158) 間島 崇信校를 不穩타고 閉鎖, 二백여 학생 學路를 일허, 領警分署에서 命令. 東亞日報, 1932년 6월 16일 4면.

1909), 간민회(墾民會, 1913)의 주도세력을 주축으로 간도 지역의 연길현, 왕
청현, 화룡현 등 3개 현에 10개의 지방회와 133개의 지회를 두고 있던 북간도
최대의 독립운동 조직이었다. 대한국민회는 단순히 자치기구에 한정된 조직
이 아니라 대한국민회 군사령부(大韓國民會 軍司令部)라는 직할 군사조직도
갖추고 있었다.159) 이후 대한국민회는 간도 주변 지역에서 활동하던 독립군
부대들과의 연합 정책을 전개하여 대한국민회 군사령부는 1920년 5월 홍범도
의 대한독립군, 최진동의 북로독군부 등과 연합하기도 하였다. 박서양과 대한
국민회의 관계를 보여 주는 것으로 대한국민회의 문서 수발 기록 중에 1920
년 6월 11일자로 대한국민회 회장이 박서양에게 「적십자 의사에 관한 건」을
통지한 기록이 있다.160) 또한 박서양은 대한국민회 군사령부의 유일한 군의
(軍醫)로 임명되어 군진 의료를 담당하였다.161)

　1925년 중반 이후 박서양은 한족노동간친회(韓族勞動懇親會, 한족간친회)
에 참여하여 활동하였다. 한족노동간친회가 어떠한 성격의 조직이었는지는
명확히 파악하기는 힘드나, 남만청년총동맹(南滿靑年總同盟)과 연락하고 있었
음을 볼 때 사회주의적 성향의 조직이었던 것으로 추측되는데, 그는 1925년
12월 개최된 총회에서 강연부장에 선임되기도 하였다.162) 이외에도 1924년 2
월 이후 동아일보 간도지국의 총무 겸 기자로도 활동하였으며,163) 국자가에
교회를 설립하여 이끌었고 얼마 후에 장로로 피선되었다고 한다.164)

159) 북간도지역 大韓國民會의 조직, 주도세력, 이념 등에 대해서는 박환: 북간도 대한국민회
　의 성립과 활동. 윤병석 교수 화갑 기념 한국근대사논총, 윤병석 교수 화갑 기념 한국근대
　사논총 간행위원회, 1990; 宋友惠: 北間島 ‘大韓國民會’의 組織形態에 관한 硏究, 한국민족
　운동사 연구 1, 한국독립운동사연구회, 1986; 박창욱: 국민회를 논함. 1919-1920년 국민회
　의 역사 작용을 위주로 하여. 國史館論叢 15, 국사편찬위원회, 1990을 참조할 것.
160) 機密 제358호 間島地方 宗敎團體의 動向 및 民會 設置, 洪範圖의 活動 등에 관한 건.
　1920년 12월 23일 堺與三吉(間島總領事 代理領事) 발송, 1921년 1월 6일 內田康哉(外部大
　臣) 수신.
161) 受20669호-公제259호 朝鮮側 警察이 朝鮮人 金順 등을 拘引시킨 것에 관한 건. 1921년 6월 27
　일 吉田伊三郞(在中國 臨時代理公使) 발송, 1921년 7월 2일 內田康哉(外部大臣) 수신.
162) 外務省文書課受 제55호 不逞鮮人 行動에 關한 件. 1926년 2월 13일 川越茂(吉林總領事)
　발송, 1926년 2월 14일 幣原喜重郞(外部大臣) 수신; 機密 제53호 不逞鮮人의 行動에 關한
　件. 1925년 6월 15일 川越茂(吉林總領事) 발송, 1925년 6월 25일 弊原喜重郞(外務大臣) 수
　신.
163) 間島支局管內 局子街分局 職員變更, 分局長 金祥鎬 總務兼 記者 朴瑞陽 顧問 金永學. 東
　亞日報, 1924년 2월 3일 3면.

6. 귀국과 말년

박서양은 1936년 한국으로 귀국하였다.[165] 그 이유는 확실치 않으나 자신이 세웠던 숭신학교가 1932년 폐교되고, 1930년 만주사변 이후 일제의 만주에 대한 직접적 지배가 이루어지게 됨에 따라 간도 지역에서 조선인의 활동이 크게 위축되었던 사정과 맞물린 것으로 보인다. 또한 자신도 이미 50대가 되었으며 스승 에비슨 선생도 자신의 조국으로 돌아갔으니[166] 여생을 고향에서 보내고 싶었으리라! 박서양은 귀국 직후 황해도 연안읍에서 개업을 하다 1940년 수색역 앞으로 이사하였다.[167] 그는 1940년 12월 15일 오전 6시 고양군 은평면 수색리 165번지에서 55세의 나이로 영면하였다.[168]

스승 에비슨은 1935년 영구 귀국을 앞두고 캐나다 선교부가 있는 간도를 방문하였고, 자신의 첫 제자 박서양을 만나고 싶었다. 그러나 폭우가 내리는 바람에 문제가 생겼다. 이 당시 상황을 에비슨 자신은 다음과 같이 적고 있다.[169]

우리가 마지막 선교지부인, 만주 국경에서 약 30마일 정도 떨어진 용정에 도

---

164) 교회의 명칭이나 소재 등 구체적인 것은 알려져 있지 않다. What are the Graduates of the Severance Medical College Doing? Korea Mission Field 18: 159, 1922.

165) 1935년 말 혹은 1936년 초에는 박서양이 아직 국자가에 있었다. 세브란스교우회보 25: 68, 1936년 2월 1일; セブランス聯合醫學專門學校 一覽, 113쪽, 1936년 7월 20일.

166) 1935년 만주를 방문한 스승 에비슨을 박서양은 만나지 못했다. O. R. Avison: The Memoir of Life in Korea. 1940, 337-8쪽.

167) セブランス聯合醫學專門學校 一覽, 117쪽, 1939년 5월 18일; セブランス聯合醫學專門學校 一覽, 122쪽, 1940년 8월 20일.

168) 박서양은 사망 직전인 1940년 8월 1일 성을 '植野'로 개명하였다. 박서양의 장손 박연수에 의하면 수색에 있던 박서양의 묘지는 1960년대 도시 개발과 함께 어디론가 이장하였다고 한다. 박서양의 사망 소식은 모교에 전해지지 않아 1943년의 동창회 명부에는 아직 수색에 살고 있는 것으로 되어 있다. 한편 부인 이씨는 1949년 4월 19일 중구 인형동에서 사망하였다. 박서양의 호적등본, 종로구청; 박서양의 장남 박경철의 호적등본, 종로구청; 旭醫學專門學校 同窓會: 同窓會 名簿, 1943, 19쪽.

169) O. R. Avison: The Memoir of Life in Korea. 1940, 337-8쪽.

착했을 때 우리는 자연스럽게 그곳에서 10마일 밖에 떨어져 있지 않은 박 의사의 집 및 기관(병원 및 교회)을 방문하기로 계획을 세웠다. 그러나 여러 날 지속된 호우로 길이 진창길로 변해 우리들은 가기 힘들었고 매우 아쉽게도 우리는 이를 포기했는데 한 사람의 생애가 우리의 삶과 그렇게 밀접하게 연관된 사람을 다시 볼 수 없을 것이기에 우리는 애석했다.

그러나 이 호우의 중간에서 하루는 박씨 부인이 우리가 머무는 집에 나타났다. 우리가 그녀를 본 것이 여러 해 되었지만 에비슨 부인은 나 보다 먼저 그녀를 알아보았다. 그녀는 기쁨의 눈물이 그녀의 뺨에 흘러내리며 우리들의 목에 기대었다. 우리는 박 의사를 물었고, 그녀는 진흙을 통과 해 오는 것이 에비슨 부부에게 너무 힘들 것임을 알고 함께 오려 했으나 마지막 순간 다른 방향의 멀리 떨어진 곳의 환자로부터 왕진 요청이 오자 마지못해서 그의 임무로서 환자 집으로 갔다고 대답했다.

왕진 요청을 했던 환자의 상태가 어떠했는지는 알 길이 없다. 하지만 지금의 자신을 있게 했던, 그리고 고향으로 돌아가면 영원히 만나지 못할 75세의 스승에게 자신이 배운 대로 환자에 충실했던 의사 박서양의 자세를 엿볼 수 있다.

나아가 19세기 말-20세기 초 근대 문명을 수용하고 그에 매몰되었던 수많은 한국의 엘리트들이 근대 지상주의의 미명 하에 일제의 침략을 용인했던 것과는 달리 전통 사회에서 억압받던 신분 출신이었음에도 불구하고 박서양은 식민 지배 하의 민족적, 사회적 모순을 외면하지 않고, 이를 타개하기 위해 종교, 의료, 교육 등 다양한 측면에서 나름의 실천적 모색을 했던 인물이었다.

박서양은 사후 68년이 지난 2008년 8월 15일 대한민국 정부수립 60주년을 맞이하여 정부로부터 건국포장을 포상 받았다. 뒤늦게나마 독립운동에 기여한 그의 공로가 인정된 것은 다행스러운 일이다.

제4장 신창희

1. 가족 배경

신창희170)(申昌熙, 1877-1926, 그림 V-4-1)는 본관이 평산(平山)이며, 1877년 5월 21일 태어났다. 학적부에 의하면 원적은 경기도 경성부이고, 1904년 5월 21일(만 27세)에 입학한 것으로 되어 있다.171) 신창희에 대해서는 거의 자료가 남아 있지 않으나, 1904년 황해도 장연 사직동에 거주하고 있던 김구가 신천(信川)의 최준례(崔遵禮, 1889-1924)와 혼담이 오가고 있었던 상황을 적은

그림 V-4-1 신창희. 동은의학박물관 소장.

『백범일지』에 신부(최준례)의 어머니와 가족에 대해 언급한 부분이 있다.

최준례는 그 동네에 거주하는 의사 신창희(申昌熙)의 처제였다. 준례의 모친 김 부인은 경성에서 자랐는데 젊어서 과부가 되어 두 딸을 기르며 예수교를 믿고 있었다. 제중원이 임시로 구릿재[銅峴]에 세워졌을 때, 원내에 살면서 제중원에 고용되어 있을 당시 신창희(申昌熙)를 맏사위로 맞았다. 신창희는 제중원 의과생이 되어 의사로 일하다가 생업을 위해 신천 사평동으로 이사하였는데, 준례는 여덟 살 때 모친과 같이 신창희를 따라와 살고 있었다.172)

1904년 12월 준례와 결혼한 백범 김구는 신창희는 백범의 손윗동서였다.

---

170) 신창희에 대해서는 다음의 글이 참고가 된다. 박형우, 홍정완: 세브란스병원의학교 제1회 졸업생 신창희의 생애와 활동. 延世醫史學 11: 39-44, 2008.
171) 연세대학교 의과대학 학적부.
172) 김구(도진순 주해): 백범일지. 개정판, 돌베개, 2004, 191-2쪽.

2. 제중원의학교 입학

『백범일지』에 의하면 백범이 장연의 장연공립소학교에 교사로 근무할 당시 신창희는 제중원에서 교육을 받던 중 잠시 생업을 위해 신천, 이어 은율에서 살고 있었다고 한다. 한편 연세대학교 의과대학 학적부에 의하면 신창희는 1904년 5월 21일에 입학한 것으로 되어 있다. 이로 미루어 신창희는 1904년 이전 시기부터 이미 제중원에서 의학을 수련했던 것으로 추정되며, 1904년 다시 입학한 것으로 보인다.

신창희는 졸업 이후 1년 동안 모교 간호원양성소에서 처음에는 '미터법을 포함한 계량과 측정(Weights and Measures including the Metric System)'을, 그리고 후에 '현미경을 이용한 세균학(Bacteriology, with the aid of the Microscope)'을 강의하였다.[173] 그리고 1909년에는 모교를 떠나 동기생 홍종은과 함께 의주부(義州府) 남문 바깥의 구세병원(救世病院)에서 환자를 돌보았다(그림 V-4-2).

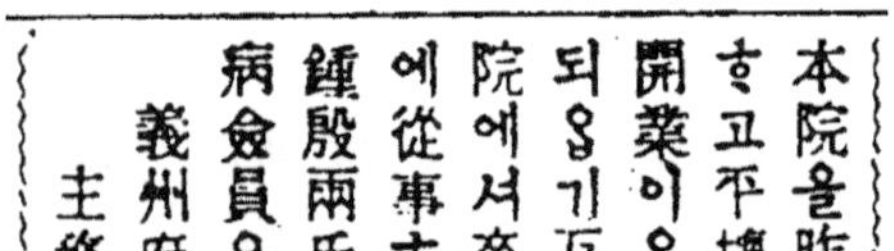

본원을 작년 음(陰) 11월 분(分)에 설립ᄒᆞ고 평양의사 최용화[174]씨로 동사 개업(同事開業)이옵더니 우원이 인사귀향(因事歸鄉)되옵기 호상 분장(分掌)ᄒᆞ고 해원(該院)에셔 진료에 종사하던 의학박사 신창희, 홍종은 양씨를 연빙(聯聘) 시무ᄒᆞ오

本院을 昨年 陰 十一月 分에 設立ᄒᆞ고 平壤醫士 崔龍化氏로 同事開業이옵더니 右員이 因事歸鄉 되옵기 互相分掌ᄒᆞ고 該院에셔 診療에 從事ᄒᆞ던 醫學博士 申昌熙 洪鍾殷 兩氏를 延聘視務ᄒᆞ오니 有病會員은 來議調理ᄒᆞ심을 仰要

義州府南門外救世病院
主務員 金志河 告白

그림 V-4-2 신창희와 홍종은의 개업 광고. 廣告. 大韓每日申報, 1909년 11월 16일 3면 3단.

---

173) E. L. Shields: Nurses Training School. Korea Mission Field 5: 84, 1909.

174) 최용화는 평양 예수교제중원 부속의학교를 졸업하여 1911년 6월 26일 조선총독부로부터 의술개업인허장을 받았다. 廣告. 醫術開業認許狀. 朝鮮總督府 官報 제246호, 1911년 6월 26일 6면.

니 유병첨원(有病僉員)은 래의조리(來議調理)ㅎ심으로 앙요(仰要).

의주부 남문 외 구세병원(救世病院)

주무원(主務員) 김지하(金志河) 고백[175]

---

[175] 廣告. 大韓每日申報, 1909년 11월 16일 3면 3단.

3. 만주에서의 독립운동

신창희는 1910년 국권이 일본에 빼앗기자 중국으로 망명하여 독립운동에 나섰다. 신창희가 언제 망명했는지는 확실하지 않다. 1917년 당시 의주의 압록강 맞은편에 있는 현재의 단동(丹東)에 해당하는 중국 도시 안동현(安東縣) 신유가(新柳街)에서 평산의원(平山醫院)을 개원하고 있었는데,[176] 이후 1920년대 초반까지 안동과 상해를 오가면서 독립운동을 전개하였다. 어떠한 계기와 인적 계통 속에서 독립운동에 뛰어들었는지 확인하기 어렵지만, 이후 그의 행보 등을 고려할 때 김구 등과 연결되어 있었던 것으로 보인다.

이 시기에 그는 안동에서 개인 병원을 경영하면서도[177] 신한청년당(新韓青年黨)의 당원이자 상해 임시정부 요원으로 활동하였다. 일제 관헌은 그를 상해 임시정부가 발행하는 『獨立新聞』의 통신부원으로서 군자금을 모집하는 자로 파악하기도 하였다.[178]

당시 안동은 상해와 국내를 잇는 독립운동의 거점이었는데, 신창희는 임시정부·교통국 요원으로서 독립군 자금을 모집하고,[179] 일제의 탄압을 피해 도

---

176) 병원의 명칭은 본인이 평산 신(申)씨인 것을 의미하는 것으로 보인다. Catalogue. Severance Union Medical College, Seoul, Korea, 1917, 41쪽; 1926년 基督新報에 실린 신창희에 대한 애도 기사에 의하면 그는 '의학교를 졸업하고 얼마동안 내지에서 의사 일을 보다가 국권의 상실과 민족의 실패를 통분히 여겨 필경은 따뜻한 고국을 떠나 혈혈단신으로 중국 천지를 편답(遍踏)하게 되었다.'는 내용으로 미루어 1910년대 초반에 망명했을 것으로 추정된다.

한편, 『백범일지』에 실린 다음과 같은 기록을 종합하면 신창희는 1910년경 김구의 처형과 이혼을 한 것으로 보인다. '그런데 어찌된 사유인지 처형은 신창희 군과 잘 맞지 않고 어긋난 빛을 보일 뿐 아니라, 거동이 상식에 벗어난 경향을 보였다.' '내가 안악에 이사했을 때(1910년 11월) 역시 처형과 장모가 찾아왔는데, 처형은 신창희와 부부 관계를 끝냈다고 한다.' '아내 역시 친모와 친형에 대한 친족관념을 단절하고 지냈다. 그 후 처형은 평산 등지에서 헌병보조원의 처인지 첩인지가 되어 살고, 장모도 같이 산다는 풍설만 들었다.' 김구(도진순 주해): 백범일지. 개정판, 돌베개, 2004, 234-6쪽.

177) What are the graduates of the Severance Medical College doing? Korea Mission Field 18: 159-60, 1922.

178) 金正柱 編: 朝鮮治安狀況(國外), 朝鮮統治史料 第7卷, 1971, 273쪽.

179) 獨立有功者 功勳錄 編纂委員會: 獨立有功者功勳錄 第5卷, 國家報勳處, 1988, 361쪽. 한편

항하는 독립 운동가들을 돕는 역할을 하고 있었다. 특히 그의 활동에는 조선의 독립 운동에 우호적이었던 영국인 기업가 쇼(George L. Shaw)가 경영하던 무역회사 이륭양행의 사옥과 기선이 큰 힘이 되었다.[180] 1921년 10월 초 그의 가족 5명과 임시정부 요인 오인석[181], 김병조[182] 등도 이륭양행의 기선 계림호(鷄林號)를 통해 상해에 무사히 도착할 수 있었다.[183]

그런데 1921년 초반에 들어서면서 상해 임시정부의 활동에 대해 각 지역 독립운동 단체들의 반발이 본격화되었다. 당시 상해 임시정부 대통령이었던 이승만의 위임통치 청원을 비롯하여 상해 임시정부의 외교독립노선 등에 대한 비판이 대두되었다. 또한 상해 임시정부 수립 과정에서 배태된 협애한 지지 기반을 지적하는 가운데 3·1운동 이후 이념적, 조직적으로 다양하게 분화된 독립운동세력의 노선과 활동을 광범위하게 대표하고 통일적으로 결집시켜야 한다는 요구가 팽배하였다. 이러한 움직임은 국민대표회의의 소집 요구로 이어졌다. 1921년 중반 이후 임시정부에 대한 태도, 새로운 통일기관의 위상과 설립 방법을 놓고 대립과 갈등이 전개되었다. 신창희 또한 1921년 중반부터 1923년까지 상해에 체류했는데,[184] 같은 구에 거주하던 372명의 한국인 중

일제 관헌은 그를 상해 임시정부가 발행하는 『獨立新聞』의 통신부원으로서 군자금을 모집하는 자로 파악하기도 하였다. 金正柱 編: 朝鮮治安狀況(國外), 朝鮮統治史料 第7卷, 1971, 273쪽.

180) 신창희의 활동과 이륭양행(怡隆洋行)의 연계에 대해서는 다음의 글을 참고할 것. 金正柱 編: 朝鮮治安狀況(國外), 朝鮮統治史料 第7卷, 1971, 272-3쪽.

181) 오인석(吳仁錫)은 1919년 4월 상해 임시정부가 수립되자 내무부 참사(內務部 參事)로 임명되었다가 그 후 임정 국무원 비서(臨政 國務院 秘書)로 활동하였고 만주 단동에 있는 대한독립청년단원 본부원(大韓獨立青年年團 本部員)으로 있으면서 국내로부터 送納되는 독립 자금을 받아 임시정부에 전달하면서 중국 천진에서 한혈단(韓血團), 대한회복충열사단(大韓恢復忠烈士團)을 조직하여 활동하였다.

182) 김병조(金秉祚)는 1919년 3. 1 독립만세운동에서 민족대표 33인 중 1명으로 독립선언서에 서명하고 평북 일대의 독립만세시위를 주도하였다. 1919년 4월 13일 상해로 망명하여 임시 의정원 의원(臨時 議政院 議員) 및 법제위원, 국제연맹청원서 초기위원, 임시 정부사 편찬위원(臨時 政部史料 編纂委員) 등으로 활동하였으며, 만주에서 신일학교를 설립하는 동시에 한족신문(韓族新聞)을 발행하였다.

183) 高警 28413호 國民代表會의 經過 등 國外情報. 1921년 10월 21일 朝鮮總督府 警務局長 발송, 1921년 10월 25일 外務次官, 內閣 總理大臣 等 수신.

184) 1921년 9월 일제가 조사한 「上海 在留 朝鮮人 人名簿」에 따르면 그는 상해 본구(本區)에 거주하고 있었다. 機密 제110호 上海在留 朝鮮人 現在 人名簿 調劑에 關한 件. 1921년 9월 28일 山崎馨一(上海 總領事) 발송, 1921년 10월 5일 內田康哉(外務大臣). 수신.

에는 주현측, 신현창 등의 세브란스 동창과 김구 등이 있었다. 그는 이곳에서
국민대표회의 소집과 관련된 움직임에 대응하였다.[185]

국민대표회의와 관련된 그의 활동을 직접적으로 확인할 수는 없지만, 신한
청년당에서의 태도를 통해 그의 행보를 추측할 수 있다. 즉, 국민대표회의의
소집을 둘러싼 독립운동 세력 사이의 대립이 본격화되는 속에서 신창희는 신
한청년당을 탈당하였다. 여운형, 김규식, 서병조 등의 주도 하에 설립된 신한
청년당은 제1차 세계대전 종전을 계기로 조성된 국제정세를 활용하여 외교활
동을 전개함으로써 독립을 달성하고자 했는데, 3·1운동과 상해 임시정부의 결
성에 지대한 영향을 미쳤던 단체였다. 1918년 11월 28일 상해에서 신한청년당
이 정식 결성되자 신창희는 창당 직후 입당하였다.[186] 그런데 1922년 초반 당
을 주도하던 여운형, 김규식 등이 소련의 독립운동 원조와 공산주의 그룹에
우호적인 태도를 취하자 신창희는 당 내부에서 임시정부 측의 인사라 할 수
있는 김구, 장붕(張鵬), 이유필(李裕弼), 안정근(安定根) 등과 함께 탈당했던
것이다.[187] 이러한 측면에서 여운형과 신한청년당 대표로서 국민대표회의에
출석했던 서병조가 국민대표회의 본회의 진행 과정에서 개조파의 입장을, 김
규식은 창조파의 입장을 취했다는 점 또한 고려한다면 신창희는 김구 등 임
정고수파와 유사한 노선을 걸었을 것으로 추측된다.

이외에도 1922년 초반 신창희는 의사로서 일제에 의해 상해 임시정부 군
의(軍醫)로 파악되기도 하였고,[188] 상해에 머물면서 대한적십자회 상의원(常議
員)의 직책을 맡는 등 적십자회에서 활발한 활동을 벌였다.[189]

---

185) 高警 제18616호, (國外情報) 耶蘇勉勵會總會 提出 事項 其他에 관한 件. 1921년 6월 11일
조선총독부 경무총장 발송, 1921년 6월 14일 차관 수신; 機密 제106호 國民代表會議 議事
에 관한 件. 1923년 2월 26일 山內四郞(하얼빈총영사) 발신, 1923년 3월 9일 內田康哉(외무
대신) 수신.

186) 金喜坤: 中國 關內 韓國獨立運動團體研究. 知識産業社, 1995, 80쪽.

187) 機密 제118호 不逞鮮人의 近況에 關한 件. 1922년 4월 3일 船津辰一郞(上海總領事) 발송,
1922년 4월 10일 內田康哉(외무대신) 수신; 獨立新聞, 1922년 3월 31일 4면 6단.

188) 公 제68호 上海假政府 軍務部 臨時編輯委員 規程에 關한 件. 1922년 2월 16일 山內四郞
(하얼빈총영사) 발송, 1922年 2月 23日 內田康哉(외무대신) 수신.

189) 關機高收 제6857호의 1 大韓赤十字會 請捐書. 1922년 5월 25일 關東廳 警務局 발송,
1922년 5월 30일 拓植局長官 등 수신; 獨立新聞, 1922년 3월 1일 3면; 公 제37호 鮮人 救
濟金 募集에 관한 新聞記事의 件. 1922년 4월 8일 樺松宇平治(蘇州領事館 事務代理) 발송,
1922年 4月 18日 內田康哉(외무대신) 수신.

정확한 일시는 알 수 없으나 그는 상해를 떠나 동몽골 지역으로 이주하였다. 그곳에서 의사로서, 그리고 그 지역 교회에서 신자로서, 교육기관에서 교육자로서 활동하다가 1926년 2월 28일 폐렴으로 운명하였다.[190]

사망하기 전 동몽골 지역에서 그가 벌인 활동은 1926년 3월 31일자 『基督新報』에 실린 그의 죽음에 대한 애도 기사를 통해 추측할 수 있다(그림 V-4-3).

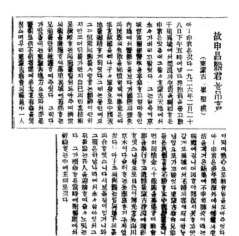

그림 V-4-3 신창희의 사망 관련 기사. 崔聖模: 故申昌熙君을 弔함. 基督新報, 1926년 3월 31일.

故 申昌熙君을 弔함

아- 申君은 갔다. 1926년 2월 28일 오후 5시에 남다른 포부를 품고 수 천 리 이역에서 표랑(漂浪)의 생활을 계속하던 신 군은 마침내 그 쓸쓸한 몽고 천지에서 영영 가버리고 말았다. 그는 일찍이 경성 세브란스의학교를 졸업하고 얼마동안 내지에서 의사 일을 보다가 국권의 상실과 민족의 실패를 통분히 여겨 필경은 따뜻한 고국을 떠나 혈혈단신으로 중국 천지를 편답(遍踏)하게 되었다. 그러는 동안에도 그는 항상 동포를 사랑하는 정신이 끊이지 않고 어디를 가든지 자기가 배운 기술로 유리(流離)하는 동포를 힘써 도와주며 제세의 의술을 널리 베풀어 만리 이역에 고통 받는 형제를 많이 구호하여 주었다. 그러다가 마침내는 동몽고 지방으로 와서 역시 의술로 신불신자간(信不信者間)에 다대한 유익을 끼쳤으며, 우리 동몽고교회의 직원 중 한 사람이 되어 열심히 교회 일을 도와주었다. 아- 신군은 여러 해 동안 해외에서 慘?의 생활을 겪어온 결과에 불행히 폐렴이라는 병마에 걸리어 인(因)하여 회복하지 못하고 아깝게도 이역에서 불귀의 객이 되어 하나님 앞으로 가고 말았다. 동몽고교회 형제들은 슬퍼함을 이기지 못하던 중 ??를 하면서 동정금 80여원을 모집하여 교회장을 거행하고 유해를 몽고사막에 매장하였으니 참으로 일색(日色)이 빛

---

190) 基督新報, 1926년 3월 31일. 한편 세브란스교우회보(7: 23, 1926)에는 2월 26일 사망한 것으로 되어 있다.

이 없는 듯 산천초목이 다 슬퍼하는 듯 비애하기 그지없었다. 아- 그의 육체는 이미 지하의 흙과 합하였으니 다시 볼 길이 없거니와 그 영혼은 하늘나라에서 영영 살아 있어 그 뒤를 밟는 우리들을 영접하여 줄 것으로 믿는다. 그가 운명하던 당시에 성찬석(聖餐席)에서 기도하는 중에 주께로 갔다.

그의 죽음에 대한 애도의 글을 쓴 인물은 3·1운동 당시 독립선언서에 서명한 대표 33인 중 한 사람이었던 최성모[191]인데, 그는 3·1운동으로 2년형을 선고받고 수감된 후 출옥하여 1920년대 중반 봉천 십간방교회(十間方敎會)에서 교역했으며, 중외일보 봉천지국의 고문으로 활동하면서 동몽골 지역에서 선교·계몽활동을 전개했다.[192] 그의 유해가 동몽고 사막에 매장되었다는 점에서 그가 마지막으로 활동한 동몽골 지역은 내몽골 자치구의 동쪽 가장자리, 즉 당시 봉천성의 서북쪽 통료현(通遼縣) 주변 지역이 아닐까 추정된다.

신창희는 사후 82년이 지난 2008년 8월 15일 대한민국 정부수립 60주년을 맞이하여 정부로부터 건국훈장 애족장을 포상 받았다. 뒤늦게나마 독립운동에 기여한 그의 공로가 인정된 것은 다행스러운 일이다.

---

191) 최성모(崔聖模, 1873-1936)는 독립운동가로 민족대표 33인 중의 한 사람이었다. 서울 출신으로 협성신학교(協成神學校)를 졸업하고 북감리회 목사가 되어 해주 남본정(南本町)교회에서 교역생활을 하였다. 1919년 2월 당시 중앙기독교청년회 간사로 있던 박희도(朴熙道)로부터 독립운동에 관한 계획을 전해 듣고 서울에서 이필주(李弼柱)의 안내로 이승훈(李昇薰), 오화영(吳華英), 이갑성(李甲成) 등을 만나 기독교측 대표로 독립선언서에 서명 날인하고, 3월 1일 태화관(泰華館)의 독립선언식에 참여했다가 체포되었다. 1920년 경성복심법원에서 징역 2년을 선고받고 서대문형무소에서 옥고를 치렀다. 출옥한 뒤에 봉천성(奉天省)을 중심으로 민중교화사업과 전도사업을 통해 계속적인 독립운동을 위하여 활동하였다. 1962년 건국훈장 대통령장이 추서되었다.
192) 東亞日報, 1925년 10월 4일; 中外日報, 1926년 1월 18일.

제5장 주현측

1. 가족 배경

주현측[193](朱賢則, 1883-1942, 그림 V-5-1)은 1883년 7월 7일[194] 아버지 주백영(朱伯永)과 어머니 강득영(姜得英)[195] 사이의 큰 아들로 평안북도 삭주군(朔州郡) 구곡면(九曲面) 성근리(城根里) 신안동(新安洞)에서 출생했다.[196] 주현측의 개명 전 이름은 형봉(炯鳳)이었다.

주현측의 집안은 1879년부터 1901년까지 삭주에 살다가 선천으로 이주하여 중국으로 망명하던 1919년까지 살았다.[197] 원적은 평안북도 선천군(宣川郡), 본적은 선천군 선천 락원 333이었다.

그림 V-5-1 **주현측.** 안창호전집 14권, 도산 안창호기념사업회, 2000.

주현측은 강형제(康炯濟)와 결혼해 4명의 아들을 두었는데, 둘째 아들 성

---

193) 여태껏 주현칙으로 불러왔으나 이 책에서는 집안에서 사용되었던 주현측으로 표기하였다. 주현측에 대해서는 다음의 글이 참고가 된다. 홍정완, 박형우: 주현측(朱賢則)의 생애와 활동. 醫史學 17: 87-98, 2008.

194) 연세대학교 의과대학 학적부; 第168團友 朱賢則 履歷書, 1922. 그러나 독립운동 관련 자료에는 1882년 생으로 기록되어 있다. 주현측. 한국 역대 인물 종합정보시스템. 한국학중앙연구원; 주현측. 독립운동가 자료, 국가보훈처.

195) 의학백년에는 어머니가 관기(官妓)였던 이경문이라고 되어 있으나, 주현측 자신은 강득영이라 적고 있다. 연세대학교 의과대학 의학백년 편찬위원회: 의학백년. 연세대학교 출판부, 1986, 60-1쪽; 第168團友 朱賢則 履歷書, 1922.

196) 연세대학교 의과대학 의학백년 편찬위원회: 의학백년. 연세대학교 출판부, 1986, 60-1쪽; 韓民族獨立運動史 資料集 1(105人事件 公判始末書 I), 第1回 公判始末書, 1912년 11월 26일 작성.

197) 第168團友 朱賢則 履歷書, 1922.

균(聖均)은 1937년 세브란스의학전문학교를, 넷째 아들 정균(鼎均)은 서울대학교 의과대학을 졸업하였다.

그가 성장했던 평안도 지역은 조선왕조 이래 양반사족을 중심으로 한 성리학적 사회질서의 영향력이 크지 않았을 뿐 아니라 대청 무역(對淸 貿易) 등을 통한 신흥 상공층의 성장이 남달랐던 지역으로서 기독교를 비롯한 서구 근대문명의 수용 또한 일찍부터 비교적 용이하게 전개된 곳이었다.198) 그 중에서 특히 선천은 장로회 평안북도 노회가 설치된 곳으로서 일제시기 '한국의 예루살렘'이라 불릴 정도로 기독교 선교활동이 활발한 곳이었으며,199) 그에 따라 발달한 교회 조직과 신성학교(信聖學校)를 비롯한 기독교 계통 교육기관 등을 축으로 하여 평안남도의 평양과 함께 한말-일제하 기독교민족주의운동의 주요 거점이었다.200)

주현측 집안이 선천으로 이주하게 된 것도 위와 같은 지역적 특성과 깊이 연관된 것으로 보인다. 그가 기독교로 개종한 정확한 시기를 알 수 없으나, 1897년 선천에 최초로 세워졌던 선천북교회에서 20대 중반의 젊은 나이에도 불구하고 1907년 그의 아버지 주백영, 김석창(金錫昌, 1876-1950), 백시찬(白時瓚, 1878-1941), 장규명(張奎明) 등과 함께 초대 장로가 되었던 것이다.201) 이것은 한말 이래 나타난 관서 기독교세력의 움직임을 감안할 때 단순히 기독교로의 개종이라는 의미에 한정된 것이 아니었다. 그것은 장로가 되던 당시 선천북교회의 목사이자 평북 기독교세력의 핵심 인물이었던 양전백(梁甸伯, 1869-1933)202)을 비롯한 기독교 민족운동 세력과 연계됨을 의미했을 뿐 아니

198) 한말·일제하 평안도 지역적 특성에 대해서는 다음을 참고할 것. 장규식: 일제하 한국 기독교민족주의 연구. 혜안, 2001, 29-41쪽.
199) 宣川紹介版-平北文化의 策源地 宣川의 今昔. 東亞日報, 1928년 6월 13일; 최석승 편, 평북 노회사. 기독교문사, 1979, 201쪽.
200) 윤경로: 105인 사건과 신민회 연구. 일지사, 1990, 27쪽; 장규식: 일제하 한국 기독교민족주의 연구. 혜안, 2001, 144쪽.
201) 朝鮮예수敎長老會 總會, 朝鮮예수敎 長老會史記(上). 朝鮮基督敎彰文社, 1928, 197-8쪽.
202) 梁甸伯은 26세에 기독교에 입교하여 1897년 예수교장로회 전도사가 되었고, 1907년 평양 신학교를 졸업하여, 선천북교회에서 성직자 생활을 하였다. 선천에서 신성중학교와 보성여학교를 설립하였고, 1911년에는 '105인사건'에 연루되어 2년간 복역하였다. 1919년 3월 1일 손병희 등과 함께 민족대표로서 참석하여 출동한 일본경찰에 붙잡혀 2년간의 옥고를 치렀다.(한국학중앙연구원, 역대인물정보통합시스템 참조) 이후 신간회 선천지회에도 간부로 참여하였다. 中外日報, 1927년 5월 16일 4면, 6월 1일 4면; 東亞日報, 1927년 6월 2일 4면, 12

라 자신 스스로가 그러한 흐름의 주도세력이 될 수 있는 위치에 놓임을 의미
했다.

한편 주현측 집안의 신분적 배경은 자료마다 달라 명확히 파악할 수 없으
나[203] 경제적으로는 선천 지역의 부유한 지주가였음이 확인된다. 일제시기의
자료이기 하지만 1932년에 발행된 『선천요람(宣川要覽)』의 「자산가 일람표(資
産家 一覽表)」에 따르면 그의 부친 주백영은 직업이 농업으로 선천읍에 거주
하고 있던 3만원 이상의 자산가였다.[204] 기존 연구의 계산에 따르면 1930년대
전반기 3만원의 자산을 농지 면적으로 환산하면 약 43정보 이상의 규모로 이
는 대지주에 해당한다.[205]

월 12일 2면 등을 참조.

203) '105인 사건' 심문조서에는 신분이 "양반"으로 표기되어 있으나 '수양동우회 사건' 관련
기록에서는 "상민"으로 파악되어 있다. 韓民族 獨立運動史資料集 4(105人事件 訊問調書
Ⅱ). 意見書·朱賢則訊問調書, 國史編纂委員會, 1987; 京鍾警高秘 제7735호 興士團(同友會)
事件 檢擧에 관한 件. 1937년 10월 28일 鐘路警察署長 발송, 관계 각 警察署長 수신.

204) 朱耀翰: 宣川要覽. 大英書院, 1932, 121쪽.

205) 김성보의 연구에 따르면 1930년 시점에 西鮮地域 反當 中等畓 매매가격은 103원, 中等田
은 36원(朝鮮總督府 農林局 編: 朝鮮農地年報 1. 1940, 156-7쪽)이었으므로 전답 평균은
69.5원이고, 3만원이면 43.2정보에 해당한다. 이에 대해서는 다음의 글을 참고할 것. 김성
보: 지방사례를 통해 본 해방 후 북한사회의 갈등과 변동. 평안북도 선천군. 동방학지 125.
2004, 175쪽 각주 16번.

2. 제중원의학교 수학

주현측은 고향 삭주에서 한문을 익혔고,[206] 1901년 선천으로 이주한 후 미
북장로회 의료선교사 셔록스가 운영하던 선천 미동병원(美洞病院)에 들어가
부속 의학교에서 4년 동안 의술을 배웠다.[207] 1902년 당시 셔록스는 미동병원
에서 6명의 학생에게 의학교육을 하고 있었다.

주현측은 미동병원에서 의술을 배운 후 상경하여 1905년 1월 10일 제중원
의학교에 입학하였다.[208]

---

206) 京鍾警高秘 제7735호 興士團(同友會)事件 檢擧에 관한 건. 1937년 10월 28일 鐘路警察署
　　長 발송, 관계 각 警察署長 수신.
207) 미동병원에서 의학수업을 시작한 시기를 자신은 명치 35년 경(1902년)부터라고 진술한
　　적이 있고 의학백년에는 1900년부터라고 되어 있으나, 삭주에서 선천으로 이사한 1901년
　　이 맞는 것으로 보인다. 또한 김영수(金永秀)의 제자가 되어 몇 년 동안 의술을 익혔다는
　　기록이 있는데, 이것과 미동병원과의 관계는 확실하지 않다. 韓民族獨立運動史 資料集
　　1(105人事件 公判始末書 I), 第15回 公判始末書, 1912년 12월 12일 작성; 연세대학교 의과
　　대학 의학백년 편찬위원회: 의학백년. 연세대학교 출판부, 1986, 60-1쪽; 第168團友 朱賢則
　　履歷書, 1922; 京鍾警高秘 제7735호 興士團(同友會)事件 檢擧에 관한 건. 1937년 10월 28
　　일 鐘路警察署長 발송, 관계 각 警察署長 수신.
208) 연세대학교 의과대학 학적부.

3. 선천에서의 개업 활동

1908년 6월 졸업한 주현측은 7명 중 유일하게 학교에 남지 않고 귀향하여 6개월 동안 자신의 미래를 구상하였다. 이것은 앞서 언급한 바와 같이 그가 선천에 가지고 있던 지역적 기반과 연관되어 있음을 쉽게 추측할 수 있는데, 1909년 음력 1월부터 선천 읍내에서 인제의원(仁濟醫院)을 개설하였다.209) 당시 진료를 받기 위해 병원에 오는 환자는 매일 20명에서 많으면 5-60명 정도 였으며, 입원 환자는 매일 6-7명에서 많으면 10명 정도였다.210) 또한 필요에 따라 왕진을 가기도 했다. 당시 한 달 수입은 200원 정도였으며, 4-5명의 조수 를 고용하고 있었다.

주현측이 개업한 직후 동기생 김희영이 잠시 합류하였다.211)

본원에서 금년 1월부터 주 박사 현칙씨 영빙ᄒᆞ여 시무이옵더니 병원 사무가 위번다(爲煩多)ᄒᆞ와 1분(壹分) 의사론 난가지영(難可支營)이오매 경성 남문 제중 원에서 고명ᄒᆞ신 의학박사 김희영씨를 영빙ᄒᆞ왔사오니 유병(有病)ᄒᆞ신 첨원(僉 員)은 특위내문중(特爲來門中) ᄒᆞ시던지 우(又) 혹 지급(至急) 병환이 유ᄒᆞ오면 전통이라도 ᄒᆞ시면 즉위왕진찰(卽位往診察) 홀터이오니 종기편의(終期便宜) ᄒᆞ 시와 조병(調病) 케ᄒᆞ옵심 망(望)흠.
평북 선천군 인제병원
주의(主義) 이봉조(李鳳朝) 고백(告白)

---

209) 부모의 재산은 3,000원쯤으로 주현측의 집안은 경제적으로 안정되었던 것으로 보이는데, 개업할 때 1,700-1,800원을 빌렸다고 한다. 韓民族 獨立運動史 資料集 4(105人事件訊問調 書 II). 朱賢則 신문 조서, 1912년 4월 1일 작성; 韓民族獨立運動史 資料集 1(105人事件 公判始末書 I), 第15回 公判始末書, 1912년 12월 12일 작성.

210) 韓民族 獨立運動史 資料集 4(105人事件訊問調書 II). 朱賢則 신문 조서, 1912년 4월 1일 작성; 韓民族獨立運動史 資料集 1(105人事件 公判始末書 I), 第15回 公判始末書, 1912년 12월 12일 작성.

211) 廣告. 大韓每日申報, 1909년 10월 31일 4면 2단.

4. 105인 사건

주현측은 3.1운동 때 33인 중의 한 사람이 된 선천교회 목사 양전백(梁甸伯)[212]에게 감화되어 항일 운동에 적극 참여하였다. 그는 1907년 4월 창립된 신민회에 가입하여 평안북도 지회에서 활동하였다.[213] 신민회는 다양한 계열의 민족운동세력이 참여하고 있었지만, 안창호, 이승훈 등 평안도 지역의 신지식층과 자산가층으로 이루어진 기독교 민족주의 세력이 주요한 축을 이루고 있었다.

일제는 신민회 세력의 탄압을 위해 1911년 9월 이른바 '105인 사건'을 일으키는데, 사건에 직·간접적으로 연루된 총 389명 중 선천 지역 출신이 불기소자 99명, 기소자 46명으로 가장 많았고, 그 다음이 평양(불기소자 84명, 기소자 27명) 출신으로, 평안도 출신이 대다수를 차지하고 있었다.[214] 주현측은 이 사건에 연루되어 1912년 3월 50-60명의 사람들과 함께 선천에서 체포되었다.[215] 그의 죄목은 보안법(保安法)과 총독모살미수죄(總督謀殺未遂罪)였는데, 신민회의 가입 여부, 또한 특히 1910년 말 동지들과 협의하여 총독을 암살하기 위해 단총을 갖고 선천 정거장에 나갔던 사실에 대해 집중적으로 추궁을 받았다. 재판 중 이러한 사실을 모두 부인하면서 고문에 의해 거짓 진술을 한

---

212) 격헌(格軒) 양전백(1869-1933)은 민족대표 33인의 한 사람으로 평안북도 선천 출신이다. 26세에 기독교에 입교해 1897년 전도사가 되었고, 1907년 평양신학교를 졸업하고 선천 북교회에서 시무하였다. 선천에서 신성중학교와 보성여학교를 설립하였고, 1911년 105인 사건에 연루되어 2년 동안 복역하였다. 1818년 3월 1일 인사동의 태화관에서 손병희 등과 함께 민족대표로 참석하여 독립선언서를 회람하고 만세삼창을 외친 뒤 출동한 일본 경찰에 붙잡혀 2년 동안의 옥고를 치렀다. 1962년 건국훈장 대통령장이 추서되었다. 한국 역대인물 종합정보시스템, 한국학 중앙연구원.

213) 윤경로: 105인 사건과 신민회 연구. 일지사, 1990, 27쪽.

214) 윤경로, 105인 사건과 신민회 연구. 일지사, 1990, 26-7쪽.

215) 당시 주소는 선천군 읍내면(邑內面) 교서리(橋西里) 염수동(鹽水洞) 7통 8호였다. 韓民族 獨立運動史資料集 1(105人事件 公判始末書 I), 第1回 公判始末書, 1912년 11월 26일 작성; 韓民族 獨立運動史資料集 1(105人事件 公判始末書 I), 第15回 公判始末書, 1912년 12월 12일 작성.

것이라 답하였다.216) 이에 대해 사법경찰관은 이용혁(李龍赫)을 시켜 단총을
매입하는데 200원을 제공한 주현측의 행위는 형법대전 제473조의 모살죄에
해당하지만 아직 실행하지 않았음으로 동법 제86조의 미수범이라 사료된다는
의견서를 제출했다.217) 결국 그는 1912년 9월 28일 경성지방법원에서 열린 1
심 재판에서 김동원(金東元), 홍성익(洪成益) 등 38명과 함께 징역 6년을 선고
받았다.218)

이후 1912년 11월 26일부터 1913년 2월 25일까지 경성복심법원(京城覆審
法院)에서 51회에 걸친 2심 재판의 공판이 열렸고, 결국 1913년 3월 20일 윤
치호 등 5명을 제외한 나머지 관련자들에 대해 무죄 판결이 내려져 석방되었
다.219) 하지만 주현측은 1910년 말부터 실질적으로 2년간 옥고를 치렀을 뿐
아니라 일제에 의해 잔혹한 고문을 받았다.

석방된 주현측은 선천으로 돌아와 다시 병원을 열고 환자를 진료하였
다.220) 주현측은 관서지역 기독교 민족주의세력이 주축을 이루었던 신민회 활
동과 105인 사건을 겪으면서 그들과 보다 직접적으로 연계되었고, 3·1운동 이
후 본격적으로 독립운동에 투신한 이후에도 그들과 지속적으로 연계되어 활
동하였다.

---

216) 韓民族獨立運動史 資料集 1(105人事件 公判始末書 I), 第15回 公判始末書, 1912년 12월
    12일 작성.
217) 韓民族 獨立運動史 資料集 4(105人事件訊問調書 II). 의견서.
218) 미기재(19120928, 윤치호): 윤치호 등 판결문, 1912년 9월 28일 경성지방법원; 모살 미수
    (謀殺 未遂) 사건의 판결 사(寫) 송부의 건, 1912년 10월 10일.
219) 대정 원년 형공 제42호: 윤치호 등 105인 판결문, 1913년 3월 20일 경성복심법원; 寺內總
    督 暗殺陰謀事件. 每日申報, 1913년 3월 21일.
220) Catalogue. Severance Union Medical College, Seoul, Korea, 1917, 4-5, 30쪽.

5. 3·1운동 이후 중국에서의 독립운동

주현측은 선천에서 3·1운동을 맞았다. 선천에서 3·1만세 시위는 그 직전 양
전백, 김석창 등 교회의 지도층과 신성학교 등 기독교계 학교의 교원이 주동
이 되어 회의한 결과 지휘를 정상인(鄭尙仁)이 맡고, 통신은 홍성익(洪性益),
백시찬(白時瓚), 계시항(桂時恒), 재무는 주현측이 담당하기로 조직한 후 양전
백은 다음 날에 상경하고, 3월 1일 신성학교(信聖學校)의 일례(日例) 기도회에
서 홍성익 등의 연설이 있은 다음 읍내로 나아가 선언서를 전파하고, 만세 시
위를 전개하였다고 한다.221)

이후 주현측은 독립운동을 위해 같은 읍에 사는 김성봉, 김두만 등과 함께
활동하다가 4월 상해 대한민국 임시정부로부터 재무부 참사로서의 활동을 의
뢰받자 이를 승낙하고222) 선천의 기독교계를 토대로 독립운동 자금모집에 적
극 나섰다.223) 하지만 국내에서의 활동이 여의치 않자 신민회 시절부터 함께
활동했던 선우혁(鮮于爀), 홍성익 등과 함께 압록강 대안(對岸)의 만주 안동
(安東), 즉 지금의 단동(丹東)을 중심으로 독립운동을 전개하였다.224) 그들은
안동에서 『대한민국신보(大韓民國新報)』라는 제목의 신문을 제작하여, 신의주
등에 배포하는 등 국내 독립운동의 확산에 노력하였고, 1919년 (음력) 5월에
는 조재건, 장자일, 박춘근 등과 함께 조선독립청년단을 조직해 활동하였
다.225)

---

221) 독립운동사편찬위원회: 독립운동사자료집 6집 - 3·1운동사 자료집. 독립유공자사업기금운
   용위원회, 1973, 48쪽. 3·1운동으로 투옥된 양전백(梁甸伯)의 심문조서에서도 상경하면서
   선천의 상황을 주현측과 백시찬에게 부탁했다고 진술하였다. 國史編纂委員會 編, 韓民族
   獨立運動史資料集 27. 1996, 梁甸伯 訊問調査, 1919년 4월 25일 작성.
222) 흥사단 동우회 사건 검거에 관하여, 1937년 10월 28일.
223) 密 제102호 其722, 高警 제2751호 上海假政府員 檢擧의 件. 1920년 2월 14일 陸軍省 발
   송, 原敬(內閣總理大臣) 외 수신.
224) 密 제102호 其417, 高警 제25578호 不逞鮮人 檢擧의 件. 1919년 9월 5일 陸軍省 발송, 齋
   藤實(朝鮮總督) 외 수신.
225) 關參諜 제582호 普通報 제6호, 1919년 10월 27일 關東軍參謀部 발송, 1919년 11월 3일 外
   務大臣 內田康哉 수신; 5. 불령선인의 행동. 주현측의 흥사단 단우 이력서에 보이는 안동

1919년 8월 9일자 안병찬, 선우혁, 주현측 등 대한독립청년단 21명의 서명으로 배포한 「中華民國 官商報學界 諸君에게 告함」[226]이라는 선언문을 살펴보면 주현측을 포함하여 당시 안동에서 활동하고 있던 독립운동세력들의 지향을 읽을 수 있다. 제목에서 드러나듯이 선언문은 '순망치한(脣亡齒寒)'의 관계로서 중국과 한국의 관계를 강조하면서 일본의 침략에 대항하여 중국인들에게 "동맹협력"할 것을 촉구하는 내용이었다. 선언문의 구체적인 내용을 보면 일제가 식민통치를 통해 집회, 결사, 언론, 출판의 자유 등을 억압하고 있는 것과 함께 "信敎, 企業의 자유"를 구속하고 있음을 강조하고 있다는 점에서 당시 평안도 민족주의 세력의 지향이 담겨 있음을 확인할 수 있다.[227] 또한 "공화국 임시정부"의 대표로 파리강화회의에 파견된 김규식 등의 외교활동에 대해 기대하면서도 외교활동이 만족스러운 결과를 얻지 못할 때 "독립전쟁을 선포"하고 최후까지 저항할 것임을 밝혀 비타협적 투쟁노선을 천명하고 있었다.

3·1운동 직후 그가 안동에서 전개한 주된 임무는 당시 상해 임시정부 교통차장 겸 안동지부장을 맡고 있던 선우혁과 함께 수집된 독립운동 자금을 상해임시정부에 보내고, 임시정부와 국내 사이의 각종 업무를 연락하는 것이었다.[228] 1919년 8월 주현측은 한국 내에서 모은 군자금 1천 2백여원을 한국의 독립운동에 우호적이었던 영국인 기업가 조지 엘 쇼(George L. Shaw)[229]의 도움으로 송금할 수 있었다.[230] 또한 1920년 초 임시정부 임시 안동현 교통국장

청년단(安東靑年團)은 조선독립청년단을 지칭하는 것으로 보인다.

226) 密 제102호 其417, 高警 제25578호 不逞鮮人 檢擧의 件. 1919년 9월 5일 陸軍省 발송, 齋藤實(朝鮮總督) 외 수신의 첨부문건. 문건의 국역문은 당시 선언에 참여했던 尹昌萬의 「憂國詩集」(이인송 역, 월파윤창만선생추모기념회, 1987)의 27-30쪽 참조.

227) 1910년대 평안도지역 자산가층의 활동과 독립운동 사이의 관계에 대해서는 다음의 글이 참고가 된다. 오미일: 한국 근대 자본가 연구. 한울, 2002, 4장과 5장.

228) 高警 제29300호 國外情報-(1919) 10월 10일 安昌浩의 通信要旨(平北知事 報告要旨). 1919년 10월 15일 朝鮮總督府 警務局長 발송, 1919년 10월 18일 埴原正直(외무차관) 수신. 이 문서에 수록된 당시 상해 임시정부 노동국 총판이었던 안창호가 주현측에게 보낸 서신 내용 참조.

229) 아일랜드 출생이었던 Shaw의 조선독립운동에 대한 우호적 활동에 대해서는 다음의 글이 참고가 된다. 韓哲昊: 조지 엘 쇼(George L. Shaw)의 한국독립운동 지원활동과 그 의의 : 체포·석방과정을 중심으로, 한국근현대사연구 18, 2006.

230) 독립운동사편찬위원회: 독립운동사 자료집 9집. 임시정부사자료집, 독립유공자사업기금운

홍성익 등이 검거된 직후 일제 관헌이 작성한 문서에 따르면 1919년 주현측이 평안북도에서 모집한 자금 3천엔을 포함하여 도합 7천엔이 선우혁에게 전달되었다고 한다.[231] 안동에서 그들은 영국인 기업가 쇼가 경영하던 무역회사「이륭양행(怡隆洋行)」을 근거지로 활용하고 있었지만, 곧 그들의 활동이 일제 관헌에 포착되었다. 1919년 10월 초 그는 가까스로 피검을 면하고 10월 15일 일행 25명과 함께 안동에서 상해로 떠났다.[232]

상해에 도착한 이후 주현측은 국내로부터 독립운동 자금을 수집하는 활동이 어렵게 되자 11월 7일자로 임시정부 재무부 참사의 직을 사퇴하였다.[233] 망명한 1919년 후반부터 중국을 떠나 귀국하게 되는 1925년 중반까지 그는 다양한 조직에 참여하면서 독립운동을 전개하였다. 당시 그는 선우혁, 여운형 등과 함께 신한청년당원으로 활동하고 있었다.[234] 결성 초기부터 지속적으로 활동했던 신한청년당원 중에는 평안도 출신 기독교 신자이자 신민회 성원이었던 인물이 많았던 점[235]에서 그의 신한청년당 가입 배경을 추정할 수 있다. 이와 함께 그는 평안도 지역 기독교 세력을 대표하고 있던 안창호 등과의 결속을 심화하고 있었다.[236] 1922년 1월 27-28일 흥사단 제8회 원동대회(遠東大會)에 참석한 것을 시작으로 1922년 2월 10일과 17일 예비 단우 문답을 거쳐 2월 18일 안창호의 주례 하에 그는 장종삼과 함께 흥사단에 입단하였다.[237]

1921년에 들어서면서 주현측은 상해에서 자신의 활동기반을 더욱 확대해 나갔다. 먼저 그는 신한청년당을 주도하고 있던 선우혁(執事), 여운형(助事),

---

용위원회, 1975, 836쪽.

231) 密 제102호 其722, 高警 제2751호 上海假政府員 檢擧의 件. 1920년 2월 14일 陸軍省 발송, 原敬(內閣總理大臣) 외 수신.

232) 關參謀 제568호 普通報 제3호, 1919년 10월 18일 關東軍參謀部 발송, 1919년 10월 24일 外務大臣 內田康哉 수신; 朝鮮民族運動年鑑, 1919년 10월 15일자 참조.

233) 國務會議案, 1919년 11월, 雲南李承晩文書 6; 大韓民國臨時政府公報, 1919년 11월 17일; 獨立新聞, 1919년 12월 25일.

234) 安昌浩日記, 1921년 2월 3일; 第一百六十八 圓友 朱賢則 履歷書, 1922.

235) 신한청년당 구성원에 대해서는 金喜坤, 新韓青年黨의 結成과 活動, 한국민족운동사연구 1. 한국독립운동사연구회, 1986, 152-5쪽; 신용하, 韓國近代民族運動史研究. 一潮閣, 1988, 2편 1장 참조.

236) 京鍾警高秘 제7735호 興士團(同友會)事件 檢擧에 관한 건. 1937년 10월 28일 鐘路警察署長 발송, 관계 각 警察署長 수신.

237) 1922년 2월 興士團 2月中 遠東團友會 重要 經過事項; 興士團 第八回(遠東)大會 經過狀況.

서병호(執事) 등과 더불어 장로로서 대한예수교진정회(大韓耶蘇敎陳情會)의 간부로 활동하였다. 이 조직은 내외 각지의 기독교 세력과 연계하여 일제의 조선 교회에 대한 핍박 등을 널리 선전하는 활동을 전개하고 있었다.238) 그리고 1921년 초 세브란스 후배인 신현창(1918년 졸업)과 함께 상해 프랑스조계 [法界] 서신교(西新橋) 31리 8호에 삼일의원(三一醫院)을 개원하였다.239) 이와 같이 점차 상해에서의 기반이 안정화됨에 따라 1921년 9월 19일 여운형, 선우혁, 안창호 등과 함께 그가 거주하고 있던 상해 교민단의 의사원(議事員)으로 선출되었고,240) 11월 29일 대한적십자회 총회의 임원 보결선거에서 김규식, 김구, 신현창 등과 함께 상의원(常議員)에 당선되었다.241)

그런데 1921년 초반에 들어서면서 상해 임시정부의 활동에 대한 각 지역 독립운동 단체들의 반발이 본격화되었다. 상해 임시정부 수립과정에서 배태된 협애한 지지 기반을 지적하는 가운데 3·1운동 이후 이념적·조직적으로 다양하게 분화된 독립운동 세력의 노선과 활동을 광범위하게 대표하고 통일적으로 결집시켜야 한다는 요구가 팽배하였다. 이러한 움직임은 '국민대표회의(國民代表會議)' 소집 요구로 이어졌다.242) 상해지역에서도 안창호의 주도하에 '국민대표회의' 소집 운동이 전개되어 1921년 5월 19일 '국민대표회기성회(國民代表會期成會)'가 조직되었다. 1921년 6월 6일 제1회 총회에서는 위원 10인

---

238) 高警 제13250호 在上海 不逞鮮人의 宣傳計劃에 관한 件. 1921년 4월 27일 발신, 內閣總理大臣 등 수신; 대한예수교진정회의 발전. 신한민보, 1921년 5월 12일 2면 1단.

239) 獨立新聞, 1921년 3월 26일 3면 6단; 1922년 1월 1일 독립신문 100호 기념호에는 주현측 단독으로 삼일병원 이름의 恭賀新年 인사를 전하고 있었다. 이후 신현창은 1922년 12월 해춘의원(海春醫院)에서 의료활동을 하고 있음이 확인된다. 신영철(申瑩澈) 흥사단원 건강 진단서(1922. 11) 참조.

240) 애국동지후원회편: 朝鮮獨立運動 第2卷 民族主義運動篇. 일제침략하 36년사 6권, 321쪽; 高警 28373호 在上海 不逞鮮人의 動靜. 1921년 10월 19일 朝鮮總督府 警務局長 발송, 1921년 10월 24일 次官 수신. 당시 상해 조선인 거류민단에서 屆出한 명부에 따르면 本區에 372명, 東區에 45명, 西區에 66명, 北區에 24명, 無屆出 在留者가 60명(총 567인) 정도인 것으로 파악되었다. 機密 제110호 上海在留 朝鮮人 現在人名簿 調製에 관한 件. 1921년 9월 28일 山崎馨一(上海總領事) 발송, 1921년 10월 5일 內田康哉(外務大臣) 수신.

241) 赤十字社總會 再開. 獨立新聞, 1921년 12월 6일 3면 3단.

242) '國民代表會議'에서 전개된 구체적인 노선 대립에 대해서는 다음의 글이 참고가 된다. 朴永錫: 大韓民國 臨時政府와 國民代表會議. 韓國史論 10, 1981; 金喜坤: 中國關內 韓國獨立運動團體硏究. 知識産業社, 1995, 제2장; 조철행: 국민대표회(1921~1923) 연구. 창조파·개조파의 민족해방운동론을 중심으로, 사총 44. 고대사학회, 1995; 박윤재: 1920年代 初 民族統一戰線運動과 國民代表會議. 學林 17, 1996.

을 증선했는데, 투표결과 주현측은 박은식, 이동휘, 여운홍 등과 함께 위원에

선임되기도 하였다.243)

　그러나 주현측은 1922년 초부터 국민대표회의 소집운동과 관련된 활동에

서 한 걸음을 물러나 흥사단 조직 확대 등의 임무를 지니고 천진(天津)으로

활동 무대를 옮긴다. 천진에서 주현측은 프랑스조계[佛租界] 동의리(同義里) 4

호에 거주하면서 삼일의원(三一醫院)을 개설하고, 천진교민회의 위원으로 활

동하는 가운데 흥사단 천진지부의 조직을 주도하여 총무 겸 재무를 담당하였

다.244)

　1923년부터 귀국하게 되는 1925년까지 주현측은 중국에서 진행된 흥사단

활동에 지속적으로 참여했다. 그는 1923년부터는 활동 무대를 다시 중국 산동

으로 옮겼다. 구체적인 경위를 확인하기 어려우나 선천 지역 기독교계 등이

참여하여 추진하고 있던 산동 선교활동에 합류했던 것이다. 당시 산동 선교활

동은 1912년 조선기독교장로회 창립총회에서 첫 해외선교지로서 산동이 결정

된 이후245) 1913년 3명의 목사가 파송되었으나 초창기 어려움을 겪다가 1917

년 방효원246), 홍승한 목사 등이 파견된 이후 점차 안정화되기 시작하여 중화

---

243) 國民代表會 期成會 第一總會. 獨立新聞, 1921년 8월 15일 4면 4단; 신한민보, 1921년 11
　　월 3일. 그러나 증선된 10명의 위원 중 이동휘, 주현측, 백남준 3인은 사면(辭免)하여 그
　　차점으로 차리석, 김승학, 이유필 3씨로 보궐하였다.

244) 機密 제34호 不逞鮮人에 관한 件 2, 1922년 3월 13일 八木元八(天津總領事代理) 발송,
　　1922년 3월 20일 內田康哉(外務大臣) 수신; 機密 제53호 天津에서의 不逞鮮人 會議에 관한
　　件, 1922년 4월 25일 本野亨一(天津總領事代理 領事官補) 발송, 1922년 5월 1일 內田康哉
　　(外務大臣) 수신; 亞三機密 제27호 鮮人 安昌浩의 行動에 관한 件, 1922년 7월 12일 芳澤
　　(亞細亞局長) 발송, 丸山(朝鮮 警務局長) 수신; 京鍾警高秘 제7735호 興士團(同友會)事件 檢
　　擧에 관한 건. 1937년 10월 28일 鐘路警察署長 발송, 관계 각 警察署長 수신. 이러한 자료
　　에서 일제 관헌은 주현측이 천진으로 이주한 것을 안창호의 '국민대표기성회' 확장 의도와
　　연결시켜 파악하기도 하였다. 천진에 자리 잡은 주현측의 집에서 안창호와 양기탁이 밀회
　　하기도 하였다. 機密 제73호 不逞鮮人 梁起鐸의 動靜에 관한 件, 1922년 6월 17일 吉田茂
　　(天津總領事) 발송, 1922년 6월 24일 內田康哉(外務大臣) 수신

245) 1912년 조선기독교장로회가 성립된 이후 첫 해외선교지로 중국 산동을 선택하게 된 이
　　유에 대해 백낙준은 지리적 근사성, 한국에서 정착하거나 활동하고 있는 대다수가 산동출
　　신이라는 점, 한국에 신교가 도입되는 과정에서 일부 외국선교사들의 한국 내방이 산동을
　　경유하여 이루어졌다는 점 등을 거론하고 있다. 백낙준: 한국장로교회의 산동 및 해삼위
　　선교, 백낙준 전집 4. 연세대학교출판부, 1995, 140-2쪽.

246) 방효원(方孝元, 1886-1953) 목사는 선천 신성학교 1회 졸업생으로서 평양신학교를 졸업하
　　고 평북노회에서 목사 안수를 받았다. 그의 아들 방지일 목사가 1937년부터 산동에 선교
　　사로 파송되어 중국당국으로부터 추방당하는 1957년까지 선교를 담당하는 등 그 일가가

인민공화국 수립 이후인 1957년 중국 당국에 의해 추방될 때까지 지속되었
다.247)

주현측이 선교활동에 합류하기 전부터 1917년 세브란스연합의학교를 졸업
한 김윤식(金允湜)이 1918년 12월부터 산동성 래양현(萊陽縣)에 계림의원(鷄
林醫院)을 열고 선교활동에 적극 협력하고 있었다.248) 1923년 주현측은 래양
현에서 선교활동을 돕다가 선교지역이 인근 즉묵현(卽墨縣)으로 점차 확대되
자 1924년 즉묵현 아남(阿南)에 삼일의원(三一醫院)을 세우고 선교활동에 참
여하였다.249) 산동선교에서 의료 활동은 선교의 촉매 역할을 하여 당시 파송
된 선교사가 김윤식과 그의 병원을 선교기관화 할 것을 요청하기도 하였으
나,250) 기본적으로 선교사, 선교기관으로부터 자립적인 형태의 조력 활동이었
다.251)

산동 선교와 깊은 인연을 맺고 있었다. 전택부: 토박이 신앙산맥 3. 대한기독교출판사,
1992, 187-8쪽.

247) 추방 전후의 상황에 대해서 산동선교사로 파송되어 있었던 방지일 목사의 다음 글을 참
고할 것. 방지일: 중국선교의 마지막 추방, 기독교사상 1990년 2월호; 방지일: 임마누엘-중
국선교를 회고하며. 선교문화사, 1996, 8-9편.

248) 김윤식은 1891년 평안남도 숙천에서 태어나 평양숭실중학교를 졸업하고, 1913년 세브란
스연합의학교에 입학하여 1917년 졸업하였다(연세대학교 의과대학 학적부). 김윤식이 계림
의원을 설립하자 처음에는 환자가 매일 3, 4인에 불과하였으나 차츰 늘어나 1921년에는 1
년 동안 환자가 6천여 명에 이르렀고, 처음에는 1년 수입이 400원에 불과하더니 1921년 수
입이 2천여원이 되었다고 하였다. 山東宣敎 3年間. 朝鮮宣敎會醫師 金允湜氏의 感想談, 基
督新報, 1922년 1월 11일 3면.

249) Charles Allen Clark: The Nevius Plan for Mission Work. Christian Literature Society of
Korea, 1937(곽안련, 박용구·김춘섭 옮김: 한국교회와 네비우스 선교정책. 대한기독교서회,
1994, 297쪽); 전택부: 토박이 신앙산맥 3. 대한기독교출판사, 1992, 189쪽. 그런데 '수양동
우회 사건' 관련 기록에는 1922년(大正 十一年) 9월 山東省 卽墨縣에 醫院을 개업했다고
되어 있다. 날짜는 오기로 보인다. 京鍾警高秘 제7735호 興士團(同友會)事件 檢擧에 관한
건. 1937년 10월 28일 鐘路警察署長 발송, 관계 각 警察署長 수신.

250) 方孝元: 中華民國 山東萊陽宣敎消息. 神學指南 17, 1923, 355쪽.

251) Charles Allen Clark: The Nevius Plan for Mission Work. Christian Literature Society of
Korea, 1937(곽안련, 박용구·김춘섭 옮김: 한국교회와 네비우스 선교정책. 대한기독교서회,
1994, 297쪽); 민은아: 중국 산동선교에 대한 연구. 1912-1957년 조선예수교장로회 산동선교
를 중심으로. 감리교신학대학교 대학원, 2007, 50쪽.

6. 귀국 후의 활동

산동지역에 머물면서 흥사단 조직과 의료선교활동에 참여하던 주현측은 6년여의 망명생활을 접고, 1925년 5월[252] 귀국하여 선천 읍내에 동제의원(同濟醫院)을 개원했다. 귀국 직후부터 주현측은 병원 개원과 함께 중국에서의 흥사단 활동을 이어 흥사단의 국내조직이라 할 수 있는 수양동우회(1929년 11월부터 동우회로 개칭)의 간부로서 활발히 활동하였다. 또한 선천에서 종교활동, 교육사업, 사회사업 등 다방면에서 열성적으로 활동하였고,[253] 그동안 참석치 못하던 모교 동창회에도 관심을 쏟았다.

1908년 졸업 후 모교와 직접적인 연계를 갖지 못하고 있었던 주현측[254]은 1926년 3월 세브란스동창회 총회에 축전을 보낸 것을 시작으로 1928년 이후 동창회에 자주 참석하였으며, 자신의 스승이었던 에비슨 교장 기념 동상 건립을 위한 모금 활동과 동상 제막식에 참여하였다.[255] 1929년에는 에비슨 교장 후원회 평안북도 대표위원으로 선임되었고, 1934년에는 세브란스연합의학전문학교 후원회의 회원이 되었다.[256] 1936년 에비슨 명예교장 송별회 석상에서 고국으로 떠나는 스승에게 송별사를 통해 고마움을 전했다.[257]

귀국 이후 그는 과거와 같은 비타협적인 투쟁을 전면에 내세우기 보다는

---

252) 同友會 事件, 思想彙報 24. 朝鮮總督府 高等法院 檢事局 思想部, 1940, 226쪽.

253) 이외에도 그는 1930년 2월 조직된 조선의사협회에 1931년 회원으로 가입하여 활동하였다. 新入會員. 朝鮮醫報 1(2): 41, 1931.

254) 따라서 1928년 세브란스교우회보는 "본교 제1회 졸업생 7인 중 생존한 3인(홍석후, 박서양, 주현측 - 필자)의 한 분으로 금년 봄 동창회와 에비슨교장 동상제막식에 참석하였다. 씨의 성명은 익숙하나 안모를 아는 자가 본교에는 교장, 허스트 교수, 실스 간호부장, 홍석후 씨 외에는 전혀 없다고 하여도 과언이 아니다. 씨를 영접하여 희색만면한 자가 교장과 홍 선생 뿐이리오. 더욱 씨의 건강과 건투를 축복한다."고 쓰고 있다. 人事消息欄. 세브란스교우회보 10: 58, 1928.

255) 同窓會 總會錄. 세브란스교우회보 7: 19-20, 1926; 人事消息欄. 세브란스교우회보 10: 58, 1928; 同窓會錄. 세브란스교우회보 11: 81-3, 1929.

256) 同窓會錄. 세브란스교우회보 11: 81-3, 1929; 후원회 개관, 세브란스교우회보 20: 4-6, 1934

257) 주현측: 에비손 名譽校長 送別辭. 세브란스교우회보 25: 20, 1936.

그의 종교적, 경제적 기반을 토대로 선천에서 주로 개량적 성격의 교육운동, 계몽운동, 사회사업에 주력하였다. 특히 선천에서 기독교계를 주축으로 크게 성장했던 사립학교에 대해 그는 자부심이 컸고 이를 더욱 확대 발전시켜야 함을 역설하였다. 여자교육에 대한 기독교계의 공헌에 대해 높게 평가했는데,258) 1940년 그는 고등여학교 승격을 준비하고 있던 보성여학교(保聖女學校)에 자신의 토지를 기부하기도 하였다.259) 또한 선천북교회 양전백 목사와 재미교포 이병준이 한말에 설립되었다가 오랜 동안 폐원상태에 있던 대동고아원(大同孤兒院)이 1926년 초반 다시 개원하려고 하자 이에 협력하여 고아원 설립 부지(5천평)를 기부하였고,260) 이후 원장으로 고아원의 운용을 담당하였다.261)

이와 같이 기독교를 기반으로 하는 교육, 계몽운동에 대한 그의 관심은 이미 중국으로의 망명 직전이었던 1919년 중반 당시 선천북교회의 목사 장규명(張奎明) 등과 함께 선천 기독청년회(YMCA)의 창립에 참여했던 것에서도 확인할 수 있다.262) 귀국 후 주현측은 1930년 선천YMCA총회에서 회장으로 선출된 이래 1935년까지 회장으로서 역임하면서 선천 기독교계의 중진으로 각종 계몽운동을 이끌었다.263)

---

258) 주요 도시 순회좌담; 제12 선천편(一)-(六). 東亞日報, 1930년 11월 23일-29일. 주현측은 좌담회에 '宣川 大同孤兒院長'의 직함으로 참가하였다.

259) 주현측은 자기소유 토지 2,700여평(시가 약 5천원)을 기부하였다. 保聖女校에 寄附, 宣川 朱賢則氏 美擧. 朝鮮日報, 1940년 4월 6일 석간 12면 8단.

260) 선천 주현측씨 땅오천평을 고아원에 긔부. 東亞日報, 1926년 2월 27일 3면 3단; 九千圓 費用으로 大同孤兒院落成 孤兒 三十名을 收容한다고. 東亞日報, 1927년 1월 9일 4면 6단.

261) 주요 도시 순회좌담; 제12 선천편(一)-(六). 東亞日報, 1930년 11월 23일; 五大學府 出의 人材 언, 파렛드. 삼천리 4권 2호, 1932, 13-24쪽. 消息欄. 세브란스교우회보 13: 42, 1930; 연세대학교 의과대학 의학백년 편찬위원회: 의학백년. 연세대학교 출판부, 1986, 60-1쪽.

262) 전택부: 한국기독교청년회운동사. 범우사, 1994, 406쪽.

263) 이 돈을 基本事業을 擴大. 東亞日報, 1930년 2월 21일; 宣川 基靑理事會. 中外日報, 1930년 2월 27일 4면; 宣川基靑定總, 朝鮮中央日報, 1934년 3월 2일; 宣川 基督敎靑年會總會. 朝鮮中央日報, 1935년 3월 3일 3면; 宣川 基靑創紀. 中外日報, 1930년 5월 4일 4면 9단; 전택부: 한국 기독교청년회 운동사. 범우사, 1994, 406-7쪽. 1936년에는 부회장에 선임되었다. 宣川 基靑任員改選. 東亞日報, 1936년 3월 19일 5면.

7. 수양동우회 사건

이와 같이 외견상 특별한 움직임이 없이 평범한 개업의로서 활동을 하고 있던 주현측은 비밀리에 독립운동에 힘 쏟고 있었다. 대표적으로 흥사단을 통한 활동이었다.

흥사단의 단우였던 춘원 이광수는 안창호의 지시로 주현측보다 먼저 1921 년 귀국하여 이듬해에 수양동맹회(修養同盟會)를 결성하였다.[264] 수양동맹회는 1926년 1월 평양의 동우구락부(同友俱樂部)와 통합하여 수양동우회(修養同友會)로, 이어 1929년 11월 다시 동우회(同友會)로 개칭되었다. 주현측은 귀국 직후인 1920년대 후반에서 1930년대에 걸쳐 선천 YMCA 회장을 역임하는 가운데[265] 수양동우회, 동우회의 선천지역 간부로서 활동하였다. 1928년 11월 3일 주현측 등 10명의 회원으로 발족한 신천지회는 주현측, 노품민, 장리욱 3명의 이사를 선출하고, 이사장에 주현측, 상무이사에 신성학교 교장 장리욱을 각각 선임하였다.[266] 1929년에도 주현측은 선천지회 이사로 선임되었으며, 1931년 동우회의 지방회에 관한 신규정이 제정되자 그에 의거하여 1931년 6월 1일 정남인, 장리욱과 함께 신천지방회 간사로 선출되었다.[267]

수양동우회는 관서지방의 기독교세력, 신지식층, 실업가 등의 모임으로서 일제에 비타협적인 대항을 추구하는 대중조직이 아니라 회원들의 인격수양과 동맹수련 등을 내세우는 비교적인 온건한 성격의 단체였기 때문에 그 동안 식민당국에서도 직접적인 탄압을 가하지 않고 있었다. 그러나 대공황을 겪고, 만주사변을 통해 대륙침략을 본격화한 일제는 1930년대에 들어서면서 억압적

---

264) 京鍾警高秘 제7735호 興士團(同友會)事件 檢擧에 관한 건. 1937년 10월 28일 鐘路警察署長 발송, 관계 각 警察署長 수신.
265) 宣川基靑創紀. 中外日報, 1930년 5월 4일 4면 9단; 전택부: 한국 기독교청년회 운동사. 범우사, 1994, 406쪽; 김상태: 1920-1930년대 同友會·興業俱樂部 研究. 韓國史論 28: 229-54, 1992.
266) 수양동우회 宣川支會 회록[증거 101호].
267) 동우회 公函(제1회-제5회, 제8회)[증거 제63호].

식민통치를 강화하였고, 중일전쟁이 발발하면서 이러한 상황은 더욱 심화되었다. 이와 함께 수양동우회 사건의 발단에서도 알 수 있듯이 식민당국은 그동안 태도를 바꾸어 동우회에 대한 강경한 탄압을 감행하였다.[268] 이른바 '수양동우회 사건'이었다. 일제는 1937년 6월부터 1938년 3월까지 총 181명을 검거하고, 이중 41명이 기소되었다.

주현측은 1937년 6월 16일 검거되어 이튿날 구속되었고,[269] 약 1개월 후 서울로 압송되어 일본 경찰로부터 혹독한 고문을 받으면서 동우회가 독립운동 단체라는 것을 강요 자백서에 서명 날인케 하였다. 주현측은 11월 11일부로 기소예심에 회부되었다.[270] 이 사건의 예심은 1938년 8월 15일에 종료되었는데, 일본 경찰은 많은 사람들이 보석으로 출소시킨 후 같은 해 11월 3일 사상전향회의(思想轉向會議)라는 것을 개최했다.[271] 감독경찰관의 입회 하에 주현측을 포함하여 총 28명의 수양동우회 사건 관련자가 참석하여 진행된 이 회의는 일제에 대한 충성을 맹세토록 강요되었고, 국방헌금의 납부 등도 종용되었다.[272]

12월 8일의 언도 공판에서 경성지방법원은 전원에게 무죄를 선고했다. 하지만 검사의 항소로 경성복심법원은 1940년 8월 21일 주현측과 이용설 등에게 징역 2년에 집행유예 3년이라는 처분을 내렸다.[273] 그러나 1941년 11월 17

---

268) 1937년 6월 이른바 '수양동우회' 사건의 발단을 이룬 것은 다수의 장로교회 내부에 조직되었던 기독청년면려회가 6월 12~13일 제8회 전조선면려회 금주운동의 실시를 앞두고 각지의 지회에 발송한 '멸망에 함(陷)한 민족을 구출할 기독인의 역할'이라는 문구가 담긴 전단이었다. 면려회 운동에 이대위, 정인과, 이용설, 주요한 등 수양동우회 인사들이 다수 관계되어 있다는 것을 일제 당국이 포착하고 검거에 착수했던 것이다. 장규식: 일제하 한국 기독교 민족주의 연구. 혜안, 2001, 149-50쪽.
269) 京高特秘 제1373호의 5 동우회 관계자 검거에 관한 건. 1937년 6월 19일 京畿道 警察部長 발송, 京城地方法院 檢事正 수신.
270) 京鍾警高秘 제7735호의 4 동우회사건 처분 및 미체포자 일부 검거의 건. 1937년 11월 13일 鍾路警察署長 발송, 京畿道 警察部長 등 수신.
271) 京鍾警高秘 제9815호의 3 [同友會 및 興士團事件 保釋被告一同의 時局에 대한 思想轉向會議] 集會取締狀況報告, 1938년 11월 4일 京城 鍾路警察署長 발송, 1938년 11월 5일 京城地方法院 檢事正 수신.
272) 京高特秘 제2494호. 동우회사건 보석출소자의 사상전향회의 개최에 관한 건, 1938년 10월 26일 경기도 경찰부장 발신. 이러한 일제의 압력 속에서 주현측은 朱村賢則으로 창씨하였다. 同窓會名簿. 旭醫學專門學校 同窓會, 1943, 19쪽.
273) 대한민국 문교부 국사편찬위원회: 한국독립운동사 五. 探求堂, 1969, 21쪽.

일 경성고등법원 상고심에서는 증거 불충분으로 전원에게 무죄가 언도되어 4년 5개월 만에 일단락되었다.[274]

1938년 보석으로 풀려난 주현측은 자신이 경영하던 동제의원을 다시 열었다. 그러나 제2차 세계대전이 확대되면서 진주만 공습과 선교사 추방을 두고 일본이 미국과 크게 갈등을 빚는 가운데 주현측은 1942년 미국 선교사를 통해 상해 임시정부에 군자금을 송출한 사실이 탄로되어 검거되었다.[275] 선천경찰서 유치장에서 혹독한 고문을 당하여 기절하기까지 했던 주현측은 아깝게도 해방의 감격을 누리지 못하고 3월 25일 60세를 일기로 영면했다.

정부에서는 주현측의 애국운동을 인정하고, 1972년 독립유공자로 건국공로 대통령 표창을 추서하였다.

---

274) 소화 15년 형상 제102내지 104호: 이광수 등 판결문, 1941년 11월 17일, 고등법원
275) 연세대학교 의과대학 의학백년 편찬위원회: 의학백년. 연세대학교 출판부, 1986, 60-1쪽.

제6장 홍석후

1. 가족 배경

금파　홍석후276)(錦坡　洪錫厚, 1883-1940, 그림 V-6-1)는 남양(南陽) 홍씨이며, 1883년 4월 9일277) 경기도 화성시(華城市) 활초동(活草洞)에서 홍준(洪埻)과 전주 이씨278) 사이의 2남 2녀 중 장남으로 태어났다.279) 학적부에 의하면 원적과 주소는 경기도 경성부 정동(貞洞)이었다.280)

홍석후의 부친 홍준은 1858년생으로 한학에 뛰어났으며, 직업은 번역하는 일이었다.281) 그는 언더우드에게 한국어를 가르쳤다고 알려져 있가. 그는 1892년 세례를 받았는데,

그림 V-6-1 홍석후. 동은의학박물관 소장.

세례를 준 사람은 언더우드일 것으로 추정된다.

홍석후의 가족은 모두 언더우드가 세운 새문안교회의 신도였으며,282) 부인

---

276) 홍석후에 관해서는 출판 중인 다음의 글이 참고가 된다. 박형우: 금파 홍석후. 한국 안과와 이비인후과의 개척자. 2008.

277) 연세대학교 의과대학 학적부. 한편 정구충은 출생일이 1881년 4월 9일이라 기록하였다. 금파 홍석후(錦坡 洪錫厚). 鄭求忠: 韓國 醫學의 開拓者. 東方圖書株式會社, 1985, 223-9쪽.

278) 정구충은 홍석후의 어머니 이름이 김사배(金思培)라고 했는데, 이는 홍석후의 부인 김은배(金恩培)를 잘못 기록한 것이다. 금파 홍석후(錦坡 洪錫厚). 鄭求忠: 韓國 醫學의 開拓者. 東方圖書株式會社, 1985, 223쪽: 홍재유의 제적등본, 종로구청, 2008년 3월 26일.

279) 여명의 개척자들. 37. 홍석후. 경향신문, 제12067호, 1984년 12월 15일.

280) 연세대학교 의과대학 학적부.

281) 새문안교회 문헌 사료집. 제1집. 새문안교회 창립 100주년 기념사업회, 1987, 375쪽.

282) 홍석후의 가족이 언제 서울로 올라왔는지 확실하지 않으나, 1898년 상경하여 배재학당에 입학하였다. 연세대학교 의과대학 의학백년 편찬위원회: 의학백년. 연세대학교 출판부,

375 새문안교회 초기 교인명부

홍난수	1929.7.5	경성부 창성동	의학생	1930.4.20	ㅏ		홍은유 장녀
홍석후 부인	1881.	서부면 정동		1898.	+		
홍성유	1922.	창성동		1912.11.5	⊕	유아세례. 1922.11.5.입교. 1936.8.18.가을 사망	홍석후 3남
홍은유	1906.	창성동	배재 2년생	1906.	+	유아세례. 1922.11.5.입교	홍석후 2남
홍재유	1903.	창성동	배재 3년생	1906.	+	1922.11.5.입교	홍석후 장남
홍종식	1934.6.5	관철정	명학당 안경부	1936.11.8	ㅏ		홍해수 장남
홍 준	1858.	서부 정동	번역하는 일	1892.	+		

※신급범례 : ●(원입), ｜(학습), +(입교), ㅏ(유아세례), △(이명), ①(학습인 별세), ⊕(입교인 별세), ⑪ (유아세례자 사망), ↑(移去), ↓(移來)

그림 V-6-2 홍석후의 가족과 새문안교회. 새문안교회 문헌 사료집. 제1집. 새문안교회 창립 100주년 기념사업회, 1987, 375쪽.

은 1898년에 입교했고 아들 재유, 은유, 성유도 세례를 받았다(그림 V-6-2).

홍석후는 다섯 아들을 두었는데, 모두 배재를 졸업하였다. 큰 아들 재유는 1930년에 세브란스를 졸업하고, 6.25 동란 때 군의관으로 활동하다가 전역하고 충북 제천읍에서 개업하였다. 둘째 아들 은유도 1931년에 세브란스를 졸업하고 안양에서 개업하였다.

부친은 석후 뿐 아니라 동생 홍영후(난파)[283]도 의사가 되기를 원해 1917년 그를 세브란스연합의학교에 입학시켰다.[284] 그러나 1년 정도 끌려 다니던 난파는 1학년을 마치지 못한 채 12월에 자퇴하고 1918년 일본으로 달아나 음악가의 길을 걸었다.

홍석후는 부친에게 효성이 대단했으며, 자식들에게도 각별한 애정을 쏟았다고 한다. 그리고 어느 해 입학시험 문제로 '친자 사이의 사랑'이라는 제목의 문제를 낸 적도 있었다.

1986, 61쪽.

283) 홍석후의 호가 금파인 것은 동생 영후의 호가 '난파'인 것과 깊은 관계가 있는 것으로 보인다.

284) 홍영후는 1학년 B반이었다. Catalogue. Severance Union Medical College, Seoul, Korea, 1917, 44쪽.

홍석후는 난파와 달리 키가 180㎝ 정도로 크고 건장했지만, 어렸을 때 앓았던 천연두 때문에 얼굴이 얽은 것이 특징이었다.285) 홍석후는 술을 무척이나 좋아했으며,286) 윤치호, 신흥후, 송언용, 오긍선, 육완수, 양주삼, 백상규 등과 어울렸다.287) 한국에서는 기독교인이 음주하는 것은 금기시했는데, 술과 관련하여 다음과 같은 일화가 전해져 온다.288)

어느 날 어느 회합 끝에 교장인 에비슨 박사는 어느 목사로부터 '당신 병원은 신자의 진료를 위하는 것도 되고 병든 불쌍한 사람의 고통도 덜어 주는 것인데, 이곳 일에 종사하는 사람들이 모두 선교 의식을 갖고 일하여야 함에도 누구누구는 그 병원에서 중추인물인데도 교인의 행동에서 벗어나 매일 음주를 일삼고 있으니 이것을 시정하는 것이 좋겠다.'하는 충고를 받고 에비슨 교장은 '그 사람들이 우리 병원에 와서 환자를 취급도 잘하고 학생들을 잘 가르치고 있습니다. 그들의 사생활에는 교장도 관계를 할 수 없습니다.'고 대답하였다.

이와 같이 홍석후는 술을 마시고 흥에 겨워했지만 결코 조그만 실수도 범하지 않았고, 자기의 인격을 손상시키는 일이 없을 만큼 위엄이 있었다고 한다.289)

---

285) 京城名物男女 新春紙上大會. 별건곤 4호, 1927, 104-12쪽.
286) '의사 洪錫厚씨는 원래 基督教 신자요 의사이지만 술을 어찌나 잘하는지 독주가 양을 일차에 오십배 이상은 보통이라고 한다. 貫蕃 李道榮씨라든지, 전 普成高普 교장 鄭人鉉씨라든지, 中外日報 李相協씨가 다 酒國의 작위 들어들만 하지만 洪錫厚씨와 대작하면 불과 몇 순에 소인을 바치고야마니 아무리 해도 酒國 大統領은 洪錫厚 씨이니, 여러 小酒黨은 대통령 취임 축하주회를 排設이 何如오.' 京城名物男女 新春紙上大會. 별건곤 4호, 1927, 104-12쪽.
287) 윤치호 일기, 1919년 1월 29일, 1920년 7월 24일.
288) 금파 홍석후(錦坡 洪錫厚). 鄭求忠: 韓國 醫學의 開拓者. 東方圖書株式會社, 1985, 223-9쪽. 1910년 한일합방 이후 서울 장안에는 김규식, 신흥우, 송언용 등 기독교청년회와 관계된 애국지사들로 구성된 '바보클럽'이라는 비밀집단이 생겼는데, '우리들은 하고 싶은 말도 못하며 사는 바보들'이라면서 개탄했다고 해서 붙여진 이름이다. 홍석후는 이 클럽의 간사 격이었다. 홍난파와 홍석후 선생 형제. 전택부: 한류는 바람을 타고 한글은 쌍두마차를 타고. 예영 커뮤니케이션, 2007, 27-31쪽.
289) 금파 홍석후(錦坡 洪錫厚). 鄭求忠: 韓國 醫學의 開拓者. 東方圖書株式會社, 1985, 229쪽.

2. 홍석후와 에비슨의 만남

홍석후는 한학(漢學)에 뛰어났던 부친의 가르침을 받아 고향의 서당에서 공부를 했다. 선교사들과 친분이 있었던 그의 부친은 이들에게 한국어를 가르쳤고, 홍석후는 자연스럽게 서양의 새로운 문물을 접하게 되었다. 이런 흐름 속에 홍석후는 배재학당에 입학하여 신흥우, 이승만 등과 함께 공부를 했는데, 1918년 명예졸업생으로 추대되었으며 의사원(議事員)으로 동창회에서 활동하였다.[290] 세브란스 1회 졸업생 7명 중 김필순과 김희영이 배재학당 동창이었다.

에비슨은 자신의 전기에서 홍석후와의 만남을 다음과 같이 기술하고 있다.[291]

> 내가 처음으로 석후를 알게 된 것은 우리가 1893년 서울에 도착하기 바로 전 찍은 첫 장로회 남학교의 사진을 통해서였다. 그는 학생의 한 명이었으며, 여러 해 동안 여러 선교사의 언어 교사였던 학식 있는 조선인의 아들이었다. 그는 학교에서 영어, 그리고 미국의 초등학교 고학년에게 가르치는 일반적인 과목을 배웠다.

---

290) 培材百年史(1885-1985). 培材百年史 編纂委員會, 1985, 209쪽.
291) O. R. Avison: The Memoir of Life in Korea. 1940, 373쪽. 여기서 장로교 남자학교는 배재학당을 가리킨다.

3. 의학교 졸업과 세브란스병원(제중원)의학교 편입

1899년 개교한 의학교는 1902년 8월 25일 20-30세 사이의 청년을 대상으로 한문과 한글의 독서 및 작문을 통해 제4회 학생을 뽑았는데, 홍석후는 이때 의학교에 입학한 것으로 보인다.[292] 홍석후는 성적이 우수하여, 1903년 7월[293]과 1904년 7월 19일 학년 시험에서 우등생으로 뽑혔다.[294] 홍석후는 장기무(張基茂), 홍종은 및 윤종익(尹重翊) 등과 함께 의학교를 제3회로 졸업하기로 예정되어, 졸업식은 1905년 9월 10일로 예정되어 있었다. 하지만 12월 13일이 되어서야 졸업시험방이 발표되었고,[295] 결국 졸업증서 수여식은 1907년 1월 29일 진행되었는데 홍석후는 우등이었다.[296]

졸업 후 그는 종로의 상공회의소 옆에서 자혜의원(慈惠醫院)을 개업하여 성업 중이었으나, 본인이 환자를 보기에는 경험이 너무 적다는 사실을 깨닫고 에비슨에게 부탁하여 1906년 2월 1일 세브란스병원의학교에 편입하였다.

홍은 소위 조선 학부에 의해 설립된 의학교에 입학하여 졸업했다. 그러나 교육 과정이 병원 환자나 실험실 경험 없이 단지 일부 일본 의학책을 읽는 것으로만 이루어졌으며, 졸업생들은 질병 혹은 그들을 치료하는 방법에 관한 실제적 지식이 없었다.

그 시대에 제중원은 일군의 젊은 조선인에게 실제적인 의학교육을 하고 있었고 소위 의학교의 첫 졸업생이 배출되자 두 명의 젊은 의사가 질병의 진단혹은 치료에 준비가 되어 있지 않음을 깨닫고 얼마나 오래 걸리더라도 졸업할때까지 수업을 받겠다고 말하면서 우리 병원의 조수가 되기를 요청했다.[297]

---

292) 廣告. 各外國語學校와 醫學校 學員 募集 廣告. 官報 제2280호, 1902년 8월 16일; 廣告. 皇城新聞, 1902년 8월 20일 2면.
293) 廣告. 官報 제2572호 1903년 7월 23일.
294) 廣告. 官報 제2882호 1904년 7월 19일.
295) 彙報. 官報 제3326호, 1905년 12월 18일.
296) 雜報 醫學校 證書 受與. 皇城新聞, 1907년 1월 26일 2면 4단.
297) O. R. Avison: The Memoir of Life in Korea. 1940, 373-4쪽.

세브란스병원의학교에 편입한 홍석후는 에비슨과 김필순이 진행 중이던 의학교과서의 편찬을 도왔다. 1906년 그는 『생리교과서』와 『진단학 권 1』을, 1907년에는 『진단학 권 2』를 번역하였다.[298] 이와 별도로 홍석후는 1907년 육군 군의 명의로 『서약편방(西藥便方)』을 간행하였다. 동시에 그는 의학교에서는 배우지 못했던 여러 임상 실기를 배울 수 있었다.

한편 홍석후는 의학교 졸업생으로서 당시의 관례대로 1905년 12월 15일 판임관 8급의 의학교 교관(教官)으로 임명되었지만,[299] 이것은 의학교 지원을 북돋기 위한 지극히 형식적인 조치였다.[300] 이들 중 제대로 된 교관으로 활동한 사람은 김교준, 유병필 등 몇 명이 되지 않았다. 또한 1907년 3월 5일 3등 군의로 임명되었다가 9월 3일 면관(免官)되었는데,[301] 이 직책 역시 의학교 교관과 비슷하게 지극히 형식적이었다. 이런 형식적인 직책을 가진 상태에서 홍석후는 제중원의학교에서 에비슨의 지도 하에 임상 실기를 배우면서 의학 서적을 번역하고 있었던 것이다.

이런 상황에서 홍석후는 다양한 사회 활동을 펼쳤는데, 박서양과 함께 활동한 것이 눈에 띤다. 우선 1903년 10월 28일 창설된 황성 기독교청년회의 활동을 보면, 제중원의학교에 편입하던 해인 1906년 박서양 등과 함께 학생 교육을 담당하는 교사로 활동하는 등 계몽 운동에 적극 참여했는데 교과목 중에는 화학, 물리, 생리학 등이 있었다.[302] 1907년 9월에는 청년회에서 매월 개최하는 이화공학습(理化工學習)에 박서양과 함께 약물 등에 관해 강의를 하기

---

298) 홍석후의 교과서 번역에 관해서는 다음 글이 참고가 된다. 박형우: 우리나라 근대의학 도입 초기의 의학 서적. I. 제중원·세브란스의학교에서 간행된 의학교과서. 醫史學 7: 223-38, 1998. 이와 별도로 홍석후는 1907년 육군 군의 명의로 『西藥便方』이란 책을 간행하였다. 홍석후 번역: 신편 생리교과셔 전. 제중원, 1906; 홍석후 번역: 진단학 권一. 제중원, 1906; 홍석후 번역: 진단학 권二. 제중원, 1907; 洪錫厚 譯編: 西藥便方, 全. 搭印社, 1907.

299) 敍任 및 辭令. 官報 3327호, 1905년 12월 19일.

300) 1900년에 발표된 칙령 제40호에 근거한 것으로 모두 대기 교관이었다. 신동원: 한국근대 보건의료사. 한울, 1997, 277쪽.

301) 官報. 皇城新聞, 1907년 3월 9일 1면 1단; 官報. 皇城新聞, 1907년 9월 25일 1면 2단. 9월 3일의 면관은 8월 1일부로 공표된 구한국 군대해산과 관계가 있는 것으로 보인다.

302) 學員 募集 廣告. 皇城新聞, 1906년 10월 6일, 10월 12일.

도 했다.303) 1908년 발행된 『대한 황성종로기독청년회 약사(大韓 皇城鐘路基督靑年會 畧史)』에 따르면 청년회 중앙조직 내의 교사부에 홍석후를 비롯하여 김규식, 박서양, 이교승 등이 함께 소속되어 활동하고 있었다.304)

또한 부친의 영향으로 음악에도 관심을 가져 1913년 10월 현재 조선정악전습소(朝鮮正樂傳習所)의 현금과(玄琴科)를 다니고 있었는데,305) 동생 난파와 박서양도 조선정악전습소에서 교육을 받았다.

---

303) 雜報 理化工學習. 皇城新聞, 1907년 9월 22일 1면 4단.
304) 전택부: 한국 기독교청년회 운동사. 범우사, 1994, 101쪽
305) 張師勛: 黎明의 東西音樂. 寶晉齋, 1974, 71쪽.

4. 모교 교수

홍석후는 졸업 직후 의학교의 교수로 임명되었다(그림 V-6-3, V-6-4). 1909
년도 후반기 현재 정규 전임교수는 에비슨, 허스트, 김필순, 홍석후, 그리고
박서양이었으며, 휠드와 버피는 영어와 수학을 담당하였다.306) 1909-10년에는
1학년에게 현미경 사용법, 물리학 및 동물생명학을 가르쳤다.307) 이때 2학년
들은 물리학, 화학, 해부학, 조직학, 생리학, 세균학, 약물학을 배웠는데, 물리
학을 홍석후가 강의한 것으로 보인다.308)

1910-1년 학년부터는 교수진이 보강됨에 따라 교육 시간도 많아져 매주
16-18시간의 강의가 8달에 걸쳐 진행되었으며, 홍석후는 하루 3시간씩 2학년
의 조직학 및 세균학을, 3학년의 병리학, 4학년의 외과학 및 산과, 그리고 학
년은 확실하지 않지만 허스트 교수와 함께 안·이비인후과 등을 강의하였
다.309)

1911년 후반의 강의는 에비슨, 허스트, 김필순, 홍석후, 박서양, 웨어, 리드
등에 의해 이루어졌지만, 1911년 12월 31일 김필순이 중국으로 망명하자 한국
인 교수로 홍석후와 박서양만 남게 되었다.310) 1913년 6월 남대문교회에서 열
린 제3회 졸업식에서 다니엘과 함께 대표로 졸업식 사회를 맡았다.

한편 홍석후는 간호원양성소의 교수로도 활동했는데, 1908-9년에는 안과학
(The Eye, in Health and Disease)을 강의했으며,311) 김필순, 김배세, 김신성 및
쉴즈 등과 함께 1911년 전반부의 강의를 진행하였다.312) 또한 1918년에는 간

---

306) A christian Korean celebration. Korea Mission Field 5: 206-8, 1909.
307) 세브란스의학교 제4회 졸업생 윤진국의 진급증서. 제15호, 1910년 5월 30일.
308) 연세대학교 의과대학 학적부.
309) O. R. Avison: Report of the Severance Hospital Plant. Seoul, Korea. For the year 1910-1911;
　　세브란스의학교 제4회 졸업생 윤진국의 진급증서. 제7호, 1911년 6월 2일.
310) Severance Hospital Men. Korea Mission Field 8: 48-9, 1912.
311) E. L. Shields: Nurses Training School. Korea Mission Field 5: 84, 1909
312) E. L. Shields: Annual Report of Severance Hospital Training School for Nurses, 1911. Korea
　　Mission Materials of the PCUSA(1911-1954). Reports, Field Correspondence and Board

그림 V-6-3 홍석후의 강의. 동은의학박물관 소장.

호교과서를 출판하였다.313)

병원의 업무도 1회 졸업생이 배출되어 합류함으로써 크게 전문화되었다. 홍석후는 에비슨의 지도를 받으면서 안과와 이비인후과 분야를 담당하였다. 그러나 에비슨이 안과와 이비인후과의 전문의가 아니었기 때문에 홍석후가 이 분야를 배우는 데에는 많은 어려움이 있었지만, 그나마 안경과가 있어 다행이었다.314) 안경 제작과 관련하여 에비슨은 다음과 같이 기록하고 있다.315)

나는 굴절 장비를 준비해 내 환자가 어떤 종류의 안경이 필요한지 결정할 수

Circular Letters, 9권 62번 편지.

313) 洪錫厚: 看護敎科書. 朝鮮耶蘇敎書會, 1918.

314) 안, 이비인후과 수련을 받으면서 외과와 산부인과도 훈련받았다. 朝鮮의 자랑 斯界의 重鎭. 本社 落成記念事業의 一功勞者 紹介. 東亞日報, 1927년 7월 30일 3면 2단.

315) O. R. Avison: The Memoir of Life in Korea. 1940, 370-2쪽.

있었다. 빠른 서비스를 얻기 위해 나는 일반적인 안질환 환자를 위한 안경테 및 보통 안경알을 구입했다. 난시는 그 종류나 심한 정도가 너무 많아 그들 모두에게 맞는 안경알을 재고로 갖고 있는 것은 생각할 수도 없었다. 나는 필요에 따라 일본, 중국 혹은 미국에 주문해야 했다.

이 굴절 작업은 너무 시간이 오래 걸려 나는 첫 졸업생 중 한 명에게 이 일을 어떻게 하는지 가르쳤다. 그는 곧 그 과정을 매우 잘 배웠으며 나는 그에게 안, 이비인후의 특수 일을 맡겼는데, 홍 박사는 전문 분야를 가진 첫 한국인이 되었다.[316]

그는 난시를 위해 굴절력을 측정할 수 있었고 그렇게 했지만, 내가 말한 것처럼 만족을 위해서는 처방을 멀리 보내야 했다. 나는 처방전들을 북경의 감리회병원, 상해의 감리회병원 및 이어 동경으로 보내려고 시도했으나, 모든 경우 우리 주문에 만족시키는데 필요한 시간이 우리들의 고객에 불만족을 일으켜 나는 처방을 미국으로 보내는 것을 시도했다. 비록 멀었지만 이것은 시간이 덜 걸렸으며 우리는 내가 다시 안식년으로 미국에 갈 때[317]까지 계속 했다.

그곳에서 나는 우리가 거래했던 미국광학회사를 방문하여 우리가 겪고 있는 어려움을 설명했다. 나는 만일 난시를 위한 렌즈를 어떻게 세공하는지 나를 가르쳐 준다면 기계를 구입해 한국으로 갖고 가겠다고 제안했다. 그들은 더 좋고 빠른 서비스에서 오는 증가된 교역에 의해 보상될 수 있을 것이며, 그들은 이것에 기꺼이 동의했다. 렌즈를 세공하는 정확한 방법을 배운 나는 필요한 기계를 구입해 안식년을 끝내고 이것을 갖고 돌아왔으며, 이것이 한국에서 처음 사용된 기계였다.

의학교 졸업 후 잠시 개업을 했던 경험이 있어서인지 홍석후는 1908년 졸업 직후부터 1909년까지 오전에는 세브란스병원에서 강의와 환자를 보았고 오후 1시부터 종로 자혜대약방(慈惠大藥房)이 설립한 자혜의원(慈惠醫院)에서 환자를 진료했다.[318] 홍석후는 이 약방에서 여러 가지 처방을 임상 실험했던 것으로 보인다.[319] 한편 서병호(徐丙浩)는 홍석후의 처방으로 31종의 약을 제조 판매하기 위해 위생과에 인허를 청원하기도 했다.[320]

---

316) 廣告. 특별광고. 大韓每日申報, 1909년 10월 31일 4면 1단.
317) 에비슨은 1908년부터 안식년을 갔다가, 1909년 10월 29일 시베리아 횡단열차를 타고 서울로 돌아왔다.
318) 廣告. 慈惠醫院. 大韓每日申報, 1909년 10월 31일 4면 2단.
319) 이 광고지에는 홍석후와 홍종은이 여러 약제들에 대해 '實驗方劑'했다고 되어 있다. 慈惠大藥房의 광고지, 1909년 경. 동은의학박물관 소장.

그림 V-6-4 홍석후의 진료. 동은의학박물관 소장.

1) 세브란스연합의학교 시절

제1회 졸업생이 배출된 1908년 조선의료선교사협회는 각 교파의 선교 의사들이 세브란스병원의학교에서 강의를 하기 위해 매년 일정한 기간 머무는 것을 조건으로 연합의학교를 세울 것을 결의하였다.[321] 1912년에 들어 비전임으로 세브란스의 교육에 참여하던 미국 북장로회 이외의 다른 선교회들도 전임교원을 파견하기 시작했고, 1913년 6월 13일 신축 학교교사의 봉헌식이 있은 후 학교의 명칭이 세브란스병원의학교에서 세브란스연합의학교로 바뀌게 되었다. 연합화가 되면서 각 교파는 한국인 교수들을 후원했는데, 홍석후는 남감리회의 후원을 받았다.[322]

---

320) 결국 이 청원은 받아들여지지 않은 것으로 보인다. 徐氏 賣藥請認. 每日申報, 1911년 4월 14일 2면 6단.

321) A christian Korean celebration. Korea Mission Field 5: 206-8, 1909.

이러한 연합화는 홍석후가 안, 이비인후과 분야의 전문적인 수련을 받는데 큰 도움이 되었다. 1913년 미국 남감리회의 선교의사로 안·이비인후과 전문의인 바우만(N. H. Bowman)이 세브란스에 부임했기 때문이었다. 이때 홍석후는 조교수로 승진하였다.[323]

1913-4년에는 안과와 이비인후과 강의가 4학년에 있었는데, 바우만과 홍석후가 담당하였다.[324] 이때 굴절학은 바우만이 맡았으며, 홍석후는 생리학도 강의하였다. 전문학교 승격을 준비하면서 1915년 일본인 오카 시노부가(岡忍)가 부임하여 이비인후과를 담당하게 되었고, 홍석후는 안과에만 전념하였다. 그러나 바우만이 부인의 병 때문에 1916년 미국으로 돌아가자 홍석후는 다른 조수들의 도움을 받아 안과 분야를 맡게 되었다.[325]

2) 세브란스연합의학전문학교 시절

세브란스가 1917년 전문학교로 승격되었을 때 홍석후는 1회 졸업생 중 유일하게 모교에서 활동하고 있었다. 주현측은 졸업 직후, 김희영, 신창희 및 홍종은은 1년 후, 김필순은 1911년에, 마지막으로 박서양은 1916년 모교를 떠났기 때문이었다.

전문학교 승격 당시 조교수 홍석후는 안과학교실의 책임을 맡는 과장으로 임명되었으며, 이비인후과학교실은 오카가 과장으로 임명되었다.[326] 당시 안과학은 3, 4학년에 주당 2시간이 배정되었는데 강의와 퀴즈로 이루어졌으며, 학생들의 임상 실습에 맞게 눈의 질환, 굴절 이상 등을 다루는 일반 과정이었다. 3, 4학년 학생들은 외래에 참여하여 임상 경험을 쌓았다. 4권으로 된 오가와의 '근세안과학'이 추천 도서였다.

---

322) Lera C. Avison이 미 선교부로 보내는 1914년 6월 8일 편지지.
323) Catalogue. Severance Union Medical College, Seoul, Korea, 1925-26, 6쪽.
324) 에비슨(O. R. Avison)이 브라운(Brown)에게 보내는 1913년 10월 20일 편지.
325) O. R. Avison: The Memoir of Life in Korea. 1940, 375쪽.
326) Catalogue. Severance Union Medical College, Seoul, Korea, 1917, 4, 30쪽.

3) 미국 연수

1917년 세브란스가 전문학교로 승격되고 이전에 비해 많은 교원이 충원되자 인력의 운용에 여유가 생겼다. 또한 세브란스가 향후 조선총독부나 일본 문부성 등의 인정을 받기 위해서는 교수 요원의 연수가 필수적이었다.

홍석후는 학교 당국의 결정으로 1921년 미국 연수를 떠나게 되었다(그림 V-6-5).[327] 그는 처음에 미네소타주의 미놋(Minot)에 있는 안, 이비인후과 전문의인 맥칸넬(A. J. McCannell) 박사의 사무실 및 병원에서 한 달을 체류하면서 의학 영어 및 전문의의 실제 기술에 관해 많은 것을 배울 수 있었다. 맥칸넬은 여러 해 동안 세브란스병원의 후원자였다. 그 후 홍석후는 미주리 주의 캔자스 시에 있는 치과학교의 해부학 교수인 마이어(J. D. Myers)로부터 3개월

그림 V-6-5 미국에서 연수 중 해부를 하고 있는 홍석후. 동은의학박물관 소장.

---

327) O. R. Avison: The Memoir of Life in Korea. 1940, 375-6쪽.

동안 두경부해부학의 과정을 이수하였고, 뉴욕으로 가서 뉴욕의과대학원(New York Postgraduate Medical School)에서 특수 연구를 계속했는데, 그는 전문 분야에서 우수한 학생이며 솜씨 좋은 외과 의사라는 명성을 얻었다.

4) 연수 후 귀국

1922년 1년 반 정도의 연수를 끝낸 홍석후는 귀임하여[328] 교수로 승진하였다.[329] 그는 주로 이비인후과를 담당했지만 안과의 사정에 따라 안, 이비인후과의 책임을 맡았다.

1923-4년의 경우 안과는 노튼(Arthur H. Norton)이 책임을 맡았다. 홍석후가 책임을 맡고 있던 이비인후과는 9,568예를 치료했는데, 그 중 절반이 무료였다.[330] 수술은 361건을 하였다. 홍석후는 이외에 이화학당에서 1주일에 3번 진료를 했다.

홍석후는 학생들에게 보일 수 없는 국소 해부나 수술 시에 강의를 할 때 그림이나 모형으로 자세히 설명하면서 "상상할 수 있겠지?"하는 말을 자주 썼다고 한다.[331] 한편 안, 이비인후과의 진료실 광경이 다음과 같이 흥미롭게 묘사되어 있다.[332]

이곳이 어디인가. 문패를 쳐다보니 눈, 코, 귀, 목 댁(宅)이다. 문을 열고 들어서니 새까만 가운을 입은 동자가 수하(誰何)를 한다. 한 문을 더 들어서니 많은 학생들이 실습을 하고 있다. 간호부는 근 40이 된 성실한 부인으로서 꾸준히 꾸려나간다. 누가 보던지 지나인의 의사 같은 C 의사가 묘령 여성의 편도선 수술을 특의(特意)있게 민활하게 하고 있다. 난데없이 전령 소리가 요란히 들린다. 간호부는 나는 듯이 한편 문으로 들어간다. 물어보니 과장이 부르신 모양이다. C의사가 수술을 마치고나서 열심히 자기 수술에 대해 실습생에게 설명을 하는데,

---

328) 귀로에 하와이를 들러 배재학당 동창인 이승만을 위로했다고 한다. 금파 홍석후(錦坡 洪錫厚). 鄭求忠: 韓國 醫學의 開拓者. 東方圖書株式會社, 1985, 227쪽.

329) Catalogue. Severance Union Medical College, Seoul, Korea, 1925-26, 6쪽.

330) Severance Union Medical College Annual Report for Fiscal Year 1923-1924, 5쪽.

331) 금파 홍석후(錦坡 洪錫厚). 鄭求忠: 韓國 醫學의 開拓者. 東方圖書株式會社, 1985, 229쪽.

332) 巡禮者: 各科巡禮記. 세브란스교우회보 12: 49-51, 1929.

아무 소리도 없이 뒤에 대륙적 위풍을 가진 분이 와서 섰다. C의사는 신이 나서 설명하다가 쑥 들어간다. 선생은 아무 말도 안하시고 한번 미소를 띠시고 다시 다른 곳으로 가신다. 물어보니 바로 선생이 홍 과장이시란다. 선생이 들어가시면 C는 또 다시 자기의 설명을 계속한다.

척신유생(瘠身儒生)의 학교 서기가 문서를 들고 와서 과장실로 들어가더니 한참 만에 나오면서 '네! 네! 그럼 그렇게 하겠습니다.'하고 말한다. 아마 과장 선생은 학감을 겸임하신 모양이다. 그러면 이곳이 제반 학교사업에는 중추기관이다.

한 모퉁이에서 실습생들의 수군거리는 정담 소리에 귀를 기울였다.

A: '야! 참 홍 선생은 그 자제들에겐 격별한 애정이 많으시더라.'

B: '암 그렇지. 그러나 ㅡ--의 사심이 없으시단다.'

C: '옛날 학감은 참 -- 봉지위인(棒之偉人)이지만 지금 학감 선생님은 언제든지 아버지 같은 선생님이시다.'

B: '자! 내 표본을 보아! 상상을 하겠지?'

A: '하 ......'

A: '야 C의사는 꼭 홍 선생님의 흉내만 내는구나.'

C: '말을 말게 홍 선생님의 수술하시는 묘기나 배웠으면 그만이지 말씀하시는 흉내까지 내더라니까'

B: '야, 우리들은 오히려 손해일세. 이 이비인후과에서 보이로 있다가 의사된 사람이 벌써 둘이나 된다네. 그 사람들은 매월 돈 받아먹으면서도 의사가 되지만 우리는 일년에 백여 원을 받치고 그나마도 낙제나 하면 ... 오도 가도 못하고'

A: '그래 홍 선생님 곁에서 심부름을 하니 그렇게 안 될 리 있나'

그들의 일언일동은 홍 선생님의 찬양뿐이다. 나는 호기심이 부쩍 생겨서 과장실로 몰래 들어갔다. 때는 홍 선생님이 환자를 보시며 일일이 설명하시는 중이다.

과장: '당신 이 귓병 나기 전에 이발소에서 귀 털을 깎았지?'

환자: '네, 네! 좀 깎았습니다.'

과장: '그래 이발소는 이비과 중개인이란 말이지, 그 털을 깎으면, 그 털구멍으로 세균이 들어가지. 그래서 덧나지.'

환자: '네 아마 그런 가 봐요. 이발하고 나서 병이 났습니다.'

조금 후에 안과 환자를 간호부가 데리고 들어온다. 선생은 역사지를 보시더니,

선생: '그 전에 냉병(冷病)이 있었지?'
환자: '네! 젊은 놈이 그것 없을 수 있습니까?'
선생: '그래! 눈병 나기 전에 오줌으로 눈을 씻었어?'
환자: '네! 그러면 눈이 밝아진다고 해서요.'
선생: '글쎄 생각해 봐. 오줌은 왜 나오나? 밥을 먹고 물을 마신 다음에 쓸데 없는 찌꺼기가 아닌가? 거기에다 冷이 있는 오줌으로 씻다니 그저 뜨물통에다 씻은 것과 한가지지.'

선생은 어디까지든지 환자에게도 교수적 태도이다. 선생이 학생들에게 아버지요, 스승으로 존경을 받으심이 마땅하였다. 조금 있더니 키가 큰 서양인이 들어오더니,

西: '할로 닥터 홍 윌 유 프리스 씨 마이 아이쓰?'
(Hello! Dr. Hong, will you please see my eyes?)
先: '오! 슈어 플리스 웨잇 포레이 니들 화일'
(Oh! Sure! Please wait for a little while.)

선생은 사교적으로도 동서양 인간에 큰 지위를 갖으셨다.
선생의 책상을 보니 양서가 즐비하게 놓였고 중앙에는 잉크대가 있고 그 뒤에는 어비신 교장의 동상 엽서를 곧게 세우셨다. 선생이 교장의 유일의 지기(知己)이심을 무언중에 암시해 주신다. 또 양서를 세우신 일우(一隅)에 셋째 아드님 부처의 사진을 틀에 씌어 두신 것으로도 학생 간에 자애열이 풍부하신 선생이라고 평판함이 진실인가 한다. 언젠가 선생님이 입학시험 문제에 '친자간애'란 제를 내신 것을 나는 기억한다. 나는 선생의 끊임없이 건강하셔서 많은 활동을 하시며 그 자제들의 성공함을 노래(老來)에 기쁘심을 축하하기 마지않으며 보이까지 의사가 되는 선생님의 과에서 훌륭한 박사들이 접종속출(接踵續出)하기를 비나이다.[333)]

홍석후는 1929년 6월 1일 모교 학감(學監)으로 취임하였다.[334)] 그의 취임은

---

333) 巡禮者: 各科巡禮記. 세브란스교우회보 12: 49-51, 1929.

교내외에서 큰 환영을 받았는데, '의학에 대한 씨의 풍요한 지식은 새삼 말할
것도 없거니와 원만한 인격의 소유자인 선생을 학감으로 맞게 된 일은 학교
를 위해서나 학생을 위해서나 기뻐할 일'이었다.335) 홍석후 본인은 학감으로
서 세브란스의 이상이 '조선 민족을 위함'인데, 당면 문제로 더 이상 외국인
의 보조를 받지 않고 자립(自立)하는 것을 꼽았다.336) 이를 40%에 달하는 선
교부의 보조를 해결해야 하는데, 그 방법으로 세브란스의용품상회를 적극 활
용하는 것과, 각자 생명보험을 들어 후에 학교에 기증하는 것을 예로 들었다.

5) 학술 및 위생 계몽 활동

홍석후가 세브란스병원의학교를 졸업해 의사면허를 받을 당시에는 모든
여건이 의학 연구란 생각하지도 못할 시절이었다. 이후 1910년대에 들어 한국
인이 작성한 논문이 발표되기 시작했고, 1920년대에 들어 한국인 첫 의학박사
가 배출되었다.

홍석후는 학내의 일 외에도 대중을 위한 위생 계몽 활동에서 적극 나섰는
데, 특히 세브란스가 전문학교로 승격된 이후 활발하게 활동하였다. 창립 시
절부터 관계가 있던 기독교청년회에서는 '生殖에 대하여' 및 '하기위생' 등에
관해 강연을 했다.337)

이외에 여러 언론 매체를 통해서도 한국에서의 위생 발전,338) 여름철의 위
생,339) 가정생활의 개조340) 등을 주제로 활동하였다. 이 주제들은 안, 이비인
후과의사로서 특정 질병에 대한 소개 및 치료보다는 환경 개선을 통한 예방
에 중점을 두었다는 점에서 큰 의미가 있다.

한편 그는 1930년 2월 창립된 조선의사협회의 회원으로 활동하였다.341)

---

334) 세브란스교우회보 12: 67, 1929.
335) 세브란스교우회보 12: 67, 1929.
336) 洪錫厚: 學監 就任의 所感. 세브란스교우회보 12: 3-4, 1929.
337) 모임. 東亞日報, 1920년 4월 17일 3면 8단; 모임. 東亞日報, 1920년 7월 6일 3면 10단.
338) 衛生要略 及 朝鮮의 衛生發展. 半島時論 1(7): 76-7, 1917.
339) 洪錫厚: 夏季에 對한 衛生問題. 每日申報, 1919년 7월 15일 3면 1단.
340) 洪錫厚: 家庭 生活의 改造. 東亞日報, 1921년 4월 3일 3면 5단.

5. 동창회장 및 기타 활동

홍석후는 제1회 졸업생 중 가장 오래 학교에 남아 후학 양성을 위해 매진
하였다. 세브란스 동창회가 언제 결성되었는가는 확실하지 않지만, 그는 초대
동창회장으로서 동창회 발전에 큰 공헌을 하였다(그림 V-6-6).[342]

동창회장으로서 홍석후는 '동창'을 다음과 같이 생각하였다.

몸 가운데에 숨어있어 밖으로 형체를 드러내지 않지만 수시로 출입하면서 자
신조차도 그 움직이는 방향을 알지 못하는 것이 마음이니, 마음은 곧 뜻이 머무
는 집이다. 그러므로 나의 뜻이 다른 사람과 같아지기를 원하는 것은 어려운 것
이 아니겠는가. 나보다 뛰어난 사람은 나와 같이 하는 것을 탐착하게 여기지 않
는다. 반면 나만 못한 사람 역시 나와 같이함에 이를 수는 없다. 오직 나와 동창
으로서 함께 연구하고 연마할 수 있는 사람만이 나의 뜻과 함께 할 수 있는 것
이다.[343]

1923년에는 은사 에비슨 박사 내한 30주년을 축하하기 위한 위원회의 한
사람으로 지명되었다.[344] 축하연은 6월 14일 기독교청년회 강당에서 수많은
하객들이 참석한 가운데 열렸다. 이를 계기로 에비슨 선생의 동상 건립 기성
회가 조직되어 적극적인 기금 모금에 나섰다.[345] 이러한 그의 노력으로 1928
년 3월 20일 졸업식이 있던 날 신축 병실 낙성식에 이어 오후 2시에 동상 제
막식이 있었다.[346]

---

341) 昭和 5年度 會費領受. 朝鮮醫報 1(1): 54, 56, 1930.
342) 동창회장의 임기는 확실하지 않으나, 일정 임기가 끝나면 다시 선출하였다. 홍석후는
    1926년의 동창회에서 재선되었다. 同窓會 總會錄. 세브란스교우회보 7: 19-20, 1926. 박형
    우: 세브란스 同窓會 沿革. 世羽. 연세대학교 의과대학 총동창회, 2005, 476-7쪽.
343) 홍석후의 글. 세브란스연합의학교 졸업앨범, 1917.
344) H. H. Cynn: Dr. and Mrs. O. R. Avison - An appreciation. Korea Mission Field 19: 157-9,
    1923.
345) 洪錫厚: 同窓生의게 謹告함. 세브란스교우회보 6: 21-3, 1926.
346) 洪錫厚: 동창생의게. 세브란스교우회보 10: 30, 1928.

그림 V-6-6 세브란스연합의학전문학교의 동창회 사무실. 왼쪽부터 최동, 홍석후, 김명선. 동은의학박물관 소장.

하오 2시 정각이 채 되지 못하여서부터 모여 드는 내외신사, 숙녀며, 남녀학생이 무려 3,000명에 달해 모교의 운동장인 식장은 인산인해를 이루었다. 일기도 마침 의외로 온화하여 일반에게 봄기운을 감각할만한 흥분이 있게 되었다. 13도 각처에서 운집한 우리 동창은 다 각기 안내자가 되어 많은 손님을 정연히 안내하며, 좌석을 정동한 후 대성황 하에 4시 경에 식을 마쳤다.

홍석후는 동창회장 재임 중 동창회 학술대회를 개최하여 후배들에게 최신의 지식을 얻을 수 있도록 하였다. 이와 같이 홍석후의 활동으로 동창회의 틀이 어느 정도 잡히고 후배들도 많아지자 1929년 3월 20일 동창회 총회에서 동창회 회장을 사임하였다.[347] 2대 동창회 회장은 이용설이 맡게 되었다.

본 (동창)회 창설 이래 위대한 공훈이 있는 전 회장 홍석후 씨를 일생토록 본

---

347) 同窓會錄. 세브란스교우회보 11: 81-3, 1929.

회의 명예회장으로 추천키로 정기섭씨의 동의와 김윤식 씨의 재청이 있어 만장일치로 가결하였다.

홍석후는 귀국 후 1924년부터 3년 임기의 세브란스의학전문학교의 재단이사로 활동했는데, 졸업생 대표의 자격이었다.[348] 당시 홍석후 이외에 제4회 졸업생 신필호가 1925년 재단이사로 임명되어 학교 발전에 이바지하였다.

한편 당시 교직원과 학생, 직원들로 이루어진 세브란스교우회(校友會)의 부회장으로 회장 에비슨을 보좌하면서 세브란스 구성원 상호간의 친목에도 큰 역할을 하였다.[349] 이러한 공로로 홍석후는 1929년 5월 15일의 개교기념일에 교우회로부터 21년 근속표창을 받았다.[350] 이외에 세브란스에 10년 이상 근속하고 있던 교수는 에비슨, 반버스커크, 오긍선, 허스트, 러들러, 맥라렌, 심호섭 등이었다.

---

348) Catalogue. Severance Union Medical College, Seoul, Korea, 1925-26, 5쪽.
349) 校友會錄. 세브란스교우회보 7: 17-8, 1926. 동창회장을 물러난 뒤에도 교우회의 부회장으로 계속 활동했다. 校友會 第十六會 定期總會 會錄. 抄. 세브란스교우회보 12: 60-1, 1929; 校友會錄. 세브란스교우회보 13: 39-40, 1930.
350) 世富蘭偲醫學校 創효三十週年紀念. 朝鮮醫學界에 그 貢獻 偉大, 勤績職員도 表彰. 中外日報, 1929년 5월 5일 2면 1단.

6. 개업의사 홍석후

홍석후는 졸업 후 무시험으로 의술개업인허장을 받았다. 그러나 일제는 1914년 의사면허를 도입하면서 총독부가 지정하는 의학교 졸업생만 무시험으로 면허를 주도록 했다. 당연히 미 선교부가 운영하는 세브란스 졸업생들은 시험을 봐야 했다. 에비슨의 노력으로 홍석후가 미국 연수를 마치고 귀국한 이듬해인 1923년 2월 24일 고시 제34호로 의사규칙 제1조 제1항 제2호에 의해 세브란스가 조선총독부의 지정을 받음으로써 1923년 이후의 본과 졸업생들은 조선에서 무시험으로 의사면허를 받아 개업 할 수 있게 되었다.[351]

그러나 세브란스 졸업생들은 아직도 일본이 운영하는 의학교에 비해 많은 차별을 받고 있었다. 일본 문부성의 지정을 받은 의학교 졸업생은 내무성 의사면허를 무시험으로 얻을 수 있었으며, 일본은 물론 대만, 남양군도, 만주국 등에서 자유 개업할 수 있으며 브라질과 영국에서도 개업할 수 있었다.

에비슨은 세브란스의 존립이 일본 문부성에 의한 지정에 있음을 간파하고, 이를 위해 다각도로 노력하였다. 우선 시설을 확장하고 교직원을 대폭 보강했는데, 특히 일본은 미국 학위를 인정치 않고 일본 학위를 강요하여 미국이나 영국 등지에서 유학하고 온 교수들은 다시 일본 박사를 받아야 했다.

이런 움직임 속에 1931년에는 일본 문부성의 의학교 심사위원회에서 조사단이 파견되었다. 일본이 인정하는 의학박사 학위가 없었던 홍석후는 자신이 모교에 누를 끼칠 것을 걱정했다.

한편 에비슨은 홍석후에게 봉급도 최상의 대우를 해주었으나 딸린 식솔들이 많아 생활하는데 크게 부족했다.[352] 그리하여 종로 2가 9번지의 기독교청년회 회관에 홍석후진찰소(洪錫厚診察所)를 개원했는데(그림 V-6-7), 1929년 9월 당시 타카미네(高峰)가 의사로 고용되어 있었다.[353] 홍석후는 다년간 중임

---

351) 告示 제34호. 朝鮮總督府官報 제3160호, 1923년 2월 24일, 247쪽.
352) O. R. Avison: The Memoir of Life in Korea. 1940, 376쪽.

되었던 안과 및 이비인후과장 겸 교
두의 직을 1931년 4월부터 사임하고
학교 강의만 담당하겠다고 청원하
여 1931년 2월 14일 열린 세브란스
의학전문학교 재단이사회에 승인을
받았다.[354] 그리고 야간에는 병원에
서 진료를 하였다. 그러나 홍석후는
1931년 9월에 특별한 사정으로 인해

그림 V-6-7 홍석후가 개원한 종로 기독교
청년회 회관. 동은의학박물관 소장.

강사직까지 사임함으로써 졸업 후 24년 동안 근무했던 모교를 떠났다.[355]

모교를 떠난 홍석후는 운영하던 진찰소를 확장하였으며, 진찰소 입구에는
광안사(光眼社)라 부르는 안경점도 있었다.[356] 진찰소는 안과와 이비인후과
환자만을 취급하였으며, 9년 동안 많은 환자들에게 호의를 받았다. 당시 잡지
에 실려 있는 개업의사 홍석후는 다음과 같았다.

홍석후 군. 종로 네거리 고색창연한 거대한 건물, 그것은 중앙기독교 청년회
관이다. 그 아래층 양복점, 양화점, 서점, 약점, 이발소 등의 쇼-윈도가 죽 늘어
있는 중 건물과 제일 대조성 있게 되어 있는 여성적인 데코레이션을 찾을 수 있
는 사람이면 홍 군의 진찰소를 물어볼 필요가 없다.

---

353) 홍석후병원이 정확하게 언제 개원했는지는 확실하지 않다. 武裝刑事隊 出動 俄然 大檢索
開始, 경기도 경찰부 고등과에서, 靑年 男女 數名 引致. 中外日報, 1929년 9월 27일 2면 1
단.

354) 消息欄. 세브란스교우회보 14: 27-8, 1931.

355) 여기서 특별한 사정이란 아마도 제자들의 미국 유학 선발을 놓고 당시 피부과 과장이었
던 오긍선과 벌였던 알력이었을 가능성이 높다. 또한 1931년 4월 8일 이화여전에 다니던
장녀 옥임(玉姓)이 동덕여고보(同德女高普)를 같이 다녔던 김용주(金龍珠)와 함께 경인선
철도에 뛰어들어 자살한 사건도 홍석후에게 큰 충격을 준 것으로 보인다. 연세대학교 의
과대학 의학백년 편찬위원회: 의학백년. 연세대학교 출판부, 1986, 61쪽; 紅愁와 綠恨을 실
은 春風! 靑春兩女性 鐵道情死. 東亞日報, 1931년 4월 10일 2면 1단.

356) "광안사로 들어가는 문은 퍽 깨끗하게 보이지만 그 좌, 우편 기둥에 붙여서 만든 진열창
을 좀 군색한 감이 없지 않다. 그것은 장소가 좁기 때문이다. 그런데 거기에 외국잡지를
펴 놓은 것 같은 '캐특폭'을 다른 형식으로 깨끗하게 만들어 세우고 배경을 만들어 세우
던지, 휘장 같은 것을 뒤에다 쳐 놓았으면 기둥도 가리고 그 앞에 진열한 물품이 선명하
게 보일 것 같다. 글쎄, 진찰소 입구 좌, 우편에다가 안경과 만년필 같은 것을 진열한데다
가 '光眼社'라고 상호를 특서하여 놓았으니, 진찰소가 직영하는지 아닌지는 모르겠지만 어
쨌든 군색하다고 밖에 볼 수 없다." 京城各商店 陳列窓品評會. 별건곤 4: 125-33, 1927.

그러나 6척 장신 그 위에 놓여 있는 쭐뻑쭐뻑 얽은 장면(長面), 그것도 차치하고 입에다 메가폰을 대인 듯 우렁찬 음성의 소유자가 곧 그 주인공이라면 놀래지 않을 사람이 누구랴! 거대한 건물, 미려한 장식, 거대한 주인. 이렇게 삼각형을 그려 놓고 의외인데 놀란 가슴을 진정시키고 가만히 생각을 하면, 다시 말하면 거대한 건물 속에 앉아 있는 거대한 홍 군을 그 치밀한 쇼-윈도우를 통해서 엿보면 홍 군이 어떠한 사람인 것을 알 상 싶지 않은가?

군은 명치 39년에 의사가 되어 이래 근 30年을 세브란스의전 및 부속병원에서 수많은 의사를 양성하고 한없는 환자를 살려 왔었다. '닥터 홍'하면 모를 사람이 없고 일종의 호감까지도 자아내지 않을 사람이 없는 것은 결코 우연한 일이 아니다. 그는 조선에 있어서 특히 의학계에 있어서 대접을 받을 만한, 칭찬을 들을 만한 권리가 있다. 그러나 세상 사람은 남의 장점만을 말하고 그만 두려고 하지는 않는 듯 하다.

그는 세브란스를 그만두었다. 학식과 기능이 바야흐로 원숙해지고 환자에 대한 신념 문제에 대한 숭앙이 날로 깊어 갈 때에 그만두었다는 것은 매우 섭섭하지만 하나 신진을 위해 길을 사양했다면 그 곳에 그의 일층 더 아름다운 인격을 볼 수 있으니 일편 기쁘지도 않은가.

그러나 그의 그 소위 용퇴가 문제다. 아니 그의 그 용퇴의 동기를 그의 그 용퇴의 예비행동을 통해서 관찰할 때에 그는 세브란스를 그만두기 벌써 전부터 학자적 량심에 비추어 인격에 대한 회의, 낙망은 이미 농후했었다는 것이다.

그가 교단에 서서 강의를 듣고 있는 학생들의 얼굴에 걸려 있는 로이드 안경이 눈에 띌 적마다 자기의 쇼-윈도우의 데코레이션을 생각했을 런지 안했을 런지, 외래에서 세브란스의 환자를 대할 때에 자기의 진찰소에 올 환자를 생각했을 런지 안했을 런지는 홍 군 자신이 아니면 알 수 없는 일이겠지? 라고.[357]

여러 사정으로 모교를 떠났지만 홍석후는 모교의 문부성 지정을 위해 다각도로 노력하였다. 이중 하나가 세브란스연합의학전문학교 후원회(後援會)였다. 후원회의 설립을 위해 윤치호, 송진우 및 조병학 등과 함께 논의하였으며 모금 목표는 30만원이었다.[358] 후원회는 6월 24일 발기인 총회 및 후원회 총회를 개최했는데, 홍석후는 감사로 선임되었다. 이 후원회의 활동으로 1935년 3월 13일 기초학교사의 봉헌식을 거행하였다.

홍석후는 1940년 11월 17일 타계했는데,[359] 임종 전에 직접 지은 한시(漢

---

357) 醫師評判記(其1). 동광 29호, 1931, 66-9쪽.
358) 윤치호 일기, 1933년 6월 9일.

詩)를 제자 정기섭에게 보이면서 마음속의 회포를 털어 놓았다고 한다. 그 한시의 내용은 자기가 부친보다 먼저 세상을 떠남을 못내 불효하게 생각하면서 한탄하는 것이었다.

2008년 4월 10일 모교인 연세대학교 의과대학의 안이비인후과병원 입구에서 금파 홍석후의 흉상제막식이 거행되었다(그림 V-6-8). 이 흉상은 한국 최초의 면허의사로서 한국 안과와 이비인후과의 개척자였으며 모교 교수 및 초대 동창회장으로 모교 발전에 기여한 홍석후의 공적을 영원히 기리기 위해 안과학교

그림 V-6-8 홍석후의 흉상.

실 동문회인 세목회와 이비인후과학교실 동문회인 오공회의 재정 후원으로, 그의 졸업 100주년을 기념하여 제작된 것이다.

---

359) 말년에 폐병을 앓았다고 한다. 연세대학교 의과대학 의학백년 편찬위원회: 의학백년. 연세대학교 출판부, 1986, 61쪽.

제7장 홍종은

1. 가족 배경

홍종은(洪鍾殷, 1883?-1910?, 그림 V-7-1)은 남양(南陽) 홍씨이며, 황해도 장연군(長淵郡)360) 출신이란 것 이외에는 그의 가족 배경 등에 대해 알려진 것이 별로 없다. 그의 고향 장연은 동기생 김필순과 같은데, 입학 전 그와 어떤 관계가 있었는지 알려진 바가 없다.

그림 V-7-1 홍종은. 동은의학박물관 소장.

홍종은은 3형제 중 중간으로 형 종우와 동생 종옥이 있었다.361) 홍종우는 전처와의 사이에 3녀를 두었는데, 그의 사위 중 한 사람이 김명선(1925년 세브란스의학전문학교 졸업)이다.362) 그는 후처와의 사이에 홍순찬, 홍은파, 홍순각, 홍은선, 홍순철 등 2남 3녀를 두었는데, 홍순각은 1944년 세브란스의학전문학교를 졸업하고 안과를 전공하였다.

---

360) 연세대학교 의과대학 학적부.

361) 홍종은의 가족 배경은 그의 손자 홍관표와의 면담을 통해 얻은 것이다. 2000년 2월 12일, 2007년 6월 15일 박형우 면담.

362) 김필순의 손녀 김윤옥은 같은 고향 출신인 김명선의 집안에 대해 잘 알고 있었다. 이로 미루어 김필순과 홍종은은 어느 정도 서로 알고 있을 것으로 추정된다.

2. 의학교 졸업 및 세브란스병원(제중원)의학교 편입

홍종은의 초기 교육에 대해서는 알려진 바가 없다. 1899년 개교한 의학교
는 1902년 8월 25일 20-30세 사이의 청년을 대상으로 한문과 한글의 독서 및
작문을 통해 제4회 학생을 뽑았는데, 홍종은은 이때 의학교에 입학한 것으로
보인다.363) 홍종은은 성적이 우수하여, 1903년 7월364)과 1904년 7월 19일의 학
년 시험에서 우등생으로 뽑혔다.365) 홍종은은 장기무(張基茂), 홍석후 및 윤종
익(尹重翊) 등과 함께 의학교를 제3회로 졸업하기로 예정되었고, 졸업식은 원
래 1905년 9월 10일로 예정되어 있었다. 하지만 12월 13일이 되어서야 졸업시
험방이 발표되었고,366) 결국 졸업증서 수여식은 1907년 1월 29일 4명의 졸업
생을 대상으로 진행되었는데 홍종은은 우등이었다.367)

하지만 환자를 보기에는 경험이 너무 적다는 사실을 깨닫고 에비슨에게
부탁하여 홍석후와 함께 제중원의학교에 편입하였다.368)

에비슨은 홍종은이 의학용어집을 준비하는 극히 중요한 일을 도와 줄 수
있는 바탕이 되어 있었다고 평가하였다. 따라서 그는 김필순, 홍석후와 함께
우리말 의학교과서의 편찬에 힘써 1907년에는 피부병학을, 1908년에는 산과
학을 번역하여 출판하게 된 것은 당연한 일이었다.369) 동시에 그는 관립의학
교에서는 배우지 못했던 여러 임상 실기를 배울 수 있었다.

한편 홍종은은 의학교 졸업생으로서 당시의 관례대로 1905년 12월 15일
판임관 8급의 의학교 교관(教官)으로 임명되었다. 또한 1907년 3월 5일 3등

---

363) 廣告. 各外國語學校와 醫學校 學員 募集 廣告. 官報 제2280호, 1902년 8월 16일; 廣告. 皇
　　城新聞, 1902년 8월 20일 2면.
364) 廣告. 官報 제2572호, 1903년 7월 23일.
365) 廣告. 官報 제2882호, 1904년 7월 19일.
366) 彙報. 官報 제3326호, 1905년 12월 18일.
367) 雜報 醫學校 證書 受與. 皇城新聞, 1907년 1월 26일 2면 4단.
368) O. R. Avison: The Memoir of Life in Korea. 1940, 373-4쪽.
369) 홍종은 번역: 피부병진단치료법 단. 제중원, 1907; 홍종은 역: 무씨 산과학. 세브란스병원
　　교육부, 1908.

군의로 임명되었다가 9월 3일 면관(免官)되었다.370) 이런 형식적인 직책을 가
진 상태에서 홍종은은 제중원의학교에서 에비슨의 지도하에 임상 실기를 배
우면서 의학서적을 번역하고 있었다.

---

370) 官報. 皇城新聞, 1907년 3월 9일 1면 1단; 官報. 皇城新聞, 1907년 9월 25일 1면 2단. 9월
  3일의 면관은 8월 1일부로 공표된 구한국 군대해산과 관계가 있는 것으로 보인다.

3. 졸업 후의 짧은 활동

졸업과 동시에 홍종은은 모교에 남았는데, 1908-9년도에 간호원 양성소에서 '증상의 관찰' 및 '음식물 투여' 등의 강의를 하였다.[371] 그리고 김필순, 박서양 및 홍석후 등과 같이 기독교청년회와 관련을 가졌던 것으로 보이는데, 1909년 2월 16일에는 환등기를 이용해 '신체'에 대한 강연을 하기도 했다.[372]

이후 홍종은은 모교를 떠나 1909년 동기생 신창희와 함께 의주부(義州府) 남문 바깥의 구세병원(救世病院)에서 환자를 돌보았다.[373]

> 본원을 작년 음(陰) 11월 분(分)에 설립ㅎ고 평양의사 최용화[374]씨로 동사 개업(同事開業)이옵더니 우원이 인사귀향(因事歸鄕)되옵기 호상 분장(分掌)ㅎ고 해원(該院)에셔 진료에 종사하던 의학박사 신창희, 홍종은 양씨를 연빙(聯聘) 시무ㅎ오니 유병첨원(有病僉員)은 래의조리(來議調理)ㅎ심으로 앙요(仰要).
>
> 의주부 남문 외 구세병원(救世病院) 주무원(主務員) 김지하(金志河) 고백

홍종은은 1910년 2월 최시준 등이 의주에 설립한 강습소에서 명예 강사로서 약물학, 물리 등을 가르쳤다.[375] 당시 홍종은의 가족들은 모두 고향 장연에 있었다고 한다.

그러나 홍종은은 불행하게도 폐결핵[376]에 걸려 사망하였다. 그가 언제 사망했는지는 정확한 기록이 없으나, 그의 집안에서는 1908년생인 장남 순환이

---

371) E. L. Shields: Nurses Training School. Korea Mission Field 5: 84, 1909.
372) 靑會幻燈. 皇城新聞, 1909년 2월 16일 2면 6단.
373) 廣告. 大韓每日申報, 1909년 11월 16일 3면 3단.
374) 최용화는 조익순, 김용수, 김봉천 등과 함께 평양 예수교제중원 부속의학교를 졸업했는데, 1911년 6월 26일 조선총독부로부터 의술개업인허장을 받았다. 廣告. 醫術開業認許狀. 朝鮮總督府 官報 제246호, 1911년 6월 26일 6면.
375) 講習好況. 皇城新聞, 1910년 2월 13일 1면 5단.
376) O. R. Avison: The Memoir of Life in Korea. 1940, 274쪽. 홍종은 집안에서는 열병으로 사망했다는 이야기가 전해지고 있다.

3세 때(홍종은이 27세 때) 사망한 것으로 알려져 있으며, "그때는 다음 졸업생(1911년)으로 그의 자리를 채울 수 있었다."는 에비슨의 회고에 근거하면 1910년 후반에 사망한 것으로 추정된다.377)

---

377) O. R. Avison: The Memoir of Life in Korea. 1940, 274-5쪽.

한국 근대 서양의학교육 연표

1629		중국에서 활동하던 독일인 예수교 선교사 샬폰벨(J. A. Schall von Bell, 1591-1666)이 『주제군징(主制群徵)』을 저술함
1851		중국에서 활동하던 홉슨(B. Hobson, 1816-73)이 『전체신론(全體新論)』을 저술함 (1857년 일본에서 번각 출판)
1855		홉슨이 『박물신편(博物新編)』을 저술함
1857		홉슨이 『서의약론(西醫略論)』을 저술함 (18587년 일본에서 번각 출판)
1858		홉슨이 『내과신설(內科新說)』(1859년 일본에서 번각 출판) 및 『부영신설(婦嬰新說)』(1858년 일본에서 번각 출판)을 저술함
1876	2. 3(음)	일본과 국교확대(國交擴大)
1877	2. 11	일본해군이 부산에 제생의원(濟生醫院)을 설립함
1881		조준영(趙準永)이 『일본 문부성 시찰기』를 저술함
1884	4. 22	한성순보에 「각해구의설서의학당론(各海口宜設西醫學堂論)」이란 제목의 논설이 실림
	9. 20	최초의 의료선교사인 알렌(H. N. Allen, 1858-1932)이 제물포에 도착함
	12. 4	우정국 축하연에서 일어난 갑신정변의 와중에 자상을 입은 민영익을 알렌이 치료함
1885	1. 16	부호군(副護軍) 조영권(趙英權)이 의학교 설치에 대해 상소함
	1. 27	알렌의 병원설립안이 폴크의 서신과 함께 민영익을 통해 외아문 독판 앞으로 보내짐
	4. 3	외아문에서 광혜원(廣惠院)의 개원을 알리는 방을 사문과 종각에 게시함
		카이로세(海瀨敏行)가 작성한 12조의 병원규칙을 외아문에서 알렌에게 통보함
	4월초	공립의원규칙이 팔도사도삼항구일기에 실림

	4. 9	알렌이 광혜원에서 환자 치료를 시작함
	4. 10	광혜원이 공식적으로 개원함
	4. 26	광혜원이 제중원(濟衆院)으로 개칭됨
	6. 21	헤론(J. W. Heron, 1856-1890)이 도착함
	6.	알렌과 헤론의 지시에 따라 약을 준비할 수 있는 잘 훈련된 조선인 의료 조수가 제중원에 있음
	8. 6	조선정부가 제중원 당랑에게 북학학도를 천거하라는 명을 내림
	12. 1	알렌이 미국 공사 폴크에게 의학당 설립에 대한 구체적인 안을 제시함
	12월말	고종이 의학교육에 필요한 의료 기구의 구입 경비를 하사함

1886	3. 29	한국 최초의 서양의학 교육기관인 제중원의학교(濟衆院醫學校)가 개교함
	4. 10	알렌과 헤론이 『제중원 일차년도 보고서』를 발행함
	6. 14	제중원 주사 김의환(金宜煥)을 2기 학도에 서임함
		제중원의학교 학도 이의식(李宜植)을 제중원 주사로 승차(陞差)함

1887	초	제중원이 구리개로 이전함
	9.	미국으로 떠난 알렌에 이어 헤론이 제중원의 책임자로 임명됨

1888		헐버트가 제중원의학교에서 강의를 함
	9.	기포드가 제중원의학교에서 강의를 함
	11. 1	스크랜턴이 시병원에서 3명의 남학생에게 의학교육을 시작함

1889	6.	알렌이 주미 한국공사관의 서기관을 사임하고, 9월 부산에 도착함

1890	7. 26	헤론이 이질로 사망하여 29일 양화진 묘지에 묻힘

1891	4. 3	빈튼(Charles C. Vinton, 1856-1936)이 제중원의 책임을 맡음

1892	6.	서재필(徐載弼, 1864-1951)이 미국 콜롬비아의과대학을 졸업함

1893	11. 1	에비슨이 제중원의 책임을 맡음

1894 6. 23 청일전쟁(淸日戰爭)이 시작됨

8. 18 군국기무처는 각부 아문의 소속 각사를 개록하면서 제중원을 내무 아문 소속으로 배속시킴

9. 26 조선정부가 에비슨의 요구안을 수락하여 제중원이 미국 북장로회 선교부로 이관됨

1895 1. 7 「홍범(洪範) 14조」가 선포됨

2. 2 「교육입국조서(敎育立國詔書)」를 반포함

9. 1896년부터 양력(陽曆)을 사용하기로 확정함

10. 1 제중원에서 일하는 젊은이들에게 의학교육을 실시하고, 남자학교에서 조수로 선발된 몇 명이 의사가 될 것을 목표로 에비슨과 빈튼의 교육을 받음

10. 8 을미사변(乙未事變)이 일어나 민비가 시해됨

11. 28 춘생문(春生門) 사건이 일어남

12. 30 단발령(斷髮令)이 내려짐

1896 1. 16 「건양원년 세입세출 총예산설명(建陽元年 歲入歲出 總豫算說明)」에 내부 소관의 의학교 예산이 반영됨

2. 11 아관파천(俄館播遷)

12. 1 『독립신문』이 서양의 의학 교육을 소개함

1897 초 에비슨에 의한 그레이 해부학 책의 번역이 어느 정도 진행됨

10. 12 고종이 황제 즉위식을 거행하고 국호를 대한제국(大韓帝國)으로 바꿈

1897-8년도에 제중원의학교에 7명의 학생이 있음

1898 웰스가 평양에 「약학 및 의학교」를 개교하여 의학교육을 시작함

7. 15 만민공동회에서 학부대신에게 의술학교의 설립을 건의함

9. 종두의양성소의 후루시로가 종두신설(種痘新書) 편찬함

11. 7 지석영이 학부대신에게 의학교의 서립을 요구하는 청원서를 올림

박일근(朴逸根, 1872- ?)이 한국인 최초로 개인 의원을 개원함

1898-9년도에 제중원의학교에서 5명의 학생이 해부학, 화학 등을 배움

1899 1. 16 탁지부 예산에 1899년 의학교 설치금을 책정함

3.　　　에비슨에 의해 그레이 해부학 책의 1차 번역이 완료되었으나 안식
　　　　년 동안 이를 맡고 있던 조수가 죽는 바람에 원고가 없어짐

3.　　　당시 제중원의학교에 7명의 학생이 있음

3. 24　학부 소속의 의학교 관제가 반포됨

3. 28　지석영이 의학교 교장에 임명됨

3. 29　에비슨이 안식년으로 귀국함

3. 29　경태협, 남순희가 의학교 교관으로, 유홍이 서기로 임명됨

4. 24　내부 소속의 내부병원 관제가 반포됨

5. 16　후루시로에 대한 의학교합동이 이루어짐

7. 5　　의학교 규칙(醫學校 規則)이 제정됨

7. 14　의학교의 의학생 모집 광고가 관보에 처음 실림

7. 30　김익남(金益南, 1870-1937)이 일본 도쿄자혜의원의학교를 졸업함

10. 14　학부 편집국이 의학교과서 번역을 위해 일본인 아사카와(麻川松次
　　　　郎)를 고용함

1900　1. 2　　의사규칙(醫士規則)이 반포됨

3월말　의학교에서 흑사병 예방규칙(黑死病 豫防規則)을 배포함

5월초　에비슨이 미국 오하이오주 클리블랜드의 부호 세브란스(L. H.
　　　　Severance, 1838-1913)로부터 병원 건립 기금으로 1만 달러를 기
　　　　부 받음

5. 21　의학교 교관인 후로시로가 의원 해고됨

6. 1　　의학교 교관으로 고다케 타게지(小竹武次)가 계약을 맺음

6.　　　김점동(金點童, 1876-1910)이 볼티모어여자의과대학을 졸업함

6. 30　병원관제 개정 및 개부표에 의해 내부병원이 광제원으로 개칭됨

8. 2　　김익남 귀국하여 의학교 교관에 임명됨

10. 2　에비슨이 안식년을 마치고 돌아옴

10.　　남순희가 『정선산학』을 출판함

10. 25　칙령 제40호로 「외국어학교(外國語學校)와 의학교(醫學校)와 중학
　　　　교 졸업인(中學校 卒業人)을 해학교(該學校)에 수용(收用)하는 관
　　　　제(官制)」가 반포됨

말　　　김필순(金弼淳, 1878-1919)이 에비슨의 번역 조수로 채용되어 그레
　　　　이 해부학 책을 다시 번역하고 영어도 가르치면서 의학 공부를
　　　　시작함

1901		에비슨이 일본책 화학책을 번역하여 교육에 사용함
	6. 12	제중원의학교에 학생이 5명이 있었음
	9.	서효권이 합류하여 제중원의학교의 학생이 6명으로 됨(전병세 5학년, 서효권 4학년, 박서양 2학년, 김정원 2학년, 홍인후 1학년, 홍덕수 1학년)

1901-2년도에 제중원의학교에 3명의 학생이 있음

1902		에바 휠드가 『산술신편』을 출판함
		의학교에서 『호열자 예방 주의서(虎熱刺 豫防 主意書)』를 배포함
		어의 분쉬가 의료학교 설립을 구상함
	1. 1	의헉교 부속병원 의사로 고다케가 임명됨
	3.	『병리통론』이 의학교에서 출판됨
	5. 14	의학교에서 졸업시험을 치름
	7. 16	의학교 졸업생들이 교관으로 임명됨
	7.	안상호(安商浩, 1874-1927)가 일본 도쿄자혜의원의학교를 졸업함
	9. 11	의학교 부속병원이 개원함
	9. 27	이규영과 이제규가 광제원 임시위원에 임명됨
	10. 7	김교준을 제외한 의학교 제1회 졸업생 18명이 임시위생원 의사로 임명됨
	11. 27	새로 짓는 제중원(세브란스씨 기념병원)의 정초식이 열림

1903	1. 9	의학교의 제1회 졸업식이 거행됨(19명 졸업)
	2. 21	의학교 제1회 졸업생 김교준이 의학교 교관으로 임명됨
	3. 21	의학교 제1회 졸업생 허균이 처음으로 군의보로 임명됨
	7.	박종환(朴宗桓, 1878- ?)이 지바의학전문학교를 졸업함.
	12.	한국 최초의 간호부 양성기관인 보구녀관 간호부양성소가 개교함 (에드먼즈)

1904	2. 8	노일전쟁(露日戰爭)이 시작됨
	2.	동인회에 의해 철도촉탁의가 임명됨
	5. 21	신창희가 제중원의학교에 입학함
	7. 12	의학교의 제2회 졸업식이 거행됨
	8. 22	한일협정서가 체결되어 일본에 의한 고문정치가 시작됨
	9.	김필순이 그레이 해부학의 2차 번역을 완료했으나 원고가 불에 타

버림

9. 23 　김익남 의학교 교관을 사임하고 육군 3등 군의장에 임명됨

9. 23 　한국 최초의 현대식 병원인 세브란스병원의 봉헌식이 열림

10. 29 　김봉관 외 의학교 제1회 졸업생 5명이 유행병예방 임시위원에 임명됨

11. 16 　세브란스병원이 개원함

1905 　제중원에서 『약물학 상권. 무기질』, 약물학 하권. 유기질이 출판됨

평양에서 북장로회와 북감리회의 합동으로 의학교육이 시행됨

1. 10 　주현측이 제중원의학교에 입학함

1. 19 　의학교 제1회 졸업생 유병필이 의학교 교관으로 임명됨

3. 29 　알렌이 미국 공사에서 해임 당해 6월 5일 귀국함

4. 　동인회에서 파견된 평양의 나카무라가 평양의학교를 개교하여 의학교육을 실시함

11. 17 　을사늑약(乙巳勒約)

12. 21 　이토가 초대 통감으로 임명됨

1906 　제중원에서 『해부학 권1』, 『해부학 권2』, 『해부학 권3』, 『신편 화학교과서. 무기질』, 신편 화학교과서. 유기질, 『신편 생리교과서. 전』, 『진단학 1』 등의 교과서가 출판됨

2. 1 　의학교 졸업생 홍석후와 홍종은이 제중원의학교에 편입함

5. 31 　조선정부가 세브란스병원으로 이름이 바뀐 제중원의 환자 치료 공로를 치하하기 위해 찬성금 3천원을 지급함

7. 12 　대한의원 설립 위원회가 구성됨

9. 1 　쉴즈가 세브란스병원 간호부양성소를 설립함

10. 　의학교 제1회 졸업생 이규영이 일본에 유학함

12. 1 　평양에 동인의원(同仁醫院)이 설립됨

말 　제중원의학교에 16명의 학생이 있었으며, 7명은 상당히 훈련을 받았고, 9명은 덜 훈련을 받은 학생임.

1907 　제중원에서 『진단학 2』, 『피부병 진단치료법 단』, 『병리통론』 등의 교과서가 출판됨

홍석후가 『서약단방』을 출판함

전도를 위한 의학 소책자로서 『위생』이 출판됨

1. 29   의학교의 제3회 졸업증서 수여식이 열림.
2. 10   대구에 동인의원이 설립됨
3.   오긍선(吳兢善, 1878- 1963)이 루이빌의과대학을 졸업함
3. 15   통감부에 의해 의학교, 광제원 및 적십자병원이 통폐합되어 대한의
         원(大韓醫院)이 설립됨
3. 19   대한의원 초대 원장에 내부대신 이지용이 겸직 발령됨
4.   신민회가 조직됨
5.   의학교에서 『해부학』이 출판됨
5. 1   평양의학교가 공립평양동인의원부속 의학교(公立平壤同仁醫院
         附屬 醫學校)라는 명칭으로 다시 개교함
5. 22   대한의원 원장에 내부대신 임선준이 겸직 발령됨
5. 31   대한의원 교육부 학생감에 지석영이 임명됨
7. 9   대한의원 교육부 제1회 졸업생이 발표됨
7. 24   정미7조약이 맺어짐
         스크랜턴이 대한의원 교수에 임명됨
7. 27   하세가와가 대한의원 교수에 임명됨
8. 1   한국 군대 해산
8. 9   구보가 대한의원 교수에 임명됨
9. 1   대구 동인의원에서 첫 입학생 뽑음
9. 3   대부분의 의학교 출신 군의가 면관됨
말   미 남장로회의 군산 진료소에서 패터슨이 의학반을 조직함

1908   제중원에서 『무씨 산과학』이 출판됨
1. 1   대한의원 교육부가 의육부로 개칭됨
         사토가 제3대 전임 원장에 취임함
6. 3   제중원의학교에서 김필순, 김희영, 박서양, 신창희, 주현칙, 홍석후,
         홍종은 등 7명이 제1회로 졸업함
6. 4   한국 최초의 의술개업인허장 1-7번이 부여됨(한국 의사면허의 효
         시)
6   세브란스동창회가 창립됨
8. 26   사립학교령(私立學校令)이 반포됨
10. 24   대한의원의 개원식이 거행됨
11. 5   보구녀관의 감리회 간호원양성학교에서 첫 졸업생이 배출됨
11. 15   의사연구회가 창립됨

1909 제중원에서 『해부학 권1』, 『신편 화학교과서. 유기질』, 『신편 생리
학교과서 전』 등의 재판이 출판됨

대한의원부속 의학교에서 『근세물리학 전』과 『근세화학 전』이 출
판됨

안상호가 보통교육용인 『신편 생리학교과서 전』을 출판함

2. 1 대한의원 의육부가 부속 의학교로 개칭됨

5월경 의사연구회가 해산됨

7. 제중원의학교를 세브란스병원의학교로 학부에 등록함

7. 6 일본이 한국 병합 실행에 관한 건을 의결함

8. 21 자혜의원 관제(慈惠醫院 官制)가 반포됨

9월말 콜레라가 유행하자 김필순, 안상호, 한경교 등이 공동 방역에 나섬

10. 29 안중근이 이토를 암살함

11. 16 대한의원부속 의학교의 교사 낙성식이 거행됨

대한의원부속 의학교의 제2회 졸업식이 거행됨

11. 30 대한의원 분과 규정(大韓醫院 分課 規程)이 발표됨

1910 2. 1 대한의원부속 의학교 규칙이 제정됨

5. 13 공립평양동인의원부속 의학교의 제1회 졸업식이 거행됨

6. 10 세브란스병원 간호부양성소에서 첫 졸업생인 김배세를 배출함

8. 29 경술국치(庚戌國恥)

대한의원이 중앙의원(中央醫院)으로 개칭됨

9. 30 중앙의원이 조선총독부의원(朝鮮總督府醫院)으로 개칭되고, 학교는
부속 의학강습소가 격하됨

「조선총독부의원 관제(朝鮮總督府醫院 官制)」가 반포됨

10. 1 자혜의원 사무 분장 규정(慈惠醫院 事務 分掌 規定)에 의해 설치된
의무과(醫務課)가 의학교육을 담당함

10. 세브란스병원 출판부에서 『외과 총론』이 출판됨

1911 4. 조선총독부가 관립 의학교육을 통합하기로 결정함

5. 9 공립평양동인의원부속 의학교의 제1회 졸업생들에게 의술개업인허
장(79-86호)이 수여됨

6. 2 세브란스병원의학교의 제2회 졸업식이 거행됨

6. 26 평양야소교 제중원부속 의학교 졸업생 4명이 의술개업인허장(94-97

호)을 받음

	8. 23	조선교육령(朝鮮敎育令)이 공포됨
	9.	105인 사건이 일어남
	10.	사립학교규칙(私立學校規則)이 공포됨

1912	1.	세브란스병원의학교가 일시적으로 폐쇄됨(9월 말까지)
	5. 12	미 남장로회가 군산에서 활동하던 오긍선을 세브란스로 파견함

1913	4. 2	세브란스병원의학교에서 제3회 졸업식이 거행됨
	6. 13	세브란스병원의학교가 신축 교사의 봉헌식을 가짐
		세브란스병원의학교를 세브란스연합의학교로 개칭함
	11. 15	조선총독부령 제100호로 의사규칙(醫師規則)이 반포됨
	12. 11	의술개업인허장의 마지막 번호인 제144번이 수여됨

1915	3. 24	사립학교규칙이 개정됨
		전문학교규칙(專門學校規則)이 공포됨

1916	4. 1	조선총독부의원 부속의학강습소가 폐지되고 경성의학전문학교(京城醫學專門學校)가 설립됨
	4. 25	재단법인 세브란스연합의학전문학교의 제1회 이사회가 개최됨(이사장 에비슨, 부이사장 반버스커크)

1917	5. 14	세브란스연합의학전문학교 재단법인의 설립을 인가받고 학교의 명칭을 세브란스연합의학전문학교(世富蘭偲聯合醫學專門學校)로 개칭함과 동시에 간호부양성소는 세브란스연합의학전문학교 부속 간호부양성소(世富蘭偲聯合醫學專門學校 看護婦養成所)로 개칭함

찾아보기

쪽수에 붙인 f는 그림을, t는 표를 나타낸 것이다.